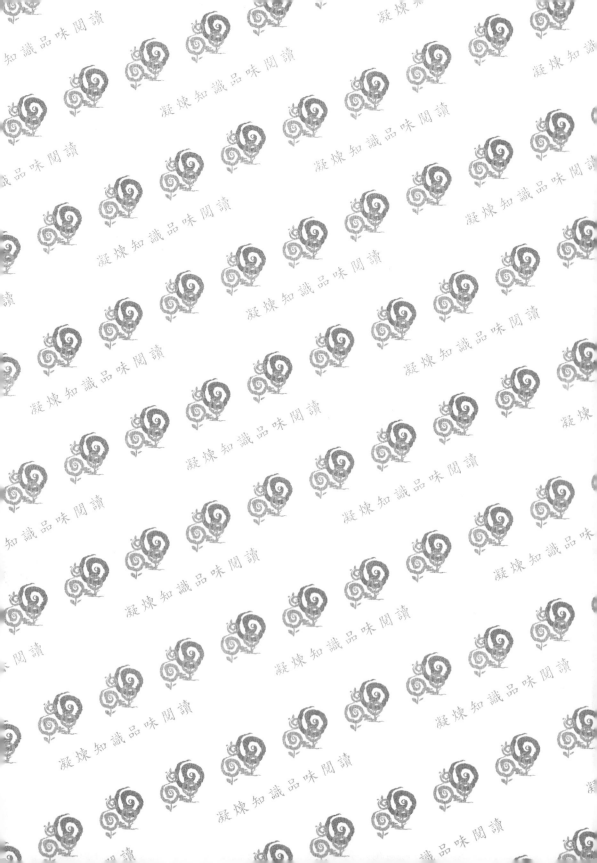

林欽隆　著

海域管理與執法

Sea Management and Law Enforcement

五南圖書出版公司 印行

海洋特色
教科書
系列叢書

推薦序

　　1994 年「聯合國海洋法公約」生效，世界各國體認到海洋對人類及地球的互存關係，積極推動永續經營、合理管理與和平利用。海洋問題乃成為全世界共同關心的焦點。面對全球開發海洋，爭取海洋權益及有效管理的趨勢，我國政府近年來積極探討分析所面臨的情勢與威脅、挑戰與問題，擬訂管理執法的最佳策略，並全力投入海洋政策的推動與管理。政府於 1998 年陸續公布「中華民國領海及鄰接區法」、「中華民國專屬經濟海域及大陸礁層法」。1999 年公告我國第一批領海、鄰接區線，確立我國海域疆界。2000 年 1 月 15 日立法通過「海岸巡防法」等法案，2000 年 1 月 28 日成立「行政院海岸巡防署」海域執法機制。

　　鑑於海域管理與執法工作經緯萬端，涉及之法令繁多，管理執法極具專業性，許多牽涉到國際法及因時空環境變遷所簽訂的協議合約，更形複雜。又我國海洋主管事務分散各部會，亟需整合。海巡署成立後設置「行政院海洋事務推動小組」，負責整合推動，方能使國內海洋事務之研究發展與論述，逐漸蓬勃發展。

　　本書作者林欽隆君任職警察機關刑警幹部多年，偵防執法經驗豐富。轉任海域執法機關後歷任海巡署內外勤主管，並兩度擔任海巡署企劃處處長，承辦該署計畫規劃與研究發展工作。林君所著《海域管理與執法》一書，搜羅研析國際海洋法律制定的背景與沿革、海域疆界規範與劃定、海域管轄運作執行方式以及海域執法的機制等。本書最具價值在於搜集多則「挑戰與衝擊」案例，探討各類案件發生的原因、背景，以及應變的決策、處理的過程，並探討其影響與得失，及法律之適用。這些案例包括臺日、臺菲經濟海域重疊區以及東海、南海的衝突與糾紛，我國遠洋航

行作業船舶危安事件等案例，特別推薦給從事海洋管理與執法工作的各位
夥伴們參閱。

王進旺 謹識

2016.04.01

（前內政部警政署署長、前行政院海岸巡防署署長）

自　序

　　由警察機關轉入海岸巡防機關是我個人的命運也是機緣。兩個機關雖然同樣是執法機關，但「海域」執法涉及國際事務與海洋戰略，讓我在海巡署歷任職務過程中，需要去準備及學習許多工作上所必需的知識。尤其在執行相關勤、業務或參與歷次國際會議的衝擊和挑戰中，更領會到許多工作方法與經驗。這些學習到的知識與體驗到的經驗，為了能夠分享及就教於先進前輩，自 2008 起開始彙整撰寫本書，歷經 7 年終於完稿。「有心就有力」，感恩海巡署前署長王進旺先生經常提在口邊勉勵同仁的話，讓我能堅持到底完成本書。

　　講到「機緣」，我必須感謝老天的安排及國家對我的栽培。1998 年政府精省，時個人任職臺灣省刑警大隊副大隊長職務，因機關裁撤，改調警政署水上警察局刑警隊長。自此闊別了任職 23 年陸上執法行列，改而投入海域執法工作。2000 年政府再度調整組織，成立「行政院海岸巡防署」，職務調整為海巡署相關幹部，初期歷任偵防查緝、海務等職，主管海域犯罪偵防、海洋環境保護、海洋資源維護等業務，自此與海洋發生密切關係。期間多次偵辦遠洋漁船被挾持、喋血及重大走私、偷渡等案件，為了指揮及執行這些遠洋跨國任務，開始深入探討國際海洋法規與海洋科技知識，並屢屢參與相關研討會，發表論述。

　　海巡署任職期間，多次奉派出國受訓，及代表國家參與海洋戰略、海洋環境資源保護及漁業等國際會議；2001 年 10 月及 2002 年 6 月兩度奉派赴英國參加「海洋污染緊急應變」訓練，由國際海事組織（IMO）認證授權之 Briggs 及 OSRL 公司施訓，訓練課程為「海污緊急應變能力養成」及「現場指揮官」兩個層次，結訓後取得國際海事組織（IMO）頒發的油污染緊急應變第 1 級、第 2 級、第 3 級（Level 1、2、3）各級證書。兩次受訓足跡遍及倫敦（London）、南漢普敦（Southamptom）、蘇格蘭

愛丁堡（Edinburgh）、依凡尼斯（Inverness）、亞伯丁（Aberdeen）等英國大港口，深入考察這個有悠久海事經驗國家的海洋管理措施。2002 年 11 月至 2004 年 4 月間，每半年一次，連續 4 次參加「中西太平洋漁業委員會會議」（Western and Central Pacific Fisheries Convention, WCPFC），分別在菲律賓馬尼拉（Manila, Philippines）、斐濟共和國南地市（Nadi, Fiji）、庫克群島（Cook Islands）、印尼巴里島（Bali, Indonesia）等地舉行，每次約有 32 個國家及團體參加，會議主要任務在研討中西太平洋漁業資源管理、分配及共同執法之架構，4 次會議完成「中西太平洋漁業委員會登臨檢查草案」（WCPFC Boarding and Inspection Scheme）之研擬。返國後就此一草案通過後，撰寫〈中西太平洋漁業執法新規範及我國因應對策〉專文研析，發表於《國際漁業期刊》等。2003 年 3 月奉派參與第 9 次「臺日漁業事務階層會議」，協商我國與日本經濟海域重疊地區，雙方漁船捕漁權益問題，協商未果。2005 年 9 月參與我國代表團，出席亞太經濟合作會第二屆海洋部長會議（2nd APEC Ocean-related Ministerial Meeting, AOMM 2），會議假印尼峇里島（Bali Island）舉行，我國由外交部、海巡署、環保署、漁業署組團出席。該會議以「追求海洋及海岸之永續發展與亞太社區之繁榮」為主題，會中積極爭取及主張我國在亞太地區海洋議題的角色與權益。2006 年 11 月奉派協同外交部出席在印尼巴里島舉行之「處理南中國海潛在衝突危機會議」，計有南海周邊 13 個國家參與。藉由出席會議深入掌握南海各國戰略思維，爭取我國應有權利。

　　2002 年 5 月發生華航 CI-611 班機空難事件，整架飛機連同 225 位乘客機組員墜落於澎湖北方目斗嶼海域。因參與應變及搜救，負責規劃執行，及參加跨部會搜救應變會議，發覺專業基礎知識匱乏，有必要充實，乃毅然投入海洋大學海洋科學領域研究，努力鑽研「海洋災害」的應變處理。2003 年擔任海巡署巡防處副處長期間，奉令參與編纂海巡署許多勤務執行之標準作業規範；如《海洋環境污染作業規定》、《海難搜救作業手冊》及《海域執法作業規範》等，均為海巡署成立後首次發行版本。

2004 年至 2007 年 8 月擔任海巡署企劃處長期間，承辦政府海洋事務推動及國際海洋事務拓展。奉派組團訪問菲律賓、越南、澳門、日本等，進行周邊海域國家工作管道建立與聯繫工作。同時多次辦理由行政院院長親自主持之「海洋事務推動委員會議」，期間該委員會擬定國家海洋政策綱領及發展與願景，撰寫發布「海洋政策白皮書」，同時並倡議推動設立「國家海洋公園」海洋保護區、進行「我國大陸礁層調查」及「臺灣西南海域天然氣調查」、建立「國家海洋資料庫」等重大海洋管理基礎工作。2005 年編纂《臺灣海洋》乙書，由海巡署首次發行。2007 年再次編纂完成海巡署首版的《海巡白皮書》。這些因緣際會，讓我能足跡遍及英、美、日、新加坡、馬來西亞、印尼、越南、菲律賓及南太平洋澳洲、紐西蘭、斐濟、庫克群島及中國大陸等國家，瞭解各國管理海洋事務的作為與戰略思維。返國後均整理心得，撰研報告，並發表多篇文章，研析各個國家海洋經營管理發展狀況，許多心得經驗，納為本書內容，或引為參據。

　　本書論述「海域管理與執法」，自第 1 章緒論起，探討人類自中古世紀以來發現海洋、探險海洋、征戰海洋、開發海洋到管理海洋，各項思維主張的演變，同時論及海域管理與執法未來的發展與趨勢。其後依序談國際海洋法律制定的背景與沿革。「聯合國海洋法公約」通過後，我國海洋法制發展與海域疆界的劃定過程與困境。海域管轄權及運作執行方式。世界各先進海事國家的海域執法機制，同時談及我國比較特有的海岸及港口管理執法。自第 8 章起，開始涉及海域疆界爭端與海洋戰略議題，尤其是深入探討東亞海域爭端，及我國在東海、南海管理策略與執法作為。最後談論我國海域管理及執法之挑戰與衝擊，透過已發生之各個個案，詳細分析我國海域執法機關──海巡署成立以來，在臺日經濟海域重疊區的衝突與糾紛、中國大陸公務船艦進入我國海域、我國遠洋航行作業船舶危安事件，相關重大事件應變處理過程之挑戰及艱險。

　　這本書的內容，從我過去的學習、參與、經歷及實務體驗過程中，整理消化融會編纂而成，應該可以給從事海洋管理與執法任務的各位先進夥

伴，作為參據，也可以提供海洋戰略制定及規劃者一些參考，及熱心關懷臺灣海洋的夥伴們一些瞭解。本書的內容也許有一天會不合時宜，但未來如果我的能力、體力允許及機緣夠的話，將不斷地予以滾動式修正更新。

　　我要向警察大學水上警察學系、國境警察系，海洋大學海洋法律研究所、海運暨管理學院、海洋科學與資源學院，淡江大學國際事務與戰略研究所，臺灣大學管理學院相關的師長、教授們，以及海巡署前署長王郡先生、許惠祐先生、王進旺先生，王崇儀先生與許多的長官同事，致上最大的謝意。因為你們長期對海巡發展宏觀的擘劃，多次重大危機事件的妥善應變處理，才能讓我有機會去體會及接觸這些海洋事務，瞭解並鑽研相關學術，完成這本書的編寫。你們永遠是我生命中無法報答的恩人，只能藉本序說聲「感恩！再感恩！」。

林欽隆 謹識
2016年春

海域管理與執法

目　錄

表目錄

圖目錄

第一章
緒　論

第一節　概說

　　地球表面超過 71% 為水分子所覆蓋，水分子所覆蓋之區域即為海洋，海洋總面積約 3 億 6 千餘平方公里，平均深度 3,795 公尺，而海洋可區分為海與洋兩類水域。所謂「海」指於大洋四周邊緣水域，凡靠近大陸邊緣部分由島、湖或半島所隔離，抑或居於兩陸地之間者，均稱為海。海環繞並聯繫各大洋，其面積較小，深度也較淺。而「洋」是指海的核心部分，深度超過 3,000 公尺，具有獨立之風、潮汐和洋流系統，可將地球上之洋域分為四大洋，即太平洋、大西洋、印度洋、北冰洋[1]。

　　海洋為大地之母，是生命的搖籃、資源的寶庫、地球的通道、疆界的緩衝。長久以來，海洋對於文明演進、社經發展、自然生態平衡及國際戰略發展，扮演著關鍵的角色。

　　海洋在一定程度上主宰著一個國家的興衰。早在 2,500 年前，古希臘海洋學者地米斯托克利（Themistocles）[2] 就預言：誰控制了海洋，誰就控制了一切。古今中外的史實說明，凡大力向海洋發展的國家，皆可國勢走強，反之，則有可能淪為落後挨打的地步。昔日的海上強國葡萄牙、西班牙和荷蘭，當年的日不落帝國英國，第二次世界大戰後的兩個超級大國蘇聯和美國，以及當今世界綜合國力的唯一強國美國，無一不是以海興國。綜觀中華民族 5,000 年的文明史，開放、向海的朝代則興旺發達，閉關、內收則衰落挨打，海洋與中華民族的強大、穩定、繁榮和昌盛休戚相關。

　　中古世紀羅馬帝國主張之主權獨立的國家自有其明確的界線範圍，這就是「領土權」的起源，往後國際間貿易往來，漸漸由陸路轉為海路，透過海洋貿易往來，逐漸產生有關海洋之習慣規則，期間國際社會對於海洋存在著最大的爭議就是「海洋不能為國家所有，而為國家領域一部分」，西元 1494 年教皇亞歷山大六世（Pope

---

1　姜皇池。2004。國際海洋法。一版。學林文化，頁1。
2　地米斯托克利（Themistocles (c.525-459): Athenian military commander, statesman, and one of the main architects of the Athenian Empire.）http://www.livius.org/th/themistocles/themistocles.html。

Alexander VI）頒布了教令（Bull）認可當時西班牙與葡萄牙二國簽訂之「托底析內斯條約」（Treaty of Tordesillas）[3]，將南半球（包括陸地與海洋）分爲兩部分，西部劃歸西班牙管轄，東部劃歸葡萄牙管轄，如此排他性之領域主張，引起其他海洋國家如英國、荷蘭等反對，當時國際社會確實存有許多國家對海洋提出之主張，如瑞典主張波羅的海爲該國所有，威尼斯主張亞得里亞海爲其所有，迄 16 世紀，國際社會普遍接受，沿海國享有某些權利去管理，規劃與其國家對利益有關的行爲觀念，而這些行爲發生存在沿海國鄰接之海域上[4]。

16、17 世紀間，羅馬帝國瓦解後，誕生許多主權獨立國家，從而使得沿海國得以在其鄰接海岸的海域內，享有某些特定的觀念，開始受到普遍的接受。即使在 17 世紀時（1690 年）荷蘭學者格勞秀斯（Hugo Grotius）[5]發表「海洋自由論」極力主張航海自由，將海洋定爲「共有物」與主張「海洋封閉論」人士發生激烈爭辯，但此一時期沿海國對於沿岸海域得行使主權管轄的觀念，並未受到質疑與挑戰。格勞秀斯引述 14 世紀義大利一位民法律師 Baldus[6] 對於海洋的財產權與控制管轄權進行區分的觀念，主張任何國家對於公海均無擁有財產權，然對於鄰近且爲領土控制影響力所及的一帶海域，則允許沿海國延伸不具財產權的管轄行爲[7]。格勞秀斯對於沿海水域管轄權的觀點在 17 世紀間，被 Welwood [8] 加以發揚光大，同時沿海一帶水域的屬性，已不再被區分財產權與管轄權。在此基礎上，沿海國家可以就沿海一定的水域內，主張財產管轄權，並限制外國漁船在其中進行作業；此時的海洋被區分爲全然自由開放的公海與沿海國所管轄的海岸一帶水域兩大部分。1702 年荷蘭學者賓克雪克（Bynkershoek）發表〈海洋主權論〉（De Dominio Maris Dissertatio）[9] 一論文中，

3　Just months after Christopher Columbus returned to Europe from his maiden voyage to the New World, the Spanish-born Pope Alexander VI gave Spain a head-start in the quest for domination over newly discovered regions of the world. Reference to http://geography.about.com/library/weekly/aa112999a.htm

4　楊四猛。2003年6月。我國海域執法相關法制之探討。國立臺灣海洋大學海洋法律研究所碩士論文，頁47。

5　Hugo Grotius (also known as Huig de Groot or Hugo de Groot; 10 April 1583-28 August 1645) worked as a jurist in the Dutch Republic. With Francisco de Vitoria and Alberico Gentili he laid the foundations for international law, based on natural law. He was also a philosopher, theologian, Christian apologist, playwright, and poet.

6　Baldus de Ubaldis (Italian: *Baldo degli Ubaldi*; 1327-1400) was an Italian jurist. Reference to http://en.wikipedia.org/wiki/Baldus_de_Ubaldis

7　R.R. Churchill and A.V. Lowe, The Law of the sea, 3th ed. (Manchester University, 1999), p.71.

8　John Welwood is an American psychotherapist, teacher, and author, known for integrating psychological and spiritual concepts.

9　"De dominio maris dissertation" a photographic reproduction of the second edition (1744); Author: Cornelis van Bijnkershoek; Ralph Van Deman Magoffin. Publisher: New York: Oxford University Press, 1923.

就是以「公海自由」及「沿海國得對鄰接海岸一帶水域擁有主權」兩項概念為主軸，並提出「陸上國家之權力以其武器所及範圍為限」（The control of the land as far as cannon will carry），此種沿海國家的權利及於其加農砲射程範圍內之岸接鄰近海域看法，乃國際間就領海共識之濫觴[10]。

雖然賓克雪克（Bynkershoek）主張沿海國在其領海中擁有完全主權，包含拒絕外國船隻通過領海的權利，但此觀點並未受到普遍認同。學者瓦特羅（Vattel）於1758年發表文章（La droit des gens），參酌格勞秀斯等人的觀點，主張所有國家的船隻，都可享有在其他國家領海行駛的無害通過權，只是這種權力行駛範圍，受到某些質疑，其中軍艦是否可無害通過之爭議一直延續到19世紀。

在區分公海與領海後，仍然有兩件事未獲解決，其一是領海寬度如何律定？其二是沿海國行使的領海管轄權內涵為何？某些論述主張沿海國在其領海中享有「所有權」甚至具有完全之主權與管轄權，許多國家在其國家實踐上具體支持此觀點，如19世紀初期，英美及部分拉丁美洲國家等甚至認為領海是其國家密不可分的一部分，惟法國、西班牙等則認為沿海國僅在上述海域擁有國防事務與漁業上的管轄權。此項爭議從17世紀至20世紀，以法國、義大利、俄羅斯、及鄂圖曼帝國等為首的國家，採行「多元領海制」認為應依據不同目的，將海域劃分不同管轄區域；相對的，大英帝國、美國、荷蘭及斯堪地那維亞半島國家則採「單一領海制」主張一致性的主權與絕對的管轄權，此紛爭在1920年代「國際法學會」（Inter-national Law Association）及「海牙國際法編纂會議」（The Hague Codification Conference）所成立的專家委員會（Committee Expert）不斷發生。

1930年國際聯盟主持並召開「海牙國際法編纂會議」，開始對海洋法進行編纂的嘗試，沿海國同意將「領海管轄權」草約議題納入會議中討論。海牙會議之後，此議題經過修改後被各沿海國所確認，條文如下：國家的主權及於領陸及內國水域以外鄰接本國海岸之一帶海洋，稱之為領海。領土主權的行使，應遵守本條款及國際法其他相關的規則。

二次大戰結束聯合國成立以後，1947年聯合國大會決議設立國際法委員會，並確定將海洋法作為最優先處理的項目之一。1956年國際法委員會擬定了海洋法條款草案；1958年在日內瓦召開第1次聯合國海洋法會議（First Conference of the United Nation on the Law of the Sea）通過了以下4個公約與1個議定書：1.「領海及

---

10 楊四猛。2003年6月。我國海域執法相關法制之探討，國立臺灣海洋大學海洋法律研究所碩士論文，頁48。

鄰接區（毗連區）公約」。2.「公海公約」。3.「捕魚及養護公海生物資源公約」。4.「大陸礁層（架）公約」。另外也通過了解決海洋法爭端的議定書。

　　1958 年海洋 4 個公約簽訂後，似乎已將海洋法的問題都解決了。惟領海寬度依1958 年「領海及鄰接區公約」第 24 條第 2 項規定：「鄰接區自測定領海的寬度起算，不得超出 12 海浬。」英美等海事強權國家反對領海超過 3 海浬。於是後續第 2 次聯合國海洋法會議（Second Conference of the United Nations on the Law of the Sea）1960 年在日內瓦舉行，不幸這個會議未能獲致協議。

　　自 1973 年 12 月 3 日起為「海洋法公約」在紐約聯合國總部開始的第 1 期會議，此後共舉行 11 期會議，且第 10 至 11 期分二階段舉行，所以實際上有 16 期會議。1982 年 12 月 10 日在牙買加（Jamaica）的蒙特哥灣（Montego Bay）舉行簽字儀式，整個會議長達 9 年；公約正文有 320 條，另加 9 個附件 125 條，總共 445 條，是人類有史以來最長的條約。公約依照第 308 條第 1 項的規定，必須有 60 個國家批准後 12 個月才生效。

　　1994 年「聯合國海洋法公約」正式生效後，成為「世界海洋憲法」（Constitution of the Law of the Sea），目前全球已有 160 餘國簽署。該公約規定全世界所有國家在海洋所可以主張權利及應盡義務，亦規範人類利用海洋的各種行為及糾紛的解決。更重要的是「聯合國海洋法公約」生效後，海洋事務已然成為世界性的公共議題，全球約 1/3 海域脫離公海性質，成為各國的專屬經濟區，使得海洋的各項權利競爭更加白熱化。

第二節　海域管理與執法的發展

　　1994 年「聯合國海洋法公約」生效，世界各國體認到海洋對人類及地球的互存關係，積極推動永續經營、合理管理與和平利用海洋、海岸及其資源。海洋問題乃成為全世界共同關心的焦點。此一時期國際間持續就海洋管理、開發等相關議題，磋商協調，推出了不少倡議與協議，更完善了全球海洋法制體系。這些活動包括：1992年在巴西舉行的聯合國環境與發展會議之 21 世紀議程，海洋議題成為國際合作焦點之一，沿海國承諾對管轄區內的沿海區和海洋環境進行綜合管理及永續發展。1993年第 48 屆聯合國大會作出決議，要求各國把海洋綜合管理列入國家發展議程，同年世界海岸大會宣言，要求沿海國家建立綜合管理制度。1998 年聯合國訂為國際海洋年，從西方的葡萄牙於里斯本舉辦世界海洋博覽會，到東方的中國大陸推動大規模的

「海洋國土」宣導活動，世界各國舉辦了各式各樣的愛海護海活動。2001 年在巴黎召開全球海洋會議，2002 年在南非召開的永續發展高峰會議論及海洋發展，2003 年在吉隆坡及 2007 年在中國海南三亞市召開的兩次東亞海洋會議。每年有關海洋議題的國際會議，雙邊及多邊會談蓬勃的進行，世界各海洋國家不斷隨著國際議題進展而調整自己的海洋政策，諸多重要海洋國家大多已提出新的政策白皮書，以因應並落實世界對於海洋事務的經營管理趨勢，並在海洋投入與開發上全面升級。2002 年以來聯合國秘書長潘基文向聯合國大會第 57 屆會議提出「海洋和海洋法」報告。該報告是秘書長對聯合國大會提出的年度綜合報告，目的是向聯合國大會扼要介紹國際社會在實施「聯合國海洋法公約」方面取得的發展以及聯合國及其專門機構以及其他機構在海洋事務和海洋法領域所開展的工作，此後每一年度秘書長均向聯合國大會提出年度報告，每一年的報告已成為全球國家海洋發展的趨勢議題。以我國鄰近海洋國家而言，中國大陸、日本、韓國、越南均已完成其國家海洋政策，各國更斥巨資投入各項海洋科技研發，海域管理機制與能量的建構，顯示出各國對於海洋產業、技術、生態環境之重視。綜上可見，國際海洋法的現代化與全球化正蓬勃發展，當今世界的海洋強國，無不積極建構完善的海洋法律制度和政策管理體制，以因應海洋發展趨勢。

　　臺灣四面環海，是一個典型的海島國家，位於西太平洋與亞洲大陸交接的鏈形島嶼中間位置，具有特殊的戰略地位，掌握東海與南海間的咽喉通道，控制亞洲大陸東出太平洋戰略位置，係東南亞交通運輸之重要樞紐，每日航經臺灣海域商貨輪約 300 艘；沿近海漁船（筏）約 2 萬餘艘，遠洋漁船約 3 千艘，作業漁場遍及世界 3 大洋，為世界 6 大遠洋捕魚國家之一。因故臺灣的生存與發展依賴海洋，安全威脅也來自海洋，為因應各國發展海洋、管理海洋的潮流趨勢，我國應積極建立機制，有效管理海域，爭取我國海洋權益。

　　面對全球開發管理海洋，競相爭取海洋權益的趨勢，我國政府近年來積極探討分析所面臨的情勢與威脅、挑戰與問題，擬訂管理執法的最佳策略，並全力投入海洋政策的推動與管理。政府於 1998 年首先公布施行「中華民國領海及鄰接區法」、「中華民國專屬經濟海域及大陸礁層法」。1999 年 2 月 10 日公告我國第一批領海、鄰接區線，確立我國海域疆界。2000 年 1 月 15 日立法通過「海岸巡防法」等法案，合併原有之國防部海岸巡防司令部、內政部警政署水上警察局、財政部海關緝私等單位及一般文職單位人員，於 2000 年 1 月 28 日成立「行政院海岸巡防署」（以下簡稱海巡署），確立岸海合一之執法機制。為使我國海洋管理執法，能具備國際化宏觀視野和國情發展需求，並符合我國海洋政策發展的總體目標，海巡署成立後除專責海域執法任務，並賦予國家海洋事務研究發展責任。2001 年政府發行我國第一部「海洋政

法任務，並賦予國家海洋事務研究發展責任。2001 年政府發行我國第一部「海洋政策白皮書」，揭櫫我國「海洋立國」相關政策方向。2004 年政府更成立「行政院海洋事務推動委員會」，由行政院長親自召集，海巡署負責協調執行，除確立「生態、安全、繁榮」之海洋國家發展願景，並陸續通過「國家海洋政策綱領」與「海洋事務政策發展規劃方案」，並將 2005 年訂爲「臺灣海洋年」，規劃辦理各項海洋活動，期能喚起國人海洋意識，確切掌握世界潮流與脈動，永續經營我國海洋事務，維護國家海洋權益。

第三節 海域管理與執法的未來趨勢

21 世紀是海洋世紀，海洋權益的爭奪擴張、海域法制的協商改進、海洋環境生態的永續經營、海洋科技持續研發創新，是海洋新世紀的特徵。全球沿海國無不意識到海洋是國家生存發展的重要空間，經濟資源的無限寶庫，科技發展的新奇領域。人類對海洋全面認識、有效管理、充分利用、切實保護是海洋新世紀的趨勢。面對此一趨勢，順應日益完備的國際海洋新秩序，如何掌控管轄海域，已成爲國家新的重要課題。

國際海洋法律規範，歷經了 1899 年海牙和平會議、1930 年國際聯盟、及 20 世紀 50 年代以來聯合國的積極推動，才得以不斷地現代化與全球化，尤其自「聯合國海洋法公約」簽署以來，國際海洋法不論在廣度和深度上，均取得了長足的進展。自 1982 年以後，國際海洋法的發展有一個特殊的現象，即未直接修改公約，而是制定了不同的「執行協定」及其他各式各樣的條約，這種程序雖避免了修改公約所可能遭遇的法律困難，但也造成人們理解公約有關內容時的不便。因此，國際上就出現了將公約與「○○年執行協定」合編的情況 [11]。儘管如上所述，國際海洋事務的立法，缺乏足夠的協調，唯從宏觀的角度觀察，國際海洋法的發展仍然是一項系統的工程，具有以下幾項發展特點 [12]：

---

11 例如國際海底局於2001年出版的「海洋法基本文件彙編」中收錄的「聯合國海洋法公約」便是依「1994年執行協定」的相關內容作了修改。另中國外交部出版的「海洋法基本文件集」則將公約第11部分和「1994年執行協定」依公約第11部分條款順序予以合編。

12 高之國、賈宇。2005。國際海洋事務立法對我國發展的影響。國際海洋法的新發展。北京：海洋出版社，頁16-17。

一、經濟化與市場化

　　早期的國際海洋法注重政治和主權的內容，強調航行自由、公海無害通過、領海主權等原則和種種國家管轄區域的建立。未來發展的特點則可能注重經濟活動：包括生物、非生物資源的養護開發和航運、海洋觀光遊憩等管理與市場內容。

二、利益化與集團化

　　自從有了「聯合國海洋公約」以後，許多國家便不再堅持意識型態的單一原則，而以務實的態度追求本國海洋權益的最大化。國際間以利益為依歸，可以共同合作來開發利用海洋，形成區域性、互補性等各類集團，由過去的對抗爭奪轉以協調合作。

三、統一化與系統化

　　在大框架的公約確立之後，目前國際海洋法的立法重心是落實公約的原則，制定具體的實行規章和細則，不斷加以明確化和專門化，只是各國的海洋事務立法趨向統一化和系統化，傳統的、區域性的公約朝向通行全球的統一立法方向邁進，全球化的趨勢明顯。

四、生態化與資源化

　　海洋的生態保護和資源保全是 20 世紀 70 年代以後發展出來的觀念，因此，在這方面的海洋事務立法急起直追，形成一種熱點，並不令人意外，未來的發展將更趨於嚴格要求。

五、技術化與專業化

　　隨著全球化和經濟一體化的進程，國際海洋法的立法包含了許多私法、商法及新科技的內容，技術和專業的成分越來越高，已非法政、外交專業所能擔任，必須依賴各個專門領域技術人才的參與，這種情況出現在相關的國際舞臺，也形成一種特色。

　　國際海洋法的未來動向主要集中在海洋資源的利用、海洋環境的保護和海洋的綜

合管理三個面向。此外，2001 年紐約 911 事件之後，「反恐」成為舉世矚目的焦點，海上安全的問題因而突出，也值得加以重視。

進入 21 世紀，現代化和全球化帶來了三項挑戰，正在考驗著人們的智慧：與科技和諧的問題、與環境和諧的問題、與別人和諧的問題[13]。迫使人們去尋找新的生活空間、新的資源，於是人們開始重新評估海洋的價值。當今世界的海洋強國，無不具備完善的海洋法律制度和政策管理執行體制，看到國際海洋法的現代化與全球化，加以周邊國家的海洋立法及相關協定，相關部門應該把握住政府號召「海洋興國」的契機，加強海洋法制建設，推進我國海洋事業的持續發展，順應海洋世紀的國際潮流。我國的因應之道應採取以下具體的作為：

一、致力海洋各領域研究發展

海洋戰略、政策與管理研究是目前我國海洋事業發展進程中急需加強的一個嶄新領域。我國亟需深入探討國際海事先進國家和周邊海域國家有關的海洋發展戰略、政策與管理等方面發展情況，結合我國海洋事業發展步伐，組織國內各方面專家，就我國海洋發展總體戰略、政策以及我國海洋管理（包括海域執法）的體制和機制等問題展開廣泛研究，並有針對性地提出對策和建議，為相關部門決策提供參考。此外我國海洋安全與權益維護、國際海洋法的理論研究與實踐、我國海洋法制建設的研究和建議等方面，以及海洋科學、訊息科技、海洋經濟、海洋產業、海洋資源與環境等層面之研究均亟待大步開展，而這些研究又必須從海洋的基礎教育紮根開始。

二、加強相關人才的培育

在過去數十年，國際海洋法歷經了重大的變革，有人甚至稱之為革命，惟相對於傳統的法學領域，海洋法的研究顯得冷清許多。如果我們期待有一天，臺灣將以海洋實體和國際接軌，則培育更多同時懂得外交及海洋法人才將是當務之急。

---

13 周繼祥。2005。政治學：21 世紀的觀點。臺北：威仕曼公司，頁546-548。

三、完善相關的海洋事務立法

　　「聯合國海洋法公約」正式生效以來，國際間對於海洋資源的管理和利用，益加關注。當前海洋秩序的重建已經擺脫傳統控制和利用海洋的思維，而提升至養護保育海洋的層次，至今我國完成的海洋立法，只有 1998 年的「領海及鄰接區法」和「專屬經濟海域及大陸礁層法」、2000 年「海洋污染防治法」、2002 年「漁業法」四種。至於海上交通運輸、海洋產業發展、海洋科研提升等面向，迄未根據國際海洋發展情勢，有所作為。此外已完成的相關海洋「主權」、「疆界」、「管理」及「執行」等若干層次，實施的情形是否縝密周延？有無滯礙及空隙？需否精進修訂？以及是否有因時空因素之變化，亟需滾動修法之處。政府實應加速海洋事務立法與修法，依據公約及相關國際海洋法的精神原則，國內海洋事務蓬勃發展狀況，儘速完善我國的各種海域管轄執行、海洋事務管理發展之法規規範制度。

四、推動成立海洋專責機關

　　行政院於 2004 年 1 月成立「海洋事務推動委員會」，同年 10 月通過「海洋政策綱領」，並以 2005 年為「臺灣海洋年」，於 4 月間核定「海洋事務政策發展規劃方案」，顯見政府未來施政及國家發展方向，係以建設優質海洋國家為導向。值此「行政院組織法」再造之際，適時成立海洋事務的專責機構，負責規劃、協調、整合和執行我國的海洋開發戰略，實刻不容緩。

五、建立與國際間政府及非政府組織間海洋機構與團體的聯繫

　　當前，海洋事務已經成為一項國際要務，世界上 200 多個國家之中，有 152 個是沿海國家，這些國家大小不一，發展程度不同，海洋對這些國家的作用雖不相同，但卻是我國突破封鎖，走向世界的橋樑，積極爭取參加海洋有關國際組織及強化與各沿海國家的聯繫交往，設法先參與非政府組織（NGO）的會議，再爭取加入聯合國架構下的國際海洋相關組織或區域性組織，打開屬於福爾摩沙島的無垠天空。

第二章 國際海洋法律規範的沿革與背景

　　自古以來人類就和海洋有密不可分之關係，海洋這塊藍色的領土不但是人類生命的起源，也是創造人類文明的搖籃。人類對海洋價值的瞭解越深刻，開發與運用海洋的動機就越明顯。科技越形發展，瞭解海洋、探勘海洋、運用海洋、管理海洋的行為也日益興盛，這些行為發展的結果，勢必有危及海洋或發生爭端的事件，而且隨著人類開發管理海洋頻度的提升，危害、爭端事件也將日漸增加，為減少海洋危害事件的發生，永續運用海洋，及和平解決海洋爭端事件，國際海洋法律規範必然須因應而生。

第一節　國際海洋法醞釀背景

　　從西元前的 5 世紀，古希臘各王國間的奪權鬥爭中，就已發現海洋的影響，因此，於希臘的古典文學中，記載有「統治海洋」（To Rule the Sea）、「指揮海洋」（To have Command of the Sea）或「成為海上主宰」（To Become Lord of the Sea）的強烈認知。直到西元 2 世紀，在古羅馬時代，醞釀出「海洋自由原則」的概念，海洋漸被視為全人類之公有物，如同空氣般，不能被占有。14 世紀末葉，地圓學說及世界海洋為一整體之理論，使得遠洋航海事業蓬勃發展，引起歐洲大國想瓜分世界海洋的慾望。15 世紀，葡萄牙與西班牙兩國分別對新發現的土地作出主權要求，羅馬教皇亞力山大六世（Pole Alexander VI, 1431~1503）遂利用神權，在大西洋上劃一道子午線作為葡西兩國間行使權利的分界線。葡萄牙對全部印度洋和摩洛哥以南大西洋主張主權，西班牙對太平洋和墨西哥灣主張主權。這種對海洋主權之主張，包括禁止外國船舶通行，以及未經海洋所有國之許可，外國船舶不得捕魚等[1]。葡西兩國壟斷海洋航線的霸道行為，引起部分國家的不滿，荷蘭提出海洋自由來捍衛其海洋權益。

1　趙國材。1998年7月。認識國際海洋法。海軍學術月刊，第29卷，第2期，頁5。

16、17 世紀正是海權興盛的時代,當時的濱海國家如葡萄牙、西班牙、英、法等國,陸上資源不是很豐富,卻懂得發展海上武力,以廣大的海洋爲腹地,艦隊縱橫四海,除掌握海上通道、保護商船外,另亦爲海外殖民前哨的後盾,以成就其偉大的海上霸權,證明海洋文化的無限寬廣性。依據馬漢海權戰略地理思想的核心認爲:海上力量對於一個國家的發展、繁榮和安全至爲重要,任何一個國家或聯盟,其力量足以控制公海,就能控制世界的財富,從而統合全世界。由於地球表面的大陸被海洋所包圍,而且海洋運輸比陸地運輸方便,因此海洋是大自然賜予偉大的交通工具,富有進取的國家必須依靠海洋來獲得海外的原料、市場和基地。所以,一個國家想要成爲世界強國,必須能在海洋上自由行動,並在必要時阻止海上自由貿易競爭[2]。現今,所有海權強國,多以海洋作爲戰場武力投射的前緣,將戰爭遠離其本土外,用以影響其他較爲弱小的國家;相對的,弱小國家想以海洋作爲安全屏障的想法,也因海洋戰略的發展,逐漸變得不可行。換句話說,海洋對於國家權力而言,能夠掌握海權的國家,海洋是邁向富強的通道(Highway);而對沒有海權的國家來說,海洋卻是國家發展的障礙(Barrier)[3]。

自 16 世紀歐洲海權國家向世界海洋開創新的發展時期以來,「領海主權論」(The Principle of Maritime Sovereignty)與「海洋自由論」(The Principle of the Freedom of the High Seas)同時在國際間發展[4]。「海洋自由論」是指公海對各國一律開放,各國享有在公海上航行、捕魚、舖設海底電纜和油管、及上空飛行自由,任何國家不得主張公海部分屬於其主權。

18 世紀英國全力經營海洋,以其強大的海權力量,稱霸並殖民歐、亞、非、美、澳等洲大陸,縱橫全球三大洋,號稱「日不落國」。二次世界大戰,英國與美國並肩作戰,以其海軍兵力,控制大西洋之重要水域,使得德國海軍無法施展,終致打敗德國。太平洋戰區,美國海軍在珍珠港被偷襲後,勵精圖治,發揮國內軍事工業生產之極致,短期間內建構了強大的太平洋及大西洋艦隊,以致能在太平洋與強大的日本海軍聯合艦隊對抗,終於在中途島、西南太平洋及菲律賓海等多次重大海戰中取得勝利,擊燬日本十餘艘航空母艦、巡洋艦戰鬥群之數千艘戰鬥船艦和數千架海軍航空飛機,導致日本聯合艦隊自 1942 年起,因海軍航空飛機及飛行員損傷嚴重,無法迅速補充,喪失海上空中掩護優勢,使日本聯合艦隊僅能躲在日本本島港內及岸基飛機

2　陳力。1990年4月。戰略地理論。北京:解放軍出版社,頁36。
3　黃介正。2002年10月。國家海洋權益之維護與海軍力量之使用。海域管理研討會講義(臺北內政部與國立中山大學海洋政策研究中心合辦),頁I-47。
4　沈克勤。1975。國際法。增訂4版。臺北:學生書局,頁149-204。

能保護到的範圍活動。美國海軍據以切斷日本本土至臺灣、菲律賓、印尼及新幾內亞等占領區補給線，和由麻六甲海峽運送石油等物資至日本本土之海上生命線。美國同時展開中太平洋跨島躍進，由夏威夷至中途島、關島、塞班島、馬里亞那群島、琉球群島，取得可以直接轟炸日本本土之島嶼機場基地後，向日本本土實施多次威嚇性轟炸，導致日本無條件投降，贏得海洋戰爭全面的勝利。

　　二次世界大戰後許多被殖民之國家紛紛獨立，這些第三世界國家逐漸注意到海洋領土及權益的重要性，雖然這些國家在掌握和管理海洋的能力非常有限，但看到在二次世界大戰獲勝的海事強權國家，縱橫海洋，攫取龐大利益，因此彼此結合起來，紛紛主張要求其國家領海之權利，這些第三世界國家領海主張範圍由 6 海浬、12 海浬、24 海浬、甚至於主張超過 200 海浬的國家管轄權。當時新興亞非國家與拉丁美洲國家這些觀念，或多或少因過度擴張，引發與海事強權國家間之利益衝突。海事強權國家希望限縮各沿海國領海範圍在 3 海浬內，以便有更多的公海空間，利於其使用強大的海權實力，攫取海洋利益。由於這些爭執與糾葛，加上科技日益發展，人類大量捕撈海洋生物、探勘海洋資源，破壞海洋環境，為了使人類所賴以生存的海洋，得以永續發展，相關國家在聯合國架構下持續開會協商，終於制定了全球性的「海洋法公約」。

第二節　海洋法公約制定沿革

　　國際法的編纂始自 18 世紀末，惟作為國際法重點領域的海洋法之編纂運動，則整整晚了一個世紀 [5]，從 19 世紀末才揭開了序幕。

一、源起

　　1899 年的第一次海牙和平會議討論「海戰時作戰雙方及中立國應遵守的法律準繩」，歷經第二次會議的修訂，通過了數項公約。與此同時，美國也發布「美國海戰法典」（The U.S. Naval War Code），被認為是海洋法編纂運動的起點 [6]。一些沿海國家也都在此時開始個別制定或議定若干有關海上航行、捕魚、作戰的規則，刺激了國際海洋法的編纂。1930 年 3 月 13 日至 4 月 12 日國際聯盟在荷蘭海牙召開第 1 屆國

5　俞寬賜。2004。國際法新論。臺北：國立編譯館，頁404。
6　*Oppenheim's International Law*, vol. I (ed. by H. Lauterpacht), (8th ed., 1957).

際法編纂會議，以處理國籍、領海、國家責任三大議題，惟未能達成協議。

第二次世界大戰後，由於美國大陸礁層宣言（Proclamation on Continental Shelf）及漁捕政策之發布，沿海各國紛紛提出片面權利主張，引發海權爭奪戰，加以國際聯盟的國際法編纂懸而未決，遂造成海洋法的紊亂。1947 年 11 月 21 日聯合國大會通過決議，設立「國際法委員會」（International Law Commission, ILC），該委員會經數年討論，擬就 73 條海洋法條款公約草案，提出於聯大第 11 屆例會，建議由聯大召開國際會議，研究海洋法問題，訂定國際公約，以供各國遵循。

二、發展沿革

（一）第 1 屆海洋法會議

1958 年聯合國召開第 1 屆海洋法會議，之所以召開是次會議，部分原因即是有些國家，持續地將其主權擴張至當時西方海洋國家所認定之傳統公海領域，也因此而引發諸多國際間爭端，特別是對領海寬度之主張眾國紛紜，有主張 3 海浬者，有主張 6 海浬，更有主張 200 海浬領海者，不一而是。聯合國乃召開第 1 屆海洋法會議，對有關海洋法之議題進行通盤會議檢討，該次會議於 1958 年 4 月 26、27 日第 1307 號決議，依次通過「領海及鄰接區公約」（Convention on the Territorial Sea and Contiguous Zone）、「公海公約」（Convention on the High Seas）、「捕魚與養護公海生物資源公約」（Convention on Fishing and Conservation of the Living Resources of the High Seas ）、「大陸礁層公約」（Convention on Continental Shelf，可見附錄一）[7]，這些公約的制定，使海洋法從習慣法向成文法轉變。然而四大公約基本上是從海洋大國的利益出發，並未解決當時爭議最為激烈之領海寬度問題，國際社會成員對領海寬度仍然持續爭執，致使要求制定一個新而全面的「海洋法公約」，來取代 1958 年通過的四個「海洋法公約」之呼聲越來越大。

（二）第 2 屆海洋法會議

基於 1958 年大會第 1307 號決議，聯合國復於 1960 年召開第 2 屆海洋法會議，此次會議之目的即是希望能確立領海之寬度，此際國際社會成員即有相當大傾向將領

7　該四公約全文，收錄於Ian Brownlie, Basic Documents in International Law 89-123 (4th ed. 1995); Malcolm D. Evans (ed), Blackstone's International Law Documents 63-82 (1991)；中文譯文：丘宏達（編輯）。1984年8月。現代國際法基本文件。臺北：三民書局，頁101-122。

海寬度界定爲 12 海浬，之所以無法將領海寬度確定爲 12 海浬，部分乃源於美國之強力反對，並輔以部分西方海洋強權國家之支持，然而美國所提六加六方案（亦即 6 海浬領海，再加上 6 海浬「毗鄰區」）亦未能獲得通過，卒使領海寬度確定之努力再次失敗 [8]。第 2 次聯合國海洋法會議無功而結束。

　　第 2 屆海洋法會議未能成功將領海寬度設限，使部分原先主張遠大於傳統 3 海浬領海之國家維持原先大於 3 海浬之主張，而部分國家乃更走向極端，並企圖藉由區域國家共同擴張國家管轄權，以資強化該等主張之合法性。1970 年部分拉丁美洲與中美洲國家通過「蒙得維的亞海洋法宣言」（Montevideo Declaration on the Law of the Sea），宣布國家領海爲 200 海浬 [9]；1972 年 10 個加勒比海國家於 6 月 9 日之「聖多明哥宣言」（San Domingo Declaration）中，雖僅將領海外界線界定爲 12 海浬，卻又同時提出 200 海浬寬之「承襲海」（Patrimonial Seas）理念 [10]。此外當時新獨立之非洲國家或許受到拉丁國家實踐之影響，1972 年 8 月由肯亞向「聯合國海底委員會」（Seabed Committee of the United Nations）[11]，提交「關於專屬經濟區的概念條款草案」，將所謂「專屬經濟區」之寬度界定爲 200 海浬；1973 年 9 月 9 日第 4 次不結盟國家和政府首腦會議通過「關於海洋法問題的決議」，認爲在基線起不超過 200 海浬的國家管轄權內，「沿海國有行使開發自然資源和維護本國人民的其他有關權利」[12]，此際各類擴張沿岸國管轄權之概念與主張逐一浮現。當然所謂「承襲海」、

8　第2屆海洋法會議英國與美國所提希望確認國家管轄權範圍的6海浬領海寬外加6海浬毗鄰魚區之議案，以1票之差，並未達到的2/3票數（54票贊成，28票反對，5票棄權）。當時美國極力反對將領海擴張至12海浬，因而乃接受此折衷方案，有關此次會議就領海寬度之投票與開會過程，請參考：Michael Akehurst, A Modern Introduction to International Law 175-176 (6th ed. 1987)；較完整資料，請參閱 Arthur H. Dean, *The Second Geneva Conference on the Law of the Sea*, 54 Am. J. Int'l L. 751-789 (1960)。1960年第2屆海洋法會議僅通過兩項決議：一爲呼籲各國應當技術支援開發中國家漁撈技術，另一爲要求聯合國大會提撥經費印刷該次會議紀錄。見：Ann L. Hollick, U.S. Foreign Policy and the Law of the Sea 158 (1981)。

9　「蒙得維的亞海洋法宣言」於1970年5月8日通過，參與國家有阿根廷、巴西、智利、厄瓜多爾、薩爾瓦多、巴拿馬、秘魯、尼加拉瓜、烏拉圭等國，文件原爲西班牙文，英譯本：64 Am. J. Int'l L. 1021 (1970)；*also in* Division for Ocean Affairs and the Law of the Sea (Office of Legal Affairs), The Law of the Sea: Exclusive Economic Zone, Legislative History of Articles 56, 58 and 59 of the United Nations Convention on the Law of the Sea 4-6 (1992); UN Sales No.E.92.V.8；中譯本：何春超（等編）。1988年6月。國際關係史資料選編——1945-1980修訂本。北京：法律出版社，頁468-470。

10　何春超（等編），前揭註9，頁470-473。

11　「海底委員會」，全稱「和平利用國家管轄範圍以外床洋底委員會」，曾是聯合國討論海底問題的專門機構，有關簡述，請參考：李紅雲（著），海底委員會。1996年5月。中華法學大詞典：國際法學。北京：中國檢察出版社，頁255-256。另請參考：陳德恭（著），前揭註3，頁17-23。

12　王鐵崖（主編）、王可菊（著）。1996年5月。二百海浬海洋權。中華法學大詞典：國際法學卷。北京：中國檢察出版社，頁116。另外可再參考：陳德恭（著），前揭註3，頁120-122。不結盟國家首腦會議有關海洋法的宣言和決議，中譯文：何春超（等著），前揭註9，頁479-482。

「專屬經濟區」、「200 海浬國家管轄區」等概念，與傳統所謂領海概念並不全然相同，而當時新興亞非國家與拉丁美洲國家亦將該等觀念或多或少設法與領海概念相區分，以避免因過度擴張引發與海洋強權國家之直接衝突。

1968 年 12 月 21 日，聯合國大會通過設立「和平利用國家管轄範圍以外海床洋底委員會」（Committee on the Peaceful Uses of the Seabed and Floor Beyond the Limits of National Jurisdiction），負責研究國際海床制度問題。從此，人類開始推動建立新的海洋秩序。1970 年，聯合國大會通過了「關於國家管轄範圍以外海床洋底及其底土的原則宣言」，宣布國際海底為人類共同繼承財產。聯大決定召開第 3 次聯合國海洋法會議。

上述一連串的動作，為「聯合國海洋法公約」（United Nations Convention on the Law of the Sea, UNCLOS）的制定，提供推進的力量。

（三）聯合國海洋法公約的訂定

第 3 次聯合國海洋法會議自 1973 年 12 月 3 日開始舉行，歷時 9 年，共開了 11 次會議，於 1982 年 12 月 10 日在牙買加的首都蒙特哥灣（Mantego Bay）簽署了「聯合國海洋法公約」（以下簡稱「公約」）（附錄二）。「公約」分 17 個部分，共有 320 個條款，並設有 9 個附件，「公約」對所有海洋法問題均做了規定，為人類在海洋的活動，提供了基本的法律框架，建立了新的海洋秩序，既編纂了海洋法的習慣規則，也反映了海洋法的新發展。「公約」的主要特點是根據各國利用海洋及其資源的不同利益，對占地球表面總面積約 71% 的海洋，確立了國家管轄範圍的海域與國家管轄範圍以外的海域兩大不同的管轄海域制度。為了總體上確保各國不同利益的微妙平衡，「公約」設立了不同功能的海洋區域以及各國在各個區域不同的權利和義務。從內容和範圍看，「公約」在國際海洋法的發展史上是最全面和最完整的。因此，一般均稱「公約」為「海洋憲法」。

（四）聯合國海洋法公約的生效

「聯合國海洋法公約」歷經 6 年之籌備期間與 8 年（1973～1982）之複雜與冗長談判[13]，終於在 1982 年 12 月 10 日正式通過。根據公約第 308 條之規定：「本公約

---

13 有關整個1982年「海洋法公約」之談判過程，請參考：Tommy T.B. Koh & Shanmugam Jayakumar, *The Negotiating Process of the Third United Nations Conference on the Law of the Sea*, in 1 United Nations Convention on the Law of the Sea, 1982: A Commentary 29-134 (Myron H. Nordquist ed., 1985)。中文資料請參考：陳德恭。1988年8月。現代國際海洋法。北京：中國社會科學出版社，頁17-30。

應自第六十份批准書或加入書交存之日後 12 個月生效」，通論雖認為該公約必將成立生效，然至於何時生效則無人敢預言。其後復經 12 年之批准與爭議，反覆波折，終在 1993 年 11 月 16 日非洲國家「蓋亞那」（Guyana）交存第六十號批准書後，才塵埃落定，該公約於 1994 年 11 月正式生效[14]。

　　然縱有 60 個簽署國（或加入國）並不當然代表該公約必為國際社會所廣泛接受，蓋該公約曾為西方主要強權國家所集體杯葛，僅有少數西方國家支持，比如冰島、澳洲等（此即所謂海洋法公約之友），至於正式批准與加入之國家大多為第三世界國家。換言之，「公約」雖有眾多簽署國，然而批准國與加入國則相對稀少，更重要的是批准國（或加入國）中，大部分為第三世界之發展中國家，而「公約」部分條文之實施，必須要有相當數額之資金始可竟其功，而該等資金之籌措，依據公約之規定，必須由條約締約國來分攤，對第三世界國家而言，於財政上顯然難以承擔，此外因國際局勢之變遷，政治上，東西冷戰結束，共產主義國家集團崩潰，社會主義制度勢微，西方國家所主導的市場經濟原則乃轉而專擅其場，先前國際海床開發機制（「公約」第 11 部分）之濃厚社會主義與「新國際經濟秩序」（New International Economic Order, NIEO）色彩，失其奧援，於此政治與經濟雙重壓力下，先前已然加入或批准「公約」之相關國家乃不得不對西方主要工業國家就該公約第 11 部分讓步，於 1994 年通過新協議修改 1982 年「海洋法公約」相關部分，重新建構並大幅修改國家管轄權外國際海床開發制度，亦因如是，西方主要工業國乃逐漸表達意願批准或加入該公約，至 1995 年底，已有 83 個國家批准，包括有德國與義大利等西方工業國家[15]，而美國總統亦於 1994 年底將該公約送交美國參議院，依美國憲法程序尋求參議院之「意見與同意」（Advise and Consent）[16]。

　　公約於 1994 年 11 月 16 日生效後，截至 2016 年，簽署締約國已達 168 個國家（附

14 D.H. Anderson, *Legal Implications of the Entry into Force of the UN Convention on the Law of the Sea*, 44 Int'l & Comp. L.Q. 313, 313 (1995) (hereinafter D.H. Anderson, *Legal Implication*). 根據聯合國資料，至 1997年11月3日止，1982年「海洋法公約」已有122個國家或實體批准（加入或繼承）該公約，見：Division for Ocean Affairs and the Law of the Sea (DOALOS), *Status of the United Nations Convention on the Law of the Sea of 10 December 1982 and of the Agreement Relating to the Implementation of Part XI of the Convention adopted by the General Assembly on 28 July 1994*, (last modified 3 November 1997), http://www.un.org/Depts/los/stat2los.txt。

15 George Galdorisi, Comment, *The United States Freedom of Navigation Program: A Bridge for International Compliance with the 1982 United Nations Convention on the Law of the Sea?*, 27 Ocean. Dev. & Int'l L. 399, 399 (1996).

16 該文件，見：*President's Transmittal of the United Nations Convention on the Law of the Sea and the Agreement Relating to the Implementation of Part XI to the U.S. Senate With Commentary, reprinted in* 34 Int'l L.M. 1393-1447(1995)。

錄三）。美國是尙未簽署公約的主要國家。但美國已默認這些條款爲國際慣例。公約普獲世界各國的接受，更重要的是，絕大多數國家承認公約反映了現代海洋法，是國際海洋現代化的一項重大成就和劃時代的標誌。

第三節　海洋法公約規範內涵

「海洋法公約」正文有 320 條，另加 9 個附件有 125 條，總共 445 條，是人類有史以來最長的條約。不只將既存習慣國際法予以成文化，並創設諸多新概念，其內容幾乎涵蓋海洋法所有層面的問題，也主導了海洋法的發展趨勢，故有「海洋憲法」之稱。公約建立的基本海洋法制度包括 [17]：

一、公約確定了 12 海浬領海寬度，並同時確保了其他國家在沿海國領海內的無害通過權；

二、公約允許沿海國爲開發海洋資源、保護海洋環境及管理海洋科學研究等目的設立 200 海浬專屬經濟區，但不得限制其他國家在該區域的合法活動；

三、公約建立了基於自然延伸原則的大陸礁層制度，規定了結合科學標準、地質標準及距離標準確定大陸礁層外部界限的方法，設立了解決 200 海浬外大陸礁層外部界限的大陸礁層界限委員會，並對 200 海浬外大陸礁層資源的利益分享問題作了規定；

四、公約對國家管轄範圍以外的海床洋底建立了專門的國際開發制度，並設立了國際海底管理局以管理作爲「人類共同繼承財產」的國際海底區域及其資源；

五、公約確認了航行自由、飛越自由及捕魚自由等傳統的公海自由原則，並根據科學技術的發展補充了新的公海自由原則，但同時又對公海生物資源的養護和管理作了專門規定；

六、公約確保了各國的船舶和飛機在世界上各群島水域和用於國際航行的海峽不受阻礙地航行或飛越的權利，同時對群島國制度和海峽沿岸國的權利作了規定；

七、公約在擴大沿海國權利的同時，也確保了內陸國出入海洋的權利；

八、公約確立了進行海洋科學研究和海洋技術轉讓的規則；

九、公約對海洋環境的保護和保全作了全面的規定，使各國承擔了保護海洋免受各種污染源污染的義務；

17 劉振民。2002年。海洋法基本文件集。北京：海洋出版社。

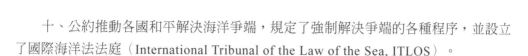

　　十、公約推動各國和平解決海洋爭端，規定了強制解決爭端的各種程序，並設立了國際海洋法法庭（International Tribunal of the Law of the Sea, ITLOS）。

第四節　海洋法公約生效後的發展

　　自從「聯合國海洋法公約」簽訂以後，國際海洋法還在不斷地發展，主要表現於三個方面：

一、國際海底開發制度的發展

　　公約第 11 部分雖確立了國際海底區域及其資源的開發制度，但由於美、英、德等重要工業國家的拒絕接受，對於公約的生效和執行均產生負面的影響。隨著冷戰結束，1990 年 7 月，當時的聯合國秘書長發動了一項非正式的磋商，4 年後，聯大於 1994 年 7 月 28 日通過了「關於執行 1982 年 12 月 10 日『聯合國海洋法公約』第 11 部分的協定」。該協定第 2 條規定，公約和協定應作為單一文書來解釋和適用；如果協定和公約第 11 部分有任何不一致的情況，應以協定的規定為準。由此可見，協定已使公約第 11 部分與附件三（探礦、勘探和開發的基本條件）及附件四（企業部章程）的許多條款不再適用或得以補充，因而使依公約訂立的國際海底開發制度發生了重大變化，事實上是對公約作了重大修改。該協定的效應，促使公約於 1994 年 11 月 16 日生效。協定於 1996 年 7 月 28 日生效後，國際海底開發制度得以進一步的發展。先是成立「國際海底管理局」（International Seabed Authority），經過數年努力，於 2000 年 7 月 13 日通過「區域內多金屬結核探礦和勘探規章」，依照該規章，一些國家已與國際海底管理局簽訂了勘探合約，從而使國際海底開發制度開始運作。2001 年 7 月，管理局已開始討論新資源勘探規章的制定工作。

二、公海漁業制度的發展

　　1958 年聯合國第一屆海洋法會議，通過「捕魚及養護公海生物資源公約」（Fishing and Conservation of the Living Resources of the High Seas），當時環保意識並非國際社會思潮主流，因而 1958 年所通過之條約自有其侷限，1958 年之「捕魚及養護公海生物資源公約」之規範內容顯然仍多所不足，蓋該公約限於公海上之生物

資源之養護，檢視其條文，該公約僅要求捕魚國家「注意到」（Pay Regard to）沿海國之利益與權利，條文本身即容許有相當大地解釋空間，且無任何強制機制與措施能有效確保捕魚國必履行上述義務。

公約將過去漁業資源保育呼聲與主張，藉由 200 海浬之專屬經濟區，將全球90% 以上之魚類資源置於沿海國之管轄權內，因而此一階段公海之漁業資源爭奪因公約之通過而達到新的安定。

自公約通過以來，公海漁業制度的發展有三個方面：

（一）限制捕撈

20 世紀 90 年代初，由於出現了對公海漁業資源過度捕撈的情況，1989 年人類自海洋所捕撈漁獲達 8,600 萬公噸，為歷史上最高產量 [18]，往後雖然撈捕技術改進，投資成本加高，不僅單位生產成本持續高漲，且總體漁獲量增加仍非常有限，甚至於部分年分內持續下降，人類乃普遍意識到海洋資源之有限性，甚至連「專屬經濟區」之設，亦難以挽救魚類資源日益枯竭之危機。1992 年聯合國秘書處提出有關公海漁業養護問題即明白指出，對沿岸國而言，就洄游於200 海浬外「跨界魚種」（Straddling Stocks）與高度洄游魚種之養護，若不能就 200 海浬外之「公海」採取管理措施，則任何 200 海浬內之養護措施均無所助益 [19]。此種對公海漁捕必須加以規範之趨勢，似乎已成為國際社會成員日益形成之共識，少數海洋強權之公海漁捕國家業難以抗拒。因而乃於 1993 年 7 月 12 日到 30 日，紐約聯合國總部召開「聯合國跨界魚類種群與高度洄游魚類種群會議」第 1 次會議，其後共歷經 6 次會議，於 1995 年 8 月 4 日通過「執行 1982 年 12 月 10 日『聯合國海洋法公約』有關養護和管理跨界魚類種群和高度洄游魚類種群規定的協定」（Agreement for the Implementation of the Provisions and Management of Straddling Fish Stocks and Highly Migratory Fish Stocks，以下簡

---

18 *The Grim Sweepers*, Time [International], Oct, 28, 1996, at 40. 根據國際糧農組織所提1996年版《世界漁業及養殖業狀況：簡要》，1994年世界漁業總產量為1億960萬噸，1995年估計值約1億1,230萬噸，然而此種增加並非來自海洋捕撈，大部分來自養殖業之生產，而海洋捕撈之漁獲，1995年約有9,100萬噸，見：FAO Fishery Department, *The State of World Fisheries and Aquaculture (SOFIA)-1996, Summary*, (last visited on 29 August 1997), *available in* http://www.fao.org/waicent/faoinfo/fishery/publ/sofia/sffflyef.htm。另可參考：劉燈城（譯）。民國86年10月。ＦＡＯ第二十二屆水產委員會概要。國際漁業資訊，第59期。基隆：國立臺灣海洋大學，頁53。

19 Division for Ocean Affairs and the Law of the Sea, UN Office of Legal Affairs, The Regime for High-Seas Fisheries: Status and Prospects 21; para. 62 (1992); UN Sales No. E.92. V.12.

稱做「跨界魚種協定」）**20**，本「跨界魚種協定」明文表示立法之目的在「藉由公約之有效施行，確保對相關漁種之養護」（第 2 條）；並明定「跨界魚種協定」之適用範圍得外延至 200 海浬外之公海水域（第 3 條）；第 5 條則要求締約當事國，不論是沿海國或進行漁捕之國家，「應當」（shall）合作採取措施，共同養護高度洄游魚種與跨界魚種，以確保該等漁類「遠程持續可產量」（Long-term Sustainability）；至於第 6 條則特別值得注意，因為該條文明確揚棄過去之「合理使用」原則，對公海漁業資源之養護。該協定是全面規範公海捕魚的一項文件，已於 2001 年 12 月 11 日生效。其特點是：從保護海洋生態系統出發，要求各國對公海漁業管理和專屬經濟區漁業管理均採用「預防性辦法」；從可持續利用漁業資源出發，要求沿海國和遠洋捕魚國採取「合作辦法」以共同養護和管理有關漁業資源；從管理的角度出發，要求各國通過區域管理機制以解決捕撈限額問題，「跨界魚種協定」關於養護和管理漁業資源的規定雖然比較原則化，但相當全面性，是迄今關於公海漁業問題最全面的公約。

（二）養護和管理海洋生物資源

　　為了對付日益嚴重在公海上的非法、未報告和無管制的捕魚活動和鼓勵負責任的漁業，聯合國糧食及農業總署於 1993 年制定「促進公海漁船遵守國際養護和管理措施的協定」，1995 年 10 月制定「負責任漁業行為守則」（Code of Conduct for Responsible Fisheries），1999 年 2 月制定「管理捕撈能力國際行動計畫」

---

20 A/CONF.164/37 of 8 September 1995, *reprinted in* 34 Int'l L.M. 1547-1580 (1995). 中文見：丘宏達（編輯），參考文件，前揭註38，頁281-312。根據資料，至1997年8月25日止，本協定共有59個簽署國，其中14國已批准該協定，見：Division for Ocean Affairs and the Law of the Sea (DOALOS）, *Status of the Agreement for the Implementation of the Provisions of the United Nations Convention on the Law of the Sea of 10 December 1982 Relating to the Conservation and Management of Straddling Fish Stocks and Highly Migratory Fish Stocks,* (last modified 25 August 1997), http://www.un.org./Depts/los/los 164st. html。有關該協定之談判過程與爭議事項，請參考：David A. Balton, *supra note 20,* at 135-43; Moritaka Hayashi, *United Nations Conference on Straddling Fish Stocks and Highly Migratory Fish Stocks: An Analysis of the 1993 Sessions,* in Ocean Yearbook : Volume 11 20-45 (Elisabeth M. Borgese et al. Eds, 1994); André Tahindro, *Conservation and Management of Transboundary Fish Stocks: Some Comments in Light of the Adoption of the 1995 Agreement for the Conservation and Management of Straddling Fish Stocks and Highly Migratory Fish Stocks,* 28 Ocean Dev. & Int'l L. 1-58 (1997); Lawrence Juda, *The 1995 United Nations Agreement on Straddling and Highly Migratory Fish Stocks: A Critique,* 28 Ocean Dev. & Int'l L. 147-166 (1997); Olivier Thébaud, *Transboundary Marine Fisheries Management: Recent Developments and Elements of Analysis,* 21 Ocean Pol'y 237-253 (1997)。至於該協定對我國之可能影響，請參考：胡念祖。民國84年8月24日。國際間加強管理高度洄游及跨界魚群趨勢對我國遠洋漁業影響之研究。聯合國跨界高度洄游魚類種群會議說明會資料。高雄：高雄市政府建設局漁業處，頁6-37。李健全（等著）。民國84年12月。我國漁民生計與兩岸關係：從一九九五年聯合國新海洋法漁業公約談起——電臺座談會記錄。臺北：財團法人國家發展研究基金會，頁11-18、24-30。

（International Plan of Action for the Management of Fishing Capacity），「在延繩釣捕魚中減少附帶捕獲海鳥國際行動計畫」（International Plan of Action for Reducing Incidental Catch of Seabirds in Long line Fisheries）及「養護和管理鯊魚國際行動計畫」（International Plan of Action for the Conservation and Management of Sharks）。2001 年，該組織還通過「預防、阻止和消除非法、未報告和無管制捕撈活動國際行動計畫」（International Plan of Action to Prevent, Deter and Eliminate Illegal, Unreported and Unregulated Fishing），以補強現有國際文書在處理非法、未報告和無管制漁撈活動方面效果不佳的問題。

（三）區域漁業管理機制

1958 年「公海公約」與「捕魚及養護公海生物資源公約」對漁業資源養護與管理原本採所謂「合理使用」（Reasonable Test）或「適當顧及」（Due Regard Test）原則，對捕魚國之義務要求內容並不明確，更缺乏有效強制執行機制。1995 年「跨界魚種協定」第 3 部分「關於跨界魚類種群和高度洄游魚類種群的國際合作機制」則由第 8 條到第 16 條之條文所組成，再加上第 5 部分（船旗國的義務）與第 6 部分（遵守與執法）建構跨界魚種養護之執行機制，對傳統公海自由漁捕衝擊亦大，蓋由該等相關條文發現，當特定洄游魚類或跨區魚種涉及多國時，則應努力建立起所謂「區域漁業組織」（Regional Fisheries Organizations）與「分區域漁業組織」（Sub-regional Fisheries Organizations）來統籌處理相關養護與管理事宜，對於新魚種之捕撈，有面臨過渡捕撈魚種之養護與管理，均將逐步趨向完整與制度化，總計「跨界魚種協定」此部分之規範對傳統國際海洋法有關公海漁捕自由大幅修改，至少會有下列相關變動：1. 僅有區域或分區漁業組織之會員國才能於特定傳統公海水域捕撈特定魚種，2. 會員國有義務授權區域或分區域漁業組織架構下之執法船舶，在公海上登臨檢查會員國漁船是否違反相關魚類養護與管理措施或法規；3. 會員國對懸掛其國旗之漁船雖仍有最優先之管轄權，如船旗國若不允許區域漁業組織會員國執行管轄權，則有義務對違規漁船進行調查、起訴。

目前在世界各大洋及南極洲均已建立區域漁業管理組織。這些組織已成為遠洋捕魚國和沿海國以合作方式共同管理漁業資源的主要管道，且構成現代海洋秩序的重要組成部分。

三、海洋環境保護制度的發展

國際社會成員早已意識到海洋環境（特別是生物資源）保護，與人類生活環境息息相關。1958 年聯合國第 1 屆海洋法會議時，當時環保意識尚未爲主流思潮，仍能通過「捕魚及養護公海生物資源公約」（Fishing and Conservation of the Living Resources of the High Seas），雖當時環保意識非國際社會主流思潮，因而 1958 年所通過之條約自有其侷限。第 1 屆與第 2 屆聯合國海洋法會議結束後不久，國際社會接連發生數件重大海洋污染事件，油輪漏油污染事件相繼發生，不同型態與來源之海洋污染事故，亦使國際社會成員怵目驚心。迫使國際社會成員意識到，不論是從實際需要上或法理完整考量，均必須在第 3 屆聯合國海洋法會議對海洋污染問題爲更廣泛與完備之規範，公約第 12 部分乃有海洋環境的保護與保全專責條款，計有第 192 至 237 條用以規範海洋污染事務。

公約各國有「保護和保全海洋環境之義務」（第 192 條）。爲履行該義務，沿海國「應」（Shall）制定法律和規章，以防止、減少和控制陸地來源污染，各國亦應採取其他必要措施，以防止、減少和控制陸源污染（第 207 條），此外亦應制定法律或規章來防止、減少和控制因開發其管轄權下海床底土之污染（第 208 條），此種應制定法律或規章之義務尚擴及因傾倒所引發之污染（第 210 條）、來自船隻之污染（第 211 條）、來自大氣層或通過大氣層之污染（第 212 條）。當然相關國家在制定法律、規章或採取必要措施時並非完全不受拘束，該等法規應當不低於國際規則、標準和建議的辦法及程序（第 208 條第 3 項、第 210 條第 6 項）。雖然有如是繁雜之條文，然爲保護國際海洋環境而言，上述公約之規定仍僅能稱是相當綱要式之規範。

公約雖對保護全球海洋環境定有明文規範，倘若沿海國或相關國家仍欠缺執法意願，或是不具有澈底執法之能力，而國際海洋環境仍持續惡化，則相關國際組織或（分）區域組織，不免將藉由相關組織或區域內國家之力量來壓迫相關國家澈底執法，甚至將越俎代庖，由相關國際組織或（分）區域組織於相關之海域內進行執法工作。隨著 1992 年地球環境高峰會後，近年來海洋環保更加受到重視，主要有三方面：

（一）立法保護海洋環境

國際海事組織制定一系列關於防止和制止船舶污染海洋的新文件，內容涉及提高船舶技術和安全標準、提高油污損害的賠償限額等，以達保護海洋環境的目的。此外，該組織爲加強對傾倒廢物引起的海洋污染的控制，制定「關於『防止傾倒廢物及

其他物質污染海洋公約[21]』的 1996 年議定書」，確立了比「倫敦公約」更嚴格的控制海洋傾倒污染的制度。

（二）防止陸源活動污染海洋

聯合國環境規劃署於 1995 年 11 月制定了「保護海洋環境免受陸地活動影響的全球行動綱領」（Global Programme of Active on Protection of the Marine Environment from Land-Based Activities），以防止陸源活動污染海洋。

（三）規範各國海上活動與立法

聯合國環境規劃署主持制定了 39 個區域性海洋環境保護公約和議定書，覆蓋範圍廣泛，對規範各國的海上活動和推動海洋法的發展，產生一定作用。

從上述國際海底開發、公海漁業、海洋環境保護三個制度的發展可見，從「聯合國海洋法公約」簽訂後，20 餘年來，國際海洋法的發展出現兩個特點：一是區域化：區域海洋環境保護制度和區域漁業制度的發展尤其快速，已經覆蓋了絕大部分海域，並發揮了重要作用。二是單一性：已制定的有關海洋法的文件主要侷限於處理某個特定領域的問題，綜合性的海洋法文件較少[22]。

過去數十年間，國際海洋法已然經歷重大變革，海洋法的確是在持續變動中，且尚未終止。整個海洋新秩序並未因 1982 年「海洋法公約」之通過而平靜無波；亦未因 1994 年「新海床協定」與 1995 年「跨界魚種協定」之通過而停滯不前，與一切法律制度相同，會隨其所欲規範社會之需要，而持續轉變與調整，國際海洋法當然亦將隨整個國際社會成員之要求與期待而持續演化。吾人僅能觀察到，「至目前為止」可得之結論是：環境保護意識有其深遠影響，並將持續扮演重要角色、國家管轄權持續擴張、「人類共同繼承財產」理念幾乎全然架空，工業國家之自由市場經濟原則主張成為指導原則、魚類資源搶奪日熾、科技成為重要影響因素、國際海洋爭端司法扮演角色日益吃重。

---

21 1972年「防止傾倒廢物及其他物質污染海洋公約」（Convention on the Prevention of Marine Pollution by Dumping of Wastes and Other Matter）又被稱為「倫敦傾倒公約」或直接簡稱為「倫敦公約」。

22 劉振民。2005。海洋法的新發展。國際海洋法的新發展。北京：海洋出版社，頁25。

第三章
我國海洋法制與海域疆界

　　1982 年 4 月 30 日第 3 屆聯合國海洋法會議投票通過了有「世界海洋憲法」之稱的 1982 年「聯合國海洋法公約」，該公約是由全球 164 個國家經由 9 年時間（1973 年 12 月至 1982 年 12 月）的長期努力，在大致平衡各國之利益下，所形成的國際成文立法。該公約自 1994 年 11 月 16 日正式生效。1982 年「聯合國海洋法公約」的制定過程，除在人類文明史上具有重大意義外，公約本身的總體性（Comprehensiveness）更具有特殊的意義。

　　「聯合國海洋法公約」將海洋視為一個整體，並針對所有人類在海洋上的活動與使用，及對所有國家在海洋上所享之權利與應盡之義務加以規範。「聯合國海洋法公約」的出現，不僅創造了世界海洋上新的法律體制（Legal Regime），並促使所有海洋國家重新對其在海洋上的活動與利用加以檢視，亦促使所有海洋國家將海洋視為一個整體，探討並建構其立法與行政體系。

　　中華民國（以下簡稱我國）自 1971 年退出聯合國後，因處境特殊，無法出席第 3 屆聯合國海洋法會議及參與制定，是以不僅 1982 年「聯合國海洋法公約」的談判歷程無法參與，亦被排除對該公約行使簽署、批准或加入之機會與權利。但鑒於該公約在國際海洋上的重要地位，我國仍然願意尊重該公約的基本精神與文字，並踐行該公約已然成為習慣國際法之部分，同時依據該公約之規範，主張我國在海洋上的權益，並在國內的行政組織及法律架構上有所回應。

第一節　我國海洋法制發展

　　我國行政部門在處理國家海域立法的努力可回溯到 1979 年 10 月 8 日，前總統蔣經國為回應菲律賓建立 200 海浬專屬經濟區之宣告[1]，而以（68）臺統（一）義字

1　菲律賓建立200海浬專屬經濟區之總統令全文，請參見Myron H. Nordquist and Choon Ho Park, eds.,

第 5046 號令宣布行政院所提報領海「擴充為 12 海浬並設立 200 海浬為經濟海域」「准照案實施」[2]。惟該項總統令係依照動員戡亂時期臨時條款第 4 項之規定而作，總統令未依憲法第 37 條「總統依法公布法律，發布命令，須經行政院長之副署」而有行政院長之副署，亦非依據憲法第 43 條所發布之緊急命令。當動戡時期結束，臨時條款廢止時，所有以動戡時期臨時條款為法源之法律全部失效時，總統之命令是否仍然有效，在法律上實有疑義，故乃有正式進行國家海域立法之作為。

內政部於 1989 年 6 月經行政院核定「研討我國領海基點基線、經濟海域暨領海法工作計畫」後，成立專案小組及工作小組，開始進行兩部海域立法的研擬起草工作，並先期研擬起草海域二法之條款草案，經 29 次專案工作小組會議，研議完成二法草案及領海基點基線草案。

行政院版本之兩部海域立法草案於 1992 年 5 月 21 日經行政院第 2280 次會議決議「修正通過，送請立法院審議」。立法院於同年 6 月 12 日即交付審查，直至 1995 年 11 月 2 日立法院第 2 屆第 6 會期，始由內政及邊政、外交及僑政、經濟等 3 委員會召開第 1 次聯席審查會議，內政部長等行政官員列席說明，但該次會議因不足法定出席人數以流會收場。

立法院第 1 次委員會聯席會議開始真正審查海域立法草案時，已是 1996 年 5 月 27 日，離行政院提出草案送立法院審議已事隔 4 年。在此之前，民進黨籍立委林濁水等 25 人擬具不冠國號之「領海及鄰接區法草案」於 1995 年 12 月 5 日交付審查。遂後各黨籍立委紛紛提出不同版本草案送審，可謂盛況空前[3]。

North America and Asia-Pacific and the Development of the Law of Sea: Treaties and National Legislation, (N.Y.: Oceans Publications, Inc., 1981), Binder 1, The Philippines, pp.18-19。此一總統令於 1979 年 5 月 30 日生效。

2 行政院於 1979 年 9 月 6 日（星期四）上午之行政院院會通過領海為 12 海浬，經濟海域為 200 海浬案，行政院長孫運璿表示「是為了保護我國海洋資源和遠洋漁業，至於經濟海域與鄰國重疊地區，我國政府願意與有關國家協商解決」。請參見聯合報，1979 年 9 月 7 日，第 1 版。菲律賓所主張並建立之 200 海浬專屬經濟區向北之外界限已達臺灣中部，使得臺中梧棲以南之我國海域全部落入菲屬之 200 海浬專屬經濟區，為平衡菲方主張並取得談判的國內法基礎，我國亦必須宣布建立 200 海浬專屬經濟海域。

3 新黨籍立委陳癸淼等 21 人擬具「中華民國領海及鄰接區法草案」於 1996 年 5 月 28 日交付審查；1996 年 6 月 7 日院會復將新黨籍立委傅崑成等 37 人擬具之「中華民國領海及鄰接區法草案」交付審查；國民黨籍立委陳鴻基等 35 人擬具單一立法體制之「中華民國海域法草案」於 1996 年 6 月 25 日交付審查；新黨籍立委傅崑成等 26 人擬具「中華民國專屬經濟海域及大陸礁層法草案」；新黨籍立委陳一新等 40 人擬具「中華民國領海及鄰接區法草案」於 1996 年 10 月 11 日復經院會決議交付審查；新黨籍立委陳一新等 33 人擬具「中華民國專屬經濟海域及大陸礁層法草案」於 1996 年 10 月 22 日交付審查。至此，海域立法草案共有領海部分 5 案，專屬經濟海域部分 3 案，單一綜合立法 1 案。這些草案中，依黨籍區分，國民黨籍版本部分（包括行政院版本）3 案、民進黨籍版本 1 案、新黨籍版本 5 案。

　　這些海域立法草案歷經立法院 3 委員會 5 次聯席會議審查，再經院會二讀與三讀程序，終於完成立法，離行政院提出其草案版本送請立法院審議之時，共歷時 5 年之久。兩個海洋基本法，「中華民國領海及鄰接區法」及「中華民國專屬經濟區及大陸礁層法」於 1988 年 1 月 21 日分別以華總（一）義字第 871000340 號令及華總（一）義字第 8700010350 號令公布施行。兩部海域立法中均有對各該法所欲建立之國家海域的寬度或地理範圍給予規定，並明定其「法律地位」。譬如，領海及鄰接區法第 3 條主張 12 海浬寬之領海，第 3 條明示中華民國主權及於領海、領海之上空、海床及其底土；同法第 14 條主張領海外側至距離基線 24 海浬間之海域為鄰接區，第 15 條則明定中華民國在鄰接區內擁有立法管轄權；專屬經濟海域及大陸礁層法第 2 條主張領海外側至距離領海基線 200 海浬間之海域為專屬經濟海域，而領海以外依我國陸地領土自然延伸至大陸邊外緣之海底區域為我國之大陸礁層，同法第 5 條則明文宣示我國在專屬經濟海域及大陸礁層享有之主權權利與管轄權。

　　此二海域立法中均對我國海域外界界線之訂定與公布，訂有「得分批公告之」的規定（領海及鄰接區法第 5 條、專屬經濟海域及大陸礁層法第 3 條）。此一規定乃是為了回應海峽兩岸分立分治的政治現實。1998 年 12 月 31 日行政院院會第 2610 次會議通過內政部所劃定的「第一批領海基線、12 海浬領海及 24 海浬鄰接區的外界線」。1999 年 2 月 10 日行政院正式以臺 88 內字第 06162 號函知內政部，並在同日以臺 88 內字第 06161 號令公告，同日發布於行政院公報第 5 卷第 6 期第 36 頁及第 37 頁。

第二節　我國的海域疆界

　　我國東臨日本、北臨兩韓、西臨中華人民共和國與越南、南臨菲律賓，與我國相鄰或相向國家均陸續批准及加入 1982 年「聯合國海洋法公約」，我國則基於國際政治現實，至今仍無法加入該公約。然而海域劃界是國際間共同事務，我國與日、菲海域界線急待解決，符合「海洋憲法」規範的海域疆界主張，格外重要。我國海域疆界在 1988 年 1 月 21 日「中華民國領海及鄰接區法」（附錄四）及「中華民國專屬經濟海域及大陸礁層法」（附錄五）通過後，1999 年 2 月 10 日正式公告相關基點、基線、外界線及範圍，分述如下：

一、領海基線、領海外界線

行政院於 1999 年 2 月 10 日臺 88 內字第 06161 號令公告「中華民國第一批領海基線、領海及鄰接區外界線」，範圍含臺灣本島及附屬島嶼、東沙群島、中沙群島及南沙群島等四區域，制定成表，註明公告區域、基線編號、基點名稱、地理坐標、迄點編號及基線種類，並附圖標示界線範圍[4]（圖 3-1）。有關南沙群島、西沙群島、金馬地區等其他海域，則暫不公布。「臺灣本島及附屬島嶼」之領海基線，依「中華民國領海及鄰接區法」第 4 條：中華民國領海基線之劃定，採用以直線基線為原則，正常基線為例外之混合基線法。

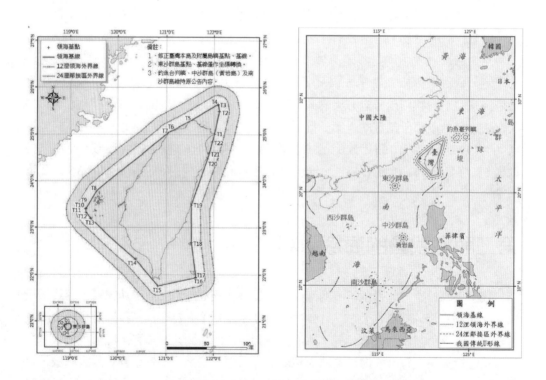

圖 3-1　中華民國第一批領海基線、領海及鄰接區外界線圖

4　參見內政部地政司全球資訊網地政問答錦囊方域類問一：http://www.moiland.gov.tw/html_file/faq_file/faq_page.htm。2001 年 9 月 5 日。

　　基點編號自 T1 至 T22，附屬島嶼 —— 棉花嶼（T2、T3）、彭佳嶼（T4、T5）、翁公石（T9）、花嶼（T10、T11）、貓嶼（T12）、七美嶼（T13）、琉球嶼（T14）、七星岩（T15）、小蘭嶼（T16、T17）、飛岩（T18）、米島（T21）、龜頭岸（T22），與臺灣本島基點採直線基線，除 T8（大牛欄西岸）至 T9（翁公石）之直線基線長度為 109.5 海浬，餘皆未超過 100 海浬。蘭嶼與臺灣本島間之海域，蘭嶼至出風鼻最近距離約 32.9 海浬（超過 24 海浬）。

表 3-1　中華民國第一批領海基線表

區域	基點編號	基點名稱	地理坐標		迄點編號	基線種類	各基線距離（浬）
			經度（E）	緯度（N）			
臺灣本島及附屬島嶼	T1	三貂角	122°00.00'	25°00.60'	T2	直線基線	28.70
	T2	棉花嶼1	122°05.80'	25°28.80'	T3	正常基線	0.20
	T3	棉花嶼2	122°05.80'	25°29.00'	T4	直線基線	8.58
	T4	彭佳嶼1	122°04.50'	25°37.50'	T5	正常基線	0.62
	T5	彭佳嶼2	122°03.90'	25°37.80'	T6	直線基線	36.34
	T6	麟山鼻	121°30.40'	25°17.70'	T7	直線基線	26.37
	T7	大堀溪	121°05.40'	25°04.20'	T8	直線基線	5.65
	T8	大牛欄西岸	121°00.65'	25°00.55'	T9	直線基線	109.15
	T9	翁公石	119°32.00'	23°47.20'	T10	直線基線	25.52
	T10	花嶼1	119°18.70'	23°24.80'	T11	正常基線	0.92
	T11	花嶼2	119°18.20'	23°24.00'	T12	直線基線	4.54
	T12	貓嶼	119°18.80'	23°19.50'	T13	直線基線	9.10
	T13	七美嶼	119°24.40'	23°12.00'	T14	直線基線	74.30
	T14	琉球嶼	120°20.90'	22°19.10'	T15	直線基線	42.53
	T15	七星岩	120°48.90'	21°45.45'	T16	直線基線	45.27
	T16	小蘭嶼1	121°36.10'	21°56.70'	T17	正常基線	0.98
	T17	小蘭嶼2	121°37.10'	21°57.00'	T18	直線基線	44.39
	T18	飛岩	121°31.00'	22°41.00'	T19	直線基線	48.24
	T19	石梯鼻	121°30.53'	23°29.20'	T20	直線基線	62.44

表 3-1　中華民國第一批領海基線表（續）

區域	基點編號	基點名稱	地　理　坐　標		迄點編號	基線種類	各基線距離（浬）
			經度（E）	緯度（N）			
	T20	烏石鼻	121°51.10'	24°28.70'	T21	直線基線	7.58
	T21	米島	121°53.70'	24°35.90'	T22	直線基線	14.39
	T22	龜頭岸	121°57.30'	24°49.90'	T1	直線基線	10.98
	—	釣魚臺列嶼				正常基線	—
東沙群島	D1	西北角	116°45.45'	20°46.16'	D2	直線基線	—
	D2	東沙北角	116°42.13'	20°44.16'	D3	正常基線	—
	D3	東沙南角	116°41.30'	21°41.92'	D4	直線基線	—
	D4	西南角	116°44.80'	20°35.78'	D1	正常基線	—
中沙群島		黃岩島	—	—	—	正常基線	—
南沙群島	在我國傳統U形線內之南沙群島全部島礁均為我國領土，其領海基線採直線基線及正常基線混合基線法劃定，有關基點名稱、地理坐標及海圖另案公告。						

　　為維護我國領土主權、國防安全及經濟利益，行政院對臺灣本島及其周圍島嶼，採直線基線為原則，正常基線為例外的混合基線劃法，共有直線基線18條，正常基線4條。正常基線多適用於「海岸較平直區域」，直線基線多適用於「海岸曲折或有外緣島嶼之區域」。中華民國領海及鄰接區法第4條規定：中華民國領海基線之劃定，採用以直線基線為原則，正常基線為例外之混合基線法。而我國從公布的22個基點當中，只有7個在本島的海岸，而臺灣本島係由包括澎湖、綠島、蘭嶼和七星岩將澎湖群島、彭佳嶼、蘭嶼與臺灣本島之間共11個海岸外島嶼以直線基線段連成之領海基線測算12海浬的領海寬度。採正常基線的只有棉花嶼、彭佳嶼、花嶼、小蘭嶼。

　　「中華民國第一批領海基線、領海及鄰接區外界線」的公布，使得臺灣本島與澎湖群島間海域成為內水（領海基線的向外推移，使原來的領海成為內水），同時使原來的公海成為領海[5]，此種結果與公海自由原則會否有相牴觸之虞，實有商榷餘地[6]。

5　黃異。2000年5月18日。海域入出境管制的法律制度。第7屆水上警察學術研討會論文集，頁12。
6　美國海洋學者Roach和Smith於2001年2月出席在臺北舉行之「臺灣與南海衝突管理」圓桌學術研討會中表示對我國領海基線採直線基線為原則之劃法很難被認為與國際法規定不牴觸。

而內水在基本性質上，是屬於領土的一部分，沿海國對於領土之領土主權亦及於其內水。換言之，在一般情形下，外國船舶非經沿海國許可不得在該內水航行，第三國在沿海國內水中不享有無害通過權[7]。我國領海基線是屬於「沿海國」（Coast State）抑或「群島國」（Archipelagic State）性質，值得我們探究。依「海洋法公約」第46至54條（群島國）條文分析，我國領海基線的劃定，類似符合「群島基線」（公約第47條）條件；若屬之，則基線所包圍在內的水域，為「群島水域」；若不屬之，則為「內水」。此形成之「內水」，依公約第8條（內水）第2項：如果依照公約第7條（直線基線）所規定的方法，確定直線基線的效果使原來並未認定是內水的區域，因而被包圍在內成為內水，則在此種水域內應有「海洋法公約」所規定的無害通過權。「群島水域的無害通過」（公約第52條）、「群島海道通過權」（公約第53條）、領海與內水「特定」的無害通過（公約第8條第2項），何者適用於澎湖水道之分析？澎湖水道最寬度為15.75海浬（查母嶼至外傘頂洲），依我國公告施行之「中華民國領海及鄰接區法」與「領海基線、領海及鄰接區外界線」，以及依公約第8條（內水）第2款與第46至54條（群島國）條文分析，該水道海域不論屬於「群島水域」、領海，亦或「內水群島水域的無害通過」（公約第52條）、「群島海道通過權」（公約第53條）、領海無害通過，內水「特定」的無害通過（公約第8條第2款）。目前，我國並未釐清採用「混合基線法之領海基線」的劃定，與「群島基線」劃定的差異；以及針對「澎湖水道」，與其他本島、附屬島嶼間海域（綠島至富岡16.4海浬，蘭嶼至出風鼻32.9海浬），公告「指定海道」（Sea Lanes）。故而，他國船舶通過澎湖水道，臺灣本島與綠島、蘭嶼間海域之情形，可能視為行使「群島水域的無害通過」（公約第52條）、領海無害通過，或內水「特定」的無害通過（公約第8條第2款）的權利。上述法律進一步的釐清，我國海洋政策制定權責單位應儘速探討公告。

二、鄰接區及鄰接區外界線

1958年之「領海及鄰接區公約」於第24條第2款（TSC §24(2)）規定，鄰接區為銜接領海之領域，但距領海基線不得逾12海浬，我國為該公約之簽署批准國，因此國內法採取了相同的標準。及至1982年「聯合國海洋法公約」第33條第2款（LOSC §33(2)）採納1958年「領海及鄰接區公約」之規定，但將鄰接區之寬度加

---

7 若因採直線基線法將原屬領海之海域納入內水時，在該內水中第三國仍享有無害通過權。

長至距離領海基線 24 海浬以內。

我國於 1998 年 1 月 21 日，公布「領海及鄰接區法」第 14 條亦採納「聯合國海洋法公約」第 33 條第 2 款之規定，明定所謂鄰接區爲鄰接領海外側至距離基線 24 海浬之間水域。同法第 15 條第 1 項規定：

中華民國政府得在鄰接區內爲下列目的制定法令：
（一）防止在領土或領海內違犯有關海關、財政、貿易、檢驗、移民、衛生或環保法令、及非法廣播之情事發生。
（二）處罰在領土或領海內違犯有關海關、財政、貿易、檢驗、移民、衛生或環保法令、及非法廣播之行爲。
對於在公海或中華民國領海及鄰接區以外其他海域之任何未經許可之廣播，中華民國得制定法令，防止及處罰之。同法第 16 條規定：「於中華民國領海及鄰接區中進行考古、科學研究、或其他任何活動所發現之歷史文物或遺跡等，屬於中華民國所有，並得由中華民國政府依相關法令加以處置。」

綜上規定可知，我國就關於海關、財政、貿易、檢驗、移民、衛生、環保、非法廣播、在鄰接區中進行考古、科學研究、或其他任何活動所發現之歷史文物或遺跡等事項所制定之法律、規章等，在鄰接區自有其執行管轄權。

至於實際之執行措施，我國領海及鄰接區法第 17 條即規定：

我國之國防、警察、海關或其他有關機關人員，對於在領海或鄰接區內之人或物，認爲有違反我國所制定關於海關、財政、貿易、檢驗、移民、衛生、環保或禁止非法廣播之相關法令之虞時，自得於鄰接區海域內進行緊追、登臨、檢查；必要時並得予扣留、逮捕或留置。
前項各有關機關人員在進行緊追、登臨、檢查時，得相互替補，接續爲之。

三、禁止水域及限制水域

我國海域範圍，除依「中華民國領海及鄰接區法」公告外，由於政府於 1987 年 7 月 15 日宣布解嚴後，自 1987 年 11 月 2 日政府開放臺灣地區人民赴大陸探親，後又許可大陸地區人民來臺作一定期間的停留，兩岸人民之間的交流日益頻繁，相繼

而來的兩岸法律紛爭也紛至沓來。為有效規範兩岸人民活動及各項事務,因此遂於1992年7月31日制定公布「臺灣地區與大陸地區人民關係條例」(以下簡稱兩岸人民關係條例)(附錄六),用以規範兩岸人民間所衍生的法律關係。根據該條例第29條第1項規定:「大陸船舶、民用航空機及其他運輸工具,非經主管機關許可,不得進入臺灣地區限制及禁止水域、臺北飛航情報區限制區域。」而限制及禁止水域範圍則授權國防部公告之。

有鑑於解嚴後臺灣周遭海域大陸漁船大量湧入作業,及從事海上非法交易及越界捕魚活動,政府立即依據兩岸人民關係條例第29條第2項規定授權國防部公告「禁止水域」及「限制水域」,國防部於1992年10月7日公告,雖經2次公告變動[8],然變動範圍不大,茲將公告「禁止水域」及「限制水域」範圍分述如下:

(一)臺澎及東沙地區禁止水域及限制水域範圍(圖3-2)

1.「禁止水域」範圍:臺灣、澎湖、綠島、蘭嶼、彭佳嶼、小琉球、七星岩、東沙周邊自領海基線起12海浬水域。

2.「限制水域」範圍:臺灣、澎湖、綠島、蘭嶼、彭佳嶼、小琉球、七星岩、東沙周邊自領海基線起24海浬水域。

(二)金門地區禁止水域及限制水域範圍(圖3-3)

1.「禁止水域」範圍:大金門地區低潮線向外延伸東方海面4千公尺、南方海面8千公尺、馬山北方1千5百公尺、北碇以東海面4千公尺,大、二膽北、西、南海面2千公尺,小金門西海面、檳榔嶼、三腳礁、牛心礁、赤角礁一線以內海域。

2.「限制水域」範圍:大金門地區低潮線向外延伸東方海面4千至6千公尺、南方海面8千至1萬公尺、北碇以東海面4千公尺,大、二膽南海面2千公尺一線以內海域。

(三)馬祖地區禁止水域及限制水域(圖3-4)

1.「禁止水域」範圍:南竿、北竿、高登、亮島、大坵、小坵、東莒、西莒等島嶼周邊低潮線向外延伸4千公尺以內水域。

2.「限制水域」範圍:南竿、北竿、高登、亮島、大坵、小坵、東莒、西莒等島嶼周邊低潮線向外延伸4千至6千公尺以內水域。

---

8 國防部先後二次於1998年6月24日及2004年6月7日修正。

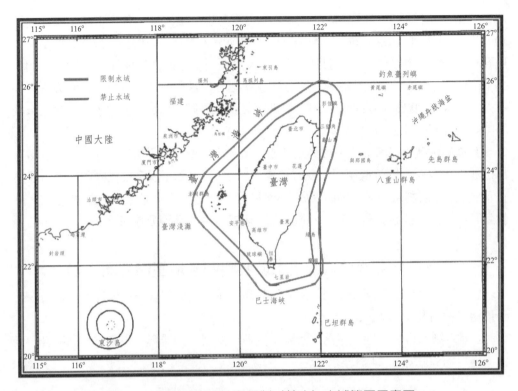

圖 3-2　臺澎及東沙地區限制（禁止）水域範圍示意圖

資料來源：本研究依據國防部2004年6月7日（93）猛獅字第0930001493號公告繪製。

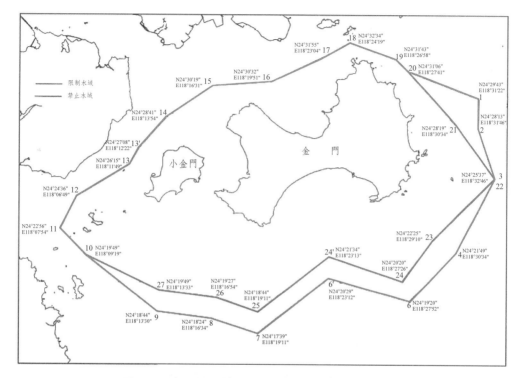

圖 3-3　金門地區禁止（限制）水域圖範圍示意圖

資料來源：本研究依據國防部2004年6月7日（93）猛獅字第0930001493號公告繪製。

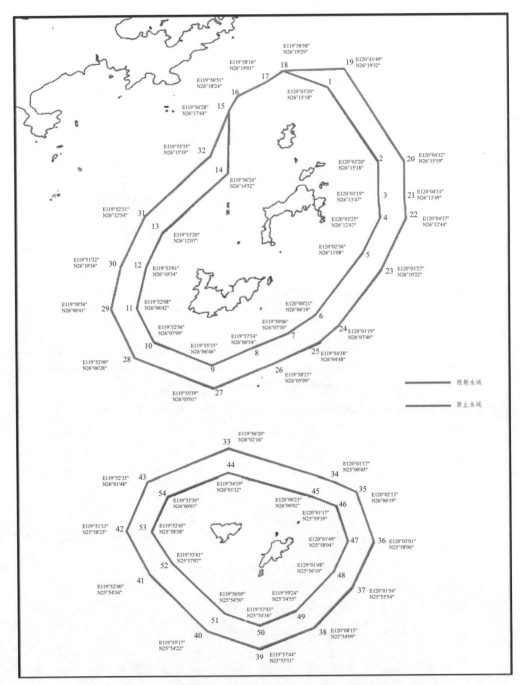

圖 3-4　馬祖地區禁止（限制）水域圖範圍示意圖

資料來源：本研究依據國防部2004年6月7日（93）猛獅字第0930001493號公告繪製。

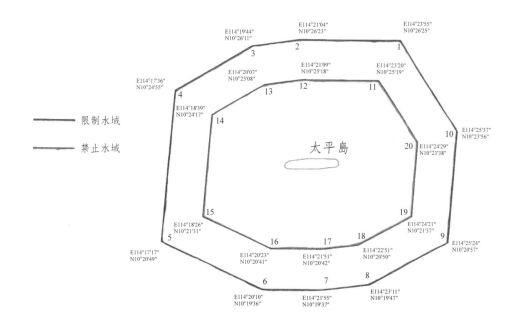

圖 3-5　南沙地區禁止（限制）水域圖範圍示意圖

資料來源：本研究依據國防部2004年6月7日（93）猛獅字第0930001493號公告繪製。

1. 「禁止水域」範圍：太平島周邊低潮線向外延伸 4 千公尺以內海域。
2. 「限制水域」範圍：太平島周邊低潮線向外延伸 4 千至 6 千公尺以內海域。

　　行政院於 1999 年 2 月 10 日公布第一批中華民國領海基線、領海及鄰接區外界線圖及領海基線表後，使得我國領海範圍向外擴張，但這批基線並未包括金門、馬祖、東引、烏坵等外島地區。而中國大陸先於 1996 年頒布「領海法」、「專屬經濟區及大陸架法」，對外公布「大陸領海基線和西沙群島的領海基線的聲明」，將金門、馬祖、東引、烏坵等外島地區涵蓋在內，此舉引起我方朝野關注，由於金門、馬祖、東引、烏坵等外島地區均屬我國統治權所及之管轄範圍，中國大陸將此地區列為領海基線內之內水範圍之內，片面破壞兩岸不成文規定，並公告於國際。我國政府應積極使金門、馬祖、東引、烏坵等外島地區地位合於國際海洋法規範之法制化並公告，以確立我國在上述地區之法律地位。

四、專屬經濟海域

1994 年 11 月 16 日「聯合國海洋法公約」生效，賦予沿海國在其專屬經濟海域內享有資源管轄權、海洋科學研究管轄權與海洋環境保護管轄權等，世界各主要海洋國家爲獲得更多海洋資源，包括生物資源及非生物資源，先後宣布經濟海域範圍，競相進行資源探勘與開發。

（一）專屬經濟海域制度之沿革 [9]

1. 杜魯門宣言之影響及拉丁美洲國家之提倡

1945 年 9 月 28 日美國杜魯門總統發布兩項宣言，分別提出兩項主張：「（1）美國對於在其領海外的大陸礁層中天然資源享有探勘及開採的權利。（2）美國對於在領海外公海中的漁業資源享有保育方面的權利。」杜魯門宣言發布後，拉丁美洲國家紛紛主張 200 海浬之「國家主權」，1952 年 8 月 18 日智利、厄瓜多爾及祕魯簽署「聖地牙哥宣言」，宣言第 2 條主張「智利、厄瓜多爾及祕魯政府，基於國際海洋政策之標準，宣布對於距離各國海岸至少 200 海浬之海域，享有專屬主權及管轄權」。

1958 年第 1 次聯合國海洋法會議雖通過「領海及鄰接區公約」、「公海公約」、「捕魚及養護公海生物資源公約」、「大陸礁層公約」，惟因領海寬度問題未獲解決，故附帶於領海寬度問題之 200 海浬海域觀念，亦未獲提出。第 2 次海洋法會議亦未提及 200 海浬海域之觀念，然國家實踐上，各國則片面主張 200 海浬海域，尤其 1970 年智利外長所發表「承襲海」概念後，拉丁美洲國家陸續簽署「蒙地維多宣言」、「利馬宣言」、「聖多明各宣言」，並增加沿海國之權利項目。

2. 非洲國家之響應及第 3 屆海洋法會議之定案

拉丁美洲國家之「承襲海」概念，嗣爲非洲國家認同並更進一步發展爲「專屬經濟海域」制度。拉丁美洲國家與非洲國家兩大勢力合流，歷經肯亞在亞非法律諮詢委員會之提案及爲「阿迪阿貝巴宣言」採納其建議案，1972 年正式向聯合國海底委員會提案，第 3 屆海洋法會議廣泛討論後，終在 1974 年加拉卡斯會期中定案，於 1982

9　黃異。1992。國際海洋法。臺北：渤海堂文化公司，頁53-56。姜皇池。2004年9月。國際海洋法（上冊）。臺北：學林文化事業有限公司，頁390-398。魏靜芬、徐克銘。2001年6月。國際海洋法與海域執法。臺北：神州圖書出版有限公司，頁39-40。

年 4 月通過，12 月 10 日簽署之 1982 年「聯合國海洋法公約」第 5 部分中出現。

（二）專屬經濟海域之範圍

「海洋法公約」第 55 條規定：「專屬經濟海域是領海以外並鄰接領海的一個區域，受本部分規定的特定法律制度的限制，在這個制度下，沿海國的權利和管轄權以及其他國家的權利和自由均受本公約有關規定的支配。」第 57 條規定：「專屬經濟海域從測算領海寬度的基線量起，不應超過 200 海浬。」另就第 56 條沿海國權利規定得知，專屬經濟海域之範圍可就水平範圍及垂直範圍加以分析如下：

1. 水平範圍：專屬經濟海域是指在領海之外的海域，故領海外界即屬專屬經濟海域的內界。專屬經濟海域的外界，則是由沿海國自行決定，但最大不得逾自領海基線算起 200 海浬的距離。

2. 垂直範圍：專屬經濟海域包括海水及其下之海床底土。但是否包括海水之上空？依「海洋法公約」第 56 條規定，沿海國得在專屬經濟海域中利用風力來產生能源，而風存在於空中並非在海中。因此，專屬經濟海域原則上僅包括海水及其下之海床底土，惟就利用風產生能這一點，尚包含海水的上空部分。

（三）專屬經濟海域之權利與義務

專屬經濟海域之權利與義務，應探討包括沿海國及第三國之權利與義務，茲分述如下：

1. 沿海國之權利與義務

沿海國在其專屬經濟海域中，「海洋法公約」第 56 條規定，享有下列權利：

(1) 以探勘開發、養護和管理海床上覆水域和海床及其底土的自然資源（不論為生物或非生物資源）為目的的主權權利，以及關於在該區域從事經濟開發和探勘，如利用海水、海流和風力生產能等其他活動的主權權利。

(2) 本公約有關條款規定對下列事項的管轄權：

　① 人工島嶼、設施和結構的建造和使用。

　② 海洋科學研究。

　③ 海洋環境的保護和保全。

(3) 本公約規定的其他權利和義務。

沿海國在專屬經濟海域內根據本公約行使其權利和履行其義務時，應適當顧及其

他國家的權利和義務，並應以符合本公約規定的方式行事。

專屬經濟海域權利之取得，需待沿海國對於專屬經濟海域之主張，若沿海國不主張則無專屬經濟海域；相對於大陸礁層則是依法（Ipso Jure）屬於沿海國，無須主張即享有。

2. 第三國之權利與義務

傳統國際法領海與公海之二分概念，在專屬經濟海域產生後面臨爭議，專屬經濟海域之性質究係應傾向沿海國領海權利解釋，抑或應向公海自由原則解釋？均涉及沿海國與第三國在專屬經濟海域權利之消長。學理上對於專屬經濟海域之性質，有「公海說」、「領海說」、「特殊區域說」三種見解。目前國際社會係以「特殊區域說」（Sui Generis）為通說，專屬經濟海域海水部分，並非公海亦非領海，而是具有獨特性質的海域。在該水域中，沿海國權利與第三國權利皆應由專屬經濟海域制度，一併予以規定。第三國權利並非基於有關公海的規定，而是植基於專屬經濟海域制度本身。

「海洋法公約」第 58 條第 1 項規定，在沿海國的專屬經濟海域中，第三國享有航行自由、飛越自由及舖設海底電纜及管線的自由，而同條第 2 項則規定，公約中第 88 至 115 條有關公海自由及其限制之各種規定，皆適用第三國。故凡與沿海國在專屬經濟海域中之權利不相牴觸者，第三國皆得為之，且承擔一些義務。換言之，在不與沿海國權利相牴觸之條件下，第三國享有與在公海中相同的權利及義務。

（四）我國專屬經濟海域法制

1982 年「聯合國海洋法公約」於 1994 年 11 月 16 日正式生效後，各沿海國即積極主張擁有 200 海浬之專屬經濟海域之主權權利（指自然資源之探勘、開發、養護與管理）及其他管轄權利，公海範圍日益縮減，復因在「海洋法公約」專屬經濟海域生效後各國界線未劃定前，我國漁民在東北海域作業遭日方公務船舶多次驅離、逮捕、扣船及罰款，造成漁民極大反彈。

我國「海域二法」制定公布後，1999 年 2 月 10 日公告「中華民國第一批領海基線、領海及鄰接區外界線」，均已宣示我國專屬經濟海域之主權權利及管轄權。我國專屬經濟海域與周邊國家重疊，惟礙於政治現實，無法與鄰近海域國家展開協商劃界。依照 1982 年「聯合國海洋法公約」第 57 條，專屬經濟海域其寬度「從測算領海寬度的基線量起，不應超過 200 海浬」。第 74 條第 1 項規定：「海岸相向或相鄰國

家國家間的專屬經濟區界線，應在國際法院規約第 38 條規定所指國際法的基礎上，以協議劃定之，以便得到公平解決。」內政部爲解決我國與鄰國，特別是與日本重疊海域內我國漁民捕魚權利之問題，乃邀請國內海洋法學界專家學者及部會機關代表開會研議。經 2003 年 3 月 7 日、5 月 2 日及 7 月 11 日三次會商，研擬完成「中華民國第一批專屬經濟海域暫定執法線」草案，報經行政院於 2003 年 11 月 7 日核定「中華民國第一批專屬經濟海域暫定執法線」（以下簡稱「暫定執法線」）。

（五）我國專屬經濟海域暫定執法線

臺灣東面與東北面是琉球群島西南端之釣魚臺列嶼及與那國島，釣魚臺至基隆 100 海浬，與那國島在蘇澳正東方，離蘇澳 59.5 海浬。臺灣南面隔巴士海峽與菲律賓群島相望，由臺灣最南端基點七星岩至菲律賓呂宋島約爲 175 海浬，但若至菲律賓北端巴丹群島之雅米島則大約只有 76.3 海浬，由小蘭嶼至雅米島只有 52.3 海浬。另外我們的西邊是寬從 75 海浬至 150 海浬左右之臺灣海峽，金門、馬祖列島我國在第一批領海基線、領海及鄰接區外界線公告時並未將其納入，反而中國將其劃入領海基線向內陸一側之內水中的領土，且向國際公告。

行政院於 2003 年 11 月 18 日基於維護我國海域主權權利，確保漁民海上作業安全，並利政府推動對外漁權談判與確保漁業權益，核定「中華民國第一批專屬經濟海域暫定執法線」範圍。

1. 暫定執法線之外部界線範圍

暫定執法線之外部界線制定「暫定執法線」之主要領土依據，係以臺灣本島及主權所及之島嶼，如彭佳嶼、綠島、蘭嶼等，其中較特別的是東北面納入釣魚臺諸島。按我國自始即強調擁有釣魚臺諸島之主權，且 1972 年起已將該島納入宜蘭頭城鎮之行政區域內，故內政部研訂「暫定執法線」時，即將該島設定爲我國最北之國土，並以釣魚臺列嶼爲基點，劃出「暫定執法線」第 1 點（北緯 29 度 18 分，東經 126 度 00 分）之坐標。

2003 年 11 月 7 日行政院核定公告之「中華民國第一批專屬經濟海域暫定執法線」（如圖 3-6）各點之坐標如下：

(1) 北緯 29 度 18 分，東經 126 度 00 分。
(2) 北緯 25 度 40 分，東經 126 度 00 分。
(3) 北緯 24 度 46 分，東經 122 度 30 分。

(4) 北緯 24 度 00 分，東經 122 度 30 分。

(5) 北緯 24 度 00 分，東經 123 度 10 分。

(6) 北緯 23 度 38 分，東經 123 度 10 分。

(7) 北緯 23 度 38 分，東經 125 度 07 分。

(8) 北緯 20 度 00 分，東經 125 度 07 分。

按「暫定執法線」範圍，其北界向西延伸線因未註明端點，而南界亦未向西劃界，為便海巡署基層同仁執行，海巡署與內政部協調訂定南北界端點，研議點如下：

(1) 北界向西延伸位置為北緯 29 度 18 分，東經 122 度 43 分，即中國大陸兩兄弟嶼及漁山列島基點間之領海基線向外延伸 12 海浬，亦即暫定執法線北界向西延伸至與中國大陸領海外界線交點處，向東則延伸位置為北緯 29 度 18 分，東經 126 度 00 分。

(2) 南界仍以北緯 20 度以北，東經 119 度至 125 度 07 分與菲律賓重疊之專屬經濟海域，但不含北緯 21 度 19 分以南，東經 121 度 18 分至 122 度 23 分巴丹群島周邊海域之範圍，換言之，南界中段避讓菲律賓主張之巴丹群島之周邊海域 [10]（圖 3-6）。

依 1998 年 6 月 3 日內政部所訂「中華民國專屬經濟海域及大陸礁層法相關法規增修訂分工表」（如表 3-2），業已將有關生物、非生物資源、科學研究、環境保護、人工島嶼及海底電纜等事項之主辦機關及相關機關權責明確分工。附表各主辦機關業據以訂定相關法規命令陳報行政院發布，例如在中華民國專屬經濟海域或大陸礁層建造使用改變拆除人工島嶼設施或結構許可辦法（內政部）、在中華民國大陸礁層舖設維護變更海底電纜或管道之路線劃定許可辦法（內政部）、在中華民國專屬經濟海域或大陸礁層從事海洋科學研究許可辦法（科技部）。

---

10 吳嘉生。2000年9月。國際法原理。臺北：五南圖書出版有限公司，頁18。

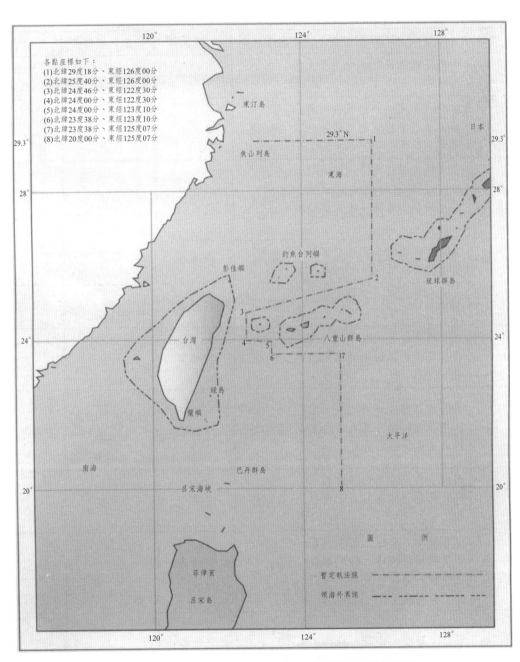

各點座標如下：
(1)北緯29度18分、東經126度00分
(2)北緯25度40分、東經126度00分
(3)北緯24度46分、東經122度30分
(4)北緯24度00分、東經122度30分
(5)北緯24度00分、東經123度10分
(6)北緯23度38分、東經123度10分
(7)北緯23度38分、東經125度07分
(8)北緯20度00分、東經125度07分

圖 3-6　中華民國第一批專屬經濟海域暫定執法線圖

表 3-2　中華民國專屬經濟海域及大陸礁層法相關法規增修訂分工表

項次	法規主題	依據法條	相關機關	主辦機關	備考
一	中華民國專屬經濟海域及大陸礁層外界線	第3條	內政部	同左	
二	在我國專屬經濟海域或大陸礁層從事生物資源之探勘、開發、養護、管理之許可	第6條	農委會	同左	
三	在我國專屬經濟海域或大陸礁層從事非生物資源之探勘、開發、養護、管理之許可	第6條	經濟部	同左	
四	在我國專屬經濟海域從事生產能源或相關活動之許可	第7條	經濟部	同左	
五	大陸礁層從事人工島嶼等營建事項之許可	第8條	內政部	同左	
六	在我國專屬經濟海域或大陸礁層從事海洋科學研究之許可	第9條	科技部	同左	
七	在我國專屬經濟海域或大陸礁層傾倒、排洩或處置廢棄物或其他物質之許可	第10條	環保署	衛福部 原子能委員會 交通部 環保署	
八	洄游於我國專屬經濟海域內外之魚種種類及養護管理措施之研訂	第14條	農委會	同左	
九	海底電纜或管道之舖在我國專屬經濟海域或大陸礁層從事設置、維護、變更，其路線之劃定許可	第15條	交通部 內政部	內政部	
十	緊追、登臨、檢查、驅離、逮捕、扣留、留置等執法作業規定	第17條	內政部 (警政署) 因機關改制應改由行政院海巡署	同左	

2. 暫定執法線之法律意涵

暫定執法線之劃定是權宜規定也是法律主張，依內政部當初規劃「暫定執法線」之時空背景與專業考量及嗣後相關文件所呈現之理念而論，暫定執法線之規定主要有以下五項目的及意涵：

(1) 維護國家主權權利：藉由「暫定執法線」之劃定，向國民表示，政府宣示有釣魚臺及其周邊海域之決心，另要求公務船舶必須之執法範圍，以確保及維護國家主權權利之行使。

(2) 給漁民一安全捕魚範圍：鑑於日本持續強調擁有釣魚臺主權之訴求及積極執法手段，菲律賓亦對與我專屬經濟海域重疊海域主張其執法權益，多次干擾扣船。為避免我國漁民在這些海域捕魚作業遭受日菲驅趕或不平等之對待，爰劃定「暫定執法線」，期望我國漁船均能在暫定執法線內作業，俾利保障漁民權益。

(3) 便於執法：「暫定執法線」之劃定，對公務船舶而言，即為執法之重要依據，執行機關據此執法。

(4) 不能作為未來海域劃界之依據；「暫定執法線」是行政命令，不具法律效果，未來仍有必要依據我國專屬經濟海域及大陸礁層法之授權，正式與日本、菲律賓協商制定200海浬專屬經濟海域外界線。因此現階段「暫定執法線」只能當作執法之依據，或與日本、菲律賓等專屬經濟海域重疊國家談判之參考，並不能作為未來海域劃界之依據。

(5) 暫定執法線之劃定，具法律實踐之實義按暫定執法線及行政院核復函，雖強調僅標示於公務船舶航海圖表上，作為海域執法依據。但我國海巡署及漁業署等公務船舶自92年11月7日行政院核復該線後，已依「暫定執法線」執行相關護漁作為，臺日第15次漁業談判，我方代表更明確地向日方代表提出「暫定執法線」之界線，因此，若日本並無進一步抗議此線之作為，依國際法相關規則，或可被視為日方對該線的默認接受。然此仍為暫時性界線，是公務船舶執法依據但不是限制，未來界線仍須日後談判界定。

3. 暫定執法線之法律基礎

(1) 國際法與國內法性質

①「海洋法公約」第57條：專屬經濟區從測算領海寬度的基線量起，不應超過200海浬。第74條規定：A.海岸相向或相鄰國家間專屬經濟區的界限，應在「國際法院規約」第38條所指的國際法基礎上以協議劃定，以便得

到公平解決；B. 有關國家如在合理期間內未能達成協議，應訴諸第 15 部
分（爭端的解決）所規定的程序；C. 在達成第 1 款規定的協議以前，有關
各國應基於諒解和合作的精神，盡一切努力作出實際性的臨時安排，並在
此過渡時間內，不危害或阻礙最後協議之達成，此種臨時安排應不妨礙最
後界線的劃定；D. 如果有關國家在現行有效之其他劃界協議，關於劃定專
屬經濟區界線的問題，應按照該協定的規定解決[11]。在此我國爲因應與日
本及菲律賓等國的漁業權重疊所造成之爭議，乃在各種壓力下非以明確的
分界線作爲執行法律之暫定執法線[12]。然檢視「海洋法公約」第74條內容，
協議－公平解決；諒解合作－臨時性安排等要旨，所謂暫定執法線之國際
法依據實有疑慮。

② 我國專屬經濟海域及大陸礁層法即依海洋法精神制定，在中華民國專屬經
濟海域及大陸礁層法第 2 條第 1 項規定：「中華民國之專屬經濟海域爲鄰
接領海外側至距離領海基線 200 浬間之海域。」又該法第 4 條規定：「中
華民國之專屬經濟海域或大陸礁層，與相鄰或相向國家間之專屬經濟海域
或大陸礁層重疊時，其分界線依衡平原則，以協議方式劃定之。前項協議
未能達成前，得與相鄰或相向國家基於諒解及合作之精神，作成過渡時期
之臨時安排，前項臨時安排不妨礙最後分界線之劃定。」換言之，暫定執
法線之產生係現實面避免較大衝突下之產物，僅規範到公務船舶執法之範
圍，對漁民並無拘束力，此就「法律」性質而言，實有可爭議之處。

(2) 職務命令或內部規則之屬性[13]

① 行政命令與立法院之審查

「中央法規標準法」第 7 條規定，「各機關依其法定職權或基於法律授權
訂定之命令，應視其性質分別下達或發布，並即送立法院。」在種類上即
有授權命令與職權命令之分。該法所定的程序係以下達或發布後，即送立
法院。依立法院職權行使法第 60 條規定「各機關依其法定職權或基於法
律授權訂定之命令送達立法院後，應提報立法院會議。出席委員對於前項
命令，認爲有違反、變更或牴觸法律者，或應以法律規定事項而以命令定
之者，如有 30 人以上連署或附議，即交付有關委員會審查。」在授權命

---

11 陳荔彤。2002年7月。海洋法論。臺北：元照出版有限公司，頁313。
12 陳國勝。2006年6月19日。我國專屬經濟海域護魚暫定執法線之法律分析，頁4。
13 同前註，頁5。

令、職權命令之性質者，係屬行政機關頒布與人民權利義務相關之法規，若僅限於行政機關內部為規範對象者，係以「內部規則」稱之，當然即無送請立法院審查之必要。

② 行政程序之管制

A. 法規命令

「行政程序法」第151條規定「本法所稱法規命令，係指行政機關基於法律授權，對多數不特定人民就一般事項所作抽象之對外發生法律效果之規定。」

除關於軍事、外交或其他重大事項而涉及國家機密或安全者外，應依本法所定程序為之。除得依職權舉行聽證外，於政府公報或新聞紙公告草案及通過後之內容。法規命令依法應經上級機關核定者，應於核定後始得發布。

B. 行政規則

「行政程序法」所稱行政規則，係指上級機關對下級機關，或長官對屬官，依其權限或職權為規範機關內部秩序及運作，所為非直接對外發生法規範效力之一般、抽象之規定。行政規則包括第一類為關於機關內部之組織、事務之分配、業務處理方式、人事管理等一般性規定。另則，第二類為協助下級機關或屬官統一解釋法令、認定事實、及行使裁量權，而訂頒之解釋性規定及裁量基準。行政規則係屬行政機關內部之規範，故應下達下級機關或屬官，使其遵守知照。然在行政機關訂定上述中第二類之行政規則因具有間接對外之法律效果，與人民權利義務間具有間接關聯，應由其首長簽署並登載於政府公報發布之，使人民監督及知照。

C. 除外適用之行政行為

「行政程序法」第3條第1款所定之為排除條款，有關外交行為、軍事行為或國家安全保障事項之行為，不適用本法之程序。

(3) 作為其他機關之構成要件或參考資料之屬性

① 上下行政機關之間：依中央法規標準法規定，下級機關訂定之命令不得牴觸上級機關之命令，上級行政機關所訂定之行政命令具有指揮下級行政機關之作用。

② 平行行政機關之間：原則設官分職各有所司，各行政機關理應各有所職掌。為推展業務之需，得在法律授權或基於職權範圍內訂定行政命令，藉

以達成行政機關之任務。然對於行政機關基於「行政一體」之理念，如針對其他行政機關所掌理事項訂定之法令，其他行政機關應予以尊重及遵守，除非具有其他特別之考量。

4. 暫定執法線之法律效力

政府目前所公布之暫定執法線係屬我國單方之決定，不屬臺日兩國間經過協議完成之劃界或過渡性質的臨時安排。而是我國單方決定公布的專屬經濟海域暫定界線，故不具有拘束對方的效力，當然僅可作為我國執法機關職責及執法界線；該線亦未對我國漁民造成限制不得前往該執法線之外作業。但在臺日雙方未有具體結論前，為使漁民有明確受保護的作業海域範圍及執法機關實施保護海域的執行範圍，內政部在邀集相關機關研議後劃設暫定執法線，目前海巡署依據該暫定執法線進行執法，迄今尚無我漁船在暫定執法線內作業被扣案例[14]，可得出日本對於我國所公布之暫定執法線仍予以尊重。該線雖非經過臺日兩國談判同意後訂定，但因國際間之談判，係以各種因素之綜合判斷，且在過程中必將提出任何對於主張有利的證據，特別是政府官方的明文規定，均將成為日後談判進行時的基礎。於是在與菲律賓巴丹群島周邊海域尚保持模糊的彈性，以為日後主張再議的餘地[15]。

基於「平等互惠原則」精神，暫定執法線作為我國海域執法機關保護我漁民得安全作業之範圍，是給予我國漁民增加福利，何以臺日間專屬經濟海域間之暫定執法線，未對菲律賓巴丹群島周邊海域訂定，其因係對巴丹群島有主權爭議，尚未釐清之前先不設暫定執法線，以保護我國漁民。海巡署依行政院 2003 年 11 月 7 日所核定之暫定執法線，執行巡護任務。依統計資料，自暫定執法線公布迄 2010 年 12 月止，已知國籍漁船遭日方扣留計有 18 起[16]，自 2005 年後發生 7 起，發生地點均在暫定執法線外。可見日本對於我國所公布之暫定執法線已有默契存在。雖在未經兩國會談簽訂有關協定或其他約定，在期間仍尊重我國所劃定之暫定執法線[17]。

該線訂定的過程係以密件方式報請行政院核復，再行交由各行政機關執行，在過程中似未有正式公告的程序。其中並未依行政程序法予以公布草案、公告之程序，並依據中央法規標準法報請立法院審查。當然如將之定位為行政院核復作為其他各相關

---

14 漁業署，臺灣政府提升暫定執法線週邊水域護漁頻度：http://www.2to1agri.com/apagri/ Realtime.nsf/ ByUNID/81703FFCDCF825EE48257139003138BA?opendocumnet。2006年5月22日。

15 陳國勝。2006年6月19日。我國專屬經濟海域護魚暫定執法線之法律分析，頁6。

16 依據行政院海岸巡防署公務統計資料：http://www.cga.gov.tw/GipOpen/wSite/ct?xItem。

17 陳國勝。2006年6月19日。我國專屬經濟海域護魚暫定執法線之法律分析，頁7。

內部之共識，是完全對行政機關內部之聯絡，再以行政指導方式利用機會向漁民妥為宣導說明。實則該內容係在確認漁民得以受保護之漁業作業範圍，就國家有義務保護我國漁民在我國專屬經濟海域內合法、安全的捕魚，如未能達此一任務時，業已深深影響漁民權利重大，此已非行政機關得片面決定。雖名義上僅是「暫定性質」且僅作為「執法」之用，因影響漁民權利深遠，應受民意機關之監督且應以較正式訂定公告方式為之。也許在制定的過程中係屬外交考量，故有保密之必要，而排除行政程序法之適用，但其後應以中央法規標準法規範為之 [18]。

涉及人民權利義務之法令應公開並受審查，中華民國憲法規定為民有、民治、民享之民主共和國，其主權屬於全體國民。如同其他民主國家採行權力分立，以制度性保障之。以人民代表的立法機關監督行政機關的作為，在行政機關講求依法行政中的法律保留及法律優位，其中包括與外國訂定條約者，亦應經由立法機關審查通過。在國內法之訂定中依法令所決定之內容重要程度，分有憲法保留、嚴格法律保留、相對法律保留及行政保留 [19] 等。對內容重要性原則上由立法機關決定之；亦即在規範的制定上究應以法律逕行規定或授權由行政機關決定，由立法機關決定，甚至對行政保留事項所訂之內容亦得以法律取而代之 [20]。在政府為有效保護漁民權利及管理海域漁業資源，乃採取諸多的管理手段。在行政程序法中對於有關外交、軍事、國家安全等特別考量時，在訂定的程序上可能有其特別之處，故而對管制通過的行政程序法可能適用存在困難，但當決定要公開宣導時，即表示該行政命令已失去秘密性質，且其內容與漁民權利息息相關，為表示對民意機關之尊重，即應加以送請立法院審議。在立法院完成審議或者認為無審議必要，而完成時效時，應依法加以公告。雖然此即屬「暫時」非永久性質，但為符合民主精神，此程序無可免 [21]。

暫定執法線非屬條約或法律，不得逕行將之引為限制人民權利義務之規定。雖然漁業法第 65 條第 2、7、8 款均有授權漁業主管機關得公告相關管理規定的空白處罰規定，甚至該法第 61 條更有空白刑罰之授權，漁業署得以裁量就漁業主管機關立場公告必要之管制。漁業署保護漁民免於受日本公務船之干擾，乃更進一步訂定「二十

18 同註12。
19 吳庚。民國94年8月。行政法之理論與實用。增訂9版，頁102-103。
20 陳國勝。2006年6月19日。我國專屬經濟海域護魚暫定執法線之法律分析，頁9。
21 行政院海洋事務推動委員會曾舉辦「臺灣周邊海域情勢及對策」研討會，有學者質疑經濟海域暫定執法線過於保守，只是我國並未將目前所劃定界線之基礎何在，造成對行政機關所公布內容之質疑。只是在國際間的事務並無法由我國單方決定，仍應考慮諸多的各項因素。前內政部長蘇嘉全表示「要講『衝』、講『勇敢』很容易，但是暫定執法線不是內政部自己劃出來的，而是綜合地理環境、歷史因素、專家學者意見後，在民國92年劃定」。蘇嘉全。94年6月2日。經濟海域暫定執法線考量眾多因素。2006年5月22日，大紀元報導。http://www.epochtimes.com/b5/5/6/28/ n968492.htm。

噸以上未滿一百噸延繩釣漁船赴臺日重疊專屬經濟海域作業應行遵守及注意事項」[22]，對於進入重疊海域作業之我國籍漁船須裝設船位回報器通訊設備，違反該注意事項規定者，依漁業法第 65 條第 7 款核處新臺幣 3 萬元以上 15 萬元以下罰鍰。該注意事項第 11 條規定「在本國海域作業之延繩釣漁船，遭他國巡護艦（艇）警告、驅離或扣押時，應立即通報漁業通訊電臺轉請巡防機關採取必要之作為。」雖非以強制禁止我方漁船前往「我國專屬經濟海域」作業，但在此係為保護我國漁民安全為重點考量。一個國家所主張主權所及之領土，依據國際法即得以附隨領海、專屬經濟海域，但因相對或相鄰國家間因距離不足，造成有重疊情形，為求明確應經雙方或多方的協調方式，達成共識，簽訂條約。但在未達成共識前，本可各自單方面主張權利，卻也埋下不安定的因子。我國在專屬經濟海域目前稱「暫定執法線」者係在雙方以上主張具有執行權力時，以執法為目的而劃設短暫臨時性質的範圍，亦即在範圍內得作為我國實質管轄所及之處所，乃採取積極保護國人或取締他國人船的界線。依「中華民國專屬經濟及大陸礁層法」第 3 條規定，我國具有 200 海浬的專屬經濟海域係屬法律明文規定，如欲加以限制應由法律或與法律地位相當的條約、公約等加以限制，否則不容行政機關以行政命令增加限制，有違法律保留精神。

五、海峽中線

在美國協防臺灣的年代中（1949～1972 年），基於臺海防衛作戰之需要，在中美臺三方的默契下設定一互不侵犯的假想中線，而非兩岸雙方協議之界限。海峽中線是 1949 年後兩岸分隔的副產品。該線於 1951 年由當時的美軍太平洋司令軍官戴維斯依據臺美共同防禦條約單方面建議劃定，故又稱為「戴維斯」線，隨後海峽兩岸皆以此為界線，彼此的軍民飛機、船隻互不越線，但從臺灣本島到金門、馬祖等外島的航線，則「默契」地得以例外，即使兩岸關係緊繃，也未見有任何影響。

然而事實上並未有任何明定該中線存在的法律文件，直到 2004 年 5 月 26 日我國國防部長李傑在答覆立法院質詢時，首度對外明確說明公布海峽中線之地理坐標位置為北從 26°30'，121°23'（甲點）至 24°50'，119°59'（乙點）再南至 23°17'，117°51'（丙點）所連結的一條線[23]。從這樣的歷史背景觀察，所謂的海峽中線僅係一條具有

---

22 中華民國94年11月21日行政院農業委員會農授漁字第0941322146號令訂定。

23 臺灣國防部軍事發言人室指出，海峽中線坐標位置的經緯度為海軍最先沿用，因地球表面是圓弧狀，海軍使用的海峽中線略成勾狀，和空軍稍有不同。空軍使用的海峽中線經緯度則為北緯27°、東經122°至北緯23°、東經118°的連線。軍事發言人室說，5月26日上午國防部長李傑在立法院答詢「中

政治軍事意義的假想線，而非是用來作為管轄權歸屬的分界線。而國防部長在立法院所為之答覆，亦非具有對外宣示之效果，當然也不是法律「公告」的行為，自然不具法律效果，僅存有政治、軍事層面上的意義。

值得注意的是，在 2003 年 5 月間華航編號 CI611 客機發生空難墜海，一方面大陸漁船以及兩艘協助救難船「滬救 12 號」及「華意輪」在海峽中線以西搜獲遺體，在主動通知臺灣海巡署後，由海巡署派船靠舶接回。另一方面，臺灣當局以直升機和船艦在執行搜救任務中，也曾數度跨越海峽中線，而未受到大陸方面的為難。大陸僅在海峽中線附近搜尋，並未越過中線以東，以主動協助藉以防止臺灣當局的軍用飛機和船艦以「搜救」之名再次跨越海峽中線，避免為日後海峽中線的管理留下後患；而臺灣中華搜救協會亦通知大陸交通部，表示將進入海峽中線以西進行搜救，請中國當局予以諒解。

再者，在空軍戰機方面，雙方均沿海峽中線飛行[24]；政府或民間救難單位之海難救助，均以海峽中線為界限範圍[25]；內政部消防署的消防白皮書明白揭示，海峽中線以西與中國大陸管轄區域重疊部分，以通知方式協請大陸有關單位辦理，宛如海峽中線已成為行使管轄權之界限。

海峽中線在雙方政府互動之下，似乎已然賦予其他之法律意義，不論是在刻意的政治目的下或是在疏忽的情況下所造成，海峽中線似乎已不再是單純的政治軍事的假想線，而是具有國家管轄權分界線之意義，從法律的角度觀察之，在這樣的實踐過程中，海峽中線或將演化出一定的法律意義。

從現行法律制度觀之，根據中國 1992 年 2 月 25 日公布之「中華人民共和國領海及毗連區法」第 2 條第 2 項規定「中華人民共和國的陸地領土包括中華人民共和國大陸及其沿海島嶼、臺灣及其包括釣魚臺島在內的附屬各島、澎湖列嶼、東沙群島、西沙群島、中沙群島、南沙群島以及其他一切屬於中華人民共和國的島嶼」，並無提及海峽中線。1999 年 2 月 10 日我國行政院公告中華民國第一批領海基線、領海及鄰接區之外界線，並無論及海峽中線之存在。前述國防部公布之海峽中線之坐標位置，該中線顯然位於我國鄰接區外界專屬經濟海域範圍內。因此我國海上執法機關基於我國「中華民國專屬經濟海域及大陸礁層法」，當然得以在此區域內行使管轄權，惟實

國報載近期雙方戰機互越海峽中線」相關問題，由於幕僚運用方格坐標圖置換經緯坐標時，向東偏離坐標1°，特此更正說明。

24 最近中國大陸當局表示臺灣戰機若越過海峽中線，將予以擊毀。參閱蘋果日報2004年5月25日。

25 2005年一艘隸屬興達港的漁船「金滿興號」，7月31日上午在烏坵沿海作業的時候，發生漁民被纜繩打斷右大腿的事件，空勤直升機在通報戰管單位之後，飛越海峽中線，將受傷的漁民郭進生送醫急救。

際運作卻不越過海峽中線，然海峽中線之範圍限制，並無國內法上之依據。惟當中國大陸行使緊追權越過臺灣海峽中線時，我國因應措施會因行使緊追對象船艦的性質而有所差異：

（一）當行使緊追權之船艦係為中國大陸的公務船舶時，因係屬於國際法下海域執法之正當權利，但如該公務船舶越過中線並進入我國限制水域時，根據「兩岸人民關係條例」第 29 條（大陸船舶、民用航空器及其他運輸工具，非經主管機關許可，不得進入臺灣地區限制或禁止水域）、施行細則第 26 條第 2 項（大陸船舶、民用航空器，係指在大陸地區登記之船舶、航空器，但不包括軍用船舶、航空器）及條例第 32 條規定，得逕行驅離或扣留其船舶、物品，留置其人員或為必要之防衛處置。

（二）當行使緊追權之船艦係為中國大陸的軍艦時，由於海峽中線係兩岸軍事對峙下衍生出來的一條互不侵犯的政治默契線，並不具有水域劃界的法律性質，因此當中國大陸軍艦行使緊追權越過海峽中線，但未進入我國領海，並非屬違法行為，但因事涉軍事敏感屬於戰略評估之軍事、政治議題，並非法律位階所可論述。

（三）對於未告知即進入我國領海「行使無害通過權」之外國軍用或公務船，或未經許可即進入我國領海「行使無害通過權」之外國核子動力船，我國得採取之因應措施，在相關法令未訂定完成之前，並無強而有力之執行措施，僅得予以驅離[26]。但倘若未經告知或未經許可即進入領海且非屬無害通過時，倘有違反我國法令則依相關法令處理（例如在領海內捕魚則係屬違反漁業法之行為）；若未違反我國法令，則因情勢判斷，予以驅離，或有侵犯主權之虞時，更可依自衛權而行使武力（例如在領海內從事發射、降落或接載軍事裝置或蒐集情資等軍事活動）。軍事的權力發動與警察權的發動在概念上是嚴格被區別的；基於維持海上秩序目的，發動海上警察權的前提為法令的違反；對於國家主權的侵犯則是屬於國際法上自衛權的發動。軍隊之設立目的旨在維護國家主權的防衛功能，因此軍艦是否執行海上警察權，端視法令所賦予之職務範圍而定，根據海關緝私條例、海污法等規定，國防部具有行政協助辦理之義務。軍艦在執行海上警察權時，行使之強制力理論上應準用類似警察職務執行法之規定為之（例如日本自衛隊法即作如是規定），蓋軍艦的武力行使，在法治國家中，一般是依據接戰手冊為之，其發動時機及強制程度與單純維護海上治安是有所不同。但是在我國對於這部分的法令卻付之闕如。因此對於外國船舶（包括大陸船艦）在我國專屬經濟海域或大陸礁層單純進行海洋科學研究，應由海巡署處理因應；惟當科學研

---

26 我國雖於民國91年公布「外國船舶無害通過中華民國領海管理辦法」，但在該法令中並未訂定違法取締執行措施。

究涉及情資蒐集等威脅我國國防安全者，則屬所謂間諜船之政治事件，即非海上保安之法律層面問題。

（四）兩岸人民關係條例是針對大陸地區人民所作的一項特別規定。因此該條例排除現行相關規定之適用。除非在該條例未規定者外，才有適用其他相關規定之可能[27]。一般而言，外國船舶依據國際海洋法規定及中華民國領海及鄰接區法規定在領海享有無害通過權，但是對於大陸船舶受限於兩岸人民關係條例規定，非經主管機關許可，不得進入臺灣地區限制及禁止水域（24 海浬及 12 海浬之水域）。所謂不得進入亦即指完全禁止進入、逗留及進行其他任何活動[28]。因此外國船舶在領海享有之無害通過權，對大陸船舶而言，自然無所謂「通過」之適用可能，除非經主管機關許可。限制及禁止水域的設定是一國內法上的制度，至於排除大陸船舶進入 24 海浬；相當於鄰接區之水域，是否有違反國際法海洋法之規定？則是有待商榷。

（五）海上警察權之行使。大陸船舶依兩岸人民關係條例規定，非經主管機關許可，不得進入臺灣地區限制及禁止水域。因此大陸船舶未經許可進入臺灣地區限制及禁止水域，主管機關當然得採取一定的強制措施。主管機關得採取的強制措施，根據兩岸人民關係條例第 42 條規定：「……得逕行驅離或扣留其船舶、物品，留置其人員或爲必要之防衛措施」。這些強制措施又依限制水域或禁止水域之區分，可爲下列方式處置：

1. 進入限制水域者，予以驅離；可疑者，命令停船，實施檢查。驅離無效或涉及走私者，扣留其船舶、物品及留置其人員。

2. 進入禁止水域者，強制驅離；可疑者，命令停船，實施檢查。驅離無效、涉及走私或從事非法漁業行爲者，扣留其船舶、物品及留置其人員。

3. 進入臺灣、澎湖禁止水域從事漁撈行爲者，得扣留其船舶、物品及留置其人員。

4. 前三款之大陸船舶有拒絕停船或抗拒扣留之行爲者，得予警告射擊；經警告無效者，得直接射擊船體強制停航，有敵對之行爲者，得予以擊燬[29]。這些強制措施的實施，包括警告射擊、直接射擊船體、甚至得予以擊燬。然而從「比例原則」的概念分析這些手段的行使，是否有違該原則之內涵，以及採取這些手段的時點、發動要件等細節，並未加以規定，就人權的保護而言，似乎應有更詳細的規範與限制。

---

27 根據兩岸人民關係條例第1條規定「本條例未規定者，適用其他相關法令之規定」，即明揭此旨。

28 黃異。限制水域及禁止水域的意義。軍法專刊，第46卷第1期，頁2。

29 參見兩岸人民關係條例施行細則第28條。

（一）飛航情報區（Flight Information Region, FIR）

飛航情報區是由國際民航組織（ICAO）所劃定，區分各國家或地區在該區的航管及航空情報服務的責任區。

飛航情報區的範圍除了該國的領空外，通常還包括了臨近的公海。與防空識別區不同的是，飛航情報區主要是以航管及飛航情報服務為主，有時會為了特別的原因切入鄰國領空。

飛航情報區的命名，並不以國家、省分名稱命名，而是以該區的飛航情報區管制中心（區管中心）所在地為命名，例如臺灣的「臺北飛航情報區」、中國大陸兩廣中的廣東省及廣西省的「廣州飛航情報區」、日本的「福岡飛航情報區」等等。這個模式仍有例外，例如廈門管制區的管制中心設於廈門市。然而，廈門管制區亦屬上海飛航情報區。

（二）防空識別區（Air Defense Identification Zone, ADIZ）

防空識別區指的是一國基於空防需要，所劃定的空域，以利軍方迅速定位管制。防空識別區與飛航情報區並不一樣，所劃定的區域也不一定相同。

任何非本國航空器要飛入某防空識別區之前，都要向該區的航管單位提出飛行計畫及目的，否則會被視為非法入侵。空軍的戰鬥機會升空向該機提出警告、強制降落，若有威脅到安全時，甚至可將該機擊落。

六、大陸礁層

（一）國際公約發展沿革

1945 年 9 月 28 日美國杜魯門總統發布「大陸礁層宣言」，聲稱「美國政府視公海底下鄰接美國海岸之大陸礁層底土和海床之天然資源，屬於美國並受美國管轄和控制」，同時表明凡與美國相鄰或相向國家間之大陸礁層分界線「應由美國與相關國家依衡平原則（Equity Principle）定之」。爾後，許多國家紛紛宣布類似的大陸礁層主張，此種原則性的宣示，對日後海域劃界規則之發展有巨大影響[30]。

1958 年「大陸礁層公約」第 6 條對相鄰或相向國家之大陸礁層劃界規定如下[31]：

---

30 陳荔彤。2002年7月。海洋法論。臺北：元照出版有限公司，頁297。
31 黃異（著）、國立編譯館（主編）。2002年12月。國際海洋法。1版6刷。臺北：渤海堂文化公司，頁72。

　　1. 相鄰國家應以等距離線作為其大陸架之分界線，相向國家則以中央線作為其大陸架之分界線。所謂等距離線是指具有下列特性的線條：線上任何一點與兩邊之基線上最近點的距離是相等的。事實上等距離線與中央線並無不同，乃是因其適用於相鄰國家，而被特別稱之為等距離線。

　　2. 若有特殊情形，則應排除上述等距離線與中央線的適用，而應另行劃定分界線，此時仍應由相鄰國或相向國協議定之。此外，若相鄰國或相向國亦可任意協議劃定其大陸架分界線。

　　依據 1982 年「聯合國海洋法公約」第 76 條第 1 項規定：「沿海國的大陸礁層包括其領海以外依其陸地領土的全部自然延伸，擴展到大陸邊外緣的海床和底土，如果從測算領海寬度的基線量起到大陸邊的距離不到 200 海浬，則擴展到 200 海浬的距離。」由公約規定沿海國大陸礁層的宣告將不僅侷限在 200 海浬專屬經濟海域範圍，最大範圍將可擴充至 350 海浬區域。第 83 條第 1 項規定：「海岸相向或相鄰國家間大陸礁層的界限，應在國際法規約第 38 條所指國際法的基礎上協議劃定，以便得到公平解決。」此大陸礁層定義隨海洋科技的發展也已不侷限在學術 200 公尺水深用詞上，而是依海洋地形向外擴展至大陸斜坡及大陸基的所謂大陸邊緣水深 2,500 公尺處，即大陸地殼與海洋地殼交接處。1999 年 5 月 13 日聯合國也通過「大陸礁層界限委員會科學與技術準則」，因此聯合國要求在 1999 年 5 月前被批准加入「聯合國海洋法公約」的各會員國如果要求主張 200 海浬以外的大陸礁層，必須在 2009 年 5 月前向大陸礁層界限委員會（CLCS）提出申請，否則就過了期限。「聯合國海洋法公約」第 83 條對於相鄰或相向國家大陸架的劃界規範為：

　　1. 相鄰或相向國家應經由協議來劃定大陸架分界線，協議時應遵守現行國際法的規定，而劃定之分界線應符合公平原則。

　　2. 若無法達成協議，則依照「海洋法公約」第 15 部分「爭端的解決」所規定之程序來劃定分界線。

　　3. 相鄰或相向國家在達成協議前的過渡時期，應先做「臨時安排」處理劃界問題，而此種安排不應妨害最後界線的劃定。

　　4. 如果有關國家在 1982 年「聯合國海洋法公約」生效前已存在一些有效的劃界協定，則在該公約生效後仍依有效之劃界協定確定分界線，不必再另行協議。

　　1958 年「大陸礁層公約」第 1 條，所謂大陸礁層係鄰接海岸但在領海以外之海底區域之海床及底土，其上海水深度不逾 200 公尺或雖逾此限度而其上海水深度仍使該區域天然資源有開發之可能性者，然此理論對沿海國不利，為避免爭議，1982 年

「聯合國海洋法公約」第 76 條另作下列「法律上定義」以求公允[32]：

　　1. 海岸陡降者：沿海國海岸向海中水面下自然延伸不及 200 海浬即陡降或中斷者，沿海國仍可劃定 200 海浬之大陸礁層。

　　2. 海岸平緩者：沿海國海岸向海中平緩自然延伸的大陸邊外緣（The Outer Edge of the Continental Margin）超過領海基線 200 海浬，可於大陸礁層的最外各定點作為劃界之標準，但外界定點不逾領海基線 350 海浬或不逾 2,500 公尺等深線。

　　1982 年「聯合國海洋法公約」第 77 條亦承襲 1958 年公約之第 2 條規定，沿海國在大陸礁層之權利包括：建造與授權管理建造、操作和使用人工島嶼、設施與結構之權利，以及授權和管理為一切目的在大陸架上進行鑽探（LOSC §§60, 80, 81），此等權利具專屬性，任何國家未經沿海國同意不得從事上述任何活動（LOSC §§2(2), 77(2)）。另「沿海國有權授權和管理為一切目的在大陸架上進行鑽探的專屬權利」（LOSC §81），所謂「為一切目的」（For All Purposes）代表此種對大陸架鑽探之任何活動，沿海國之專屬管轄權不限於探勘與開發之目的，凡涉及對大陸架鑽探之活動，不論其目的為何，均為沿海國之專屬管轄權所及。此一權利範圍及於整個大陸架，因而沿海國對超過 200 海浬之大陸架，仍有此項專屬管轄權，此外沿海國有權利「開鑿隧道」（Tunneling）以開發底土，不論底土上水域深度如何（CSC §7; LOSC §85）[33]。

　　1999 年 5 月 13 日聯合國大陸礁層界限委員會（Commission on the Limits of the Continental Shelf, CLCS）通過「大陸礁層界限委員會科學與技術準則」（Scientific and Technical Guidelines of the Commission on the Limits of Continental Shelf）。1999 年 5 月 29 日第 11 次「聯合國海洋法公約」締約國會議通過 SPLOS/72 號決定，該決定第 (a) 項規定在 1999 年 5 月 13 日以前開始對其生效之締約國，如欲主張 200 海浬以外之大陸礁層，必須在 1999 年 5 月 13 日起算 10 年內（即 2009 年 5 月 12 日前）向聯合國大陸礁層界限委員會提交大陸礁層相關科學與技術佐證資料[34]。為此，各沿海會員國紛紛進行大陸礁層調查工作來擴展國家的海洋權益，至 2009 年 5 月 12 日止包括日本、韓國、菲律賓、澳大利亞、印度等全球大部分沿海國，均已完成大陸礁層調查工作，紛紛向聯合國大陸礁層界限委員會提出申請。

---

32 楊四猛。2003年6月。我國海域執法相關法制之探討。國立臺灣海洋大學海洋法律研究所，頁158。

33 姜皇池。2001年9月。國際海洋法總論。臺北：學林文化事業有限公司，頁408。

34 羅聖宗。2005年12月。從最近東海油田主權的爭端，看海洋科技發展的重要性。第12屆水上警察學術論文集。中央警察大學水上警察學系，頁60。

　　以日本為例，日本政府於 2003 年 12 月 8 日，在內閣官房設立一個由國土交通省、外務省、文部科學省、經濟產業省等 5 個部門組成的大陸礁層調查對策室，任命海上保安廳務部參事官島崎有平為室長。此目的在擴大日本大陸礁層範圍，確保日本海域礦物資源和海底水產等海底資源的權利，加緊調查以便如期在 2009 年 5 月之前向聯合國提交「日本所主張的大陸礁層海底調查科學數據」使日本大陸礁層界線延伸至 350 海浬。事實上，日本早在 1983 年開始調查，至今已超過 20 年，在小笠原群島、沖鳥礁、南鳥島一帶 6 個地區，就其所調查的區域觀之，日本將領土散布到太平洋西側的各群島，再以群島的最外側向外延伸 350 海浬。日本希望照此規劃調查，則大陸礁層面積約有 65 萬平方公里，是現有日本國土的 1.7 倍，此區域礦產資源豐富，以日本目前消費量計算，金、銀、鈷礦儲量用 5,000 年、錳礦儲量用 1,000 年、天然氣儲量夠用 100 年，加起來總值計數 10 兆日元，一旦日本申請成功，屆時日本就成為世界上「天然資源大國」[35]。

（二）我國的大陸礁層法制與現況

1. 我國的大陸礁層法制

　　我國專屬經濟海域及大陸礁層法第 2 條第 2 項：「中華民國之大陸礁層為其領海以外，依其陸地領土自然延伸至大陸邊外緣之海底區域。」同條第 3 項：「前項海底區域包括海床及底土。」並未明文指出我國大陸礁層外界為何？另第 3 條規定：「中華民國專屬經濟海域及大陸礁層之外界界線，由行政院訂定，並得分批公告之。」然我國海域二法公布施行已 10 年餘，未見公告外界線。同法第 4 條第 1 項：「中華民國專屬經濟海域或大陸礁層，與相鄰或相向國家間之專屬經濟海域或大陸礁層重疊時，其分界線依衡平原則，以協議方式劃定之。」同條第 2 項規定：「前項協議未能達成前，得與相鄰或相向國家基於諒解及合作之精神，作成過渡時期之臨時安排。」同條第 3 項：「前項臨時安排不妨礙最後分界線之劃定。」依法理言，我國仍應遵照「聯合國海洋法公約」之規定，訂定大陸礁層外界為妥[36]。

2. 我國大陸礁層之權利

　　中華民國專屬經濟海域及大陸礁層法第 5 條第 1 款：「中華民國之專屬經濟海域

---

35 同註34。

36 楊四猛。2003年6月。我國海域執法相關法制之探討。國立臺灣海洋大學海洋法律研究所，頁158。

或大陸礁層享有並得行使下列權利：探勘、開發、養護、管理海床上覆水域、海床及其底土之生物或非生物資源之主權權利。」同法第6條規定：「在中華民國大陸礁層從事生物或非生物資源之探勘、開發、養護、管理，應依中華民國法令之規定申請許可。」又為維護大陸礁層主權權利行使之完整性，同法第16條規定：「中華民國之國防、警察或其他機關，對在專屬經濟海域或大陸礁層之人或物，認為違反中華民國相關法令之虞時，得進行緊追、登臨、檢查；必要時，得強制驅離，或逮捕其人員，或扣留其船舶、航空器、設備、物品等，並提起司法程序。」

3. 我國的大陸礁層現況

我國200海浬內專屬經濟海域，與大陸礁層皆與鄰國或大陸地區海域重疊，且未經談判劃定。雖然，我國並非1982年「聯合國海洋法公約」締約方，無所謂大陸礁層外部界限劃定申請時限問題，惟為防止鄰國恣意擴充大陸礁層，侵犯我權益，實不得掉以輕心，為確保我國大陸礁層礦產資源、漁業資源之探勘、開發、管理、養護等權益，應立即就我國專屬經濟海域、大陸礁層之水文、海洋地質、地形、地球物理、漁業生物、能礦資源等基礎資料作調查[37]。2004年行政院成立「海洋事務推動委員會」，於2005年海洋事務推動委員會第3次委員會議，通過成立「大陸礁層調查工作小組」，由行政院副院長召集跨部會成立，並由內政部負責主政。2004年內政部辦理「我國大陸礁層調查先期規劃工作」，並於隔年完成「我國大陸礁層調查計畫（2006～2010）」報經行政院於2005年8月核定。該計畫將以具時效性之我國東海、東南、南部及南海地區中，涉外海疆劃界所需資料調查蒐集以及區域資源潛能調查評估，為主要優先目標，其具體效益包括：外交上，可提供我涉外海域劃界談判依據，維護國家海洋權益；在經濟上，可掌握我國海域資源，提振興海洋產業與能源經濟；在內政上，充實我國海洋法政基礎，強化海域功能區劃與管理；在科研上，提升我國海洋科技研發，引導海洋知識經濟發展。惟進行我國大陸礁層調查，將面臨相關問題，分析如下：

(1) 大陸礁層調查因涉各國主權，複雜性與困難度均高

大陸礁層調查因涉及主權劃界爭議，複雜性與困難度均高，且各國政府對此均表關切，如何釐清我國大陸礁層外部界限延伸及專屬經濟海域範圍，政治操作技術上亦待考量。另我國非聯合國會員國，測量所得轉交聯合國秘書處效力如何？亦待協商。

---

37 羅聖宗。2005年12月。從最近東海油田主權的爭端，看海洋科技發展的重要性。第12屆水上警察學術論文集。中央警察大學水上警察學系，頁61。

依據聯合國「大陸礁層界限委員會科學與技術準則」我國目前海域科學證據仍有許多不足處，資源潛能特性亦未有清楚掌握，落後日本、中國大陸至少 10 年。在 2009 年 5 月前各國提出申請，如侵犯我主權，我國必須嚴正表示立場，在時間急迫性下，因此需確定所需補充調查重點，投入資源以掌握聯合國申請之時效。

(2) 調查所需技術門檻高，經費龐大，開發作為宜朝國際合作

大陸礁層海域調查係由水深 200 公尺延伸至 2500 公尺處，大陸礁層及專屬經濟海域調查項目繁多，另涉海洋地質、大地測量、礦產資源、水文學、地球物理及大陸邊界等多重領域，所需經費龐大，且調查技術門檻高，我國科研船除「海研 1 號」、「海研 2 號」、「海研 3 號」及「達觀艦」、「水試 1 號」等研究及工作船勉可執行外，相關探測設備及專業科學技術人員是否可支應本項計畫則待商榷。故如何整合國內有效資源以及國際合作共同開發皆需務實審慎規劃。

(3) 地理及地質因素造成調查困難

臺灣位處於太平洋板塊西緣島弧和歐亞大陸板塊邊緣碰撞之聚合板塊邊緣，伴隨著島弧構造與弧溝系統演化所發育的複雜地質環境。包括臺灣東部菲律賓海板塊向北隱沒到歐亞大陸板塊之下，在此發育出東西走向之琉球弧溝系統；以及在臺灣南部則是歐亞大陸板塊上的南中國盆向東隱沒至菲律賓海板塊之下，發育出南北走向之呂宋弧溝系統。而此複雜的地質構造系統也孕育出豐富的海底天然礦產資源包括在東海陸棚及南海陸棚的油氣資源、臺灣西南海域及南海棚坡的天然氣水化合物以及分布在東海陸棚下海底火山之熱液多金屬硫化礦床等，但也增添許多地殼判釋的困難度。

(4) 國際現勢影響調查情形

大陸礁層之調查因涵及我國全部領土，故東、南沙及經濟海域邊亦在調查範圍，其中東、南沙等島嶼，我國雖長期在該島嶼駐有軍隊，循此主張我國主權，應無疑義，惟調查過程難免會與周邊國家產生意見上衝突或不一致，勢將影響調查情形。

(5) 時間緊迫預算經費龐大，如何落實推動，亟待機關整合

囿於本案應於 2009 年 5 月前提出申請，我國自 2005 年提出調查計畫方案，僅約有 5 年之時間，時間上非常緊迫且經費達 25 億餘元，涉及部會包括內政部、經濟部、交通部、國防部、國科會、農委會及海巡署等相關單位，如何有效分配經費與時間亦考驗相關單位之智慧。為協調各相關部會共同推動我國大陸礁層及專屬經濟海域之調查、探勘、開發、海域劃界談判及國際合作等事務，掌握國際發展趨勢，維護我國海洋權益，永續經營我國海洋資源，健全合理開發利用，提升海洋科學與技術能

量，發展海洋產業經濟，落實「國家海洋政策綱領」，貫徹政府「海洋立國」政策主張，行政院相關機關，及立法院，產、官、學各界實應群策群力，積極落實完成。

截至 2010 年底，該項調查總計完成 100 個航次，757 天之調查，各項成果已陸續完成並提供相關機關參考。依據目前調查及蒐集之相關科學佐證資料，我國部分海域有條件可主張超過 200 海浬的延伸大陸礁層，惟因臺灣四面環海，與鄰國海域主張重疊嚴重，依 1982 年「聯合國海洋法公約」規定，應與鄰國協議劃定，此項工作非短期間可解決，應審慎研議如何在國際法的基礎下，得到公平解決，以獲取國家最大利益。爲避免周邊國家之海域主張侵犯我國海洋權益，外交部於 2009 年 5 月 12 日發布「中華民國大陸礁層外部界限聲明」，該聲明中並重申無論就歷史、地理及國際法而言，釣魚臺列嶼以及南沙群島、西沙群島、中沙群島、東沙群島及其周遭水域乃中華民國固有領土及水域，其主權屬於中華民國，不容置疑。中華民國對上述島嶼及周遭水域、海床及底土享有國際法所賦予之所有權益，任何國家以任何理由或方式予以主張或占據，在法律上均屬無效 [38]。

七、海域疆界面積

依據內政部量測 [39]：我國（臺閩地區）陸地總面積 39,190 平方公里（含臺灣地區 36,008 平方公里福建地區 182 平方公里）。領海基線總長 1,268 公里，領海外界線總長 1,981 公里，鄰接區外界線總長 2,518 公里。內水總面積 23,114 平方公里，領海總面積 35,683 平方公里，鄰接區總面積 48,007 平方公里，合計總計 106,804 平方公里。其中分爲六群島嶼，分述如下：

第一群島嶼爲臺澎及近岸屬島總面積 36,008 平方公里，領海基線總長 1,133 公里，領海外界線總長 1,255 公里，鄰接區外界線總長 1,317 公里，內水總面積 22,533 平方公里，領海總面積 25,826 平方公里，鄰接區總面積 27,816 平方公里。

第二群爲釣魚臺列嶼面積 6.1 平方公里，領海基線總長 15 公里，領海外界線總長 335 公里，鄰接區外界線總長 548 公里，內水總面積 0 平方公里，領海總面積 4,335 平方公里，鄰接區總面積 9,441 平方公里。

第三群爲東沙群島面積 1.64 平方公里，領海基線總長 70 公里，領海外界線總長 205 公里，鄰接區外界線總長 341 公里，內水總面積 380 平方公里，領海總面積 2,965

---

38 內政部。我國大陸礁層調查計畫簡介：http://www.land.moi.gov.tw/chhtml/content.asp?cid=91&mcid=820。
39 內政部地政司依行政院公告中華民國第一批領海基線海圖 No. 0105,0307,0417量取。

平方公里，鄰接區總面積 5,253 平方公里。

　　第四群為中沙群島（黃岩島），領海基線總長 50 公里，領海外界線總長 186 公里，鄰接區外界線總長 312 里，內水總面積 201 平方公里，領海總面積 2,557 平方公里，鄰接區總面積 5,497 平方公里。

　　第五群為南沙群島，因與南中國海周邊海域國家所聲索之島嶼，海域重疊複雜敏感，迄目前為止尚未公布。

　　第六群為金門馬祖地區，因中華人民共和國主張為其內水，迄未公布。

　　另外依行政院海岸巡防署海洋巡防總局根據海圖概估金門、馬祖、南沙地區禁止、限制水域面積如下：

　　（一）金門地區：禁止水域 236 平方公里、限制水域 393 平方公里。

　　（二）馬祖地區：禁止水域 129 平方公里、限制水域 230 平方公里。

　　（三）南沙地區：禁止水域 67 平方公里、限制水域 138.5 平方公里。

　　作為一個主權國家，我國有權依照習慣或成文國際（海洋）法之規定，來選擇並劃定自己的領海基線與各種海域之外界線，並宣告經濟海域範圍，同時竭盡一切力量進行實質的管轄。

第四章
海域管轄與劃界

　　沿海國對於鄰接其領土向海一面海域，因在海洋上國家管轄權之行使，本質上與在陸上管轄權之行使有所不同，是以國際海洋法就此問題所發展出規範，與適用於陸地領域部分之規範，亦隨之有所區隔。大體而言，國際海洋法依據海域離岸距離之遠近，而賦予不同程度之管制權利；離沿海國領土越近，則在該等海域上船舶對沿海國影響越大，且沿海國相關利益越容易受到衝擊；另一方面，因為離沿岸國越近，沿岸國實力亦較易於施行，因而國際法賦予沿海國得主張之管制強度越強。在系爭事件或船舶離岸越遠，則可能對沿海國之影響，亦隨之遞減；相對地，沿海國之統治實力，亦隨之遞減，因而沿海國向海一面之管轄權強度，亦隨之調整。國際海洋法根據此種離岸遠近之區隔，將沿海國海域管轄程度，分成：內水、領海、鄰接區、國際海峽、群島水域、專屬經濟區、大陸架、公海、國家管轄權外海洋底土等九大區域。沿海國對此等海域之管轄權利，各有不同。本文將於後續章節對沿海國在上述諸等海域內之管轄權進行探索，惟對於管轄權之本質意義、種類、差別必須先進行釐清，同時對我國海域劃界及管轄，作分析探討。

第一節　管轄權

　　何謂管轄權（Jurisdiction）？在國際法的領域中，學者有謂：「管轄權指的是國家通過立法、司法和行政的手段對人或事物實行控制的權力」[1]；或者有謂：「國家對其領土及其國民行使主權的具體體現」[2]。然不論上述各個學者說法如何，其均有相同的意涵，即國家在國際法的規範下，得對特定人、財產、事物或行為實行控制的權力。

　　近代國際海洋法將海域管轄權利以區域劃分，海域劃分成「國家管轄權內海域」（Zones of National Jurisdiction）與「國家管轄權外海域」（Zones Beyond National

---

1　江國青。2002年1月。演變中的國際法問題。臺北：法律出版社，頁25。
2　王鐵崖。2002年4月。國際法。臺北：法律出版社，頁125。

Jurisdiction），也意味著沿海國或船旗國，對不同海域內人與事務有著不同程度管轄權限。此等區域之劃分日益詳細，也使得相關問題，在理論與實務上亦日形複雜[3]。縱使是在國家管轄權內海域，國家對此等海域之管轄權利仍與在其領土上所實行之管轄權利有相當大地差異。大體上，沿海國雖對特定海域享有管轄權，但又必須顧及其他國際社會成員對海洋利用之全體利益，是以並不能當然排除其他國家對海洋之合法使用，是以必須容忍船舶之無害通過權、國際海峽之過境通行權、群島水域之群島海道過境通行權等等。換言之，相較於國家對陸地之管轄權利，國家對海域之管轄權限更受到國際法之制約。而在進一步深入探討前，有必要先行對何謂管轄權作一簡單引論。

一、管轄權之意義

管轄權是國家主權的表徵[4]。英文「管轄權」（Jurisdiction）一辭，源自拉丁文 *Juris Dictio* 原本的意思是「司法行政」（Administration of Justice）。到羅馬共和時期，該語演變至包括：解釋與適用法律之權力、權利與權能；甚至擴張至規範不同權能間之界限[5]。降至當代，各家定義與觀點均有所不同，並無定論。「美國法律協會」（American Law Institute）則將所謂「管轄權」（Jurisdiction）定義成：「國家制定法律、將個人或事物置於其法院或其他裁判機構下審理，以及執行其法律，包括以司法手段與非司法手段之權能」（The authority of states to prescribe their law, to subject persons and things to adjudication in their courts and other tribunals, and to enforce their law, both judicially and non-judicially）[6]。

國家管轄權主要是涉及每一國家管制行為與事件結果之權利範圍。管轄權既涉及國際法，也牽連到國內法。國際法決定國家可採取之管轄權方式與範圍；國內法規定國家實際上主張其管轄權之範圍與方式。國際法有關管轄權之規範，是經由各個國家實際上藉由內國法院適用法律判決累積發展而成。而很多內國法院適用有關管轄權問題，僅關心國內規定，而不計其是否符合國際法，而且內國法院自然會傾向以本國利

3　D.P. O'Connell, The International Law of the Sea 733 (I.A. Shearer ed., 1984).

4　D.W. Bowett, *Jurisdiction: Changing Patterns of Authority over Activities and Resource*, 53 Brit. Yb. Int'l L. 1, 1 (1982); Robert Y. Jennings, *The Limits of State Jurisdiction*, 32 Nordisk Tidskriftfor Int'l Ret. 209, 209 (1962).

5　Ivan Shearer, *Jurisdiction*, in Public International Law: An Australian Perspective 161, 161 (Sam Blay et al. eds. 1997).

6　Rest. 3rd., Restatement of the Foreign Relations Law of the United States 230; introductory note.

益考量來處理所發生問題，因而受到國內法院判例影響，使得國際法有關管轄權問題相當含糊不明確，且管轄權各項原則並未發展出一致的規範[7]。

　　管轄權涉及內國法與國際法，內國法決定國家管轄權之實質範圍與方式[8]；國際法則決定國家採取各類形式管轄權之允許限度，1927年《蓮花號案》（The Lotus），「常設國際法院」（Permanent Court of Justice, PCOJ）認為：國家適用法律與其管轄權有廣泛裁量權，然此等裁量權「在某些情形下受到禁止性規則之限制」，且「國家必須不超過國際法對其管轄所設之限制」。換言之，於大多數情形，國際法並不要求，也不禁止國內法對特定案件為管轄，比方來說，國際法類似對國內法提出「要約」（Offer），國內法若不願接受，則沒有法律義務接受。對特定案件管轄權之有無，由國內法決定，而國際法僅限於對國家自由裁量權為很少之限制[9]。

二、管轄權之分類

　　傳統論述管轄權問題時，會再將管轄權區分為「規範管轄權」（Jurisdiction to Prescribe / Prescriptive Jurisdiction）與「執行管轄權」（Jurisdiction to Enforce; Enforcement Jurisdiction）。前者指國家制定實質法適用於特定人或特定情況之權能；後者則是對特定人或特定情況為執行之權能。因為制定特定法律規範之權能，通常由立法機關進行，因而前者又稱之為「立法管轄權」（Jurisdiction to Legislate）；而對特定人或特定情況之執行，通常藉由司法程序進行，因而後者又稱之為「司法管轄權」（Jurisdiction to Adjudicate）。不過上述簡單區分，已經不能完全解決日益複雜的情勢，該大部分規範之制定雖由立法機關為之，但是近代國家的法律制度，藉由行政機關頒布規則與規章，或是由法院定之往往有之。而對特定人或情況之執行，以往藉由行政機關為之。因而乃將管轄權區分為：1.「規範管轄權」（Jurisdiction

---

7　Robert Jennings & Arthur Watts (eds), Oppenheim's International Law 456-57; §136 (9th ed. 1992). 不過比較：黃異。2000年3月。論福明輪事件的管轄權歸屬。海洋秩序與國際法。臺北：學林文化事業公司，頁523、523-524；黃異。1996年。國際法。臺北：渤海堂文化事業公司，頁146-147。在上述文獻中，黃教授將所謂管轄權與管轄做嚴格區分，認為管轄是客觀事實，為中性名詞；而管轄權則是表彰特定權利，國際法主體在此概念下得享有之權利，為法律上概念。

8　在法治先進國家，內國法對於行政機關管轄權之行使範圍，亦即行政機關在法律上所得代表國家行使權力之範圍，通常會於組織法中規定，一則釐清各個行政機關間之權限，以杜絕不同行政機關間可能發生之權限爭議；一則用以確定行政機關之權限範圍，以保障人民權利，此即所為管轄法定原則。我國行政程序法第11條第1項規定：「行政機關之管轄權，依其組織法或其他行政法定之」，即是管轄法定原則之明文。

9　Michael Akehurst, A Modern Introduction to International Law 105 (6th ed. 1987).

to Prescribe; Prescriptive Jurisdiction）：指國家制定法律適用於特定人或行為之權能；2.「司法管轄權」（Jurisdiction to Adjudicate; Judicial Jurisdiction）：指國家將特定人或事物置於其司法程序下之權能；3.「執行管轄權」（Jurisdiction to Enforce; Enforcement Jurisdiction）：指國家運用政府資源，來導致或強制遵守該國法律之權能 [10]。部分學者則將所謂規範管轄權仍稱之為「立法管轄權」；而將司法管轄權與行政管轄權統稱為「執行管轄權」[11]。當然此種區分固非眾所接受，然就討論國家管轄權問題，大體上仍受到普遍遵循，特別是在討論國家海域管轄權時，對於區隔部分海域管轄權限，有相當大助益，因而本文將依循此種傳統區隔法，將國家管轄權分成三大類：「規範管轄權」、「司法管轄權」與「行政管轄權」；而將後兩者再統稱為「執行管轄權」。

三、各類管轄權之差別

至於行政管轄權，與立法管轄權相同，均為國家主權表徵之一，一國可於其領域內行使。但與立法管轄權有別，立法管轄權可能會有「競合管轄」（Concurrent Jurisdiction）之情形，也就是對同一行為可能有數國或多個國家同時有權利立法進行管轄；但在行政管轄上，每一國家在其領域內之行政管轄權是專屬排他的，因而特定國家可以立法規範其在他國國民之行為，但除非該他國事先同意，否則不得於該他國領域中對該國國民行使行政管轄權 [12]。

立法管轄權與執行管轄權又在行使地點上有所區隔。就立法管轄權而言，重要的因素是蓋欲規範行為發生地或其結果及於特定國家領域，根據領域管轄原則，特定國

---

10 Rest. 3rd, Restatement of the Foreign Relations Law of the United States 230-231; introductory note. 可以參考：Bernard Oxman, *Jurisdiction of States*, in 3 Encyclopedia of International Law 55, 55 (Rudolf Bernhardt ed. 1997)。另外，部分英國學者也採此種分類，如Rebecca M.M Wallace, International Law 107 (2d ed. 1992); Robert Y. Jennings, *The Limits of State Jurisdiction*, 32 Nordisk Tidsskriftfor Int'l Ret. 209, 212 (1962); Michael Akehurst, *Jurisdiction in International* Law, 46 Brit. Yb. Int'l L. 145, 145 (1972-73); Geoff Gilbert, *Crimes Sans Frontières: Jurisdicitoinnal Problems in English* Law, 63 Brit. Yb. Int'l L. 415, 416 (1992); Ian Shearer, *Jurisdiction*, in Public International Law: An Australian Perspective 163-164 (Sam Blay et al. eds. 1997)。

11 Robert Bledsoe & Boleslaw Boczek, The International Law Dictionary 102-103 (1987); A.L. Morgan, *The New Law of the Sea: Rethinking the Implications for Sovereign Jurisdiction and Freedom of Action*, 27 Ocean Dev. & Int'l L. 5, 6 (1996).

12 *See* Restatement (Third) of Foreign Relations Law of the United States § 432 cmt. B & reporters' note 1 (1987); Daniel Bodansky, *Protecting the Marine Environment from Vessel-Source Pollution: UNCLOS III and Beyond*, 18 Ecology L. Quart. 719, 732 (1991).

家得就在其領域發生或對該國領土有直接影響之行為行使立法管轄權；與之相較，執行管轄權通常以發動執行措施時間點上，該行為人是否於特定國家之領域為斷[13]。

發動行政管轄權必須分成各個不同步驟，首先，亦是最為棘手的是發現究竟發生何事？就以船舶污染而言，可藉由船隻自我通報、其他偵查方法、檢查船舶文書、或是直接調查船舶與其船員（在此一情形下，如船舶航行中，就必須命其停船並登臨）[14]。

若是確認船舶確實觸犯內國法規，則第二步驟是決定採取何種因應措施。對處於特定國家管轄海域內之外國船舶，可以單純將其驅逐出管轄海域（或是該船正請求進入內水或港口，則拒絕其進入）。另外，沿岸國亦可逮捕並扣留該船，發動刑事程序，加諸具體處罰。倘若對造成污染之船舶發動刑事程序，此時沿岸國可同時行使行政管轄權與司法管轄權[15]。

若是特定國家對船舶發動司法程序，則是同時行使行政管轄權與司法管轄權。司法管轄權之行使，可以是民事管轄，也可能是刑事管轄，但不論是何種情形，國際法對此一司法管轄權之行使，於被告與法院須有一定程度之關聯始得為之。

三種不同樣態之管轄權，其實相互有所關聯，不論是司法管轄權或行政管轄權之發動，其先決條件是必須該特定國家擁有立法管轄權。對特定船舶發動執行管轄權（包括行政管轄權與司法管轄權），先決要件是該特定人或船舶，違反沿海國有關之立法或相關規則。所以「海洋法公約」規定，應該執行「可適用的」（Applicable）的法律與規章（LOSC §§ 217(1), 218(1)）。若是特定國際標準或規則並未落實於內國法要求船舶遵守，則船舶並無法律義務遵守是項規則或標準[16]。

第二節　海域管轄權執行之範圍與內容

近代國際海洋法將海域管轄之執行以區域劃分，海域劃分成「國家管轄權內海域」（Zones of National Jurisdiction）與「國家管轄權外海域」（Zones Beyond

---

13 Daniel Bodansky, *Protecting the Marine Environment from Vessel-Source Pollution: UNCLOS III and Beyond*, 18 Ecology L. Quart. 719, 733 (1991).

14 Daniel Bodansky, *Protecting the Marine Environment from Vessel-Source Pollution: UNCLOS III and Beyond*, 18 Ecology L. Quart. 719, 733 (1991).

15 Daniel Bodansky, *Protecting the Marine Environment from Vessel-Source Pollution: UNCLOS III and Beyond*, 18 Ecology L. Quart. 719, 733 (1991).

16 Daniel Bodansky, *Protecting the Marine Environment from Vessel-Source Pollution: UNCLOS III and Beyond*, 18 Ecology L. Quart. 719, 734 (1991).

National Jurisdiction），也意味著沿海國或船旗國，對不同海域內人與事務有著不同程度管轄執行權限。此等區域之劃分日益詳細，也使得相關問題，在理論與實務上亦日形複雜。縱使是在國家管轄權內海域，國家對此等海域之管轄執行仍與在其領土上所實行之管轄執行有相當大差異。大體上，沿海國雖對特定海域享有管轄權，但又必須顧及其他國際社會成員對海洋利用之全體利益，是以並不能當然排除其他國家對海洋之合法使用，是以必須容忍船舶之無害通過權、國際海峽之過境通行權、群島水域之群島海道過境通行權等等。換言之，相較於國家對陸地之管轄權利，國家對海域之管轄權限更受到國際法之制約。在探討海域執法人員職權執行辦法之前，有必要先行確定在不同海域中所能行使之各類管轄權範圍，以確保海域執法人員進行發動職權執行之前，除內國法有所依循外，亦不會踰越國際法所賦予管轄權限內容，以免引發不必要之國際爭端。

一、內水管轄權之執行

內水包括港口、泊船處與基線向陸一面的海域[17]。不論是「領海及鄰接區公約」或「聯合國海洋法」對內水執行管轄權問題，均未明文規定。而之所以如是，並非對沿海國就內水之管轄權有所爭議，而是毫無爭議地以爲內水爲一國領域之一部分，是以無庸再行規定。理論上國家對其內水得行使完整之執行管轄權，殆無疑義。換言之，凡商務船舶或用於商業目的之政府船舶若進入一國之內水，則受到沿海國民、刑事管轄[18]之執行。

（一）港口國在內水之執行管轄權

1. 立法例之比較與歧異

雖然內水如同領陸，但在國際實踐上，其與對領陸管轄權則未必盡同。領土主權

---

17 Renè-Jean Dupuy, *The Sea under National Competence*, in 1 A Handbook of the Law of the Sea 247, 249 (Renè-Jean Dupuy & Daniel Vignes eds. 1991).

18 1 Robert Jennings & Arthur Watts (eds), Oppenheim's International Law 622; §203 (9th ed. 1992); Louis B. Sohn & Kristen Gustafson, The Law of the Sea 85 (1984). 不過有論者則從另一角度觀察，認爲：「領海及鄰接區公約」第19條第2項規定「前項規定不影響沿海國依本國法律對駛離內國水域，通過領海之外國船舶採取步驟在船上實行逮捕或調查之權」（TSC §19(2)），因而從此條文推演，國際法容許沿海國是否對其港口內船舶行使管轄權完全之裁量權利，見：D.W. Greig, International Law 288-89 (2d ed. 1976)。

管轄終究與內水中管轄有所不同，因在海上沿海國所將管轄之對象爲船舶，自有其特殊性，故沿海國對內水中外國船舶之管轄，終究與領陸上對外國人之管轄有所區別。是以非公務船舶應服從所在國之法律，惟各國法律亦多從寬執行，此種對於執行管轄權之自我限制，實踐上有英美慣例與法國立法例兩種差別。

(1) 法國立法例

法國立法例較尊重船旗國管轄，遠於 1806 年的「莎麗號」（The Sally）與「牛頓號」（The Newton）二艘船舶管轄問題即已確立。該二艘美國船舶停泊於法國港口內，船上二名美國船員受傷，當時法國對於就該船此等刑事案件有否管轄權執行問題進行討論，後來法國認爲就停泊於港口內外國船舶上所發生案件管轄執行權問題，原則上港口國均無意願進行管轄執行，但若是：①犯罪行爲並非船上船員所觸犯；②船長請求港口國當局管轄；或是③港口國之和平秩序受到影響，則港口當局可以干涉該案件[19]。此一立法例相當程度內仍是賦予港口國較大裁量權限，因而爲部分國家內國立法所採行，並且有國際公約採行此立法例[20]。

(2) 英美立法例

與之相較則爲英美之實踐，英美兩國則較強調港口國之管轄執行權。原則上認爲港口國對第三國船舶有絕對管轄執行權，僅是自我設限而對船舶「內部事務」不進行

19 Renè-Jean Dupuy, *The Sea under National Competence*, in 1 A Handbook of the Law of the Sea 247, 251 (Renè-Jean Dupuy & Daniel Vignes eds. 1991); 1 Robert Jennings & Arthur Watts (eds), Oppenheim's International Law 622; §203 (9th ed. 1992). 有關法國當局所發表法律意見，其英文譯文，可參考：4 J.H.W. Verzijl, International Law in Historic Perspective 56 (1971)。英文譯文是：that the protection granted to neutral vessels in the French ports cannot oust the territorial jurisdiction, so far as respects the public interests of the State; that consequently, a neutral vessel admitted into the ports of the State is rightfully subject to the laws of the police of that place where she is received; that her officers and crew are also amendable to the tribunals of the country for offences and torts committed by them, as well as for civil contracts made with them, but that, in respect to offences and torts committed on board the vessel, by one of the officers and crew against another, the rights of the neutral powers ought to be respected, as exclusively concerning the internal discipline of the vessels, in which the local authorities ought not to interfere, unless their protection is demanded, or the peace and tranquility of the port is disturbed。此一片段爲清代所出版「萬國公法」，轉譯自 Henry Wheaton 的 Elements of International Law (6th ed. 1855)，該段文字譯爲：「夫外國之船，不可視爲局外之地。該船來海口者，法國雖保護之，並非推讓管轄之權，以致有損於本國體統。故外國船既進海口者，應遵地方法制，班官人等，在船上犯他人不歸其班者，或與之買賣立據，均歸地方官審辦：但班官人等，船上相互干犯，仍應推該其國，秉權而斷，謂該案全屬該船內治，若不至騷擾海口、不須相助，則地方官不得管理。」引自：重印本萬國公法。1998。臺北：中國國際法學會，頁176。年代相隔，且斯時意譯爲主，今日研讀，倘無原文對照，近乎不知所云。後之視今，亦將如今之視昔否？
20 Renè-Jean Dupuy, *The Sea under National Competence*, in 1 A Handbook of the Law of the Sea 247, 251 (Renè-Jean Dupuy & Daniel Vignes eds. 1991).

管轄執行。1887 年的《Wildenhus 案》中，比利時船舶「Noordland」停泊於美國港口，船員比利時人 Wildenhus 在船舶上殺死另一船員，美國最高法院認為：「文明國家間基於睦誼，對於僅影響船舶本身或船舶上事務的紀律事項或其他事件，且不影響港口國之和平與尊嚴，或是港口之安寧者，如果港口國國家法律或其商業利益有所必要時，應由地方當局與船舶所屬國處理。但是若船舶上犯罪行為已經影響船舶停泊國家之和平與安寧，假如當地法庭認為應該主張管轄執行權，睦誼或習尚均未曾賦予犯罪行為人免於當地法律適用之特權，此為國際公法就此問題之現狀，國家間有時就此問題簽訂條約或公約，明確解決與確定締約國間有關此問題的權利義務，以避免因同時主張行使管轄權所引發問題」，至於 Wildenhus 殺人行為，美國最高法院認為明顯「破壞沿海國或港口和平與公共秩序」（Disturb tranquility and public order on shore, or in port）。美國最高法院承認，判斷何種行為構成對沿岸或港口和平與公共秩序之侵害並不容易，但是「重罪殺人行為」（Felonious Homicide）絕對是當地管轄權所應管轄事項[21]。當然縱使是該案件破壞港口國之和平與公共秩序，若是地方當局拒絕行使管轄執行權，則船旗國有權執行。1922 年《Cunard S.S. Co. V. Mellon 案》，法院認為：沿海國「可能基於公共政策考量不行使其管轄執行權或僅於特定條件下行使，但此單純為其裁量權限」[22]；1930 年海牙國際法編纂會議時，英國代表所提法律意見認為：「沿海國有權利就停泊於其港口之外國商船及船上貨物與人員行使管轄執行權」、「在刑事事項，除非船旗國或其當地代表，或控制船舶之人，或與船舶有直接關聯之人的請求，或港口和平與良好秩序有受影響之虞，否則地方當局通常不干涉與執行當地管轄權。就每一個案，沿海國當局得判斷是否干涉。」[23]

　　1859 年的《暴風雨號案》（The Tempest）明確認為：停泊於港口之第三國船舶，船上發生兇殺案，則僅此一事實，即構成妨礙港口國之和平與秩序[24]。1887 年的《Widenhus 案》，美國最高法院再次確認：船舶上發生一名船員殺害另一船員，即影響到港口國的安寧與和平，因而受到港口國當局管轄[25]。換言之，原則上非公務船舶犯罪，如不擾及岸上之公共秩序者，或當事國有權機構未請求援助時，沿海國多參

---

21 D.W. Greig, International Law 289 (2d ed 1976).

22 *Cunard S.S. Co. V. Mellon*, 262 U.S. 100, 124 (1922), *reprinted in* Louis B. Sohn & Kristen Gustafson, The Law of the Sea 86 (1984).

23 *Cited in* V.D. Degan, *Internal Waters*, 17 Neth. Yb. Int'l L. 3, 23-24 (1986).

24 1 Robert Jennings & Arthur Watts (eds), Oppenheim's International Law 622, § 203 (9th ed. 1992). 其他相關案件，可以參考：2 D.P. O'Connell, International Law 624-625 (2d ed. 1970)。

25 *Widenhus's Case*, 120 U.S. 1, 18 (1887), *reprinted in* Louis B. Sohn & Kristen Gustafson, The Law of the Sea 86 (1984).

照有關領海刑事管轄權規定，不予過問，然此僅係一種國際睦誼，或條約義務，非國際法上應有權利[26]。

(3) 有關船舶內部事務管轄權問題

港口國能否就船舶「內部事務」（Internal Affairs）進行管轄執行，在美國紐約州上訴法院，1963 年的《Incres Steamship Co. Ltd. V. International Maritime Workers Union et., al. 案》中，另有較詳盡之討論。紐約州上訴法院認為：停泊於美國港口，懸掛外國旗幟之船舶，其外國籍船員與外國籍船東間之僱傭關係，「得受到」（is, might be, subject to）美國「國家勞工關係理事會」（National Labour Relations Board）之管轄執行，並適用「勞工管理關係法」（Labor Management Relations Act）。該案上訴至最高法院時，英國以法院之友身分參與，並提出法律意見認為紐約州法院判決①牴觸長久以來適用於短暫停泊沿海國港口外國船舶上，有關船舶內部管理經濟原則；②也使得國內立法產生域外效力；③船舶上應有特定法律適用，該法律不能因航行至不同國家而隨之變更（There must be some law on shipboard and that law cannot change as the vessel moves through the waters of numerous states）。最高法院判決「勞工管理關係法」不能適用於短暫停留於本國港口的外國船舶上，有關僱用外國人之關係[27]。在《麥克庫拉克號案》（McCulloch V. Sociedad Naciona de Marineros de Honduras）中，美國最高法院提及：「國際法的慣例規則是：有關船舶的內部事務通常是根據船旗國法律」[28]。

2. 立法例與實踐之關聯

然此種國際實踐與理由之分歧，在實際運作上並無太大影響[29]。因為主張沿海國對內水有「絕對管轄權」之立法例，如英美國家，通常情形下，若是船旗國正式提出請求，一般會基於「國際睦誼」考量，將涉案船舶與船員交由船旗國管轄；相對地，主張對內部事務不具管轄權之國家，如法國法系的大陸法系國家，若是要主張對系爭船舶或船員進行管轄之際，仍會將所謂「妨害港口國公共秩序與安全」或是「港口國國家利益」做相當寬鬆認定，而拒絕將涉案船員或船舶交給船旗國[30]。我國在實踐上

---

26 劉承漢（編著）。1971。國際海法。臺北：交通部交通研究所，頁480。
27 Robert Jennings & Arthur Watts (eds), Oppenheim's International Law 623-624; §203 (9th ed. 1992).
28 *McCulloch v. Sociedad Nacional, reprinted in* 372 U.S. 10; 34 Int'l L. Reports 51 (1963).
29 V.D. Degan, *Internal Waters*, 17 Neth. Yb. Int'l L. 3, 24 (1986).
30 不過請比較：倪征噢。1964。國際法中的司法管轄權。北京：世界知識出版社，頁41-42。認為「英國和美國很明顯地表現出爭奪管轄權的專橫傾向。他們對在本國港口外國船舶上發生的犯罪案件，

認爲：外國船舶在我國港口，根據主權原則，應受我國相關當局管轄。至於船舶內部紀律事項或內部事務，則可以根據有關法令和指示，綜合具體情形考慮是否行使管轄權[31]。總體而言，對於船舶上所發生事件，是否爲內部事件、有無影響港口國之和平秩序或安寧、港口國當局能否管轄，完全在港口國當局裁量權限範圍內[32]。換言之，當外國商船自願進入沿海國內水或港口，則無異於自我置於沿海國完全管轄權下，縱使僅於停泊時，船舶上所發生純屬船舶內部事務，或是不影響沿海國之安寧與和平，沿海國仍能對該船舶行使管轄權[33]。

（二）港口國就船舶進入內水前已然發生案件之執行管轄問題

當行爲人於進入一特定船舶前，已於港口國以外第三國領域犯罪，當該船舶進入港口國之港口或內水時，該行爲人不能主張庇護。在《愛思樂案》（Eisler Case）中，當載運愛思樂之波蘭籍船舶航行至英國的南漢普敦港，並停泊於該港口後，美國以愛思樂於美國境內犯罪爲由，請求英國政府逮捕並引渡波蘭人愛思樂。英國政府登臨該船並逮捕愛思樂，就此波蘭政府向英國政府抗議，主張港口國政府無權利因其他國家之引渡請求，而逮捕停泊於該國港口內第三國船舶上人員。在其回復波蘭之文件中，英國政府認爲：波蘭如此主張無異是認爲商船有庇護權，但「商船並無庇護權，是以港口當局有權利逮捕船上特定人員，不論是因該人於岸上犯罪或是來自另一其犯罪地國家基於引渡條約之請求，此乃源自於普遍受到所有當局之承認國際法原則：亦即在另一國家港口或泊船處的商船，是置於沿海國之管轄權下」[34]。英國政府更進一步

一貫地主張當地國的管轄權是絕對的，只有在特殊情形下，可以根據禮讓放棄管轄權的行使。但在另一方面，對於自己船舶在外國港內停泊時發生的犯罪案件，則又堅持國際間禮讓，主張案件應由船旗國管轄。英美兩國相互間也常爲此發生爭論。西歐諸國雖然強調船旗國管轄權，但在他們認爲有必要時，也並不放棄本國港口當局的管轄權……在資本主義國家的司法實踐中，並不存在什麼明確的標準，所謂『擾亂當地安寧』、『實質上擾亂』、『國際禮讓』等名詞，不過被引用作爲爭奪管轄權的藉口而已。」

31 參考：倪征燠。1964年5月。國際法中的司法管轄權。北京：世界知識出版社，頁43。

32 George C. Kasoulides, Ports State Control and Jurisdiction: Evolution of the Port State Regime 26 (1993); M. S. McDougal & William T. Burke, The Public Order of the Ocean 168 (1962).

33 Louis B. Sohn & Kristen Gustafson, The Law of the Sea 87 (1984).

34 本段文件原文爲：The absence of any right to grant asylum on board merchant ships, and consequently the right of the coastal authority to arrest a person on board, either for an offense committed by him on shore or in virtue of a request for his extradition under an extradition treaty with another country in which he has committed an offence, springs from the principle of international law, universally recognized by the authorities, that a merchant ship in the ports or roadsteads of another country falls under the jurisdiction of the coastal state。從此案件可以推演出：停泊在沿海國港口之商船並無庇護權，縱使該尋求庇護之人爲政治犯亦然。見：V.D. Degan, *Internal Waters*, 17 Neth. Yb. Int'l L. 3, 27 (1986); Louis B. Sohn & Kristen

指出，港口國採取行動無庸基於船長或船旗國領事官員之事先請求，因為該犯罪行為並非發生於停泊港口中之船舶[35]。

　　現行國際海洋法似乎與英國所持立場相一致。1958 年「領海與鄰接區公約」以及「海洋法公約」對內水管轄權問題均未直接規範，但卻同時於領海管轄權執行中，以相同文字規定：「倘外國船舶自外國海港啟航，僅通過領海而【未】進入內國水域，沿海國不得因該船進入領海前所發生之犯罪行為而在其通過領海時，於船上採取任何步驟、逮捕任何人或從事調查」（TSC §19(5); LOSC §27(5)）[36]。依相反解釋，則進入內水之船舶，即應受沿海國管轄；換言之，假如該犯罪行為是在船舶進入領海前發生，且該船舶進入沿海國內水（或仍停留於沿海國內水），港口國有權利決定是否進行逮捕特定人或從事調查[37]。

（三）內水中對外國船舶之民事管轄權

　　港口國對於停泊其內的外國商船民事管轄權所受限制，又比刑事管轄所受限制更少。1958 年「領海及鄰接區公約」規定：「二、除關於船舶本身在沿海國水域航行過程中或為此種航行目的所承擔或所生債務或義務之訴訟外，沿海國不得因任何民事訴訟而對船舶從事執行或實行逮捕。三、前項規定不妨礙沿海國為任何民事訴訟依本國法律對在其領海內停泊或駛離內國水域通過領海之外國船舶從事執行或實行逮捕之權」（TSC §20(2)(3)）[38]。第 3 項規定明白顯示：從內水往外行駛之船舶，沿海國得因民事訴訟目的，根據本國法從事執行或逮捕該外國船舶，假如對於駛離內水或港口之外國船舶，在領海中尚能對之執行，則對於停泊於內水或港口之外國船舶，港口國

Gustafson, The Law of the Sea 89-90 (1984)。

35 案件見：9 Marjorie Whiteman, Digest of International Law 135-36 (1968).

36 英文原文是：The coastal State may not take any steps on board a foreign ship passing through the territorial sea to arrest an y person or to conduct any investigation in connexion with any crime committed before the ship entered the territorial sea, if the ship, proceeding from a foreign port, is only passing through the territorial sea without entering internal waters。1982年「海洋法公約」保留1958年「領海及鄰接區公約」之規定，僅就新增違犯專屬經濟區與海洋環境保護相關部分做補充，規定：「除第12部分有所規定外，或有違犯按照第5部分制定的法律和規章的情形，沿海國不得在通過領海的該船舶上採取任何步驟，以逮捕於該船駛進領海前所犯任何罪行有關的任何人或進行與該罪行有關的調查。」

37 D.W. Greig, International Law 288 (2d ed. 1976); V.D. Degan, *Internal Waters*, 17 Neth. Yb. Int'l L. 3, 25-26 (1986).

38 1982年「海洋法公約」第28條第2款與第3款有完全相同規定。另外必須注意者乃此處arrest the ship中文譯為「逮捕船舶」，有商量空間，蓋此處arrest並非單純為逮捕，而是進行類似我國扣押船舶，以利進行民事訴訟後之拍賣，將之翻譯成為逮捕，並不足以表徵其所含英美海商法中arrest一語之真正涵意。

當然對之享有民事管轄[39]。

　　雖然如是，在國際慣例中，對於船長、船上幹部與船員間之民事糾紛，港口國一般不干涉，即便原告或被告是港口國國民亦然。不過若是糾紛發生在船長或船員與非船上人員間，比如乘客，則港口當局是否介入，則由港口國之一般程序規則決定[40]。美國立法例中，《瓊斯法案》（Jones Act, 46 U.S.C. §688）將美國民事管轄權擴及停泊於其港口內船舶，規定船舶上船員在僱傭期間受傷害，得於美國法院請求損害賠償，但就停泊於美國港口外國船舶上受傷外籍船員之管轄權，美國法院發展出所謂「接觸原則」（Contacts Test），停泊於美國港口之外國船舶，船舶上發生傷害之事實，並不足以賦予美國法院管轄權[41]。

　　不過上述有關沿海國對內水，特別是港口內，外國船舶管轄權之爭執，僅是在刑事管轄權上有所差異，至於民事管轄權，則當船舶進入沿海國港口後，即受到沿海國完全的民事管轄權，此等國際社會成員並無爭執[42]。

（四）港口國管轄權執行擴張之新近發展

　　不過新近發展中，港口國對於外國船舶管轄權有兩項事情必須注意：1. 首先港口國針對違反「海洋法公約」的污染行為，其管轄權有相當程度的擴張；2. 違反有關專屬經濟區法規而遭逮捕的船舶，在提供合理保證書或其他財政擔保後，港口國有義務迅速釋放該船隻與船員（LOSC §§ 73(2), 226(1), 292）[43]。「海洋法公約」第218條有關港口國執行權部分，規定沿海國對於自願進入其港口或岸外設施之船隻，可針對該船舶違反主管國際組織或一般外交會議制定的可適用的國際規則和標準，縱使該行為發生在港口國內水、領海或專屬經濟區外之任何排放進行調查，並可在有充分證據的情形下，提起司法程序（LOSC §218(1)）。不過應注意此種管轄權之執行，仍受到相當限制：1. 若是該違章排放行為發生在其他國家之內水、領海或專屬經濟區內，除非經該國、船旗國或受違章排放行為損害或威脅之國家請求，或已對或可能對提起

---

39 George C. Kasoulides, Port States Control and Jurisdiction: Evolution of the Port State Regime 30-31 (1993); V.D. Degan, *Internal Waters*, 17 Neth. Yb. Int'l L. 3, 25-26 (1986); D.W. Greig, International Law 290 (2d ed. 1976).

40 V.D. Degan, *Internal Waters*, 17 Neth. Yb. Int'l L. 3, 26 (1986). 從此角度觀察，則是賦予港口國裁量權利決定是否介入。

41 Louis B. Sohn & Kristen Gustafson, The Law of the Sea 88 (1984).

42 J.L. Brierly, The Law of Nations: An Introduction to the International Law of Peace 223 (Humphrey Waldock ed., 6th ed. 1963).

43 R.R. Churchill & A.V. Lowe, The Law of the Sea 64 (3rd ed. 1999).

司法程序之國家的內水、領海或專屬經濟區造成污染，否則港口國僅能對該船舶進行調查，不能提起司法程序（LOSC §218(2)）；2. 港口國之調查紀錄，如經請求，應轉交船旗國或其他沿海國。且如果違反行為發生在沿海國的內水、領海或專屬經濟區內，港口國根據調查結果提起任何司法程序，經該沿海國請求暫時停止進行（LOSC §218(4)）；3. 為了避免因為將船舶扣留於港口造成重大損失，在船舶提出保證書或其他適當財政擔保後，港口國應准許該船舶繼續航行（LOSC §220(7)）；4. 當船旗國在港口國提起司法程序，最初提起之日 6 個月內，就同樣控訴提出加以處罰之司法程序時，港口國應暫時停止該司法程序之進行，除非這種程序涉及港口國遭受重大損害案件，或者是有關船旗國一再不顧其對本國船隻的違反行為，有效地執行可適用的國際規則或標準（LOSC §228(1)）。

二、領海管轄權之執行

（一）沿海國之管轄權

1. 地役論與主權論之歧異

對於沿海國於領海管轄權內容，因所採學說之差異而有所不同。學說與國家實踐就管轄權內容與範圍也顯出分歧現象。一派認為領海僅是附隨沿海國「地役範疇」（A Bundle of Servitudes）；另一派則認為是在沿海國「全面管轄權」（Plenary Jurisdiction）下的海域領土。而之所以會有不同理論，主要目的是要調和沿海國在領海執法利益與第三國船舶無害通過利益相互衝突之問題[44]。在前一派理論下，沿海國在領海內僅是針對特定事項有管轄權，通常此類事項包括航行、海關、漁捕、衛生與安全。有關民、刑事管轄權並不全面適用於領海中的外國船舶，此派看法與港口內外國船舶管轄中所謂「內部事務原則」相類似，僅有在外國船舶上所發生行為踰越船舶物理範圍，該船舶才會置於沿海國法律規範下。部分國家與法學者之所以採此看法，主要目的是要限制沿海國對於通行中船舶之干擾。不過此種顧慮毋寧是有關執行管轄權，而非規範管轄權問題。不過仍然有部分國家在實踐上的確將此種限制加諸於規範管轄權本身，比如古巴、羅馬尼亞與西班牙即於其相關立法中如是規定[45]。對於此等

---

44 R.R. Churchill & A.V. Lowe, The Law of the Sea 92 (3rd ed 1999).

45 如1936年古巴「社會安全法」（Code of Social Defence）第7條；1936年羅馬尼亞「刑法」第7條、西班牙1945年「軍事審判法」（Code of Military Justice）第9條第1項。見：R.R. Churchill & A.V. Lowe,

國家而言，船舶的內部事務完全是船旗國所管轄，當然仍須注意，能否如此解釋並非毫無爭議。此類國家認為，在船旗國相關當局提出請求後，沿海國仍能介入純屬船舶內部事務。從此觀察，則似乎船舶在領海內仍是規範管轄權所及，否則如何適用沿海國法律，此等限制本質上仍僅針對執行管轄權。

2. 主權論立法與其限制

至於主張沿海國在領海享有主權的國家則無有上述限制。1878 年英國通過「領水管轄法」（Territorial Waters Jurisdiction Act），將所謂「得起訴犯行」（Indictable Offences）範圍（也就是必須經過陪審團審判之罪行，而非可由地方官員簡易審理之罪），擴充至所有在英國領海內的船舶。立法過程中英國國會表示反對，也有部分國家就此抗議，認為超過國際法所容許範圍，但在英國堅持，認為對於英國規範管轄權應無任何限制，該法卒獲通過。因而當英國在 1920 年代，反對美國將其禁酒法令適用至美國領海內英國船舶時，英國非常小心，並未挑戰美國對其領海有規範管轄權。不過此一立場往後在兩方面進行調整。根據英國立法之必然結果，有時其他國家也有相同立法，並未加以堅持。比如，根據英國法律，在英國港口內之外國船舶上出生的嬰兒，自動取得英國國籍。不過 1897 年 11 月英國「政府法務部」（Law Office of the Crown）在其法律意見中表示：上述規定不適用於單純通過英國領海外國船舶上外國人所生之嬰兒。相同地，在 1910 年《沙瓦卡案》（Savarkar），「樞密院長」（Lord Chancellor）表示，外國船舶載運犯人進入英國水域，英國政府無權，或是至少應該選擇，在該船與人犯離開英國水域前，要求遵守引渡之一切程序。後一例子顯示出縱使在規範管轄權存在的地方，基於國際睦誼考量下，執行管轄權會有所限制，藉由上述方式，將全面主張管轄所可能引發的不便，予以避開 [46]。

3. 30 年代至 60 年代之國際立法

1930 年海牙國際法編纂會議並未能解決上述實踐之分歧，不過當時提出的條約草案第 6 條規定：外國船舶「應該遵守沿海國根據國際慣例所制定的法律規章」，特別是有關「航行、污染與領海資源」，列出上述有關事項，好像意涵著規範管轄權應該限於特定目的與項目。不過當時海牙國際法編纂會議也同時確認，沿海國主權及於領海，且除了不能對外國船舶有所歧視（「海牙草約」第 6 條），以及不能對單純通

---

the Law of the Sea 93, n.57 (3rd ed. 1999)。

46 有關此段沿海國對領海規範管轄權之歷史發展，可參考：R.R. Churchill & A.V. Lowe, The Law of the Sea 92-94 (3rd ed 1999)。

過領海的外國船舶徵收費用外（「海牙草約」第 7 條），沿海國在領海的規範管轄權並無任何其他限制。換言之，並無將沿海國規範管轄權限於上述特別提及之事項的意圖。與此同時，國際睦誼考量也限制了沿海國管轄權之行使，特別是涉及船舶無害通過部分 [47]。

國際法委員會在所提草案中，也採取相同模糊立場。注意到國家管轄項目並無任何列舉清單外，國際法委員會提案規定：「外國船舶行使無害通過權應遵守沿海國根據本條款及國際法其他規則所制定之法律規章，尤應遵守有關運輸及航行之此項法律規章。」1958 年「領海及鄰接區公約」完全接受上述提案，成為該公約第 17 條，也未特別提及是否對沿海國規範管轄權有否限制 [48]。

4. 海洋法公約下之當代國際法律制度

1982 年「海洋法公約」對沿海國規範管轄權有所限制，第 21 條規定沿海國得就下列事項制定法律規章：(1) 航行安全及海上交通管理、(2) 保護助航設備和設施以及其他設施或設備、(3) 保護電纜和管道、(4) 養護海洋生物資源、(5) 防止違犯沿海國的漁業法律和規章、(6) 保全沿海國的環境，並防止、減少和控制該環境受污染、(7) 海洋科學研究和水文測量、(8) 防止違犯沿海國的海關、財政、移民或衛生的法律和規章（LOSC §21(1)）。沿海國亦應將所有此類法律規章妥為公布（LOSC §21(3)）。另外，此等法規除使一般接受的國際規則或標準有效外，不能適用於外國船舶的設計、構造、人員配備和裝置（LOSC §21(2)）。此一規定顯然限制了沿海國對領海的執行管轄權，理論上其立法意旨應在平衡沿海國與船旗國之利益。此一規定容許沿海國立法，但卻排除將不同標準的設計、構造、人員配備和裝置法規加諸航行中船舶。當外國船舶通行於沿海國所制定海道或分道通航制，應該遵守沿海國所制定與公約一致之法律與規章（LOSC §§ 21(4), 22）。此外，外國船舶必須遵守一般所接受有關防止碰撞的國際規章，而船旗國或沿海國是否為此等國際規章之締約國均非所計（LOSC §21(4)），此間最重要公約應該是 1972 年的「國際海上避碰規則公約」（1972 Collision Regulations Convention）[49]。

---

47 有關此段沿海國對領海規範管轄權之歷史發展，可參考：R.R. Churchill & A.V. Lowe, The Law of the Sea 93 (3rd ed 1999).

48 英國學者認為：「領海及鄰接區公約」對於領海內沿海國管轄權之限制，基本上是反映著歐洲大陸的觀點，而非英國的立場，雖然英國相當自制儘可能不干涉外國船舶，但英國從1878年「領水管轄法」以來，即積極主張對於英國領海內外國船舶之管轄，見：J. L. Brierly, The Law of Nations: An Introduction to the International Law of Peace 240 (Humphrey Waldock ed., 6th ed. 1963)。

49 R.R. Churchill & A.V. Lowe, The Law of the Sea 94-95 (3rd ed. 1999).

雖然「海洋法公約」條文似乎強烈暗示，沿海國有關領海內規範管轄權限於第21條所名列各項，但就此仍有所爭執。因為「海洋法公約」第27條規定沿海國在特定情形下，對於第三國船舶有一般刑事管轄權，而此等刑事管轄權存在的前提是：沿海國有全面的規範管轄權。在此種有所爭執的情形下，現行法律機制應該如下：沿海國不能立法妨礙無害通過（TSC §15(1); LOSC §24(1)），或對進行無害通過船舶徵收任何費用（TSC §18(1); LOSC §26(1)）。不過沿海國仍得對通過其領海外國船舶徵收因對該船舶提供特定服務的報酬，比如海難救助或引水費用，但此種費用之徵收不能因船旗國之差異而有所歧視（TSC §18(2); LOSC §26(1)）。相同地，其他立法也不應對任何國家的船舶、或對載運貨物來往任何國家的船舶或對任何國家載運貨物船舶，在形式上或實質上有所歧視（LOSC §24(1)(b)）。當然沿海國可以針對「海洋法公約」第21條所規定事項，比如航行、污染、捕魚等等立法管轄，所有船舶不論其是否行使無害通過，在沿海國領海內均應遵守上述立法。而國家實踐也確認：若特定船舶並非行使無害通過，比如並未進行通過，或其通過並非無害，則該船舶應受到沿海國所有法律拘束。除此之外，從沿海國在領海享有主權推演，應該可以合法推論，除了航行、污染等事項外，沿海國仍保有權利針對其他任何事項進行立法管轄，但是基於睦誼原因，一般會期待沿海國不將該等立法權利加諸第三國船舶[50]。

（二）沿海國在領海內之執行管轄權

1.沿海國在領海內執行管轄權的爭論

沿海國執行管轄權在很多方面與規範管轄權相表裡，因而往往會與規範管轄權相混淆，被當作單一沿海國對領海內外國船舶控制程度問題來處理。因此在國際實踐與學說上產生分歧，有主張沿海國在領海中可以對外國船舶就其國內法進行執行管轄，英國100年來均採此立場；而另一派國家與學說則將此種執行管轄權限制於特定事項。

然而上述兩派看法均容忍有例外情形，主張擁有完整執行管轄權之國家，會考量到國際睦誼，往往自我節制執行管轄權之行使。1920年代，美國對其禁酒法令在領海之執行管轄權，外國政府對此抗議，該等政府雖不認為美國法律上有義務不能對外國船舶執行，但基於國際睦誼與慣行，不應對外國船舶執行。一般而言，當時國際實

---

50 R.R. Churchill & A.V. Lowe, The Law of the Sea 95 (3rd ed. 1999).

踐的確僅就特定事項為執行，主要是在：船舶上犯行影響到港口和平與安全、涉及非船上船員之事件、因船長或船旗國領事請求、逮捕沿海國所要之人，或是船舶違反特別適用於外國船舶有關海關、衛生、財政、移民的法律，否則進行無害通過船舶，即非執行管轄權客體。此類對執行管轄權之限制，英國與採相同意見之國家，認為僅是基於國際睦誼考量，非法律義務；不過也有國家認為是法律上義務，沿海國僅有在上述情形下，始得干涉通行中船舶[51]。

1930 年召開海牙國際法編纂會議前，各國政府在所作回答中，也反映出上述觀點的歧異，但是在實踐運作時，兩種觀點其實並無太大差別，英國所主張的全面管轄權，與法國、比利時及挪威等國的有限管轄權觀點，僅是學說上的差異，實際運作時差別不大。因而在所提草案並不難達成協議，草案規定：除非沿海國和平與安全受到損害或是船旗國請求，沿海國不能對通過其領海第三國船舶行使執行管轄權。另外，草案也規定沿海國得對通過中船舶執行有關航行、污染和捕魚的法規，當船舶停泊於領海，或從沿海國內水駛出通過領海，沿海國能對該船舶執行其他法律[52]。

在 1930 年與 1958 年第 1 屆海洋法會議間，國際實踐與海牙草案模式相一致，不過根深蒂固的學理爭執仍未能解決。1933 年的《大衛號案》，美國與巴拿馬索賠委員會顯現出此種學理分歧。該案例中，大部分委員認為：在無其他法律義務下，行使無害通過之船舶不能享有豁免於沿海國之執行管轄權；少數委員則認為應該享有此種豁免權[53]。

2. 國際海洋公約之規定與當代法律制度

國際法委員會所提草案遵循 1930 年模式，在法律上規定除於特定情形外，沿海國不得行使執行管轄權。主要的例外是沿海國根據第 17 條規範管轄權所制定法律規章，可以在其領海內執行其特別關注之立法。1958 年會議接受此一模式，因而沿海國得於領海內對外國船舶執行此等法律，不論該船舶是在通過或逗留在領海內。至於其他法律，根據國際法委員會之提案，僅在該等法律之違反影響沿海國和平與安寧，或是經船旗國之請求，沿海國始得干涉行進中外國船舶，但並未為 1958 年會議所接受。美國則秉持其自 1930 年以來之立場，認為在嚴格國際法理論下，沿海國對其領

---

51 R.R. Churchill & A.V. Lowe, The Law of the Sea 95-96 (3rd ed. 1999). 有關因「國際睦誼」（International Comity）而不作為，與在國際法下存有義務而不作為，簡要討論，請參考：Michael Akehurst, *Jurisdiction in International Law*, 46 Brit. Yb. Int'l L. 145, 214-216 (1972-73)。

52 R.R. Churchill & A.V. Lowe, The Law of the Sea 96 (3rd ed. 1999).

53 R.R. Churchill & A.V. Lowe, The Law of the Sea 96 (3rd ed. 1999).

海內之管轄權是「無限制的」（Unlimited），因而提出折衷方案，以「規勸性用語」（Exhortatory Suggestion）的「不應」（Should Not）取代原先的「禁止性用語」（Mandatory Requirement）的「不得」（May Not），一方面使得沿海國取得全面管轄權，一方面也適當顧及國際社會之航行利益與國家現行實踐[54]。此一提案為各方所接受，因而沿海國基於國際睦誼，不得對通過其領海的外國船舶上所發生犯罪行為主張執行管轄權（包括行使刑事管轄權、逮捕人員或從事調查），除非 (1) 犯罪行為之後果及於沿海國；(2) 犯罪行為擾亂沿海國和平或領海之善良秩序；(3) 經船長或船旗國領事請求；(4) 為取締非法販賣麻醉藥品或精神調理物質確有必要者（TSC §19(1); LOSC §27(1)）。換言之，對於通過沿海國領海之船舶，船旗國與沿海國同時對之擁有管轄權，但同時期待沿海國非於特定情形下，不應行使對通過之船舶行使管轄權[55]。也就是，沿海國仍保留最後是否主張執行管轄權之權利[56]。

對於犯罪行為是否擾亂沿海國和平或領海之善良秩序，應由何一國家認定？其認定標準何在？在欠缺統一司法機構的國際法體系下，通說認為應該由沿海國認定，特定犯罪行為是否構成擾亂沿海國和平或領海之善良秩序[57]。對於第 4 款所謂「為取締非法販賣麻醉藥品或精神調理物質確有必要者」一項，在 1930 年海牙國際法編纂會議並未提及，而 1956 年國際法委員會所提草案也未包括此一項目。1958 年時由巴基斯坦代表提出修訂案，新增此項，用以取締日益嚴重的非法毒品交易。雖然與會國家有些認為第 1 款的「犯罪行為結果及於沿海國」，或是第 2 款的「擾亂當地安寧或領海的良好秩序」，應均足以包括對於此種販賣非法麻醉藥品或精神調理物質行為主張管轄，但巴國代表仍認為應該明白規範以避免任何可能疑義與爭執，此一看法獲得與會國家支持，卒獲通過[58]。

---

54 有關此段歷史，以及「不應」取代「不得」之法律意義，請參考：Luke T. Lee, *Jurisdiction over Foreign Merchant Ships in the Territorial Sea: An Analysis of the Geneva Convention on the Law of the Sea*, 55 Am. J. Int'l L. 77, 83-86 (1961)。

55 Luke T. Lee, *Jurisdiction over Foreign Merchant Ships in the Territorial Sea: An Analysis of the Geneva Convention on the Law of the Sea*, 55 Am. J. Int'l L. 77, 85-86 (1961); R.R. Churchill & A.V. Lowe, The Law of the Sea 96-97 (3rd ed. 1999).

56 R.R. Churchill & A.V. Lowe, The Law of the Sea 96-97 (3rd ed. 1999).

57 Luke T. Lee, *Jurisdiction over Foreign Merchant Ships in the Territorial Sea: An Analysis of the Geneva Convention on the Law of the Sea*, 55 Am. J. Int'l L. 77, 87-89 (1961).

58 對於此項提案，共有33國贊成，8國反對，30國棄權，詳細討論請參考：Luke T. Lee, *Jurisdiction over foreign Merchant Ships in the Territorial Sea: An Analysis of the Geneva Convention on the Law of the Sea*, 55 Am. J. Int'l L. 77, 89-90 (1999)。

（三）進入領海前已發生犯行之管轄權執行問題

在1958年「領海及鄰接區公約」體系下，刑事管轄權僅有在下列情形不能行使：犯行發生在船舶進入沿海國領海之前，而該船舶僅通過沿海國領海而未進入沿海國內水（TSC §19(5)），公約明文授權沿海國對於離開其內水，通過領海之船舶採取步驟，進行逮捕或調查（TSC §19(2)），當然根據主權原則，沿海國對於停留並非進行通過之船舶仍擁有執行管轄權。不過當沿海國決定行使執行管轄權時，必須「妥為顧及航行利益」（TSC §19(4)），若是執行是根據犯罪之後果及於沿海國，或是犯罪行為擾亂沿海國和平或領海之善良秩序，或是船長有所請求時，沿海國必須在採取任何步驟前，先行通知船旗國領事當局，並對該機關與船員間之接洽予以便利（TSC §19(3)）。

「海洋法公約」幾乎未曾經太多討論即全盤繼受「領海及鄰接區公約」規定，將1958年公約體系，規定在「海洋法公約」的第27條與第28條（LOSC §§ 27, 28）中。因此，在1982年「海洋法公約」體系下，沿海國在領海內之執行管轄權原則上是全面的管轄權，除非1. 犯行是在單純通過領海外國船舶進入沿海國領海前已經發生者；2. 並非船舶本身在沿海國水域航行過程中或為該次航行目的而生之債務或義務。另外，不論是規範管轄權或執行管轄權之行使，沿海國不能對任何國家的船舶、或對載運的貨物來往任何國家的船舶或對替任何國家載運貨物的船舶，有形式上或實質的歧視（LOSC §24(1)(b)）。此外，因為國際睦誼，除非有第27條所規定之情形，沿海國不能對通過其領海外國船舶行使刑事管轄權（LOSC §27; TSC §19）。

另外必須注意的是，1952年的「關於船舶碰撞或其他航行事故之統一刑事管轄公約」（Brussels International Convention for the Unification of Certain Rules Relating to Penal Jurisdiction in Matters of Collision）以及「海船扣押公約」（Brussels Convention on the Arrest of Sea-Going Convention）對於上述管轄權執政黨問題有更詳盡規定，是有關海船碰撞或海事求償的特別規定。在1952年「碰撞公約」下，除非締約國保留在本國領海內之刑事管轄權外，對於航行船舶之碰撞或其他航行事故，導致船長或服務於該船上任何其他人員之刑事或懲處責任，其管轄權專屬於船旗國[59]，因而1958年或1982年公約所允許沿海國執行管轄權將因而受到更大限制；另

---

[59] 「碰撞公約」第1條規定：「凡由任一航海船舶碰撞事故或任何其他航行意外事故，致引起船長或服務於該船舶上任何其他人員負有刑事責任或懲處責任者，其控訴僅能向碰撞或意外事故發生時，該船所懸掛國家之司法或行政機關提起之。」第2條規定：「依前條規定之事項，除屬該船所懸掛旗之國家外，其他任何機關對該船不得下令扣押或扣留，即實施調查，亦不得為之。」第4條規定：「(一)本公約對於港口界限以內或內水中所發生之船舶碰撞或其他航行意外事故不適用之；(二)在各

一方面，1952年的「海船扣押公約」賦予沿海國較1958年或1982年公約更大的民事管轄執行權，「海船扣押公約」賦予沿海國任何海事求償案件之扣押權，而1958或1982年公約均僅將此民事管轄權利限制在船舶航行於沿海國領海中，在航行過程或爲此航行目的所承擔或所生債務者爲限[60]。論者有謂此際因「海船扣押公約」與「船舶碰撞公約」爲特別規定，對條約當事國而言，應該分別優先適用「海船扣押公約」與「船舶碰撞公約」[61]，然而本文則認爲應該根據「海洋法公約」第28條有關同一事項先後所定條約之適用順序來處理。

（四）關於領海內軍艦或用於非商業性目的政府船舶之管轄執行問題

　　關於在領海實行司法管轄權執行問題，適用商船與用於商業目的之政府船舶。而軍艦和用於非商業目的的政府船舶[62]，則因習慣國際法豁免權規範，免除於公約

締約國於簽字、批准、或加入本公約時，得自由保留對於在本國領水內之犯罪有追訴權。」條文引自：劉承漢（編著）。1971。國際海法。臺北：交通部交通研究所，頁482。

60 請比較1958年「領海及鄰接區公約」第20條第2項；1982年「海洋法公約」第28條，以及「海船扣押公約」第1條。

61 R.R. Churchill & A.V. Lowe, The Law of the Sea 98 (3rd ed. 1999).

62 所謂「軍艦」並不以狹義之軍艦爲限，根據1982年「海洋法公約」之規定：軍艦指具備有下列特徵之船舶：(1)屬於一國武裝部隊、(2)具備辨識軍艦國籍之外部標誌、(3)由該國政府正式委任並名列相應的現役名冊或類似名冊的軍官指揮、(4)配備服從正規武裝部隊紀律的船員的船舶（LOSC §29）。比較本條文之前身，1958年「公海公約」第8條第2項，可發現兩公約均不強調軍艦必須配有武器始足該當。但「海洋法公約」爲稍許修改，不再強調軍艦必須是歸屬於海軍，僅須是一國之武裝部隊即爲已足，此乃爲配合各國除海軍可能配備軍艦外，陸軍或空軍以及海岸防衛隊均亦有可能配備軍艦。

1958年「公海公約」第8條第2項	1982年「海洋法公約」第29條
本條款所稱「軍艦」（warship）謂屬於一國海軍（the naval force），備具該國軍艦外部識別標誌之船舶，由政府正式任命之軍官指揮，指揮官姓名見於海軍名冊（the Naval List），其船員服從正規海軍紀律（regular naval discipline）者。	爲本公約的目的「軍艦」（warship）是指屬於一國武裝部隊（the armed forces）、具備軍艦國籍的外部標誌，由該國政府正式委任並名列相應的現役名冊或類似名冊的軍官（appropriate service list or its equivalent）和配備有服從正規武裝部隊紀律（regular armed forces discipline）的船員的船舶。

請參考：王可菊。1996。軍艦。中華法學大辭典：國際法卷。北京：中國檢察出版社，頁325；Bernard H. Oxman, *The Regime of Warships under the United Nations Convention on the Law of the Sea*, 24 Va. J. Int'l L. 809, 812-813 (1984)。

上任何形式的規定（干涉）與沿海國執行管轄權（TSC §22(2); LOSC §32）[63]，然而不論是軍艦或非用於商業性目的之政府船舶，仍應為沿海國規範管轄權之所及，只因該等船舶的豁免權，使得沿海國不能對其執行法律。是以該等船舶仍有遵守沿海國法律與規章之義務，而船旗國對軍艦或其他用於非商業目的之政府船舶，因該等船舶不遵守沿海國有關通過之法律與規章，而使沿海國遭到損害時，必須負國際責任（LOSC §31）。又根據國際法習慣，軍艦所違反者，縱使雖非為有關通過之法規，然若在國際法下軍艦有義務遵守該等法律，則船旗國仍應負責任[64]。如果軍艦不遵守沿海國關於通過領海的法律和規章，沿海國之救濟途徑僅止於得「命令其立刻離開領海」（TSC §23; LOSC §30）。若是軍艦不理睬此項請求離去之命令，則沿海國得使用武力強制軍艦離開[65]。雖然條文並未明文規定上述規定是否適用於用於非商業性目的之政府船舶，國際實踐亦少之又少，但因此類用於非商業性目的之政府船舶，與軍艦地位相當，故應可合理推斷此一規定亦適用[66]。

（五）有關民事管轄權問題

1958 年「領海及鄰接區公約」對於民事管轄權之處理，與刑事管轄權幾乎相同。第 20 條第 1 項規定對於通過領海之外國船舶，不能因為對船上之人行使民事管轄權之目的，而命令該船舶停駛或變更航向（TSC §20(1)）。除非關於船舶本身在沿海國航行過程中，或為該次航行目的而承擔或所生債務或義務之訴訟外，沿海國亦不因任何民事訴訟而對船舶從事執行或實施逮捕行為（TSC §20(2)）；另外若是船舶是從沿海國內水駛出通過領海，則沿海國對該船舶從事執行或逮捕之權利不受影響（TSC §20(3)）。

就民事管轄而論，「海洋法公約」幾乎全盤承受「領海及鄰接區公約」之相關規定與用語，解釋上必須注意，第 28 條第 1 款之規定：「沿海國『不應』（should not）為對通過領海的外國船舶上某人行使民事管轄權的目的，而停止其航行或改變其方向」，條文使用「不應」，代表此規定為「訓示規定」（An Exhortatory

---

63 R.R. Churchill & A.V. Lowe, The Law of the Sea 99 (3rd ed. 1999).

64 R.R. Churchill & A.V. Lowe, The Law of the Sea 99 (3rd ed 1999).

65 R.R. Churchill & A.V. Lowe, The Law of the Sea 99 (3rd ed 1999)。不過請比較：黃異。2000。公船法律地位。海洋秩序與國際法。臺北：學林文化事業公司，頁309, 343（認為「我國不可能拿捕外國軍艦，也不可能給予艦上人員任何處罰。我國僅能要求外國軍艦迅速離境，以及向軍艦母國主張國際責任」）。

66 R.R. Churchill & A.V. Lowe, The Law of the Sea 99 (3rd ed 1999).

Provision），因而此加諸沿海國之規定，並非絕對義務[67]。第 2 款前段規定：「沿海國『不得』（may not）爲任何民事訴訟目的，而對船舶從事執行或加以逮捕」（The coastal state may not levy execution against or arrest the ship for the purpose of any civil proceedings）（LOSC §28(2)）。此一條款使用「不得」，代表此一規定爲禁止規定，是絕對義務[68]。另外，條款規定「逮捕船舶」（arrest the ship），在中文語意上頗爲奇特，此蓋因 arrest 一詞，源自英美法觀念中，有關對船舶或其貨物之「對物訴訟程序」（In Rem Proceedings）之專門用語[69]，在中文中應類同於扣押，而非逮捕。

當然上述限制主要是針對不進入沿海國內水之船舶，僅如該船舶是駛離沿海國內水之船舶，則沿海國對該船之民事管轄權限，應該較爲寬廣[70]。換言之，沿海國有權利對駛離其內水後，通過其領海的外國船舶根據沿海國法律之授權，進行逮捕或調查（LOSC §27(2); TSC §19(2)）。而之所以有此規定，其目的在於防止犯罪人員逃離沿海國[71]。

（六）特殊船舶之通行管轄問題

所謂「特殊船舶」通過一國領海問題，一般所稱之特殊船舶乃指「核動力船舶和載運核物質或其他本質上危險或有毒物質的船舶」，自第二次世界大戰以來，核能技術從軍事使用擴大到許多和平範圍，例如核能動力船舶、核能發電廠，也因此產生了許多的核廢料。部分國家認爲核子動力船舶與核廢料本身即是對沿海國和平與秩序之威脅，否認此類船舶享有無害通過權。早期此類主張之產生，導因於對美國核子動力船舶「Savannah 號」之疑慮，1964 年西班牙即主張核動力船舶是無害通過權適用之例外，而核動力船舶之船旗國也相當審慎處理此問題，在「Savannah 號」1964 年首次駛進英國前，美國與英國政府，事前即針對該船通過英國水域問題簽署詳細協定；

---

67 2 Satya N. Nandan & Shabtai Rosenne (eds), United Nations Convention on the Law of the Sea 1982: A Commentary 246; para. 28.4(a) (1993).

68 2 Satya N. Nandan & Shabtai Rosenne (eds), United Nations Convention on the Law of the Sea 1982: A Commentary 246; para. 28.4(b) (1993).

69 2 Satya N. Nandan & Shabtai Rosenne (eds), United Nations Convention on the Law of the Sea 1982: A Commentary 246; para. 28.4(d) (1993).

70 2 Satya N. Nandan & Shabtai Rosenne (eds), United Nations Convention on the Law of the Sea 1982: A Commentary 246; para. 28.4(c) (1993).

71 見：黃異。1985。國際法上船舶國籍制度之研究。臺北：文笙書局，頁130。另可參考：2 Satya N. Nandan & Shabtai Rosenne (eds), United Nations Convention on the Law of the Sea 1982: A Commentary 242; para. 27.8(b) (1993)。

相同地，該船進入其他國家前，也均簽署相類似協定[72]。

　　近來國際社會成員對於此等船舶之疑慮不若以往之深，因而針對此等特殊種類船舶之無害通過，「海洋法公約」乃爲較具體的規定，第 23 條規定：「外國核動力船舶和載運核物質或其他本質上危險或有毒物質的船舶，在行使無害通過領海的權利時，應持有國際協定爲這種船舶所規定的證書並遵守國際協定所規定的特別預防措施。」（LOSC §23）1974 年的「海上人命安全國際公約」規定，核動力船舶均須備有由船籍國所發給之核動力客貨船舶安全證書，以證明該船舶已接受過安全檢驗，無洩漏過量輻射或其他有害物質之虞。該證書有效期限僅爲 12 個月，並在行使無害通過權時，得隨時接受沿海國之檢查。另外，公約另行規定：沿海國考慮到航行安全時，可以指定或規定海道和分道通航制，要求核子動力船舶和載有核物質或材料或其他本質上危險或有毒物質或材料的船舶，在行使無害通過權時，僅能使用該等航道通行（LOSC §22(1)(2)）。從條文分析，應該可以認爲「海洋法公約」是承認該等船舶之無害通過權[73]。

（七）小結

　　有關沿海國在領海之執行管轄權，在「海洋法公約」中給予三種權限讓一國可以在其領海中執行其管轄權。1. 採取必要的措施阻止非無害的通過行爲，而所謂「必要措施」則未詳細規定，留給習慣法（原有的法律）去制定；如沿海國可採取必要且適當的措施來保全沿海國的環境，命令違犯的船舶離開其領海。在「海洋法公約」第 19 條中有列舉一些行爲，當第三國的船舶該當於此行爲時，則非爲無害，換言之，爲有害的通過。沿海國對於該當於非無害行爲所採取的執行管轄亦被認爲是正當的。2. 在有些情況下，沿海國對於違犯本國規章的行爲，可選擇將船舶逐出領海或是執行管轄。如海洋污染問題，只有違反公約規定的任何「故意」和「嚴重」的污染行爲，才能被稱爲非無害的，對於違犯的船舶才可將其依沿海國法令執行管轄。然而因「過失」或「輕微」的污染行爲，沿海國卻不能依公約第 21 條 (f)（LOSC §21(f)）和第 211 條 (4)（LOSC §211(4)）來視爲非無害的，但可對其執行管轄，包括命其停船、登臨、逮捕及起訴等。這對公約上所述的「對於危害領海的安全」，在學理上似有可議之處。依第 220 條（LOSC §220）規定，沿海國如有明顯根據認爲一船舶在通過

---

72 R.R. Churchill & A.V. Lowe, The Law of the Sea 91 (3rd ed. 1999).

73 R.R. Churchill & A.V. Lowe, The Law of the Sea 91-92 (3rd ed. 1999)，不過仍然有部分國家主張上述特殊船舶在通過其領海時，必須先行通知沿海國或取得沿海國之事先同意。Id., at p. 92.

領海時,違反關於防止、減少和控制來自船隻的污染所制定的法律和規章,可對其採取執行管轄[74];3. 而外國船舶享有無害通過權並非完全不受沿海國的管轄,沿海國於國際法的限制上仍享有特定的管轄。就司法管轄權方面,民、刑事管轄權之行使,須在一定條件下,方得爲之。關於刑事管轄權,規定在 1958 年「領海及鄰接區公約」第 19 條,而後爲 1982 年「聯合國海洋法公約」第 27 條(LOSC §27)規定所承襲。

當然必須注意的是,通過領海之外國船舶在違反特定法規後,將喪失該船舶之無害性,因而沿海國有權採取「必要步驟」(Any Necessary Steps)以防止非無害之通過(TSC §16(1); LOSC §25(1)),有時候將該非無害船舶驅離領海,會比逮捕或扣留該船舶,或將之交付司法程序對沿海國更加有利;另外,若是通過中船舶並未違反沿海國法律或規章,但卻仍侵害沿海國之利益,則仍可將之視爲非無害通過船舶,而將之驅離。當然對於任何通行中船舶,沿海國仍保留有自衛權利,若是沿海國面臨通行中船舶立即攻擊之危害,且無其他保護方法,沿海國可以採取自衛手段保護其本國利益[75]。

三、鄰接區(毗連區)管轄權之執行

「鄰接區」(Contiguous Zone)是緊臨領海的公海水域,根據國際法,沿海國得就此水域享有特定目的管轄權力。1958 年「領海及鄰接區公約」規定,從領海基線起算,鄰接區不能超過 12 海浬[76],但因無法就領海寬度達成共識,實踐上造成各國僅能主張小於 12 海浬的領海。60 年代起越來越多國家主張 12 海浬領海,至少在1958 年公約體系下,該等國家是不能再享有鄰接區的。「海洋法公約」明白規定 12海浬領海,並自領海基線起算不得超過 24 海浬鄰接區(毗連區)。

(一)沿海國鄰接區內管轄權之內容

從「海洋法公約」第 33 條(LOSC §33)規定似乎可以明白得知:鄰接區是沿海國針對海關、財政、移民與衛生四項事務,得向海洋擴張之管轄水域。然仔細閱讀條文與考察立法史,則發現並非如此單純。首先,鄰接區法律地位是公海的一部

---

74 I.A. Shearer , *Problems of Jurisdiction and Law Enforcement against Delinquent Vessels* , 35 International Law and Comparative Quarterly (1986) , pp.325-326.

75 R.R. Churchill & A.V. Lowe, The Law of the Sea 99 (3rd ed. 1999).

76 「領海及鄰接區公約」第24條第2項規定:「此項鄰接區自測定領海寬度之基線起算,不得超出12海浬」,引自:陳隆志、許慶雄(合編)。1998。當代國際法文獻選集。臺北:前衛出版社,頁316。

分，此可從習慣國際法引申得知，此習慣國際法明定於「領海及鄰接區公約」第1條中[77]。而「海洋法公約」第86條僅是規定特定區域適用的條文，因而不影響鄰接區的法律性質[78]。另外，第33條規定沿海國就：1.防止在其領土或領海內違犯其海關、財政、移民或衛生的法律規章；2.「懲治」（Punish）在其領海或領海內違犯上述法律和規章的行為兩類事務，行使所必要的「管制」（Control），而非主權或「管轄權」（Jurisdiction）。就1.而言，是針對「駛進沿海國船舶」（Inward-bound Ships）之管制，具有「預防特徵」（Preventive or Anticipatory in Character）；就2.而言，適用對象是「駛離沿海國的船舶」（Outward-bound Ships），賦予沿海國的權力較1.事項強烈，並可類推適用緊追權。

換言之，「海洋法公約」第33條僅賦予沿海國執行管轄權，僅能針對在領土或領海內犯行採取行動，而不能對在鄰接區內之任何作為採取行動。1958年日內瓦會議歷史在在證明此種限制。當時國際法委員會所提出草案內容與其後通過條文相同。在會議過程中，波蘭提案刪除「在其領土或領海內」用語，以涵蓋能夠處罰在鄰接區內之犯罪行為，當時第一委員會接受此一提案。但是在全體委員會中，該修正又遭反對，而回復原先國際法委員會之草案模式，但加上「移民」一項，沿海國可以保護之利益，此種安排顯然將鄰接區作為單純的執行區。實際上，在公約體系上也須如此安排，因為1958年「領海及鄰接區公約」第19條第5項規定：「外國船舶自外國海港啟航，僅通過領海而【未】進入內國水域，沿海國不得因該船進入領海前所發生之犯罪行為而在其通過領海時於船上採取任何步驟、逮捕任何人或從事調查」[79]，若是賦予沿海國在鄰接區內規範管轄權，則於鄰接區內犯罪之船舶，向領海逃走則將享有上述條文所賦予利益，向公海或專屬經濟區方向逃竄，反受到緊追權之適用，法律上難以自圓[80]。就鄰接之性質與管轄事項內容，「海洋法公約」第33條完全承續1958年「領海及鄰接區公約」第24條之規定，不過為了因應海洋發現考古與歷史文物之重視以及法律上擬制問題，1982年「海洋法公約」第302條第2款規定：「為了控制這種文物的販賣，沿海國可在適用第33條時推定，未經沿海國許可將這些文物移出

---

77 「領海及鄰接區公約」第1條規定：「國家主權及於本國領陸及內國水域以外鄰接本國海岸之一帶海洋，稱為領海」，換言之，領海之外即非國家主權之所及。

78 Ian A. Shearer, *Problems of Jurisdiction and Law Enforcement against Delinquent Vessels*, 35 Int'l & Comp. L.Q. 320, 330 (1986).

79 「海洋法公約」第27條第5款有著相同規定：「除第12部分有所規定外或有違反第5部分制定的法律和規章的情形，如果來自外國船舶僅通過領海而不駛入內水，沿海國不得在通過領海的該船舶上採取任何步驟，以逮捕與該船舶駛進領海前所犯任何罪行有關的人或進行與罪行有關的調查。」

80 R.R. Churchill & A.V. Lowe, The Law of the Sea 137 (3rd ed. 1999).

該條所指的海域的海床，將造成在其領土或領海內對該條所指法律和規章的違犯。」

（二）有關鄰接區之國際實踐

雖然有很多國家將有關鄰接區管轄權限限縮於執行管轄，但從 1958 年以來，即有眾多國家將鄰接區之管轄權擴張包括規範管轄權與執行管轄權，與現行「海洋法公約」條文不相一致。有些國家甚至進一步主張就安全事項得於鄰接區內立法執行。在國際實踐上，對於將規範管轄權擴張至鄰接區似乎並未遭致太大抗議。不過將安全事項相關管轄擴張至鄰接區則遭到相當大國際反對，美國對於部分國家此種明白將安全事項管轄權擴充至鄰接區明白進行抗議[81]。

之所以對於將安全事項擴張至鄰接區內會造遭到較大抗議，可能是海洋國家擔心安全區的設立，對於航行自由有較大潛在威脅。至於將其他權利在鄰接區內擴張，比如第 302 條擴及海洋考古與歷史文物，相對地，較能為國際社會所接受。美國法院在案例中主張沿海國根據習慣國際法，於鄰接區所享有權利大於公約體系下所列權利。在 1974 年的 Taiyo Maru 案中，美國當時主張 3 海浬領海，鄰接區則主張 9 海浬「漁業區」（Fishery Zone），日籍漁船從漁業區遭追捕。美國法院認為：「領海及鄰接區公約」第 24 條僅是容許規範，而非列舉規定，沿海國可以規範該條文所列項目之外之事項；而且沿海國在毗連區內，享有執行管轄權與規範管轄權。相同地，1985年的《美國告岡薩雷斯案》（U.S. V. Gonzalez）中，美國法院認為國際法的保護管轄原則，使得沿海國在公海可以對外國船舶執行反毒相關立法。雖然防止非法毒品可以歸類在海關或衛生檢疫立法中，可以預見國際社會成員會走向容忍將國家管轄權擴充到毗連區內，以取締此等毒品走私[82]。

（三）小結

在 1958 年「領海及鄰接區公約」體下，鄰接區是公海一部分，因而與領海為沿海國主權所及不同，在鄰接區內沿海國管轄權限應該嚴格限制，換言之，對於剩餘權歸屬應該優先考量其他國際社會成員之總體利益；但在 1982 年「海洋法公約」體

---

81 其間共有18個國家，美國明白對其提出抗議，此間包括：孟加拉、緬甸、高棉、中國、埃及、海地、印度、伊朗、尼加拉瓜、巴基斯坦、沙烏地阿拉伯、斯里蘭卡、蘇丹、敘利亞、阿拉伯聯合大公國、委內瑞拉、越南與也門。見：J.A. Roach & Robert W. Smith, United States Responses to Excessive Maritime Claims 172 (2d ed. 1996)。

82 R.R. Churchill & A.V. Lowe, The Law of the Sea 138-39 (3rd ed. 1999).

系下，毗連區視為專屬經濟區而非公海，有其特殊法律地位，是以新公約體系下，對於沿海國鄰接區內特定管轄權之有無，並不必然優先考量其他國際社會成員之總體利益，也不若領海般優先考量沿海國利益，而是「應在公平基礎上，參照一切有關狀況，考慮到所涉及利益分別對有關各方和整體國際社會的重要性，加以解決」（LOSC §59）。此一法律定位後，對鄰接區內沿海國管轄權擴張有何影響，仍待長久觀察，不過可以確定的是，若是沿海國將規範管轄權與執行管轄權一併擴充至鄰接區內，則辯護該主張的合法性將比在1958年公約體系下容易[83]。

四、國際海峽管轄執行

國際海峽問題是第3屆海洋法會議的重大爭議問題，各集團在此相互爭執並互為讓步，最後以「海洋法公約」第3部分來規範，此間海軍利益涉及較大，至於其詳細討論則非此處論及。當然亦涉及非軍事層面之事務，在第3屆海洋法會議期間，海洋國家擔心在海峽通行問題上，海峽沿海國可能以安全、污染或管制船舶吃水深度等等來進行對航行自由之干擾。因而海洋國家乃於第3部分創設出「過境通行」（Transit Passage），來取代「日內瓦公約」與習慣國際法下有關海峽通行的「不得停止無害通過」（Non-suspendable Innocent Passage），此為「海峽沿海國」（States Bordering Straits）對領海管轄權之重大讓步[84]。

海峽沿海國於必要時，得指定航道與規定分道通航制，以促進船舶安全通過（LOSC §41(1)），此等海道或分道通航制應符合一般接受的國際規章（LOSC §41(3)）。海峽沿海國亦有權針對：1.航行安全與交通管理；2.在海峽內排放油類、油污廢物和其他有毒物質適當有效國際規章、3.防止捕魚、及4.違反海峽沿海國海關、財政、移民或衛生法律規章，上下任何商品、貨幣或人員等事項制定相關法律和規章（LOSC §42(1)。不過海峽沿海國此等法律或規章不應在形式上或事實上對外國船舶有所歧視，或在適用上有否定、妨礙或損害有關海峽過境通行之實際效果（LOSC §42(2)）。

雖無任何規範禁止海峽沿海國在國際海峽中得採取「執行措施」（Enforcement Measures），然亦無明文規範海峽沿海國得採取執行措施。「海洋法公約」僅規定：

---

83 R.R. Churchill & A.V. Lowe, The Law of the Sea 139 (3rd ed. 1999).

84 Ian A. Shearer, *Problems of Jurisdiction and Law Enforcement against Delinquent Vessels*, 35 Int'l & Comp. L.Q. 320, 331 (1986).

「行使過境通行權的外國船舶應遵守這種法律和規章」（LOSC§42(4)）。不過規定過境通行不應予以停止（LOSC§44），再加上海峽沿海國不應拒絕、阻礙或妨礙過境通行，相當程度內限制海峽沿海國能如一般領海般在領海峽中行使主權。「海洋法公約」第233條又規定：僅有在外國船舶對海峽的海洋環境造成重大或有造成重大損害威脅之情形下，海峽沿海國始得採取「適當執行措施」（Appropriate Enforcement Measures），假如海峽沿海國有領海管轄權利，則第233條顯然為贅文，或是毫無需要。另一方面，船舶在過境通行時，須毫不延遲地通過（LOSC§39(1)(a)），而所謂過境通行則是指繼續不停和迅速通過海峽（LOSC§38(2)），因而若是船舶停留、徘徊或是從事非迅速通過之行為（因遭逢不可抗力或遇難之情形除外），則應不在過境通行制度保障之內，故得予以登臨，若是發現該船舶違犯沿海國有關領海之法律或規章之行為，則沿岸國應可將之逮捕[85]。

五、群島水域管轄執行

群島水域制度是第3屆海洋法會議，始經國際社會完整討論之制度。雖然國際社會目前較為眾所接受的群島國家數目相當有限，但若是群島水域過境通行制度能為國際社會成員所接受，則該制度內海域群島國的管轄權利，即須特別注意。

根據「海洋法公約」，於第46條定義下的群島國家，在劃定群島基線必須符合第47條的特別規定，特別是第47條第1款與第2款。在此等群島基線內的水域稱為「群島水域」（Archepelagic Waters），於此群島水域中，群島國享有主權，因而群島國家在按照群島基線劃定後，可以再從群島基線向外劃出領海、鄰接區、專屬經濟海域與大陸架（LOSC§48）。除了受到群島海道通過權之限制外，群島國在群島水域所享有之管轄權利與領海之管轄權利相同。各國船舶除於群島水域中享有無害通過權外（LOSC§52(1)，另在群島國所指定之群島海道中，享有海道通過權（LOSC§53(2)）。船舶或飛機在通過此種海道或空中航道時，不應偏離該中心線20海浬外，但船舶或飛機在航行時與海岸距離不應小於海道邊緣各島最近各點之間距離的10%（LOSC§53(5)）。假如群島國未指定並公布此種海道或空中航道，則第三國可以使用通常用於國際航行的航道，行使群島海道通過權（LOSC§53(12)）。

「海洋法公約」第54條將有關國際海峽過境通行制度的第39、40、42與43條

---

85 Ian Shearer, *Problems of Jurisdiction and Law Enforcement against Delinquent Vessels*, 35 Int'l & Comp. L.Q. 320, 332-333 (1986).

比照適用於群島海道通過（LOSC §54）。然而在觸及群島國就通過之法律與規章的執行措施時，問題就不如此單純。因為第 49 條規定：「群島海道通過制度，不應在其他方面影響包括海道在內的群島水域的地位，或影響群島國對這種水域及其上空、海床和底土以及其中所含資源行使主權」（LOSC §49(4)）。另外，對於群島水域也無類似第 233 條之規定。實際上，「海洋法公約」第 12 部分第 6 節與第 7 節完全未規範群島水域。上述種種規定，在在使得群島國家對群島水域管轄問題，幾乎等同於領海制度[86]。

六、專屬經濟海域（或專屬經濟區）管轄執行

專屬經濟區是沿海國所主張，由沿海國基線算起，不超過 200 海浬範圍內之海域（LOSC §57）。在第 3 屆海洋法會議期間，對於專屬經濟區內沿海國之管轄問題尖銳對立。「海洋法公約」最後達成妥協，規定：「專屬經濟區是領海以外，並鄰接領海的一個區域，受到本部分（第 5 部分）規定的特定法律制度的限制，在這個制度下，沿海國的權利和管轄權及其他國家的權利和自由均受本公約有關規定的支配」（LOSC §55），既不承認專屬經濟區是公海，也不承認專屬經濟區是領海，而是根據「海洋法公約」相關法律規定之「特別區域」（A Sui Generis Zone）[87]。而沿海國在專屬經濟區內所享權利則是「主權權利」，用以與傳統領海內所享的「主權」相區隔[88]。

（一）專屬經濟區內生物性資源之管轄問題

在專屬經濟區內，沿海國就生物資源之養護與利用，為了促進最適度利用之目的，可以制定有關養護與管理措施之法律與規範，用以規範在沿海國從事捕撈剩餘

---

86 Ian Shearer, *Problems of Jurisdiction and Law Enforcement against Delinquent Vessels*, 35 Int'l & Comp. L.Q. 320, 332 (1986).

87 Ian Shearer, *Problems of Jurisdiction and Law Enforcement against Delinquent Vessels*, 35 Int'l & Comp. L.Q. 320, 333 (1986). 有關專屬經濟區的法律地位，可再進一步參考：R.R. Churchill & A.V. Lowe, The Law of the Sea 165-166 (3rd ed. 1999); David J. Attard, The Exclusive Economic Zone in International Law 61-67 (1987); Francisco Orrego Vicuña, The Exclusive Economic Zone: Regime and Legal Nature under International Law 16-48 (1989)。

88 「主權」與「主權權利」兩種有相當區別，茲根據國際法列表比較如下：

可捕量之外國船舶[89]。此等法律與規章，「除其他外」（Inter Alia），包括：1. 發給漁民、漁船捕撈裝備與執照，包括「交納規費和其他形式之報酬」（Payment of fees and other forms of remuneration）；2. 決定可捕魚種，和確定漁獲量的限額，不論是關於特定種群或多種種群或一定期間的單船漁獲量，或關於特定期間內任何國家國民的漁獲量；3. 規定漁汛和漁區，可使用漁具的種類、大小和數量以及漁船的種類、大小和數目；4. 確定可捕魚類和其他魚種的年齡和大小；5. 規定漁船應交的情報，包括漁獲量和漁撈努力量統計和船隻位置報告；6. 要求在沿海國授權和控制下進行特定漁業研究計畫，並管理這種研究的進行，其中包括漁獲物抽樣、樣品處理和相關科學資料的報告；7. 由沿海國在這種船隻上配置觀察員或受訓人員；8. 這種船隻在沿海國港口卸下漁獲量的全部或任何部分；9. 有關聯合企業或其他合作安排的條款和條件；10. 對人員訓練和漁業技術移轉的要求，包括提高沿海國從事漁業研究的能力、執行程序（LOSC §62(4)）。本款所規定事項僅是例示性質[90]。換言之，沿海國可以在條

權利名稱	權利行使範圍	權利之發生與取得	權利行使目的	權利行使上限制
主權（Sovereignty）	限於沿海國之內水、領海與群島水域。	無待沿海國主張，自然取得。	政治性目的。	在內水中，不受限制；於領海行使時，必須容忍他國船舶無害通過；在構成用於國際航行海峽的領海峽中，必須容忍他國船舶之過境通行；在群島水域必須容忍他國船舶的群島過境通行。
主權權利（Sovereignty Rights）	適用於專屬經濟區與大陸架。	就專屬經濟區沿海國必須明確主張始能取得主權權利（LOSC §70(1)(2), 57）；至於大陸架之主權權利無待主張，自然取得（LOSC §77(3)）。	在專屬經濟區限於自然資源與其他經濟活動之管理目的（LOSC §§56(1), 60）；在大陸架限於大陸架之開發探勘之管理目的（CSC §2；LOSC §77）。	受到相當多限制。

89 對於此一條文之立法過程與相關爭議，請參考：2 Satya N. Nandan & Shabtai Rosenne (eds), United Nations Convention on the Law of the Sea 1982: A Commentary 616-635 (1993)。

90 2 Satya N. Nandan & Shabtai Rosenne (eds), United Nations Convention on the Law of the Sea 1982: A Commentary 637; paras. 62.16(i)(j) (1993).

款規範之外，另行制定與漁業資源養護與管理相關法規。

有關專屬經濟區內「主權權利」行使，凡涉及天然資源時，沿海國之執行權利有第 73 條規範，賦予沿海國「可採取爲確保其依照公約制定的法律和規章得到遵守所必要的措施，包括登臨、檢查、逮捕和進行司法程序」（LOSC §73(1)）。爲了平衡沿海國執行管轄權利與國際社會之航行利益，學者指出，此種執行措施不能對航行或其他國家的其他權利或自由有所侵害，或是造成不當的干擾[91]。「海洋法公約」進一步規定：對於遭逮捕之船隻與船員，在提出適當的保證書或其他擔保後，應迅速獲得釋放（LOSC §73(2)），此種沿海國有關專屬經濟區內違犯漁業法律和規章之「處罰，不得包括監禁，或其他任何方式之體罰」（May not be punished by imprisonment or any form of corporal punishment）（LOSC §73(3)[92]。但是沿海國得沒收漁獲與漁船，此種立法例各國甚爲通行[93]。此種有關生物資源之養護與管理執行措施，沿海國權限相當大，部分論者認爲過度顧及沿海國利益，有可能衝擊國際航行利益，特別是有關沿海國在專屬經濟區內有關主權權利行使所引發爭端，船旗國並無權利將之單方提交強制爭端解決程序[94]。

（二）其他管轄權

與對經濟性資源之得享有主權權利有別，沿海國在專屬經濟區對於：1. 人工島嶼、設施和結構的建造和使用；2. 海洋科學研究；3. 海洋環境的保護與保全（LOSC §56(1)(b)）等類事項，沿海國得通過相關法律與規章進行管轄。此一條文將專屬經濟區內有關上述三類事項，僅賦予沿海國「管轄權」（Jurisdiction）而非「主權權利」，顯然在立法過程中，即將此三類管轄與生物性資源管轄的主權權利有等級之分。對於生物性資源所享之主權權利，就沿海國而言，其所得行使權利之強度，將高於就人工島嶼（設施與結構）、海洋科學研究與海洋環境保護事項之管轄權利[95]。

析言之，就人工島嶼、設施和結構之建造和使用，「海洋法公約」第 60 條賦

---

91 David J. Attard, The Exclusive Economic Zone in International Law 179 (1987). 至於何種程度之干擾始構成「不當干擾」，學者認爲應該依照個案判斷，見：Id., at 179。

92 不過何謂「合理擔保」（reasonable bond），「海洋法公約」並未規定，應該根據個案判斷。

93 Ian Shearer, *Problems of Jurisdiction and Law Enforcement against Delinquent Vessels*, 35 Int'l & Comp. L.Q. 320, 335 (1986).

94 David J. Attard, The Exclusive Economic Zone in International Law 178-179 (1987); Shegeru Oda, *Fisheries under United Nations Convention on the Law of the Sea*, 77 Am. J. Int'l L. 739, 748 (1983).

95 Francisco Orrego Vicuña, The Exclusive Economic Zone: Regime and Legal Nature under International Law 26 (1989).

予沿海國建造之專屬權利（LOSC §60(1)），亦賦予沿海國授權他國建造之專屬權（LOSC §60(1)）。此外，沿海國「對這種人工島嶼、設施和結構應有專屬管轄權，包括有關海關、財政、衛生、安全和移民的法律和規章方面的管轄權」（LOSC §60(2)），其他涉及專屬經濟區內人工島嶼或類似設施之條文，設包括第 80 條、第 87 條、第 147 條、第 208 條、第 214 條、第 246 條以及第 259 條。至於有關科學研究管轄權則詳細規定於第 12 部分（從第 238 條至第 265 條），以及第 297 條第 2 款。有關海洋環境保護與保全則規定於第 12 部分（從「海洋法公約」第 192 條至第 237 條）。然而必須注意者乃是：此等法律或規章的制定，必須是基於與專屬經區制度不相牴觸「海洋法公約」本身規定或其他國際法規則始可，沿海國不能踰越第 5 部分之授權，而試圖引用「其他國際法規則」（Other International Rules）作為正當化管轄權擴張之理由 [96]。

至於沿海國雖對人工島嶼或結構與海洋科學研究有管轄權，但卻無任何對應條款授權沿海國採取執行措施。不過對於海洋環境保護，沿海國不僅享有立法管轄權，第 12 部分也有部分條文規範沿海國所得採取之執行措施。首先沿海國「有權准許、規定和控制」海洋傾倒（LOSC §210(5)），對此種傾倒之執行管轄權則規定在第 216 條，對於沿海國依照「海洋法公約」所制定之法律和規章，以及通過主管國際組織或外交會議制定可適用的國際規則和標準，其執行權利，由沿海國與船旗國分別執行（LOSC §216(1)）。另外，對於來自船隻之污染，「沿海國為第 6 節所規定的執行的目的，可對其專屬經濟區制定法律與規章，以防止、減少和控制來自船隻的污染。這種法律和規章，應符合通過主管國際組織或一般外交會議制定的一般接受的國際規則和標準，並使其有效」（LOSC §211(5)）。但是對於此種規章與法律之執行措施，與有關海洋傾倒相比較，則對沿海國限制較嚴，沿海國僅能「要求」（Require）涉嫌船舶提供「關於該船的識別標誌、登記港口、上次停泊和下次停泊的港口，以及其他必要情報，以確定是否有違反行為發生」（LOSC §220(3)）。另外，若是在專屬經濟區或領海內航行之船舶，有違反行為而導致大量排放，對海洋環境造成重大污染或有造成重大污染之虞，沿海國在涉案船舶拒不提供資料，或所提供資料顯與實際情形不符，在確有進行檢查之理由時，可就有關違反行為的事項對該船進行實際檢查（LOSC §220(5)）；若是有「明顯客觀證據」（Clear Objective Evidence）違反行為造成重大損害或威脅，則可對該船舶提起司法程序，包括將該船舶扣留在內

---

96 見：2 Satya N. Nandan & Shabtai Rosenne (eds), United Nations Convention on the Law of the Sea 1982: A Commentary 565; para. 58.10(e) (1993).

（LOSC §220(6)）。就此而言，部分執行措施仍在沿海國根據特定事件中，所作之裁量權限與認定，沿海國就海洋污染環境保護與保全問題，執行管轄權仍有相當擴張之可能空間[97]。

七、大陸礁層（大陸架）管轄執行

除了少數國家外，大部分國家之「大陸礁層」（Continental Shelf）均不超過專屬經濟區之外界限。因而有關航行規範部分，專屬經濟區制度相關規定，大致上可適用於大陸礁層。

大陸架上覆水域可能是內水、領海、毗連區、國際海峽、專屬經濟區或公海，「海洋法公約」規定：「沿海國對於大陸架的權利，不影響上覆水域或水域上空的法律地位」（LOSC §78(1)），又規定：「沿海國對大陸架權利行使，絕不得對航行和本公約規定的其他國家的其他權利和自由有所侵害、或造成『不當干擾』（Unjustifiable Interference）」（LOSC §78(2)）。因而有關大陸架上覆水域之管轄問題，應該分別根據各該上覆水域所在海域定位上，沿海國行使管轄權利。

八、國際海床管轄執行

因為國際海床上覆水域之性質，仍為公海，因而有關公海管轄制度，包括管轄權、執行制度，應該適用於國際海床地區工作之船舶與其上之設施。唯一提及在此區域內執行問題的條款是第 142 條，主要是提及第 221 條處理重大海難的問題。是以在國際海床上主要仍由船旗國或設施所有國，根據各該國家相關法律與規則來進行管轄與執行[98]。

---

97 Ian Shearer, *Problems of Jurisdiction and Law Enforcement against Delinquent Vessels*, 35 Int'l & Comp. L.Q. 320, 335-336 (1986). Professor Shearer因而建議相關之法律與規章，應儘可能有主管國際組織（亦即國際海事組織）所通過之標準與規則來規範，因而縱使沿海國根據「海洋法公約」第211條第6款針對特定地區制定比一般國際標準嚴格之法律與規章，更應受到嚴格監督。見：Ian Shearer, id., at 336。

98 Ian Shearer, *Problems of Jurisdiction and Law Enforcement against Delinquent Vessels*, 35 Int'l & Comp. L.Q. 320, 339 (1986).

九、公海管轄權之取得與行使界限

（一）公海船舶管轄執行權：船旗國專屬管轄執行權

1. 船旗國專屬管轄執行權之建立

在公海自由原則確立後，各國在公海區域均享有航行自由，任何國家不能有效地將公海的任何部分置於其主權下（HSC §2; LOSC §89），並不代表在公海船舶完全不受任何管轄。「公海管轄權就像航行權與開發權，是存在於每一個個別國家的」（The right of jurisdiction, like the rights of navigation and exploitation, became vested in each and every state）。不過此種管轄並非共管狀態，所有國家並不享有對公海上所有船舶與人員之「共同管轄權」（Concurrent Jurisdiction），而是每一個國家的管轄權僅及於該國人民與船舶[99]，此即所謂公海船旗國專屬管轄權（HSC §6(1); LOSC §92(1)）。此種公海船旗國專屬管轄權之建立，主要是從 19 世紀初葉英國與美國法院，針對公海中販奴之取締所為相關判決中予以確認。英國船舶取締販奴船舶，法院判決認為：縱使是訂有禁止販奴之條約，若是條約並未明文授權相關國家，則仍不能在公海上逮捕另一締約國之船舶[100]。1928 年《蓮花號案》（The Lotus Case），「常設國際法院」認為：「公海上船舶，除受船旗國之管轄外，不受任何國家管轄。也就是說，根據海洋自由原則，在公海上任何國家均無領土主權，因此沒有國家得對公海上外國船舶行使任何形式之管轄權」（Vessels on the high seas are subjects to no authority except that of the State whose flag they fly. In virtue of the principle of freedom of the high seas, that is to say, the absence of any territorial sovereignty upon the high seas, no State may exercise any kind of jurisdiction over foreign vessels upon them）[101]。

2. 公海船旗國專屬管轄權之法律根據

對於船旗國公海專屬管轄權，長期以來即受國際社會成員之尊重。以往認為之所以賦予船旗國對公海船舶專屬管轄權之理論根據在於：船舶是國家領土之一部分，

---

99 J.L. Brierly, The Law of Nations: An Introduction to the International Law of Peace 306-307 (Humphrey Waldock ed., 6th ed. 1963).

100 J.L. Brierly, The Law of Nations: An Introduction to the International Law of Peace 307 (Humphrey Waldock ed., 6th ed. 1963).

101 [1928] P.C.I.J. Series A/10, at p.25.

1868 年在《女王告安德森》（R. V. Anderson）一案中，英國法官認為：「就此問題而言，英國船舶就像一個浮動島嶼；英國船上所犯罪行，應歸（英國）海事法庭管轄，犯罪人應受英國法律支配，如同他在威特島一樣。」但此種理論有其缺失，國際社會不久即揚棄此一看法[102]，論者對此現象有不同解釋，有認為此乃因各國默認所致，海上船舶因通商便利起見，應由船旗國管轄[103]；另有論者以為，之所以賦予船旗國專屬管轄權，乃是公海性質使然。公海雖不屬於任何國家，但不是沒有法律秩序，並非無法律狀態，而是「共有物」（Rescommunius），是受到所有國家之共同管轄。而已經登記註冊之船舶，航行於公海之上，非船旗國之所以不能管轄，此一權利類似於外交官之豁免權，但又與外交官之豁免權本質上不同，外交人員若非外交任命，必將受到接受國之管轄；而公海船舶之國籍註冊與登記文件，確保該船舶免於其他國家之干擾。船旗國並不是因該船舶之註冊而取得專屬管轄權，而是若非有該註冊行為，則所有國家均將對該船舶有管轄權。因為若是公海自由代表僅船旗國享有專屬管轄，非船旗國不論在何種情形下均得對該船進行管轄，則未經註冊或無國籍之船舶將不受任何管轄，若如此則公海勢將陷入混亂狀態，此乃國際海洋秩序所不能容忍的[104]。

3. 公海船舶管轄權之競合

　　原則上，僅有船旗國才能對公海船舶行使立法與執行之專屬管轄權（HSC §6; LOSC §92）。船旗國專屬管轄權主要發生在公海船舶碰撞管轄權之歸屬問題上。船舶碰撞可能牽涉兩個以上國家，均認為對於碰撞事件擁有管轄權。此種管轄權競合的情形，常設國際法院在 1927 年《蓮花號案》（The Lotus Case）中即已處理過。該

---

102 此一觀點又稱之為「浮動島嶼說」（Theory of Floating Islands）或「浮動領土說」（Theory of Floating Territory），而國際社會成員之所以將之揚棄，其主要理由如下：(1)習慣國際法承認，交戰時候，交戰國軍艦於在公海上檢查中立國船舶，甚至得沒收符合一定條件之敵人物資（所謂「敵性物質」）。假如認為船舶是船旗國領土之延伸，則上述公海臨檢行動，無異是進入船旗國（中立國家）領土，並於中立國領土上檢查，甚至沒收特定物資，顯與習慣國際法中領土不可侵犯原則相牴觸；(2)假如船舶是一國領土之延伸，則船旗國領土四周應有一定寬度之領海，因而船舶移動時，該領海亦將隨之移動，此顯與國際社會實踐不相符合，國際法不承認船舶四周為船旗國之領海；(3)依現行有效國際法，船舶進入他國港口時，即應接受港口國之管轄；倘承認船舶為船旗國之浮動領土，則無異是說：船舶於未進入時，是船旗國之領土，進入他國內水時，即變成他國領土；而於出港口國內水又轉變成船旗國之領土，是以商船每進出外國領海之俄頃，其領土主權亦將隨之變動，學理如此擬制，誠無以自解。有關論述，可參考：魏敏（主編）。1987年6月。海洋法。北京：法律出版社，頁208-209。彭明敏。1964。國際公法。增訂五版。臺北：作者發行，頁330-331；劉承漢（編著）。國際海法。1973。臺北：交通部交通研究所，頁9。

103 請參考：倪征燠。1964年5月。國際法中的司法管轄問題。北京：世界知識出版社，頁27-28。

104 Andrew W. Anderson, *Jurisdiction over Stateless Vessels on the High Seas: An Appraisal under Domestic and International Law*, 13 J. Maritime L. & Comm. 323, 336 (1982).

案事實是法國籍船舶「蓮花號」在公海撞及土耳其船舶，造成土耳其人傷亡。較嚴格而妥當的判決理由是：撞及「發生」在土耳其船舶，因此應負責任的法國船舶幹部，可以同時被土耳其與法國追訴。該案遭到眾多質疑，1952 年國際社會又於比利時首都布魯塞爾通過「國際統一碰撞與其他航海事故意外事件規則公約」（International Convention for the Unification of Certain Rules Relating to Penal Jurisdiction in Matters of Collision and Other Incidents of Navigation, 1952），推翻《蓮花號案》所建立規則。1958 年「公海公約」與 1982 年「海洋法公約」繼受 1952 年「布魯塞爾公約」之原則，規定對於公海船舶碰撞或其他航行事故，涉及船長或其他為船舶服務之人員的刑事或紀律責任時，對於此等人員之刑事訴訟或紀律程序，僅可由船旗國，或此等人員所屬國之司法或行政當局提出（HSC §11; LOSC §97(1)）。後段規定彰顯出國家對其國民，不論該國民身處他國船舶或任何其他處所，均仍保有管轄權；不過當發生管轄權競合之情形，船旗國將有優先管轄權 [105]。

（二）傳統有關公海船舶管轄權取得之法律基礎

　　然而除船旗國專屬管轄權外，傳統國際海洋法體系下，亦認為部分行為可能侵害全體國際社會成員共同利益，或是在條約當事國相互授權下，仍容許非船旗國在公海上對其他船舶享有管轄權。對於後者必須有沿岸國與船旗國間訂有特定條約為前提，而前者則因侵害所謂共同利益，是以經由長期國際習慣累積而成，並在相關國際公約中體現。茲分述如下：

1. 因條約而賦予之管轄權

　　傳統國際法基於當事國同意而產生拘束力，相對地，若是當事國同意，則除非該等同意意思表示源自非法威脅而做出，否則當事方若表示同意，則國際法不排除當事方自行賦予其他國家權利。是以公海船旗國專屬管轄權原則下，船旗國若同意非船旗國對懸掛其旗幟之船舶行使管轄權，基於該條約之授權，非船旗國仍得對公海上他國船舶進行管轄。上述「公海公約」與「海洋法公約」均強調，除條約另有規定者外，亦同時表示若是條約，包括雙邊條約與多邊條約另有規定，則公海上船旗國不必然對懸掛其旗幟之船舶享有專屬管轄權。近代國際合作日益緊密，特別是在防範公海毒品販運、公海生物資源養護與管理、公海海洋環境之保護與保全等方面，各國為達

---

105 R.R. Churchill & A.V. Lowe, The Law of the Sea 208-9 (3rd ed. 1999).

目的，有時會相互訂定多邊或雙邊條約，相互賦予其他締約方程度不等之管轄權，倘有此等條約或公約作根據，則公海上一國船舶仍有可能對另一締約方之船舶發動管轄權。

2. 因全體國際社會成員共同利益所在而賦予之管轄權

除條約或公約之授權外，另一方面部分議題因涉及全體國際社會成員之共同利益，乃賦予所有國際社會成員公共利益以調整「公海船旗國專屬管轄原則」，賦予所有國際社會成員特定範圍管轄權利。是以爲維護公海秩序，習慣國際法仍然承認在部分情形下，非船旗國仍得對特定船舶進行管轄，此間包括：(1) 系爭船舶從事海盜行爲；(2) 系爭船舶從事販奴行爲；(3) 系爭船舶雖懸掛外國旗幟或拒不展示其旗幟，而事實上卻與執法船舶屬於同一國籍；(4) 系爭船舶並無國籍；(5) 系爭船舶在公海上從事未經許可之廣播（LOSC §110(1)）[106]；(6) 懸掛兩國以上旗幟航行並視方便而換用旗幟之船舶（HSC §6(2); LOSC §92(2)）[107]。然而根據該系爭船舶雖懸掛外國旗幟或拒不展示旗幟，卻可能與執法船舶同一國籍爲理由登臨時，登臨人員之權力僅限於檢查相關船舶文書[108]。至於公海上從事非法精神性調理物質或麻醉藥品之運送船舶，除非經船旗國之要求，否則他國執法船舶不得對其有所干涉[109]。

3. 有關採行重大海域污染預防措施之特殊發動權力

猶有甚者，公海自由並非絕對觀念，而是相對的理念，必須在各國管轄權功能中尋求平衡，以滿足國際社會成員之需要，是以公海自由內容亦隨著時代不斷變化，以利於國際社會成員能夠有所因應，解決新問題。當國家普遍認爲應在公海採取特定作爲，且爲眾所接受時，則抽象的公海自由內容即不足以構成國際社會成員採行特定作

---

106 參考：Ian Shearer, *Problems of Jurisdiction and Law Enforcement against Delinquent Vessels*, 35 Int'l & Comp. L.Q. 320, 336-337 (1986)。

107 此際此種利用不同旗幟交換使用之船舶，「公海公約」與「海洋法公約」將該等船舶「視爲」爲無國籍船舶（HSC §6(2); LOSC §92(2)）。有論者稱此類船舶爲準無國籍船舶。在實務上，我國船舶曾經在東海部分漁場作業時，將「中華民國」國旗與「中華人民共和國」國旗交換使用，「日本海上保安廳」將此一船舶作爲拍照後，請求我國處理。

108 Rachel Canty, *Limits of Coast Guard Authority to Board Foreign Flag Vessels on the High Seas*, 23 Mar. Law. 123, 127 (1998).

109 「海洋法公約」第108條規定：「任何國家如有合理根據認爲一艘懸掛其旗幟的船舶從事非法販運麻醉藥品或精神性調理物質，可要求其他國家合作，制止這種販賣」（LOSC §108(2)），從反面觀察，若是船旗國未予以請求，則他國船舶在公海不能進行制止此種販賣。

爲之阻礙[110]。因而在環境保護意識強烈影響下，另一特殊種類之公海執法權利取得，乃存在於海難事件中避免嚴重油污發生之干涉權限。

1967年發生於聯合王國外海的賴比瑞亞籍「託利峽谷號」（Torrey Canyon）引發此一問題。該船爲美國人所有，懸掛賴比瑞亞旗幟，在不列顛外海「七石礁」（Seven Stone Reef）附近觸礁，事件發生時船上載有11餘萬噸原油，英法同時認定該船與其裝載原油，構成對海岸與環境之重大污染威脅，在試圖搶救無效後，不列顛政府撤離所有船員，並出動轟炸機，將船舶炸毀，企圖焚燒船舶所載原油[111]。然聯合王國此一行爲之合法性遭到質疑，乃將事件提交「國際海事組織」，其結果則是在1969年「國際海事組織」通過「有關公海油污染事故干涉國際公約」（Convention Relating to Intervention on the High Seas incases of Oil Pollution Causalities）（以下簡稱爲「干涉公約」）[112]，該公約第1條明文規定：「本公約各締約國，在發生海上事故或有其他有關行爲之後，如能合理期待會造成重大損害後果，得於公海採取必要措施，以防止、減輕或消除對其沿岸地區或有關利益產生嚴重或緊急的油污危險或油污威脅」；而所謂「海難」（或「海上事故」）（Maritime Casualty）是指「船隻碰撞、擱淺或其他航行事故，或在船上或船外所發生對船隻或船貨造成實際或引發重大損害之虞的其他事故」（第2條），雖然該「干涉公約」僅適用於公海，嚴格意義下，專屬經濟區並非公海，然國際海洋法專家通論認爲，1969年「干涉公約」制定時並無專屬經濟區，而斯時所指公海指領海以外之地區，是以就適用1969年「干涉公約」之目的而言，該公約所稱公海應包括今日之「專屬經濟區」在內[113]。而沿岸國在採取第1條之必須措施之前，原則上應該與受到該海上事故影響之其他國家進行「諮詢」（Consultations），特別是應與船旗國進行諮詢；並且必須通知所有受到該措施影響之自然人或法人，並應「考慮」（Take into Account）該等自然人或法人所提出意見。不過若是緊急狀況，得無庸事前協商或通知，但事後應儘速通知有關國

---

110 請參考：2 D.P. O'Connel, The International Law of the Sea 796-797 (Ian Shearer ed. 1984)。進一步探討，請再參考：2 D. P. O'Connell, International Law 651-652 (2nd ed. 1970)。

111 有關《託利峽谷號案》簡要論述，請參考：Robert H. Stansfield, *The Torrey Canyon*, in 4 Encyclopedia of Public International Law 867-868 (Rudolf Bernhardt ed. 2000)。不過該次行動並未完全達到目的，仍有約8萬噸原油外溢，損及聯合王國與法國海岸和海洋生態，並引發諸多法律議題。較詳盡討論，請參考：V.P. Nanda, *The Torrey Canyon Disaster: Some Legal Aspects*, 44 Denver L.J. 400-425 (1967); E. Brown, *The Lessons of the Torrey Canyon: International Law Aspects*, 21 Current Legal Problems 113-136 (1968)。

112 *Reprinted in* 9 Int'l Leg. Mat'l 25 (1970).

113 見：R.R. Churchill & A.V. Lowe, The Law of the Sea 354 (3rd ed. 1999)；較詳盡各國立法實踐，可再參考：Barbara Kwiatkowska, *Creeping Jurisdiction beyond 200 Miles in the Light of the 1982 Law of the Sea Convention and State Practice*, 22 Ocean Dev. & Int'l L. 153, 173 (1991)。

家、國際海事組織，以及受到該措施影響之自然人或法人[114]。1973 年又通過「干涉公約」相關議定書，將航海事故防止範圍污染範圍，擴張至油污染以外污染物質[115]。

　　1982 年「海洋法公約」雖未直接規定沿海國在領海以外區域針對重大航海事故引發嚴重污染或污染之虞事件之預防措施採行權，然「海洋法公約」仍間接肯定此權利之存在。「海洋法公約」第 221 條第 1 款亦規定：「各國為保護其海岸或有關利益，包括捕魚，免受海難或海難有關的行動所引起，並能合理預期造成重大有害後果的污染或污染威脅，而依據國際法，不論是根據習慣國際法或條約，在其領海範圍以外，採取和執行與實際的或可能發生的損害相稱的措施的權利」，而第 2 款對「海難」之定義，與 1969 年「干涉公約」第 2 條規定基本上相互一致，用以呼應舊規定[116]。因而縱使在領海外發生，沿海國此一採取措施避免海難引發嚴重污染之權利，的確存在[117]。

十、結論

　　沿海國對於鄰接其領土向海一面海域，因離岸距離之遠近，而有不同程度之管制權利，大體上，離沿海國領土越近，則在該等海域上船舶對沿海國影響越大，且沿海國相關利益越容易受到衝擊，因而沿海國得主張之管制強度越強。國際海洋法根據此種離岸遠近之區隔，將沿海國海域管轄程度，分成：內水、領海、鄰接區、國際海峽、群島水域、專屬經濟區、大陸架、公海、國家管轄權外海洋底土等九大區域。沿海國對此等海域之管轄權利，各有不同。

　　總體而言，在內水中沿海國主權即於此部分水域，享有完整管轄權，對於內水中船舶管轄，雖有英美立法例與法國立法例之差異，但兩大立法例對於內水管轄權同時具有規範管轄權與執行管轄權，所爭執者在於對於船舶內部事務的管轄問題，稍有不同強調。法國立法例以為，法律上沿海國（港口國）有義務不能管轄，除非該行為影響港口國之秩序與安寧；英美立法例則不認為有法律義務不得管轄，僅因「國際睦誼」（International Comity）不為管轄。而實際運作幾乎無任何差別，法國立法例對

---

114 請參考：「干涉公約」第3條。

115 [1973] United Nations Juridical Yb. 91 (in force on 30 March 1983).

116 有關「海洋法公約」第231條之解釋，請參考：4 Satya Nandan & Alexander Yankov (eds), United Nations Convention on the Law of the Sea 1982: A Commentary 312-314; paras. 211(9)(a)-(h) (1991)。

117 R.R. Churchill & A.V. Lowe, The Law of the Sea 355 (3rd ed. 1999); Ian Shearer, *Problem of Jurisdiction and Law Enforcement against Delinquent Vessels*, 35 Int'l & Comp. L.Q. 320, 337-338 (1986).

於，何謂「內部事務」，其認定權限在於港口國，且是否影響港口國安寧與秩序，亦全在港口國之認定權限內；而英美立法例，則強調國際睦誼，自我節制，儘可能不干涉純屬船舶內部事務。

一般而言，當國際法規範賦予沿海國管轄權時，沿海國通常享有「規範管轄權」與「執行管轄權」（包括「司法管轄權」與「行政管轄權」），兩者往往相互依存，僅有執行管轄權而無規範管轄權，則執行管轄權將無所附麗，無執行對象，因為並無違犯規範之可能，如何能進行下一步執行；相同地，若僅有規範管轄權而無執行管轄權，則規範管轄權將形同虛設，蓋違犯規範之對象不能以國家強制力，將不利加諸該違犯沿海國法律或規章之人或物。但在國際海洋法中，則因必須考量沿海國對鄰接海域之利益與國際社會全體成員之海洋利用利益，因而規範管轄權與執行管轄權，會因所將涉及之海域，而可能發生兩者並不必然同時存在之情形。詳言之，沿海國通常同時享有執行管轄權與規範管轄權；但此並非適用於所有海域，特定海域中，沿海國可能享有規範管轄權，但卻無執行管轄權，比如專屬經濟區內有關海洋環境保護與保全之法律與規範；相對地，也可能於特定海域中僅享有執行管轄權，但卻無規範管轄權，僅能針對系爭船舶在其他沿海國具規範管轄權海域中之違犯行為進行執行措施，比如在鄰接區中，沿海國享有對海關等事項，採取適當措施懲治特定船舶於領海或領域內之違犯行為。

領海為沿海國主權之所及，因而沿海國有完整管轄權，包括規範管轄權與執行管轄權。然因顧及國際社會其他成員之航行利益，沿海國有義務容忍第三國船舶之無害通過。此種容忍不僅賦予外國船舶通行之權利，亦對沿海國之執行管轄權利，予以限制。是以，沿海國對於行使無害通過之船舶上所發生之犯罪行為，原則上「不應」（should not）進行管轄。除非：1.犯罪之後果及於沿海國；2.犯罪行為擾亂沿海國和平或領海之善良秩序；3.經船長或船旗國領事或外交代表之請求；4.為取締非法販賣麻醉藥品或精神性調理物質有所必要者（TSC §19(1); LOSC §27(1)），否則沿海國不得對通過其領海的外國船舶行使刑事管轄權，以逮捕與在該船舶通過期間船上所犯任何罪行有關之任何人，或進行與該罪行有關之任何調查；然又顧及沿海國之管轄權利，對於從內水駛出之外國船舶，容許沿海國得對之進行管轄，發動刑事管轄權（TSC §19(2); LOSC §27(2)）。當然必須注意，領海既是沿海國主權之所及，所以規範管轄權不受影響，沿海國得根據其需要，通過任何相關法律與規章，而上述對於執行管轄權之限制，亦僅於該船舶為進行無害通過之船舶始有其適用。若是系爭船舶逗留領海或非為無害通過，則沿海國仍得對該船舶發動執行管轄權。另外必須再三注意的是，上述對於執行管轄權之限制，並非法律上義務，而是國際睦誼所致，若

是沿海國不顧國際睦誼，縱使非於上述例外情形，仍執意進行管轄，則僅是對於遭到管轄船舶之船旗國相當不友善與不禮貌，但並未有法律責任。

對於鄰接區內，沿海國享僅享有特定目的之管轄權，此類特定目的管轄事項至少包括：海關、財政、移民與衛生事項。至於安全事項能否為管轄權所及項目，國際社會爭執甚大。然必須注意的是，在鄰接區內，嚴格法律解釋結果，沿海國僅能享有執行管轄權，而無規範管轄權，僅能就系爭船舶在沿海國領海或領域內所違犯有關海關、財政、移民或衛生法律或規章行為，縱使該船舶逃竄至鄰接區，沿海國仍得對之進行執行管轄權。但是嚴格法律解釋，近來漸形模糊，國際社會成員對於鄰接區內管轄權之主張，往往同時包括規範管轄權與執行管轄權，而除非沿海國仍擴及安全事項之管轄，否則其他國際社會成員對此種規範管轄權之擴張，有相當程度之容忍。

專屬經濟區內沿海國對於探勘和開發、養護和管理海床上覆水域和海床及其底土之天然資源，享有「主權權利」（LOSC §56(1)），因而對於上述事項，享有完整管轄權，包括規範管轄權與執行管轄權。沿海國得通過相關法律與規章，若是第三國船舶違反沿海國法律與規章，則沿海國可對第三國船舶發動執行管轄權，包括接近、登臨、檢查、逮捕或提交司法程序等等權利。但是對於 1. 人工島嶼、設施和結構之建造與使用；2. 海洋科學研究；3. 海洋環境的保護與保全，則享有管轄權，此種管轄權至少包括規範管轄權，至於執行管轄權則因專屬經濟區本質上為公海，因而受到相當大限制，必須根據「海洋法公約」相關規定來逐一判斷。

至於公海上則船旗國對船舶擁有專屬管轄權，原則上僅船旗國得對公海船舶進行管轄。但為維持公海秩序，以及維護其他國家對海洋之利用利益，於一定條件下容許軍艦或政府船舶或飛機對非其國籍之船舶進行執行管轄。此類容許權限，主要是對特定船舶從事下列行為：1. 從事海盜行為；2. 從事販賣奴隸行為；3. 在公海進行非法廣播；4. 船舶為無國籍船舶；5. 船舶可能與軍艦同一國籍。若有合理根據認為公海上船舶可能有上述情形之一時，則准許軍艦對非其國籍之船舶採取登臨措施，此種登臨措施，包括「檢查」（Visit）與「搜索」（Search）之權利。若有上述情形，則軍艦將可進一步根據「海洋法公約」相關條文採取具體執行措施。

表 4-1 沿海國於不同海域所享權利比較圖

海域	沿海國所得行使權利
內水（Internal Waters） 領海基線向陸一面之國家水域	完全主權（包括規範管轄權與執行管轄權）
領海（Territorial Seas） 領海基線向海一面12海浬內之水域	主權（包括：領土主權、屬地管轄權、對資源之專屬權利、沿海航運權與戰時中立權）（TSC §1(1); LOSC §2(1)）
毗鄰區（鄰接區） （Contiguous Zone） 領海基線向海一面24海浬內之水域	控制權利（就海關、財政、移民與衛生事項行使執行管轄權），僅有執行管轄權，不具有規範管轄權（TSC §24(1); LOSC §33(1)）
專屬經濟區（Exclusive Economic Zone） 領海基線向海一面，200海浬以內之水域	(1) 探勘、開發、養護、管理天然資源的「主權權利」（Sovereign Rights）；決定生物資源可捕量、決定本國捕撈能力、分配剩餘可捕量權利（LOSC §§56(1), 62） (2) 對人工島嶼、設施和結構、海洋科學研究、海洋環境保全行使管轄權（LOSC §56(2)）
大陸架（Continental Shelf）	「主權權利」（探勘、開發非生物資源及定居種生物之主權權利；有權利於大陸架建設人工島嶼、設備和結構，並對此類人工島嶼、設備和結構行使管轄權）（CSC §2(1); LOSC §77(1)）
公海（High Seas） 專屬經濟區以外之水域	船旗國享有專屬管轄權，但是對於外國船舶仍保有「接近權」（Right of Approach），在一定條件下，享有「登臨權」（Right of Visit and Search）（LOSC §110）或「緊追權」（LOSC §111）

表 4-2 公海上非船旗國執法船舶權力行使比較表

行為樣態	管轄權力內容與範圍
海盜罪	對於公海上或在任何國家管轄權以外之任何地區之海盜行為，所有國家均有完整管轄權，包括規範管轄權與執行管轄權（LOSC §105）
販賣奴隸罪	僅有部分執行管轄權，如臨檢權，但不具有司法審判權（LOSC §111(1)(b)）

表 4-2　公海上非船旗國執法船舶權力行使比較表（續）

行為樣態	管轄權力內容與範圍
從事麻醉藥品或精神調理物質之非法販賣	除非條約有特別規定，否則僅能要求船旗國合作，制止此種販賣（LOSC §109(2)）
從公海從事未經許可之廣播	船旗國、設施登記國、廣播人所屬國、可收到此類廣播之任何國家、得到許可的無線通訊受到干擾的任何國家，上述五類國家可以在公海上逮捕從事未經許可之廣播上之任何人或船，並扣押廣播器材（LOSC §109(3)(4)）

第三節　我國經濟海域劃界及管轄

　　我國經濟海域劃界問題，依據 1982 年「聯合國海洋法公約」相關規定及精神，及 1998 年 1 月 21 日公布實施之「中華民國領海及鄰接區法」、「中華民國經濟海域及大陸礁層法」（以下簡稱「海域二法」）規劃作業。並依「海域二法」於 1999 年 2 月 10 日公布「中華民國第一批領海基線、領海及鄰接區外界線」。內容包括臺灣本島及其附屬島嶼、東沙群島、中沙群島等地區基點、領海及臨接區外界線。其中釣魚臺列嶼採正常基線列入第一批公告範圍，實因該列嶼本為臺灣附屬島嶼，隸屬臺灣省宜蘭縣頭城鎮，且就歷史、地理與使用言，長久以來已構成臺灣不可分離之一部分，故該列嶼為我國領土，我國擁有該列嶼主權，毋庸置疑。南海諸島自古即為我國領土，二次大戰後，1946 年我國政府派艦自戰敗國日本手中接收南海諸島、測繪其位置圖，並公布新舊名稱對照表[118]。1999 年 2 月 10 日公布的海域界線，南海諸島其基線，基於實際狀況與需要，採分批公告，首批含東沙群島及中沙群島。其他島群併同其他地區列入後續公告範圍。

　　依據 1982 年「聯合國海洋法公約」第 74 條第 1 項規定：「一、海岸相向或相鄰國家間的專屬經濟區界線，應在國際法院規約第 38 條規定所指國際法的基礎上，以協議劃定之，以便得到公平解決。」我國雖非「聯合國海洋法公約」締約國，但我國一向遵守國際公約之規範與精神。我國應有的專屬經濟海域，在鄰近海域國家皆無

---

118 黃錦就（著）、胡才、鄭樹良（主編）。1994。誰擁有南沙主權：中越爭端剖析。國家關係論叢：中國與東南亞。昆明：雲南人民出版社，頁57-58。

邦交,中國杯葛等政治現實因素下,無法與鄰國談判協議,部分島嶼領土主權爭議一直無法解決,迄今未宣告確切之專屬經濟區範圍及界線。

依照 1982 年「聯合國海洋法公約」第 57 條;專屬經濟海域其寬度「從測算領海寬度的基線量起,不應超過 200 海浬」。臺灣東面與東北面是琉球群島西南端之釣魚臺列嶼及與那國島,釣魚臺至基隆 100 海浬,與那國島在蘇澳正東方,離蘇澳 59.5 海浬。臺灣南面隔巴士海峽與菲律賓群島相望,由臺灣最南端基點七星岩至菲律賓呂宋島約為 175 海浬,但若至菲律賓北端巴丹群島之雅米島則大約只有 76.3 海浬,由小蘭嶼至雅米島只有 52.3 海浬。另外我國的西邊是寬從 75 海浬至 150 海浬左右之臺灣海峽,金門、馬祖列島我國在第一批領海基線、領海及鄰接區外界線公告時並未將其納入,反而中國大陸將其劃入為其領海基線向內陸一側之內水中的領土,並向國際公告。

我國周邊海域相鄰相向目前劃界及管轄情形,分述如下:

一、我國東面與東北面與日本相向(鄰)海域

由我國當前的地緣格局與國家發展前景觀之,我們必須面向海洋,充分利用海洋所帶來的海運、漁業、礦產資源等的實質利益,以及海洋所帶來的心理安全感。然而,我們的西邊是 100 海浬寬左右的臺灣海峽,南邊則是由鵝鑾鼻至菲屬巴丹群島雅米島間寬僅 80 海浬且具有中、菲經濟海域主張重疊的巴士海峽,使得我們只有在東、北兩方向上有較開闊的海洋發展空間,但是,日本所「控制」的琉球群島卻有如「一箭穿心」的地理態勢,由東北向西南橫據臺灣東北海域並直指臺灣本島。

日本主張整個琉球群島(包括離基隆 100 海浬之釣魚臺列嶼及蘇澳以東僅不到 60 海浬之與那國島)之領土主權,不論是引用「聯合國海洋法公約」第 121 條「島嶼制度」的規定,主張有人居住之與那國島擁有 200 海浬之專屬經濟區及陸地自然延伸之大陸架,或將整個琉球群島以直線基線法劃入領海基線之內,並以釣魚臺及與那國島最西之外緣為基點,向外主張 200 海浬之專屬經濟區與陸地領土自然延伸之大陸架,並與臺灣之間採用「等距中線」為劃界方式。將嚴重壓縮我國東、北兩方向海洋領域空間,致使我國向東向北所可主張的海域就只有 30 至 50 海浬而已。換言之,我國東向或北向的「出路」有被日占島嶼「封鎖」之虞。我們習慣上認為臺灣東面是蔚藍寬廣的太平洋,北面則是放眼千里之中國東海的心理圖像,可能需要由海洋法的觀點修正為 30、50 海浬以外就是日本專屬經濟海域的海洋「現實景象」。無論是由漁民的漁業利益或由國家的海洋發展戰略角度觀之,此種現象都不是可以被接受的。

基於上述可能的現實情境，我政府在面對釣魚臺問題時，其重點不應只強調我國對釣魚臺列嶼的國家主權，更應注意釣魚臺及與那島國兩點聯合所造成對我國「海域封鎖」的效果。未來海域疆界談判目標不應只是捕魚權利或漁業權的確保，更應是漁業權所依附之領土主權的突破。政策眼光不應只聚焦於釣魚臺列嶼，更應是釣魚臺及與那島國以東的整片海域。在政策手法上，應注意避免僅「劃地自限」的使用某些特定「政策工具」，譬如僅依海軍艦艇或海上執法武力（海巡署）之介入或實際巡弋執法等，更應是全面地考慮各種政策工具之聯合使用，以展現國家力量、凸顯政策立場，進而增強談判之態勢與籌碼。在心態上，不僅應破除「用兵即動武」的迷思，厚植海上防衛及執法實力，適時展示能量，以爲後盾，更應善用「強勢外交」的理念，適當、智慧地操作各項政策工具，獲取最大且長遠的國家利益。在面對日本單方面主張與作爲下，我國的政策目標可有以下數項：1. 保障並鞏固我國對釣魚臺群島之國家主權主張，以及對與那國島之可能主張；2. 爭取專屬經濟海域劃界上的最大利益；3. 保障現有並擴張可能擁有之漁業權益。

從我國的主張及立場出發，我國迄今並未承認日本對琉球群島之主權已屬定案，並且堅決認爲我國對釣魚臺列嶼擁有主權，並且已於第一批領海基線公布對釣魚臺列嶼的基線在案，惟這項公告，僅憑歷史證據之主權主張，係屬「規範管轄」，並不必然帶來實際管轄的權利，而缺少實際管轄之作爲，亦將使主權主張（尤其是歷史性之主權主張）更形困難。如果我國無法藉諸某些政策作爲，及實際的執行實踐，以凸顯並鞏固我國對釣魚臺群島及與那國島之主權主張，則在專屬經濟海域之劃界上，就無法爭取「有利」及「有力」之談判立場與地位，影響所及就是專屬經濟海域劃界後，實質漁業利益之損失。爲保障現有之漁業利益，甚或擴張未來可能擁有之漁業利益，我政府即必須徹底計算清楚，我國在釣魚臺海域、與那國島海域、甚至從我國領海基線向外量起 200 海浬之專屬經濟區（包括假設由釣魚臺、與那國島在內向東量起 200 海浬）海域內，及我國漁民在北太平洋日本東部 12 海浬領海外漁捕作業之實質及推定總體經濟及漁業利益，以及日本在臺灣東北海域中所獲得之經濟及漁業利益，以判斷談判之底線所在。

二、我國南面與菲律賓相向（鄰）的海域

臺灣南方與菲律賓爲鄰，中、菲海域之間的問題受到國人的重視主要是因我漁民、漁船常遭菲方非法扣捕或武裝攻擊，並使社會輿論認爲，中、菲巴士海峽劃界是解決中、菲漁業糾紛的最佳途徑。事實上，國人對中、菲海域問題常有一些錯誤的理

解或認知。這些錯誤的理解或認知包括下述四點：

（一）臺、菲之間經濟水域的重疊是因為臺、菲雙方於 1979 年中，先後宣布建立 200 海浬專屬經濟區所產生的國家海域管轄權重疊所致。而重疊現象之發生，則是因為我方最南端之陸地與菲方最北端之陸地間，所夾之海域寬度小於 400 海浬。但中、菲海域重疊之處，不僅在巴士海峽一處，在南海中因中國主張「固有海疆」，且目前已發生菲方占據我南沙一些島礁，日後在南海亦必有海域主張重疊之爭議。

（二）解決巴士海峽處之海域重疊與解決我漁船被菲方扣捕並無直接相關。我漁船固然有部分在巴士海峽之重疊海域內被扣捕，但更多的是在菲方所主張之群島水域中被扣捕。換言之，重疊水域之劃界將有助於菲國北方海域中漁補作業秩序的建立與維持，但並不因此使得我漁船在菲國較南之其他水域中亦可免於被扣捕。

（三）中國人觀念中的巴士海峽並不等於現代菲律賓人觀念中的巴士海峽。中國人一般認為臺灣鵝鑾鼻與菲律賓呂宋本島最北端之間的海域是巴士海峽。但我們若仔細檢視西方人所刊印的地圖，將會發現，巴士海峽乃是指臺灣鵝鑾鼻至菲國巴丹群島最北小島雅米島間的海域，在巴士海峽之南、呂宋島之北間，尚夾有另外兩個海峽（巴靈坦海峽，Babuyan Channel）。換言之，巴士海峽中線在臺、菲不同的認知上，可以相差有 1.25 個緯度的距離。

（四）我方漁船在臺、菲重疊之經濟海域中享有的是「航行自由」的權利，而非「無害通過」。換言之，就算整個巴士海峽均是菲國的專屬經濟區海域，我漁船及其他船舶仍均享有類似公海的「航行自由」，只是因在他國之經濟海域內，我漁船不能從事經濟性之活動（即捕魚）而已。無害通過主要是指他國船舶在沿海國之領海內所享有的一種「繼續不停和迅速通過」的航行權。

我國與菲方未來若進行海域劃界之談判，其中一項最具爭議的因素是菲方所主張的所謂「條約外界線」（Treaty Limits）到底是 1898 年 12 月 10 日美國與西班牙間所簽定之「巴黎條約」第 3 條中所指之「北緯 20°線」（A line running from west to east along or near the twentirth parallel of north latitude），還是菲方所主張同條前述文字下一句的「巴士海峽可航行中線」（The middle of the navigable channel of Bachi，即北緯 21°25'）。因為北緯 20°線正好是臺灣島與呂宋島間水域的中間線，符合中國人認知的巴士海峽中線或現代西方人所稱的呂宋海峽中線，臺、菲海域中線位置的認定是一項極為重要的議題。基於國家海洋權益及國際法的立場，我須必須堅持以北緯 20°為臺灣本島及呂宋本島，或亦即中、菲海域中之中線為談判的起點。若是如此，我政府在實際作為上，尤其巡護、執法的實踐上就必須有所顯示。

三、我國西面與中國大陸相向的海域

　　我國迄今仍然有效管轄中國大陸福建省沿岸之金、馬諸島。在軍事戰略上，金、馬的有效掌控建構了臺海之縱深屏障，所以由軍事角度觀之，金、馬是不可以放棄的。但是，金、馬距大陸沿岸實在太近，中國大陸於 1996 年 5 月 15 日宣布其部分領海基線時，將金、馬諸島劃入其領海基線以內；並以一個沿海國家可以在金、馬諸島最外緣取點而成爲基點，以直線連接，構成直線基線，而將這些島嶼置於基線向陸一側，並使這些島嶼之間及其與大陸之間的海域轉變成爲其內水，且因爲金、馬諸島離大陸沿岸足夠近，而使得由其所建構之直線所劃入的海域有效地接受內水制度的支配。此一「主觀」的「立法管轄權」下的行爲亦符合中國所謂「一個中國」的政治立場，凸顯了金馬爲中國所轄陸地領土的政治意涵。

　　然而，在現實面上，金、馬長期以來係由我國執行「行政、司法管轄權」而非中國所有效管轄，故而，除了海峽兩岸政府主觀的立法管轄權（規範管轄）之外，雙方亦必須面對實際「執行管轄權」的行使，以及司法管轄權行使所帶來的實務與政治意涵。

　　在面對兩岸分立分治但又互不承認的特殊大陸政策格局下，我國領海法第 5 條授權行政院得分批公告領海基線及海域外界線，立法院在我國第一批領海基線、領海及鄰接區外界線三讀審查通過時，雖未將金門、馬祖地區納入公告，惟附帶決議第 3 點：「行政院應於本法公布後，宣告於金門、馬祖地區限制、禁制水域爲本法適用範圍。」在政治層面上，如果我政府在第一批領海基線公告中不包括金、馬地區，對內可能會發生「放棄金馬」的政治疑慮；對外可能會誤導中國的判斷，認爲我方在「一個中國」的原則下逐漸放棄金、馬的管轄，不僅不會被中國解釋爲政治上的善意，反而可能誘發中國採取以武力或其他措施奪取金、馬的動機。在實務層面上，如果我政府延遲金、馬基線的公布，必然使得海巡署等海域執法機關的實務執法運作發生困難，因爲這些執法機關將因不知道我政府認定海域管轄地理範圍爲何而「無所適從」，並進而造成「執法管轄」上的「空洞」，如此，對我國民或漁業利益海洋利益、海洋環境保護、走私、偷渡防治均有所不利。

　　我國政府在「臺灣地區與大陸地區人民關係條例」實行後，即曾於民國 80 年 10 月 7 日依該條例授權，由國防部公告臺澎、金、馬、東引、烏坵、東沙、南沙太平島之限制與禁止海域，並刊登於同日之總統府公報第 5628 號上。以金門爲例，鄰近大陸一側之限制與禁止海域的範圍幾乎一致，其界線大致在金門與廈門兩岸間之中線。在執法實務上，中國其實亦頗務實地承認目前臺灣所主張的「規範管轄」（立法管轄

權），及實踐與執行的「執行範管轄權」包括「司法管轄」及「行政管轄」。因此，我國政府似乎可以在下次適當時機公告，以金、馬二群島中我國有效管轄之島礁上取適當之點，並以直線相連接，構成直線基線體系。如此，我國執法機關至少可以判別我國在金、馬地區的內水與領海界線。行政院並可依領海法之授權，依現實地理情勢，公告金、馬島礁之領海及鄰接區外界線，在與大陸之間海域寬度不足之處，則以等距中線為分界線，至於臺灣海峽原則上仍以目前雙方默契之海峽中線為各自經濟海域範圍。目前我國主張以澎湖群島花嶼為最前端基點起算，不管中國大陸的主張如何，我國仍應堅持，以站在有利的談判立足點。如此，我國執法機關即可有明確的執法地理範圍。藉著金、馬地區海域界限的確定，吾人亦有機會將兩岸人民關係條例下依「軍事防衛」思維所建立的限制海域、禁止海域這種「排他水域」，轉變為海域立法下依「海域執法」思維所建立的一般性國家海域，亦才有機會與中國協商談判雙方在海域活動上之規範管理議題，更足以清楚呈現一個分立、分法兩岸的現實。

四、我國在南海島嶼及海域

南海為一典型的「半閉海」，遠在秦漢年間即為我國領土，惟因該處戰略地位重要，海底可能蘊藏大量的石油與天然氣，遂引起周圍各國的覬覦，更趁機侵占南沙群島部分島礁。南海位於我國東南方向，是一個由東北朝向西南走向的典型半封閉海。整個海區南北綿延 1,800 公里、東西分布 900 多公里，水域面積約 360 萬平方公里。北靠中國華南大陸，東臨菲律賓諸島，南接印尼、汶萊等國，西鄰越南、馬來半島，戰略地位十分重要。「南海諸島」（包括島嶼、沙洲、礁、暗沙和淺灘）270 多個，其分布北起海岸附近的北衛灘、南至曾母暗沙；西起萬安灘、東至黃岩島，從北向南，大致可以分為東沙群島、西沙群島、中沙群島、南沙群島四大群島，已經命名的島礁有 258 座（圖 4-1）。

（一）東沙群島（Pratas Island）位於南海北部距汕頭港 160 海浬的大陸架上，由一群珊瑚礁組成，呈新月形，主要島嶼有東沙島，北衛灘、南衛灘等，露出水面的東沙島，東西長約 2.8 公里，南北寬約 0.7 公里，面積約 1.8 平方公里，平均海拔 6 米左右。

（二）西沙群島（Paracel Islands）由 35 個島礁組成，位於海南島東南約 182 海浬的大陸架邊緣。東部為宣德群島，主要由永興島、石島、趙述島和東島等 7 個較大的島嶼組成。其中永興島最大，東西長 1,800 米，南北寬 1,160 米，面積約 1.85 平方

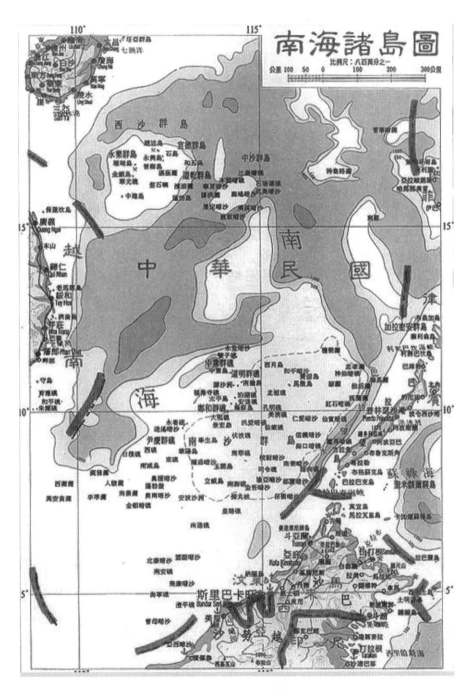

圖 4-1　南海諸島圖

資料來源：內政部。

公里，平均海拔 10 米。西部為永樂群島，有珊瑚島、甘泉島、金銀島、琛航島、晉卿島、中建島等 8 個較大的島嶼。其中甘泉島面積約 0.3 平方公里，因有淡水而得名。

（三）中沙群島（Macclesfield Bank）位於西沙群島東約 70 海浬處，是一個略呈橢圓型、綿延達 75 海浬的珊瑚礁環。礁環附近還分布著許多島礁、暗沙。最東處的黃岩島（又名民主礁），是中沙群島中唯一露出水面的島嶼，是一個長約 10 海浬的巨型環礁，礁盤大都沒入水下約 1 米。

（四）南沙群島（國際上稱「斯普拉特利群島」，Spratly Isand）位於海南島東南約 550 海浬，島群綿延數百里，是南海諸島中分布面積最廣、島礁最多、位置最南的群島。由多個面積極為狹小且無法維持人類居住或支持各種經濟活動的島礁組成，露出水面的島礁有 60 多個，主要有太平島、南威島、中業島、鄭和群礁、萬安灘等 9 個面積較大的島嶼。太平島是南沙群島中面積最大、自然條件最好的島，總面 0.432 平方公里。南沙群島海域面積多達 82 萬平方公里，約占南海海域面積的五分之二。

南海爭端的內容包括島嶼主權歸屬、海域劃界和資源開發三大類。爭端的核心一方面是島嶼、沙洲、暗礁等的主權歸屬，如中國與越南、菲律賓、馬來西亞有關南沙群島主權、中國與越南關於西沙群島的所有權的爭議；另一方面是大陸架及海域的劃分，主要是各國宣布專屬經濟區後造成相鄰或相近國家的海域重疊。焦點集中在南沙群島，儘管它是由面積極小的島礁組成，但以國際海洋法的眼光觀察，主張這些島嶼的所有權的確十分重要。因為這些島礁即使無法符合 1982 年「聯合國海洋法公約」第 121 條規定[119]，可擁有其專屬經濟海域或大陸礁層，但可作為劃定海基線的基點。這些島嶼的主權國可由此基線主張由此延伸不等距離的水域，從而擁有該水域內資源的主權和管轄權。加之南沙群島位於國際重要海上交通線上，各國基於政治、經濟、法律、戰略重要性的考慮，一般都採取不妥協立場，甚至表示將不惜動用武力捍衛主權。

南海諸島的主權主張：有基於在歷史上「先占」原則，而南海周邊國家多數是以早先國際公認的大陸礁層「自然延伸原則」及 1982 年通過的「聯合國海洋法公約」規定的專屬經濟海域及對島礁的「有效管理」原則作為其主張海域、大陸礁層及占領南海島礁的法理依據。目前南海諸島的聲索國和占領國如下：

---

119 姜皇池。2001年9月。國際海洋法總論。初版。臺北：學林文化事業有限公司，頁173-174。

（一）越南

　　越南宣稱擁有南沙群島全部的島嶼主權。目前在南沙群島占領了鴻麻島、南威島、南子島等 30 多個島礁，在南威島上設立軍事指揮機構，將占領的一系列島嶼命名爲「長沙群島」；越南還借宣布其 200 海浬專屬經濟海域，將整個南沙海域劃入版圖，實際控制南沙海域 7 萬多平方公里。此外越南還長期占領中國白龍尾島，它位於海南島以西的北部灣（越南稱「東京灣」）海域，歷來屬於中國，法國曾侵占該島。中國人民解放軍 1950 年解放海南島時，收復該島，後在援越抗法、抗美鬥爭中，將該島嶼闢爲援越補給點，交由越南守衛。但越南勝利後卻拒不交還，並宣稱對該島擁有主權，加緊軍事控制。此外，越南還提出東京灣三分之二以上的海域據爲己有，造成沿越南海岸線，中國和越南宣布的主權海域有一連串的重疊，如中國在西沙劃分的「灣北—21」（WAB-21）海區位於越南宣布的 133、134、135 海區內，越南的「大雄」（Dai Hung）油田則位於中國宣布的海域邊界上。越南還不時對中國 1974 年收復的西沙群島提出領土、海域要求。

　　越南對以上島嶼、海域提出主權要求的法理依據，主要是根據歷史上「先占」「大陸礁層法則」，以及對島礁的「有效管理」原則。越南認爲，法國占領越南後，即於 1933 年對南沙群島實施了占領和控制，並將其併入交趾支那的波地省。1939 年日本人占領該島嶼，1951 年日本簽署舊金山和約時，宣布放棄其二次大戰及以前占領的領土，中國人未出席這次會議，越南代表宣布行使對南沙及西沙群島主權，未造成異議。實際上 1933 年當時的中華民國政府，以及 1951 年中華人民共和國政府都提出了強烈抗議；1946 年中國政府和軍隊已收復南沙和西沙群島。另外，越南認爲「四政灘」（中國「萬安灘」，距離越南 200 海浬，距中國 800 海浬）及其以西的島礁均屬於越南大陸礁層的一部分，任何國家在該地區進行活動，均被視爲是「對越南領海主權的侵犯」。這與中國主張萬安灘屬係中國領土，而越南想用大陸礁層來確定島嶼歸屬。越南對北部灣的主權要求則是曲解一幅法－清時期地圖，認爲東京灣的越屬海域應爲五分之三，中國爲五分之二。此外，越南與菲律賓、印尼、馬來西亞在南海一些島嶼的主權和海域劃分上也有爭端。

（二）菲律賓

　　菲律賓宣稱擁有南沙群島的大部分島嶼。目前占領了中業島、馬歡島、司令礁等 9 個島礁，並在中業島上設立軍事指揮機構和直升機場，主張的海域面積達 62 平方公里。南沙群島靠近菲律賓的一些島嶼被菲律賓人稱爲「卡拉延群島」（Kalayaan

Islands），此處擁有豐富的魚類資源和石油資源。菲律賓早在 1946 年就顯現對南沙群島的侵占意圖，當時，其外長奎林諾曾聲稱擬將南沙群島「合併於國防範圍之內」[120]。此後，菲律賓政府有關方面和有關人士，一再以「安全原則」作爲理論，來支撐其擁有南沙主權的主張[121]。1956 年，一個叫托瑪斯·克洛瑪（Tomas Cloma）的馬尼拉律師登上了這些島嶼，宣布擁有這些島嶼，並要求其政府對這些島嶼進行保護。70 年代以後，出於安全和經濟利益的雙重考慮，菲政府開始實施占領計畫，多次公然派兵占領南沙群島的 8 處島礁。同時菲政府爲其占領行爲製造輿論，1971 年，菲官方正式宣布卡拉延所屬的 8 個島嶼，不是南沙群島的一部分；不屬於任何人，是向任何主權宣稱者公開的。1972 年 4 月將這些島嶼劃歸菲巴拉旺省管轄。1978 年 6 月，菲律賓宣布第 1596 號總統令，把南沙群島大部分島礁連同附近的海域全部劃入了所謂的「卡拉延區域」。1987 年 11 月，菲律賓議會起草和討論了一份法案，正式劃定該國的海域，其中將南沙群島的 60 多個小島劃入其範圍之內[122]。此外，菲律賓還企圖占領中沙群島的黃岩島。50 年代初，駐菲蘇比克灣的美國軍隊擅自將黃岩島開闢成爲海軍軍艦靶場。1992 年美軍撤出後，菲律賓立刻宣布黃岩島是它的領土，並將整個中沙群島及其附近的海域劃入版圖。

菲律賓一再聲稱對南沙群島、中沙群島的若干島礁擁有主權，開始主要是根據「接近原則」（Proximity Principle）以及菲律賓人 1956 年的探險活動。菲律賓的一些領導人多次講南沙的這些島嶼離菲律賓很近，離中國很遠，按照「鄰近性原則」，應該歸菲律賓所有。該理由能否成立，殊值商榷。正如美國對於關島、英國對於馬島的主權，是不受距離遙遠的影響的。後來，菲律賓又利用「專屬經濟區」等海洋法中的新概念爲其占領南海島礁的行爲辯護，新海洋法規定，沿海國專屬經濟區爲 200 海浬，但菲律賓宣布的 200 海浬專屬經濟區，與周邊島嶼的占領或聲索國多有重疊，迄今均未有任何協議，因此仍有爭議。

（三）馬來西亞

馬來西亞宣布對南沙群島南部的一些島礁擁有主權，聲稱這些島嶼位於其大陸礁層上，即在其專屬經濟區內。1977 年馬政府動手在一些島礁上建立主權碑；1979

---

120 1946年7月24日，香港大公報。
121 程愛勤。2002。菲律賓在南沙群島主權問題上的「安全原則」。東南亞研究，第4期。雲南，頁 20。
122 張保民（著）、史越東（譯）。1993。南中國海島礁的新爭端。東南亞縱橫，第1期。南寧：廣西社會科學院。

年 12 月宣布大陸礁層範圍，主張南沙南部海域 27 萬多平方公里海域劃歸爲其經濟海域；1980 年後開始派兵占領島嶼礁石，目前占領了彈丸礁等 5 個島礁，並在其中的 3 個島嶼上駐紮軍隊。其中彈丸礁並建立了機場跑道及觀光大飯店，發展爲潛水遊憩勝地。但馬來西亞在與中國的衝突中態度比較溫和，主張以談判的方式和平解決爭端，積極尋求解決南沙爭端的辦法。

（四）印尼

印尼未對南沙島礁提出任何主權要求，但它的產油區納土納群島的 200 海浬專屬經濟區東北部，與中國所主張的傳統 U 型海疆線內海域有重疊之處。印尼在宣布領海和專屬經濟區時，主張南沙南部海域 5 萬多平方公里。

（五）汶萊

汶萊主張擁有南沙群島中的「路易莎礁」（Louis Reef，目前由中國占有稱之爲「南通礁」）及附近海域的主權。1984 年汶萊宣布其擁有包括我南通礁在內的大片海域爲其專屬經濟區，聲稱該島礁分別位於他們的大陸架礁層上，並主張南沙南部海域 3 千多平方公里，它主張大陸礁層「自然延伸」的法則。由於國家弱小，汶萊沒有在島礁上駐軍，並很少與其他國家發生直接爭執。

（六）中國

中國自 1949 年取得大陸政權，初期忙於穩定大陸內部局勢，並未將注意力投注於南海。從 1974 年中國以武力占領西沙群島後，即開始注意到南沙群島之價值，有利其於海上協同戰術演練及中國海軍實施遠洋作戰發展。1987 年起開始經營南沙群島，收復了永署、華陽、南薰、褚碧、東門、設爲永久性的海軍前進基地，1996 年攻占領了原菲律賓所占有之美濟礁，1992 年中華人民共和國第 7 屆「人大常委會」第 24 次會議通過「中華人民共和國領海及毗連區法」，並於同日公布施行，其中第 2 條指出：「中華人民共和國領海爲鄰接中華人民共和國陸地領土和內水的一帶海域。中華人民共和國的陸地領土包括中華人民共和國大陸及其沿海島嶼、臺灣及其包括釣魚臺在內的附屬各島、澎湖列島、東沙群島、西沙群島、中沙群島、南沙群島以及其他一切屬於中華人民共和國的島嶼。」

中國爲因應南沙海域隨時可能發生的島礁爭奪戰，擴建西沙永興島機場及港口，用以縮短海空作戰半徑，建立兩棲特遣部隊，俾作爲應付南海海域局部戰爭及突發事

件之基本力量。除派遣新式之蘇凱 27、蘇凱 30、殲 8、殲 10 戰機機隊進駐外，並進駐核動力潛艦、巡洋艦，驅逐艦等現代化戰鬥艦並全力發展航空母艦，中國首艘航艦遼寧艦已成軍。除了軍艦以外，中國並自 2005 年起大幅擴建其海域管理或執法機關之船艦能量，中國國家洋局南海分局、中國農業部漁政處南海區漁政局，以及中國交通部海事局、公安部邊防總隊等機關，近年來陸續建構新型運用現代化海事衛星偵監及通訊並裝載有艦載高性能直昇機之大型巡防船艦，已知最近下水在南海值勤的就有「海監 83、85、2008 號」、「海巡 31 號」、「漁政 311 號」、噸位均達 3,000 噸以上，未來的 3 至 5 年，還將有 5 艘 3,000 噸級的執法船下水 [123]，這些船隻無一例外都可搭載直升機，以便控制南沙島礁之主權。

（七）中華民國（臺灣）

中華民國政府目前實際控管東沙群島與南沙太平島，並在 1999 年 2 月 10 日列入第一批公告領海基線時，將中沙群島（黃岩島）納入領土規範，中沙群島幾乎全隱沒在海面下。不過，1992 年中國在黃岩島（民主礁）上豎立主權碑，且 1997 年 5 月以來，中國與菲律賓在黃岩島（民主礁）屢屢發生島嶼主權與捕魚權利糾紛，菲律賓聲稱該島位於菲國的 200 海浬專屬經濟區內 [124]。

第二次世界大戰結束後，日本無條件投降，根據「開羅宣言」、「波茨坦宣言」及「舊金山和約」的決定，日本放棄二次大戰期間及之前所占領之領土，將南沙群島歸還中國政府。1945 年抗戰勝利接受日軍投降收復故土，1946 年 10 月我國海軍派遣「中業號」、「永興號」、「太平號」、「中建號」等四艘軍艦接收南海諸島，並建碑測圖。同年 12 月 12 日由「太平號」、「中業號」兩艦接收南沙群島，1946 年，中華民國政府宣布設立「南沙群島管理處」，將原本劃歸高雄縣管轄的南沙群島改由廣東省管轄，並修建電臺、氣象臺。1947 年 12 月 1 日正式於南海劃出之一條 U 型疆界線。1948 年 2 月，中華民國內政部方域司正式編製出版南海諸島位置的官方地圖，統一以「九條斷續國界」（即南海 U 型線），來標示中國在南海的主權線。此線不但是線內南海諸島礁之主權歸屬線，並且也是一條中國特殊之歷史性水域外界線。

1946 年 6 月 5 日我國太平艦駛抵太平島立碑並升旗，改編為「南沙守備區」，改派陸戰隊擔任守備區指揮官。1950 年將南沙群島原有之氣象站擴充為氣象臺，同

---

123 2009 年 3 月 17 日，北京國際先驅導報。
124 宋燕輝。1997 年 8 月 19 日。南海爭端國批准 1982「海洋法公約」的影響。國家政策雙周刊，第 171 期，頁 9。

年 9 月 9 日設立郵政代辦所一處，歸高雄郵局管轄，迄 1963 年 7 月改隸臺北市郵局管轄。1963 年行政院退輔會於太平島設立「南海開發小組」，從事廢鐵打撈與磷礦開採，迄 1968 年擴編爲「南海資源開發所」。1967 年 10 月，中國青年反共救國團「暑期育樂活動南疆遠航隊」至南沙太平島設立「南疆屏障」石碑乙座。1980 年設立「漁業工作站」，迄 1987 年設立「臺澎地區漁民服務站」，推展各項漁民服務工作。1990 年元月 12 日由內政部地政司司長王杏泉代表部長許水德，登島設立「南疆鎖鑰」石碑乙座，並重申我國對南海之主權。

1975 年針對菲律賓、越南、馬來西亞相繼派兵占領南沙相關島嶼，我政府發表對南沙群島唯一合法主權之嚴正聲明。

行政院 1993 年 4 月 13 日臺 82 內字第 09692 號函核定南海政策綱領宣示：南沙群島、西沙群島、中沙群島及東沙群島，無論就歷史、地理、國際法及事實，向爲我國固有領土之一部分，其主權屬於我國。南海歷史性水域界線內之海域爲我國管轄之海域，我國擁有一切權益。我國政府願在和平理性的基礎上，及維護我國主權原則下，開發此一海域，並願依國際法及聯合國憲章和平解決爭端。1998 年 12 月 31 日，行政院院會通過內政部劃定我國第一批領海基線時，宣布：「在我國傳統 U 形線內之南沙群島全部島礁均爲我國領土，領海基線採直線基線及正常基線混合基線法劃定，有關基點名稱地理坐標及海圖另案公布。」我國依法公告的領海基線及領海外界線，向國際社會宣示我國領海的具體範圍未及於南沙群島。1999 年 11 月 18 日，前國防部長唐飛在立法院宣示，我國將自東、南沙撤軍，駐守衛東沙與南沙之責任將交由新成立之海岸巡防署負責。但在我國軍撤離南沙後，行政院廢止現行的「海南特區行政長官公署組織條例」和「海南建省籌備委員會組織條例」。

2000 年 1 月 28 日行政院成立「行政院海岸巡防署」，將原隸屬國防部之海岸巡防部隊改編爲「海岸巡防總局」隸屬「海岸巡防署」，並接管南海之東沙群島與南沙太平島，平時依法執行海疆巡護，查緝走私、偷渡及海難搜救、海（漁）事服務、海洋環境生態保護保育等任務；戰時依「國防法」第 4 條第 2 項及「海岸巡防署組織法」第 24 條之規定：「戰爭或事變發生時，依行政院命令納入國防軍事作戰體系」，遂行作戰任務。

第 8 屆東協高峰會議與「東協加三（東協與中國、南韓及日本）」，2002 年 11 月 4 日至 5 日於高棉召開，期間中國與東協簽訂了一份規範南海周邊國家行爲之「南海各方行爲宣言」，宣言中表示「爲了強化區域內之和平、穩定、經濟發展及繁榮，有必要促進南海的和平、友好及和諧環境」。雙方重申過去承諾，將遵守 1982 年「聯合國海洋法公約」相關規定，與其他國際法所普遍承認之原則，在爭議區內避免

進行有可能使問題複雜化，或使爭端升高，進而影響南海和平或穩定的活動。

　　2004 年 12 月上旬，東協與中國落實〈南海各方行為宣言〉高官會議在馬來西亞吉隆坡舉行，會中雙方同意將落實〈南海各方行為宣言〉所列有關海洋環境保護、海洋科學研究、海上航行與交通安全等事項，並建立一個工作小組。2005 年 3 月 14日，中國、菲律賓和越南三國石油公司在馬尼拉簽署了「在南中國海協議區三方聯合地震工程協議」，三方在超過 14 萬平方公里之海域合作，進行蒐集地震數據資訊等合作事項。近幾年來，中國大陸、菲律賓、越南、馬來西亞等各國，為擴張其海域主權，爭相前進南海並搶占南海島礁。南海諸國亦不因有南海宣言而停止其在南海之活動，仍不時在南沙進行鑽探、興建機場或移民，導致衝突因素增加，影響區域和平穩定。

第五章
海域執法機制

　　當人類在海域中活動能力逐漸增加，使得海洋權益對每個沿海國家而言越來越重要之時，海域上就需要一套法律體制（A Legal Regime）來規範人類的活動，並界定國與國之間在海洋上的互動與權利、義務。18 世紀以來，世界各主要國家無不重視海洋權益之爭取與掌控，歷經 19 世紀探險殖民的爭奪、20 世紀兩次世界大戰，自 20 世紀中葉聯合國開始研商海洋新秩序及資源開發管理規定。

　　1982 年聯合國通過了「海洋法公約」，自此世界海洋憲法於焉誕生，明確勾勒出全球海洋永續經營發展藍圖，及世界各國擁有的權利及義務，1994 年「聯合國海洋法公約」生效。這一部被尊崇為「世界海洋憲法」的國際多邊成文公約的前言中即明述其「立法目的」為：

　　「本公約締約各國，……，認識到有需要通過本公約，在妥為顧及所有國家主權的情形下，為海洋建立一種法律秩序（A legal order for the seas and oceans），以便利國際交通和促進海洋的和平用途、海洋資源的公平而有效的利用、海洋生物資源的養護以及研究、保護和保全海洋環境，……。」由此可看出，海域之中亦有一套法律制度，以及此一制度所欲建立的「法律秩序」：維持海域的法律秩序就是海域執法的本質（Maintaining a legal order on the seas is the nature of maritime enforcement）。

　　海域執法體制的觀念包括海域執法機制（Maritime Enforcement Mechanism）與海域執法力量（Maritime Enforcement Force or Power）。前者是為海域執法所建立的行政機關及相關的典章制度；後者為海域執法機關（Coast Guard，在我國現行體制中稱為海岸巡防機關），海岸巡防機關存在的目的即在維持海域中的法律秩序。因此，海岸巡防機關的本質，應是一執法機關，其職掌或職權在於執行適用於我國管轄海域之中的我國法規，或履行我國所締結之國際協定、條約、公約在海洋上的施行。

第一節　先進海事國家海域執法機制

　　為檢視我國海域執法機關組織結構及功能，本章將先研析其他先進海事國家美、加、日、韓、英及芬蘭等國海域執法機關組織功能之設計與效能以作為我國海域執

機關之參考。

一、美國海岸防衛隊（U.S. Coast Guard）[1]

美國海岸防衛隊成立於 1790 年，其屬性上可爲軍事單位（Military Service）之一種，1967 年之前一直隸屬於財政部（Department of Treasure），自該年起，改隸屬交通部（Department of Transportation）。2001 年 9 月 11 日之恐怖攻擊後，美國海岸防衛隊於 2003 年 3 月 1 日被歸併到新成立之國土安全部之下。現有軍人 38,300 人、後備人員 7,959 人、輔助人員 33,000 多人與文職人員 6,261 人。2001 年總統要求國會的預算金額爲 47 億 3 千多萬美金。

美國海岸防衛隊的願景爲「世界最佳的海岸防衛隊，今日備變，爲明日作準備」。

在組織結構上，美國海岸防衛隊主官爲指揮官（Commandant）及副指揮官（Vice Commandant），其下幕僚（Staff）有士官長（Master Chief Petty Officer of the Coast Guard）、首席行政法法官（Chief Administration Law Judge）、海岸防衛隊牧師（Chaplain of the Coast Guard）、政府及公共事務處（Governmental and Public Affairs Directorate）、國際事務幕僚（International Affairs Staff）、民權處（Civil Rights Directorate）。

任務系統下分 2 個區域及 1 個參謀部。2 個區域分別爲大西洋及太平洋區（Areas），下各轄一維修及後勤司令部（Maintenance and Logistics Command）及 3、4 個地區（Districts），負責海域及內水（包括河川、湖泊）執法事項。參謀部下分 7 個處及 1 個首席律師（Chief Counsel），7 個處分別爲資源處（Resources Directorate）、財務與採購處（Finance and Procurement Directorate）、海洋安全及環境保護處（Marine Safety and Environmental Protection Directorate）、資訊及科技處（Information and Technology Directorate）、採購處（Acquisition Directorate）、人力資源處（Human Resources Directorate）、巡防處（Operations Directorate）、總部單位（Headquarters Units: Various Directorates Exercise Technical Control over Related Headquarters Units）。

另外，美國還有一支由 33,000 來自各行各業人士所組成之美國海岸防衛輔助隊（United States Coast Guard Auxiliary），於 1939 年由國會設立，旨在協助海岸防衛

1　資料來源：http://www.uscg.mil。

隊提升船艇安全。這些志願人員接受專業訓練以使他們發揮海岸防衛隊「非執法」之功能（譬如公眾教育、安全巡邏、搜索救難、海洋環境保護、海岸防衛隊學院青年介紹班等），他們特別強調每年付出 2 百萬以上時數來協助操舟者及他們的家庭。

　　美國海岸防衛隊之主要任務為：

　　（一）海事安全（Maritime Safety）：減少與海洋運輸、漁捕活動、及娛樂操舟相關之死傷及財產損失。

　　（二）海洋安全（Maritime Security）：保護海域疆界，以阻止非法毒品、非法移民及違禁品經由海路進入美國，防止非法入侵美國專屬經濟海域，及壓制海域中聯邦法律之違犯。

　　（三）自然資源保護（Protection of Natural Resources）：減少所有海洋活動，包括交通、商業性漁捕、及娛樂性操舟所發生的環境損害及自然資源的衰敗。

　　（四）海上交通（Maritime Mobility）：促進海商貿易及減少對貨物與人員經濟性運動的干擾與阻礙，同時擴大親水性之娛樂活動。

　　（五）國家防衛（National Defense）：以美國 5 個軍種之一的角色保衛國家，以其獨特及相關之海洋能力在支持美國「國家安全戰略」中增進地區安全。

　　根據上述任務，美國海岸防衛隊的工作項目共有 12 項，說明如下：

（一）助航（Aids to Navigation）

　1. 提供全天候無線電導航服務，以促進海上交通。

　2. 維護燈塔與浮標，以協助海上航行。

　3. 提供遠洋無線電定位航道系統傳輸服務。

（二）小船安全（Boating Safety）

　　改善全美國水域內小船安全，以減少人員傷亡暨財物損失，並保持高度發展、運用及娛樂性。

（三）防衛勤務（Defense Operations）

　1. 經常保持戰備整備，以促進海岸防衛隊勤務單位具有海軍之戰鬥能力。

　2. 海岸防衛隊艦隊軍官參與該隊與海軍互助合作之海上防衛組織，平時參與該組織之指揮官負責海岸防衛計畫與執行，戰時實施港區安全與美國沿海 200 海浬內海域之防禦作戰。

3. 自 1970 年以來，海岸防衛隊參與全部主要戰爭，並贏得 32 場戰役。

（四）環境保護（Environmental Response）

1. 降低沿岸污染源所造成的損害。

2. 減低傾倒污油或污染物質對海上環境所造成的損害。

3. 協助發展國內及國際污染防治計畫。

（五）冰上勤務（Ice Operations）

1. 為聯邦政府和科學組織提供破冰服務，以促進極地及國內水域之海上交通。

2. 保持國內船艇航道和港區之全年開放，以因應商業需求。

3. 極地冰上勤務由兩艘大型破冰船負責，國內水域則由其他破冰船、巡視船和拖船負責。

（六）海域執法（Maritime Law Enforcement）

1. 執行美國海域及水域內所有聯邦法令。

2. 防治毒品走私和非法移民。

3. 200 海浬經濟海域內、美國大陸礁層和其他美國領土及所有地執行漁業法。

（七）海事檢驗（Maritime Inspection）

1. 對商船及相關岸上設施之安全設計、結構、保養維修和作業活動等方面之標準化及政策性之研究策定並執行之，以降低人員傷亡、財物損失及環境破壞。

2. 核發船艇在沿岸及大湖區作業之許可文件，以及娛樂性遊艇之註冊文件。

3. 指導漁船實施海上安全作業，並對自願申請船塢檢查者提供服務。

（八）航海證照（Marine Licensing）

1. 辦理船艇幹部及船員首次、重新、逾期、之證照核發事宜。

2. 管理商船確保船上合格船員保持在標準人數以上，以維船舶作業安全。

（九）海事科學（Marine Science）

1. 為海岸防衛隊與聯邦規劃案提供海象與海洋科學服務。

2. 執行國際冰上巡邏勤務，提供冰山移動資訊。

3. 為國立氣象局提供每日海象報告。

（十）港區安全（Port Safety and Security）

1. 維護港區、航道、碼頭設施、船艇及其工作人員之安全，以預防意外事件發生。

2. 管理港區安全及環境保護有關事宜。

（十一）搜索與救助（Search and Rescue）

1. 救助在海上遇難之人民。

2. 依據國家搜尋救難計畫，執行海上搜救任務。

3. 阿拉斯加、夏威夷、大湖區等地沿岸搜救設施之保養維護。

4. 實施全自動船艇互助救難系統（Automated Mutual-Assistance Vessel Rescue System, AMVER），並協助發展搜索救助定位系統。

（十二）航道管理（Waterways Management）

負責船艇、航道以及包括船塢、船橋、碼頭等設施之綜合管理。

從美國海岸防衛隊組織結構與職掌觀之，該隊之結構相當扁平且單純，為三層制，且在海岸線長達 9 萬 5 千多英哩及 340 萬平方英哩之海域的美國僅分大西洋與太平洋東西兩大區，大西洋區下轄 5 個區（Districts）及太平洋區下轄有 4 個區負責海域與內水之執法，每區各有一後勤維護單位以支應艦隊所需之服務與艦艇維護。

美國海洋事務專責機關為隸屬於商業部（Department of Commerce）之國家海洋暨大氣總署（National Oceanic & Atmospheric Administration，簡稱 NOAA）。而海岸防衛隊，則隸屬於國土安全部之下與該總署無直接之關係。該總署之主要業務為：1. 國家海洋漁業局負責資源保育、永續漁業、棲地保育、漁業科技；2. 國家海洋局任務包括海岸觀測、航空製圖、國家測地調查、海洋資源保育與評估、海洋與海岸資源管理、海岸計畫；3. 海洋與大氣研究，NOAA 海下研究計畫、大學海洋補助計畫、全球性議題計畫、環境研究實驗；4. 國家氣象服務：氣象學、水文學、系統管理、系

統開發、國家環境保護中心、國家氣象局訓練中心、國家浮標數據中心；5.國家環境衛星、數據與資訊局：衛星操控、衛星數據處理與傳輸、研究與應用、系統開發、國家氣候數據中心、國家海洋數據中心、地球物理數據中心。

　　海洋暨大氣總署之下，除了海洋漁業局具明顯之管制權利外，其他海洋、氣象、環境衛星等3局，以及總署內部之海洋與大氣研究部門均以科研發展任務為主，使美國聯邦政府在海洋、海岸、大氣之科研上擁有極高之實力。

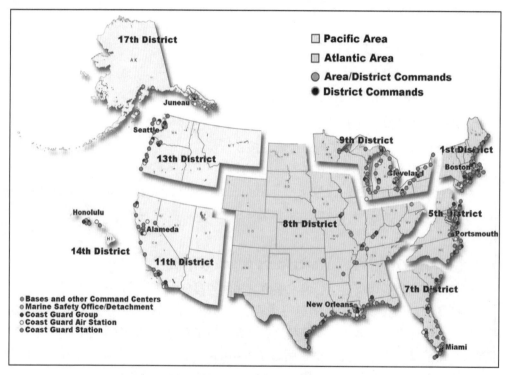

圖5-1　美國海岸防衛隊地區單位分布圖

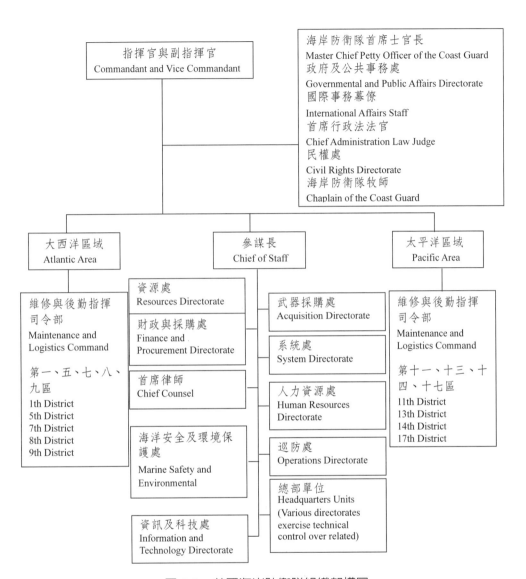

圖 5-2　美國海岸防衛隊組織架構圖

二、加拿大海岸防衛隊（Canadian Coast Guard）[2]

加拿大政府鑑於海洋活動日益增多，於 1936 年在交通部立法通過後成立海岸防衛隊[3]，1995 年轉隸於漁業暨海洋部（Department of Fisheries and Oceans）。其宗旨為海洋安全、海洋服務及海洋環境保護。

加拿大海岸防衛隊的願景是「在海洋安全、服務與海洋環境保護上作先鋒」。

在組織結構上，加拿大海岸防衛隊之主官為指揮官（Commissioner）與副指揮官（Deputy Commissioner），指揮官同時也是漁業暨海洋部主管海洋服務之助理副部長（Assistant Deputy Minister for Marine Services），其下有 4 個相當於司的部門與直接向指揮官報告。5 個司分別為整合業務管理司（Integrated Business Management）、海洋業務司（Marine Program）、船艇司（Fleet）、整合技術支援司（Integrated Technical Support）。海岸防衛隊在中央以下劃分為 5 個區域：紐芬蘭區（Newfoundland Region）、沿海省分區（Maritimes Region）、勞倫司區（Laurentian Region）、中央及北極區（Central & Arcitc Region）、太平洋區（Pacific Region）。

為確保加拿大海域之安全與負責任之環境使用、支持海洋資源之瞭解與管理、促進航運、娛樂、及漁捕於加國海域中之利用、與提供海洋專業以支持加拿大國內外之利益。該隊之主要任務內容為：在確保加拿大水域安全、環境保護和海洋資源養護方面的責任，確保國家水域內商船、娛樂船、漁船航行安全，和提供保護加拿大國家利益和遵守國際義務。

（一）海上航行系統（Marine Navigation System）

1. 海上航行助航設備

設置有 6,008 套固定式助航設備（Fix Aids）、13,645 套移動式助航設備（Floating Aids）、264 座燈塔（Lightstations）、112 座雷達信標（Racons）、6 座無線電浮標（Radio Beacons）、4 座羅遠站（Loran Station）、17 座差分全球衛星定位系統（DGPS）等。

---

2 資料來源：http://www.ccg-gcc.gc.ca。
3 加拿大海岸防衛隊本身並不具有作用法或組織法之法律授權，而係在交通部部長之職權中賦予海域之職掌。

2.航道發展

提供整合航道管理服務以提升加拿大海上運輸功能，包括：提供有關商業航道的安全利用的安全方針，及預報潮汐和提供航道底部情形的資料。

3.可航航道的保護

確保在可航航道水域附近任何工程的安全，例如橋樑及水壩，以免妨礙航行，服務包括：預先重新檢查建設計畫與建築物以確保不會妨礙航行；移除阻礙物，例如沉船；建議加拿大水道測量服務更新海圖的阻礙物標示。

（二）海上通訊和船舶交通服務（Marine Communications and Traffic Services）

有關海事航行服務方面，負責保護人民航行安全權利，維修水道及增設助航設備，提供多功能水道管理，例如提供航道資訊、航道限制區等。

（三）破冰（Icebreaking）

對於破冰任務，加拿大海岸防衛隊保護船舶通過冰區，保持航道通暢。有關調查冰水文資訊方面，派遣破冰船或氣墊船破冰。有關海事通訊服務方面，提供海事通訊及整合友軍搜尋遇難位置及確保真實協助，提供航行資訊給船舶以避免船舶發生海難。

（四）搜救、海事安全和海洋環境回報（Rescue Safety and Environmental Response）

1.搜救

加拿大搜救工作係由國防部主導，國防部統合海岸防衛隊搜救組織，每年平均搜救成功率約 92%。海岸防衛隊每年預算占海洋漁業部約 1/2 預算，其中搜救占約 1/5。

2.海事安全和海洋環境回報

海岸防衛隊對於油污染或化學污染事件，係以污染者清除為原則，對於無清除能力者，海岸防衛隊再行清除索償。

（五）海事服務專責機關

加拿大海岸防衛隊若有關治安及關稅方面的案件，常與其他政府機關共同合作，如交通部（Development of Transportation）、國防部（Development of Defense）、皇家警騎隊（Royal Canadian Mounted Police）、移民局（Immigration）、海關（Custom）等。

加拿大海岸防衛隊主要執行任務有二項：一是環境污染緊急應變任務，二是搜索與救難任務，與美國相較少了海上打擊犯罪任務。海域執行方式與國際大多數國家相類似，包括登臨、檢查及緊追等。有關環境污染緊急應變任務準備方面，加拿大訂定國家環境應變計畫，海岸防衛隊負責處理全國油污，海岸防衛隊各地區訂定油污染清除子計畫。當發生油污染案件時，各地區互相支援協助。預防方面，訂定國家空中監督計畫、預防污染標準污染法規、查緝排放污油船舶、緊急應變、資料蒐集、搜救。而在搜索與救難任務方面，不但在海上搜尋遇難人員或船舶，而且提供裝備、物資救援遇難者，並隨時備便各種搜救設備，接受求救訊號後立即出勤，有效減少罹難風險及保障生命安全。

於 1978 年成立之加拿大海岸防衛輔助隊（Canadian Coast Guard Auxiliary, CCGA）係由 5,000 多人之民間志願人力所組成之非營利組織，他們多為娛樂船艇之操作者及商業漁人，使用自己或社區所擁有之船艇參與操舟安全教育與搜索救難相關之活動。被授權活動時，他們除接受來自受難者家屬之謝意外，也僅得到船艇油料之補助。

加拿大處理海洋相關事務為漁業暨海洋部，主官為部長，本部下有 1 位副部長（Deputy Minister）、1 位協同副部長（Associate Deputy Minister, ADM）。而協同副部長下有 4 個業務單位之協同副部長及 6 位區域司長（RDG）。部下 4 個 ADM，分別為 1. 海洋服務（Marine Services，即是海岸防衛隊 Coast Guard）；2. 漁業管理（Fisheries Management），負責漁業資源保護、保育、管理及服務等事項；3. 海洋（Oceans），負責海洋管理、海洋生態保護與保育、環境科學、計畫規劃與協調等事務；4. 科學（Science）則職司漁業與生物多樣性科學、海洋與養殖科學、水文計畫規劃與協調等業務；5. 6 個區域司令部：紐芬蘭區（Newfoundland Region）、沿海省分區（Maritimes Region）、漁業管理區（Fisheries Management）、勞倫司區（Laurentian Region）、中央及北極區（Central & Arcitc Region）、太平洋區（Pacific Region）。

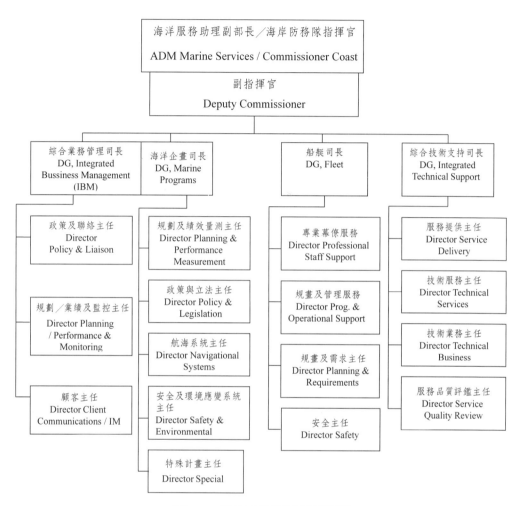

圖 5-3　加拿大海岸防衛隊組織

三、日本海上保安廳（Japan Coast Guard）[4]

　　日本海上保安廳成立於 1948 年 5 月 1 日，至今已 53 年。目前隸屬於日本國土交通省（相當於我國的交通部），為部外局之地位。

　　海上保安廳的願景為「讓美麗的大海永遠安全」。

　　在組織結構上，日本海上保安廳本部設長官 1 員，次長及警備救難監各 1 人，下轄行政、裝備技術、警備救難、水文、燈塔等部門。在全國則劃分 11 個地區總部，其下共置 66 個海上保安隊，如圖 5-4。

　　日本海上保安廳任務內容如下：

（一）加強海上治安管理

　　近年來，勾結黑社會或外國犯罪組織走私毒品和槍枝的案件日益猖獗，危害了日本一般群眾的安全。因此日本配備了巡邏船艇和巡邏飛機，加強海上監視、搜集情報，在開展打擊走私活動專職工作的同時，加強與周邊國家的交流與合作，為維護海上秩序而發揮著重要作用。

　　防止和偵察海上犯罪、執行有關法令，都屬於日本海上保安廳的職務管轄範圍。海上保安廳擔負起偵查海上刑事犯罪，調查海上交通事故，查緝毒品、手槍等走私案件。另外，對於違反海上交通法規和漁業法規的行為進行取締。

（二）確保海上交通安全

　　在東京灣等三個海域都有狹水道，形成通航密集區，因而海上保安廳依照日本有關法令的規定進行海上交通管理。

　　日本的 501 個港口內，還必須負責管制船舶的航行和停泊，對港內工程和作業進行管理，或者實施對捕撈活動的監督管理。尤其是在通航密集的 86 個港口內，掌握船舶進出港的情況，以確保港內船舶交通安全。

　　在東京灣等通航密集區建立了海上交通管理系統，提供交通資訊，管制船舶航行，為確保海上交通安全，提高該海域的營運效率，發揮重要作用。

4　資料來源：http://www.kaiho.mlit.go.jp。

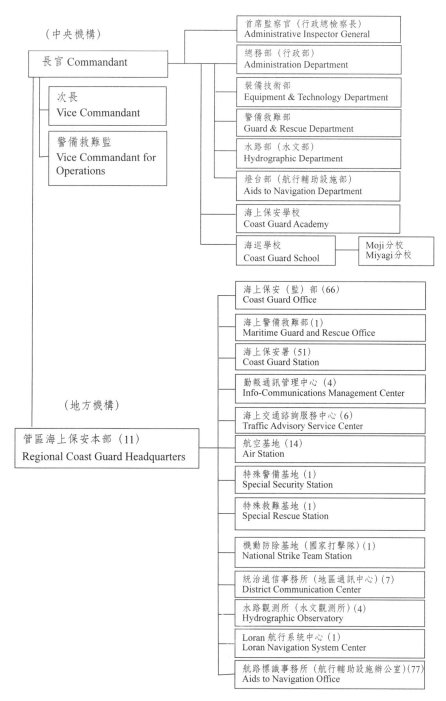

圖 5-4　日本海上保安廳組織架構圖

（三）海難救助

海上保安廳實施 24 小時不間斷的值班體制，且由巡邏船艇和巡邏飛機實施巡航監視，以備海難事故的發生。一旦發生海難事故，就採取迅速有效措施，進行搜救活動。除此之外，目前還努力爭取在搜尋救助活動方面的國際合作。

收到海難消息之後，海上保安廳根據遇險者的情況，採取迅速有效的措施，進行救助活動。與此同時，酌情與周邊國家的搜救機關聯絡，收集和分析有關資料與訊息，劃分搜救區域，且立即派出巡邏船艇、巡邏飛機前往海難現場施救，並要求過往船舶前去救助。

海上保安廳建立了海難資訊收集體制，以便迅速有效地進行海難救助。其下屬海岸電臺用國際遇險頻率進行 24 小時不間斷的收（守）聽。收到遇險資訊時，立即採取相應的措施，且使用短波通信或其他通信手段，與遠距離海域內的船舶聯絡，及時收集正確的船位資訊。

航行在遠洋的船舶之船員受傷或者得病，船東或其他人請求緊急醫療援助時，海上保安廳派出配有醫生、護士的巡邏船艇或巡邏飛機前往現場，進行迅速有效的醫療援助。

（四）海洋環境保護

海洋環境的保護以及海上防災海上保安廳在日本周圍海域進行對海洋污染行為的監視和取締，並進行海洋環境保護指導，為保護海洋生態環境發揮著重要作用。

在油污損害發生率比較高的海域上重點進行監視和加強取締體制，以便防止海上船舶、陸上工廠或海岸工程等設備排放廢油、含油污水等。發生重大自然災害時，海上保安廳派出巡邏船艇、巡邏飛機前往現場，進行應急活動，救助災民或者運輸有關人員和救援物資。

全國的海上保安廳下屬機構備有污油回收裝置等的清除設備，隨時待命，以備重大溢油事故的發生。

（五）海洋科學研究活動以及海洋資訊的提供

海上保安廳進行海底地形、水深、潮汐、天體位置等的科學研究活動，還測繪編輯海圖和航海圖書，以便確保航行安全。

根據科學研究的成果，編輯出版海圖、水路誌（航海指南）、潮汐表、航海（天文）曆等航海圖書，提供給船員等有關人員。

由於有礙航物或進行射擊訓練，對船舶航行構成緊急危險時，立即提供有關資訊，以免海上交通發生危險。

海上保安廳下屬的日本海洋資料中心（JODC）是日本唯一的海洋資料庫，收集和管理由境內外海洋科學研究機構提供的各種海洋資料和資訊，在國內海洋科學研究領域，及海洋科學研究的國際交流和合作領域，發揮重要作用。

（六）助航體系

隨著海港（海灣）和航道的發展以及船舶的高速化和專用化，船舶航行方式也出現了顯著變化。海上保安廳考慮到海域的自然條件或船舶通航情況等各種因素，有計畫地進行航標管理，使助航標誌不斷地發展和完善。

海上保安廳為保障在日本沿海航行的船舶交通安全，由 58 處航標監測海區的風向、風速、波浪等氣象和水文情況，而且隨時提供氣象、海況資訊。

（七）國際活動

近幾年來國際局勢明顯變化，日本也加入了「聯合國海洋法公約」。目前海上保安工作的環境有多樣化、複雜化的趨勢，走私毒品和槍枝的犯罪活動也有組織化、廣泛化的傾向。為妥善應付這種情況，應該加強與國外機關的合作和協調。

為實現廣大海域上的高效率的搜救活動，妥善處理海洋環境保護問題，國際社會已經建立了「SAR 公約」（1979 年海上搜尋救助國際公約）、「OPRC 條約」（1990年關於防備、應付油污和國際合作的國際公約）。日本立足於其宗旨，不斷加強與周邊國家的國際交流和合作。

海上保安廳在與周邊國家的海上保安機關舉辦高層會議，實施聯合搜救訓練，加強國際交流和合作的同時，也積極參加 IMO（國際海事組織）、IHO（國際航道測量組織）、IALA（國際航標協會）和 UNDCP（聯合國藥品統制計畫）等的海事活動，為進一步促進國際協調，作出了很大貢獻。

海上保安廳對周邊國家的重大自然災害實施了國際人道援助，作為政府主體的技術協作的一環，接納進修生，或者派遣專家，積極地與周邊國家協力進行調查、開發活動。

根據上述任務日本海上保安廳的工作項目說明如下：

1. 警備搜救工作，即取締海上犯罪和進行海難救助

(1) 搜索與救助。

(2) 翻覆船舶之救助。

(3) 破冰服務。

(4) 直升機搭救。

(5) 資訊整合系統：海上保安廳建立了一海難資訊整合系統，以便迅速有效地進行海難救助工作。其下屬海岸電臺及其他類似功能的單位遍及全日本，24 小時不間斷的收聽國際遇險頻道（GMDSS Distress Frequencies）。收到遇險信息時，立即採取相應的措施。此外，並實施日籍船舶回報系統（JASREP），使用短波通信或其他類似的通信工具，與航行於開放海域之船舶通聯，及時收集正確船位及其他資訊。

2. 海上意外事件之預防

(1) 海上休閒活動意外事件之防範。

(2) 海上休閒活動諮詢室。

3. 海洋環境保護

(1) 洩油船舶之追捕。

(2) 廢棄船舶之處理。

(3) 油船（Tanker）失火之救治。

(4) 油污染應變。

4. 維護海上治安

(1) 外籍越界捕魚船舶之扣押。

(2) 不審（可疑）船隻之調查。

(3) 槍械及毒品之查緝。

(4) 非法移民之逮捕。

5. 測繪，即進行海洋調查和水文測量

海上保安廳進行海底地形、水深、潮汐、天體位置等的科學研究活動，並根據科學研究的成果，編輯出版海圖、航行指南、潮汐表、航海（天文）曆等航海圖書，提供給船員等有關人員使用，以確保海上航行安全。

另關於有礙航物或實施海上射擊等，對船舶航行構成緊急危害時，立即提供有關信文，以避免海上交通發生危險。

而在航標管理，即建設燈塔和管理無線電航標系統等，也隨著海港（海灣）和航道的發展以及船舶的高速化和專業化，船舶航行方式也出現顯著的變化。海上保安廳考慮到海域的自然條件或船舶航行情況等各種因素，有計畫地進行航標管理，使助航標誌不斷地發展和完善。

海上保安廳為保障在日本沿海航行的船舶交通安全，由 58 處航標監測海域的風向、風速、海浪等氣象和水文狀況，而且隨時提供氣象、海象狀況信息。

日本海上保安廳之組織位階在部之下，其組織結構十分扁平，在廳本部之下設有 11 個管區海上保安本部，管區本部之下共有 66 個隊，隸屬保安廳之幕僚單位有警備救難部等 5 個部，另設海上保安學校、海巡學校等教育訓練機構，以培訓其幹部。其任務基本上與我國海巡署在海域執法方面之任務相同。我國海岸巡防法授權海岸巡防機關執行「海上交通秩序」之管制及維護事項，但在海巡署組織法之各處職掌設計中卻未明定航道識別標誌、燈塔等航行輔助設施部署及維護之事項，顯然是立法疏漏，或立法者無此理念。海巡署組織法在情報處職掌中設計有「關於水文、海象、資訊資料蒐整、運用事項」，但海巡署卻未建置本身調查、觀測水文、海象之能力。

四、韓國海洋警察廳（National Maritime Police Agency）[5]

韓國海洋警察廳成立於 1953 年 12 月 23 日，原隸屬於內政部（Ministry of Home Affairs），1996 年 8 月 8 日轉隸於海洋事務暨漁業部（Ministry of Maritime Affairs and Fisheries），負責海域執法與污染應變並藉由安全之巡護確保國家利益及專屬經濟區之漁業管理。其宗旨在於海上犯罪執法、船舶管理與安全維護、藉由監督與清理而保護海洋環境、海上搜救。韓國海洋警察廳之 5 項重要任務為：

（一）建立大範圍之警備系統：鞏固海洋權益、漁業資源之保護、建立整合性防衛力量。

（二）海上交通安全與污染之執法：乘客與航行員之安全管理、海上娛樂之安全管理、海上災難之應變與防護措施。

5　資料來源：http://www.nmpa.go.kr。

（三）成爲滿意服務佳之行政機關：促進民衆之滿意度、公共福利之延伸服務，建立具吸引力之業務環境基礎。

（四）建立海洋安全秩序：公共活動安全之加強、提升對國際犯罪之應變能力、人權優先之調查系統、加強海洋犯罪之應變能力。

（五）澈底之海洋監控：加強對海洋污染之控制與觀測並以預防爲首要，海洋廢棄物之管理與控制、加強海洋污染之應變能力。

由此 5 項任務內容觀之，該海洋警察廳之任務以海上爲主。海洋警察廳之任務主要在巡邏韓國水域、水上救助、犯罪調查、防治海洋污染，並包括反滲透及對朝鮮半島東西岸捕魚區之保護與監控，由於近年來南、北韓之關係改善與大環境趨勢所向，在任務上向以海上執法、搜救、環保工作爲主（但在 2008 年 11 月海洋警察廳的網頁中，海事安全任務部分已不見反滲透業務），1996 年 8 月 8 日，內政部警政署海洋警察廳改隸於海洋水產部（海洋事務暨漁業部），並成爲其主要執法機關，負責南韓專屬經濟海域內之執法工作，其主要執行工作如下：

（一）海上保安（Security Guard at Sea）

負責維護朝鮮半島東、西及南部海域，在領海及 200 海浬經濟海域內，部署廣泛人力，以對抗走私及非法入出境之犯罪行爲，並對特殊禁制區域（中、日、韓漁業協定）內之漁船嚴加注意，以確保海洋安全及保護漁民權益。

（二）海事搜索及救難（Maritime Search and Rescue）

其已建立一套即時搜索系統，可透過直升機及搜救團隊的努力，處理擱淺、沉沒、失火或危難中之船舶。

（三）犯罪調查（Crime Investigation）

阻止專屬經濟區內，外國船舶非法捕魚、國際走私、非法入出境及海上強盜和犯罪等不法情事發生，利用犯罪手法映像系統，多角度分析，並加強巡邏，迅速逮捕罪犯。

（四）海事安全（Safety at Sea）

進行海上交通管理，海上意外事故之預防，乘客與船員之安全管制。民衆在享

受休閒時光及欣賞風景時，海洋警察都將確保民眾之安全，並每年舉辦廳長盃遊艇競賽，其能引領充滿活力之海洋文化。

（五）海洋污染控制（Maritime Pollution Control）

進行海洋環境及資源之保護與保育，為了下一代著想，海洋警察在其海域內，對任何海域油污染事故，均以快速而科學的方法應變，以維護海洋清潔。當油污染事件尚未辦明確認時，使用最新油痕分析技術來追查污染者。

（六）海上反恐行動（Maritime Anti-Terror Activities）

2002 年 1 月海洋警察廳成立了一支特種攻擊部隊，對抗類似挾持各型船舶等海上恐怖行動，以確保人民之生命及財產。

（七）國際事務（International Affairs）

涉外事務處理，就國際犯罪事件，促進與他國警察單位間之合作與情資交換，舉辦國際海洋相關事務會議，注意海洋安全情況之變遷。為確保國際海洋秩序，與日本、中國、俄羅斯，甚至美國、加拿大等太平洋沿岸國家均有聯繫，建立密切的合作機制。

（八）親民活動（Activities with the People）

提供民眾親切的服務，並採單一窗口方式（韓國稱「一條龍」的服務）服務民眾以滿足民眾之需求，提供人民瞭解海洋、發現海洋及親近海洋之機會。

由於近年來南、北韓之關係改善與大環境趨勢所向，在任務上，漸以海上執法、搜救、環保工作為主。由網站資料仍顯示，反滲透為海洋安全巡防之主要任務[6]，但在 11 月 5 日之網頁中，海事安全任務部分已不見反滲透之業務。在組織結構上，與其他國家一樣，韓國海洋警察廳同是扁平三級。

在組織結構上，該廳之主官稱之為指揮官（Commissioner）其下有 1 位副主任（Deputy Commissioner）、4 個科、15 個分組、2 個辦公處、1 個維修工作站、12 個海洋警察站。4 個科分別為 1. 警察行政局（Police Administration Bureau），負責

6　資料來源：http://www.nmpa.go.kr/3_2e.htm，2001年5月16日。

圖 5-5　韓國海洋警察廳組織架構圖

企畫、設備管理、船艇建構、預算與教育訓練之業務；2. 警備與搜救局（Guard and Rescue Bureau），職司搜救、海上安全與通資業務；3. 情報與調查科（Intelligence & Investigation Bureau），情資蒐集與調查、國際事務；4. 海洋污染控制局（Marine Pollution Control Bureau），負責海上污染之監控、分析與應變處理。而維修站（Maintenance Workshop）負責船艇及電子設備之維護處理。海洋警察分為 12 個站，再下分 7 個組負責行政、設備管理、通訊、海洋安全、情報調查、污染監控等業務。

韓國處理海洋事務之專責機關為成立於 1996 年 8 月 8 日海洋事務暨漁業部（Ministry of Maritime Affairs & Fisheries Resources Bureau）。該部是一個全面性處理海洋事務的機關，除了海軍之外，此一機關的職掌涉及海洋政策、航運、港口、漁業政策及資源、海軍與漁業科研、漁產品檢查、漁業巡護船、海事調查及海洋警察。其組織架構如圖 5-6。

五、英國海洋暨海岸防衛廳（Maritime and Coast-guard Agency）[7]

英國現行之海事巡防局（The Maritime and Coastguard Agency，簡稱 MCA）成立於 1998 年 4 月 1 日，隸屬於環境、交通暨區域部（Department of the Environment, Transport and the Regions）。該廳是由原海岸防衛廳（The Coastguard Agency）和海事安全廳（Marine Safety Agency）合併而成，並且承擔這兩個機關原有之職責。海事巡防局之任務在於：

（一）發展、提振及執行高標準之海洋安全。

（二）減少海員及海岸使用者人命之喪失。

（三）全天候回應海洋緊急事故。

（四）減少來自船舶所發生之污染危險，並在污染發生時減少對英國利益之衝擊。

海事巡防局設定 4 大工作目標：

（一）降低英國註冊的商船與漁船之意外發生與死亡之比例。

（二）降低英國搜救區域及海岸線內之突發事件的意外事故及死亡的數字。

7　資料來源：http://www.mcagency.org.uk。

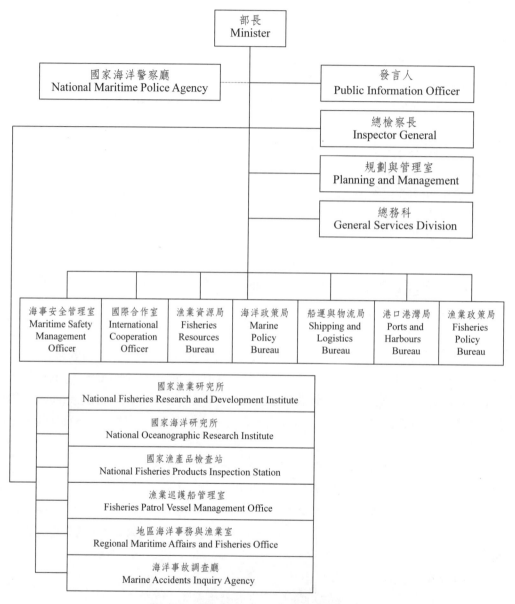

圖 5-6　韓國海洋暨漁業部組織架構圖

（三）降低英國污染監控區之國籍船隻活動所造成之污染事件與影響。

（四）提升英國國籍商船之安全紀錄。

英國海事巡防局的主要工作項目有下列 7 種：

（一）大英國協及Red Ensign登記船舶數量

船舶加入或註銷大英國協的船籍登記，自英國海事巡防局自 1998 年成立以來，已有 164 艘 500 總噸以上的船舶加入大英國協的船籍登記，幾乎達到 50% 成長。

（二）船舶安全

1. 漁船安全

針對不滿 12 公尺的漁船，在 2000 年 10 月制定一項新法定安全制度，並於 2001 年 4 月實施。

2. 客船及貨船安全

依新修訂「國際海上人命安全公約」（SOLAS）第 4 章「航行安全」部分，於期限內要求所屬船舶符合其規定。

3. 娛樂船艇安全

注重宣導海灘及海上娛樂安全事項，並促使娛樂船艇配備全球海上遇險和安全系統（GMDSS）及無線電設備的加強。

（三）船員標準

為增進大英國協船員的就業與訓練以擴大年輕人就業機會，並完成所有船員的證照查驗，使能符合「航海人員訓練當值、發證標準國際公約」（STCW95）。

（四）大英國協登記船舶的檢驗及認證

海事巡防局負責屬於大英國協船旗國管轄的船舶的檢驗及認證以符合國際要求。

（五）搜索與救助協調

對於人民生命財產於海上受到威脅，儘可能於 5 分鐘內立即反應，至少完成 95% 的海上事故通報為主要目標。

（六）污染預防與回應

　　為防止船舶擱淺、觸礁，除原有的設施和裝備外，多設置緊急拖船以應變，防止海上油污持續擴散。

（七）檢查與執行

　　完成通過船舶檢查的預定計畫為主要目標。

　　在組織架構上，海事巡防局的主官稱之為執行長（Chief Executive），負責廳本部事務管理，譬如人力資源與訓練、財務、技術服務、策略規劃、品質管理及公共關係。執行長下有 3 位負責行政的主任（Directors）：分別為掌理海事運作（Maritime Operations）、掌理海事安全與污染預防（Maritime Safety and Pollution Prevention）與廳本部服務主任（Corporate Services），並派有駐 IMO 之代表。

（一）海事安全與污染預防（Maritime Safety and Pollution Prevention）

　　下轄 3 組，分別為船舶結構、船舶設備及海員標準，工作重點在船舶安全及船員標準。

（二）海事管理（Maritime Operations）

　　下轄 4 個地區局（Regions）及 1 位管理主任（Head of Operations），任務包括海事調查、港口國管制、調查違反海商法、起訴違反污染、安全人員配置及避碰規則之案件、搜索救難、油品與化學品外洩之應變、評估海洋污染反潛在污染事故、評估岸際除污之科技諮詢反應等污染防治。

（三）廳本部服務主任（Cooperate Services）

　　下轄 4 個部門，分別為 1. 財務與合約，負責該廳財務與採購業務；2. 薪資與考績，負責薪資與考績結構之發展、執行與維持；3. 人事與訓練，為該廳職員提供服務與在職之訓練；4. 秘書與企畫，職司廳的規劃、歐盟合作、公關與國會等業務；5. 技術服務與資產管理，提供全球海域遇難及安全系統（Global Maritime Distress and Safety System，簡稱 GMDSS）及通訊資訊，購置及維護船艇、車輛及救難設備，管理所有資產。

　　從英國 MCA 之組織結構與職掌觀之，MCA 之主要關切事務為聯合國海事組織及歐盟所制定有關人安、船安、航安之規定的管理，以及藉 4 個地區（Region）之劃分，執行海域搜救及污染防治的工作。MCA 並未發展成為海域執法的專責機關，其所執行的法律多在海事及污染方面。MCA 之組織位階在部之下，其組織結構亦相對扁平、簡單，廳本部之下直接到 4 個區，船舶、飛機、污染防治設備亦配屬各區或區下的海洋救護次中心（Maritime Rescue Sub Center/District），如圖 5-7。

　　英國並無海洋事務專責機關，其海洋相關事務散布於各機關。

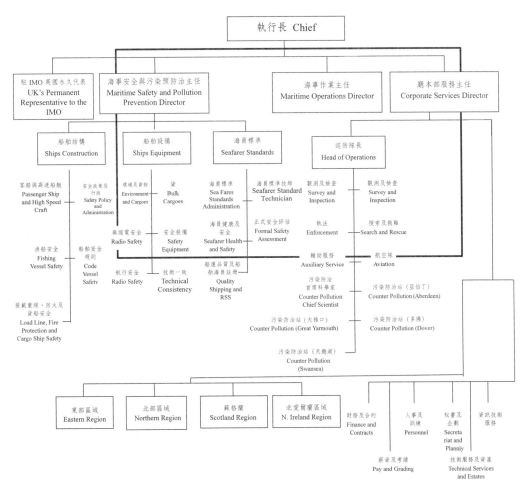

圖 5-7　英國海洋暨岸防衛廳組織架構

綜觀上述國家之組織架構與業務職掌，可歸納下述幾點：

（一）組織扁平化：各國皆採三級制，本部下即是各業務單位，再下一層就是各海巡隊。組織扁平單純，指揮幅度小，指揮鏈短。

（二）以區域劃分海域執法力量：各國皆以區的概念劃分海域轄區，譬如美國以大西洋、太平洋兩大區劃分；加拿大分為 5 區、日本 11 區、韓國 12 站、英國 4 區及芬蘭 3 區。

（三）國際海事法規之落實遵行：由於海上活動日益頻仍，海上交通秩序的維持與管制更形重要。如何落實聯合國國際海事組織船員訓練、發證及當值標準的國際公約及搜索與救難公約的規定而達到人安、船安、航安之標準，皆是各國重點工作之一。

（四）增強海洋環境污染應變機制為趨勢：由於全世界對環境之關切日趨升高，如何提升對環境破壞之良好應變機制，皆是各國海巡主要任務之一，譬如加拿大的願景中便述及要做環境保護之先鋒、英國在任務上強調要減少在海洋上的污染以免國家利益受到影響。

（五）除韓國以警察（Police）為其名稱外，其他國家多以海岸防衛（Coast Guard）稱之。

（六）地理環境使各國執法發展重點因而不同：由這 6 個國家之地理環境可以發現（如表 5-1），大部分國家之海岸線長度均大過於陸域國界線長度，利用海域交通而來之威脅絕不小於陸域國界者，或曰，這些國家均面對著一個開放的海域環境。反之，以芬蘭為例，其領土與他國接壤達三個以上，陸域疆界長度與海岸線長度相較多達 2 倍，且海域屬半閉海或內灣，由陸域邊界來的威脅遠大於由海域而來的威脅，故其防衛重點偏重於陸域邊界。

表 5-1　各國陸域國境邊界線長度及海岸線長度一覽表（單位：公里）

	美國	加拿大	日本	韓國	英國	芬蘭
陸域國境線總長度	12,248.1	8,893	0	238	360	2,578
與鄰國接壤之國境線長度	加拿大：8,893（含阿拉斯加：2,477）墨西哥：3,326 古巴：29.1	美國：8,893（含阿拉斯加：2,477）	0	北韓：238	愛爾蘭：360	挪威：729 瑞典：536 俄羅斯：1,313

表 5-1　各國陸域國境邊界線長度及海岸線長度一覽表（續）

	美國	加拿大	日本	韓國	英國	芬蘭
海岸線總長度	19,924	243,791	12,429	2,413	12,429	1,126
海岸線長度：國界線長度	1.6:1	27:1	∞	10:1	35:1	0.4:1
威脅比重	海域 > 陸域	海域 > 陸域	海域 > 陸域	海域 > 陸域	海域 > 陸域	海域 < 陸域

資料來源：Central Intelligence Agency, The World Factbook 1989, Washington: Central Intelligence Agency, May 1989。

　　綜觀上述美、加、英、日、韓等先進海事國家，海域管轄任務與執行的工作項目，依各國海域環境狀況及國家安全威脅情勢不同，政治訴求主張差異，所規範的任務與工作項目也有所差異。英國及加拿大比較注重海事的安全服務與海上交通管理項目；海疆警備、海域治安執法項目可能設計由該國其他國防軍事機關擔綱。至於美、日、韓等則對海疆警備、協助國家防衛、海域治安執法及海事安全、海上交通管理服務，以及海洋環境及資源的保護、海洋休閒安全的維護等均列為海上執行（保安或防衛）機關任務與工作項目，因此這些機關的任務是多元、全方位的，其所具備的能量也必須是較廣泛而複雜的。這些能量包括僱用人員的專業素養、機關的軟硬體設備與裝備等等。

　　值得注意的是，各國之海岸防衛隊的工作勤務重點不論是以海域安全或陸域國境管制為主，惟因任務需求，其運作多有「軍事化」的作風。美國海岸防衛隊更明言為國防武力之一種，掛軍階、著軍服、受軍法管制，芬蘭國境防衛隊中亦有徵召入伍之人員。但我們必須瞭解，美國憲法並無「軍文分立」之規定，且美國海岸防衛隊學院4年教育提供完整之執法訓練（與美國軍事教育截然不同），因此美國海岸防衛隊雖然各官階稱謂比照軍階，但有其獨立的組織文化養成訓練，與核心思想價值，與美國其他軍種是完全不同的。這些基礎上的不同不是我國當前所能比照的。芬蘭國境防衛隊中的徵兵人員不負正常之國境管制執法之責，更是值得我國海巡署的參考。

第二節　中國的海域執法機制

　　中國建政初期基本上重陸輕海，海洋意識相對薄弱，既未認識海洋事務的重要性，也沒有能力處理海洋事務。雖然此一時期，中國尚無對海洋事務具有整體規劃的能力，但這不表示中國大陸的海洋事業空白一片。事實上，在計畫經濟體制之下，各種涉海產業發展自然成爲整個國家經濟發展中不可或缺的一環。1978 年以前，中國漁業、鹽業、沿海交通運輸等三大傳統海洋產業的總產值只有 80 億人民幣左右，海洋產業長期徘徊不前。改革開放以後，中國的海洋事業開始突飛猛進。

　　改革開放以前，中國軍隊基本上是一種「內向型」軍隊[8]，其主要作用是作爲國內政治鬥爭的工具，中國的政治經濟建設以內陸爲重，這種戰略基本上與面向海洋是一種截然不同的戰略思維。中國的決策層主要是從軍事用海的角度來看待海洋。1953年 12 月 4 日，毛澤東在中國大陸中央政治局會議上對海軍建設的方向發表談話，他說：「爲了肅清海匪的騷擾，保障海道運輸的安全；爲了準備力量適當時機收復臺灣，最後統一全部國土；爲了準備力量，反對帝國主義從海上來的侵略，我們必須在一個較長時期內，根據工業發展的情況和財政的情況，有計畫逐步地建設一支強大的海軍。」1979 年 4 月 3 日，鄧小平在聽取海軍工作匯報時曾明言：「我們海軍應當是近海作戰，是防禦性的，不到遠洋活動，我們不稱霸，從政治上考慮也不能搞。我們的戰略是近海作戰。大家以爲近海就是邊緣，近海就是太平洋北部，再南也不去，不到印度洋，不到地中海，不到大西洋。」

一、中國海洋管理與執法機制之發展

　　建政以後，中國當局開始 7 年的社會主義改造，基本完成了社會主義的公有制，在這一段期間，由於社會經濟技術能力較弱，因此海洋空間和資源的開發利用規模也較小，海洋所受的開發壓力也不大，各涉海行業間及行業內部的問題也不明顯。此後中國歷經了 1954 至 1956 年及 1960 至 1964 年，二次的行政機構改革。1966 年由於爆發了「文化大革命」，政府機構發生了非正常性的大精簡。至 1970 年，國務院的79 個部門合併爲 33 個。隨著上述幾次行政機構的調整，各個涉海行業部門的隸屬關

8　內向型和外向型的差別在於後者是隨著進攻性武器不斷的更新，對外軍事情報活動、軍事外交的日益活躍不斷的展現（平可夫，1996：79）。

係也隨之變動。

（一）建置國家海洋局

1998 年 3 月機構改革後，同年 6 月國務院批准「國家海洋局職能配置、內設機構和人員編制規定」，規定中載明「國家海洋局是國土資源部管理的監督管理海域使用和海洋環境保護、依法維護海洋權益和組織海洋科技研究的行政機構」。其主要的基本職能爲海洋立法、規劃和管理，職責涵蓋海域使用管理、海洋環境保護、海洋科技、海洋國際合作、海洋防災減災以及維護海洋權益等。國家海洋局的主要職掌包括：

1. 擬定海岸帶、海島、內海、領海、毗連區、大陸架、專屬經濟區及其他管理海域的海洋基本法律、法規及政策。編制其海洋功能區劃、海洋開發規劃、海洋科技規劃和科技興海戰略。管理海洋基礎數據、海洋經濟與社會發展的統計工作。

2. 監督管理海域（包括海岸帶）使用、海底電纜和管道的鋪設，負責海域勘界。

3. 負責海洋環境保護與海洋整治，監督管理海洋生物多樣性和海洋生態環境保護、海洋自然保護區和特別保護區。負責海洋和海洋工程項目的環境影響報告書的核准。[9]

4. 監督管理涉外海洋科學調查研究活動、涉外海洋和海底工程設施及其他開發活動，研究維護海洋權益的政策、措施，對與周邊國家海洋劃界提出對策建議，維護公海、國際海底中屬於中國的資源權益。

5. 管理中國「海監」隊伍，依法實施巡航監視、監督管理，查處違法活動。

6. 組織海洋基礎和綜合調查科研活動及海洋災害的預警報和公益服務活動。

7. 管理極地和大洋考察工作等。

內部的機關，分別爲「辦公室」、「計畫財務司」、「海洋監測服務司」、「科學技術司」、「海域綜合管理司」、「國際合作司」、「人事勞動司」、「政治部」，此外尚有個 22 直屬機關，其組織如下圖 5-8：

9　根據胡念祖教授從國家海洋局取得的職責資料，爲「組織擬定海洋環境保護與整治規劃、標準和規範，擬定污染物排海標準和總量控制制度。按照國家標準，監督陸源污染物排入海洋，主管防止海洋石油探勘開發、海洋傾廢、海洋工程造成污染損害的環境保護；管理海洋環境的調查、監測、監視和評價，監督海洋生物多樣性和海洋生態環境保護，監督管海洋自然保護區和特別保護區。核准新建、改建、擴建海岸和海洋工程項目的環境影響報告書」（胡念祖，2002：77-78），相對於國務院的文件該局這一部分的職掌擴張許多，明顯與國家環境保護總局重疊，《中國海洋報》聲稱，因此近年來發生多起國家海洋局與國家環保總局爭搶審批權的事例，惟根據海洋環境保護法的分工，這部分的權限似屬國家環境保護總局。

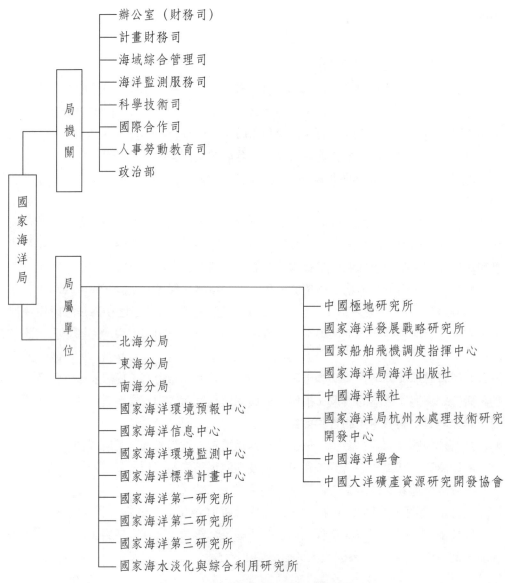

圖 5-8　1988 年國家海洋局組織架構圖

資料來源：曾呈奎、徐鴻儒、王春林主編。2003年9月。中國海洋誌。北京：大象出版社，頁 1192-1193。

（二）成立中國海監總隊

1998 年 10 月 19 日，中國中央編制委員會辦公室（簡稱「中編辦」）下發了「關於國家海洋局船舶飛機調度指揮中心更名爲中國海監總隊的批覆」。至 1999 年 1 月 13 日，中國海監總隊掛牌成立。中國海監總隊爲國家海洋局直屬單位，依據「中國海監總隊職能配置、內設機構、和人員規定」，是參照國家公務員制度進行管理。其主要職能是：依照有關法律和規定，對中國管轄海域（包括海岸帶）實施巡航監視，查處侵犯海洋權益、違法使用海域、損害海洋環境與資源、破壞海上設施、擾亂海上秩序等違法違規行爲，並根據委託或授權進行其他海上執法工作。主要職責有：

1. 爲維護國家管轄海域的主權權益，進行全海域的巡航監視；對違法進入中國管轄海域的境外船隻、平臺或其他運載工具等，進行調查、取證，依法進行海上應急現場處理，並將有關情況，按主管部門的管理分工及時報達。

2. 負責全海域的環境狀態的巡航監視，發現污染損害事件和環境異常情況，及時通報有關主管部門調查處理，並進行現場的拍攝、取樣、取證，提供有關部門查處。

3. 對確認在中華人民共和國內水或者領海內違反中華人民共和國法律、法規和規章的外國船舶，以及在毗連區內違反有關安全、海關、財政、衛生、環境保護或者入出境管理等法律、法規和規章行爲的船舶，中國海監船作爲「中華人民共和國政府授權的爲政府服務的船舶、航行器」實施緊追權。

4. 負責海上傾廢區的傾倒活動的監視，傾廢區周圍資源、環境影響監視；海洋石油勘探、開發活動和陸源排污口附近水域的監視，發現污染事故，進行調查取證、取樣分析，既爲事故的處理提供證據，也要協助主管部門進行處理。

5. 進行海域使用和海底電纜、管道鋪設的海上監視，監督其使用中、施工中對法規的遵守，如有違法、違規問題，在制止的同時，通報主管部門處理。

6. 監督檢查獲批准的外國和中外合作在中國領海及其他管轄海域的科學調查或研究活動，是否按批准區域、時間與地點、批准項目內容和方式及船隻和裝備實施作業。

7. 參與海難救助，以及其他海上執法協同活動等。

中國海監總隊內部設有「辦公室」、「巡航處」、「執法處」、「裝備技術處」、「信息處」、「政治部（人事處）」6 個處室，並管理國家海洋局機要處，如圖 5-9。

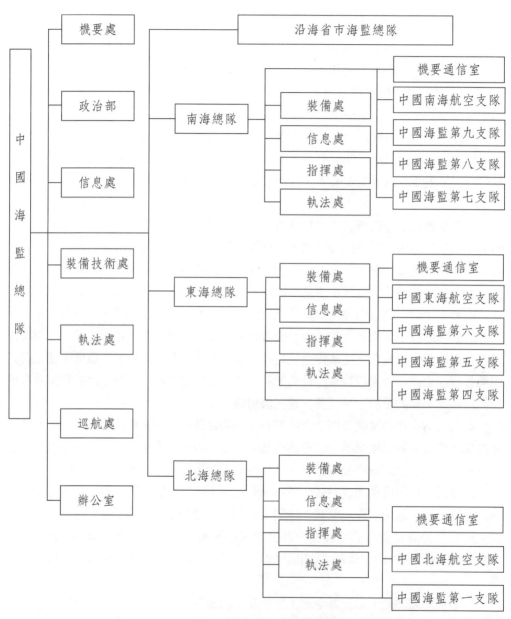

圖 5-9 中國海監總隊組織架構圖

資料來源：中國海監官方網站。

（三）中國各海域執法隊伍

由於海域管理與執法部門很多，根據中國現行法律的規定和國務院對各部門的職責分工，國家海洋局作為海洋行政主管部門，主要負責海洋權益維護、海域使用管理和海洋環境保護監督管理工作；交通部海事部門負責沿海水域的海上交通安全監督管理工作；農業部門作為漁業行政主管部門，主管全國的漁業工作；國土資源部作為地質礦產主管部門，主管全國礦產資源勘查、開採的監督管理工作；涉外海洋科學研究和海底電纜與管道的鋪設由國家海洋局負責管理，海上走私行為由國家海關部門負責查處，上述各自擁有海上執法隊伍，即中國海監、中國漁政、中國港監、海上武警、海上緝私隊等，而這些隊伍又分屬國家海洋局、農業部、交通部、公安部、海關總署等不同部門，這種現象並沒有隨著 1998 年中國海監總隊的成立而改變，反而更加陷入重複建設和資源浪費。茲分別說明於下：

1. 中國海監

國家海洋局為了強化海洋監察執法功能，於 1999 年 1 月 13 日正式成立了中國海監總隊，並為加強力量，同年 8 月國家海洋局的 3 個分局也分別成立北海海監總隊、東海海監總隊、南海海監總隊，另在沿海省、自治區、直轄市設立各地方海監總隊，其下有海監大隊或支隊。中國海監總隊成立以後，國家與地方海監隊伍的組織體系上實行統一編制、雙重領導，執法機制上緊密配合、協調一致，執法方式上採取海、陸、空巡航監視一體化。到 1999 年底，中國海監隊伍的國家直屬部分，擁有執法船隻 1,000 噸以上有 21 艘，海監飛機 22 架，人員 2,300 多名，並快速建構及汰換執法機艦等能量中。

2. 中國港監

中國港監建立於 50 年代建立，由交通部管理，後隨著機構改革隸屬交通部海事局，其監察執行的法律有「中華人民共和國海上交通安全法」、「航務管理規定」、「重要水道的航行規定」、「中華人民共和國海洋環境保護法」和船舶航行管理制度。海事局在沿海主要港口和長江、珠江、黑龍江等水系設置 20 個直屬海事局、97 個分支機構，實行垂直管理體制，主要職責為：

(1) 監督檢查船舶和船上設備及人員的技術證書和文書。

(2) 對船舶在航行、停泊和作業活動中，遵守國際公約、中國有關法律、行政法規和規章進行監督、檢查和各種海事事件的調查處理。

(3) 發布航行警告和公告，及時為海上航行或其他活動的船隻提供海區安全航行的信息及需要注意的事項，避免海難事故的發生。

(4) 組織、實施海難救助，採用各種可行手段搜尋、打撈，儘可能減少人員與財產的損失。

(5) 為航行安全進行航道整治以及潛在爆炸危險的沉積物、漂浮物或其他航行障礙物的打撈、清除和疏浚，維護港口和航道及航行海區的航行狀態。

(6) 負責船隻或其他海上機動污染源污染海洋環境的監視、監測和調查處理，以及事後的清除工作等。

3. 中國漁政

中國漁政也在 50 年代建立，由農業部漁政局管理，依據「中華人民共和國漁業法」等漁業法律法規及「中華人民共和國海洋環境保護法」執法。農業部內設中國漁港監督管理局和漁政局是平行單位。另外，在黃海、東海、南海設立分局，沿海省、自治區、直轄市以及市（地）、縣（市）設立漁政局、處或站，另外在 300 多個漁港設立漁港監督機構，海區和省級機構設立漁政大隊和漁政船隊，主要職責包括：

(1) 監督、檢查海洋漁業法律、法規、規章的貫徹執行。

(2) 監督、檢查國際漁業協定、公約的履行，協助有關部門處理漁政管理方面的涉外事宜；對外國漁船非法侵入管轄海域，依法採取取締措施維護中國海洋漁業資源權益不受侵犯。

(3) 負責漁業許可證的審核和頒發。檢查漁船的海上作業、漁獲物、捕撈技術與方法，維持漁業海域的生產秩序，查處違章捕魚活動，及時處理海上漁業糾紛和其他事故。

(4) 管理漁業船隻和漁船上的主要設備產品的技術檢驗，並進行漁船應備證件文書的檢查。

(5) 監督管理漁港、漁業專用港區的安全生產活動。負責漁業船舶船員的考試和發證。

(6) 維護漁業水域環境，保護海洋珍稀瀕危水生動植物。

(7) 對海洋漁業資源狀況以及與資源有關的問題，向本級或上級行政部門提出報告和建議等。

4. 海上緝私局

隸屬於海關總署，執法依據為「中華人民共和國海關法」。其主要職責是：

(1) 協同、會同有關部門和其他海上執法力量，依法維護中國主權和海洋權益。

(2) 對中國管轄海域，特別是近海、沿岸的各種走私違法犯罪案件，行使管轄。

(3) 實施例行和經常的近岸海上巡邏，維護海上進出口經濟治安秩序。

(4) 參與海上救助和其他海上治安與防衛工作等。

5. 海上武警

屬於公安邊防管理部門，執法依據為「中華人民共和國刑法」、「中華人民共和國公民出境入境管理法」、「中華人民共和國外國人入境出境管理法」、「中華人民共和國海關法」、「中華人民共和國治安管理處罰條例」、「中華人民共和國領海及毗連區法」、「中華人民共和國專屬經濟區和大陸架法」，其主要任務有：

(1) 打擊海上違法犯罪。

(2) 防範、打擊境外敵對勢力、敵對份子和黑社會組織從海上對中國的滲透破壞活動。

(3) 實施海上治安管理。

(4) 保護沿海人民生命財產安全。

(5) 維護國家領海主權和海洋權益。

6. 海軍

海軍是軍隊的兵種之一，主要負責海上作戰，也有權利和義務維護下述相關法律，包括「中華人民共和國國防法」、「中華人民共和國領海及毗連區法」、「中華人民共和國專屬經濟區和大陸架法」、「中華人民共和國海洋環境保護法」，是為管理軍事體系中涉海所有職能的單一系統。

上述諸多海上執法隊伍，除了海軍作為軍事系統而權限充分獨立之外，其他部門的海上執法雖有部分重疊，又有都不管地帶，最為學者詬病的主要有三：

(1) 海上行政執法資源浪費嚴重，海上執法力量的作用不能有效發揮。由於部門分割和法律規定一個方面的管理執法只能由一個部門的執法隊伍調查處理，其他部門的執法隊伍即使在海上發現違法行為，也無權進行監管。

(2) 由於某一個部門的執法力量只有權負責一個方面的執法，而不能承擔整個海域所有行政執法任務，海上執法活動涉及越來越多部門的職責和行政管理權限，部門之間職責交叉影響海上執法活動的有效進行，同時導致一些領域無人執法，出現執法真空。

(3) 多家執法力量的存在需要國家對多家力量都進行投資，也就造成執法隊伍裝

備「重複建設」的浪費問題。

　　雖然在地方層級的政府，越來越朝向海上統一執法，由漁政和海監先行整合，但是在國家一級，仍然難以跨越部門界線，未來如何整合是一大問題。

　　1982 年通過的「聯合國海洋法公約」，及國際間海洋意識抬頭，海洋權益爭奪日劇，影響中國 90 年代以後海洋事務發展及海域執法機制快速變革，中國深切認識到海洋疆域及資源的重要性與利益。1991 年 1 月召開的首次海洋工作會議，通過了「九十年代中國海洋政策和工作綱要」，中國國家主席江澤民在會中的一席話：「不少科學家預言：21 世紀將是海洋世紀。……我們一定要從戰略高度認識海洋，增強全民族的海洋觀念」[10]，使中國海洋事務被提升到「戰略高度」的趨勢。這一階段直迄 2010 年，中國海域執法機制，除了上文執法隊伍的快速變革以因應國際、國內海洋環境發展趨勢外，在國際海洋活動及海洋法律規範方面，中國也能積極介入蓬勃發展。這段期間中國於 1996 年 5 月 15 日，國家主席江澤民根據第 8 屆全國人大常委會第 19 次會議的決定，簽署了「聯合國海洋法公約」批准書，正式提交加入「聯合國海洋法公約」。

　　1996 年 11 月 15 日起為期 5 天，第 24 屆世界海洋和平大會在北京召開，有包括美國、日本、加拿大等 20 多個國家、150 多位法學家、海洋科學家與社會運動者參加，會議主題是「海洋管理與 21 世紀」。會議最主要的目的在於深化「海洋是全人類共同遺產」的觀念，強調對海洋的保護，會議研討的結果以建議的形式送交聯合國大會。

　　1998 國際海洋年的活動由聯合國教科文組織、政府間海洋學委員會和聯合國環境計畫署聯合舉辦，主題定為「海洋—人類共同的遺產」，中國由國家海洋局主導，成立了宣傳領導小組，宣傳活動包括：

　　(1) 發布「中國海洋事業的發展」白皮書。

　　(2) 組織政府代表團參加九八里斯本世界博覽會及國際海洋年慶祝活動。

　　(3) 7 月 18 日「世界海洋日」時，在北京和全國沿海城市召開海洋日宣傳大會，主題是「愛我藍色國土」。

　　中國 90 年代海洋立法可謂為該國海洋政策的推動，奠下重要的基礎，為過去缺乏海洋法令依據的海洋管理確立執法依據。以立法的數量來看，十餘年之中相關法令就有 46 個，以下依據立法層級區分，表列如表 5-2，並擇其較為重要的法令加以說明：

10 1996年3月29日，解放軍報，第三版。

表 5-2　90 年代以來中國通過海洋相關法令一覽表

◎全國人大常委會頒布的法律
中華人民共和國領海及毗連區法（1992年2月25日）
中華人民共和國海商法（1992年11月7日）
批准「聯合國海洋法公約」的決定（1996年5月15日）
中華人民共和國礦產資源法（1996年8月29日修正）
中華人民共和國專屬經濟區與大陸架法（1998年6月26日）
修訂中華人民共和國海洋環境保護法（1999年12月25日）
◎國務院頒布的行政法規
中華人民共和國防治陸源污染物污染損害海洋環境管理條例（1990年5月25日）
中華人民共和國防治海岸工程建設項目污染損害海洋環境管理條例（1990年5月25日）
關於中華人民共和國領海基線的聲明（1996年5月15日）
中華人民共和國涉外海洋科學研究管理規定（1996年6月18日）
礦產資源勘查區塊登記管理辦法（1998年2月12日）
礦產資源開採登記管理辦法（1998年2月12日）
中華人民共和國防止拆船污染環境管理條例（1988年5月18日）
◎國土資源部、國家海洋行政機關頒布的規章和規範性檔案
中華人民共和國海洋石油勘探開發環境保護管理條例實施辦法（1990年9月25日）
中華人民共和國海洋傾廢管理條例實施辦法（1990年9月20日）
中華人民共和國鋪設海底電纜管道管理規定實施辦法（1992年8月26日）
關於發放海底電纜管道鋪設施工許可證的通知（1993年3月3日）
國家海域使用管理暫行規定（1993年5月31日）
海洋自然保護區管理辦法（1995年5月29日）
海洋環境預報與海洋災害預報警報發布管理規定（1996年5月）
海洋專項工程勘察設計資格管理辦法（1996年1月26日）
專項海洋環境預報服務資格證書管理辦法（1996年3月5日）
海洋標準化管理規定（1997年1月30日）
海域使用可行性論證管理辦法（1998年10月29日）

表5-2　90年代以來中國通過海洋相關法令一覽表（續）

海域使用申報審批管理辦法（1998年10月29日）
海域使用許可證管理辦法（1998年10月29日）
海域使用可行性論證機構資質管理辦法（1998年10月29日）
關於做好海岸工程建設專案環境影響報告書審核工作的通知（1998年12月14日）
海砂開採使用海域論證管理暫行辦法（1999年8月）
國土資源部關於加強海砂開採管理的通知（1999年2月23日）
國土資源部關於開展對勘查開採海砂等礦產資源監督檢查的通知（1999年11月）
◎全國人大常委會頒布的法律
中華人民共和國漁業法（2000年10月31日修正）
中華人民共和國對外合作開採海洋石油資源條例（2001年9月23日修訂）
中華人民共和國海域使用管理法（2001年10月27日）
中華人民共和國港口法（2003年6月28日）
◎國土資源部、國家海洋行政機關頒布的規章和規範性檔案
海洋赤潮信息管理暫行規定（2002年1月22日）
海域使用申請審批暫行辦法（2002年4月5日）
海域使用權爭議調解處理辦法（2002年4月28日）
海域使用論證資質管理規定
海域使用權證書管理辦法
海洋石油平臺棄置管理暫行辦法（2002年6月24日）
海域使用測量管理辦法（2002年6月28）
海域使用權登記辦法（2002年7月12日）
海洋行政處罰實施辦法（2002年12月12日）
省級海洋功能區劃審批辦法
報國務院批准的項目用海審批辦法
無居民海島保護與利用管理規定（2003年7月1日）
傾倒區管理暫行規定（2003年11月14日）
海底電纜管道保護規定（2003年12月30日）

資料來源：自行整理。

　　新世紀之初，適逢中國大陸領導人新舊權力交替的重要時刻，上一世紀末經濟快速成長遺留下的後遺症，成為本時期必須處理的難題。例如環境災難加劇，各種陸地污染嚴重污染海域，衝擊到其他用途的用海事業，需要從國家的角度來統籌安排海域使用管理的功能區劃，進而由各省市落實海域的有償使用。同時，新世紀也有新的挑戰，海洋問題事實上不是當前中國內政所面臨的主要問題，因此在施政重心上，海洋政策並非重點，這也是中國國家海洋局頻頻呼籲的海洋綜合管理體制未獲得實現的主因。

　　2010 年以來中國黨政機關關注海洋發展及管理問題，呼籲應成立海洋部，中國社科院法學所近期完成的一項報告認為，中國應該考慮在國家設立專門海洋行政管理機構，統一行使海洋職能。在設立統一的海洋執法部門條件成熟前，可以先成立一個涉海部門的協調機制。另外還要整合海洋資源和海洋環境的行政管理職能。經中國大陸 18 屆二中全會討論結果暫不成立，而是先由中央成立海權辦來協調 20 多個部委。而海洋局機構變動不會太大，僅僅是有可能將農業部的漁政部門和國家海洋局的海監部門整合，至於其他 3 個涉海的部委行政部門，比如海事、邊防和海關執法部門，暫時不會涉及。近期海洋局的改革，仍只是有序進行，而不是一步到位，但是從更長遠的角度看，海洋局進一步擴權的趨勢難以改變。目前中國海洋執法部門有 5 支隊伍，即海監、漁政、海事、邊防和海關，此被稱為「五龍治海」，分別屬於國家海洋局、農業部、交通部、公安部和海關總署。其中國家海洋局有中國海監總隊，農業部有多個海洋的漁政局，交通部有海事局，公安部有邊防局，海關總署有緝私局，分別對海洋環保、海洋科研和權益，漁業，海上交通，邊防安全、走私等業務進行管理。

（五）中國海域執法隊伍的整合

　　長期以來，中國海上執法力量分散。國家海洋局的中國海監、公安部的邊防海警、農業部的中國漁政、海關總署的海上緝私警察、交通運輸部的海事局、撈救局等執法隊伍各自職能單一，執法過程中遇到非職責範圍內的違法行為無權處理，影響執法效果。每支隊伍都自建專用碼頭、艦船、通訊和保障系統，造成重複建設、資源浪費。而且幾支隊伍重複發證、重複檢查，成本高、效率低，增加了企業和群眾負擔。海上執法力量分散問題一直是多年來中國政府想解決而沒解決的問題，同時也引起社會各界高度關注與抨擊。

　　中國政府為加強海洋資源保護和合理利用，維護該國海洋權益，認為有必要整合海上執法力量。2012 年提出方案，並於 2013 年 3 月 10 日，12 屆全國人大一次會議

舉行第 3 次全體會議通過，將現有的國家海洋局及其中國海監、公安部邊防海警、農業部中國漁政、海關總署海上緝私警察的隊伍和職責進行整合，以「中國海警局」名義開展海上維權執法，接受公安部業務指導。另外重新組建國家海洋局，由國土資源部管理。主要職責是擬訂海洋發展規劃、實施海上維權執法、監督管理海域使用、海洋環境保護等。

重組後的國家海洋局在海洋綜合管理和海上維權執法兩個方面的職責得到加強。國家海洋局將內設海警司（海警司令部、中國海警指揮中心），負責承擔統一指揮調度海警隊伍，開展海上維權執法活動具體工作，組織編制並實施海警業務建設規劃、計畫，組織開展，海警隊伍業務訓練等工作。國家海洋局北海分局、東海分局、南海分局對外以中國海警北海分局、東海分局、南海分局名義開展海上維權執法。3 個海區分局在沿海省（自治區、直轄市）設置 11 個海警總隊及其支隊，如圖 5-10。中國海警局部分原有執法船艦並著手更改統一舷號、徽章和塗裝。中國海警船統一採用白色船體，船上塗有紅藍相間條紋、以及新的中國海警徽章和醒目的「中國海警 CHINA COASTGUARD」標誌。中國海警船船身塗裝，從前往後依次是一道藍色細斜槓（代表渤海）、一道紅色粗斜槓（代表中國）、三道藍色細斜槓（代表黃海、東海和南海）。

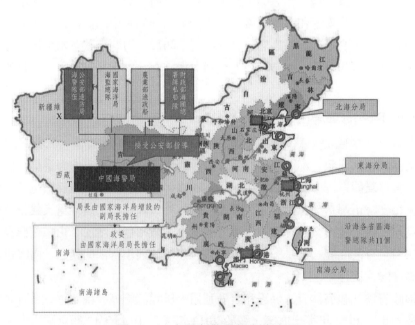

圖 5-10　中國海警局編制概況圖

資料來源：作者自繪。

表 5-3　中國海警局編制表

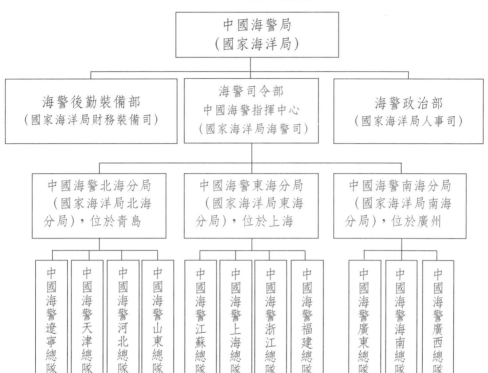

資料來源：https://zh.wikipedia.org/wiki/%E4%B8%AD%E5%9C%8B%E6%B5%B7%E8%AD%A6資料，作者自繪。

　　新編成船艦人員如圖 5-11。中國海警船編號，依海區海警艦艇舷號編為四碼（海區編碼）及五碼（省級編碼）：例如中國海警 3401，第一位為海區編號：1 代表北海（遼寧、河北、天津、山東），2 代表東海（江蘇、上海、浙江、福建），3 代表南海（廣東、廣西、海南）。第二位為船的噸位：0 代表 1,000 噸以下，1 代表 1,000噸級，4 代表 4,000 噸級。

　　後兩位為船的序號或船原來的編號。如海監、漁政、海關、海警的船碰到編號一樣的，那可能會有所變動。省級地方使用五位編號：例如中國海警 37102，前兩位為省分代碼：12 天津、13 河北、21 遼寧、31 上海、32 江蘇、33 浙江、35 福建、37山東、44 廣東、45 廣西、46 海南。第三位為船的噸位：500 噸以下為 0，500 噸以上為 1。後兩位為船的序號，多從 01 開始編號。

圖 5-11　中國海警局新編成船艦人員

　　中國海警 2013 年掛牌成軍後，為解決海上執法船噸位小，火力弱，及船型、船種來自各機關，設計廠牌複雜的不利狀況，著手建造了大批性能優良，噸位較大，武器裝備精良的海上執法船艦。根據美國國防部最新「亞太海洋安全戰略」調查報告[11]：中國海警目前擁有超過 500 噸噸位以上的執法船 205 艘，其中千噸以上 95 艘，已經超過日本 53 艘＋美國 40 艘之和，而且這一數字目前還在迅速增加，中國海警將成為西太平洋地區不可忽視的一股海上力量。尤其中國還發展建造萬噸級以上超大型執法船艦，已下水的有「海警 2901 船」及「海警 3901 船」兩艘，如圖 5-12。該船有兩大特點，一是噸位大，二是火力強，中國準備近期（2016 年～2017 年）完成共4 艘同型執法船艦。海警 2901、3901 二船在船艏安裝了 76 毫米艦爽快砲，與美國現役「漢密爾頓」級巡邏艦安裝的火砲屬於同一口徑。此外，該船的噸位達到了驚人的1.2 萬噸，取代日本敷島級成為世界上最大的海警船。

---

11 https://www.powerapple.com/news/li-shi-jun-shi/2015/12/7/2525434.html。

圖 5-12　中國海警 2901、3901 船

第三節　我國的海域執法機制

　　我國海防工作長期以來係由內政部、國防部、財政部等單位，分別執掌相關事務，因事權不一，衍生諸多困擾。1987 年解除戒嚴後，臺灣與大陸地區互動頻繁，又因社會型態、價值觀改變，致使槍、毒及農漁產品走私日益猖獗，嚴重影響社會治安。有鑑於此，政府為肆應世界潮流，有效管理海域，爭取我國海洋權益，於 1999 年 3 月 18 日國家安全會議提議成立海巡專責機構，以統一我國岸、海事權，發揮整體效能；經行政院成立籌備委員會研議後，於 2000 年 1 月 15 日立法院通過「海岸巡防法」等五法（附錄七），合併原海岸巡防司令部、水上警察局、海關緝私單位及一般文職單位人員成立「行政院海岸巡防署」，積極朝向有效經營及管理海洋發展，致力於維護海洋主權及海洋資源的開發利用，落實「海洋立國」之政策目標，並與國際海洋社群及海洋發展趨勢接軌，開創我國海域及海岸巡防之新紀元。

一、我國海域執法機關的功能屬性

　　海域執法體制的觀念包括海域執法機制（Maritime Enforcement Mechanism）與海域執法力量（Maritime Enforcement Force or Power），前者是為海域執法所建立的行政機關及相關的典章制度，後者為海域執法機關（在我國現行體制中稱之為海岸巡防機關）所擁有的具體武力或力量。在 1982 年「聯合國海洋法公約」的架構下，我國於 1988 年 1 月 21 日公布施行了「中華民國領海及鄰接區法」及「中華民國專屬經濟海域及大陸礁層法」兩部海域基本立法，再加上原先已存在之漁業法，之後

所制定之海洋環境污染防治法[12]等與海域相關之法律，共同建構了我國的海域立法體制。為執行這些可施行於海域的法規，就需要海域執法體制（Maritime Enforcement Regime）的存在，用以維持海域中的法律秩序。

海岸巡防機關存在的目的即在維護海域疆界的主權與安全及海域中的法律秩序。因此，海岸巡防機關的功能，在於執行適用於我國管轄海域之中的我國法規，或履行我國所締結之國際協定、條約、公約在海洋上的施行。其屬性，應是一執法機關。

以行政法的觀念而言，我國海域執法機關行政院海岸巡防署（以下簡稱海巡署）不是各實體法之「主管機關」，而是「執行機關」。各項海洋事務之立法仍是由相關之主管機關提出立法草案，譬如漁業事務或漁業資源保育工作所需之漁業法的修正由漁業法主管機關行政院農業委員會漁業署研擬法律修正案，海洋污染事務由行政院環境保護署提出海洋污染防治法草案，外國船舶在我國領海中無害通過之管理則係由交通部草擬相應之法規草案，我國管轄海域內海洋科學研究之許可與管理由行政院國家科學委員會來草擬提出相關法規等，海巡署之職權在於這些法規的執法，或曰執行。基於以上的理念，海巡署即應在定性上與實體法之主管機關間有清楚之區隔。

海巡署目前之功能除海域執法外，尚包括岸際人員、船舶、貨物入出之管制與安檢任務，在功能與任務上納入了出入國移民或國境管制（Border Control）與海關（Customs）緝私的工作，以及我國因大陸軍事與政治「威脅」下所特有的「安檢」工作；換言之，目前有人認為海岸巡防法中所謂對人員、船舶及載運物品所實施之「安全檢查」是依「國家安全法」概念下的「安全檢查」（Security Check），並非對船舶適航性（Seaworthiness）概念下的「船舶安全」檢查（Safety Check），及為保障乘員生命安全的逃生滅火設施之安全設備檢查，此種理解與作為，與民眾日益高漲的法治人權、開放海洋等思維，將發生衝擊，有必要加以調整。

綜言之，我國海巡署現行之組織屬性，除為海域與海岸巡防之執法機關；同時，在海岸巡防法第4條第1項第6款中賦予海巡署「海洋事務研究發展事項」的職權，此一職掌之法律授權，使得海巡署之職掌超越海域及海岸巡防的範疇，對我國海洋事務之研究發展擁有研究制定之職權，亦是海洋政策之制定者，因此海巡署亦為「特定政策領域」制定管理機關。

---

12 民國89年11月1日公布施行。

二、我國海域執法機關的地域與事務管轄

我國海岸巡防機關的地域與事務範圍，主要是侷限於海岸及海域。依據海岸巡防法第 2 條第 2 款規定相關地域範圍如下：

（一）海岸是指低潮線以上之陸地。此陸地延伸至高潮線以上 500 公尺以內之陸地。海岸包括近海沙洲。

（二）海域是指中華民國領海及鄰接區法與中華民國專屬經濟海域及大陸礁層法所規定之領海、鄰接區及專屬經濟海域。該條文未曾提及內水，可能讓人以為海岸巡防機關職權的土地範圍不包括內水。其實，內水是指存在於海岸與領海之間的海域。若海岸巡防法把領海以及海岸納入海岸巡防機關事務的地域管轄範圍，那麼存在於海岸與領海之間的內水不可能被剔除於海岸巡防機關事務的地域範圍之外。因此，內水仍應屬於海岸巡防法第 2 條第 2 款所稱之海域範圍。

（三）河口，依海岸巡防法第 4 條第 1 項第 3 款的河口，僅可能是指河口內之水域，亦即：河流注入海之前的河道內水域，至於此河道如何確定，則經由適用法律機關（海岸巡防機關）解釋予以認定。

（四）非通商口岸是指交通部各港務機關主管之通商口岸以外的各種港口及港區，包括各類漁港、泊地、遊艇港、工業港等。但通商口岸的查緝走私仍屬財政機關掌理。

若依海岸巡防法第 2 條第 2 款的規定來看，公海不屬於海岸巡防機關的地域管轄範圍。但是，依據中華民國領海及鄰接區法第 17 條的規定，海岸巡防機關得把安全檢查、查緝走私、防止非法入出國及相關之犯罪調查之行為由內水、領海或鄰接區延伸至公海上。除前述情形外，若海岸巡防機關受其他機關委託在公海上為執行行為時，海岸巡防機關亦得在公海上為執行行為。

此外，船舶是各船旗國的流動領土，各船旗國的船舶航行於沿海國領海以外的海域（包括公海），依國際法及國際慣例由船旗國管轄。我國船舶若在公海或其他沿海國領海以外的海域發生犯罪行為，應由我國管轄。至於國內應由哪一個治安機關主管，迄目前為止，國內相關治安機關組織法職掌內並無明文規定。自海巡署成立後，這類案件已習慣由船籍所在地的檢察機關，指揮當地海巡機關處理。

整體來說，海岸巡防機關地域管轄的範圍是海岸及海域。但海岸巡防機關職權項目是多元化的。而各個事務項目之地域範圍並不盡然相同。海岸巡防法第 4 條第 1 項明定海岸巡防機關所掌事務如下：

（一）海岸管制區之管制及安全維護事項。

（二）入出港船舶或其他水上運輸工具之安全檢查事項。

（三）海域、海岸、河口與非通商口岸之查緝走私、防止非法入出國、執行通商口岸人員之安全檢查及其他犯罪調查事項。

（四）海域及海岸巡防涉外事務之協調、調查及處理事項。

（五）走私情報之蒐集、滲透及安全情報之調查處理事項。

（六）海洋事務研究發展事項。

（七）執行事項：

1. 海上交通秩序之管制及維護事項。

2. 海上救難、海洋災害救護及海上糾紛之處理事項。

3. 漁業巡護及漁業資源之維護事項。

4. 海洋環境保護及保育事項。

（八）其他有關海岸巡防之事項。

綜上職掌海岸巡防機關掌理的事務歸納如下：

（一）在內水及領海中的水上運輸工具的安全檢查。

（二）在通商口岸的人員安全檢查。

（三）在河口、非通商口岸、內水、領海及鄰接區的查緝走私。

（四）在河口、海岸、內水、領海、鄰接區防止非法入出國。

（五）有關前述各項的犯罪調查。

（六）海洋污染防治法上之取締、蒐證及移送。

（七）海岸管制區的管制及安全維護。

（八）海域及海岸涉外事務之協調、調查、處理。

（九）走私情報蒐集，滲透及安全情報之調查及處理。

（十）海洋事務研究發展。

（十一）接受其他行政機關在交通管理、漁業巡護、海洋環境保護、海上救難、災害救護、海上糾紛處理等方面的授權而為執行。

海岸巡防機關應針對其所掌各種事務為各種執行行為。執行行為之種類及方法，依據不同法規，予以確定：

（一）水上運輸工具的安全檢查及通商口岸人員的安全檢查，適用於國家安全法之規定，不足時適用海岸巡防法規定。

（二）查緝走私適用關稅法規之規定，不足時適用海岸巡防法規定。

（三）防止非法入出境適用入出國相關法規，不足時適用海岸巡防法規定。

（四）海洋污染之取締、蒐證及移送適用海洋污染防治法規定，不足時適用海岸

巡防法規定。

（五）犯罪偵察適用刑事訴訟法規定，不足時適用海岸巡防法規定。

（六）海岸管制區及維護適用國家安全法之規定，不足時適用海岸巡防法規定。

（七）海域及海岸巡防涉外事務之調查及處理、走私情報蒐集、滲透及安全情報之調查及處理，適用海岸巡防法之執行規定。

三、我國海域執法機關的組織架構

2000 年 1 月 28 日「行政院海岸巡防署」成立，職司維護臺灣地區海域及海岸秩序，與資源之保護利用，確保國家安全，保障人民權益。行政院海岸巡防署之組織為署長下設置政務副署長、常務副署長及主任秘書，下設企劃處、巡防處、情報處、後勤處、通電資訊處、秘書室、人事處、會計處、政風處、勤指中心、空巡中心、法規委員會、訴願委員會、國家賠償委員會、海洋事務研究委員會、教育訓練中心、海岸巡防總局、海洋巡防總局。海洋巡防總局下轄第 16 個海巡隊、北中南東 4 個機動海巡隊與直屬船隊。海岸巡防總局下轄北部、中部、南部、東部 4 個地區巡防局，下轄 8 個岸巡總隊、18 個岸巡大隊及東、南沙指揮部。地區巡防局（含）以上為機關型態，總（大）隊（含）以下為全軍職單位，海巡署組織系統圖如圖 5-13。

成立之初，海岸巡防總局及其所屬地區巡防局以下之機關、單位多維持軍事機關之編制，因此從署本部、海岸巡防總局至基層安檢所、哨所等一線執勤單位，高達 7、8 層之組織層級，在指揮及調度反應上均嫌過於龐雜冗長。為縮短組織層級、提高行政效率，於 2002 年 4 月 1 日進行第一波組織調整，將各地區巡防局所屬岸巡單位由原「總隊、大隊、中隊、區隊、分隊」5 個層級，簡併為「總（大）隊」及「安檢所、機動巡邏站」2 個層級，並由志願役軍官取代義務役士官執行安檢工作，以縮減指揮控幅及提升執檢人員素質。另於 2003 年 9 月 1 日進行第二波組織調整，配合近岸巡防艇及岸際雷達建置，提升基層岸巡單位，裁減機動巡邏站，使裝備與人力配置更合理。

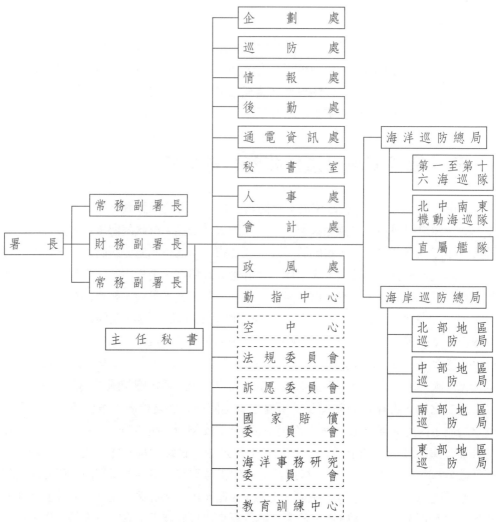

圖 5-13 行政院海岸巡防署組織系統圖

資料來源：http://www.cga.gov.tw/about_cga/Organize.asp，2008年2月12日。

　　然事實上，在岸、海單位分立之運作模式下，往往造成勤務無法有效統合、情資無法共享運用及查緝資源難以充分發揮之困境，更影響效率，海巡署遂於 2005 年以任務編組方式[13]，採階段性推動「地區責任制」[14]，在臺灣本島、金門、馬祖及澎湖等

---

13 設置依據為中央行政機關組織基準法第28條規定：「機關得視業務需要設任務編組，所需人員，應由相關人員派充或兼任」；行政院海岸巡防署組織法第10條：「本署設海洋巡防總局、海岸巡防總局執行本法所訂事務，其組織法另以法令訂之。前項機關得視業務需要調整之」。
14 第一階段：2005年4月16日於金門地區試辦。第二階段：2005年6月1日於馬祖、澎湖及本島北基地區試辦。第三階段：2005年7月1日於本島地區全面實施。

地區成立 13 個巡防區：第一（宜蘭）巡防區、第二（北基）巡防區、第三（桃竹）巡防區、第四（中彰）巡防區、第五（雲嘉）巡防區、第六（臺南）巡防區、第七（高雄）巡防區、第八（屏東）巡防區、第九（花蓮）巡防區、第十（臺東）巡防區、第十一（馬祖）巡防區、第十二（金門）巡防區、第十三（澎湖）巡防區；各納編 3 至 7 個岸、海單位，負責統合地區整體巡防勤務，以強化各項查緝、救難能量（有關各巡防區責任地境劃分表如圖 5-14、組織系統如圖 5-15）。

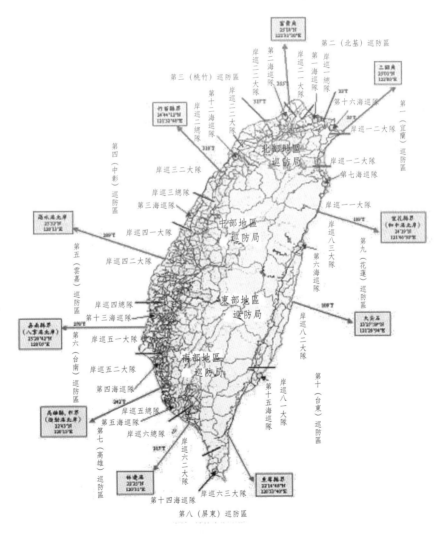

圖 5-14　行政院海岸巡防署各巡防區責任地境劃分表

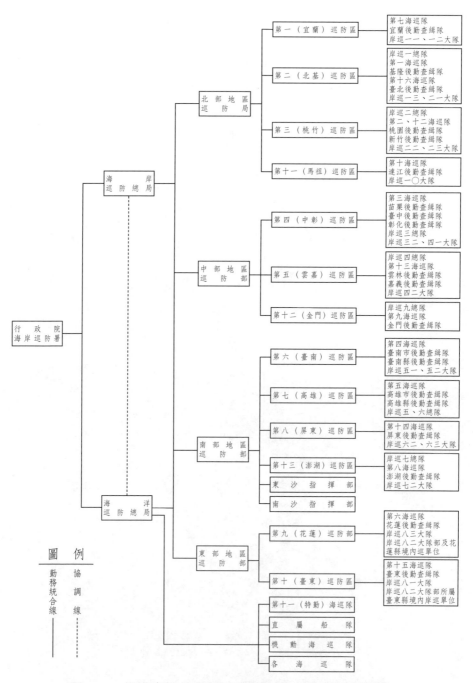

圖 5-15　行政院海岸巡防署組織系統圖（含巡防區架構）

資料來源：海巡署網頁。

四、我國與各國海域管轄機關任務工作之比較

美國、加拿大、英國、日本、韓國除了加拿大的海岸防衛隊以外（如：美國海岸防衛隊依「海岸防衛隊法」、加拿大海岸防衛隊依「運輸部法」、英國海事巡防局依其前身海岸防衛隊的「海岸防衛隊法」、日本海上保安廳依「海上保安廳法」、韓國海洋警察廳依韓國「海洋警察法」），均係對於海域管轄機關的組織與任務執行需求，直接訂立一母法，以作為組織編制與執法依據，對照我國海巡機關，行政院海岸巡防署亦是直接成立一母法——「海岸巡防法」。此種直接對機關立法的好處是，使得海巡機關對於母法所規範的法定執行事項，可直接制定行政命令來補充說明母法規定並執行，在這種情況下，海巡機關處於一種主動立法並執行的地位。不像加拿大海岸防衛隊依據「運輸部法」執行，其法定執行事項亦必須仰賴運輸部制定行政命令方能補充說明與執行，完全處於被動的執行地位。

由美、加、英、日、韓等各國海管轄機關依據其組織法律所執行的任務比較，可歸納出下列幾項：

（一）治安維護方面：美國、日本、韓國及我國等四國海域管轄機關負有海上治安維護之任務。

（二）環境保護方面：美國、英國、加拿大、日本、韓國及我國等六國海域管轄機關皆負有環境保護之任務，但英國僅採事先預防之措施，污染清除交由民間油污處理公司。

（三）漁業資源方面：美國、加拿大、韓國及我國等四國海域管轄機關皆負有漁業資源保護之任務，英國及日本則無。

（四）交通管理方面：美國、加拿大、英國、韓國及日本等五國海域管轄機關皆負有交通管理之任務，我國交通管理則由交通部所屬單位負責，海巡署負責執行，惟迄目前為止尚無執行之程序法可據以執行。

（五）災難救護方面：美國、英國、加拿大、日本、韓國及我國等六國海域管轄機關皆將災難救護之任務列為主要任務之一。

（六）特殊事項：

1. 美國海岸巡防組織負有軍事安全之任務，提供國防部要求之核心能力，及破冰服務。

2. 加拿大海岸巡防組織負有破冰任務，保護船舶通過冰區，以及海洋科技和工程技術操作服務。

3. 日本海岸巡防組織負有海洋科學研究活動以及海洋資訊提供之任務。

4. 我國海岸巡防組織負有海岸管制區之管制及安全維護事項，以及非通商口岸之船舶安全檢查。

由於美國、加拿大、英國、日本、韓國之憲政制度政治文化與歷史背景等各有不同，致使其海域管轄機關的任務與角色略有差異。美國海岸防衛隊隸屬於運輸部，主要任務為維護海上安全、海上執法、搜索與救難、海洋污染防治等，戰爭事變時海岸防衛隊即依平時戰時任務轉換，由原來的運輸部改隸國防部，擔任港口安全及執行禁運工作。加拿大海岸防衛隊隸屬於海洋漁業部，主要任務包含航行安全管理、海洋環境防治、搜索與救難等，未被賦予海上執法任務與戰時任務。英國海事巡防局隸屬於交通部，主要任務包含船舶安全管理、搜索與救難等，未被賦予海上執法任務與戰時任務。日本海上保安廳隸屬於運輸部，主要任務包含航行安全管理、海洋環境防治、搜索與救難、海上執法任務等，未被賦予戰時任務。

是以，美國與日本的海巡機關以執法與海事服務為主，而加拿大與英國海巡機關僅以海事服務為主。而我國海巡機關在未來的發展，是否應參照各國做法，並整合航政管理、漁業資源管理，以朝主管業務及執法與服務並重的目標發展。至於戰時任務，我國在將海巡機關劃入國防作戰體系與美國有相似的規定。

以我國行政院海岸巡防署的任務與其他國家海巡機關相比較，可發現在海域執法、海上交通秩序管制及維護、海上災難救助、漁業資源維護、海洋環境保護與保育均相同，惟與他國不同且他國制度可供我國海岸巡防機關借鏡的是資訊整合系統（美國、日本、加拿大）、海域測繪（美國、日本）、助航設施管理（美國、日本、加拿大）、海事檢驗（美國）、與航海證照（美國）。上述各制度的借鏡理由可分述如下：

（一）提升我國海事服務體系運作效率：藉由相關海事權責的統一，可將各類海事資訊（如海域資訊、天候資訊、交通密度或事故等）與助航設備（如雷達，區域廣播、航標等）整合，提升我國海事服務體系運作效率。

（二）減少海域事故與污染：可藉由平日執勤時對相關船舶的服務與瞭解，增加我國海巡機關對於航行境內的各式船舶與人員進行查驗與發放證照之准駁及管制，預防我國境內海域事故與污染。

（三）增強防衛戰鬥能力：可藉由與國防部的系統整合通聯合作訓練，提升海岸巡防署防衛武器及戰鬥能力，一方面可以恫嚇海域不法，另一方面可於國家緊急事故時提供防衛功效。

第四節　我國海岸巡防機關問題探討

　　我國海岸巡防機關行政院海岸巡防署可說是「倉促成軍」，而不是一個「深入研究」的結果。2000 年政府設置海岸巡防機關的真正目的，是在收納面臨裁撤之海巡防司令部的軍事人員。但海岸巡防機關也同時把水上警察機關及財政部海關緝私人員一併納編。海岸巡防機關雖然定性在普通行政機關，但卻仍存在一些軍事文化與做法，其人員也兼含軍職及文職人員。海岸巡防機關的法令依據——海岸巡防五法，是 2000 年在執政黨強勢表決下完成立法程序 [15]，並經總統於民國 89 年 1 月 26 日公布生效。該等法案從起草、審查、表決的過程均引來相當的爭議。

　　相關的爭議包括海巡署是一個「編成的機關」，並非是一個依據其機關任務功能取向，而去徵選或培訓專業人才所組成的機關。海巡署的任務功能為海域執法、海事服務及海洋事務。惟其初步編成之人員 80% 以上來自陸軍之海巡防司令部（原警備總部）及憲兵兵種人員，與執行之任務、產出之功能、所需之航海、執法、海事服務等專業技能相去甚遠，這樣一個編成的組織，未來是否能發揮應有成效，讓很多學者及專業人士質疑？甚至有學者形容這種現象宛如「由傳統製鞋工廠的員工，將其編成高科技設計製造業員工」一般。

　　為避免引發更多的評論與負面聯想，海巡署在 2004 年起發行一系列刊物中，將海巡署成立定位為係順應 1994 年「聯合國海洋法公約」生效。及自 1998 年以來我國一連串「海域二法」[16] 立法，及領海基線、領海及鄰接區範圍的劃定趨勢下，所必須成立的一個海域綜合執法機關，以積極朝向海洋發展，致力於維護海洋主權及海洋資源的開發利用，落實「海洋立國」之政策目標，並與國際海洋社群及海洋發展趨勢接軌，開創我國海域及海岸巡防之新紀元。

　　在所面臨的諸問題中，有兩項問題彼此互相牽制影響，那就是「岸海分立」及「軍文並用」。這樣的一個組織狀況會衍生出哪些問題，經過近十年的運作，發生的狀況分析如下：

---

15 有關該法案審查表決的過程，參閱民國 89 年 1 月 15 日，中時電子時報焦點新聞：「『海巡五法』三讀，政院下設海巡署」。

16 民國 87（1998）年 1 月公布「中華民國領海及臨接區法」及「中華民國專屬經濟海域及大陸礁層法」。

一、「岸海分立」的問題

海巡署成立之初，因岸際勤務和海域勤務特性迥異，並考量被編成機關（單位）之屬性，特依各自專業及特性，分設海洋、海岸巡防兩總局，以維護海域及海岸秩序。基於成立初期之政治環境、朝野意見及國家需要等眾多因素，此等設計實屬囿於現實環境權宜規劃，惟岸海組織「法規分定」及「職掌分立」之設計，經多年融合及運作，逐漸浮現人員難以交流，勤務難以整合，無法於基層單位落實岸海合一之精神等問題，詳細分述如下。

（一）岸、海垂直構面層級不同，彼此聯繫困難：海巡署成立之初，海洋巡防總局只有 2 個層級，海岸巡防總局則 6 個層級，故除二個總局其地位平等，聯繫並無困難外，在階級意識較濃之軍、警文化下，海洋總局之海巡隊究應與海岸總局何單位聯繫，確實產生窒礙。

（二）岸、海、空通信系統歧異，通聯不易：海岸總局與其所屬單位、海洋總局與其海巡隊及船艦，原來各有其通信系統；自 2005 年起海巡署逐步建置數位通訊系統，希望借此統合岸海通訊聯絡，由金、馬及澎湖外島開始建置並做實驗，惟本島雖已完成規劃，但因預算龐大，各方廠商覬覦，且各地設置高塔恐引發當地居民抗爭而作罷。另外海岸、海洋總局各有其岸際及船舶雷達偵監或船位回報系統，各自管制及指揮運用，常發生糾葛紛爭。

（三）岸、海辦案合作不易，衍生搶功現象：海岸總局在偵辦走私及非法入出國等刑事案件上，主力為各地區巡防局機動查緝隊，如果他們蒐獲自海上走私或偷渡之情資，若不與海巡隊合作，則難以破獲，若與海巡隊合作，又恐成為「協辦單位」，而讓海巡隊成為「主辦單位」，影響其績效，致使許多案件機動查緝隊監控鎖定後寧願讓其上岸入境，再下手查緝，而不願在海域查緝，惟許多案件在內陸查獲後，卻又引起其他司法警察機關抨擊內陸並非海巡署地域管轄範圍，海巡署之查緝行為侵犯其地域管轄職權，因而要求海巡署在內陸查獲之案件應由他們主辦移送司法機關等情。而海巡隊亦有其做法，他們認為某些案件乃根據其自己之情資查獲，或因其海上登檢而查獲，其他單位卻於查獲後或查獲時，主張係其監控之案件。例如 2004 年發生在布袋查獲「通順輪」走私大批洋煙案，岸巡 4 總隊及第 13 海巡隊各獲情報，查獲當時為主辦此案，發生激烈爭執。此外，在岸際之雷哨、安檢所發現有異常船隻，有時亦未能及時通報海巡隊，以有效查緝犯罪。

二、「軍文並用」的問題

海巡署組織法第 24 條規定該組織「平時為執行海域及海岸轄區相關的法律秩序，戰時則納入國防體系」，係在考量國家政策及納編現實之階段性因素下，暫時採用如國家安全局組織「軍文併用」的體例，採用臨時過渡「定期改制」方式，預定八年後回歸以符合公務人員任用法的文職人員為主。此種過渡期間的組織，2000 年組織法在立法院立法時，即受到反對黨立委強烈反對，許多學者亦紛紛主張依我國憲法第 140 條規定「現役軍人不得兼任文官」，係為防止軍人干政而影響民主憲政之正常運作。現役軍人職責係維持國家安全為任務，且以外來侵略抗敵為主，使用手段以「殲滅」為主，至於國內的法令推動與執行，均以文官體系為主，使用手段以符合比例原則之「強制力」，使屈服受捕，繩之以法。其間內外之別，涉及法令依據、任務特質均有不同。惟海巡署組織法第 24 條規定，係考量國家政策及納編現實之階段性因素下，暫時採用如國家安全局組織「軍文併用」的體例。

此種「暫時性體例」依海巡署組織法第 22 條、所屬海岸巡防總局組織條例第 11 條及各地區巡防局組織通則第 11 條規定，俟各該組織法律施行 8 年後，海岸巡防機關人員任用，應以文職人員為主（以下簡稱 8 年條款）[17]。為符合 8 年條款要求，海巡署曾規劃執行「管制軍職人員任用」、「輔導軍職人員轉任文職」、「舉辦海巡特考」及「多元管道進用文職人員」等多項措施，期能逐年控管降低軍職人員比例。惟 8 年將滿時，至 97 年 1 月仍無法達到以文職人員為主之立法目標。無法達成肇因於各地區巡防局以上機關，雖逐步朝向以文職人員為主的機關型態發展，而各地區巡防局以下基層總大隊等勤務單位，須以全軍職任用之法律規定，相互扞格造成組織型態之矛盾設計。

海岸巡防機關組織法的八年條款所定期限，於 97 年 1 月屆期，立法院相關委員針對八年條款屢表關切，要求海巡署即時提出因應措施，以免因組織違法爭議，影響海岸巡防機關預算編列及審查，並希望海巡署解決方案能送立法院瞭解，以解決即將面臨組織違法問題，八年條款後經立法委員提案修法刪除，海巡署及相關機關未來人

---

17 八年條款包括：(1)行政院海岸巡防署組織法第22條：本署軍職人員之任用，不得逾編制員額三分之二，並應逐年降低其配比；俟本法施行八年後，本署人員任用以文職人員為主，文職人員之任用，依公務人員任用法規定辦理。(2)行政院海岸巡防署海岸巡防總局組織條例第11條：本總局軍職人員之任用，不得逾編制員額五分之四，並應逐年降低其配比；俟本條例施行八年後，本總局人員任用以文職人員為主，文職人員之任用，依公務人員任用法規定辦理。(3)行政院海岸巡防署海岸巡防總局各地區巡防局組織通則第11條：本通則施行八年後，各地區巡防局人員任用以文職人員為主，文職人員之任用，依公務人員任用法規定辦理。

員體制變成軍、文可並用狀況。海巡署成立近十年來因納編軍、警、海關、文職人員任職，並分別適用各該人員原機關之人事制度及薪資福利，造成了下列現象：

（一）同工不同酬：海巡署成立之初，軍、警、海關及文職人員，即分別支領各種不同待遇，至 2003 年經海巡特考晉用人員，因支領海巡加給，其待遇又另成一種，故該署目前共支領五種待遇，同一單位若有二種以上人員，則會互相比較，影響組織運作之和諧及工作士氣甚鉅。

（二）高階與中階以下軍職人員轉任出路差別待遇：上校以上軍職人員，其最大服役年限為 28 年，退伍後，待遇比文職優厚，且納編人員尚可以外職停役參加轉任文職人員考試，如考試及格，即可取得公務員資格，前途較有保障。中校以下人員，最大服役年限為 20 年，無法以外職停役參加轉任文職人員考試，轉任文職需通過高、普考試或特種考試，難度極高，對彼等士氣之打擊極大。

（三）軍、警、文獎懲、考績標準不一，產生不平現象：軍職人員每年有獎點，依各員表現在分配獎點額度下給予獎勵，考績甲等人數不受限；警察人員無績點制度，但為鼓勵績效，獎勵較寬，惟考績甲等比例則受限。文職人員無獎點，獎勵較嚴，考績甲等比例亦受限。

（四）職位出缺，究應由何種人員升任或外升，難下決定：海巡署軍、警、文、海關四種人員，無不期望有升遷機會，故較高職缺出缺，各身分人員莫不希望爭取，經常發生一個職缺出缺後，各不同身分爭取人員，互相攻訐，控函滿天飛，影響機關形象及團結。另究由軍、警、文、海關何種人升遷為妥當？既要考慮適才適所，又要考慮平衡性。其進用問題，常使主管難作決定。

（五）軍職人員之司法警察專業素養仍需加強：海巡署成立之初，該署及所屬機關除原警職人員外，軍職人員均未受司法警察專業教育及取得警察特考及格具司法警察（官）資格，故應無法執行犯罪調查職務。惟依海岸巡防法第 10 條第 4 款規定：巡防機關人員除原具司法警察身分者外，須經司法警察專長訓練，始得服勤執法；其辦法由行政院定之。目前海巡署大部分軍職幹部（不包括服兵役之義務役人員）雖已依行政院訂定之海岸巡防機關人員司法警察專長訓練辦法完成訓練，取得視同司法警察（官）資格，惟相關之司法警察專業素養仍有待持續加強。

（六）軍、警、文職人員，所來自之養成背景不同，核心文化及未來願景體認不同，造成強烈衝擊。尤其每遇組織調整改造，警、文職人員一直希望未來機關能朝向正常行政機關發展，業務功能朝海域發展，以符趨勢及實需。軍職人員則深怕其原有之組織人員，在調整改造時被削減，不斷的設法補充人員，茁壯軍職人員這一塊，甚至於有部分軍職領導首長，視爭取原有軍職在海巡機關的權益與發展為職志，因而

產生更激烈的暗潮衝擊。但多年來軍職人員一直無法提升在海域執法這一領域的專業技能（海巡署軍職人員多為陸軍警備系統），更未能突破組織法限制，加入海上執勤（海巡署海上勤務單位為海洋總局，其組織法人員任用以警、文職及海關人員，並無軍職職缺）。長久以來由於行政院組織改造問題延宕未解決，造成海巡署組織改造跟著延宕，以致該署近年來一直無法改變。

　　海巡署未來組織調整及走向，不論是隸屬海洋部、海洋事務委員會或其他部會下，可能由現行之二級機關調整為三級機關。目前該署已參採世界各國先進國家海巡機關體例及過去發展限制因素，同時廣徵意見，並配合我國行政院之組織調整規劃，研訂最適規模之組織架構。

第五節　進行組織再造成立海洋委員會

　　行政院於 2012 年起分階段實施政府組織改造，並將新成立海洋專責機關——「行政院海洋委員會」（附錄八），綜理國家海洋事務。原有海巡機關將置於海洋委員會之下，採岸海合一勤務方式，任務型態亦從原本海域、岸際執法，擴大業務功能增加承接海洋委員會政策指導及推動相關之業務。

　　行政院組織法修正案、中央行政機關組織基準法部分條文修正案、行政院功能業務與組織調整暫行條例案及中央政府機關總員額法案等組織改造四法案，經立法院於 2010 年 1 月 12 日及 13 日三讀通過，2010 年 2 月 3 日總統令公布，行政院及所屬部會新組織架構自 2012 年 1 月 1 日開始分階段施行。

　　其中，海洋專責機關－海洋委員會（以下簡稱海委會）係源於我國四面環海，以往人民海洋活動多所受限；加以各級教育系統並未積極實施有關海洋知識之教育，民眾對於海洋認知普遍缺乏，也缺乏海洋意識、海權觀念；海洋政策缺乏有系統之規劃；海洋文教欠缺針對國家海權發展進行整體性之規劃與推動，皆待有效整合因應，爰成立海委會，綜理海洋事務之橫向協調功能，加強海洋政策之規劃及落實推動[18]。

　　原屬二級機關之海巡署及下轄之海洋巡防總局、海岸巡防總局、4 個地區巡防

---

18 海委會及海巡署組織法草案前於100年1月20日經行政院函送立法院，另海巡署所屬四級機關（構）組織法規草案亦於100年2月14日經海巡署函送行政院組改小組。嗣後海委會籌備小組設置要點業於100年2月9日經行政院核定，其中第5點明定：籌備小組幕僚作業由海巡署負責，該小組下設組織調整及綜合規劃、員額及權益保障、法制、預決算、財產、資訊、檔案、三級機關海巡署、海巡署所屬四級機關（構）等9個配套工作分組，由海巡署相關單位負責，以期政策規劃與執行一致，發揮執行的功效。

局，因應組織改造以「人力精簡」、「變動最小」、「位置適宜」為原則，將整併為三級海巡署及 7 個地區分署、偵防分署、海洋人力發展中心等四級機關（構），人力亦配合縮編。未來將採岸海合一方式執勤，其任務型態亦從原本海域、海岸執法，擴大為承接海洋委員會政策指導並推動海洋事務，架構如圖 5-16。海委會、三級機關海巡署及所屬機關（構）掌理事項及組織架構如下。

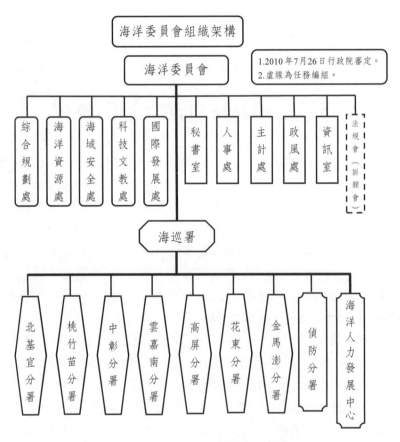

圖 5-16　海委會、海巡署組織架構圖

一、海委會掌理事項

（一）海洋總體政策與基本法令之統合規劃、推動、協調及審議。

（二）海洋產業發展之統合規劃、推動及協調。

（三）海洋環境保護、資源管理、永續發展、生物多樣性保育與污染防治之統合規劃、推動及協調。

（四）海域與海岸安全統合規劃、推動、協調及審議。

（五）海洋文化與教育之統合規劃、推動及協調。

（六）海洋科學研究與技術發展之統合規劃、推動及協調。

（七）海洋人力資源發展之統合規劃、推動及協調。

（八）「海洋國際公約」內國法化與國際合作之統合規劃、推動及協調。

（九）其他有關海洋統合事務及海域安全事項。

二、海巡署掌理事項

（一）海洋權益維護之規劃、督導及執行。

（二）海事安全維護之規劃、督導及執行。

（三）入出港船舶或其他水上運輸工具及通商口岸人員之安全檢查。

（四）海域至海岸、河口、非通商口岸之查緝走私、防止非法入出國及其他犯罪調查。

（五）公海上對中華民國船舶之登臨、檢查及犯罪調查。

（六）海域與海岸巡防涉外事務之協調、調查及處理。

（七）海域及海岸之安全調查。

（八）海岸管制區之安全維護。

（九）所屬海洋人力培育發展機構之督導、推動及協調。

（十）其他海岸巡防事項。

三、各地區分署掌理事項

（一）執行轄區之海洋權益維護事項。

（二）執行轄區之海事安全維護事項。

（三）執行轄區之入出港船舶或其他水上運輸工具及通商口岸人員之安全檢查事項。

（四）執行轄區之海域至海岸、河口、非通商口岸之查緝走私、防止非法入出國及其他犯罪調查事項。

（五）執行公海上對中華民國船舶之登臨、檢查及犯罪調查事項。

（六）執行轄區之海域及海岸巡防涉外事務之協調、調查及處理事項。

（七）執行轄區之海域及海岸安全調查事項。

（八）執行轄區之海岸管制區安全維護事項。

（九）其他依法應執行事項。

四、偵防分署掌理事項

（一）執行海域、海岸查緝走私、防止非法入出國及其他犯罪調查事項。

（二）執行海域、海岸安全調查事項。

（三）國際及兩岸偵防業務及案件之協調、調查及處理事項。

（四）偵蒐（防）、鑑識業務之規劃及相關裝備之建置、管理及運用事項。

（五）偵防諮詢業務之規劃、督導及考核事項。

（六）其他有關偵防事項。

五、海洋人力發展中心掌理事項

（一）海洋職類教育訓練計畫與流路之規劃、執行及管考事項。

（二）海洋專業職能訓練與證照制度之規劃及執行事項。

（三）國內外人力培育與發展機構之技術交流、合作及執行事項。

（四）數位學習與其他多元學習及圖書資訊之規劃、管理及執行事項。

（五）海洋人力發展知識交流與整合之規劃及執行事項。

（六）海洋人力資源發展訓練裝備、器材與資訊設施之規劃、建置、管理及維護事項。

（七）其他有關海洋人力資源發展事項。

海洋新機關的誕生與運作，是全體海巡人員所企盼的，也是國人所期待。惟「海洋委員會」法案，2010 年送入立法院審查後，意見分歧，多種立法版本出現，有主張一次到位，成立「海洋部」、「海巡部」等部會。惟中央行政機關組織基準法部分條文修正案等法案甫修訂，如再變動，勢將牽涉其他部會，尤以「農業部漁業署」、「交通建設部航港局」等新組改機關，當初在行政院內部討論時，堅決反對併入海洋部。

　　立法院幾經協商於 2015 年 6 月 6 日三讀通過海洋委員會組織四法，包括「海洋委員會組織法」、「海洋委員會海巡署組織法」、「海洋委員會海洋保育署組織法」、「國家海洋研究院組織法」。三讀通過條文指出，行政院將設立海洋委員會，下有海巡署與海洋保育署，負責統合海洋相關政策、海域與海岸巡防及海洋保育，另外還有國家海洋發展研究院，辦理海洋政策研究規劃、海洋資源調查、海洋人力培育等。而有關軍職人員能否進入海洋委員會任職的爭議，三讀通過條文規定，海洋委員會的編制得在不超過編制員額二分之一範圍內，讓官階相當的警察、軍職人員及民國 89 年隨業務移撥的關務人員任職。

　　海洋委員會（以下稱海委會）、及所屬機關（構）組織法，復經總統於 104 年 7 月 1 日公布，依各該組織法規定，施行日期由行政院以命令定之。上揭機關分階段成立，海委會、海巡署及其所屬機關為第一階段成立，海洋保育署及國家海洋研究院俟海委會成立後，組成籌備處，於 12 個月內完成協商整合移撥事宜後成立。

　　海巡署於 2015 年 7 月至 12 月邀集所屬機關及單位，召開多次組改籌備工作會議，對 2010 年海洋委員會、海巡署及其所屬機關組織架構，做微幅調整，調整前後架構如圖 5-17。

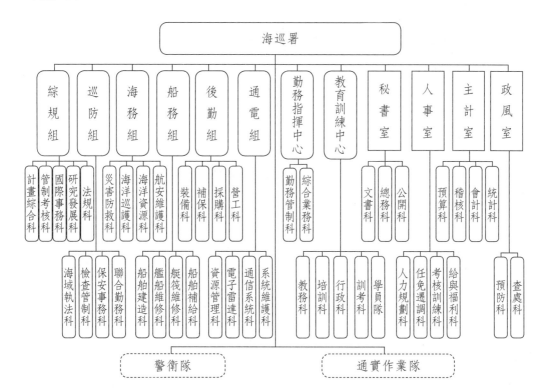

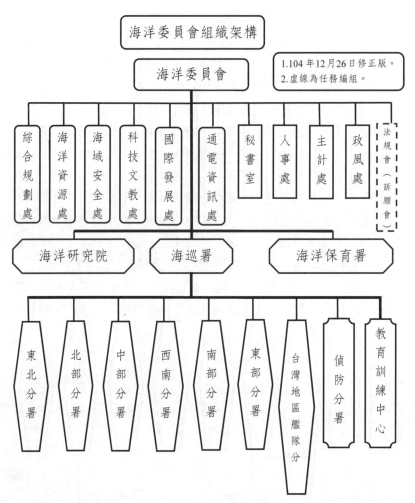

圖 5-17　海委會、海巡署組織調整前後架構圖

第六章 海域管轄執行程序

　　沿海國於特定海域發動管轄，行使職權，又稱之爲「海域執法」，所使用的手段與方法，國際間應該形成默契，成爲習慣法，否則容易在執行中造成紛爭或發生衝突。近年來海域執法使用載具以飛機及船艦爲多，特別是海域執法船艦，在針對特定船舶行使職權之際，其所得進行管轄，依據沿海國海岸距離遠近海域之不同，其權限強度亦有所差異，前章已有分析探討。本章將繼續探討執行程序與方式的問題。國際法對此問題另有詳細規範，大體上公海執法船艦對他國船舶若是有上述可疑情形存在，可進行之管轄方式（或謂程序），約略可分成三種：(1)「臨檢權」（Right of Visit and Search）；(2)「接近權」（Right of Approach）；(3)「緊追權」（Right of Hot Pursuit），分別研析如下。

第一節　國際海洋法規範的海域管轄執行程序

　　國際社會初期運用海軍進行海上執法工作，執法過程所遵循各種法律發動程序，均直接援用海戰交戰規則或中立法制中相關概念[1]，職是海戰規則或中立規範之專門術語，如「接近」（Approach）、「臨檢」（Visit）[2]、「搜索」（Search）[3]、「拿捕」（Capture）[4]等等，予以直接援用；降至近代獨立海上執法能力逐步建立後，特別是由獨立之海上執法機關進行海域執法工作時，上述執法船艦執法術語，乃有所改變，美國海上防衛隊之專門用語，轉而使用「登臨」（Board）、「檢查」（Inspection）、「逮捕」（Arrest）、「扣押」（Seize），然實際上均不免於國家強制力之運用，本章對於國家管轄權合法所及海域內，海上執法之使用問題探討，將採表 6-1 專門用

1　有關傳統海戰相關規則，請參考：Wolff H. von Heinegg, *Visit, Search, Diversion, and Capture in Naval Warfare: Part I, Tradition Law*, 29 Canadian Yb. Int'l L. 283-328 (1991). 海上交戰規則，主要是指1907年之「海牙公約」系統；以及1949年的「日內瓦公約」系統。前者主要涉及交戰程序與規則，後者涉及交戰時期人道規範之考慮。

2　請參閱「海上捕獲條例」第14條至第19條。

3　請參閱「海上捕獲條例」第20條至第23條。

4　請參閱「海上捕獲條例」第24條至第33條。

語。

表 6-1　海上執法用語對照表

傳統海上交戰或軍事建制執法用語[5]	當代和平時期海上執法用語[6]
接近（Approach）	接近（Approach）
停船（Stopping）	停船（Stopping）
	登船（Embarkation）
	登臨（Board）
臨檢（Visit）[7]	詢問（Inquiry）
	檢視（Examination）
	檢查（Inspection）
搜索（Search）[8]	搜索（Search）
拿捕（Capture）[9]	逮捕（Arrest）
	扣押（Seize）

一、接近權（Right of Approach）

公海上執法船舶之「接近權」（Right of Approach; Vérification Du Pavillon or Reconnaissance），指任何國家執法船艦或經國家正式授權，且有明顯標誌可以識別為國家服務的船舶或飛機，為維持公海治安，並實施國際法規則，在公海上對於任何國家「私船舶」（Private Vessels）可疑者，有駛近該船之權利，藉以查明該船舶國籍與航行目的[10]。當然此處為管轄權發動之對象，限於外國私船舶，至於「公船

5　此處用語主要根據我國「海上捕獲條例」以及相關國際海上交戰公約或規則。
6　此處用語主要取材自：美國海岸防衛隊「海上執法學院」（Maritime Law Enforcement School）「登臨教材手冊」（Boarding Officer Course），以及我國海岸巡防署所頒布「海岸巡防機關海域執法作業規範」。
7　在中文語意上，臨檢似乎已然包括登臨與檢查兩項行為，但若是對應回原始英文概念，則僅限於visit一行為，不及於「搜索」。
8　不過請注意，美國海岸防衛隊授權法案則仍保留此一用語，並將其置於檢查之後，逮捕之前。
9　戰時拿捕概念，對應於平時海洋法制，將包括「逮捕」與「扣押」兩項。
10　雖然在法律思維上，「接近權」為實施「臨檢權」之先行程序，但不必然在進行接近後一定實施臨檢，為討論完整，兩者仍得區分。不過請比較：(1)侯木仲（編著）。1994。國際海洋法。再版。臺北：環球書局，頁94（認為：「接近權為實施臨檢權之先行程序，通常只稱臨檢者，已包括接近

舶」，概念上包括「軍艦」（LOSC §95）與「專用於政府非商業性服務的船舶」（LOSC §96）則為國家主權表徵，基於主權平等原則，除條約另有規定，或船旗國正式請求外，他國船舶不得對之行使管轄權。

「接近權」一般認為可溯源自 1845 年英國與法國所簽署有關在公海上取締販賣奴隸之條約。1887 年有關在北海取締酒類製品的「海牙公約」也曾授權締約國在北海中，得要求另一締約國船舶停船檢視船舶文書[11]。不過對於「接近權」性質問題，在更早之前即有案例討論。1824 年，美國最高法院在《瑪麗安娜 · 佛羅那號案》（Mariana Flora Case, 1824）中曾加以論述。「瑪麗安娜號」為葡萄牙商船，於 1824 年從「巴依婀」（Bahia）駛往葡萄牙首都，途中遇見美國軍艦「鱷魚號」（The Alligator），美國軍艦以為該船遇難，乃前往援助。而「瑪麗安娜號」則以為美國軍艦為海盜船舶，並向「鱷魚號」開火。經短暫交戰，「瑪麗安娜號」投降，押往美國波士頓，以海盜罪審理，雙方艦長均表示以為對方是海盜。美國最高法院判決釋放葡籍船舶，認為軍艦固有權利合法行使接近權，但必須有正當理由，且接近必須自負風險[12]。本案確認執法船艦公海的接近權，以及接近權行使之附隨義務。

對於接近權之存在，在條約法之外，是否有習慣國際法，早期國際社會曾有所爭執。有論者根據公海自由原則，以及船旗國專屬管轄權並認為此項習慣法權利；另有論者則以為公海並未有國際警察權限，而為了確保各國警察相關規定確實遵守，不應排除，只是接近條件應該為嚴格限制[13]。近來，對此問題，因聯合國歷屆海洋相關公約之簽署，國際間爭執不大，特別是當公海執法船艦懷疑特定船舶為其本國籍船舶時，應有接近權利，幾無爭議。癥結在於接近目標船舶之後，執法船艦能否採取進一步執法行為？在習慣國際法下，和平時期，接近權是否包括臨檢與檢查權利，以便確定該船國籍或進行其他調查，正反意見皆有[14]。以往通論認為：除非是懷疑該船從事海盜、販奴或另有條約授權外，縱使執法船舶有理由懷疑該船從事非法行為，亦僅能

【權】於其中」）。(2)雷崧生。1964。海洋法。臺北：臺灣中華書局，頁24（該書並不區隔接近權與臨檢權，認為兩者完全相同：「臨檢權（Right of Visit）亦稱接近權（Right of Approach）。它是各國軍艦對於可疑的商船，無論該船屬於何國國籍，均有予以檢查的權利」）。

11 Djamchid Momtaz, *High Seas*, in 1 A Handbook on the New Law of the Sea 383, 420 (Réne-Jean Dupuy & Daniel Vignes eds., 1991).

12 請參考：2 D.P. O'Connell, The International Law of the Sea 802 (Ian Shearer ed. 1984)；劉楠來等。1986。國際海洋法。北京：海洋出版社，頁273。

13 有關爭議與進一步研究資料，請參考：Djamchid Momtaz, *High Seas*, in 1 A Handbook on the New Law of the Sea 383, 420 (Réne-Jean Dupuy & Daniel Vignes eds., 1991)。

14 2 D.P. O'Connell, The International Law of the Sea 802-803 (Ian Shearer ed., 1984); Ian Shearer, *Problems of Jurisdiction and Law Enforcement against Delinquent Vessels*, 35 Int'l & Comp. L.Q. 320, 337 (1986).

通報執法船舶上級單位，由該單位判斷是否應該透過外交管道，與船旗國連絡，有無必要採取進一步行為[15]。現代國際法更將上述得接近事項予以擴張，尚包括可能在公海上從事未經許可之廣播行為、無國籍船舶等等（LOSC §110(1)）。過去因「接近權」之行使，曾經造成眾多爭執，有時甚至引發衝突。但是近來無線電與通訊技術的日益發達，使得此種疑慮不若以往嚴重[16]。然不論從任何角度觀察，「接近權」僅是接近之後，執法船艦或政府船舶進行「臨檢權之先行程序」（The Preliminary to the Right of Visit and Search），國際社會成員真正的爭執應該在於「臨檢權」之有無。

二、臨檢權（登臨與檢查，Boarding & Inspections）

緊隨接近權之問題為公海上執法船艦之「臨檢權」（Right of Visit or Right of Search）問題。一般而言，「臨檢權」是戰時交戰或中立規則逐步發展出來，「海洋法公約」第110條將此概念移植至平時國際海洋法適用，並對此進行較詳細規定。在「海洋法公約」體系下，「臨檢權」（The Right to Visit）實際上包括：「登臨」（Boarding）與「檢查」（Inspections）兩項行為[17]。因登臨目的即在於檢查，是以部分論者對此兩者不再加以嚴格區分。然嚴格言之，「登臨」與「檢查」兩項行為，在概念上有所區隔，前者僅是單純地登臨其他船舶；後者則是進一步在該船舶上實施檢查行為；不僅在時間點上有前後差別，對相對船舶之侵害程度亦有所不同；登臨僅是檢查之前行行為，不登臨系爭船舶即無從檢查，然登臨後，卻不必然進行檢查行為。

（一）和平時期臨檢權有無之爭議與發展

因為非船旗國公海上對於外國商船並無行使一般警察權的權力，是以在和平時期，執法船舶對外國船舶可予以臨檢並加以逮捕之情形相當有限。在1817年的《露薏號案》（Le Louis），英國法官 Lord Stowell 即明白指出：「於無任何地方當局權能所及之處所，所有國家之屬民均是平等與獨立的，無任何國家或其屬民，有權利對其他國家之屬民主張或行使管轄權能。除非因敵對狀態之主張，任何國家皆不得於海

---

15 H.A. Smith, The Law and Custom of the Sea 64-65 (1959), *reprinted in* 4 Marjorie M. Whiteman, Digest of International Law 667 (1965).

16 H.A. Smith, The Law and Custom of the Sea 64-65 (1959), *reprinted in* 4 Marjorie M. Whiteman, Digest of International Law 667 (1965).

17 不過請注意，中文官方翻譯本將Right of Visit翻譯成「登臨權」，而同一條文中之Boarding亦翻成「登臨」。兩者不作區分，相互混淆。

洋開放與不得占有之部分，行使臨檢與檢查權利。」[18]1854年英國檢察長重申：「吾人必須說明，墨西哥當局在離岸3海浬界限外之公海上，對英國船舶進行種種之干擾，不管他以何藉口，該行爲本身即是非法，任何非交戰國都不得要求在公海上對外國船舶進行臨檢、搜索之一般權利。」[19] 學者 Professor Colombus 指出：臨檢與搜索權是戰爭權，在和平時期僅有特定國際條約明文規定者，或是在爲所有國家利益而維持航行安全，並經普遍承認的慣例下，始得爲之 [20]。

　　過去對於公海臨檢權之行使有所爭執。1956年國際法委員會於其所提草案中，將此種爭執議題，進行部分處理，而其所提草案卒爲日內瓦第1屆聯合國海洋法會議與會各國所接受，經小幅增訂後，載入通過「公海公約」。就公海臨檢權議題，「公海公約」做了相當部分澄清，其第22條第2項規定：「執法船艦得對該船之懸旗權利進行查核。爲此目的，執法船艦得派由軍官指揮之小艇前往嫌疑船舶。船舶文書經檢驗後，倘仍嫌疑，執法船艦得在船上進一步施行檢查，『但須審慎爲之』（Must be carried out with all possible consideration）。」（HSC §22(2)；LOSC §110(2)）詳言之，若是執法船艦於公海上發現可疑船舶，認爲其有：1. 從事海盜行爲；2. 從事奴隸販賣；3. 從事未經許可之廣播；4. 該船無國籍；5. 該船懸掛外國國旗或拒不展示其旗幟，而事實上卻與該執法船艦屬同一國籍，在有合理根據時，執法船艦得臨檢該船（HSC §22(1); LOSC §110(1)）[21]。臨檢目的在檢驗該船懸掛旗幟之權利，主要是檢查「船舶文書」（Ship Documents）[22]，以明瞭其國籍與航行目的。倘若檢查後，認爲並無違法之虞，應即報准艦長後放行，而臨檢軍官或官員於放行時，應於受檢船舶之航海記事簿內，註明臨檢日、時、地點，本艦艦名、艦長與臨檢軍官或官員之名字[23]。若是檢查船舶文件後，仍認爲有所嫌疑，則執法船艦可進一步在船上進行檢查

---

18 引自：C. John Colombos, The International Law of the Sea 270 (4th ed.), *reprinted in* 4 Marjorie M. Whiteman, Digest of International Law 670 (1965). 另請參考：2 D.P. O'Connell, The International Law of the Sea 802 (I.A. Shearer ed. 1984)。

19 引自：劉楠來等。1986。國際海洋法。北京：海洋出版社，頁273-274。

20 C. John Colombus, The International Law of the Sea 311 (6th ed. 1967).

21 船舶原則上以其懸掛之旗幟證明其國籍，然而旗幟懸掛僅是證明其國籍證據之一，而非唯一證據，也不能因懸掛旗幟即充分必然證明擁有該旗幟國籍，尚須有其他船舶文書證明該船確實於船旗國註冊，因而若所懸掛旗幟與其真實國籍有所差異，仍不能排除與該船舶同一國籍之軍艦臨檢查驗。有關船舶所懸掛旗幟與該船舶國籍之關聯，請參考：C. John Colombos, The International Law of the Sea 291；§ 310 (6th ed. 1967)。

22 此處所謂船舶文件，應該指特定國家根據「海洋法公約」第92條第2款給予懸掛該國旗幟的船舶，所頒發給予該權利的文件，見：3 Satya N. Nandan & Shabtai Rosenne (eds), United Nations Convention on the Law of the Sea 1982: A Commentary 245; para. 110.11(d) (1995)。

23 請參考：我國「海上捕獲條例」，第14至16條。

（HSC §22(2); LOSC §110(2)）。當然根據上述任何一種理由發動管轄權利時，各個理由所賦予之管轄權利內容並不完全相同，其管轄權利強度內容有別[24]。

（二）臨檢國之舉證責任與適用原則

不過必須注意，臨檢權之行使，必須有「合理根據」認為有所嫌疑時，方得為之（LOSC §110(1)）。然不論是基於何種理由，在公海上進行接近或臨檢，對於系爭嫌疑之存在與否，主張國均負有舉證義務，而且該等海域執行措施乃是公海自由權之例外，故應從嚴解釋[25]。

三、緊追權

（一）國際法上緊追權歷史

1. 緊追權存在之理由

緊追權指沿海國對於在其管轄海域中，違反保護該海域法規之外國船舶，沿海國之執法船舶或飛機，有權利追逐該違法船舶，並在公海上予以逮捕。緊追權的行使，為沿海國管轄行為之延伸，亦為國際法上認同的公海航行自由與船旗國專屬管轄權之例外。此種緊追權利之所以存在，乃因在沿海國相關管轄海域中，應遵守沿海國相關法律與規章，若外國船舶違反沿海國相關法律或規章，並逃向公海，而沿海國又礙於公海自由原則與船旗國專屬管轄權，不得予以追捕，則沿海國將無法有效地行使其管轄，使得違法船舶不受到制裁，致生執法空隙。另一方面，各國對於其懸掛該國旗幟之船舶，於他國相關管轄海域中違反沿海國法令者，亦乏充分正當理由阻絕沿海國管轄權之行使，是以乃進而互相承認緊追權。更重要者，於本國管轄海域內，亦將有他國船舶進出，難免亦有違反相關法律或規章之情形，自應對緊追權予以承認，以貫徹本國管轄權，自身利益亦有牽扯其中。

---

24 較詳盡討論，請參考：姜皇池。2001。國際海洋法總論。臺北：學林文化事業有限公司，頁525-545。

25 C. John Colombos, The International Law of the Sea 270 (4th ed.), *reprinted in* 4 Marjorie M. Whiteman, Digest of International Law 670 (1965); C. John Colombus, The International Law of the Sea 311 (6th ed. 1967).

2. 緊追權發展歷史

19 世紀初期，強調公海自由原則與領海主權；此外，各國重視公海船旗國專屬管轄，因而緊追權之適用，侷限於領海內，任何超越領海之外所實施的緊追並未獲得承認。這樣的見解持續到 1902 年，在蘇俄與美國的《懷特號仲裁案》（C. H. White）判斷中依然可見 [26]。但到了 20 世紀，此觀念似乎不能因應實際的需要，此際國際海洋通商通航船舶急遽增加，船舶航行技術與船舶材質大幅改進，而航海設備科技亦日新月異，長足改善，沿海國的管轄能力受到先進船舶技術的挑戰，無法有效管轄，爲維持領海主權和防治犯罪，漸漸地各國開始承認在一定條件下緊追權可延伸至公海上。海牙國際法編纂會議雖然針對諸多問題有所爭議，但是從各國所收回問卷發現，所有作答國家均同意，沿海國有權利繼續追逐到目標船舶至公海 [27]。包括1958年「公海公約」於制定時，增列得從「毗連區」開始緊追的規定 [28]。1982 年「海洋法公約」則根據新設立國家執法區域之需要，再將緊追權的適用範圍，擴張至違反保護「專屬經濟區」、「大陸架」或「群島水域」各該區域權利之法律 [29]。

（二）緊追權實施主客體

1. 實施緊追之主體

依據傳統國際法，執法船艦和執法航空器均得爲實施緊追權之主體。「公海公約」與「海洋法公約」，又擴大緊追權行使主體範圍，規定其他有清楚標誌可以識別爲政府服務，並經授權緊追的船舶或飛機亦可進行緊追。根據 1958 年「公海公約」之規定，實施緊追之主體包括「軍艦、軍用航空器或其他特別授權之公船或公用航

---

26 1892年美國「懷特號」（C. H. White）漁船於白令海作業，因被蘇聯軍艦認定有在領海內違法捕魚，因而遭俄國軍艦追捕，於當時領海範圍外遭逮捕。仲裁人Mr. Asser認爲：國家管轄權，除條約特別明文規定外，不能逾越出領海的界線，在公海中行使。不過仲裁人後來接受1894年「國際法協會」（Institute of International Law）有關緊追權之看法，放棄先前見解。見：C. John Colombos, The International Law of the Sea 169; § 172 (6th ed. 1967)。

27 見：2 D.P. O'Connell, The International Law of the Sea 1078 (1984). 1930年海牙「領海公約」草案即規定「緊追違反沿海國法令的外國船舶，須該當船舶位於沿海國內水或領海內時，且緊追沒有中斷之下，方可繼續追逐到領海之外」。

28 1958年「公海公約」第23條「此項追逐必須於外國船舶或其所屬小艇之一在追逐國之內國水域、領海或毗連區內時開始」（HSC §23）。

29 「海洋法公約」第111條第2款規定：「對於在專屬經濟區內或大陸架上，包括大陸架上設施周圍的安全地帶內，違反沿海國按照本公約適用於專屬經濟區或大陸架包括這種安全地帶的法律和規章的行爲，應比照適用緊追權」（LOSC §111(2)）。請進一步參考：Rest. 3rd, Restatement of Foreign Relations Law of the United States § 513, Comment g。

空器」（War ships or military aircraft, or other ships or aircraft on government service specially authorized to that effect）（HSC §23(4)）[30]。至於所謂特別授權之公船或公用航空器者，包括：海關之緝私船，衛生機關之檢疫船皆是。根據「海洋法公約」之規定，緊追權可由軍艦（Military Vessels）、軍用飛機（Military Aircraft）或其他有清楚標誌可以識別的為政府服務並經授權緊追的船舶或飛機行使（Other ship or aircraft clearly marked and identifiable as being on government service）[31]。根據此一規定，在「海洋法公約」體系下，實施緊追的主體除可以是海軍、海岸防衛隊、海關及水上警察的艦艇、航空器之外，尚包括其他經政府特別授權緊追的船舶或航空器[32]。

至於「緊追船舶」（Pursuing Vessels）和航空器必須是「清楚標誌並可以識別的」（Clearly Marked and Identifiable），而之所以要求必須清楚標誌該船舶係為政府服務，且經授權進行緊追，其原因在於：(1) 緊追代表行使主權的國家行為，必須慎重為之，若有所違法有將構成國際責任，應賠償被害船舶一切損失及損害，清楚標示用以明責任歸屬；(2) 船舶和航空器清楚標示於船舶外體或結構物上以特殊證明標誌，供被命令停船之嫌疑外國船舶識別。在具體適用上，本國船舶當然以本國文字進行清楚標示，但考量到英文為方今最通行之語文，通常亦會標示英文，以供其他國家船舶辨識。

2. 被緊追之船舶客體

(1) 外國船舶之意義

緊追權之客體僅適用於「外國船舶」（Foreign Ship），本國船舶不適用，此蓋沿海國本身對該國船舶已有管轄權，無庸另為規範。對於被緊追的對象，一般外國商船、漁船或私人船舶，均應受沿海國的管轄，而有緊追權的適用。但對於外國之軍艦或「其他為政府服務的非商用船舶」（Non-commercial ships in the service of a

---

30 將航空器列入成為進行緊追之主體，是根據日內瓦會議上冰島提案。見：2 D.P. O'Connell, The International Law of the Sea 1079, n.108 (1984)。

31 不過必須注意，飛機行使緊追權時有其特別限制：「發出停駛命令的飛機，除非本身能逮捕該船舶，否則需其本身積極追逐船舶直至所召喚的沿海國船舶或另一飛機前來接替追逐為止。飛機僅發現船舶犯法或有犯法嫌疑，如果該飛機本身或接著無間斷地進行追逐的其他飛機或船舶既未命令該船停駛也未進行追逐，則不足以構成在領海以外逮捕之理由」（LOSC §111(6)(b)）；而之所以如此規定，在於確認僅僅發現違法事實，或有違法之虞，該發現本身並不足以構成逮捕之事由。沿海國若欲於海域管轄權外逮捕該涉嫌船舶，必須於發現違法船舶後，在系爭管轄海域內，向其發出停船信號，並且對其實施無間斷之緊追，始得於國家管轄海域範圍外將其逮捕。

32 美國法院判決認為：海岸防衛隊之船舶應視為軍艦。*United States v. Conroy*, 589 F.2nd. 1258, 1267 (5th Cir. 1979), *certiorari denied*, 444 U.S. 831, 100 S.Ct. 60, 62 L.Ed.2nd 40 (1979)。

foreign government）則不得為緊追對象。因軍艦和非商用政府船舶為各該國家主權之象徵，基於主權平等原則，享有管轄豁免，未經船旗國同意，不得作為逮捕的對象 [33]。

尚待釐清者乃是：為政府服務的商用船舶是否享有豁免？一般認為得享有豁免權之政府船舶，應僅限於用於公務之船舶，至於用於商業目的之國有船舶則不與焉。其所持理由如下：①由「海洋法公約」檢視，依「海洋法公約」第 95 條規定「軍艦在公海上有不受船旗國以外任何其他國家管轄的完全豁免權」。此外，「海洋法公約」第 96 條規定「由一國所有或經營並專用於政府非商業性服務的船舶，在公海上應有不受船旗國以外任何其他國家管轄的完全豁免權」。從此二條文判斷，「海洋法公約」不僅未明確規定為政府服務之商用船舶得享有豁免，甚至在第 96 條之規定中，將用於商業目的之政府船舶刻意排除，故在「海洋法公約」體系下，為政府服務之商用船舶亦得為緊追的客體；②所謂「用於公務」（For Public Service）應非單純指為公眾利益而服務，而是指國家公務，而非用於商業目的。1926 年的「國有船舶豁免權統一規定公約」（International Convention for the Unification of Certain Rules Concerning the Immunity of State-owned Ships, 1926），其第 1 條與第 3 條將得享有豁免權之船舶限於專供非商業用途之政府船舶，至於用於商業用途之政府船舶，則與一般私有船舶相同，不享有任何豁免特權 [34]。

(2) 推定存在主義與相關問題[35]

所謂「外國船舶」並不限於單一船舶，若有子母船舶或多艘共同犯罪船舶，則

---

33 當然此並不代表軍艦或為政府服務非用於商用船舶即無庸遵守沿海國之法律規章，蓋其免除者為沿海國對該等船舶執行管轄權，並非免除其應負的違法責任。軍艦或其他非商用政府船舶不遵守沿海國有關法律規章，致使沿海國遭受任何損失或損害，船旗國應負國際責任。「海洋法公約」第31條明文規定：「對於軍艦或其他用於非商業目的的政府船舶不遵守沿海國有關通過領海的法律和規章或不遵守本公約的規定或其他國際法規則，而使沿海國遭受的任何損失或損害，船旗國應負國際責任。」另外，在極端之情形，基於自衛權，沿海國仍有可能對之進行緊追，甚至予以逮捕。

34 1926年「國有船舶豁免權統一規定公約」第1條規定：「國有或國營海船、國有貨物、國有船舶所運送之客貨，以及其相關國家，凡此項船舶經營，貨物運送所發生之請求權，應與私有船舶，貨物及其裝備，在義務與責任方面，遵守同一規定」；第3條規定：「前二條規定，不適用軍艦、國有遊艇、巡邏艇、醫院船、輔助船隊、供應船，以及其他國有或國營船舶，在該政府被訴時專供非商業目的用途者。其此項船艇不得因任何法律程序或訴訟而被拿捕、扣押或扣留」，條文引自：劉承漢（編著）。1971。國際海法。臺北：交通部交通研究所，頁507。

35 此處使用「推定存在主義」為英國學術界通用名詞，美國學者與法院判決實務則稱此一問題為「岸際接觸原則」（the shore contact rule），如 *Henry Marshall Case*, 286 F. 260 (S.D.N.Y. 1922), *The Grace and Ruby Case*, 283 Fed. 475 (D.Mass. 1922)。但是在美國學術界所討論「岸際接觸原則」實質上包括英國學界所稱的「單純推定存在主義」（如在 *Cook v. The United States*; *The Grace and Ruby Case*）與「延伸推定存在主義」（如在 *The Henry Marshall Case*）兩種情形。有關美國學術教科書之陳述，可

認定該船舶所在位置問題時，僅需其中有任一船舶位於沿海國管轄權內進行違犯沿海國相關法律或規章之行為，即使得沿海國對所有船舶均得發動緊追權。換言之，沿海國若有相當理由，相信某外國船舶之子艇在其管轄海域內有違法之嫌疑時，縱使該母船始終並未進入沿海國之管轄海域，沿海國仍得對該母船實施緊追。此種推定解釋為等同在場的法理，學理上稱之為「推定存在主義」（Doctrine of Constructive Presence）。「推定存在主義」的適用情況，在於該小艇和其船員必須都屬母船，當使用的小艇與船員都屬於母船時，則其行為應與母船的行為視為一體，學者又稱此種情形為「單純推定存在主義」（Simple Doctrine of Constructive Presence），1888 年的英國於《阿努娜號案》（The Araunah）即不區分母船與子船，將兩者視為一體[36]；1922 年美國於《葛麗絲號案》（The Grace and Ruby）亦採與《阿努娜號案》同一看法[37]。

　　然而近代海域犯罪形態，往往是外國船舶與沿海國非法份子合作，外國船舶停泊於公海水域，再由沿海國不法份子從沿海國派遣船舶至公海接應，此時該接應船艇並非外國船舶之子船，早期雖然即有國際實踐認為此等情形，亦不能排除沿海國對停泊於公海上船舶進行執法或緊追，然仍有所爭議。是以 1956 年國際法委員會在處理此問題時，則採取較審慎態度，認為緊追權亦適用於「船舶停於領海之外，但卻由其所屬船艇於領海內進行違反行為之船舶；但該委員會不將船舶停於領海之外，並利用其他船舶，而非為其船艇之情形」[38]。換言之，國際法委員會僅接受「單純推定存在主義」，但卻否認「延伸推定存在主義」（Extensive Doctrine of Eonstructive Presence）。但國際法委員會此一審慎態度並未為「公海公約」與「海洋法公約」所接受，該二公約明文擴充對「推定存在主義」的適用範圍，除子母船舶之外，亦適用

　　參考：Louis Henkin et al. (eds), International Law: Cases and Materials 355-356 (1980)。

36 在1888年的《阿努娜號案》中，俄羅斯扣留加拿大船舶「阿努娜號」，該船雖停泊於俄羅斯領海外，但船上所載獨木舟則進入俄國領海未經許可捕撈海豹。Lord Salisbury代表英國政府認為：「即使該船舶遭逮捕時，船身在3海浬範圍外，然卻藉由其所載小船，於未有許可執照下，於俄羅斯水域捕魚之事實，使得俄羅斯根據有關管理等諸水域內國立法將船舶扣留，並予以沒入有所根據。」請參考：C. John Colombos, The International Law of the Sea 173; §177 (6th ed. 1967)。

37 該案事實如下：1922年英國船舶「葛麗絲號」（The Grace and Ruby）停泊於當時美國領海外，同船美籍酒商乘艦上小艇登岸。兩日後，又另雇請摩托船出海取酒。此際「葛麗絲號」又更遠離美國領海，但派遣小艇與水手幫助酒商運酒登岸。美國海關船舶「湯巴號」（Tampa）行使緊追權，在公海追獲「葛麗絲號」，予以逮捕。美國法院認為，公海上固有航行權，然此不代表沿海國對於領海3海浬外之違法外國船舶，即完全無能為力，坐視其逍遙法外；英國船舶雖停泊於美國領海外，其卸酒與運酒登岸，實構成單一違法行為。有關該案，請參考：雷崧生。1964。海洋法。臺北：臺灣中華書局，頁29-30；C. John Colombos, The International Law of the Sea 173-174; §178 (6th ed. 1967).

38 Report of the International Law Commission Covering the Works of Its Eighth Session, April 23 July 4 1956, reprinted in 51 Am. J. Int'l L 154, 220 (1957).

至「與該船合作並以該船爲母艦之其他船舶」（HSC §23(4); LOSC §111(4)），縱使船舶在沿海國管轄海域外，不使用所屬的小艇而與其他船隻合作，在沿海國海域內違反沿海國的法律，此際所有船舶視爲一體，均得爲緊追的對象。

　　然考諸過去各國實踐，此種「延伸推定存在主義」，尚未爲各國所普遍接受，例如美國 1922 年的《亨利馬歇爾號案》（Henry L. Marshall）、1925 年的《巴克曼號案》（Bachman）、1957 年義大利的《西拖號走私案》（Sito），以及 1962 年《麥克‧史波藍號案》（Re McSporran）等，均屬共同合作犯罪的類型，系爭船舶停泊於沿海國管轄海域之外，與由沿海國出發接應船舶共同觸犯沿海國法律規章。然於上述案例中，審理法院均否定「延伸推定存在主義」的適用，認爲「推定存在主義僅是法律的擬制，適用必須格外審愼」，是以均僅願承認有從屬關係的子母船的犯罪型態，即所謂「單純推定存在主義」。然而近來海上犯罪樣態翻新，利用外國船舶與沿海國船舶合作，並在公海進行毒品販運之活動日益猖獗，是以英美兩國有逐步放寬解釋之趨勢，不再侷限於「單純推定存在主義」，將所謂「延伸推定存在主義」，亦運用於具體個案中，以求有效取締毒品走私活動。1995 年的《女王告米爾斯案》（R. v. Mills）中，英國主張對「波西坦號」（The Poseidon）有緊追權，該船在聖文森註冊，並於公海上從事大麻走私，運送大麻交給從愛爾蘭港口前來公海之英國船舶，再由該英國船舶載運回英國港口。英國法官仍認爲英國得對「波西坦號」進行緊追[39]，即是「延伸推定存在主義」之具體適用。就我國所發現的各種走私手法來看，亦曾經有由貨輪航行於公海上與走私漁船或舢板、快艇以丟包撈取或直接接駁的合作方式進行，而前保七水警所採取處理方式，因顧慮公海查緝恐將引起國際輿論指責而作罷，相對較爲保守[40]。

（三）國際法下施行緊追權之要件及其發展

　　國際法雖然承認緊追權之存在，但權利存在與權利行使必須有所區隔，沿海國行使緊追權不必然皆爲合法之權利行使，其緊追權行使是否合於國際法，應當檢視下列 4 項要件：

39　*See* W.C. Gilmore, *Hot Pursuit: The Case of R.V. Mills and Others*, 44 Int'l & Comp. L. Q. 949-958 (1995).
40　保七總隊執勤時往往不免於此等顧慮，詳見「水警 v.s 私梟系列報導一」，民國84年2月28日，自立晚報，第十三版。

1. 發動地點必須在沿海國管轄海域內，且該船舶違反系爭海域法律

(1) 目標船舶必須違反沿海國之相關法律或規章

目標船舶若於內水或領海中，則因沿海國於此等區域所享有者為全面性主權，因而凡沿海國有關外國船舶之民事、刑事法規或有關維持和平、良好秩序或安全之法律或規章之違反，均構成緊追權之發動。若於毗連區內，因該海域內，沿海國所享有者為特定之管制權利，是以必須違反沿海國有關海關、財政、移民或衛生之法律或規章；至於專屬經濟區或大陸架上，則必須違反各該區域有關經濟性法益之法律或規章。是以，緊追權之起因，須依外國船舶違法之時點與船位之不同，而檢視是否已然違反沿海國之相關法律或規章，以發動緊追權。

對於違反沿海國之法律或規章，其違法階段，從意圖、預備、著手、未遂或既遂，何一階段，始足該當發動緊追之時點？海洋法相關公約並未提供明確答案，僅以開放條文規定：「沿海國主管機關有『正當理由』（Good Reason）認為外國船舶違犯該國法律或規章時，得進行緊追」，學者認為應該是目標船舶已有違法行為，而經沿海國所偵知，取得合理證據支持後，始得進行緊追；然亦有認為，不論是已然違法者，或是有正當理由相信該船舶有違法之嫌疑者，均得發動緊追[41]。換言之，若系爭船舶著手違犯所處海域內沿海國相關法律或規章，則不論未遂或既遂，沿海國主管機關均享有緊追權；至於僅處於意圖或預備階段，則有所爭議，但是國際法委員會與學術界通說認為，對處於意圖或預備階段之船舶，沿海國主管機關仍容許沿海國享有緊追權[42]。

(2) 目標船舶必須位於沿海國之管轄海域內

緊追權之發動，必須系爭外國船舶在其所違反該保護法益之海域區域內。也就是說，外國船舶違反沿海國法律和規章時，此項追逐須在外國船舶或其小艇之一在沿海國的內水、群島水域、領海內時開始；外國船舶在沿海國的內水或領海裡，違反法令後，業已由領海駛達領海外的毗連區內，而其所違反的法令，適為該毗連區所欲保

---

41 本部分主要參考：陳宗吉。2000。緊追權實施程序的要件分析。海軍與國際海洋法研究專輯。臺北：海軍學術月刊社，頁185, 190-191。不過部分學者則持更審慎態度，不僅系爭外國船舶違反沿海國相關海域內法規，且所違反者亦需嚴重侵害沿海國法益始得為之，若僅是「輕微違法行為」（Trivial Offence），不得據以對系爭船舶進行緊追，以致損害該船舶之航行利益，見：黃異。1992。國際海洋法。臺北：渤海堂文化公司，頁82。

42 2 D.P. O'Connell, The International Law of the Sea 1088-1089 (1984); N. Poulantzas, The Right of Hot Pursuit in International Law 155 (1969).

證實施者，沿海國亦可在毗連區內，發動其緊追行為。如果外國船舶違反「海洋法公約」第 33 條所賦予沿海國在該區所合法制定之法律或規章時，此項追逐須在外國船舶或其小艇之一在沿海國的毗連區內時開始，若在專屬經濟區時始行發動，則是次緊追便屬無效；同樣的，對於在專屬經濟區內或大陸架上，包括大陸架上設施周圍的安全地帶內，當外國船舶侵犯設立於該區所保護的權利之法律與規章時，沿海國自得從該等相關海域中進行追逐，緊追權之發動亦屬有效[43]。

　　雖然緊追權的行使，以違反該區法令的外國船舶，在該區獲悉停駛的命令為基準；換言之，目標船舶必須在沿海國之海域管轄區域中違犯保護該海域之法律與規範，至於發出停駛命令之沿海國船舶，則不必然需於該區內（HSC §23(1); LOSC §111(1)）[44]。舉例而言，目標船舶在沿海國專屬經濟區內，違犯專屬經濟區有關生物資源之養護與管理之法律與規章，而沿海國之船舶則在公海，此際沿海國船舶對於目標船舶發出停駛命令，並進行追逐，仍為合法追逐。此因沿海國海域執法船舶，往往是進行跨區巡邏的，故其得就地發出通知外國船舶停駛的命令。但是，執法船舶所發停駛命令，應當以「視覺或聽覺的信號」（A Visual or Auditory Signal），傳達予外國船舶，使其在短距離內可見或可聞。

　　另外，為避免往後從何處發動緊追權有所爭議，是以在實踐上，發出停駛命令的沿海國船舶，於儘可能之範圍內，在發動緊追外國船舶所在地點之海水投擲浮標，以作為往後證實開始行使緊追權時外國船舶在海上位置之證據[45]。從國際睦誼考量，行使緊追權的國家，倘條件許可，亦應通知被追逐船舶的母國[46]。

2. 須在目標船舶視聽所及範圍內，以聲光發出停船信號

(1) 傳統國際法與相關公約有關視聽所及範圍之意義

在國際法的原則下，要求停船信號的傳送須在被追船視聽可及的距離範圍內，

---

43 早期對於緊追權之發動，僅限於目標船舶在領海或內水內違犯沿海國法律或規章者為限，但其後發展，使得目標船舶不必然需於內水或領海內，沿海國仍得於各類相關水域中發動緊追權。有關早期解釋，特別是有關在鄰接區內違反海關、財政、移民、衛生法律或規章，能否發動緊追權之爭議，請參考：2 D.P. O'Connell, The International Law of the Sea 1081-1085 (1984)。

44 「公海公約」第23條第1項規定：「在領海或連接區內之外國船接獲停船命令時，發令船舶無須同在領海或毗連區以內」（HSC §23(1)）；相同地，「海洋法公約」第111條第1款規定：「當外國船舶在領海或毗連區內接獲停駛命令時，發出命令的船舶並無必要也在領海或毗連區內」（LOSC §111(1)）。

45 Report of the International Law Commission Covering the Works of Its Eighth Session, April 23 July 4 1956, reprinted in 51 Am. J. Int'l L 154, 221 (1957).

46 參閱1930年「領海法律地位條約草案」第11條第3項。

以聲光信號爲之。至於能否以無線電發出停船信號，國際法委員會於 1958 年第 1 屆海洋法會議期間，就此問題曾加以討論，當時有國家主張可以無線電發出停駛命令，但部分國家擔心此種無線電所發出訊號，往往會因海象或通訊設施、技術或裝備上之限制，而造成未能眞正爲目標船舶所接收，恐有造成不必要誤會與衝突之虞；另外，「無線電可由遙遠距離發送，易被濫用」，是以並未接受。1956 年「國際法委員會」於針對緊追權條文所爲之註解中指出：「爲避免濫用，本委員會拒絕接受無線電所發命令，因此等命令可以在任何距離發出；使用『視覺或聽覺信號』，就是排除在遙遠距離以無線電所發信號。」[47] 是以 1958 年「公海公約」維持傳統國際法之要求，規定：「惟有在外國船舶視聽所及之距離內，發出視覺或聽覺之停船訊號後，方得開始追逐」（HSC §23(3)）。「海洋法公約」繼受「公海公約」之規定，並未加以修改，規定：「追逐只有在外國船舶視聽所及的距離內發出視覺或聽覺信號後，才可開始」（LOSC §111(4)）。因而合理之解釋乃此種停駛命令僅能在視聽所及範圍內，以視覺或聽覺發出停駛信號始可。因而在長遠距離，以無線電傳達者，應不得視爲合法行使緊追權之合法發動。

(2) 視聽所及範圍意義之修正與新近國家實踐

然而近代無線電通訊日益發達，其通訊效果甚爲良好，且現今船舶普遍裝有無線電和衛星導航裝備，航行船隻已習於使用無線電的通信聯絡方式，且無線電已是相當成熟且廣泛使用之模式。倘若在視聽可及的範圍內，尚無法以無線電聯絡，則使用聲光方式，其效果更遠遜無線電。有更甚者，以無線電通話，另可作成正式有效的記錄，較之視聽信號更具有證據力。若再配合雷達的描跡記錄，使追逐只要保持在適度的距離範圍內，即可承認以無線電傳達停船命令的效果。無線電可能招致濫用的疑慮即可消除。在具體實踐上，英國法院已經放寬對此要求，於《女王告米勒斯案》（R. V. Mills and Others），法院對於僅以無線電發出停駛訊號之行爲，亦不挑戰該緊追權發動之合法性 [48]。

3. 須是緊追持續不斷

緊追開始以後，應繼續在非第三國領海之海域上行使，不得中斷。不論國家實踐或學界通說，均認爲緊追除得於公海上持續外，進入第三國之專屬經濟區、毗連區或

---

47 Report of the International Law Commission Covering the Works of Its Eighth Session, April 23-4 July 1956, reprinted in 51 Am. J. Int'l L 154, 220 (1957).

48 See W.C. Gilmore, *Hot Pursuit: The Case of R.V. Mills and Others*, 44 I.C.L.Q. 949-958 (1995).

專屬漁區均無礙於緊追之進行。然緊追一旦中斷，沿海國即喪失其緊追權。除國際條約另有特別規定者外，緊追不得於中斷後，復於公海上施行。而之所以如此，量以緊追權係航行自由之例外，是對公海航行自由之限制，不得不予以嚴格的解釋。主要的立法理由是為求避免誤追，影響一般正常通航的船隻。追逐因故中斷，緊追權即告消滅。不過此處之所謂中斷仍存有部分彈性解釋空間，在加拿大的《北方號案》（The North）中，法院認為追逐之船舶，若改道並停船打撈目標船舶所拋棄魚網後，再進行追捕，仍符合緊追持續不斷之要件。在《孤獨號案》中，緊追船舶在重新發動追逐前，停泊於目標船舶旁邊一個小時，對造主張此時緊追權已因追逐船舶停泊而消滅，法庭認為此一停泊時間無關緊要 [49]。

　　緊追船舶是否必須與目標船舶保持目視可及範圍內，始足該當連續且不中斷？在追逐過程中，雷達等偵測裝備可以克服暗夜或因鋒面、雲雨或濃霧等天候因素所引起的視覺中斷的要件，使追逐仍可持續。因而目視距離外以雷達持續追描，是否可算是保持在可觀測的距離內，進而推論該追逐是連續而不中斷？學者間仍有爭議。然無可諱言，關於緊追必須持續不斷，往後勢將受偵測技術裝備發展之重大影響。將來可能會出現追蹤違犯沿海國法律船舶之際，需借重更高科技偵測裝備，目視觀察可及的追逐距離要件，即會受到挑戰。譬如，若行為人以潛水艦艇做為走私、偷渡、販毒之工作，勢將難以目視觀察追逐目標船舶，上述所謂須於目視範圍內始該當持續不斷之要件，恐將使任何追逐行為之持續，無所根據。因此在解釋上，應以「實用功能要件」為檢視連續而不中斷緊追之要件。只要沿海國執行緊追的艦船或航空機能掌握違法船舶的動向，無論是藉由觀通系統的協助，甚或是高空偵查的衛星、預警機所提供情報，或本身能積極地辨識和追描違法船舶的動向，或由其他艦船、飛機來接替緊追，應不排除該等進行追逐之船舶符合緊追不中斷的要件。

4. 須於第三國領海之外

　　遭緊追之外國船舶，於駛入其本國領海或第三國領海後，沿海國的緊追權，即告「終止」（cease）（HSC §23(2); LOSC §111(3)）。在任何情形下，緊追權絕對不引伸至他國的領海以內，因為若繼續在第三國領海進行緊追，為侵害該第三國主權之行為 [50]。但英國國際法學者 Professor D. W. Bowett 則持較積極意見，認為緊追權之終止應有例外規定，如果第三國不能接替緊追，緊追權的行使應可及於第三國領海範

---

49 2 D.P. O'Connell, The International Law of the Sea 1091 (1984).

50 R.R. Churchill & A.V. Lowe, The Law of the Sea 215 (3rd ed. 1999); 2 D.P. O'Connell, The International Law of the Sea 1077 (1984).

圍內，並且就該船舶之司法管轄權，仍應保留在實施緊追權的國家。倘若不是，則任何違法船舶都將因第三國的拒絕或不能接替緊追而可逃逸至其領海，規避原緊追船的追緝。不過，如果這樣的例外規定倘允許其成立的話，有關該等行為對沿海國主權與管轄權所引發衝擊之問題則須加以解決。蓋為遏止犯罪之目的，而將此權利做擴張解釋，使得緊追權能夠突破穿越到第三國的領海範圍內，固然有利於遏止犯罪，卻也相對衍生可能侵害第三國主權之法律問題[51]。較為可行之方法，或應以兩國簽訂雙邊條約或區域性各國共同簽署共同防制海上走私、偷渡、海上犯罪協定，協助取締海上犯罪。

　　另一方面，條文規定「終止」（Cease），究係該緊追權「消滅」（Terminated），抑或僅是「中止」（Suspended）？其性質將影響海域執法。舉例言之，目標船舶進入其本國或第三國領海後，追逐船舶能否在他國領海之外等候，待目標船舶離開他國領海後繼續追捕該船？若指緊追權之消滅，則目標船舶縱使從其本國或第三國領海再行置於執法船舶之視聽所及範圍，亦無當然再行緊追之權利；若僅指緊追權之中止，則應可繼續追逐。從立法史觀察，在 1958 年日內瓦海洋法會議上，丹麥曾經提出應該可以等候 6 小時，但最後撤回該案；此外，從兩份公約條文判斷，似乎意味著目標船舶進入第三國領海後，緊追權即行「消滅」[52]，是以通論不容許已然終止的緊追權重新發動；但亦有論者以為，在此種情形下，並未侵害任何其他船舶之航行權利，且若能將之限於一小段等待期間，則不妨根據個案判斷其合法性[53]。

四、小結

　　由上述研析可以得知，國際海域執法的權限主要有接近權、臨檢權、緊追權三種。其中接近權乃臨檢權之先行程序，國際間對該權之爭議尚非太大，有問題的反而是臨檢權及緊追權。

　　臨檢權在公海上以下列 5 種為限：(1) 從事海盜行為；(2) 從事奴隸販賣；(3) 從

---

51 1995年1月8日，我國「保安警察第七總隊」（海岸巡防署海洋巡防總局前身）警艇，曾因追緝走私，緊追目標船舶，以至「誤入」位於臺灣東北方的日本「與那國島」西南西領海，日本執法船艦警戒，以直昇機現場拍照存證，並派員前往當時保七總隊抗議。

52 1958年「公海公約」第23條與1982年「海洋法公約」第111條，以幾乎相同的文字，規定：「緊追權在被追逐船舶進入其本國領海或第三國領海時立即終止」（The right of hot pursuit ceases as soon as the ship pursued enters the territorial sea of its won country (State) or of a third State）（HSC §23(2); LOSC §111(3)）。

53 2 D.P. O'Connell, The International Law of the Sea 1090-1091 (1984).

事未經許可之廣播；(4) 該船無國籍；(5) 該船懸掛外國國旗或拒不展示其旗幟，而事實上卻與該執法船艦屬同一國籍，在有合理根據時，執法船艦得臨檢該船。至於在領海與鄰接區及經濟海域等水域，則以規範管轄權所及之範圍為界。臨檢時更須以有合理的根據為限。

至於緊追權則須注意：(1) 發動地點須在沿海國管轄海域內，且該船違反系爭海域法律；(2) 須在目標船舶視聽所及範圍內，以聲光發出停船訊號；(3) 該次緊追行為須持續不斷；(4) 緊追須在第三國領海之外。

第二節　我國海域管轄執行程序規範與做法

對於航行或作業於國家管轄海域內之船舶，我國海域執法人員對其擁有管轄權力，是以得行使法定職權，對於此一職權之行使，當有所依循，一般將之區隔成不同階段，而賦予不同之執行步驟與注意事項[54]。此外，海域執法權限之發動程序，其內容固因海域範圍之不同而有差別，但其行使時所需遵循之程序要件與限制，則不因海域不同而本質上有別，係屬同樣行為，是以在各海域內之職權行使要件，各國均於單一內國法中規定，不再進行細分[55]。與之相同，國家有關登臨與檢查程序亦由單一內國法或分散於各個內國法處理，至於我國有關海域登臨規範，目前散在各個不同法規，茲將相關法律臚列如下[56]：

> （一）「中華民國領海及鄰接區法」第 17 條「中華民國之國防、警察、海關或其他有關機關人員，對於在領海或鄰接區內之人或物，認為有違犯中華民國相關法令之虞者，得進行緊追、登臨、檢查；必要時，得予扣留、逮捕或留置。」「前項各有關機關人員在進行緊追、登臨、檢查時，得相互替補，接續為之。」
>
> （二）「中華民國專屬經濟海域及大陸礁層法」第 16 條「中華民國之國防、警察或其他機關，對在專屬經濟海域或大陸礁層之人或物，認為有違反中

---

54 本部分參考：吳金河、吳科鋤。2001年12月7日。海域執法職權作業規範之探討。兩岸三通與海域執法：學術研討會論文集。臺北：臺灣警察專科學校，頁117, 128-137。

55 見：魏靜芬。2001年12月7日。限制及禁止水域之海上警察權行使。兩岸三通與海域執法學術研討會論文集。臺北：臺灣警察專科學校，頁57, 58。

56 本部分參考：吳金河、吳科鋤。2001年12月7日。海域執法職權作業規範之探討。兩岸三通與海域執法。學術研討會論文集。臺北：臺灣警察專科學校，頁117, 128-137。

華民國相關法令之虞時，得進行緊追、登臨、檢查；必要時，得強制驅離、或逮捕其人員，或扣留其船舶、航空器、設備、物品等，並提起司法程序。」

（三）「海岸巡防法」第 5 條第 5 款「巡防機關人員執行前條事項，得行使下列職權：五、對航行海域內之船舶或其他水上運輸工具，如有損害中華民國海域之利益及危害海域秩序行為或影響安全之虞者，得進行緊追、登臨、檢查、驅離；必要時，得予逮捕、扣押或留置。」

（四）「漁業法」第 49 條第 1、2 項「主管機關得於必要時，派員至漁業人之漁船及其他有關處所，檢查其漁獲物、漁具、簿據及其他物件，並得詢問關係人，關係人不得拒絕。」「為前項檢查時，如發現有關於漁業犯罪之情事，不及即時洽請司法機關為搜索或扣押之處置時，得將其漁船、漁獲物或其他足以證明犯罪事實之物件，暫予扣押；如發現其他違反本法情事，得將其漁獲物、漁具及其他物件，先予封存。」

（五）「國家安全法」第 4 條「警察或海岸巡防機關於必要時，對左列人員、物品及運輸工具，得依其職權實施檢查：一、入出境之旅客及其所攜帶之物件。二、入出境之船舶、航空器或其他運輸工具。三、航行境內之船筏、航空器及其客貨。四、前二款運輸工具之船員、機員、漁民或其他從業人員及其所攜帶之物件。」「對前項之檢查，執行機關於必要時，得報請行政院指定國防部命令所屬單位協助執行之。」

（六）「刑事訴訟法」第八章被告之傳喚及拘提；第九章被告之訊問；第十章被告之羈押；第十一章搜索與扣押等章。

一、登臨作業之規範

「登臨權（臨檢權）」實際上是由登臨與檢查所組合而成，「登臨」（boarding）是單純的登上他船舶，而「檢查」（Inspections）則是實際上在船舶實施檢查行為。登臨船舶主要是檢查船舶文書，以明瞭其國籍與航行目的，故在檢查船舶文書後，仍認為有所嫌疑時，則可進一步在船舶進行檢查，但必須審慎為之。「聯合國海洋法公約」第 110 條規定非有「合理根據」（Reasonable Ground for Suspecting）認為有下列嫌疑，不得在公海登臨該船：

（一）該船從事海盜行為。

（二）該船從事奴隸販賣。

（三）該船從事未經許可的廣播而且軍艦的船旗國依據第 109 條有管轄權。

（四）該船沒有國籍。

（五）該船雖懸掛外國旗幟或拒不展示其旗幟，而事實上卻與該軍艦屬同一國。

　　然，所謂「合理根據」（Reasonable Ground for Suspecting）係指何義？從「聯合國海洋法公約」並無法得知。我國學者有主張：執法人員行使登臨權時，必須有「合理根據」，認為被登臨之船舶具有「聯合國海洋法公約」第 110 條第 1 項所列 5 款情事方得為之，但其所謂的「合理根據」究何所指並未明確闡釋；亦有論者認為所謂的「合理根據」應與我國刑事訴訟法第 122 條第 2 項規定的對第三人搜索須具備「相當理由」同其程度[57]。此與美國法律中的「Reasonable Suspicion」或「Probable Cause」之關係為何？所謂「Reasonable Suspicion」學者有譯為「合理的懷疑」，亦有譯為「導致合理可疑之跡象」[58]，其均是指執法人員發動攔停、拍搜的門檻，而「合理的懷疑（導致合理可疑之跡象）」，必須是執法人員根據當時的事實，依據其執法經驗，所做合理推論或推理，形成合理懷疑，亦即就客觀狀況與執法人員個人主觀綜合判斷[59]。「Probable Cause」有譯為「合理根據」，亦有譯為「相當理由」，此為執法人員發動刑事搜索、扣押的門檻，以下所謂的「Probable Cause」均以「相當理由」稱之。「相當理由」依美國聯邦最高法院於 1949 年對 Brinegar V. United States 案所為的定義，係就執法人員所知之事實與情況，並有合理可信之訊息足使合理注意程度之人相信之程度，且此需以客觀標準判斷之，非以執法人員之主觀判斷為之。學者蔡庭榕認為「相當理由」是指具有事實資訊「使一個和現場執法人員有相同訓練及經歷之合理謹慎的人」相信將被搜索、逮捕之人有罪，始得為之，亦即必須有客觀事實指出確有犯罪存在。因此，執法人員不僅以事實考量，亦參酌其知識、訓練、專業、經驗及觀察等，甚至他人（如線民、一般人民、其他警察等）所提供之訊息亦可。至於所謂「合理懷疑」必須有客觀之事實作判斷基礎，而非執法人員主觀上的「單純的臆測」或第六感，必須依據現場之事實情況，即「使一位謹慎小心之平常人」，亦將形成合理懷疑有不法情事發生，並可能與之有關聯。美國聯邦最高法院認為該基於合理懷疑之攔停與拍搜作為，並未違背憲法第四修正案之規定。因此，「合理懷疑」與「相當理由」只是程度之差異，在本質上並無不同。故執法人員須有「相

---

57 蔡聰明。2002年12月。海上行政檢查與刑事搜索。臺灣海洋法學報，第1卷，第2期，頁111。
58 吳巡龍。2002年8月。相當理由與合理懷疑之區別。刑事法雜誌，第46卷，第4期，頁58。
59 陳瑞仁。2002年2月。警察臨檢行為法制化。月旦法學雜誌，第81期，頁38。

當理由」方達到刑事搜索扣押之門檻，而僅有「合理懷疑（導致合理可疑之跡象）」時，僅得爲臨檢、盤查，所以就發動搜索、扣押、臨檢、盤查時，所需具備的心證程度上，以「相當理由」最高，其次爲「合理懷疑」，故在美國，執法人員行使其權限時，在其心證形成上至少必須有「合理懷疑」（Reasonable Suspicion）。「聯合國海洋法公約」第110條的「Reasonable Ground for Suspecting」應屬英國法律之用語，且美國聯邦第五上訴法院於1979年 U.S. V. Postal 案中認爲「Reasonable Ground for Suspecting」等同於美國法律中的「合理懷疑」（Reasonable Suspicion），我國學者亦有相同的見解[60]，故執法機關欲對可疑船舶行使登臨權時，須對被登臨船舶所持的懷疑程度，僅須達到「合理懷疑」之程度即可，無須至「相當理由」之程度。至於有論者主張，「聯合國海洋法公約」第110條的「Reasonable Ground for Suspecting」與美國法中發動犯罪搜索時所必要的心證程度——「相當理由」相同[61]，然此種見解似有疑義，應如同美國法院判決般，認爲「Reasonable Ground for Suspecting」即等於「合理懷疑」（Reasonable Suspicion）。

根據國際實踐，接近與登臨程序爲[62]：

（一）如有可疑船舶未懸掛國旗者，執法船舶應先行懸掛其國旗，並命可疑船舶懸掛國旗，如所欲登檢船舶並未立即展示旗幟，應通知該船舶爲之，通知方式，通常以呼喊或鳴空砲1至2響，如船舶立即懸掛國旗，而無可懷疑者，執法船舶可自行離去。

（二）如該船舶不服從執法船舶所發的命令，拒絕懸掛展示旗幟，此時執法船舶可先以空砲示警，此後可實施實彈射擊。首先射越其船首，如仍拒絕，則可射擊其船桅，再射擊其船身，迫其就範。此時執法船舶應採取何種行爲，通常應遵守該執法船舶國家所制定之登臨手冊程序。若可疑船舶在懸掛國旗後，倘執法人員仍存有疑義者，得就其船舶文書加以檢查。

（三）進行檢查前，通常會以高呼、信號或鳴空砲通知之，一般均以船上揚聲工具或旗號通知。

（四）執法船舶應派遣軍官或警官帶領士兵或警員，乘小艇前往登船檢查。登船後，檢查船舶文書，以確定該船國籍以及航行目的，若相關檔案（如船舶國籍證書、航行證件、載貨清單與航海日誌等），均足以證明該船並無可疑，則檢查軍官應於航海日誌上簽字載明其事，並予以放行。

---

60 林鈺雄。2003年9月。刑事訴訟法（上冊）。三版。臺北：作者自版，頁371。
61 蔡聰明。2002年12月。海上行政檢查與刑事搜索。臺灣海洋法學報，第1卷，第2期，頁111。
62 姜皇池。2001年9月。國際海洋法總論。臺北：學林文化事業有限公司，頁550。

（五）倘查驗船舶文書後如仍有可疑，得在船上進一步實行檢查（Further Examination）。

根據上述國際間法律規範及我國海上執法實務做法，我國海域執法機關—行政院海岸巡防署於成立後立即研議，於民國 91 年 2 月 7 日首次頒布我國「海岸巡防機關海域執法作業規範」，其中對海域執法執行程序，包括「登臨」、「檢查」、「緊追」、「驅離」、「即時強制」等均有詳細之規定[63]。本作業規範研擬過程曾召集相關海域實務執勤人員研商，對海域執行各項管轄程序之考量因素與應注意事項有深入探討，茲分述如下：

（一）登臨之考量因素

1. 是否登船之決定（風險／利益評估）

(1) 凡在水域管轄範圍內之船舶，除了軍艦、公務船舶及享有無害通過等豁免權的船舶外，都有義務接受巡防人員的檢查[64]。

　① 由於人力有限，海域執法人員不可能檢查所有在管轄水域內航行的船舶。因此，登船檢查必須作成本利益的評估，儘可能減少對合法商業活動的干擾須被視為評估的要點。

　② 海上執法資源應被妥善地安排與利用，亦即須評估登船檢查的緊急性、可能性、風險以及其他可行的替代方案。

(2) 重要的評估因素：

　① 安全性考量：在決定是否採取登船檢查行動時，須考量海域執法人員、受檢船舶、受檢船舶人員與財產的安全。

　② 發現不法行為的可能性：原則上在作成登船決定時，發現不法行為的可能性必須列入考量，尤其數艘船舶同時存在的時候。

　③ 海上貿易與航行自由：當海域執法人員發現某一船舶嚴重涉嫌不法活動時，即使登船檢查會對海上貿易造成負面影響，仍不構成影響登船檢查的因素。然而，在其他的情況之下，登船檢查對海上貿易以及公海航行自由所造成的影響，則應被審慎評估。

---

63 參照：海洋事務法典頁。2008年7月。行政院海岸巡防署，頁269-296。

64 對照「國家安全法」第6條第2項：無正當理由拒絕或逃避依第4條規定所實施之檢查者，處6月以下有期徒刑、拘役或科或併科新臺幣1萬5千元以下罰金。

④ 特別任務船艦：當某一船艦的航行是為了執行特殊任務，譬如執行法律，海域執法人員應向相關主管機關確認該船艦的特殊性。

2. 登船前的詢問

(1) 海域執法人員在登船之前，應儘可能收集受檢船舶的相關資料，儘量避免對受檢船舶造成任何不便或製造干擾情形。在考量現場的狀況以及其他操作上的安全因素，海域執法人員應以最快速的方式與受檢船舶人員溝通。此外，海域執法人員應特別注意一點，從事不法活動的船舶常會展示不正確的船旗、船名、或船籍港，或是提供錯誤或誤導性的資料來阻止海域執法人員的調查，故海域執法人員在執行登船檢查任務時，要特別注意諮詢的正確性。

(2) 登船檢查之前，海域執法人員必須以無線電詢問受檢船舶的問題：

① 船名：包括船名在受檢船舶上展示的位置與方式，若船名未展示在受檢船身上，以何種方式展示。

② 船籍：船籍在受檢船舶上展示的方式，譬如，以懸掛國旗或口頭詢問的方式得知；如果受檢船舶上未懸掛國旗，則以受檢船舶上懸掛的其他旗幟辨別該船的國籍；海域執法人員亦可透過船舶註冊文件來確認受檢船舶的國籍。（在詢問有關受檢船舶船籍的問題時，海域執法人員必須明確地詢問，以避免受檢船舶船長或船舶發言人誤解。例如海域執法人員詢問船籍，而船長或船舶發言人誤答為自己的國籍。）

③ 受檢船舶登記號碼。

④ 受檢船舶在海上的位置：包括經緯度、內水或公海等。

⑤ 受檢船舶的現況：譬如航行中、下錨狀態、捕魚作業中、航行的方向、速度等。

⑥ 受檢船舶的種類以及船舶形狀的完整描述：此項詢問包括受檢船舶天線的種類和總數（Number）的資料、水位線（Waterline）的外觀、受檢船舶上的漁具、是否有其他船舶與其並行航行。

⑦ 航行的目的以及受檢船舶上運載的乘客或貨物的相關資料。

⑧ 受檢船舶的最後離開港以及離開日期。

⑨ 受檢船舶的下一抵達港以及預期的抵達日期。

⑩ 受檢船船長的姓名、國籍、住所和生日：如果船長不在該船舶上，海域執法人員須詢問船長離開的時間、地點、原因（包括離船時所搭乘船舶的船名以及其他相關資料）、海域執法人員亦須詢問船長離船時所給予的指

示，以及船長離船後接任船長工作的負責人。

⑪ 受檢船舶所有人的生日和住所。

⑫ 受檢船舶所有人員的國籍、姓名、住所、生日。

⑬ 受檢船舶上是否置有武器、若是，武器的置放處、種類和序號。

⑭ 如果是利用無線電方式詢問，最後一問題可問可不問，但是如果事先未以無線電方式就最後一問題詢問，海域執法人員在登船時，應馬上詢問船上是否置有武器。

⑮ 上述問題都是為了獲得登船時所需要的基本資料。海域執法人員在登船時，可依實際情況就其他問題進行詢問。

⑯ 海域執法人員在詢問問題時，一次只能詢問一個問題。在沒有得到對方回答且未做成記錄之前，不得就下一個問題進行詢問。在完成詢問工作後，登船檢查小組應檢視所有當地執法單位所保有的資料，以在登船之前確認受檢船舶的相關資料。

3. 停船要求

一般而言，受檢船舶在接到海域執法人員的指令時，應停船接受檢查，若有受檢船舶不遵守海域執法人員的指令，海域執法人員應盡可能避免使用武力方式迫使受檢船舶停船 [65]。

（二）登臨應注意事項

1. 組成

登船小組應由相關海域執法人員組成，這些人員應具備專業與溝通的能力，登船小組的運作有下列幾點：

(1) 海域執法人員應具備良好形象。海域執法人員在登船檢查時，若有好的表現，會給受檢船舶人員留下正面的印象，反之會留下負面的印象。

(2) 所有的海域執法人員都必須在公關領域接受訓練。

---

[65] 「海岸巡防法」第5條第4款之規定「對航行海域內之船舶、其他水上運輸工具，根據船舶外觀、國籍旗幟、航行態樣、乘載人員及其他異常舉動，有正當理由，認有違法之虞時，得命船舶或其他水上運輸工具停止航行、回航，其抗不遵照者，得以武力令其配合。但武力之行使，以阻止繼續行駛為目的。」

(3) 海巡機關必須確定海域執法人員有接受適當的訓練、有充足的設備並有充分的動機來執行職務。

(4) 在海巡機關的監督下，登船小組的組長須指揮整個登船小組，並對登船檢查行動的妥當性、合宜性負責。

(5) 登船小組的其他成員，在執行登船檢查任務時，須協助登船小組組長。

(6) 登船小組的的組成至少須有兩人。實際的登船小組人數，應依個案決定。

(7) 對於長度超過 65 呎的船舶，登船小組的海域執法人員應在 4 人以上。

(8) 原則上，非海域執法人員不得參加登船小組。然而，跨機關的登船行動可依特別狀況被允許。

2. 制服及證件

所有的海域執法人員都必須依規定穿著制服及出示證明文件 [66]。

3. 登船程序應特別注意事項

登船程序之相關規定雖然重要，但海域執法人員的安全以及遵守刑事訴訟法有關搜查逮捕的規定亦應特別注意。

(1) 在某些情況下，例如在船舶上有可疑的重大刑事犯罪、可疑且危險的受檢船舶人員或其他可能危及登船小組安全的潛在危險，海域執法人員可以將受檢船舶人員集合在船舶上的某一個開放空間。海域執法人員在此種情況下，可以對船長說：「船長，請你召集你的船員在船尾集合。」待船員集合完畢，海域執法人員可以清點人數，若人數不足，海域執法人員即應提高警覺。海域執法人員若在晚上登船，登船之前應先要求船長打開船舶內部燈光以及甲板上的燈光。在沒有任何理由認為受檢船舶人員具有威脅性時，海域執法人員在集合受檢船舶人員時，應儘可能使受檢船舶人員舒適自在，其中包括以舒服自在的方式召集受檢船舶人員、在點名完畢後舒緩召集的氣氛、允許受船舶人員回到工作崗位、允許受檢船舶人員進入洗手間、吃東西或坐下。

(2) 在登船之後或是分派海域執法人員進行船舶檢查之前，應確定受檢船舶上是否置有武器，海域執法人員可以詢問：「船長，船上有無放置任何武器？」如果有的話，海域執法人員應要求受檢船舶船長陳述武器的位置所在，但不需要展示武器。同

---

66 依據「海岸巡防法」第14條之規定，巡防機關人員執行職務時，應穿著制服或出示證明文件。前項制服、證明文件之制式，由巡防機關定之。

時，海域執法人員應要求受檢船舶船長將武器放在船艙內不要帶到甲板上。

(3) 情況若是允許的話，巡防船、艦應在受檢船舶旁以繞圈的方式航行，以檢查該船舶是否有違反法律的情事，或是否有其他可疑的狀況。

(4) 在海域執法人員從巡防船、艦換到小艇，登上受檢船舶之後，巡防船、艦應與受檢船舶保持適當的距離，以全面性地監督受檢船舶上的所有活動。在正常的情況之下，巡防船、艦應保持在小艇的視線範圍內，巡防船、艦上人員應對受檢船舶上的任何活動保持高度警覺，以在最短時間內召回登船小組。

(5) 在登船之後，海域執法人員應在登船小組組長的指揮下，採取必要的戰略位置，一旦確定誰是候檢船舶船長、或負責人時，登船小組組長應表明身分，並說明登船檢查的理由，如：「船長，你好，我是海巡署的○○○。今天我們登船的原因是為了確認貴船的法律地位，並確定貴船是否遵守法令。請問你有任何問題嗎？」

(6) 登船檢查的理由不須侷限於行政或安全檢查。在某些情況之下，當檢查是基於特別的法律規定，如漁業或遊輪安全的相關法律，海域執法人員亦可將該特殊原因告知受檢船舶船長。

(7) 在完成上述的確認工作之後，登船小組組長應向受檢船舶船長確認登船前詢問所得到的訊息。在登船小組組長進行詢問時，其他的組員應保持安全的位置以觀察受檢船舶上的其他人員，並開始「初步安全檢查」。

二、檢查作業之規範

有關檢查作業規範，亦分散於各個法律規定之中前已述及，茲僅將執行步驟分述如下：

（一）檢查之執行步驟

在初步安全檢查（Initial Security Inspection, ISI）過程中，分為兩個階段，即「基本初步安全檢查」（Basic ISI）與「延伸初步安全檢查」（Extended ISI）[67]。

---

[67] 吳金河與吳科鋤兩位人士將Extended Initial Security Inspection翻譯成「擴張性初步安全檢查」，然此處個人則翻譯成「延伸初步安全檢查」。兩位吳先生之看法，見：吳金河、吳科鋤，2001年12月7日。海域執法職權作業規範之探討。兩岸三通與海域執法：學術研討會論文集。臺北：臺灣警察專科學校，頁117, 131。

1. 基本初步安全檢查（Basic ISI）

基本初步安全檢查係指以快速且局部性方式對船舶做安全性的檢查，透過確認船舶上是否有任何危及安全的狀況，並確定船舶的適航性，以達到保護登船小組安全的目的。由於此種安全檢查是基於安全的考量，而不涉及蒐證，因此此種檢查的進行不須以合理的懷疑（Reasonable Suspicion）或相當理由（Probable Cause）為基礎。

(1) 基本初步安全檢查在所有的登船行動中都必須被執行。當海域執法人員登船向受檢船舶船長說明初步安全檢查的目的之後，一般而言，海域執法人員應邀請該船長一同進行檢查。

(2) 初步安全檢查的範圍，是依登船時受檢船舶的情況而定，例如該船舶的大小、種類、船舶上的狀況、船員的行為態度、以及任何船舶上潛在的危險。由於基本初步安全檢查的目的不在蒐證，所以登船小組在進行基本初步安全檢查時，海域執法人員通常不會進入船舶的私人空間。

2. 延伸初步安全檢查（Extended ISI）

「延伸初步安全檢查」亦為快速安全檢查的一部分，僅是其檢查的方式較為集中。

(1) 在海域執法人員認為受檢船舶上存有特定的危險，會危及登船小組安全的合理的懷疑下，海域執法人員方得為延伸初步安全檢查。此種檢查的方式和範圍是以其所懷疑的危險為依據。舉例而言，海域執法人員在檢查時，若發現身份不明的船員，海域執法人員即可進入船員的私人房間進行檢查。同樣地，當海域執法人員接近受檢船舶時，有看到武器，但登船後，武器又不見蹤影，海域執法人員即可決定是否進行延伸初步安全檢查，或是召集受檢船舶人員以防止他們取得武器，危害登船小組的安全。

(2) 海域執法人員一旦找到其在檢查當中所欲尋找的人、物或其他狀況，或是海域執法人員所懷疑的情況已得到確認，海域執法人員即必須停止延伸初步安全檢查。

(3) 海域執法人員應依據他們所受的訓練與經驗，並考量所有可得的資訊，來決定是否有必要採取延伸初步安全檢查。海域執法人員須謹記採取延伸初步安全檢查的理由，因為日後他們有可能必須在法院上解釋，他們認為有必要採取延伸初步安全檢查的原因。例如，他們在進行初步安全檢查時，發現有犯罪活動的證據。

(4) 在下列情況下，海域執法人員得採取延伸初步安全檢查：

　　① 海域執法人員發現有任何危險情況或危險物品可能危及登船小組或其他人

員的安全時。

② 海域執法人員在登船前已知受檢船舶上置有武器，海域執法人員在登船後，得進行延伸初步安檢查以找出武器，並在可能的情況下，監管上述武器，以保護海域執法人員之安全。

③ 檢查所有可以容納個人的空間，以確定受檢船舶上是否有躲藏、失蹤或身分不明的人。

(5) 執行延伸初步安全檢查時，應注意下列幾點：

① 海域執法人員只有在發現特別可疑的危險時，方可檢查受檢船舶上的私人空間與私人物品。

② 海域執法人員只能在有可能發現可疑危險的地方進行檢查。

③ 海域執法人員不可作非合理必要的停留，一旦海域執法人員的安全無虞之後，延伸初步安全檢查即應停止。

(6) 武器的延伸初步安全檢查，必須在合理範圍內進行檢查。懷疑受檢船舶上置有武器的海域執法人員，不得對船舶進行全面性、侵入性的檢查，必須遵守下列規定：

① 只檢查武器放置處。

② 只對攜有武器嫌疑的人進行搜身。

③ 採取必要方式將受檢船舶人員與可疑武器分開。

（二）檢查發動與過程應注意事項

1. 充分準備以及安全預防措施

(1) 一旦登船，登船小組組長應儘可能找出有關船舶空間以及所載貨物相關資料，以評估該受檢船舶可能對海域執法人員造成的威脅。

(2) 在受檢船舶上，有可能藏有極度危險具傷害性的物品，因此海域執法人員不得任意進入該船舶的封閉空間。當船舶的封閉空間可能藏有危險物品，或氧氣不足時，必須等到專業檢查員確定安全無虞時，海域執法人員方得進入。

2. 注意人權維護

(1) 巡防機關人員行使前條所定職權，有正當理由認其有身帶物件，且有違法之虞時，得令其交驗該項物件，如經拒絕，得搜索其身體。搜索身體時，應有巡防機關

人員二人以上或巡防機關人員以外之第三人在場。

(2) 搜索婦女之身體，應命婦女行之。

三、緊追之執行步驟

（一）執行步驟

1. 辨識、評估實施的船舶是否為外國船舶。

2. 登臨：接近嫌疑船舶或飛機。直接遣送人員登上嫌疑船舶或飛機，或者以小船承載人員或其他方法遣送人員登上嫌疑船舶或飛機。

3. 查核：查核船舶國籍證書及其他船舶文件。

4. 檢查：若查核之後仍有嫌疑，得進行檢查，檢查包括了訊問、搜索、保全證據等行動在內。

5. 逮捕人員及拿捕船舶或飛機：經檢查之後，發現有明確之證據，則可對於人員實施逮捕，對於船舶或飛機實施拿捕。

（二）應注意事項

1. 實施海上緊追執行程序應由軍艦或其他之公務船艦或飛機行之。後者在外觀上應有清楚的標幟，來顯示其公務船艦或飛機的性質。從事海上緊追執行的船艦或飛機，應經沿海國的授權。

2. 船舶在沿海國內水或領海中有違法行為。析言之，船舶在沿海國內水或領海中，觸犯沿海國針對領海或內水所制定的各種規範。此地的「違法行為」不包括「輕微的違法行為」。輕微的違法行為並未嚴重侵害沿海國法益，因此，不得據此對有關船舶為緊追，致損害其航行利益。

3. 沿海國追捕船隻之前，必須要有足夠的理由，相信船舶在其領海或內水中有違法行為。因此，僅屬「臆測」尚嫌不足，但也不必達到「確定」船舶有違法行為的程度。

4. 追捕船隻在相信船舶有違法情事後，應即採取逮捕行動，而不得延滯。逮捕之前應先發出停船命令。命令應以視聽訊號在可收受的距離內為之。基此，追捕船隻不得以無線電訊號，在較大的距離外，發出停船命令。

5. 追捕船隻在開始採取逮捕行動時，船舶必須位處於內水、領海、鄰接區、專屬經濟海域中。若母船本身在領域之外，其所屬小船在領海或內水中，則有關母船視為

在領海或內水之中。若有數艘船舶共同為違法行為，但部分船隻滯留於領海之外，部分船隻則在領海或內水中，在領海外船隻亦視為在領海或內水之中。

6. 船舶拒絕停船，轉向公海逃竄。巡防艦艇船應開始追逐外國船舶。

7. 若船舶逃至公海上，則追捕船艦應繼續在公海上追逐船舶，直到逮捕該船為止。追逐不得中斷，若追逐中斷，緊追權消滅。又若船舶進入第三國領海或船籍國領海，則緊追權亦消滅。但是如果船舶進入第三國的專屬經濟區、鄰接區等，則緊追權未消滅。

（三）其他職權規範

所稱之管轄客體為第三國船舶、無國籍或多國籍船舶。對大陸船舶無緊追之概念，除非修訂相關法律條文，方有適用之可能。本國船艦之追緝亦不適用國際法概念之緊追。依「海岸巡防法」第 5 條第 4 款之規定，對航行海域內之船艦、其他水上運輸工具，根據船艦外觀、國籍旗幟、航行態樣、乘載人員及其他異常舉動，有正當理由，認有違法之虞時，得命船艦或其他水上運輸工具停止航行、回航，其抗不遵照者，得以武力令其配合。但武力之行使，以阻止繼續行駛為目的。

四、驅離之執行

（一）執行步驟

1. 完成違法行為的調查。
2. 確定該船艦或飛機是第三國所屬或大陸船艦。
3. 執行時應符合比例原則實施。
4. 執行時，應詳實蒐證。
5. 確定被執法對象已離境。

（二）執行驅離應注意事項

1. 執法的船艦須為軍艦或公務船始得為之。
2. 違法之對象所觸犯之法令，須本國具有管轄權始得作為。
3. 對於越區非法捕魚之漁船不得使用失能砲火攻擊，除非海域執法人員有充分的理由相信，該漁船並非單純地違反我國「漁業法」令，而是從事非法活動，例如走私

或偷渡。

4. 在正常情況下，海域執法人員亦不得對漁船鳴槍警告。

5. 若有必要執法人員於確信可安全登檢時登船檢查，並將該船上情形或設備詳實記錄。

6. 實施驅離對象於執行後，應詳細記載該船之相關記錄，以供日後查處佐證。

7. 對於大陸船艦，巡防機關人員執行臺灣地區與大陸地區人民關係條例施行細則第 28 條所定事項時，依其規定辦理。

五、逮捕之規範

（一）逮捕之執行步驟

進行逮捕之前，必須考量下列三項因素：

1. 確定逮捕的合法性。

2. 安全性考量。

3. 逮捕後之留置行為，必須注意嫌疑人的安全及身體狀況。

（二）進行逮捕時應注意事項

1. 合法逮捕的要件：

(1) 須有法律的授權進行逮捕。

(2) 有逮捕的動機。

(3) 於逮捕時，須告知被逮補者上述兩點。

(4) 被逮捕者須服從執法人員的逮捕。

2. 當逮捕行動會對海域執法人員造成不必要的危險時，逮捕行動應予以遲延，直到支援人員到達。

3. 海域執法人員逮捕時不一定要使用武力，但當事人若拒捕，海域執法人員即可使用最通常的武力並符合比例原則 [68]。

(1) 對於現行犯，海域執法人員得逕行逮捕之。

(2) 若非現行犯，但有充分的證據顯示該嫌犯涉及重大刑事案件時，海域執法人

---

[68] 「海巡器械使用辦法」第5條巡防機關人員使用武器或器械，應基於急迫需要為之，不得逾越必要程度，並應事先警告。但因情況危急不及事先警告者，不在此限。第6條巡防機關人員在各種武器或器械可供使用時，僅得依當時狀況選擇危害最輕微者使用。

員可以在沒有拘票的情況下，將之逮捕。

　　4.海域執法人員在完成上述逮捕行動之後，對被逮捕者的訊問應遵守刑事訴訟法的相關規定。

六、進行扣押之規範

（一）扣押之執行步驟

　1.完成違法行為的調查。

　2.確定財產的妥適性。

　3.對該財產的掌握、控制。

（二）扣押應注意事項

1.走私品

　(1) 本國船艦：當海域執法人員在本國船艦上發現走私品時，應依法予以扣押，並在對該走私品認定保全之後，送交主管機關處理。

　(2) 外國船艦：當海域執法人員在外國船艦上發現走私品時，須依當時狀況個案處理。若是合意登船的情況，除非該船的船長要求，否則海域執法人員原則上不得扣押其所發現的走私品。若非合意登船，海域執法人員須得到該船籍國政府的授權方得扣押該走私品。

　(3) 大陸船艦：涉及走私者，扣留其船艦、物品及留置其人員。依規定扣留之船艦，移由有關機關查證其船上人員有對臺灣地區有走私或情形者，沒入之。

2.船艦

　　在大部分的情形下，海域執法人員可行使其裁量權來對受檢船艦進行扣押，其妥當性依個案決定。當受檢船艦的扣押是妥當時，海域執法人員應監管該船艦並將該船艦駛入適當港口，報請當地檢察機關指派檢察官指揮或交由海關及相關主管機關處理。對於大陸船艦之沒入，海巡機關為主管機關。

3.其他證據

　　海域執法人員在受檢船艦上發現任何違反本國法律的證據時，海域執法人員可對

該項證據予以扣押。

(1) 當上述證據是替代物時，在證據保全上應特別注意。

(2) 當上述證據是非替代物時，可透過編號或在該向證據上作記號，以作爲事後辨認之依據。

(3) 當上述證據是特殊的替代物時，例如魚貨或超大型物件，得以拍照的方式予以存證。

4.船艦或是其他被扣的財產

海域執法人員必須清點並妥善管理被扣押的船艦以及其他的財產，包括被逮捕者的個人財產。

七、留置之規範

（一）留置執行步驟

1. 係爲完成違法行爲的調查。

2. 爲確定人員的身分及安全。

3. 人員帶離至公務機關、船艦上或適當處所看管。

（二）應注意事項

1. 當執行人員有「合理懷疑」相信犯罪活動的存在時，得採取調查性的留置。換言之，當客觀事實顯示犯罪活動，但尚未達到「相當理由」（probable cause）時，海域執法人員得在合理期間內拘留當事人，以就該合理的懷疑進行調查。

2. 留置期間的合理性由當時的情況決定。當留置的時間過久、不合理時，該項留置即有可能構成非法的逮捕。

3. 有時留置的目的是爲了保護當事人或他人的安全，包括登船小組人員的安全。

4. 當受檢船艦操作者在醉酒狀態時，海域執法人員亦可將船艦操作者留置至其清醒爲止。

5. 海域執法人員在採取留置行動時，應盡可能使用最小武力，請參酌「海岸巡防機關器械使用辦法」。

6. 留置外國船艦上的人員須得到該國政府的授權。

7. 留置航行於本國海域上的外國商船或遊輪上的船艦操作者，不須得到外國政府

的授權。

八、小結

我國於民國 87 年 1 月 21 日公布之「中華民國領海及鄰接區法」和「中華民國專屬經濟海域及大陸礁層法」之內容，雖然大部分與 1982 年「聯合國海洋法公約」相類似，但仍有部分條文與海洋法公約不盡相同，為使其異同處便於觀察，以下分別就規範管轄權之內容與得行使之職權兩項做比較（表 6-2）。

表 6-2　1982 年聯合國海洋法公約與我國海域執法規範之比較

	規範管轄權內容	得行使之職權
1982年「聯合國海洋法公約」（於領海、鄰接區、專屬經濟海域及大陸礁層區域內）	一、領海：所有國家其船艦均享有無害通過領海的權利。（17） 二、鄰接區：海關、財政、移民或衛生。（33） 三、專屬經濟海域：勘探開發、養護和管理海床上覆水域和海床及其底土的自然資源；人工島嶼、設施和結構的建造和使用；海洋科學研究；海洋環境的保護和保全。（55） 四、大陸礁層：勘探大陸架和開發自然資源的主權權利（77）；建設人工島嶼、設備和結構，並對此類人工島嶼、設備和結構行使管轄權（80）。 五、公海：所有國家對販賣奴隸（僅有部分管轄權）（99）、海盜（105）、未經許可廣播（109）、濫懸船旗（110）均有管轄權。	登臨權（110）、緊追權（111）
中華民國領海及鄰接區法	一、領海：除無害通過外之所有國內法均可適用。 二、鄰接區：海關、財政、貿易、檢驗、移民、衛生或環保法令、及非法廣播之情事（15）。	緊追、登臨、檢查（17）

表6-2　1982年聯合國海洋法公約與我國海域執法規範之比較（續）

	規範管轄權內容	得行使之職權
中華民國專屬經濟海域及大陸礁層法	一、探勘、開發、養護、管理海床上覆水域、海床及其底土之生物或非生物資源之主權權利。 二、人工島嶼、設施或結構之建造、使用、改變或拆除之管轄權。 三、海洋科學研究之管轄權。 四、海洋環境保護之管轄權。 五、其他依國際法得合理行使之權利。 六、對大陸礁層海底電纜或管道之舖設、維護或變更之許可（15）。	緊追、登臨、檢查，強制驅離、逮捕人員、扣留船艦、航空器、設備、物品等（16）

第三節　海域執法程序中武力使用問題

海域執法程序中，武力使用之強度與力度，與是否愈越必要程度或比例原則，「海洋法公約」討論期間，國際間常有爭辯。在第 3 屆海洋法會期間，各國不願針對條文所定，允許各國執法時，所稱「必要的步驟」（Necessary Steps）[69] 或「執行措施」（Enforcement Measures）進行詳細討論[70]。當時是認定，習慣國際法對於海上武力行使，包括在和平時期警察權武力行使在內，在大部分情形下，已經相當充分[71]。

不論是在戰時或和平時期警察權之發動，一般國際法規定是：武力使用不能踰越達成合法目的之必要範圍，不論在任何情形下，均需所欲達目的與所使用武力相當。此一規定在大部分國家內國法亦有相同要求。較大困境在於如何確定特定作為是否與所欲達到合法目的相當，國際間司法機制對此判例甚少，所提供指導功能亦非常有限。

---

69 比如「海洋法公約」第25條第1款規定：「沿海國可在其領海內採取必要的步驟以防止非無害的通過」。

70 「海洋法公約」第233條規定：「……對海峽的環境造成重大損害或有造成重大損害的威脅，海峽沿海國可採取適當的執行措施，在採取執行措施時，應比照尊重本節的規定」。

71 Ian Shearer, *Problems of Jurisdiction and Law Enforcement against Delinquent Vessels*, 35 Int'l & Comp. L.Q. 320, 341 (1986).

一、案例檢視

（一）孤獨號案

在 1935 年加拿大與美國間仲裁法院的《孤獨號案》（I'm Alone），美國海岸防衛隊巡邏艇擊沉走私非法酒類之加國船艦「孤獨號」，並造成船上數人死亡[72]。仲裁員認為：為登臨、檢查、逮捕或帶回港口之目的，可以使用「合理所需武力」（Reasonable and Necessary Force）；因而若是因使用「所需與合理武力」，「附隨」（Incidentally）導致船艦沉沒，「緊追船艦並無可非難」（The Pursuing Vessel Might be Entirely Blameless）。然在該案中，緊追船艦是「蓄意」（Intentionally）擊沉該艘緊追船艦，因而並不合法。考量該案事實，並不容易理解仲裁員之標準何在，因為「孤獨號」一再逃離，並已然進行兩天緊追，窮盡諸多方法，仍不願停船，除非往船身射擊之外，又如何令其停船。唯一可能解釋是：若僅是違犯海關相關法規，則不允許執法船艦蓄意將船艦擊沉。換言之，比例原則要求執法國家必須在船艦違犯法律嚴重程度與人命價值間作衡量，而走私酒類並不能合法賦予執法國家權利，使用武力以致危及人命安全；基於同一法律理由，違犯漁業規則或輕微污染事件，亦不能使用可能危急人命之武力[73]。「國際海洋法法庭」（The International Tribunal for the Law of the Sea, ITLOS）在《賽加號案》（The MS Saiga Case）亦認為，對於無武裝之漁民，發射砲彈，以致造成漁民死傷，顯然有逾「比例原則」[74]。然若所涉及是大量毒品或槍械走私，或是傾倒大量劇毒物質時，又將如何[75]？目前尚未有明確答案。

---

72 有關《孤獨號案》，簡要事實論述，請參考：Peter Seidel, *I'm Alone*, in 2 Encyclopedia of Public International Law 937-938 (Rudolf Bernhardt ed. 1995)。較詳細討論，請參考：J.W. Garner, *Hot Pursuit, Illegal Sinking of Vessels on the High Seas: The I'm Alone Case*, 16 Brit. Yb. Int'l L. 173-175 (1935); G.G. Fitzmaurice, *The Case of the I'm Alone*, 17 Brit. Yb. Int'l L. 82-111 (1936); C.C. Hyde, *The Adjustment of the I'm Alone Case*, 29 Am. J. Int'l L. 296-301 (1935)。

73 Ian Shearer, *Problems of Jurisdiction and Law Enforcement against Delinquent Vessels*, 35 Int'l & Comp. L.Q. 320, 341-342 (1986).

74 有關「賽加號」案例之評論，簡要論述，請參考：A.V. Lowe, *The M/V Saiga: The First Case in the International Tribunal for the Law of the Sea*, 48 Int'l & Comp. L.Q. 187-200 (1999)。

75 Ian Shearer, *Problems of Jurisdiction and Law Enforcement against Delinquent Vessels*, 35 Int'l & Comp. L.Q. 320, 341-342 (1986).

（二）紅色十字軍號案

1962 年丹麥與聯合王國間之《紅色十字軍號仲裁案》（The Red Crusader），則是更不尋常之案例。該案中，丹麥執法驅逐艦派遣人員，包括一名軍官與一名船員，登臨涉嫌非法捕魚蘇格蘭拖網漁船，但反遭該船船員所制伏，並監禁該兩名執法人員。接著丹麥驅逐艦展開漫長緊追，並發射數發警告子彈，射擊船桅、雷達與照明設備，最後以 40 釐米砲彈射擊船身。「紅色十字軍號」雖遭射擊，仍努力逃脫至公海區域，適逢兩艘不列顛海軍軍艦出現，其中一艘駛入丹麥船艦與漁船之間，丹麥雖一再抗議，但蘇格蘭船仍順利逃脫。兩國後來協議，將該案提交仲裁，該案仲裁機制，雖認為執法船艦有權利對企圖逃脫合法拘捕之船艦開火，然仍認定該射擊行為過當，因為：1. 在發射 40 釐米砲前，並未進行明確警告；2.「並無法證明有此必要」（Without Proved Necessity），以致必須發射可能危及船上人命之砲彈[76]，並指出「應該可以採行其他措施，若是持續堅持，應能使得『伍德船長』（Captain Skipper Wood）（該蘇格蘭拖網船船長）停船，並回歸一般程序」[77]，本案再次顯示，於和平時期，執法船艦相當難以取得對違規漁船使用武力之合法性[78]。

二、海洋法公約相關規定

針對各國在採行執法措施時，其使用武力之限制，1982 年「海洋法公約」僅以單一條文，簡要地規定：「在根據本公約對外國船隻行使執行權力時，各國不應危害航行的安全或造成對船隻的任何危險，或將船隻帶至不安全的港口或停泊地，或使海洋環境面臨不合理的危險」（LOSC §225），從上述討論發現，在船艦蓄意逃避合法接近或登臨時，何種行為是會構成「危害航行安全」（Endangering Safety），不免有待思索。「國際海洋法法庭」在《賽加號案》中同樣表示，雖然對於武力使用之限制，「海洋法公約」並未明文規定，但根據「海洋法公約」第 293 條第 1 款之規定，「法院或法庭應適用……其他與本公約不相牴觸的國際法規則」[79]；換言之，「國

---

76 Jörg Polakiewicz, *The Red Crusader Incident*, in 4 Encyclopedia of Public International Law 63-64 (Rudolf Bernhardt ed. 2000).

77 案件載於35 Int'l Law Reports 485, *cited in* Ian Shearer, *Problems of Jurisdiction and Law Enforcement against Delinquent Vessels*, 35 Int'l & Comp. L.Q. 320, 342 (1986)。

78 Jörg Polakiewicz, *The Red Crusader Incident*, in 4 Encyclopedia of Public International Law 63, 64 (Rudolf Bernhardt ed. 2000). 本案中亦強調，遭追捕船舶之船旗國軍艦，有權利保護該國船舶免於過度武力使用傷害之權利。

79 Gudmundur Eiriksson, The International Tribunal for the Law of the Sea 306 (2000).

際海洋法法庭」認為有關海上執法武力使用，仍應本於公允及善良原則，適用習慣國際法與國際人道原則，在此原則下，任何武力使用應儘可能避免，縱使在無可避免之情形，亦不得超越合理與必要範圍，是以僅有在所有警告行為皆無效後，始得使用武力；且此武力之使用，應遵循《孤獨號案》與《紅色十字軍號案》所建立傳統習慣法，受「必要性原則」（The Principle of Necessity）與「比例原則」（The Principle of Proportionality）限制，必須確保武力之使用，不致危害人命安全。相同地，學術界之通論認為，「海洋法公約」第225條之規定，必須置於習慣國際法有關「必要性原則」與「比例原則」下檢視，而不是全面禁止執法行為使用武力[80]。因而我國海巡機關於海上執法之際，應儘可能避免使用武力，倘若無可避免時，在具體個案中，不應踰越合理與必須之範圍，亦即應符合比例原則；因為人道考量不僅適用於其他國際法領域，亦適用在海洋法領域[81]。然而考諸具體國際實踐，在諸多情形下，各國執法船艦使用武力場合並不一致，有相當多案例顯示俄羅斯、阿根廷等國家在武力使用較為主動[82]；相對地，英美系統國家之執法船艦，包括海軍或海岸防衛隊，在海上針對外國非武裝船艦使用海上武力卻是非常審慎[83]。美國海岸防衛隊在其執法手冊與訓練過程中，即一再強調：海上執法縱使有合法理由，亦應儘可能避免使用武力，且僅能在情況有所需要時，行使合理且必須之武力[84]。

三、執法不當或瑕疵之法律責任

一般而言，此種執法程序必須在儘可能範圍內，減少對遭檢查船艦作業之干擾和

---

80 Ian Shearer, *Problems of Jurisdiction and Law Enforcement against Delinquent Vessels*, 35 Int'l & Comp. L.Q. 320, 342 (1986); W.J. Fenwick, *Legal Limits on the Use of Force by Canadian Warships engaged in Law Enforcement*, 18 Canadian Yb. Int'l L. 113-145 (1980).

81 Gudmundur Eiriksson, The International Tribunal for the Law of the Sea 306 (2000).

82 有諸多報導顯示，阿根廷軍艦對臺灣船舶往往使用相當強烈之執法手段，甚至開砲擊沈臺灣漁船。如1994年臺灣漁船「金源興號」在阿國160海浬專屬經濟區內作業，阿國海軍要求登臨檢查，臺灣漁船往公海逃逸，在經緊追後，阿國軍艦炮擊該漁船，導致該船沉沒。見：鄭敦宇。2002年3月。海上武力使用之國際法標準：以國際海洋法法庭第二號判決為中心。警學叢刊，第32卷，第5期，頁297, 308。

83 Ian Shearer, *Problems of Jurisdiction and Law Enforcement against Delinquent Vessels*, 35 Int'l & Comp. L.Q. 320, 342 (1986). 1991年澳洲的「漁業管理法」（Fisheries Management Act, FMA），甚至未明文授權海軍得對涉嫌違反該法船舶開槍或發射砲火。見：David Letts, *The Use of Force in Patrolling Australia's Fishing Zones*, 24 Marine Poc'y 149, 152 (2000)。

84 U.S. Department of Transportation (United States Coast Guard), Maritime Law Enforcement School: Boarding Officer Course 2-A-2 (Revised 4th ed. Date unavailable).

不便[85]。然若是並無適當理由即臨檢特定船艦；或是縱使有適當理由要求臨檢船艦，但嫌疑經證明並無根據時，被臨檢船艦並未從事遭嫌疑的任何行為，對該船艦因臨檢行為所引發可能遭受的「任何損失或損害」（Any Lose or Damage）應予以賠償（HSC §22(3); LOSC §110(3)）[86]。此一原則在1921年的《大熊號案》（The Bear）即已經確認。案例事實發生在1909年，當時美國財政部緝私船「大熊號」在公海發現3艘英國船艦，即上前臨檢有無非法海豹皮，查無任何海豹皮。該案所涉及責任問題乃於1921年提交「英美索償法庭」（British-American Claims Tribunal）審理，索償法庭認為：「國際海事法的基本原則是，除非存有特定公約或於戰爭時期，驅逐艦在公海執法而干擾外國船艦，並無法律基礎且是違法，構成對該船懸掛旗幟之國家主權的侵害」，該法庭命令對受干擾船艦賠償「特殊費用」（Special Expense），以及「因非法干擾所導致麻煩」（For the Trouble Occasioned by the Illegal Interference）[87]。國際法委員會認為，之所以如此嚴格要求軍艦船旗國擔負責任，係用以防止公海臨檢權遭到濫用[88]。

---

85 1994年中國、日本、韓國、波蘭、俄羅斯與美國6個國家所共同簽署之「中白令海綠鱈資源養護與管理公約」（Convention on the Conservation and Management of Pollock Resources in the Central Bering Sea）第11條第6款第3項規定：「這類公務員在進行檢查時，應出示由其政府頒發的授權書，儘可能減少對漁船依據本公約進行的作業的干擾和不便」，引自：農業部漁業局（編）。白令海漁業管理手冊。北京：農業部漁業局，頁7（未註明出版年分）。

86 當然若是因為臨檢權之行使，僅是引發系爭船舶之不便，而未發生任何損害，則並無足夠法律理由來請求賠償，見：2 D.P. O'Connell, The International Law of the Sea 802 (I.A. Shearer ed. 1984)。

87 2 D.P. O'Connell, The International Law of the Sea 808 (I.A. Shearer ed. 1984).

88 Reports of the International Law Commission: Covering the Work of its Eighth Session, April 23-July 4, 1956, *reprinted in* 51 Am. J. Int'l L. 154, 219 (1957).

第七章
我國海岸及港口管理執法

「海域執法」中的「海域」，中華民國的執法管轄範圍定義，與先進海事國家美、日、加、英等國規範有所不同。依我國海岸巡防法第 2 條所訂之管轄範圍，「海域」[1] 係指內水、領海、鄰接區至經濟海域等相關水域，還包括海岸巡防法第 2 條第 3 款之「海岸」，所謂「海岸」即為「岸際」、「河口」與「非通商口岸」等地區。海岸巡防法所稱之海岸者，係指海水低潮線以迄高潮線起算 500 公尺以內之岸際地區，所謂「海水低潮線以迄高潮線起算 500 公尺者」係指由低潮線到高潮線之間的潮間帶[2] 外，另外加上由高潮線起算向陸 500 公尺[3] 為止的帶狀地區，此二個區域的岸際地區總稱為「海岸」。由於內政部警政署所主管之「犯罪預防及偵查」職掌，地域管轄範圍及於「海岸」地區之所有陸地，並在「海岸」地區設有派出（分駐）所及警勤區等，而其事務管轄亦包括查緝走私及非法入出國案件，因此相關的職掌管轄是有相競合的。

第一節　海岸及港口執法之法律規範

海域執法機關依海岸巡防法及其他不同法律，負責執行不同的職務內容，詳細分述如下：

1　依海岸巡防法第2條第2款：「海域」指依中華民國領海及鄰接區法、中華民國經濟海域及大陸礁層法所稱之領海、鄰接區及經濟海域，另應包括內水。
2　潮間帶者，指海洋與陸地交會處，從最高潮線（最高漲時的海水高度；此時整個潮間帶全被海水覆蓋）至最低潮線（最低退潮時的海水高度；此時整個潮間帶全被暴露於空氣中）之間的地帶。牟永平，水警執勤區域生態環境簡介──潮間帶生態體系，收錄第4屆水上警察學術研討會論文集，頁147。
3　此所指之500公尺者，應以與海岸線等距之距離而言，非以通往海邊之道路的距離而言。

一、海岸巡防法（附錄七）

依海岸巡防法第 4 條所列各項掌理事項，第 5 條海巡職權執行中以第 1 項第 1 款規定：「對進出通商口岸人員、船舶、車輛或其他運輸工具及載運物品，有正當理由，認有違反安全法令之虞時，得依法實施安全檢查。」同條項第 2 款規定：「對進出海域、海岸、河口、非通商口岸及航行領海內之船舶或其他水上運輸工具及其載運人員、物品，有正當理由，認有違法之虞時，得依法實施檢查。」由此可得出，海域執法機關所應負責之任務，包括警備保安及船舶安全二者。

在警備安全之中已有下述之國家安全法，作為實施安全檢查之執法依據，惟在船舶安全部分卻受限於船舶法之規定[4]，港務主管機關未將船舶安全主動檢查之程序予以規定，此應加以研訂[5]。

二、國家安全法（附錄九）

國家安全法第 4 條規定：「警察或海岸巡防機關於必要時，對左列人員、物品及運輸工具，得依其職權實施檢查：一、入出境之旅客及其所攜帶之物件。二、入出境之船舶、航空器或其他運輸工具。三、航行境內之船筏、航空器及其客貨。四、前二款運輸工具之船員、機員、漁民或其他從業人員及其所攜帶之物件」，其施行細則並將檢查之內容、程序加以規定。但本條文因無清楚的實施程序及範圍等規定，僅在施行細則部分予以規範，若以嚴格之法治主義而言，實有質疑之處[6]。

三、入出國及移民法（附錄十）

本法通過之前，係以國家安全法作為入出國境之法令依據，該法對入出國境採許可制的管制方式。本法通過之後（特別在民國 89 年 5 月 21 日之後），即發生部分影

4　依船舶法第35條規定，「外國船舶自中華民國國際港口裝載客貨發航者，應由船長向該港之航政主管機關送驗船舶檢查或檢驗合格證明文件；如證明文件有效時間已屆滿時，應施行檢查，經檢驗合格後，方得航行。」是故，商港中之外國船舶依係「被動性之形式適航性檢查樣態」實有修改為主動檢查樣態之必要。尹章華、邱劍中、郭惠農。2000年8月。船舶適航性之法律規範與執行。初版。臺北：文笙書局，頁243。

5　王冠雄、謝立功、陳國勝。2001年12月。規範海域及海岸事務法律制度之研究。行政院海岸巡防署合作研究，頁33。

6　李震山。1998年3月。警察任務法論。增訂四版。登文書局，頁246。

響，又因港口之安全檢查業務移由海岸巡防機關執行，機關間的協調聯繫未對此一部分予以解決，乃加速產生入出國管制業務的問題。

依入出國及移民法第 4 條第 2 項，授權入出境管理主管機關訂定「入出國查驗辦法」，該辦法第 12 條規定「在臺灣地區設有戶籍之我國國籍遠洋漁船船員，隨任職之我國國籍漁船出海作業或返國，應備下列證件，經查驗相符後出國或入國：一、護照、漁船船員手冊。二、漁民出港名冊或漁民返港名冊。」此部分之執行在該辦法第 16 條「內政部入出國及移民署設立前，本辦法有關機場查驗事項，由內政部警政署航空警察局辦理；港口查驗事項，由內政部警政署各港務警察所辦理；其餘事項由內政部警政署辦理。」此一規定日期係由內政部於民國 89 年 7 月 15 日公布，然是時海岸巡防機關業已成立，未能於該辦法有所分工。

該項事務另可在「海岸巡防機關與警察及消防機關協調聯繫辦法」中加以分工，然該協調聯繫辦法第 5 條規定僅對於巡防機關緝獲非法入境之大陸地區人民、香港或澳門居民、臺灣地區無戶籍國民、外國人，移由當地（或查獲之船艇入港地）警察機關處理，並涉及相關證照查驗之委託。在海岸巡防法第 4 條第 1 項第 2 款中，提及防止非法入出國事項，為海岸巡防機關之掌理事項。惟對於居住臺灣地區設有戶籍者，未經查驗而出國，係違反入出國及移民法第 59 條規定，應移由警察機關處理之。

由於入出國之證照查驗，並未列為海岸巡防機關之任務，於是海岸巡防機關執行「海岸巡防機關簡化漁港安全檢查作業實施要點」[7]時，並未將是否出國列為考量要素之一。

7　海岸巡防機關簡化漁港安全檢查作業實施要點之規定，安檢對象中漁船、筏及船隊員之分類，區分「甲類」為一般船舶、「乙類」為注檢船舶、「丙類」為他港、娛樂漁業漁船、遊艇等三類，分類標準由海岸巡防總局訂定之。依據第 5 條規定入出港安檢作業：
（一）甲類：無明顯違法事證者，得要求以慢速航行方式通過安檢碼頭。
1.出港時：採目視登記方式辦理。
2.入港時：採目視登記方式辦理，視需要得實施監卸。
3.對主動泊靠或抽檢者，應儘速施檢，並完成紀錄。
4.甲類對象如有情資顯示走私、偷渡之嫌者，得實施抽檢及監卸，以有船艙之船隻為主，抽檢率以設籍數之為準，視實際需要得提高抽檢率。
（二）乙類：要求泊靠安檢碼頭受檢。
1.出港時：實施人員、書證、載運物品之安檢及記錄後，應廣續監控出港，並即時通報鄰近雷哨及海巡隊，掌握航行動態與實施海上臨檢。
2.入港時：實施人員、書證、載運物品之安檢及記錄；必要時得實施監卸清艙檢查。
（三）丙類：要求泊靠安檢碼頭受檢。
1.出港時：實施安檢及記錄後，廣續監控出港。
2.入港時：實施安檢及記錄；必要時得實施監卸清艙檢查。

四、海洋污染防治法（附錄十一）

依海洋污染防治法第 5 條第 1 項規定「依本法執行取締、蒐證、移送等事項，由海岸巡防機關辦理。」必要時，依該法第 6 條之規定，得派員攜帶證明文件進入港口、其他場所或登臨船舶，檢查或鑑定海洋污染事項，並命令提供有關資料。被檢查、鑑定及受令者有義務遵照指示作為，不得規避或拒絕，否則將以該法第 41 條規定處以行政罰，得按日處罰及強制執行檢查、鑑定、查核或查驗。本法在口岸部分依第 11 條第 1 項之規定「各類港口管理機關應依本法及其他相關規定採取措施，以防止、排除或減輕所轄港區之污染。」

五、漁業法（附錄十二）

然依漁業法第 49 條第 1 項規定「主管機關得於必要時，派員至漁業人之漁船及其他有關場所，檢查其漁獲、漁具、簿據及其他物件，並得詢問關係人，關係人不得拒絕。」對拒絕、規避或妨礙第 49 條第 1 項之檢查，或對檢查人員之詢問，無正當理由不答覆或為虛偽之陳述者，以該法第 65 條之規定處罰之。

六、臺灣地區與大陸地區人民關係條例（附錄六）

依臺灣地區與大陸地區人民關係條例規定，大陸地區船舶與大陸地區人民未經許可不得進入臺灣地區。基於兩岸政治現實採許可制管制，如有未經許可入境者，即可視為非法入出境，依兩岸人民關係條例即可逕行予以強制出境。

依「臺灣地區漁船船主接駁受僱大陸地區船員許可辦法」申請許可暫置大陸船員之漁船，本應停在政府劃設之錨泊區，惟依該許可辦法第 8 條之規定，有下列情形之一，並經當地警察機關核准者不在此限：

（一）因緊急、不可抗力事故、氣象預報平均風力達七至八級、陣風九級以上或當地海況惡劣者。

（二）大陸船員因疾病、災難或其他特殊事故，需上岸者。

近年來由於兩岸關係和緩，加以漁業雇主不斷反映，政府顧及受僱大陸漁工之安全、人道及衛生理由，各僱用漁工船舶船上之大陸漁工可隨船進港原船安置，並在岸上設置固定安置中心，收容大陸漁工。漁工之管理依主管機關（漁業署）所訂法令，

係由雇主負責，惟漁工常發生脫逃進入陸上，或鬥毆滋事等治安事件，這些事件近年來已形成慣例由駐紮岸際港口之海岸巡防機關處理，惟相關法令並無規範，主管機關（漁業署）亦無委託協調作為，有必要協商規範。

七、其他

海岸巡防機關在港口之執法依據，除上述特別法規之外，另有刑法、刑事訴訟法、海關緝私條例、行政程序法、行政執行法等一般通用性法律及其他國際法之原則。

第二節　海岸地區之執法

海岸地區之執法，應根據海岸線地形特性（如有礁岩、沙灘、河川、防風林、城鎮）等，結合季節、潮汐等狀況，布署巡防勤務執行特定任務。海岸地區巡防勤務主在維護海岸地區之秩序與查緝不法活動，其執勤地域位於海、陸交接之灘岸地區及港口，地形錯綜複雜，必須藉由沿岸各商、漁港安檢所、機動巡邏站，作為勤務支撐點，透過海岸巡邏、港口安全檢查、雷達監偵及目標情報掌握等諸手段運用，並結合機動查緝隊情資蒐報，構成整體綿密之海岸執法網。由於海岸地形限制，且不法份子利用夜暗從事不法活動觀測不易，故海岸地區執法勤務應特別注重機動、迅速與效能，並以夜勤及深夜勤為勤務重點時段，同時充分運用雷達、夜視器材等監控裝備及機動車輛，俾使勤務效能提升。由於走私、偷渡手段不斷翻新，故必須以反向思考方式靈活彈性規劃勤務，不斷與不法份子鬥智，並落實目標情報掌握，方能發揮勤務功能，有效打擊不法。

海岸地區之執法須以「情報」為基礎，考量「地區特性」與「情資」，研判不法份子可能行動與最大可能行動，以作為執法勤務規劃的參據，相關考慮的因素，如表7-1：

表 7-1　影響勤務規劃的因素

區分	考慮事項	相關因素及問題	影響
地區特性	不可變資料	**近海水域** 水深、水流、沙洲、蚵架、島嶼、漁寮、鑽油平臺等近海基本資料。	水深、水流及水底礁岩影響船筏之航行，沙洲、蚵架、島嶼、漁寮則易為走私、偷渡者利用，作為藏匿或接駁；鑽油平臺可作為偷渡犯之指標，故在近海水域中，水流湍急、水底有礁岩之岸際，可列為非重點，餘則可能為船筏航行靠岸之地區，應列為勤務規劃重點考量。
		作業漁區 依季節漁汛，其捕漁區之分布狀況？若脫離此一區域，則列為可疑目標？	瞭解各季節不同之作業漁區，對脫離作業漁區之船筏，應列為可疑目標，持恆掌控，適時採必要之勤務派遣。
		航道 漁船進出港口、澳口是否脫離航道？	船筏航行脫離航道即為可疑，研判後，立即查證。
		灘 1.灘質狀況？ 　(1)岩石：不利行動，漲潮利於船筏上靠岸或丟包。 　(2)礫石：利於人、船行動。 　(3)沼澤地：不利於人、船行動。 　(4)沙地：利於人、船登岸 2.灘之寬度如何？	1.岩石及沼澤地，在勤務規劃，因不利行動，可列為非重點地區，惟北部濱海公路緊臨岸際，易為不法利用，應詳細調查掌握；而礫石及沙地，因可供船筏搶灘、人員徒涉，故在勤務上應列入可上岸地區規劃。 2.漲、退潮差之灘寬度亦足以影響不法行動。
		岸 1.防坡堤：不利船筏靠岸，利於人之行動。 2.岸際道路：利於走私、偷渡。 3.防風林：利於走私、偷渡藏匿，不利緝捕。 4.漁塭散布情形。	岸際若多縱、橫向聯絡道路及防風林，走私、偷渡可以逃竄及躲藏，為勤務規劃之重點；防波堤及漁塭散布寬廣，因可對走私、偷渡者形成障礙，可考量減派勤務。

表 7-1 影響勤務規劃的因素（續）

區分	考慮事項	相關因素及問題	影響
地區特性	港口及周邊設施建物	1.港口型態及受潮汐影響狀況。 2.設籍船筏噸位、數量。 3.涉案列管船筏。 4.船筏作業習性。 5.當地漁民之風氣，與安檢所配合度如何？ 6.當地漁政單位（含漁會）對該處經營之狀況、民意走向為何？影響力？	1.船筏進出港多有常規時間，可藉此掌握其動態。 2.涉案列管船筏、民，可依其關係配合雷情或諮詢情資，採以人尋船或船筏尋找接應人，找出其可能走私、偷渡地點，據以規劃勤務。 3.進出港航道與港口距離多少？兩岸道路連接狀況如何？不易掌握之死角地區，可列警戒派遣點。 4.既有連接陸地、倉庫、貨櫃屋、建築物之下水道、涵洞、隧道，應瞭解有無潛存治安威脅。
	河（渠）道	1.河幅、水深、流速、有無分叉支流、可否航行船筏、溯航程度，可為走私、偷渡者利用程度。 2.兩岸地形狀況及對查緝行動之影響。	寬廣河道除可供走私、偷渡之船筏溯航，並形成我查緝人力運用之分割及障礙，故應依河（渠）道兩岸地區特性派遣勤務，以避免形成疏漏。
	漁村	1.漁村民風及特性？ 2.村民涉及走私、偷渡程度？ 3.異常之通信天線住戶。	國船走私、偷渡均有地緣關係，漁村中有多少涉案船民，應予有效掌握，藉漁民的動態、異象追尋可疑，並研判其上岸地點（如人車逗留或船筏進出港時間），加強巡邏、警戒人力。
	交通網	沿岸道路及近岸聯外道路網狀況，對不法份子與我方之影響？	沿岸之道路均可為走私、偷渡者利用，是以對縱、橫向聯絡道路之交叉路口應設置路檢點，派遣警戒，尤以查緝部署，應列為重點。
可變資料	天候	轄區溫度、風速、霧、降雨對走私、偷渡影響程度如何？	1.海面風浪大小，影響船筏出港作業，何種船筏、何種風力不宜出海，可於平日漁船入出港記錄獲知其常數，有效予以運用，異常者列為可疑。 2.高潮前後各3小時對走私而言，較具影響，大陸船直航偷渡則不受影響。
	月齡	月出、月沒時間？能見度？對走私、偷渡影響程度如何？	
	潮汐	高潮線、低潮線距岸遠近？查獲案例與潮汐關係？	

表 7-1　影響勤務規劃的因素（續）

區分	考慮事項		相關因素及問題	影響
目標情報		海象	海面幾級風浪何種船筏不利航行（不出港），轄區各港口漁船幾級風不出海作業？若異常出海作業則可列為可疑目標。	3.陰雨、有霧或月光明亮、風浪平靜均為走私偷渡重點時段，需加強警戒。 4.船筏進出港航向、航道產生不規律的異常現象，應列可疑追蹤查證。
		船筏航向	船筏在作業漁區或進出港區均有其航向，若航向異常則屬可疑。	
	守望勤務人員		1.每日應對目視所及海上目標，全部登錄於「海上目標動態記錄表」，並予掌握、通報。 2.守望勤務人員針對每週、月、季、年之海面船筏狀況彙整記錄，尋找其規律；結合天候、海象、船筏航向尋找其異象，研判不法行動。	
	雷情		1.雷達作業組應對海上滯留徘徊、逾時未依規定返港、偏離進出港航道及不在漁區作業之船筏等，隨時掌握與通報。 2.雷達作業組針對每週、月、季、年之海面船筏狀況彙整記錄，尋找其規律；結合天候、海象、船筏航向尋找其異象，研判不法行動。	
	夜視監控裝備情資辨視		1.對近岸目標識別。 2.裝備之能力分析（距離、種類）。	
情資	諮詢情蒐		1.機動查緝隊以海巡任務為主要工作，情報注偵應置重點於近海及海岸，對漁村、濱海地區建立諮詢，蒐報情資。 2.掌握漁村、漁港的人與船，從列管的人及其親友，發現可疑行動；從列管船筏出港與海上異象，尋找可疑行動。 3.建立海岸地區異樣通信天線之住戶，比對走私、偷渡記錄，布置諮詢掌握，蒐報情資。

資料來源：海巡勤務，2006，頁118-120。

　　依海岸巡防法第 7 條規定：「巡防機關人員執行第 4 條所定查緝走私、非法入出國事項，必要時得於最靠近進出海岸之交通道路，實施檢查」，海岸地區之檢查作為，與陸上警察的臨檢、路檢約略相當，其執行係以在特定路段管制出入或行進人車、警戒及控制現場、盤詰可疑人車、檢查可疑物、遇有違法嫌疑時立即蒐證、製作臨檢記錄，將可疑人、車、物帶案偵訊、移送地檢署或相關機關處理。目的在查察

有無犯罪或者違法行為，或者有無可疑人物或通緝犯。因為海巡機關所進行檢查的目的、程序，以及其將對人民自由財產產生的影響，俱與陸上警察的臨檢行為相同，是故其亦應受大法官釋字第 535 號解釋的拘束 [8]。

第三節　港口之執法

港口者，係處於海域與海岸之間的處所，港口的執法的檢查，有部分得適用岸際與海域發動職權之規定。在外國船舶以港口作為違法行為之逃逸行為地時，海域部分的緊追、登臨、檢查、逮捕、扣押、移送的職權作為，亦得作為執法依據。另，如外國船舶位於商港的範圍，即視為在我國境內，相關刑事訴訟法、行政程序法即可作為執法依據。

一、港口之種類及其執法內容之差異

港口得區分為商港、工業港、漁港等，因其結構及功能不同，導致港口國對於檢查之項目內容，或寬鬆或嚴格，乃至實施與否，執法機關皆得有其不同之考量。港口安全檢查之執行，目前已成為我國海域執法機關岸際部隊首要任務，惟是否實施安全檢查，安全檢查實施的方式與內容，世界各國規範各異，大部分先進海事國家，除了在通商口岸對出入境旅客或船舶實施安檢外，對於國內漁港或休閒遊憩港口，出入港於領海境內作業或活動船舶，皆無須實施安全檢查。我國各類港口現行做法分述如下：

（一）執法上的種類區分

港口之種類原依功能而區分為商港、工業港及漁港等三種。為能針對特殊需要，設有聯合檢查協調中心（作為協調各行政機關分工合作檢查船舶之用），各類港口所適用之管理制度如表 7-2：

8　司法院大法官於民國90年12月14日，針對「李榮富為臺灣高等法院88年度上易字第881號、臺灣士林地方法院87年度易字更字第5號刑事判決所適用之警察勤務條例第11條第2款、第3款規定，有違憲疑慮，聲請解釋案」，作成釋字第535號解釋。大法官解釋是將警察臨檢定位為：係「警察的行政行為，而不是刑事強制行為」，應對臨檢的目的、要件、程序等有合理的保障當事人人權措施。

表 7-2　港口種類與管理制度一覽表

港口功能種類		有否設置聯檢中心	海岸巡防機關之檢查進行方式	備考
商港	國際商港	有	海岸巡防機關執行臺灣地區商港及工業港安全檢查作業規定	依交通部與各港務局訂定之檢查協調會報作業要點實施
	國內商港	有	同上	以兩岸「小三通」之金門、馬祖為例，依「交通部離島兩岸通航港口聯合檢查協調中心設置要點」實施
	國內商港	無	同上	
工業港		無	同上	
國內漁港		無	海岸巡防機關執行臺灣地區漁港安全檢查作業規定	
泊地		無	無	非屬合法出境，未列為固定實施安全檢查之地點[9]

（二）執法上的機制

在港口中所區分之國際商港、國內商港、工業港、漁港等多種類港口中，因其所扮演角色不同，致該執法的機關也有不同設計。

1.國際商港：目前國際商港係屬交通部航政司管轄，依「國際機場、港口聯合檢查協調中心設置辦法」，設有聯合檢查中心。該中心內警政署設有港務警察局[10]，負責港區之事務及人員入出境之證照查驗工作；另由海岸巡防機關負責港區入出運輸工具

9　泊地者，為小船停靠之處，非屬政府正式公告得作為船舶停靠之處所。有部分漁民從事近岸漁業之養殖如養蚵等，長久以來為求進出岸漁業之方便，即將所屬小船停泊於自家旁。雖該停泊之處未經漁政主管機關公告設置，但也未以違法處置。此對於負責國家安全的海岸巡防機關而言也因人力不足，僅將人力集中於各政府所公告之處為限，無法將檢查範圍延伸至該停泊之處，亦未發現海岸巡防機關以違反國家安全法施行細則第25條第3項規定「船舶入出境應以船籍所在地或經政府核定之處所」，而加以移送。

10　民國90年11月21日總統（90）華總一義字第9000224610號令制定公布「內政部警政署港務警察局組織通則」第2條規定「內政部警政署為辦理港務警察事務，得設港務警察局，並掌理下列事項：

之安全檢查[11]；海關負責貨櫃之查驗工作；衛生單位則負責檢疫工作[12]。

2. 國內商港：有部分設有聯合檢查協調中心，大部分則未設該中心。有設置者，以臺灣地區與大陸地區進行「小三通」[13]之金門、馬祖為限，訂有「交通部離島兩岸通航港口聯合檢查協調中心設置要點」[14]。由海岸巡防機關負責入出人員及攜帶行李之安全檢查，移民署派駐人員負責人員入出境之證照查驗工作。

3. 國內工業港[15]：依據促進產業升級條例第48條規定，比照商港之管理。

4. 國內漁港：漁港之分類中分別由不同的行政機關負責，依漁港法第4條規定，第一類漁港，由中央主管機關設管理機關，並置專任人員維護管理之。第二類漁港，由直轄市、縣（市）主管機關設管理機關，並置專任人員維護管理之。惟上述各類漁港之漁船進出安全檢查，統由海岸巡防機關負責。

（三）執法上的特殊考量

由於國境上之檢查，係針對入出國之人員及運輸工具為之，並且基於「必要時」即得為之。此所謂「必要時」之考量，係包括通關時間、檢查對象、外在環境之影響、內在因素影響，而非以美國內陸警察實施檢查時之「相當理由」、「合理懷疑」為前提。前述中的外在環境影響，如美國遭受恐怖份子攻擊事件，導致國家處於危險狀態，即採取必要的防衛措施；內在因素，則依情報顯示，在特定時間、地點將有重大之犯罪行為發生，即可採取檢查作為。

　一、港務局所轄區域與工業專用港港區之治安秩序維護及協助災害危難之搶救事項。
　二、入出境人員證照之查驗及外事處理等事項。
　三、港區犯罪偵防及刑事案件之處理事項。
　四、協助處理違反港務法令有關事項。
　五、其他有關警察法令及警察業務事項。
　港務警察局依港務法令執行職務時，並受港務局之指揮、監督。」
11 海岸巡防法第5條第1項第1款之規定。
12 但因實際上聯合檢查中心之運作已近於停擺狀態，無法發揮應有之協調功能，實際係由各行政機關自行運作，致使在抽檢上每每發生多次檢查的現象。
13 離島建設條例第18條規定「為促進離島發展，在臺灣本島與大陸地區全面通航之前，得先行試辦金門、馬祖、澎湖地區與大陸地區通航，臺灣地區人民經許可後得憑相關入出境證件，經查驗後由試辦地區進入大陸地區，或由大陸地區進入試辦地區，不受臺灣地區與大陸地區人民關係條例等法令限制；其實施辦法，由行政院定之。」民國91年2月6日總統（91）華總一義字第09100023630號令修正公布。
14 民國89年12月27日交通部（89）交航字第13600號函訂定。
15 依據促進產業升級條例第48條規定「工業專用港或工業專用碼頭之規劃建設、管理、經營及安全，除本條例規定者外，準用商港法第5條、第10條、第16條、第17條至第21條、第23條至第26條、第29條、第30條第3項、第31條至第34條、第37條至第48條之規定。」

二、港口安全檢查之意義與程序

由於我國港口部分係作為入出國境檢查的要塞，部分港口則作為出海作業或遊憩的基地碼頭。在我國有國家安全法等法律為依據之前提下，於「必要時」得依據各類港口之類別特性，調整檢查之對象、頻率及相關執行手段，採取國境或一般行政檢查等作為。以下即針對港口安全檢查加以探討。

（一）國境檢查與一般行政檢查之差異

行政檢查者，係指行政機關為達某一特定行政目的所為之蒐集資料活動[16]。包括事前預防性的作為，或為調查業已發生違反行政作為或不作為之義務者，而實施之措施。由於實施檢查對於人民之權利義務，將發生相當程度之影響，依中央法規標準法第5條所規定之法律保留精神，應以法律規定為必要或經由法律授權由行政機關訂定授權命令，或由行政機關自行於內部加以約束所屬公務人員之行政規則補充之。

我國係採取行政檢查與刑事搜索二分之方式，二者之間的差異計有要式與否的不同，亦即其發動是否得由行政機關主動發動，或另須經由檢察官與法官之事先許可，而有所不同。國境檢查者，係指政府為執行相關法令而對於入出國境之人、物、車輛、船舶實施必要之檢查。屬於政府為達管制入出國境之合法目的所實施之必要檢查，係基於特殊目的所實施的行政檢查。由於國境上之檢查與犯罪偵防等事涉國家安全甚巨，於是形成在國境上的執法人員得實施之職權，與內陸地區有所不同。

我國國家安全法第4條規定，對入出國境之人員、物品、運輸工具等，於必要時得實施安全檢查，而該檢查之手段，包括國家安全法施行細則第19條規定，對人員實施儀器檢查或搜索其身體，旅客、機員隨身行李、托運行李之檢查，對運輸工具，則得實施清艙檢查。此實施檢查、搜索的執法手段，與內陸區域確有不同，即已將港口視為特殊規範之場所。

（二）港口檢查之發動原因

1. 基於國家安全理由發動者

依國家安全法與海岸巡防法之規定，得因維護國家安全與社會秩序之目的，而發

---

16 洪文玲。1998年3月。行政調查與法之制約。初版。學知出版社，頁16。

動檢查。此處之行政檢查，係屬例行、非要式，甚至個案的考量。

　　我國在民國 76 年 7 月解除戒嚴令，即以國家安全法作為承接之法律。「國家安全」屬不確定法律概念，其實質內容有賴相關法令加以確定，以「確保國家安全維護社會安定[17]」。其規範的內容所擴及的範圍，包括有入出境時對於人員、物品及運輸工具的檢查。此國境安全檢查係為發現違法人及違禁物、查禁品等走私物品，所依據之法令應依中華民國刑法、國家安全法、入出國及移民法、臺灣地區與大陸地區人民關係條例、毒品危害防治條例、槍砲彈藥刀械管制條例、懲治走私條例、海關緝私條例、動物保護法等。

2. 基於港口（船舶）安全

　　港口國為維護港口之安全，對於進出港口之船舶，得規定須經港口國主管機關核准後始可進入港口，其因係恐發生船舶在港區內之意外事故，如 (1) 在港區故障影響港區交通安全，或 (2) 發生漏油情事污染港區。基於此一考量，將港口的船舶安全管制，視為港口國自我保護之積極作為。並因此而發展出「港口國管制[18]」制度，期使在港口國主動的掌控下，使港口國獲得較大的保障。

3. 基於漁業資源管理

　　漁業素為我國重要經濟活動之一，為保護人民之營業權利，政府乃推動以「漁業實體」加入區域性漁業組織。其後的發展，實應對捕魚船舶、漁獲、設備等檢查，均需建構一套符合國際規範或區域漁業組織管理與執法規定之有效的管理法令，以使未來的海域執法得與國際間接軌。

---

17 「國家安全」者是指國家之存在不受危害；「社會安定」則是指各種生活秩序及各種利益不受危害。參見黃異。水域安檢制度諭議。軍法月刊，第47卷，第1期，頁1。

18 港口國得依據下列國際公約檢查船舶，(1)1966年「國際載重線公約」；(2)1969年「國際船舶噸位丈量公約」；(3)1972年「國際海上避碰規則」；(4)1973年「國際防止船舶污染公約」及1978年之議定書;(5)1974年「國際海上人命安全公約」及1988年議定書;(6)1976年「國際勞工組織公約」等國際公約。王需楓。2001年6月14日。電腦輔助港口國管制之船舶查驗系統建置。中央警察大學水上警察研究所碩士論文，頁1, 63。

（三）港口安全檢查之程序

1. 商港、工業港安全檢查之程序

國際商港、國內商港之檢查程序，原來以有無聯合檢查中心的設置而有差異，但卻因以港務局為主軸的各港口聯合檢查中心功能不彰，致形成各自運作的情形，使得原應以聯檢中心受理報關的案件，改為各自負責受理，造成與商港、工業港的檢查模式並無區別。目前海岸巡防機關專責進出港之船舶清艙檢查，其程序如下：

(1) 受理申請：

    ① 由聯檢中心受理船公司或代理行之船舶進出港預報，並加以審查，或經由航政主管機關（港務局）電腦連線預報進出港。

    ② 在安檢所派班後，船舶因故延誤未能於聯檢中心規定時限內接受檢查者，應請該船公司或代理行另行申請排班檢查。

(2) 人員派遣：安檢所依船舶進、出港時間排班，派遣檢查人員配合聯檢小組前往檢查。

(3) 登輪檢查：

    ① 由聯檢小組長拜訪船長，詢問有關安全狀況，並要求派員配合引導檢查。

    ② 安檢人員各依職責與分工，執行檢查任務。

    ③ 檢查完畢，無論查獲違法與否，檢查人員及船務代理人員或船長，應於「進出港船舶檢查紀錄表」簽章，以明責任。

(4) 簽發進出港許可證：檢查符合規定後，聯檢小組長即簽發許可證交予船長，同意船舶進出。

(5) 填寫檢查報告：由聯檢小組長填報「船舶進出港檢查報告表」，陳送聯檢中心執行秘書核閱。

實際上，在國際商港各行政機關各自有其功能，其所實施的檢查目的也各不相同，但是在勤務的編排未有統一的步驟下，容易有重複檢查的情形，此勢將拖延進出港時間，相對之下將對業者帶來營運成本的提高，給人留下負面的印象，對港口運輸效能及競爭力將有不良影響。

2. 漁港安全檢查之程序

(1) 出港漁船實施安全檢查之程序如下：

    ① 審查證件：檢查進出港報關簿冊。

    ② 登記資料：登記船名、日期、出海人數、出港時間等。

③ 實施檢查：實施人數查核、船體清艙檢查。

④ 簽證：將檢查結果予以登記。

⑤ 監視離港：船筏離港時，監視有無未經報關核驗之人、物私自上船。

(2) 進港漁船實施安全檢查之程序如下：

① 實施檢查：觀察有無不尋常之處，包括人員表情、船體吃水、漁獲量，再實施檢查，如客觀條件許可得實施清艙檢查。

② 簽證：進港時間、人數、特殊事項記載。

③ 審查證件：審查相關簿冊。

④ 登記資料：登記相關資料。

⑤ 監視泊港：對可疑或檢查不易之船筏，在進港後，得實施控管、監卸及清艙檢查等。

三、港口安全檢查執行內容

　　海域執法機關所負責之港口種類中計有國際商港、國內商港、工業專用港、漁港等，惟在檢查方式的區分則以國際商港與工業專用港為一類、國內商港為一類、各類漁港等則另為一類。三類港口事實上區別在海域執法機關主管業務程度多寡立場，及因船舶大小和用途不同所導致之重點存在差異外，在檢查的方式及程序並無本質的差異。相同者包括對船舶清艙檢查、人員證照查驗、身體檢查、人員所攜帶之行李物品、船舶所運輸之物品等。以下即對於各種相關職務執行之內容說明：

（一）入出港口人員之檢查

1. 檢查之內容

　　入出港口的安全檢查內容，係以「安全查驗」為主，以防止非法走私及非法入出國的行為。國家安全法施行細則所規定的檢查，以運輸工具的船舶及所攜帶之物品為主；人員的檢查，則係以查察進出國者有無挾帶違禁物為主，至於延伸所及的證照查驗應為另一目的考量。

　　為維護入出國管制所訂定的入出國及移民法，係基本的法令規定。在入出國及移民法通過後，入出國不採完全的許可制，改採部分許可，即凸顯出對於證照查驗的獨立性。入出國及移民法第 4 條第 1 項規定「入出國應經查驗，未經查驗者，不得入出

國」。依入出國及移民法及入出國證照查驗辦法之規定，執行機關均為警察機關，但在實務上證照查驗係為掌控入出國境人員，在國際商港係由警政署港務警察局警察負責執行，僅在國內商港及非通商口岸之處所（如漁港）由海岸巡防機關人員負責。如是法令規定與實際運作存在落差，實不無檢討之必要。

2. 人員檢查方式

(1) 旅客須經檢查，無安全顧慮者始得上下船。

(2) 船員持憑船員證件及許可通行證件（海事院校實習生持憑臨時證明文件）；與船舶有關工作人員持憑許可通行證，並經船邊警衛之檢查者，得上下船及進出港口管制區。

(3) 依海岸巡防法第 6 條規定，有正當理由認其有身帶物件，且有違法之虞時，得令其交驗該項物件，如經拒絕，得搜索其身體。搜索身體時，應有巡防機關人員二人以上或巡防機關人員以外之第三人在場。搜索婦女之身體，應命婦女行之。

（二）入出港口物品之檢查

此一部分在商港及漁港的重點有所不同，主要係分為有否出入他國為準，在漁港並未限制安檢人員不得檢查人員之物品，於有必要時，仍得以實施檢查。

1. 物品檢查內容

(1) 人員隨身行李檢查：依國家安全法施行細則第 19 條規定，旅客、機員手提行李應由其自行開啟接受檢查。

(2) 貨載物品檢查：如在國際商港及設有聯檢中心之國內商港，係由財政部海關與內政部警政署保安警察第三總隊負責實施檢查及落地檢查。如在一般商港或漁港，則由海岸巡防機關檢查之。

2. 物品檢查方式

(1) 船用品、船員私人物品、旅客手提行李、旅客托運行李、物件，須經檢查無安全顧慮者始得攜帶上下船。如因確有需要准予攜帶危險物或易燃物時（如汽油、酒精、瓦斯、爆竹等），應協調船方採妥防範措施。

(2) 安全檢查後旅客行李不能當日放行者，由安檢所簽發收據，交由旅客持憑，於預定期限內至指定場所辦理提領，其物品提領作業要點，由海岸巡防總局訂定，報

請海岸巡防署核定後實施。

(3) 安全檢查後旅客行李依法應予扣押者，應簽發扣押物品清單，交由物主持憑；扣押之物品依其性質、種類移由相關單位辦理。

（三）入出港口船舶之檢查

依國家安全法施行細則第 20 條第 1 款規定「船舶及其他運輸工具：核對證照與艙單，並得作清艙檢查」。雖艙單應僅限於商船或貨輪，惟在漁船上亦應具備相關證照，均應實施相關證照查驗工作。

1. 船舶檢查內容

(1) 船舶證照查驗：在商港係由港務局擔任檢查船舶文書之業務，在漁港則由海岸巡防機關負責，其檢查內容包括船舶文書、漁業手冊、報關簿冊、船員名冊、乘客名冊、幹部執業證書等。發現有不符者，可依相關規定，報請相關主管機關予以處罰及行政懲處。

(2) 清艙檢查：為達入出國境之安全維護，對於運輸工具實施澈底檢查的清艙，期能發現不法事證。

2. 清艙檢查方式

(1) 核對入出港船舶載貨艙單並實施全面檢查或抽檢。
(2) 依船舶種類、噸位大小、啟航地區及諮詢資料等，適度派員檢查。
(3) 如檢查船員房間，應由船長派人陪同。
(4) 對進口原木、廢金屬船舶應會同海關檢查。
(5) 走私違規紀錄或航經對管制物品、違禁物品管制鬆弛地區之船舶，應予檢查。

第四節　實務執行疑義與法律見解

中華民國海域執法機關，在岸際及港口執行職務，因機關成立較晚，其所據以執行之作用法「海岸巡防法」及組織法規，立法亦較晚。與其他陸上執法機關，或商、漁港主管機關所訂定之管理、執行法規，或有發生競合牽連現象，致海域執法機關執法時，實務上偶有疑義及爭議發生，這些疑義及爭議，海岸巡防機關近年來透過協商研議，與相關機關已有相當之默契與釋示，茲列舉如後：

一、「出海」是否為「出境」

出海是否解釋為出境之意，乃在指出海捕魚作業或從事娛樂漁業活動等，是否得作為國家安全法或入出國及移民法上所指稱之入出國之意。

（一）定位國境

「出海」是否視同「出境」？此所指「出海」應即係指船舶「離開海岸」而向海域航行的行為而言。是否即可視為「離開國境」的行為，針對此一問題，應先對「國境」加以論述。

1.國境的意義及功能

「國境」者，係存在與其他國家分界之處，用以區分國家管轄權的所及範圍，以對於外國作為國家發動保衛主權的發起線；對內國法律也可作為法律規範所及範圍的劃設基線。

首先在國際的作用，因國家所處環境之差異，而有陸地型國家，係以陸地上接壤之處作為國境線；海島型國家，則以領海之外界線作為一個國家的境域。如有國家之領域跨及陸、海域，則出現混合的現象。以臺灣地區的臺、澎、金、馬而言，因均屬海島，是故均以領海之外界線作為國境線之所在。特別在中華民國領海及鄰接區法通過生效之後，為捍衛國家主權及相關權利，在該法第 3 條規定「中華民國領海為自基線起算至其外側 12 浬間之海域」，已將主權範圍以法律明文宣示。

其次，在國內法律的運用上，即在國際法所容許的範圍內，由國家予以實踐。作為一個國家，得在國家具有管轄權的範圍內，實施完全的立法、行政、司法管轄。為管制國內事務，國家政府將依國情、實際所需，而架構自身所需的法律規定。故對於內國法規定，其所指之「國境」，並非固定之「領海外界線」，而應依該法律之規定適用之，如法律規定不清楚，則以該法立法之目的加以解釋。

2.國境在我國實務上的實踐

海岸巡防機關負責執行任務，就國境之釐清更顯重要。且此問題應聚焦於國家安全法，亦即，對入出境管理的「國境」，與應接受安全檢查的「國境」，應予區別。如果未加以適用上之區別，以便讓海域執法的單位有明確的標準，將造成國安法第 6

條所規定處罰對象的（第 3 條規定之）「未經許可入出境」[19]，及與第 4 條規定之「無正當理由拒絕或逃避檢查」，在適用上的模糊。

目前司法判決中對於國安法第 3 條所規定之「國境線」，有以領海外界線為界加上通商港口為界者，有以海岸線（領海基線）為界者，致造成判決時有不同的標準，結局也就難以預料，此對於法的安定性將構成挑戰。

為達成國家安全法第 1 條的立法宗旨，該法第 3 條係以「管制入出國境的行為」為重點，第 4 條則係以「安全檢查」為重點，茲先將其立法概要介紹如下：

(1) 第 3 條係管制入出國境的行為

為管理人民入出境事宜，對於國人或外國人入出國境者，法律規定均應向移民署申請許可，未經許可者，不得入出國境。且對於不予許可出入境之行為列舉，並由社會公正人士組成審查委員會。

然該條對於人民的入出境，卻有非經警政署許可者，而以國家安全法第 1 條第 2 項規定：「本法未規定者，適用其他有關法律之規定」。依據漁業法第 12 條，有關漁民（包括我國漁民出境捕魚權及外國人入境的入漁權等）出入國境[20]、海上娛樂船舶的海上娛樂活動（本國人民持身分證，外國人則持有效護照）[21] 等，均非經移民署的許可。依目前對於該授權的解釋，僅限於合法者可豁免移民署的申請許可。然對於違反申報手續者，包括我國漁民應申領漁船船員手冊而未申領，或外國船應申請入漁許可而未申請，及從事海上娛樂船舶應持身分證或護照報關受檢而未受檢，皆可視為非法入出境。但因在漁業法中並未規定違反作為義務行為之處罰，於是必須回歸到入出國及移民法加以處罰。

(2) 第 4 條係管制港口及海岸之安全檢查

為維護水陸空交通安全，對於入出境旅客及其所攜帶之物件，入出境之船舶、航空器或其他運輸工具，航行境內之船筏、航空器及其客貨，及各該運輸工具之船員、

---

19 目前國家安全法第3條是否全部為入出國及移民法所取代，尚有爭議空間。惟在對「國境」的認定上，則無任何影響。

20 依據漁業法第12條授權主管機關訂定「漁船船員管理規則」，該規則中再予授權訂定「漁船船員手冊之申請、核發及船員異動作業要點」，其中有關船員手冊係由漁政主管機關核發，雖應向直轄市或縣（市）警察機關辦理查核，而與國安法第3條第1項所規定的內容不無難容之處，應以該法第1條第2項之規定授權為依據者。

21 依漁業法第43條規定授權訂定「娛樂漁業管理辦法」，該辦法第20條規定，乘客持國民身分證向海岸巡防機關報驗登記即可，且其第24條規定其活動範圍以24海浬內為限，亦可離開12海浬的領海範圍。

機員、漁民或其他從業人員及其所攜帶之物件，得實施檢查。而為加強檢查之便，於是該法施行細則第 23 條第 2 項特別規定，水上運輸工具，應在設籍港或核定處所進出、接受檢查。以致如有人員未經上述地點檢具身分證明，如潛藏船艙或非由船籍港出海等行為，亦應視同規避受檢義務，而得依國家安全法第 6 條第 2 項之規定處罰之。

（二）司法審查之評述

我國領海的範圍，立法院已於民國 87 年 1 月 2 日三讀通過「中華民國領海及鄰接區法」，依該法第 3 條明文規定，我國擁有 12 海浬之領海[22]。而各種法令主張的「國境線」應何在？其間是否等同？「國境線」之確定，比起大多以刑事制裁為主的國安法更為重要，適用時實有將其釐清的必要，以符合法治國的精神。目前的司法判決中，對於國安法的國境適用，分別有以下情況：

1. 主張以海岸線為出境界線者

對於人民離開陸地（不論是否離開 12 海浬領海），而未經內政部移民署申請許可者，即係已違反國安法第 3 條第 1 項規定「人民入出境應經申請許可」之義務[23]，故應以違反該法而加以處罰。然目前已通過入出國及移民法，對於居住臺灣地區並設有戶籍者，一般情形並不須向移民署申請許可，致使此一見解已難成立。

2. 主張以領海外線為出境界線者

將國家安全法所規定入、出境之「國境線」，認為以領海外界線為準，有擴大主權至最大，兼有顧及國家安全之作用，並可使我國國民有「自由自在」（在領海範圍內均無須辦理任何手續）使用該區域的優點。判決該行為無罪的判決文[24]中，有以下見解：「……且所謂出入國境，如係自機場或港口出入境，通常以已否通過證照查驗程序為準，若係自未設上開查驗人員之其他處所出入境者，即應以實際上國境為認定已否出境或入境之標準。」其對於出入國境線的認定標準，顯係以內政部（86 年 2

---

22 該法第4條規定，我國主張直線基線為原則，正常基線為例外之混合基線法。惟目前僅公布範圍，對於基線尚未公布，則其適用應以正常基線適用。關於主張的背景理由，請參閱「有關『第五十八正九號』事件的法學思考」一文。

23 如臺灣士林地方法院刑事簡易判決86年度士簡字第277號、臺灣高雄地方法院刑事簡易判決86年度鳳簡字第363號、司法院大法官解釋，釋字第558號。

24 參閱86年2月20日臺灣高雄地方法院少年法庭裁定86年度少調字第209號裁定書。

月 13 日臺 86 內地字第 8678452 號函）所承認的 12 海浬的領海爲準，進而主張因行爲人尚未離開領海即被查獲，其犯罪行爲僅是尙屬未遂，而國家安全法第 6 條第 1 項並無處罰未遂之規定，故尙未構成國家安全法第 6 條第 1 項之罪[25]。該見解顯係將應受檢之國境線，與入出國的國境線視爲完全一致，並且主張以我國的領海外界線，作爲國家安全法之國境線。

3. 吾人主張出境部分以領海外線為界，但離岸應有受檢義務

「國境線」的劃設範圍，因法令所規範事項的不同，而有不同的執法標準。筆者發現，目前所面臨的問題，應以掌握此法律的精神，才能作出合乎法理情的解釋。若徒以「領海外界線」或以「沿岸」爲準，均有偏頗之嫌。如將以上兩者分開，即對於離開領海外線（12 海浬者）者，認係離開「國境」，應處以違反國家安全法第 6 條論，而如尚未離開國境，即未經報關手續而在 12 海浬中爲警所查獲者，亦應受到處罰，因其違反國家安全法第 4 條規定。

蓋以國家安全法之立法宗旨爲「保障國家安全，維持社會秩序」。若對未經報關受檢即離岸者，認定係違反「入出國境」，似有未妥。因其尚未離開國境（領海範圍，甚至仍在內水之中），但如逕以領海外界爲檢查線，則對於走私、偷渡行爲的防線將延至海上，實將造成港口檢查根本無法澈底執行[26]。同時以執法能力而言，目前對船舶的監控能力，並考量目前走私、偷渡等犯罪型態，特別在民國 88 年公布混合基線法後，及外國船舶得在內水內無害通過，甚至兩岸三通等因素，均指出港口安全檢查的重要性，如果將安全檢查的處所延伸至領海外界，無異是要把整個海域治安呈現出一大洞口。

本文以爲目前應以第 3 說爲當。因爲，領海原即爲領土主權，其中可實施立法、行政、司法管轄[27]，故國安法第 3 條規定之入、出境，應以領海外界線爲準，但爲求入、出岸際時，得實施必要之檢查，以求有效的管制入出境人員、物品與船舶，故國安法第 4 條規範之人員、物品及運輸工具之得檢查義務，應以航行於境內者爲準。

---

25 參閱 84 年 11 月 30 日臺灣高雄地方法院刑事判決 84 年度易字第 6008 號判決書。
26 以過去保七總隊的執勤方式，將檢查船隻的數目視爲工作績效之一；也就是員警執勤時以「普檢」爲原則，此種執勤方式，非但無法突破刑案績效的瓶頸，反把獲得情報管道之一的警民關係因互不信任、對立致使僵化。根據經驗顯示，正確情報才是績效的來源（指查緝槍械、毒品等）。於是根據此種現象，對於目前逐船檢查的執勤方式，擬建議改爲重點檢查（有前科者）、可疑者或據情報而加以檢查。如果又以領海外線爲「國境線」，則保七總隊將要維持「逐船檢查」的執勤方式，且必將擴大執勤範圍至 12 海浬之外。該現象餘留至今，海岸巡防機關應有效解決此一問題。
27 參閱：黃異。1996 年 10 月 15 日。論福明輪事件的管轄歸屬。月旦法學雜誌，第 18 期，頁 1-74。

　　換言之，對於「出港」與「出境」之間的差異，可分成受檢義務與應否查驗證照而有所不同。進出港口時，海岸巡防人員得依國家安全法、海岸巡防法予以施檢，故此際「出港」雖有別於「出境」，惟為維護國家安全及人民生命財產安全，亦得檢查。然而，在對人員進出國之管制，則應以領海外界線為界。

二、漁港實施安全檢查的證件重點

　　海巡人員為達成任務在執行漁港安檢時，對於出入漁港者是否應以「國民身分證」、「護照」、「船員證」等身分證明文件為檢查重點？至於其他船舶證書（如：漁業證照、小船執照、營業用動力小船駕駛證……等）是否要如海岸巡防法第 5 條規定需在有「正當理由」之下，始能要求船上人員出示其他證件核查？

　　緣以國家安全法第 4 條規定：「警察或海岸巡防機關於必要時，對左列人員、物品及運輸工具，得依其職權實施檢查：一、入出境之旅客及其所攜帶之物件。二、入出境之船舶、航空器或其他運輸工具。三、航行境內之船筏、航空器及其客貨。

　　前二款運輸工具之船員、機員、漁民或其他從業人員及其所攜帶之物件。」

　　國家安全法施行細則第 20 條規定：本法第 4 條所定入出境船舶、其他運輸工具及其載運人員、物品之檢查，依左列規定實施：船舶及其他運輸工具：核對證照與艙單，並得作清艙檢查。旅客、船員、漁民及其行李、物件，準用前條第 1 項第 2 款至第 5 款之規定檢查。第 23 條：進出漁港及海岸之漁船、舢舨、膠筏、竹筏及其他經主管機關核准營運之水上運輸工具，得查驗有關證件，並檢查船體及其載運物件。

　　海岸巡防法第 4 條規定：巡防機關掌理下列事項：海岸管制區之管制及安全維護事項。入出港船舶或其他水上運輸工具之安全檢查事項。海域、海岸、河口與非通商口岸之查緝走私、防止非法入出國、執行通商口岸人員之安全檢查及其他犯罪調查事項等……。第 5 條：巡防機關人員執行前條事項，得行使下列職權：對進出通商口岸之人員、船舶、車輛或其他運輸工具及載運物品，有正當理由，認有違反安全法令之虞時，得依法實施安全檢查。對進出海域、海岸、河口、非通商口岸及航行領海內之船舶或其他水上運輸工具及其載運人員、物品，有正當理由，認有違法之虞時，得依法實施檢查。對航行海域內之船舶，有正當理由，認有違法之虞時，得命船舶出示船舶文書、航海紀錄及其他有關航海事項之資料。

　　根據以上法律，海巡機關的主要任務，仍為「防止走私、偷渡、危害安全及犯罪」，故檢查證件之範圍宜以國民身分證、護照、船員證等為主，因這類證件可以證

明受檢人的正確身分。但漁業證照、小船證照、營業用小船動力證照等，係協助漁業署主管執行業務管理，非為主要必檢，且與海巡機關主要任務無積極關聯。

三、安全檢查之法律性質

依據國家安全法規定，海岸巡防人員得依職權對入出境之人員、物品、運輸工具實施安全檢查，其中所涉及的職權有行政不法與刑事不法行為的查究。然而兩者在發動要件上存在差異。

行政檢查與刑事搜索之區分，因其目的有本質上的差異，故程序上理應不同，但各國對該兩種職權的發動，卻有不同的設計。例如在須否法院票證的區別上，即有一元論與二元論的不同。一元論者，即以美國為例，不分行政機關係基於行政目的或司法目的，包括行政察查違規行為或刑事偵查犯罪，如有對人民人身自由的妨害、住宅的侵入、行李箱的開啟等，均須有法院開立的許可文件，始得進行，否則所獲的證據不具效力。二元論者，以我國為例，行政機關基於行政目的而發動的檢查行為，不須有法院的許可文件，但如為偵查犯罪時，則必須為要式行為。

但是不論國家在司法體系上主張一元論或二元論，其在國境上的安全檢查，所實施的檢查範疇已與刑事搜索相同。於是出現有「國境搜索[28]」的說法，因為國境檢查如同國境搜索，雖然如此，但因國境檢查係為安全目的而實施，其與登機前之檢查畢竟不同，故即使無搜索票，亦得檢查。只是這種檢查究與犯罪搜索不同，應僅止於「為發現有無犯罪徵候」而已，故其強度不宜如搜索般，可以翻箱倒櫃。

四、海岸巡防人員得否適用社會秩序維護法

探討海岸巡防人員得否適用社會秩序維護法的問題，分下列二個層面分析之，一為得否實施管轄，二為得否以違反該法加以舉發。

依社會秩序維護法第 35 條規定，該法之管轄權係以警察局及警察分局為原則，至多 (1) 在地域遼闊交通不便地區，得由上級機關授權該管警察所、警察分駐所行使管轄；(2) 專業警察機關則由內政部核准後在其負責之範圍內有管轄之權。該法在海洋巡防總局之前身水上警察局時，以其具有「專業警察」色彩，進而要求具有管轄權

---

28 蔡庭榕。2001年6月6日。論國境搜索。2001年國境警察學術研討會——跨境犯罪偵查與刑事司法互助，頁1-109；王兆鵬。2001年10月。路檢、盤查與人權。國立臺灣大叢書，頁148-154。

尚有討論空間[29]，但目前既已改制，則情況即不可同日而語。目前該法所採「警察」定義，係以狹義的組織上警察爲限，海岸巡防機關若非經委託授權，應無適用該法「專業警察」或以警察法上「國境警察」地位，而獲管轄權。

雖然不具管轄權，但社會秩序維護法第 39 條規定：「警察機關因警察人員發現、民眾舉報、行爲人自首或其他情形知有違反本法行爲之嫌疑者，應即開始調查。」海岸巡防人員在發現有違反社會秩序維護法之情事時，得將該違法行爲，報由所轄警察機關進行調查。當然，海巡機關在此即無法如警察機關般，得進行傳喚、保管證據或逕行傳喚。

以海岸巡防機關負責的任務而言，之前由於該任務係警察機關負責，因此在社會秩序維護法中，才有部分條文針對港口、船舶等之管理而規定，如第 65 條「船隻當狂風之際或黑夜航行有危險之虞，而不聽禁止者」。或第 64 條中提及「輪埠及船舶等」，即可得知該法有爲港口及船舶等特殊適用之準備。然在成立海岸巡防機關之後，該法並未有所因應，致使海岸巡防人員僅能立於舉發立場。未來爲加強該法在港口、海域等地之適用，或可修法增加海岸巡防機關之管轄，或由海岸巡防機關自行提出海岸及海域秩序維護法。

五、大陸船員在中華民國船舶上工作之限制

兩岸間在緊張情勢尚未完全排除前，理應採取必要的防衛措施。臺灣地區與大陸地區人民關係條例第 10 條規定，大陸地區人民進入臺灣地區工作，應經主管機關許可後實施之，並在進入後不得從事與許可目的不符之活動。

主管機關因而制定「臺灣地區漁船船主在臺灣地區離岸 12 浬以外海域僱用大陸地區船員暫行措施」，以因應目前臺灣漁業發展之需要。更爲因應近岸漁業之需要，又特別訂定「臺灣地區漁船船主接駁大陸地區船員許可辦法」，使臺灣漁船在接駁大陸漁工上較爲方便，但爲符合臺灣地區與大陸地區人民關係條例之規定，特在該許可辦法中第 7 條規定：「僱用大陸船員之漁船，經許可進入 12 浬以內海域後，除不得作業外，漁船應直接駛往劃定地區，將大陸船員暫置原船或其他漁船，並由直轄市、縣（市）政府漁業主管機關查核；其涉及治安者，由當地警察機關處理。」基上條文，可清楚的劃分出，大陸船員得暫置「海上船屋」，但不可上岸或工作。如有上岸

29 陳國勝。2000年3月。水上警察機關海域管轄分配之研究——以社會秩序維護法案件與刑法案件爲對象。海域執法之理論與實務。中央警察大學，頁50-60。

或工作的情況，業已違反許可範圍，應依相關規定究辦處罰之。

　　雖然，行政法院 86 年度判字第 2740 號判決要旨認為：「我國實務見解係採對本國船舶享有刑事或民事管轄權，亦即本國籍船舶視為本國領土之延伸，在中華民國船舶上工作，無論是在中華民國領海內或領海外工作，均認為係在中華民國境內提供勞務。」但此判決要旨並未與前述諸法規矛盾，因為依「許可辦法」在我國漁船上工作之大陸漁工，係依兩岸條例第 10 條規定而來。

六、安檢作業簡化前後之比較

　　依國家安全法第 4 條之規定，海岸巡防機關於必要時，「得」依職權對入出境之人員、物品及運輸工具實施檢查。但為便民服務，並提升行政效能，特訂定「海岸巡防機關簡化漁港安全檢查作業實施要點」（附錄十三）。本「服務便民、區分良莠、保障合法、打擊非法」之要旨，將漁港中的船舶分為三類，配合「出港快速簡化、進港併用監卸安檢，列管注檢對象嚴格執檢」之指導原則，在強化執檢人員「知船識人」，及加強情蒐、港巡、監卸等勤務下，對入出漁港船筏採鑑定分類方式實施安檢作業，以落實巡防機關安檢勤務效能，保障人民權益[30]。

　　海岸巡防機關在施行簡化漁港安全檢查作業實要點之前，係以普檢（每艘進出港口的船舶均加以安全檢查）方式進行安檢，在本簡化安檢作業要點實施前後，海岸巡防機關曾委託中華民國民意測驗協會，針對漁民對「漁港安檢業務」滿意度調查中，對於施測問題的「滿意」或「非常滿意」，合起來均超過 70% 以上[31]，如以實施本簡化程序後再施測，則該滿意度理應再提升。

　　蓋簡化漁港安檢作業係在定點實施目測檢查、抽檢或必檢等三種，除非真能完全達到「知船識人」，並配合靈活情報布建，有效掌控漁港內船舶不法情事動態，否則將影響安檢成效，若遇到出港或入港尖峰時段，更將出現人員短缺狀況。雖然目前各漁港正建造監視系統，藉以節省人力及蒐集不法事證，但因電子產品容易受潮且維護困難，甚至被有心人士破壞，受到新的挑戰。

　　由於臺灣社會環境變遷，兩岸關係緩和穩定，而嚴密海防管制之思維將隨情勢亦有所變革。漁港全面安全檢查已非防杜不法唯一手段，且為近年海巡服務座談漁民與

---

30 海岸巡防機關簡化漁港安全檢查作業實施要點中貳實施構想，民國90年11月28日（90）署巡檢字第090001606號函頒。

31 在90年10月14日至18日針對北、中、南、東及離島等地區19縣市870位漁民，以電話訪問調查方式完成之「漁港安檢業務民意調查研究報告」，淡江大學大眾傳播系，王嵩音教授。

民代經常建言與反映事項。海巡署有感於民意反應亟求，再度研究改變安檢做法。自101年起歷經試辦調整，全面推動漁船（筏）遊艇安全檢查快速通關，期能「便民」與「安全」兼顧，積極為民興利，開創民眾與政府雙贏新局。

於101年7月1日海巡署頒布「海岸巡防機關辦理漁船（筏）及遊艇安全檢查快速通關作業要領」（附錄十四），秉持「區分良莠、查緝非法、保障合法」宗旨，有不法跡證就嚴格檢查，無不法跡證就快速通關。要求基層安檢所建置基資備用並適採相對勤務作為，研判可能違法態樣及風險程度，始予發動檢查及採取適切檢查強度。律定「目視航行」、「申報服務」及「發動檢查」等勤務執行做法：

（一）目視航行：以慢速航行方式通過執檢區，不發動檢查讓船筏直接進出漁港。

（二）申報服務：漁民基於漁業補助、保險及船員資格認定等實需，主動泊靠執檢區，巡防人員僅作船舶及人員進出漁港之記錄。

（三）發動檢查：

1. 巡防人員對於進出漁港之對象，遇有情資或其他正當理由，認有違法之虞時，依法實施檢查。

2. 娛樂漁業漁船出港、活魚運搬船、載有大陸船員漁船及其他法規明定應主動檢查者。

海巡署上述安檢勤務之變革，已使多數漁民感受本項政策推行之便利。惟仍許多漁民習於「申報服務」，有關漁民申領漁業補助方面，仍須加強漁民宣導，儘量減少申報，以擴大服務便民成效。這項變革也發揮了下列成效：(1) 節約安檢人力資源；(2) 縮短漁民通關時間；(3) 降低漁民作業成本；(4) 提升安檢服務品質；(5) 並無影響入出港安全及查緝成效。

七、無籍船筏得否出海作業

臺灣地區漁村漁民使用無籍船筏，非常普遍，尤以中南部雲、嘉、南、澎湖等縣市，沿岸沙洲蚵架及小島礁，膠筏出入方便，光澎湖一地經航政機關統計，有約700艘無籍船筏，未納入管理。無籍船筏的處理問題一直是海巡基層人員相當困擾的問題，雖然法律明定他們不得出港，也訂定了相當的罰則，但不論是勸導或是開罰的效果都相當有限。

由於漁船管理是否屬於漁政機關職掌之範圍，小型漁筏更屬於縣市政府權責，

各地縣市政府管理能量不足，態度不一，甚至放任不願得罪民眾。海岸巡防法第4條所定的掌理事項中，明列的執行事項，包括海上交通秩序的管制與維護事項。無籍船筏雖已違反船舶法第7條規定，「未領有船舶籍證書或臨時國籍證書之船舶，不得航行」。但海巡機關可否不准其出海，經常發生爭議，實有討論必要 32。

---

32 臺灣雲林地方法院刑事判決（90年度簡上字第43號）

被告等因違反國家安全法案件，不服本院北港簡易庭中華民國90年4月3日，90年度港簡字第42號刑事判決（檢察官聲請簡易判決處刑：90年偵字第725號），提起上訴，本院判決如下：

主文：原判決撤銷。被告等四人均無罪。理由：

(1)檢察官聲請簡易判決刑書意旨略以：被告於民90年2月7日上午7時30分至8時30分，無正當理由逃避海岸巡防機關依職權實施檢查，駕駛三艘無籍船筏出海從事海釣活動，因而認被告均涉犯國家安全法第6條第2項之罪嫌。

(2)按犯罪事實應依證據認定之，無證據不得推定其犯罪事實，刑事訴訟法第154條定有明文。又國家安全法第6條第2項罪名之成立，須無正當理由拒絕或逃避依國家安全法第4條規定所實施之檢查，而國家安全法第4條則規定：警察或海岸巡防機關於必要時，對左列人員、物品及運輸工具，得依其職權實施檢查：一、入出境之旅客及其所攜帶之物件；二、入出境之船舶、航空器或其他運輸工具；三、航行境內之船筏、航空器及其客貨；四、前二款運輸工具之船員、機員、漁民或其他從業人員及其攜帶之物件。從而上開罪名之成立，是以海岸巡防機關對上開人員、物件、交通運輸工具等有檢查之意圖或動作為其前提事實，該項事實若不存在，自無所謂拒絕或逃避檢查之構成要件行為，即難以該罪相繩。本件公訴人認被告等人涉有上開罪嫌，無非以被告等人之自白及卷附之照片作為其依據。然訊據被告四人坦承案發時間有出海釣魚，惟均堅持否認有上開犯行，被告辯稱：出海釣魚時有讓警察看身分證並登記，出海前警察也有檢查我們的漁船，我們是在離港檢所約200公尺的海上釣魚，警察並目視拍照，因為船有編號，所以我以為可以出海，這次是警察不讓我們出海海釣等語，被告又辯稱：當天是我們二人一同出海，出海時警察並無阻擋我們，也沒看見我們出海，我們也沒申請出海，但回來警察有檢查，我們也有讓他檢查等語，被告辯稱：我出海前有對海防人員說只在他們面前釣魚，出海前他們有要求檢查，我有拿駕照給海防人員登記等語。經查（一）證人即查獲巡防隊員到庭證稱：當時是安檢人員回報有三艘船出海未報關，我與證人下去蒐證等語，證人則證稱：被告四人的船係無籍膠筏，所以不能報關，報關程序須向安檢站申報；當時我們是禁止他們出海；（查獲當天有無發生被告拒絕檢查之情事）因船隻並無設籍，依規定不能出海，所以我們也沒有檢查動作，我們是不讓他們出海；被告是有拿（證件）給我們登記，但那是我們阻擋他們出海後，被告仍堅持出海，才拿證件給我們登記等各語，均可見當時情況是巡防機關認被告船筏不能報關出海，始禁止被告等人駕船出海，並非有何涉及國家安全之必要，而為發動檢查被告身體、物件、船筏之職權，始禁止被告出海。此觀被告等於警訊中均供稱：安檢站人員有說不可以出海等語，被告等於警訊中供稱：當時沒有人告知不可違法出海等語，均可明巡防機關當時只是單純禁止被告出海，並沒有在被告出海前，有實施檢查之狀況發生。（二）被告四人於偵查中均辯稱只是在岸邊釣魚娛樂而已等語，於警訊中則辯稱不服取締等語，均可見其真意並不認為自己犯罪，尚難僅以其等在偵查中曾末供稱：「我們以後不會再犯了」等語，即認上開自白與事實真實性、被告真意性無違，而得為採證之依據。（三）海岸巡防機關既然沒有檢查之意圖與舉動，被告身體、物件、交通工具，當屬二事，不能混為一談。被告出海釣行為若屬違背其他禁止規定，應依其他法令規範，國家安全法之上開規定，立法意旨並非在禁止被告出海釣魚，從而被告之行為，並不該當與國家安全法上開規定之構成要件，甚為明顯。

(3)原審判決引用檢察官聲明簡易判決處刑書之記載，認為被告四人犯罪事證明確，各判處被告罰金9,000元，如易服勞役，均以新臺幣900元折算一日，經本院合議庭審視上開證據結果，認為被告之行為不能以國家安全法第6條第2項之規定相繩，亦查無其他積極可認被告涉有檢察官所指之犯

本文以爲對於無籍船筏航行的行爲處置可分爲二種情況，如僅是蚵民於近岸從事採蚵之用無涉及他人之安全，海巡機關應以關懷關心的立場，加以勸誡關懷，或僅須蒐證後查報主管機關處理即可；惟主管機關的裁處大部分爲不處分，使得海巡機關基層人員裡外不是，但如其行爲已有經營娛樂漁業或載運有他人時或有非常明顯（超載、未具有救生設備等）的立即危害發生之虞，應有特別的考量。依行政執行法第39條規定「遇有天災、事變或交通、衛生上或公共安全上有危害情形，非使用或處置其土地、住宅、建築物、物品或限制其使用、不能達防護之目的時，得使用、處置或限制其使用」。加以即時強制限制其出港的航行，藉以保障乘客的安全。

第五節　小結

港口，作爲與外國接觸的門戶，爲保護國家主權，達到維持國家安全及社會秩序的目的，採取強制式保護政策，已成爲世界各國完全獨立自主的權限。不論是外國籍船舶或我國籍船舶皆成爲檢查對象，藉以保護國家安全、社會秩序。然此一目的的發動，也應一併考量經濟發展、開放海洋的目標。在此多元任務之下，國家安全法即授權海岸巡防機關，於「必要時」才可實施檢查之規定，期能平衡多種因素。

我國因港口的種類不同，由不同的行政機關依其不同的任務，參與檢查活動並實施不同的管制措施。由於港口的種類有國際商港、國內商港、工業港、漁港等，故對於進出港口的人員、運輸工具、物品所作的檢查均有不同，但因行政機關的協調聯繫尚未建構完整，以致在通商口岸的聯合檢查中心幾乎名存實亡[33]，影響行政效率並增加人民不便。在港口國管制的作爲上，由於對船舶適航性僅採書面審查，未及於事實適航性的檢驗，故此種情形亦有改進必要。

成立海岸巡防機關本有建立「海域專責執法機制」之構想，但是由於與各行政機關的協調聯繫辦法未發揮預期功能，海域業務相關法令未能及時整合配合修訂，致造成行政機關間的職務劃分不清。海巡機關在港口部分，只能限於對非法入出國及走私行爲的查緝，難以對海上交通管理及其他海岸巡防任務作有效的執行。

行，不能證明被告有罪，自應爲被告無罪之諭知，是被告等人上訴指原判決有違誤，爲有理由自應由本院合議庭撤銷原判決，並爲被告無罪之諭知。

據上論斷，應依刑事訴訟法第455條之1第3項、第369條第1項前段、第364條、第301條第1項，判決如主文。

33 國際商港設置聯合檢查中心在功能不彰之下，將有所改變；即本爰引爲據的「國際機場、港口聯檢查協調中心設置辦法」，交通部將以各港務局訂定港口檢查協調會報（詳細名稱未定）取代。

　　海岸巡防法已具基礎，有補充其他法律對執行法令不足之作用；若能建立一有效的綜合海域管理機制，彙整研訂海域管轄執行法令，以爲海域執法機關執行程序依據，當更圓滿。

第八章
海域疆界爭端

　　海洋中有豐富的自然資源。海洋資源開發利用晚於陸地，是具有戰略意義的新興開發領域，具有巨大的開發潛力。在未來的歲月中，人類的生存和發展將越來越多地依賴海洋。全球海洋已經進入人類有計畫開發的時代，大陸架和專屬經濟區已經成為沿海國家國土開發利用的新領域。

　　在 20 世紀 40 年代以前，海洋只被區分為領海和公海兩部分。領海是沿海國家陸地領土在海洋中的延續，屬於國家領土的一部分。沿海國家領海具有對自然資源的所有權、沿岸航運權、航運管理權、國防保衛權、國境邊防、關稅和衛生監督權、司法管轄權、領空權等。公海是指沿海國家領海和內水之外的全部海域。在海洋自由的原則主張支配的時代，海上強權國家推行航行自由和捕魚自由的政策，在廣大的公海上自由進行科學研究、航海、捕魚等。

　　自從 1945 年 9 月 28 日杜魯門發布「關於大陸架的底土和海床的自然資源的政策」的第 2667 號總統公告之後，大陸架的概念陸續被許多沿海國家所接受，最後在1958 年召開的第一次國際會議上被國際社會廣泛接受，並在會議上通過了「大陸架公約」。從此，沿海國家可以把自己的管轄海域從領海擴大到大陸架區域。從全世界來說，海底大陸架的總面積約 2,700 萬平方公里。

　　專屬經濟區是另一個擴大的國家管轄海域。第二次世界大戰以後，許多發展中的沿海國家為了捍衛自己的海洋權益，保護本國近海的資源，提出了建立 200 海浬專屬經濟區水域制度的要求。經過 20 多年的爭辯，專屬經濟區制度終於在世界上確立起來，在 1982 年通過的「聯合國海洋法公約」中作為專門一章規定下來，國際法專家普遍認為，專屬經濟區制度的出現，突破了「領海之外即公海」的傳統觀念，擴大了沿海國家的管轄範圍。美國學者指出：「200 海浬專屬經濟區的建立，也許是 300多年前公海自由論提出以來海洋法中最重大的新發展。」據計算，全世界沿岸海域的35.8%（約 1.3 億平方公里），將劃為沿岸國家的管轄範圍。

　　從法律地位上說，專屬經濟區和大陸架既不同於公海，也不同於領海。領海同陸地領土一樣，沿海國家具有完全的主權。國家對領海內的一切人和物享有專屬管轄權。國家對領海的主權及於領海的上空、海底的底土。專屬經濟區則不同，它既不是

領海，也不是公海，在專屬經濟區內，沿海國家享有一切自然資源，包括生物資源和非生物資源的主權權利；從事經濟性開發和探勘，如利用海水、海流和風力生產能等其他活動的主要權利，以及以下三個方面的管轄權：人工島嶼、設施和結構物的建造和使用、海洋科學研究、海洋環境保護。同時，其他國家享有航行、飛越、鋪設海底電纜和管道等自由，以及與這些自由有關的海洋其他合法用途。

大陸礁層（架）的法律地位又有自己的特點。沿海國家對大陸礁層的權利也是一種主權權利，不過，這種權利只及於大陸礁層的海床和底土，而不及於大陸礁層的上覆水域。這種權利包括大陸礁層自然資源的所有權以及探勘和開發這些資源的專屬權。大陸礁層上的自然資源包括海床和底土的礦物和其他非生物資源，以及屬於定居種的生物。沿海國可以自己探勘開發這些資源，也可以通過協議或發放許可證，允許外國人進行開發。沿海國還有權在大陸架上進行鑽探、建造結構物，操作和使用人工島嶼、設施和結構物，這種權利也是專屬性質的，未經沿海國的同意，任何其他人不得從事這些活動。沿海國和其他國家都有在大陸礁層上鋪設海底電纜的權利。沿海國也有對大陸礁層上的科學研究的管轄權。

由上述國際海洋法律制度的原則規定可知，從資源的開發利用方面來說，大陸礁層和專屬經濟區與領海基本是一致的，只有沿海國家才有探勘、開發和管理這些資源的權利。從這個意義上說，沿海國家可以把大陸礁層和專屬經濟區作為國土來看待，對於大陸礁層和專屬經濟區的資源，可以像陸地國土資源一樣開發利用和管理。因此，幾乎所有的沿海國家都很重視劃定自己的專屬經濟區和大陸礁層區域，在與鄰國發生邊界爭議時絕不輕易讓步，採取寸海必爭的方針。人們在衡量一個國家的國土面積、資源和人口等基本問題時，都把專屬經濟區和大陸礁層作為一個重要因素，把海陸面積之比作為衡量一個國家是否處於有利地位的一個重要指標。

除了領海和專屬經濟區之外，公海資源的開發利用也是沿海國家和某些內陸國家關心的問題。公海是指不包括在各國的專屬經濟區、領海或內水或群島國的群島水域內的全部水域。按照「聯合國海洋法公約」的規定，「公海對所有國家開放」、「公海應只用於和平目的」、「任何國家不得有效地聲稱將公海的任何部分置於其主權之下」。按照公海對所有國家開放的原則，各國在公海上有6項自由：(1) 航行自由；(2) 飛越自由；(3) 鋪設海底電纜和管理自由；(4) 建造國際法所允許的人工島嶼和其他設施的自由；(5) 捕魚自由；(6) 科學研究自由。這裡所說的公海自由，沿海國家和內陸國家都可以享受。因此，世界各國都很重視分享公海之利。

上述公海自由原則不適用於公海海底區域。關於公海海底的資源開發問題在國際法上另有規定。這一部分區域包括各國大陸礁層以外的海床、洋底及其底土，被稱為

國際海底區域。國際海底區域也有豐富的資源，其中包括錳結核、熱液礦物等。按照聯合國的有關文件和「聯合國海洋法公約」的規定，國際海底的資源不同於領海、專屬經濟區、大陸礁層或公海的資源，這些資源既不能由任何國家據為己有，也不能由任何國家自由開發，而是人類的共同繼承財產。處理國際海底區域的基本原則有：(1) 無論是國家還是自然人或法人，都不能把區域及其資源據為己有；(2) 國際海底區域及其資源由國際海底管理局代表全人類進行管理；(3) 從國際海底區域及其資源的探勘和開發活動中所取得的經濟利益，由世界各國分享；(4) 國際海底區域及其資源要為全人類的利益而利用，特別要照顧發展中國家的利益。因此，世界各國都很關心國際海底區域及其資源的開發利用問題。

儘管在國際法的各種約束下，海洋實質的利益仍使各國趨之若鶩。「聯合國海洋法公約」1994 年生效後，各國無不積極依照公約規範，聲索所轄海域。然而，世界上仍有許多海域相鄰或相向的國家，其領海、鄰接區、專屬經濟海域或大陸礁層相互重疊甚大，而國際海洋法的規定並非完善且具強制性，「聯合國海洋法公約」對於海洋劃界問題未予以明確的解答，唯一在第 74 條和第 83 條規定，即劃界是在相關國家之間「以協議劃定」、「是在國際法的基礎上」，以達到「公平解決的目的」。綜言之，關於專屬經濟區和大陸架劃界應適用的原則或規則，「公約」的規定十分籠統，對劃界缺乏實質性的指導作用，這在第 3 次聯合國海洋法會議上就受到一些國家的批評。因為，協議劃界方式必須在「國際法院規約第 38 條所指國際法的基礎上」進行，而在此所指的國際法是指：(1) 當事國明白承認的國際條約；(2) 成為通例並被接受為法律的國際習慣；(3) 各國承認的一般法律原則，以及 (4) 司法判例和國際法權威學者的學說，這實際上就是一般承認的國際法淵源；在公約上還提到國際法院規約，對實踐中的適用沒意義。在公約沒有任何條款規定何種方式占主導地位，相關國家可以選擇任何方法，談判達成協議和解決劃界爭議。如此，「海洋法公約」相關規定對專屬經濟區和大陸架劃界問題保持抽象的態度，意味著 1982 年「聯合國海洋法公約」在海洋劃界問題上不得被提示為確實的劃界原則。於是，在現今海洋法制度之下，海洋劃界糾紛解決問題仍然要待透過各國家間對公約之解釋和累積習慣，造成許多島嶼及海域主權的紛爭，而海洋利益又是如此誘人。21 世紀，經貿成為國際事務的主流，亞太濱海周邊各國為求國家生存與發展，無不致力於對海洋主權的爭奪與經營。東南亞部分的國家，就以先下手為強的策略占領部分島礁，造成既定的事實，以作為日後與他國海洋權利爭奪談判的籌碼。本章後續各節將就亞太地區與臺灣周邊海域海洋主權爭端情形，逐一研析。

第一節　東亞重要的海域爭端

　　東亞地區濱臨西太平洋，自北而南臨接亞洲大陸的海域有：白令海、鄂霍次克海、日本海、渤海、黃海、東海、南海等海域。這些海域的聲索國包括有俄國、朝鮮、韓國、日本、中國、中華民國（臺灣）、越南、菲律賓、馬來西亞、印尼、汶萊等國。二次大戰期間，日本大肆侵略，占領東亞地區許多海洋島嶼，戰後依舊金山和約等敗戰條約，日本對東亞諸多島嶼回復戰前主權歸屬，未能明確交待，或由聯軍的代表美國暫時託管，造成日後各島嶼及海域權利歸屬不明，各沿海關係國爭相聲索，目前東亞地區影響較大的島嶼領土和海洋權益爭端，概略說明如後。

一、日本與俄國的北方四島之爭

　　「北方四島」是指日本北海道東北部和俄國千島群島之間的齒舞、色丹、國後和擇捉四個島嶼的歸屬問題如圖 8-1。四島總面積 4,996 平方公里，日本稱之為「北方四島」，俄國稱之為「南千島群島」。這裡資源豐富，地理位置優越，且扼守「黃金水道」，附近水域是俄國出入北太平洋的捷徑之一，也是俄國往返堪察加和楚克奇以及北美各口岸的必經之路。

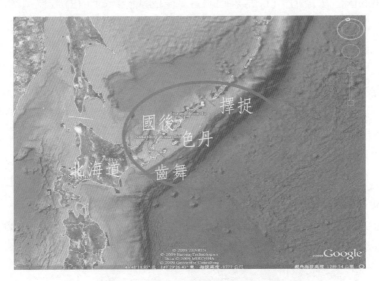

圖 8-1　日本與俄國的北方四島

　　歷史上，日俄兩國就因領土爭端而引起戰火連年，積怨頗深。1855 年，俄日雙方決定，千島群島南部歸日本，北部屬俄國，庫葉島暫作懸案。1875 年，兩國簽訂「樺太與千島群島北部互換條約」，將日本占領的庫葉島南部與俄國占領的千島群島北部相互交換。1904 年日俄戰爭，日本向老牌帝國主義俄國進攻，攻陷俄占領的我國旅順口，以逸待勞殲減俄國從歐洲增派的第二太平洋艦隊（波羅的海艦隊）。1905 年 9 月 5 日，在美國的調停下，日俄在美國樸茨茅斯簽訂「樸茨茅斯和約」，其中一條關係北方領土：規定以北緯 50 度為界，將庫頁島南部及其附近島嶼讓給日本。1917 年蘇聯取代俄羅斯，日蘇於 1925 年 1 月 20 日建交。蘇聯在「日蘇關係基本法則條約」中承認了「樸次茅斯和約」的有效性。1941 年 4 月 13 日，兩國簽署「日蘇中立條約」。日本奪回換給俄羅斯的庫葉島南部，並奪得沙俄在遠東的大部分權益。1945 年蘇聯出兵東北，不僅收復庫葉島南部，還奪取千島群島全部。第二次世界大戰後期，美國考慮到在日本本土登陸作戰人員將傷亡太大，希望蘇聯在德國投降後 3 個月後對日宣戰。為了促成蘇聯參戰，美國總統羅斯福用利益引誘蘇聯，而蘇聯也希望洗去日俄戰爭丟掉北方領土的恥辱。1945 年 2 月 11 日，美英蘇首腦簽署「雅爾答協定」，其中作為蘇聯參加對日作戰的條件做出了如下規定：「由日本 1904 年背信棄義所破壞的俄國以前權益須予恢復，千島群島須交予蘇聯」，1945 年 4 月 5 日蘇聯發出了廢除「蘇日中立條約」的通告，8 月 9 日對日宣戰。8 月 14 日日本宣告無條件投降。戰後根據「雅爾答協定」，蘇軍於 1945 年 8 月 28 日晚登上擇捉島；9 月 1 日登上國後島和色丹島；蘇軍最高司令部於 9 月 2 日命北太平洋艦隊司令登上齒舞群島，9 月 3 日至 5 日四島占領完畢。1946 年 2 月 2 日蘇聯發布部長會議令，將這些島嶼編入新設的南薩哈林州。12 月蘇方將島上的 1.8 萬日本居民遣返回國。為防止日本人捲土重來，又將約 2,000 名來自中亞地區的復員軍人安置到四島上，還有一些大陸居民也准許到此拓荒。此後，日俄兩國長期圍繞上述領土問題爭執不休，嚴重影響兩國關係的正常發展。1956 年 10 月，日俄兩國恢復外交關係時，曾在聯合聲明中規定，俄國同意將齒舞和色丹島移交給日本，國後和擇捉島等問題留待雙方繼續討論。但 1960 年 1 月，「新日美安全條約」簽訂後，俄國政府撤回了這一正常化聲明，拒絕承認存在領土問題，以抗議日本與美國簽署「美日安全條約」。

　　上世紀 80 年代末蘇聯崩潰後，日本人收回這些島嶼的欲望又高漲起來，而俄國經濟衰退，急需日本的經濟援助，因此對歸還北方四島的態度也有所鬆動。1990 年 1 月，當時任蘇共莫斯科市委書記的葉爾欽訪日，提出解決北方領土問題的「五階段設想」，為日俄領土爭端的解決提出了一個新思路。1993 年 10 月，葉爾欽總統首次對日本進行正式訪問，雙方簽訂了關於促進日俄關係的「東京宣言」和「經濟宣言」。

葉爾欽重申了五階段設想，不僅承認日俄間存在領土問題，並承諾將履行 1956 年的決定，也就是把兩島給日本，還表示應創造條件解決這一問題。1997 年之前，日本首相橋本龍太郎與俄國前總統葉爾欽達成先歸還齒舞、色丹兩島，國後、擇捉兩島再談的口頭協議，1997 年兩人還同意推動日俄在 2000 年之前簽署和平條約。

然而，這一目標至今卻沒有能夠實現，原因在於雙方就應該歸還島嶼的先後順序和數量上存在分歧。俄國的立場是，北方四島中的兩座可以在達成和平協議之後歸還給日本，但日本人一直對此事猶豫不決，國內有許多反對意見，認為應全部索回，否則先拿回兩島，另外兩島就沒有希望了。俄國當然不予理會。

2003 年，日本有意再與俄國加強合作。1 月 10 日，小泉在莫斯科與俄國總統普丁舉行高峰會談，兩人發表共同聲明確認解決北方領土爭端的決心，並爭取早日簽署「和平友好條約」使兩國關係正常化。但雙方對解決領土爭端並無具體對策，而且在爭取目標方面也依然是同床異夢：日本政府仍堅持「四島一併歸還」的立場，而普丁表示要「先瞭解四島是在什麼情況下歸俄國管轄之下的，而且必須要用兩國人民都能接受的方式加以解決」，反映出俄方無意急於處理這個問題，該問題要加以解決恐怕尚須一段相當長的路要走。

二、日本、韓國關於獨島（日本稱竹島）的爭端

獨島是由大小二個岩礁組成的小島，位於朝鮮東海（日本人稱「日本海」），韓國鬱陵島和日本隱岐島之間（距鬱陵島 40 公里，距隱岐島 80 公里）如圖 8-2。獨島從軍事戰略意義上講，具有非常重要的地理位置，占有它可以同時牽制俄國、朝鮮半島和日本。因此對於日本來說，位於朝鮮東海中心位置的「竹島」具有戰略意義。日本若占據了「竹島」，就可以使朝鮮東海內海化。據此，韓國政府認為獨島歷來就是韓國的領土，提出許多古代書籍和古獨島從來就不是糾紛對象，更不是協商對象，韓決不會妥協。而日本政府認為「竹島」為其領土的依據是 1905 年島根縣的告示，當時日本的島根縣把獨島編入自己的領土，稱之為「竹島」。第二次世界大戰之後，美國在韓國和日本占領時，為有效控制日本，1946 年 1 月 29 日以「聯合國總司令部」（GHQ）發布備忘錄「SCAPIN 第 677 號」說明：將日本統治權「除外」的地區「鬱陵島（Liancourt Locks 韓國稱「獨島」，日本稱「竹島」、「濟州島」）。而在同年 6 月 22 日 GHQ 又發布備忘錄「SCAPIN 第 1033 號」，在第 3 項中，亦明訂日本之船舶及船員，不得接近北緯 37 度 15 分；東經 131 度 53 分之「Takeshima」（指的

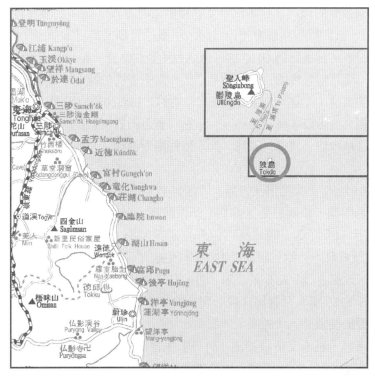

圖 8-2　獨島位置圖

是日本的「竹島」，韓國所稱之「獨島」）周邊 12 英哩的範圍，自 1949 年 9 月 19 日起 12 英哩改為 3 英哩。接著 1951 年 9 月 8 日簽署的「舊金山對日和約」第 2 條第 1 項說明：日本承認朝鮮之獨立，並放棄其對於朝鮮包括「鬱陵島、巨文島及濟州島」之一切權利以及權利名義與要求。韓國方面根據上述「聯合國總司令部」所公布的兩份備忘錄原文中的「除外」（Excluding）和「不得接近」（Will Not Approach）「Liancourt Locks」＝「Takeshima」（韓國稱「獨島」，日本稱「竹島」），解釋為「歸還」（Return）韓國。並且又另外依據「舊金山對日和約」第 2 條第 1 項的主張，日本所放棄的三個主要島嶼中，雖然並無記載「獨島」，但 GHQ 所公布的兩份備忘錄，「獨島」都不包含在日本領土內，可見「獨島」為韓國領土已相當明顯，因此韓國方面把「獨島」解釋為「鬱陵島」的附屬島，則日本所放棄的島嶼，「獨島」當然應包括在內。為貫徹這種主張，韓國政府趕在 1952 年 4 月 28 日「舊金山對日和約」生效之前，在 1952 年 1 月 18 日以「國務院告示 14 號」為依據，突然宣布「海洋主權宣言」（亦稱「李承晚 LINE」或「和平線」），將「獨島」劃入韓國領土範圍之內。

　　對於韓國政府的作為，日本政府就在韓國政府宣布「海洋主權宣言」第 10 天後的 1 月 28 日，立即對韓國政府提出抗議，主張「竹島」為日本領土，因而爆發兩國之間的領土紛爭。日本認為 GHQ 的「SCAPIN 第 677 號」和「SCAPIN 第 1033 號」兩件備忘錄，僅是暫時性的行政命令，不能作為主權的依據，「舊金山對日和約」才是外交正式的文件。上述兩份 GHQ 備忘錄中的「Liancourt Locks」＝「Takeshima」（韓國稱「獨島」，日本稱「竹島」），在「舊金山對日和約」中改為「巨文島」，美國方面的這種改變，使得「獨島」的主權歸屬變模糊了，種下韓、日主權爭執的主因。

　　日本從 1952 年首次提出「竹島」問題以來，每年都定期向韓國提出外交公函，提議商討獨島問題，韓國只是在外交上予以回應。1965 年韓日實現關係正常化後，日本政府表示，「竹島」問題應透過外交途徑解決，兩國還簽署了「漁業協定」（1980 年重新修訂）。韓日兩國在 1978 年因獨島周邊的領海權問題發生過摩擦，當時兩國召開了政府會談，結果是「獨（竹）島歸屬問題繼續協商」，給日本在外交上留下了口實。1983 年 8 月韓國向接近獨島的日本漁船開槍示警，日本以情報文化局長代表外相提出抗議。

　　冷戰結束後，日本又多次提出「竹島」主權問題。日本武藤嘉文前外相在 1993 年韓日外相會談時說：在國際法上竹島是屬於日本的，韓國至今仍占領該島，對此感到非常遺憾。而韓國和朝鮮也向聯合國提出取消「日本海」名稱的要求，引起日本的反駁。1995 年 12 月韓國在獨島修建港口設施，造成韓日關係緊張，26 日在漢城召開的韓日兩國外交高級業務會議上，日外務省亞洲局局長加藤良三向韓外務部亞洲局局長金夏中轉達了日政府的意向：「日本政府在得到國會的批准後，將設定排他性的經濟水域，以竹島為基準線劃中間線」。

　　1996 年 1 月 9 日，韓國海洋開發委員會審議並通過了旨在開發和利用海洋資源的「海洋開發基本計畫（案）」，其內容包括設立 200 海浬專屬經濟區。1 月末，日本輿論重提「竹島」問題。2 月以來，韓、日兩國為劃定 200 海浬專屬經濟區，圍繞該島領有權問題發生爭執。日本認為本國劃分 200 海浬專屬經濟海域界線的基準應是「竹島」。韓國認為這與國際上劃中間線的慣例相違背，強調按照「聯合國海洋法」第 121 條第 3 項，無人島的獨島不能成為經濟水域的基點，也就不是韓日兩國劃分專屬經濟區界線的障礙。韓主張「在東海劃定韓日間的專屬經濟區界線，應以韓國的鬱陵島和日本的隱岐島為基準」。2 月 8 日，日本首相橋本龍太郎通過外交途徑對韓國在「竹島」修建港口設施提出抗議，9 日，日本外相池田行彥公開提出「竹島是日本領土」。韓國政府召回駐日大使金龍圭以示抗議，10 日，韓國總統金泳三取消了定

於 12 日同日本聯合執政黨代表團舉行的會談。以山崎拓爲團長的日聯合執政黨代表團也宣布訪問延期。14 日，韓駐日大使與日本外相進行會談，雙方一致同意關於設定「海洋法公約」的專屬經濟海域而出現的漁業問題與獨（竹）島的所有權問題分開來協商解決。與此同時，韓政府又增派 8 名警察，使獨島的韓國警察增至 34 名，韓國軍隊也在該島附近水域進行了一次軍事演習。20 日，韓國政府宣布在領土的鄰近海域設定 200 海浬專屬經濟區，其外側界線是從韓國領海基線起至 200 海浬處。同一天，日本內閣會議也通過了全面設定 200 海浬專屬經濟區的方針。

韓國輿論認爲，日本此舉目的是使獨島問題國際化，其目的是：(1) 不承認韓國對獨島的領土主權。藉宣布專屬經濟海域之機，把獨島定爲專屬經濟海域基準，爲將來與韓協商劃定界線時創造有利條件。(2) 將獨島問題國際化。此次若能使獨島問題國際化，成爲國際上的懸案，日本政府可以謀求更廣泛的國際支持。(3) 把獨島問題作爲針對俄國的「槓桿」。日本認爲，獨島問題與日俄北方領土和日中釣魚臺問題緊密相聯，是日本解決同俄國之間關於北方四島歸屬問題的一個戰略考慮[1]。

近年來，日韓仍不斷因獨（竹）島主權問題發生爭執。1998 年 1 月 23 日，日本突然單方面宣布廢除「日韓漁業協定」，不僅使兩國改善關係的希望成爲泡影，更使兩國漁船在海面上的對峙事件劇增，隨時都有可能演變成爲海上漁民衝突的導火線，並使兩國關係處於更加緊張的局面[2]。1999 年 12 月，韓國抗議日本根島縣一些居民把獨島視做他們的戶籍登記地，認爲日本的這種行動侵犯了韓國主權，要求日本必須取消這種戶籍登記[3]。2001 年 7 月，隨著日本堅持篡改歷史教科書，刊登日本對「竹島」擁有主權的記述，韓國對日本的立場也愈趨強硬。韓國政府宣布，將於 2002 年 2 月派遣一艘 5,000 噸大型海岸巡邏船「三峰號」（朝鮮人過去將獨島稱爲「三峰島」），前往有主權爭議的獨島水域值勤，明顯是向日本示威。2002 年 4 月韓國政府再次抗議日本在中學歷史教科書中關於獨島的「不實記錄」。8 月，韓國環境部開始研究將日韓有領土爭議的獨島及周邊海域劃歸爲國家公園，引起日本方面的抗議[4]。

2005 年 3 月 14 日本島根縣議會全力推動將於 16 日審議通過「竹島之日條例案」之際，南韓外交部副部長李泰植強調，「韓國政府就獨島問題的對應基調十分明確，目前韓國有效地控制著獨島，因此將加強守護獨島的安全措施」。他並堅稱，「獨島領土主權高於韓日關係之上」。

1　種昕。1996。韓日的島嶼爭端。北京，國際資料信息，第3期。
2　黃彬華。1998年2月12日。日韓摩擦又添新火種。新加坡，聯合早報。
3　1999年12月27日，香港明報。
4　2002年8月13日，漢城，共同社。

日本海上保安廳於 2006 年 4 月 14 日公布：「將從 4 月 14 日起到 6 月 30 日為止，在竹島周邊海域實施調查」。由於日韓政府之間沒有事前通報的制度，因此日方以 14 日郵戳記號的函件寄給南韓等有關國家。日本海上保安廳兩艘測量船「明洋號」（621 噸）和「海洋號」（605 噸）於 4 月 19 日下午駛離鳥取縣境港市的港口，前往調查海域。南韓總統盧武鉉當天在青瓦臺總統府發表聲明，南韓政府將改變對日本的「平靜外交」政策，與各政黨合作，堅決應對日本侵犯南韓專屬經濟海域的行動。南韓朝野國會議員在國會統一外交通商委員會全體會議上，要求南韓政府對日本侵犯南韓海上專屬經濟海域的行為採取強硬措施，並召開緊急會議決定，日本調查船若膽敢任意侵入該海域的話，決定採取國際法上一切應對措施，包括命令船隻停駛、臨檢、扣押等。日本海上保安廳等有關單位則表示，30 年前日本曾在竹島附近舉行過大規模調查，這是第二次。日本內閣官房長官安倍晉三說明，派遣調查船的目的在於收集必要的資料以編製海圖。日本首相小泉純一郎表示，希望雙方能冷靜應對。安倍說，該海域是日韓都主張的排他性經濟海域，兩國並沒劃定界線，從國際法觀點來看，實施調查並無任何問題，日本無法接受南韓揚言採取某種措施之舉 [5]。

三、朝鮮、韓國關於黃海水域劃界問題

韓戰結束後，「停戰協定」雖然規定北緯 30 度線（三八線）為朝鮮、韓國的臨時分界線，但該線只限於對半島陸地的劃分，而沒有涉及海洋的界線。另一方面，該協定同意美軍仍控制「三八線」以北海中的白翎島、延坪島、大青島、小青島及隅島等 5 個島嶼。幾個月後，美國和韓國以聯合國的名義，把包括 5 個島嶼的海域劃在韓國長達 150 海浬的「北方警戒線」之內，使韓國的漢城和漢江出口免得陷入朝鮮海域的包圍之中，使朝鮮不僅喪失了一個遼闊的海產寶庫（此海區盛產螃蟹），還使其西南地區無海上出口，因此朝鮮始終不接受這種安排。朝鮮於 1976 年自行劃定了一條包括上述 5 個島嶼在內的「南方警戒線」，來主張其 12 海浬的領海管轄權，因此兩國在該海區形成一個重疊區域，如圖 8-3。每年 6 月捕撈螃蟹旺季，朝鮮漁民不分南北紛紛前來捕撈，朝鮮艦艇以保護北方船隊為己任，南下延坪巡邏；韓國艦艇則以維護海上分界線為名，阻止北方船隊南下，並採取警告、衝撞、開火等手段，將北方船隊排除在外。因此朝、韓一再在黃海發生衝突，使潛伏的危機隨時有演變為軍事衝突的危險。

5　4 月 15 日，大紀元日報報導；4 月 19 日，中新網電據共同社報導。

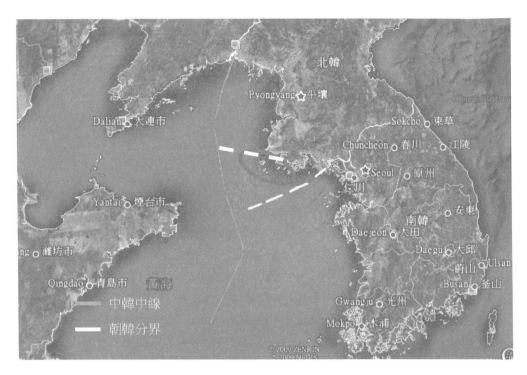

圖 8-3　朝韓黃海爭端海域圖

　　近年來發生比較嚴重的海戰：1999 年 6 月，因朝鮮的漁船隊進入延坪島海域捕撈螃蟹，遭到韓國海軍艦艇驅逐，北方軍艦抵達現場護航，雙方艦艇相互衝撞駁火，兩艘朝鮮艦艇沉沒，至少 30 名軍人喪生，韓國海軍也損失慘重。這是朝鮮戰爭結束以來最嚴重的一次海上衝突，並對地區局勢產生嚴重影響。韓國軍方和國內反對金大中陽光政策的人爲此鼓噪不已，對金大中形成強大的政治壓力，迫使政府拉高姿態，包括軍方宣布改變海軍的「作戰方針」，從警告、攔截等五步驟，縮短爲示威性啟動、警告性射擊和直接攻擊三步驟。增加了黃海爆發武裝衝突的機率，及徹底摧毀南北緩和關係的危險，同時也激發了朝鮮強烈要求重新劃分水域的願望，朝鮮與美國曾經緩和的關係再度緊張，使東亞地區進一步增加不穩定因素 [6]。

　　2000 至 2001 年，隨著朝鮮半島南北雙方關係的緩和，雙方都比較克制，兩國在黃海的衝突事件減少。但 2001 年 6 月 24 日，又發生一起嚴重衝突事件。據報導，韓國海軍淩晨向一艘闖入韓國水域的朝鮮漁船開槍警告，這是兩國領導人簽署和平協

6　黃彬華。2002年7月8日。韓朝衝突爲何總在黃海。新加坡，聯合早報。

議一年來最嚴重的海上邊界事故[7]。

2002 年，隨著美國對朝鮮的立場趨於強硬，朝韓在半島西部黃海水域的衝突再度增多。6 月 29 日，韓國向闖入其水域的朝鮮艦艇開火（也有說朝鮮巡邏艇先開火），造成韓方 4 人死亡、1 人失蹤和 1 艘快艇被擊沉，朝鮮也有 1 艘警備艇被擊中起火，有數十名軍人犧牲[8]。韓國要求朝鮮採取措施預防類似事件再度發生，並嚴懲向韓國軍艦開槍的士兵。7 月 10 日，朝鮮再次譴責韓國非法越過海上邊界，是要挑起新的武裝衝突，使局勢更加緊張，而韓國則強烈否認朝鮮的這一譴責。8 月 2 日，朝鮮發表白皮書，強調再次發生衝突是不可避免的，要求重新劃分軍事分界線，譴責這是美國鷹派軍隊早已策劃好的挑釁行動[9]。11 月 20 日，韓國海軍艦艇向闖入該國白翎島周圍水域的朝鮮巡邏艇進行驅逐，並開火警告。12 月 11 日，2 艘韓國軍艦和 5 艘漁船侵入朝西部領海，進行軍事挑釁。

2003 年朝、韓在黃海水域的衝突繼續加劇。2 月 20 日報導，一架朝鮮米格 19 型戰機突然闖入韓國西部的領海邊界，韓國兩架軍機立即升空追截，漢城以西仁川港的防空導彈系統一度進入戰鬥狀態。這是自 1983 年以來朝鮮軍機首次闖入黃海的領海分界線[10]。5 月 4 日，一艘朝鮮海軍警備艇在韓國白翎島東方水域跨越海上分界線，進入韓國水域 0.8 海浬，韓國派出艦艇攔截[11]。6 月 3 日，韓國海軍的一艘快艇向越境進入韓國水域 200 碼的朝鮮漁船發射了 8 發機槍子彈，迫使朝鮮漁船返航。朝鮮官方指責韓國是「為海上戰爭做準備，以便向美國的鷹派提供有利於進行戰爭的條件，朝鮮半島發生戰爭的危險正在增加」。而韓國則指出「朝鮮最近每天都有漁船非法進入韓國水域，有可能是朝鮮加劇半島緊張局勢的一部分，以便在與美國就核問題進行談判中獲得更有利地位」。6 月 12 日，朝鮮指責韓國軍艦「近日多次入侵黃海東部的朝鮮領海」，認為韓方的這些行動造成該海域局勢緊張。在此之前，朝鮮曾於 5 月底和 6 月初兩次指責韓軍艦越界並提出了警告。而韓方稱，朝鮮漁船自 5 月 25 日以來，幾乎每天都要非法進入韓國水域，它正在研究朝鮮漁船的這種越界行為是不是加劇朝鮮半島局勢緊張「陰謀」的一部分，以便與美國進行核問題談判時獲得更有利地位。

7 2001年6月25日，香港，新城電臺。
8 2002年11月20日，香港，商業電臺。
9 2002年8月2日，馬來西亞，南洋商報。
10 2003年2月20日，香港，星島網。
11 2003年5月4日，韓國，中央日報。

四、中國與日本、韓國關於黃海及東海海域劃界問題

中國與周邊鄰國在海域主權方面存在的爭議，具有一定的複雜性和不確定性，在特殊歷史情況下，隱藏著未來可能發生衝突的各種因素。其分歧有：(1) 在黃海北部，中國與朝鮮分別劃定各自的領海、專屬經濟區和大陸架邊界；(2) 在黃海南部，中國與韓國各自進行專屬經濟區和大陸架劃界；(3) 在東海，中國與韓國和日本各自進行專屬經濟區和大陸架劃界。

東海位於中國和日本、韓國之間，其大陸架石油儲量可觀，中國稱目前開放的海域石油儲量為 20 至 40 億噸。根據國際石油專家分析，東海石油的可開採量約 17 億噸，占中國全部周邊海域的 43%[12]。中國在東海大陸礁層問題上長期與日本、韓國存在爭端。日本主張「中間線原則」，認為東海大陸礁層從中國大陸和朝鮮半島一直延伸到日本西南群島以外，大陸礁層應在相向的日、中、韓中間劃界。中國認為東海大陸架是中國大陸領土的自然延伸部分，按照國際公認的原則，中國對東海大陸礁層有不可侵犯的主權。至於與相鄰國家（日、韓）的水域劃分問題，中國政府歷來主張由中國與有關國家通過協商來解決。

早在上世紀 70 年代，日本、韓國政府就漠視中國的這一合理主張，於 1974 年 1 月 30 日片面簽訂「日韓共同開發大陸礁層協定」，嚴重侵犯了中國主權，遭到中國政府的強烈反對。但日本不顧中國的反對，眾議院外交委員會和眾議院會議於 1977 年 4 月、5 月先後強行通過該協定，接著又採取「自然生效」辦法使該協定「合法」地自然生效。對此，中國政府於 6 月 13 日發表嚴正聲明表示抗議。次年 6 月 26 日，中國政府又對日、韓兩國互換協定批准書提出強烈抗議。但日本竟無視中國的立場，於 1980 年 5 月初在所謂日韓「共同開發區」開始鑽探試採石油，中國政府於 5 月 7 日再次發表聲明，表示對侵犯中國主權的行為不能置若罔聞，保留對該區域的一切應有權利。1991 年 5 月，韓國也無視中國對黃海海域的主權，公然到中國海域進行石油探勘活動，中國國家海洋局獲悉此事後，立即派「中國海監 19 號」、「向陽紅 8 號」兩船進行監視取證工作，並加強了對該海域的巡邏。9 月初，韓國又公然在黃海海域鑽油，13 日，中國外交部發言人嚴正指出，這是韓國採取又一侵犯中國權益的行動，要求韓國當局認真考慮、嚴肅對待中方立場，並迅速採取措施，停止上述行動。

此外，隨著遠洋捕撈業的發展，中國與韓國還存在嚴重的漁業糾紛，嚴重時也

---

12 平松茂雄。1994年6月。中國擴軍的目的在於東海石油。日本，正論月刊。

造成海上衝突。韓國不斷抗議中國漁民到韓國水域捕魚。爲了促使問題的解決，中韓兩國政府於 1992 年開始談判捕魚協定；於 1997 年舉行黃海專屬經濟區劃分談判；2001 年，兩國簽署了經過 9 年的艱難談判才達成的漁業協定，並宣布其將於當年 5 月 30 日生效。協定規定在專屬經濟區捕魚作業的界限、限額和其他規定。但這一規定並未減少兩國的海上衝突，韓國爲加強在海上對中國大陸漁船的監視和警戒，增派漁業指導監視船在韓水域開展巡邏，在西南半島沿海一帶部署包括 18 艘漁業指導監視船在內的 46 艘船隻以及 5 架直升飛機，以監視中國漁船的移動路線。7 月 2 日韓國又扣留 3 艘中國漁船和 19 名船員，並要求他們每人付出 2,000 萬韓圓才可以獲釋 [13]。2002 年 5 月 18 日，發生韓國海上警察對中國漁民強行驅逐，導致中國漁民以刀斧棍棒反抗，6 名韓國海警受傷、被迫跳船逃生的事件。韓國爲此向中國提出外交抗議。此後，韓國進一步加強了海警部門的武裝，並決定對中國漁民採取更加強硬的措施，甚至下令，如再遇到抵抗出現人命傷害，可開槍進行鎮壓 [14]。

中國與韓國、日本在黃海及東海大部分海域，自 1994 年「聯合國海洋法公約」生效後，以及中國於 1996 年 6 月 7 日，日本於 1996 年 6 月 20 日分別批准提交了「聯合國海洋法公約」，成爲該公約的締約國後，積極依公約就經濟海域重疊問題展開協商談判。中日於 1997 年 11 月 11 日在東京簽訂雙邊政府間的「中日漁業協定」[15]。該協定所涉及的協定水域部分如圖 8-4，分別規定如下：

（一）在東海大部分海域，北緯 27 度至 30 度 40 分，距兩國領海基線 52 海浬外，設立「中日漁業協定暫定措施水域」，簡稱「暫定措施水域」，由雙方共同管理。如違反規定，由中、日雙方按各自國內法處理本國的漁船。

（二）在暫定措施水域以南，即北緯 27 度以南的東海以及東海以南，東經 125 度 30 分以西的海域，維持現有的漁業關係。

（三）在暫定措施水域北限以北，即北緯 30 度 40 分以北，東經 124 度 45 分至 127 度 30 分之間的東海水域，簡稱「中間水域」，基本維持現狀，雙方漁船無須領取對方許可證即可作業，但應對本國船數加以控制，並交換漁獲量資料。

（四）暫定措施水域和中間水域東西兩側，即靠近兩國領海外側的水域，分別由中、日兩國管理。

（五）中國由於釣漁船經向日方申請許可，獲得批准並取得許可證後，可以繼續在日本海、北太平洋日本專屬經濟區一側作業。作業規模不超過 1996 年的水平。

---

13 2001 年 7 月 3 日，新加坡，聯合早報。
14 2002 年 5 月 23 日，韓國，朝鮮日報。
15 全文參見中華人民共和國外交部網站，中華人民共和國和日本國漁業協定：http://big5.fmprc.gov.cn/gate/big5/www.mfa.gov.cn/chn/pds/ziliao/tytj/tyfg/t556672.htm。

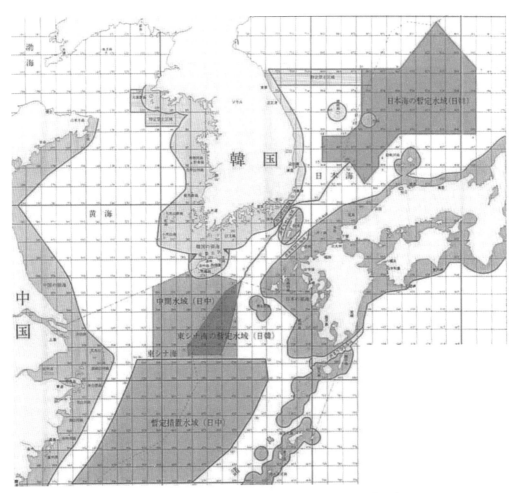

圖 8-4　中日漁業協定暫定措施水域及中間水域示意圖

「中韓漁業協定」[16]於 2001 年 6 月 30 日 24 時正式生效。它的有效期爲 5 年。締約任何一方在最初 5 年期滿時或在其後，可提前一年以書面形式通知締約另一方，隨時終止本協定。「中韓漁業協定」劃分的水域有 3 個部分，分別爲「暫定措施水域」、「過渡水域」和「維持現有漁業活動水域」如圖 8-5。「過渡水域」4 年期滿後按各自的專屬經濟區進行管理。中韓兩國漁業協定簽訂後，並劃定專屬經濟區（EEZ）。此後，韓國開始管制在韓國專屬經濟區域捕魚的中國漁船。在韓中漁業

---

16 全文參見中華人民共和國外交部網站，中華人民共和國和大韓民國政府漁業協定：http://big5.fmprc. gov.cn/gate/big5/www.mfa.gov.cn/chn/gxh/zlb/tyfg/t556669.htm。

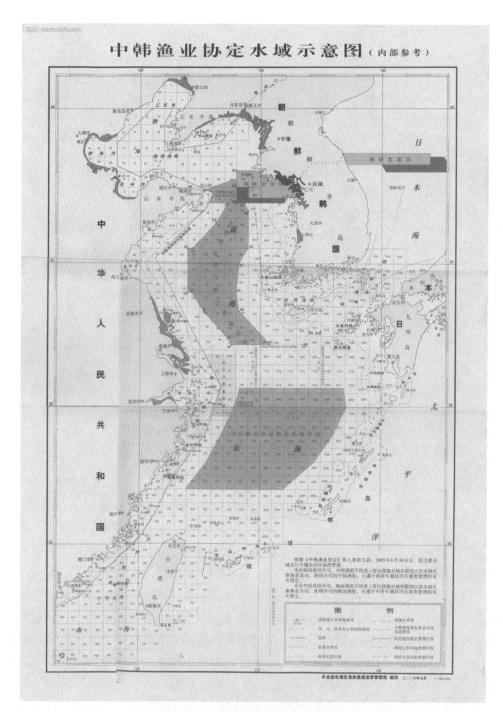

圖 8-5　中韓漁業協定水域示意圖

協定生效初期，韓國政府允許在韓國專屬經濟區捕撈的中國漁船數量爲 2,500 艘，但 2005 年以來減至 1,900 艘，韓國海洋警察署工作人員執法時看到有捕撈許可證的中國船在這個海域收穫很大便眼紅，因此對非法捕撈嚴格取締，甚至於執法過當引發抱怨衝突。非法作業被捕的話，根據船的大小繳交一定罰金。一般 50 噸以下罰 3,000 萬韓圜，50 噸以上罰款 5,000 萬韓圜。3,000 萬至 5,000 萬韓圜的罰款對中國漁民來說是一個不小的數目，一旦被抓到，幾乎傾家蕩產。從 2004 年到 2007 年 4 年間，韓國海警共計扣留 2,037 艘非法作業的中國漁船。此期間被捕的中國船員達 20,896 人，僅保釋金就交了 213.55 億韓圜（1 元人民幣約合 180 韓圜）。所以在面對韓國海警追查時，中國漁民們「會誓死抵抗」。曾經於 2008 年 9 月 25 日發生韓國木浦海洋警察署 3003 艦在盤查非法捕撈的中國漁船時，該艦艇 4 名海警曾遭中國船員監禁，並被毆打致傷，最後以「交換人質」方式獲釋。韓國海警試圖挽回臉面，於是強行盤查另外一艘中國漁船，結果導致一名海警在試圖登上中國漁船時落海遇難。海警死亡和「人質交換」事件曝光後，在韓國引起極大震撼。

五、東海中國與日本大陸架（東海油氣田）爭議

　　中日兩國在東海專屬經濟區界線的問題上存在著嚴重的分歧，由於日本片面認爲釣魚臺爲其領土，若依據「大陸礁層公約」第 6 條之規定，按照兩國海岸線的中間線來劃分東海海域中、日兩國的專屬經濟區，則其界線自然大幅向西延伸。但中國方面認爲依據「聯合國海洋法公約」，界線的劃分應該遵循「大陸架自然延伸」的原則，即東海大陸架是一個廣闊而平緩的大陸架，向東延伸至沖繩海槽，包含釣魚臺所處的海床在內；東海海域是中國大陸架的自然延伸部分當然屬於中國。此外，「聯合國海洋法公約」還規定切斷大陸架的標準深度爲 2,500 公尺，而沖繩海槽的深度爲 2,940 公尺，沖繩海槽是中國大陸架和日本硫球群島島架之間的分界線[17]。按照這個原則，沖繩海槽以西都是中國的專屬經濟區，不承認日本單方面提出的所謂「日中中間線」如圖 8-6。

---

17 按照「聯合國海洋法公約」規定，2,500米等深線是大陸架延伸的終止，沖繩海槽的深度已達2,940米。國際社會對此有先例，因此中國主張沖繩海槽西側陡坡腳2,500米等深線才是中日專屬經濟區的分界線。

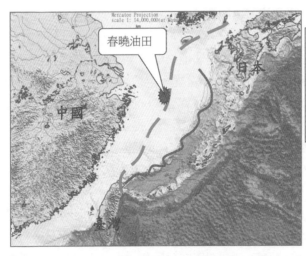

圖 8-6　　中日兩國在東海專屬經濟區主張的界線圖

　　中國於 1974 年開始在東海地區進行探勘活動，到 1994 年止共鑽井 29 口，其中
13 口井鑽遇油氣；1994 至 1995 年間與國外油公司合作鑽探 8 口探井，未鑽獲油氣。
1992 年中海油與中石化新星石油（CNSPC）公司及上海市政府合資共同投入開發生
產東海平湖油氣田以來，陸續鑽探多口生產井並已於 1998 年 11 月及 1999 年 4 月分
別將原油和天然氣成功開發生產上岸。近年來，中國探勘人員又在浙江寧波市東南
350 公里的東海西湖凹陷區域，探勘發現春曉油氣田，春曉油氣田係由春曉、殘雪、
斷橋、天外天 4 個油氣田組成，總面積 2.2 萬平方公里。「春曉」開採設施建成後，
通過海底管道每年可向浙江和上海輸送 25 億立方米天然氣。

　　日本與韓國於 1972 至 1983 年間在東海地區共鑽井 13 口，偶有油氣徵兆但無商
業開採價值，1983 年以後日韓兩國在東海地區的探勘活動逐漸減少，1984 至 1994
年的十年間鑽探 3 口井，1994 年之後則未聞有任何探勘活動。

　　2004 年 5 月 27 日，日本《東京新聞》記者和日本杏林大學教授平松茂雄乘坐飛
機對東海天然氣開採設施的建設情況進行了調查。次日，他們就開始在《東京新聞》
上連續刊出了〈中國在日中邊界海域建設天然氣開採設施〉、〈日中兩國間新的懸
案〉等報導和述評。這些文章指稱中國「春曉」天然氣田的位置距離日本單方面劃定
的兩國東海「中間線」只有 5 公里，驚呼「中國在向東海擴張」、「中國企圖獨占東
海海底資源」。日本執政的自民黨在 6 月 10 日提出的「維護海洋權益報告書」建議
日本政府設置以首相爲首的「海洋權益相關閣僚會議」，制定綜合性海洋權益保護措
施，儘早在東海海域日中中間線日本一側展開海洋資源調查，並允許民間企業在這一

海域開採石油氣等資源。目前日本政府已接受自民黨的建議，於 6 月 11 日正式決定設立「海洋權益相關閣僚會議」。

自民黨方面認爲：中國方面開採「春曉」油氣田，有可能通過地下礦脈，將日本方面的礦脈中的天然氣採走，因此強烈要求日本方面迅速採取行動。他們還認爲：根據國際海洋法條約，在境界線由於雙方看法不一致而沒有最後劃定之前，相關國家應該爲達到一致做最大的努力，不應妨礙和危及相關國家各方達成一致的進程，而中國違背了該條約。有的媒體還抱怨日本政府，東京的帝國石油等 4 個民間公司 40 年前就要求開採東海油氣田，但是由於中日雙方水域的分界線沒有最後劃定，政府沒有給予這 4 個公司作爲開採前提的「礦業權」，而讓中國「先下手爲強」。

2004 年 7 月 7 日上午 10 時，日本政府租用的調查船「拉姆佛姆畢可特號」（排水量 10,297 噸）開始在距離日本方面主張的中日中間線日本側 30 公里處開始調查，爲此，中國外交部副部長王毅於當日緊急召見日本駐華大使阿南惟茂，向日方提出嚴正交涉。

這次調查從日方主張的中日中間線側 30 公里處開始，對長度約 200 公里的海域進行調查，調查船通過向海底發射聲波並根據其反射波來調查海底的地質構造，調查預計將持續到 10 月份，總費用約耗資 30 億日圓。

對此，中國外交部副部長王毅於 7 日緊急召見日本駐華大使阿南惟茂，向日方提出嚴正交涉，王毅指出：東海尚未劃界，中日在此問題上存在爭議。所謂「中間線」只是日方單方面主張，中方從未承認，也不可能承認。日方這種把自己的主張強加於人的做法中方不能接受，日方這種挑釁行爲十分危險，中國堅決反對。

東海油氣田自 2005 年 12 月份投產後，日方爲能監視中國開採的舉動，將監視權，由原「海上保安廳」移交給了武裝力量「海上自衛隊」。日本海上自衛隊及間諜衛星均已嚴密監視中國東海油氣田的開發進展。同時日本海上保安廳在 2006 年度預算中更要求 300 億日元（2.5 億美元）之經費來更新 27 艘巡邏船艇和 11 架飛機的裝備。中國大陸東海「平湖」等油氣田，因擴建工程，從 2006 年 3 月 1 日至 9 月底止禁止他國船隻進入附近海域，禁航範圍跨越了「日中中線」，此舉經日方表示關切後，爰於 4 月 17 日修正禁航範圍爲中間線的中方水域，中國方面除派出 5 艘現代級導彈驅逐艦防衛外，每年約派 146 架次海監飛機船舶，跟蹤及監視日本在東海中日爭議水域之海底油氣資源探測活動。

爲解決兩國在東海油田的爭議及日益緊張的對峙，日本與中國就東海油氣田開發問題自 2005 年 10 月起已展開多輪的磋商談判。2006 年 2 月及 5 月中國副外長戴秉國與日本外務省事務次官谷內正太郎曾進行第 4、5 輪磋商對話，雙方仍無交集。日

方提出重疊海域劃中線，並一再提出「擱置爭議，共同開發」之建議，惟中國僅同意中間線以東（即日方海域）部分合作開發建議。雙方協商於2008年年中終達成協議。2008年6月18日中日雙方共同宣布就東海問題達成原則共識，雙方同意暫時擱置專屬經濟海域（EEZ）劃定的根本問題，劃出了一塊2,600多平方公里的共同開發區，將在此一致同意的地點共同開發。根據中國外交部發表的聲明，雙方共同開發區域不包括大陸已開發的春曉油田，不過，中國同意日本公司可以參股形式參與春曉油田的開發，並一致同意達成劃界協調會前的過渡期間，在不損害雙方法律立場的情況下進行合作。

中華民國專屬經濟海域與大陸礁層重疊：依中華民國內政部所公告，春曉油田應位於北緯28度10至40分、東經124度50分至125度20分間，則其位置在中華民國經濟海域得主張之200海浬範圍內，且位於中華民國2004年所核定「專屬經濟海域暫定執法線」內。是以，依「聯合國海洋法公約」及中華民國法令規定，相鄰或相向國家經濟海域重疊時其劃線，以協議方式劃定，惟目前基於政治現實因素，中華民國尚無法與臨近之中、日兩國協議劃定。中華民國政府於1970年公布東海海域5個礦區如圖8-7，第一礦區在臺灣海峽中線以東，其他礦區在東海部分則以臺灣海峽中

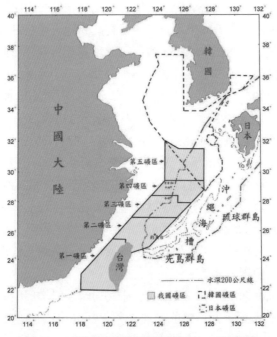

圖8-7　我國在東海探勘公布之5個礦區

線之延長線與中國大陸為界；中國大陸並未在東海劃定疆界線，但其宣稱擁有東海的全部主權。日本與韓國的海域礦區範圍係根據「大陸礁層公約」第6條，依其認定之領土在海岸相向兩國之海域中間線以東來劃定礦區。春曉油田與我國公布第三礦區重疊。

中日兩國東海能源之爭的根本原因是雙方對於東海專屬經濟區的界線存在嚴重分歧，爭端的間接背景則是中國大陸經濟快速增長導致能源需求的迅速擴大。由於雙方已達成協議，攜手合作共同開發此一油氣資源。由於此次中國大陸所簽5個石油合約區均在我國既定礦區範圍內，故不論就主權觀點或經濟利益而言，我方政府應適時向國際間發聲宣示主權不宜缺席。

中國曾多次透過不同管道邀請我國中油公司共同開發東海油氣資源，但因牽涉到複雜的政治層面考量，均無任何具體進展。目前中國已經在西湖凹陷進行「平湖」以及「春曉」油氣田的開發，也與國外石油公司在若干海域礦區進行探勘活動；為共同開發有限的石油資源，建議政府授權民營石油公司與對方展開談判，談判則以「不涉及主權」為前提，「平等互惠、共同開發」為原則；至於合作方式，為加速油氣之探勘與開發，宜由海峽兩岸合作探勘亦可同時邀請外國公司參與；如此做法，不論是否有外國公司的參與，我方均可分享位在海域中線以東範圍油氣之權益。

東海春曉油氣田附近海域中國、日本、美國皆已積極介入調查開採，情勢複雜。又中國、日本皆派遣軍事及巡防機艦巡護，非常敏感。本案涉及海域主權、海洋資源維護等問題，關聯外交、國防、兩岸、海洋等政策，政府應審慎研討因應。為達到主權宣示與實踐，海巡署應定期、不定期派巡防艦執行巡邏勤務，採和平穩定方式，持續蒐證有關資訊，適時掌握狀況發展。

六、釣魚臺主權爭議

釣魚臺列嶼，位於東經123.30度至124.35度，北緯25.45度至26度，由釣魚臺、飛瀬島、北小島、大北小島、大南小島、黃金嶼及赤尾嶼等8個小島嶼組成，總面積約6.32平方公里，其最大的釣魚臺面積約有4.32平方公里，距離臺灣基隆港東北方僅85海浬（157.7公里），離琉球（沖繩縣）那霸港有285海浬（528公里）之遠。

中華民國、中華人民共和國及日本政府均主張擁有釣魚臺列嶼的的主權：中華民國政府將釣魚臺列嶼劃歸臺灣宜蘭縣頭城鎮大溪里管轄[18]。

---

18 1971年6月11日以來中華民國外交部關於琉球群島與釣魚臺列嶼問題的聲明。外交部歷年來就釣魚臺主權問題之聲明一覽表。臺北：中華民國外交部。

中華人民共和國依據其「中華人民共和國領海及毗連區法」將釣魚臺及附屬各島列入領海領土範圍，為臺灣的附屬島嶼[19]；根據該法，中華人民共和國政府公布了釣魚臺列嶼的領海基線[20]，即「中華人民共和國政府關於釣魚臺列嶼領海基線的聲明」。

日本外務省主張該列島係日本於 1895 年馬關條約簽訂前經勘察確認為無人島後，依「無主地先占」原則領有，將其劃歸沖繩縣石垣市管轄，並在島上建有燈塔。

美國只在釣魚臺的最終主權問題上採取中立態度，這亦是美國國務院截至 2010 年 9 月前的態度[21]。

（一）爭議沿革

早在 600 多年前的明初洪武時代，釣魚臺即被中國人原始發現及命名，並記錄於相關古文獻中。1895 年中日甲午戰爭，中國戰敗後與日本簽訂馬關條約，將臺、澎及釣魚臺列嶼等島嶼割讓予日本。日本於 1895 年（明治 28 年）內閣會議決定由沖繩縣（琉球）管轄，登記在國有土地財產登記簿上，並於 1896 年將釣魚臺列嶼租賃給日人古賀辰四郎，是以，爰據以宣稱古賀辰四郎使用釣魚臺的行為，已非單純私人行為，而是日本政府授權行為，實已構成國際法上的實效性統治。

二次大戰結束日本戰敗，馬關條約廢止，日本原自中國取得釣魚臺列嶼領土主權，自應依條約廢止，而喪失對該列嶼領土之主權，釣魚臺列嶼應回復條約簽定前之狀況，即屬於我國的領土。1947 年 4 月聯合國「關於前日本委任統治島嶼的協定」，把琉球群島和釣魚臺交給美國「託管」，將釣魚臺亦列入軍事管轄區內。1946 年 1 月 29 日發布的「聯軍最高司令部訓令第 667 號」，其中第 3 項中明確規定了日本版圖所包括的範圍，根本不包括沖繩釣魚臺。惟隨著冷戰的到來，美國為打造西太平洋第一島鏈從海上封鎖中國的需要，開始考慮把沖繩及釣魚臺交給日本。1953 年 12 月 25 日，美國政府發出第 27 號令，即關於「琉球列島地理界線」的布告。該布告稱，根據 1951 年 9 月 8 日簽署的美日「舊金山和約」，有必要重新指定琉球列島的地理界線，美國以北緯 29°以北的島嶼（包括釣魚臺列嶼）劃歸日本琉球群島範圍。並將當時美國政府和琉球政府管轄的區域指定為包括北緯 24°、東經 122°區域內各島、小島、環形礁、岩礁及領海。1970 年 9 月 10 日美國國務院發表聲明，稱美國將

---

19 中華人民共和國領海及毗連區法：http://www.npc.gov.cn。

20 中華人民共和國政府。2012年09月10日。中國政府就釣魚臺及其附屬島嶼領海基線發表聲明。北京：新華通訊社，新華網。

21 賈宇。2010年10月03日。國際法視野下的中日釣魚臺爭端。北京：人民日報社，人民日報（人民網）。

於 1972 年把琉球及釣魚臺列嶼一併交還日本。日本並聲明宣稱釣魚臺領有權屬於琉球，等於釣魚臺屬於日本（我國直到今天沒有承認所謂的「美日舊金山和約」）。1972 年 5 月 15 日美日正式簽定協議將琉球（及釣魚臺）交還日本。1972 年 6 月 17 日美國和日本正式移交琉球的行政主權，釣魚臺列嶼隨琉球由日本政府接收。美國政府並將釣魚臺列嶼行政權一併「歸還」日本，並聲明與主權無涉。惟日方立即將釣魚臺納入領域，並採取強勢作為。

釣魚臺從歷史淵源、法理依據、地質研究、傳統漁場等方面，屬我國領土毋庸置疑。1969 年 7 月 17 日中華民國政府代表在聯合國聲明，宣布對於鄰接大陸礁層的天然資源得以行使主權的權利。1970 年 9 月 25 日中華民國駐美大使稱已決定正告美國，希望美方注意臺日之間為釣魚臺問題的爭執。中華民國外交部並重申對釣魚臺主權維護到底的決心。1971 年中華民國政府將釣魚臺劃入宜蘭縣頭城鎮大溪里管轄，宜蘭縣政府亦於 2004 年 2 月向內政部完成釣魚臺列嶼的地籍登錄程序，將該列嶼登記為我國的領域。

1971 年 12 月 30 日中國外交部發表聲明，稱美國將釣魚臺歸還日本是對中國主權的侵犯。1992 年 2 月 25 日，中國大陸全國人大通過「領海法」，正式將釣魚臺島列入中國領海範圍。

1972 年「日本青年社」（右翼組織）在釣魚臺設置導航燈塔，並由海上保安廳派船巡護，我國及中國大陸都向日本提出了交涉和抗議。日本禁止其國籍漁船於釣魚臺周邊海域 12 海浬內捕撈，並管制民眾登島。我國向漁民宣導勿進入釣魚臺 12 海浬內水域。大陸於 1992 年宣布釣魚臺 12 海浬內為禁漁區。

（二）牽涉的權益與利益

依「聯合國海洋法公約」，有關島嶼若證明可供人居住，將可主張領海、專屬經濟海域及大陸礁層等龐大的海洋權益。按照該公約「200 海浬專屬經濟海域及大陸礁層條款」，而劃定的龐大海域和海域內包括海底石油、礦產、海洋漁業等海洋資源和領海、領空的權益及未來潛在資源等等。臺、中、日三國在此海域的重疊爭議面積達 70 餘萬平方公里之鉅。

此外釣魚臺列嶼附近海域為日本進入臺灣海峽，南下東南亞、南太平洋必經的戰略之路，也是日本賴以生存的中東石油能源補給線上，最西南段的一點。如果日本在此建立據點，則無異加強其向南發展之縱深位置。

釣魚臺列嶼附近海域生物、非生物資源豐富，附近海域由於是北方大陸沿岸流與南方黑潮相會之地，水流湍急，也帶來非常豐富的養料，使此地變成一優良漁場，輔

以地理位置離臺灣相近，故爲我國漁船的「傳統漁區」。1969 年 5 月聯合國遠東經濟委員會發表釣魚臺列嶼附近東海底層蘊藏豐富石油資源消息後，臺、中、日各方立即重申擁有該島主權。臺、中、日三國均爲能源進口國，對能源開發利益一向極爲重視。而且因釣魚臺列嶼的主權爭議，自清朝迄今，從未有過國際法的仲裁，也因此，依據國際海洋法規定，凡有主權爭議的海域，或具歷史傳統捕魚淵源的漁區，爭議的當事國應透過談判，達成協議。

（三）保釣運動風起雲湧

　　美、日於 1969 年至 1972 年不顧史實，私相授受釣魚臺行爲，首先引發海外華人的不滿與抗議，1971 年 1 月 29 日 2,500 名中國（港、臺）留學生在紐約聯合國總部外舉行保釣示威，高呼「誓死保衛釣魚臺！」，掀起全世界保釣運動浪潮。大批留學生及華人並分別在日本駐紐約、芝加哥、三藩市、洛杉機、西雅圖、華盛頓等六大城市的領事館前舉行示威遊行。1971 年 4 月 10 日美國多個大城市 10 日及 11 日發生大型示威遊行，華盛頓舉行空前盛大的「411 保釣遊行」多達 3,000 華人參加。此後在臺灣、香港、中國其他城市及美國相關城市即陸續不斷發生保釣抗爭活動。1971 年 7 月 7 日香港學聯在維園發起「保衛釣魚臺七七大示威」，與警方爆發激烈衝突，不少學生被警棍打得頭破血流，21 人被捕，卻成功地引起媒體和民眾的關注。自 1971 年底起，周恩來總理多次接見海外保釣團體，將保釣運動視同五四運動相比。1978 中國百餘艘漁船進入釣魚臺附近海域作業宣示主權，遭到日本海上保安廳巡邏艦有組織的阻擋，日本向北京抗議，北京指爲「偶發事件」。1989 臺灣漁船在釣魚臺海面作業遭日本海上保安廳艦艇驅逐，臺灣保釣人士再度發起「新保釣運動」。1990 年日本海上防衛廳宣布承認「日本青年社」78 年在釣魚臺建立的燈塔爲正式航線標誌。事件引發港臺保釣人士展開連串保釣行動。10 月 21 日，載有臺灣區運會聖火的漁船試圖駛往釣魚臺宣示主權，但行動失敗。10 月 28 日，香港逾萬人維園反日集會抗議日本侵占釣魚臺主權。1995 年兩架中國戰機在釣島領空附近演習時遭日本戰機攔截。

　　1996 年爲保釣活動最激烈的一年，8 月 29 日日本扣押駛近釣魚臺的臺灣「華陽 1 號」漁輪。9 月 4 日香港明報記者赴釣魚臺採訪被日本海空攔截，引發香港及臺灣媒體紛到釣魚臺採訪，全部遭日本海上保安廳艦艇驅趕，媒體強烈抗議表示釣魚臺已落入日本有效控制之中。日本駐港總領事批評港人在釣魚臺問題小事化大，中國外交部發言人反駁釣魚臺不是小事，是涉及主權及領土完整的問題。9 月 6 日臺灣臺北縣議員金介壽等 10 多人乘海釣船到釣魚臺宣示主權，在離釣魚臺 13 海浬處被驅逐。9 月 8 日香港工聯會發動 4,000 人保釣遊行，兩岸民間均成立保釣組織。9 月 15

日 12,000 名港人參與「九一五保釣大遊行」。港、臺及中國內地的民間保釣行動持續升溫，海外多倫多 5,000 華人遊行集會聲援保釣運動。9 月 22 日香港「保釣號」貨輪在全球華人保釣大聯盟發起人陳毓祥帶領下，乘載 17 名號稱為突擊隊員及 42 名中外記者出發啟程前赴釣魚臺。香港保釣行動委員會聯同臺灣保釣人士（包括港立法局議員何俊仁、曾建成及臺北議員金介壽）試圖赴釣魚臺為十月初的聯合搶灘行動探路，船隊被至少 17 艘日艦阻撓，最近離岸僅 70 米，對峙兩小時後返航。9 月 26 日經過四天航程，「保釣號」在日艦瘋狂攔截下成功突入離釣魚臺 1.5 海浬，船長魏立志因情況危險決定回航。當時陳毓祥等人憤於無法登上釣魚臺，率領 5 人跳海「游泳登島」宣示領土主權，陳毓祥在事件中不幸遇溺身亡，慘劇立即引起全球華人極度悲憤。10 月 7 日 30 多艘保釣船連同 10 多艘媒體租用漁船在清晨時分進入釣魚臺海域，遭到至少 60 艘日本保安廳船艦阻擋，其中兩艘保釣船成功突破日艦封鎖。臺灣金介壽及香港陳裕南率先搶灘登上釣魚臺主島，分別在島上插上青天白日滿地紅旗及五星紅旗，另外 4 名臺灣保釣人士（賴福明、李覺民、王光華、呂文銳）成功搶灘登上北小島，並一度在島上與日本警察直接對峙後，插上青天白日滿地紅旗離去。保釣船隊回航後日方隨後把旗幟拔走。

　　1996 年至 2004 年間保釣人士間續有零星小規模保釣活動，2003 年 10 月 9 日中港臺保釣人士分兩批自福建廈門及臺灣深澳出發，因風浪延誤臺灣出發代表未能登上會合的「閩龍號」。10 月 9 日下午「閩龍號」遭遇日本艦隻並逐漸迫近釣島，最近距離釣魚臺僅百米，在超過 8 隻日艦圍攻下無法登陸而折返。2003 年 12 月 26 日全球華人保釣論壇在廈門召開，來自兩岸三地及海外的 30 多名保釣人士回顧了以往的保釣行動，商討建立聯絡機制，並周密籌劃後續的保釣行動，會上決定成立中國民間保釣聯合會籌委會，一致通過「保釣宣言」，決心要捍衛釣魚臺主權。2004 年 1 月 15 日由廈門的兩艘保釣船隻（20 名保釣人士），靠近釣魚臺時遭到日本艦艇夾擊，2004 年 3 月 24 日中國保釣人士利用聲東擊西策略提前乘船往釣魚臺，7 名保釣人士分乘兩艘橡皮艇，在清晨 6 時 26 分登上釣魚臺升起中國國旗，向全世界宣示主權。這是繼 1996 年 10 月港臺保釣人士之後，第二次的成功登島行動。12 小時後，7 名登島華人全被日本警方逮捕。事件引起全球保釣人士怒吼，中國向日方提出九次嚴正交涉。3 月 26 日 7 名中國保釣人士，被起訴後驅逐出境。

　　2005 年 6 月 9 日發生臺灣蘇澳漁民不滿在釣魚臺水域捕魚時遭日本巡邏艇驅逐，動員上百艘漁船前往抗議，並一度包圍日本巡邏艇事件。6 月 21 日臺灣立法院長王金平、國防部長李傑及 10 多名立委搭乘海軍濟陽級軍艦「鳳陽號」出海，到發生臺日漁權糾紛的海域進行象徵性護漁行動，強調釣魚臺是中華民國固有領土。2006 年

8月17日臺北縣永和市民代表黃錫麟率領4名保釣人士赴釣魚臺，船隻在距離釣魚臺12海浬處遭8日艦截擊，被迫折返。

2006年及2007年港臺兩地保釣人士，多次租用「保釣2號」、「全家福號」等海釣船，欲前往釣魚臺抗議宣示主權，均因中、日或臺、日對該海域爭議或漁權主張已接洽將進行協商，不希望協商前破壞氣氛及難得建立的良好互動，因而中、臺兩地均以技術性的行政管制措施，要求保釣船隻不得出海或限制其無法出海，導致這兩年民間多次籌劃的保釣運動均無法完成。

2008年6月10日釣魚臺海域發生臺灣瑞芳籍娛樂漁船「聯合號」（CT3-5816）遭日本海上保安廳巡視船「甄號」（KOSHIKI）撞沉事件，船上16人被日方救起，船長何鴻義、船員楊坤風、項彥豪遭日方扣留。6月13日，行政院長劉兆玄表示：「我想所謂的兩國之間的爭議，首先需藉外交交涉以及透過法律途徑來解決，要用開戰（解決），這是到最後、最後的階段。」[22] 他強調，馬政府所謂「不惜一戰」是最後不得已的手段，但並不排除。外交部長歐鴻鍊除了召見日本駐臺代表池田維當面表達嚴正抗議外，也表示若日方再沒有回應（放人、賠償和道歉），不排除採取更強硬的外交手段（召回駐日代表許世楷）。臺灣政府立即循外交管道協商後接回「聯合號」船長、船員等人。「聯合號」事件發生後，引發中、港、臺民眾一片撻伐，臺灣民意機關立法院等更強烈遣責政府軟弱及處理失當，以國防委員會為主等多名國會議員要求國防部派出基隆級軍艦讓立委及國防相關單位登艦巡弋釣魚臺海域「宣示主權」，並要求日本為「執法過當」道歉及賠償。日本政府終於在臺灣抗爭情緒高亢的壓力下，由日本海上保安廳的第11本部長代表，出面向船長及船員致歉，並賠償船舶沉沒等損失。

2008年6月15日，12名臺灣保釣人士在搭乘「全家福號」漁船前往釣魚臺宣示主權，並抗議「聯合號」遭日本海上保安廳巡視撞沉事件，臺灣海巡署派出9艘巡防艦保護，並與日本海上保安廳巡視船在釣魚臺12海浬內對峙，後來在釣魚臺海域順利繞島一周後返航。之後日本發表聲明，對臺灣侵犯領海表示遺憾。

2008年12月8日中國公務執法船艦，首次進入釣魚臺12海浬區域，在釣魚臺領海內實施了所謂維權執法巡航行動。中國國家海洋局東海分局海監總隊「海監46號」和「海監51號」當日9時40分左右在釣魚臺東北17公里海域停泊約1個小時，隨後開始環繞釣魚臺順時針方向環行，最近處距離釣魚臺約1海浬。對於中國海監船艦的巡航，日本海上保安廳巡視船以無線電反復用華語發出離開「日本領海」的「指

---

22 釣魚臺爭議劉兆玄：開戰是最後手段，2008年6月13日，大紀元日報。

令」，並進行跟蹤拍照，但中國船艦置之不理，一直到當日下午17時20分和30分，「海監46號」和「海監51號」才離開釣魚臺海域。日方巡視船曾擺出「擠壓」、「碰撞」的姿勢，並試圖干擾中國船艦航線，但最終迫於中國海監艦艇噸位大、武裝強的壓力，放棄了可能的對峙和干擾行動。一直以來，日本爲了達到長期占有釣魚臺的目的，在釣魚臺部署了強大的海上保安廳機、艦力量，並劃出嚴密的「封鎖線」。海上保安廳同時還與日本海上自衛隊密切協調，隨時通報自衛隊艦艇參與緊急應變行動。惟此次中國「海監46號」和「海監51號」輕鬆突破日本釣魚臺防線，讓日本感到錯愕。中國船艦成功進入的主要原因在於恰當的時機選擇，周密的準備，行動的突然。事後日本對於這次防守上的挫敗刻意淡化其「維權色彩」，日本官房長官河村建夫對中國「入侵」「日本領海」一事表示「非常遺憾」。河村建夫還表示，日本外務省已經派出事務次官藪中三十二向中國駐日本大使崔天凱表示「抗議」，並要求「中國船隻立刻離開尖閣諸島海域」。儘管日本首相、官房長官對事件表示「遺憾」，但同時表示事件不會影響中日關係。對此，中國社科院中國邊疆史地研究中心研究員李國強分析指出，「中國海監船巡視釣魚臺是中國主權範圍內的正常行爲，只要需要，中國船隻可以隨時進入釣魚臺海域，無須事先告知日方」。12月9日，中國外交部發言人劉建超在例行記者會上表示，中國的海監船在中國管轄海域進行正常巡航活動，是合法的，是無可非議的。釣魚臺及其附屬島嶼自古以來就是中國的固有領土。中國海監船的有關活動完全是合法的。劉建超還表示，他認爲這一問題將不會影響到即將舉行的中日韓領導人會議。

　　2010年9月7日，一艘名爲「閩晉漁5179號」載有15名船員的中國拖網漁船，在釣魚臺海域北端黃尾嶼附近進行捕撈作業時，被日本海上保安廳第11管區所屬「與那國號」等巡邏船驅趕、阻截。10時15分許，「與那國號」和「閩晉漁5179號」兩船發生衝撞，另兩艘日本巡邏船亦在事發現場，日本巡邏船船員當時進行了攝影記錄。13時許，日本巡邏船上約20名海上保安官登上「閩晉漁5179號」，以違反日本「漁業法」爲由對漁船進行檢查，並以嫌疑妨礙公務罪逮捕這艘中國漁船的船長詹其雄，同時以涉嫌違反日本「漁業法」爲由對該船展開調查。其後保安廳9月13日雖然釋放了14名中國船員，但石垣簡易法院批准，將中國漁船船長詹其雄的拘留期限再次延長10天至29日。

　　案發生後，中國外交部副部長多次約見日本駐華大使，要求日方停止「非法」居留調查，中國強烈抗議。事件導致中日關係惡化，中國同時也採取反制措施。總理溫家寶9月21日在紐約以強硬措詞「敦促日方立即無條件放人」。同時有日本藤田建設公司4名職員，因故遭中國當局拘留，雖然日本官方聲稱無關釣魚臺，但是日本媒

體質疑此為中國政府的報復措施。日本後來評估中國的強勢反彈及可能的報復制裁措施，包括中國境內排日的抗議聲浪的日益炙熱，拒買日本商品，仇視日本僑民，除嚴重損害兩國關係外，亦可能造成日本經貿的重大損失，決定釋放中國漁船船長。而被捕的 3 名藤田職員亦隨後獲釋，並承認違反中國法律及表示悔過。

2010 年 9 月 13 日，臺灣的兩位保釣人士中華保釣協會執行長黃錫麟及理事殷必雄等人乘坐漁船，前往釣魚臺宣示主權途中，駛至距離釣魚臺約 40 海浬水域時，遭受日本艦隻攔阻。隨行的海岸巡防署艦艇以探照燈、LED 跑馬燈、廣播向日方宣示：「釣魚臺為中華民國海域，請勿干擾本國漁民活動，海巡署有保護漁民活動的義務」。

2011 年間，中國「漁政」中國「海監」多度衝破日方船隻的封鎖阻攔，與日本公務船對峙，完成了對釣魚臺列嶼巡航。2011 年 7 月 3 日，中國漁政船「中國漁政201」在釣魚臺西北約 31 公里處巡航，為日本 2011 年 3 月 11 日大地震後首次。日本第 11 管區海上保安總部於清晨 6 時 40 分發現中國「漁政 201」後日方立即派出多艘巡邏艦與中國漁政船並行，向其發出「勿駛入日本領海」的警告，中國「漁政 201」隨後回應「釣魚臺周邊海域是中國管轄的海域，該船是依法執行公務」。雙方對峙近 4 小時後，中國「漁政 201」於上午 10 時 40 分左右駛離該海域。同日日本右翼團體聯同漁業協會原定派出 10 艘漁船到釣魚臺附近海域進行「示威性捕魚」，但因中國漁政船突然現身影響，船隊推遲靠近釣魚臺附近海域。有報導形容日本右翼的示威活動遭受到中國漁政船的威嚇。另據中國外交學院國際關係研究所學者周永生對媒體表示，中方 7 月 3 日漁政船的巡視，也是中方對數天前臺灣保釣船在釣魚臺附近受日方警告的一種「變相呼應，表明大陸保護包括臺灣漁船在內的、在這片中國海域活動的一切中國船隻」。

2011 年 8 月 24 日，兩艘中國漁政船「中國漁政 31001」和「漁政 201」清晨 6 點 15 分左右駛入釣魚臺黃尾嶼東北以北約 30 至 33 公里的海域內，並於上午 6 點 36 分左右至 7 點 13 分左右、7 點 41 分前後兩度駛入釣魚臺 12 海浬海域內，每次逗留約 7 分鐘。日本巡邏船以無線電警告中國漁政船「勿擅闖日本領海」，中國漁政船回應稱「釣魚臺和周邊諸島是中國的固有領土，正在中國的管轄海域內根據中國的國內法律執行正當公務」。日本外務事務次官佐佐江賢一郎 8 月 24 日上午召見中國駐日大使程永華，就此事「提出嚴正抗議並要求防止類似情況再次發生」。程永華重申了中方立場，強調稱「釣魚臺是中國領土」。日本政府同時通過駐北京的大使館向中國外交部提出了抗議。中華人民共和國外交部發言人馬朝旭 8 月 24 日就此答記者問時表示「釣魚臺列嶼自古以來就是中國的固有領土，中國對此擁有無可爭辯的主權。

中國漁政船赴有關海域系巡航護漁，維護正常漁業生產秩序。中方已向日方表明有關立場。」日本政府在接到日本海上保安部門有關中國船隻進入「日本領海」相關通報後，決定在首相官邸危機管理中心成立情報聯絡室加以應對。

2012 年 9 月 24 日，臺灣宜蘭縣南方澳漁民發起「爲生存，護漁權」的保釣行動，約 70 多艘漁船下午 3 點起從南方澳漁港出發，臺灣海巡署出動 12 艘船艦保護，隔日 25 日清晨在釣魚臺外海約 40 多海浬集結，日本海上保安廳開始集結阻擋去路，臺日海防單位互相發出廣播制止對方行動，在臺灣漁船進入 20 海浬後日方船艦開始噴射水柱阻止，臺灣海巡署船艦也對日方船艦噴射水柱，並以船艦阻擋日本海上保安廳攻擊漁船，直至上午 9 點後，臺灣漁船進入釣魚臺約 3 海浬處，但因海上風浪強勁，海象惡劣無法安全登島，在漁船指揮者蘇澳區漁會理事長透過廣播下離開釣魚臺海域，至 25 日深夜返回蘇澳漁港，可以說這是臺灣保釣運動有史以來規模最大，最成功的捍衛行動。國際各大媒體都以頭條報導「臺灣 924 保釣行動」重大事件，半島電視臺以「日本保安廳面對臺灣漁船群」爲題作第一時段報導和分析，美國有線電視新聞網也以頭版報導了這項消息，日本 NHK 等媒體透過空拍畫面第一時間報導臺日雙方在釣魚臺海域的行動。日本官方方面，官房長官藤村修則對臺灣的漁民作爲和臺灣海巡「侵入」領海一事和臺灣海巡署巡邏艇噴水一事表達抗議，日方在同一天 25 日派遣日本交流協會理事長今井正來臺交涉臺日對釣魚臺的問題主張，但中華民國外交部長楊進添則表示拒絕接受日本的抗議。

（四）各方作爲與措施

1. 日本政府立場向來強硬

日本防衛廳長官石破茂於 2004 年 3 月 28 日接受電視臺訪問時曾表示，如有海上保安廳無法應付的情況，海上警備等將可出動自衛隊；另日本防衛廳已於 2004 年 11 月制定「西南島嶼有事對策方針」，係對沖繩島以西之島嶼及釣魚臺列嶼遭其他國家軍隊入侵時之反擊計畫，均顯示日本爲確保繼續掌控釣魚臺，將不惜動用軍事武力。2005 年復有日本東京都知事石原慎太郎表示，應於釣魚臺派駐自衛隊，並擊沉企圖登島船隻。

日本政府於 2005 年 2 月 9 日宣布正式接管在釣魚臺上設置的燈塔，由海上保安廳負責維護管理，並在官方新印製的海圖予以標示，再度引發各界對釣魚臺問題的關切。

2012 年 1 月 16 日，日本官房長官藤村修宣布日本將對 39 個無人島進行命名，這 39 個島嶼位於釣魚臺附近，2012 年 3 月 3 日，日本公布了對 39 個無人島的命名。2012 年 3 月 23 日，日本海上保安廳依據其「國有財產法」將沖繩縣釣魚臺（尖閣諸島）附近 4 個島嶼中的「北小島」登記為國有財產，並為劃定日方專屬經濟區（EEZ）的基點島嶼。除了「北小島」外，其餘三島產權目前為私人持有。2012 年 1 月 30 日，中國外交部發言人劉為民就日方擬對釣魚臺附屬島嶼命名事答記者問時，稱「釣魚臺列嶼自古以來就是中國的固有領土，中國對此擁有無可爭辯的主權。中方已就日方擬對釣魚臺附屬島礁命名事向日方提出嚴正交涉。日方對釣魚臺列嶼採取任何單方面舉措都是非法和無效的」。

2012 年 3 月 4 日，在日本公布了對 39 個無人島命名的次日，中華人民共和國國家海洋局、民政部公布了釣魚臺及其部分附屬島嶼共 71 個島嶼標準名稱。日外相對中方命名釣魚臺及其部分附屬島嶼共 71 個島嶼標準名稱表示遺憾。中華民國內政部重申沿用地圖、統計年報等文件中的主要 8 個島嶼的命名，未對散布在釣魚臺列嶼周圍的小岩礁進行特別命名。

2012 年 4 月，日本東京都知事石原慎太郎發起日本國內民眾捐款從私人手中購買釣魚臺活動，6 月開始日本政府提出由「國家購買」即釣魚臺等「國有化」，此購買計畫激起了海峽兩岸民間和政府的激烈反應。

2. 中國加強對爭議海域的聲明與巡航管轄

1992 年 2 月 25 日，中國大陸全國人大通過「領海法」，正式將釣魚臺島列入中國領海範圍。2008 年 10 月 19 日中國海監總隊舉行成立十周年慶祝活動的新聞發表會表示，中國海監加強對爭議海域的管轄，對於一些爭議海域，中國海監將通過向上級請示的方式，爭取加強巡航；對於非爭議海域中國海監亦將加強執法監察，以維護海洋開發利用秩序、保護海洋生態環境不受破壞、維護海洋資源權益不受侵犯。2008 年 12 月中國即派遣海監船艦前往釣魚臺海域巡邏，實踐其對爭議海域加強巡航的行動。

2012 年 3 月 3 日，在日本公布了對 39 個無人島命名的次日，中華人民共和國國家海洋局、民政部公布了釣魚臺及其部分附屬島嶼共 71 個島嶼標準名稱。

2012 年 9 月 10 日，針對日本政府宣布「購買」釣魚臺及其附屬的南小島和北小島實施「國有化」，中華人民共和國外交部發表聲明，從中方角度在歷史、法理方面系統地回顧闡述釣魚臺群島主權問題的由來及現狀，重申「釣魚臺列嶼自古以來就是中國的神聖領土，有史為憑、有法為據」。並稱「日本在釣魚臺問題上的立場，是對

世界反法西斯戰爭勝利成果的公然否定，是對戰後國際秩序的嚴重挑戰」。「日本政府的所謂『購島』完全是非法的、無效的，絲毫改變不了日本侵占中國領土的歷史事實，絲毫改變不了中國對釣魚臺列嶼的領土主權。中華民族任人欺凌的時代已經一去不復返了。中國政府不會坐視領土主權受到侵犯。」同日，中國根據「中華人民共和國領海及毗連區法」，中華人民共和國政府公布了釣魚臺列嶼的領海基線。9 月 18 日，中國國家測繪地理信息局宣布，「中華人民共和國釣魚臺列嶼」專題地圖編製完成已由中國地圖出版社出版發行，據稱是中國迄今為止最詳細的釣魚臺列嶼地圖。2012 年 9 月 13 日，中國常駐聯合國代表李保東向聯合國秘書長潘基文正式交存釣魚臺列嶼領海基線聲明及相關海圖，履行「聯合國海洋法公約」所規定的義務，完成公布釣魚臺列嶼領海基點基線的所有法律手續。

3. 中華民國（臺灣）政府的主張與作為

中華民國政府為因應釣魚臺主權爭議案，曾於 1996 年 9 月由外交部成立跨部會（內政部、國防部、農委會、陸委會、新聞局等）「釣魚臺案工作小組」，確立：(1) 堅持主張釣魚臺列嶼之主權；(2) 以理性和平方式處理；(3) 不與中國合作解決；(4) 以漁民權益為優先考量等原則。「釣魚臺案工作小組」近年來於發生與釣魚臺有關事件時，並未實際運作。邇來釣魚臺周邊海域遇有事件，均提高層次立即啟動「國安層次」及「行政院」的緊急應變機制，整合外交、海巡、農委會漁業署、交通、內政、國防、新聞等跨部會平臺透過總統府國安會高層的協調，針對狀況來應變，大部分突發事件均以外交管道向日本重申我國擁有釣魚臺主權，使釣魚臺主權問題保持在爭議狀態，避免國際法有關以「時效」方式取得領土的規定。

2003 年 11 月 7 日臺灣政府劃定「中華民國第一批專屬經濟海域暫定執法線」，標示於公務船舶航海圖表，作為海域執法依據，該暫定執法線並非臺灣政府對於專屬經濟海域外界線與漁權之終局主張範圍。臺灣海巡署自 2003 年 2 月 15 日起開始執行北方海域巡護，巡護海域最遠已達「中華民國第一批專屬經濟海域暫定執法線」北界之北緯 29.3 度，即以釣魚臺列嶼往北量測 200 海浬。

對於漁船在釣魚臺活動，或保釣團體前往釣魚臺海域宣示主權可能遭日本強勢執法問題，臺灣已由海巡署擬訂「因應人民團體釣魚臺列嶼主權宣示行動應變計畫」及「因應人民團體釣魚臺列嶼主權宣示行動預擬狀況處置腹案」以為因應處理。

2012 年 7 月，中華民國外交部駐日代表沈斯淳重申臺灣不會和中國共同處理釣魚臺，以及「漁權優先、擱置主權、和平共同開發資源」的四大原則沒有改變。行政院大陸委員會副主委劉德勳表示，釣魚臺列嶼是主權問題，也是國際議題，而不是兩

岸議題。政府的立場很清楚，中華民國堅持主張擁有釣魚臺列嶼，不可能與中國大陸共同處理相關議題。海巡署則強調只要是國人，都將保護其安全，以及不跟中國合作處理釣魚臺的原則。國會議長王金平則表示擱置主權，共同開發該海域的資源是臺灣的既定政策，目前臺日關係非常良好，臺灣會單獨處理這個問題，不可能在這個問題上和中國聯手。

2012 年 8 月 5 日，中華民國總統馬英九出席中日和約周年紀念座談會，針對東海釣魚臺的局勢提出「東海和平倡議」，內容如下：

(1) 各方應自我克制，不升高對立行動。

(2) 各方應擱置爭議，不放棄對話溝通。

(3) 各方應遵守國際法，以和平方式處理爭端。

(4) 各方應尋求共識，研訂「東海行為準則」。

(5) 各方應建立機制，合作開發東海資源。

2012 年 9 月 7 日，中華民國總統馬英九登上彭佳嶼宣示主權，除了再提「東海和平倡議」外，並在臺日，中日和兩岸基礎上「三組雙邊」對話開始，逐步走向臺日中「一組三邊」共同協商，以歐洲北海地區為例，國家主權無法分割，但天然資源可以分享，如果把國家主權爭議在大家都有共識情況下，同時予以擱置，再以合作、和平精神來研究如何共同管理，共同開發。

第二節 南海重要的海域爭端

南海，亞洲三大邊緣海之一。北接中國廣東、廣西，東面和南面分別隔菲律賓群島和大異他群島與太平洋為鄰，西臨中南半島和馬來半島與印度洋為鄰，東起東經 117 度 50 分，即海馬灘；西至東經 109 度 30 分，即萬安灘；南至北緯 3 度 40 分，及曾母暗沙；北至北緯 21 度 58 分，即北衛灘。南北長達 1,800 餘公里，東西相距 900 多公里，為面積 3,500,000 平方公里（1,351,350 平方哩）的深海盆。四周較淺，中間深陷；平均深度 1,212 公尺，最深處達 5,559 公尺。因位於中國南邊，國際間又稱為南中國海（South China Sea）。

南海四周大部分是半島和島嶼，陸地面積與海洋相比，顯得很小。注入南海的河流主要分布於北部，主要有珠江、紅河、湄公河、湄南河等。由於這些河的含沙量很小，所以海闊水深的南海總是呈現碧綠或深藍色。南海地處低緯度地域，是暖和的熱帶深海氣候。南海海水表層水溫高（25℃～28℃），年溫差小（3℃～4℃），終年

高溫高濕，長夏無多。南海鹽度最大（35%），潮差 2 米。南海中的重要島嶼有海南島和東沙、西沙、中沙、南沙四大群島以及黃岩島等。位居太平洋和印度洋之間的航運要衝，在經濟上、國防上都具有重要的意義。

南海周邊主要國家爲中國和中華民國、東南亞國協等國；東南亞國協（又稱「東盟」，Association of Southeast Asian Nations, ASEAN），包括菲律賓、馬來西亞、汶萊、印度尼西亞、新加坡、泰國、柬埔寨、遼國、緬甸、越南。南海海域是冷戰後東南亞地區領土主權與海洋權益爭端中，涉及範圍最廣、問題最複雜、衝突最激烈的一個海域。南海海洋生物資源和海底礦產資源豐富，開發潛力大，其航道具有重要的商業和軍事戰略意義。爲此，南海周邊國家（地區）圍繞南海諸島主權、海洋疆界的劃分、海洋資源的開發等問題發生糾紛甚至軍事衝突迭起，導致 20 世紀 70 至 90 年代局勢緊張。而美國、日本、澳洲等區域外大國急欲介入南海問題，使不平靜的南海局勢更趨複雜多變，成爲國際社會和東亞各國關注的「安全熱點」之一。惟東南亞國協長期推行「一致對外」的外交戰略，極力減少內部成員國間分歧和糾紛，緩和了許多國家間的領土糾紛。但由於領土爭端涉及國家主權，比較敏感，因此目前仍有許多爭端尚未解決，有關國家不斷爲此發生衝突，影響地區和平與穩定。

一、新加坡、馬來西亞白礁島主權爭議

白礁島距離柔佛邊加蘭 7.75 海浬（14.3 公里），或距離新加坡 25 海浬（46.3 公里），地處南中國海南端如圖 8-8，位於馬來半島和新加坡之間，面積只有 0.2 公頃有如足球場般小。白礁島上的霍士堡燈塔是在 1851 年由英國殖民地政府基於航行安全的考量，在柔佛州統治者的同意下，成立基金建立了這座燈塔。這是本區域的第一座燈，有利於來往印度和中國的商船航行安全。二次大戰結束，新加坡獨立並自英國殖民地政府接管白礁島，先後於 1989 年和 1992 年另建立雷達系統和停機坪。馬來西亞則根據柔佛蘇丹早在 16 世紀就擁有白礁島作爲申訴主權的根據。

近年來，新加坡政府在有爭議的白礁島上開闢旅遊區，並大興土木修建警衛和旅遊用設施，引起馬來西亞不滿。2002 年末，馬來西亞在與印尼爭奪東部海域的兩個小島的外交鬥爭中獲勝，士氣大增，欲乘勝追擊，再舉奪下白礁島主權。由於新加坡加緊了對白礁的戒備和控制，馬來西亞興論鼓動政府派軍隊前去登島，馬新兩國目前都在白礁島海域巡邏，雖然新加坡曾經對大馬的巡邏任務提出抗議，但馬國防部長拿督斯裡那吉說，大馬海軍不會停止巡邏任務。兩國還相互指責、針鋒相對，造成兩國關係緊張。

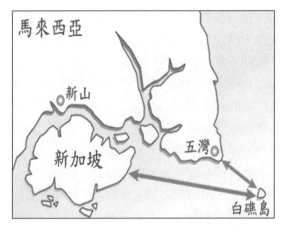

圖 8-8　新加坡、馬來西亞白礁島位置圖

　　兩國提出擁有白礁島主權的各種依據,從歷史、地理、法律、協議、管理等角度延伸,旁徵博引,使主權所屬的問題異常複雜,不是一般人憑常識所能鑑別判斷。因此協議採取最文明的方式,把爭議交由國際法庭研審判決。馬新兩國 1998 年也達成共識,雙方同意提呈給國際法庭處理。

二、中越北部灣海疆爭議

　　中越北部灣,舊名東京灣,因位於南海北部而得名。係半封閉性的海灣,東起中國廣東省的雷州半島、瓊州海峽,東南為中國海南島;北抵中國廣西南部海岸線;西至越南北方的東海岸線,南接中國南海海面,總面積共約 12,800 平方公里[23]。1887年 6 月 26 日(光緒 13 年 5 月 6 日)清朝與殖民的法國政府簽訂的「續議界務專條」規定:依兩國勘界大臣所劃「紅線」為界,該約的法文本文載明:約中所說「紅線」位置為巴黎子午線東經 105 度 43 分,亦即格林威治東經 108 度 03 分 13 秒。該線以東,海中各島歸中國,該線以西,海中九頭山(越名格多)及各小島歸越南[24]。

　　但是,這條線劃定的只是兩國有關北部灣中的海島歸屬,而非是指海域歸屬。

---

23 數據源自 1964 年中越兩國調查資料。轉引郭明(主編)。1992 年 5 月。中越關係演變四十年。一版。
　　廣西:人民出版社,頁 139。另見:2004 年 8 月 3 日,中越北部灣劃界雙方海域面積相當未涉島嶼主權
　　——中國外交部條約法律司海洋處處長蕭建國答記者問,載於 http://www.rednet.com.cn。
24 見王鐵崖(編)。1887 年 6 月 26 日。續議界務專條。中外舊約章彙編,第一冊。一版。北京:生活讀
　　書新知王聯書店,頁 513。

因爲在締該約時的 19 世紀晚期，世界盛行的是「海洋自由論」，當時中國政府和法國殖民當局奉行的都是「3 海浬的領海原則」。後來根據聯合國公布的海洋法原則，中國於 1958 年 9 月宣布領海寬度爲 12 海浬，越南於 1964 年 9 月也宣布領海寬度 12 海浬。但當時兩國並未就北部灣海域的劃分舉行過任何談判。

1974 年 8 月越戰結束南北越統一，在中越兩國舉行的有關劃分北部灣海域的副外長談判的會議上，越南提出中越北部灣海域的「邊界線早已劃定」，這條線也即 1887 年中法所簽「續議界務專條」規定的「東經 108 度 03 分 13 秒」北部灣的「海上邊界線」，並指稱該灣是一個「歷史性海灣」，近百年來兩國歷屆政府都是按照這一條線來「行使主權和管轄權」。越南方面提出這一主張的實質，也就是要把北部灣 2/3 的海域占爲已有。越南方面提出這一主張的地理依據是：居於北部灣中間的白龍尾島屬越南領土，以該島劃線 12 海浬，離中國海南島最近點只有 30 多海浬，而離相應的越南海岸卻有 130 多海浬[25]。中國對越南的主張不表認同指出：「1887 年中法界約只涉及到陸地邊界問題，108°03'13" 線只是島嶼歸屬線，因此，在北部灣從未有過兩國的邊界線，對於灣內的邊界線雙方應該協商劃定。之後雙方同意充分考慮北部灣有關情況並參照國際實踐，通過談判劃分北部灣，以取得公平的劃界結果。」[26]

中越北部灣海域劃界，實質上是北部灣內「白龍尾島」歷史上歸屬問題。白龍尾島位於北部灣中心地區（北緯 20°01'，東經 107°42'），面積大約 1.6 平方公里。歷史上該島長期由中國漁民出入，且有中文名稱「夜鶯島」，中國兩廣漁民又稱其爲「浮水洲」。1937 年，法國派兵將奪取。1950 年中華民國撤退，少數國民黨士兵逃竄該島，希獲得法國人保護。1952 年 7 月，中國人民解放軍奪回該島，並在該島成立政府機關，隸屬廣東省海南行政區儋縣。1957 年 3 月，中國政府爲支援越南對抗美法，將該島無償借給越南使用。中國根據此事實，認爲白龍尾島主權理應屬於中國[27]。越南則依據 1887 年清政府和法國所簽「續議界務專條」界約，指白龍尾島爲越南領土，並欲依該島位置劃分「12 海浬」，將北部灣 2/3 海域歸於越南。2000 年 12 月 25 日，中越兩國就北部灣劃界問題經艱苦談判之後，最終達成一致意見，簽署「中華人民共和國和越南社會主義共和國關於兩國在北部灣領海、專屬經濟區和大陸架的劃界協定」，同時簽署「中華人民共和國政府和越南社會主義共和國政府北部灣

---

25 中國外交部副部長韓念龍於1979年5月12日在河內舉行的中越兩國副外長級談判第四次全體會議上的發言，載於1979年5月30日，人民日報。

26 中越北部灣劃界雙方海域面積相當未涉島嶼主權中國外交部發言人蕭建國答記者問，2004年8月3日，載於http://www.rednet.com.cn。

27 呂一燃（主編）。1995。北部灣研究、白龍尾島正名。中國海疆歷史與現狀研究論文集。黑龍江：教育出版社。

漁業合作協定」。協議涉及到劃分海域的基本內容為：「在北緯 20 度以北，中方劃部分海域歸越南；在北緯 20 度以南，越方讓一片海域給中國。最終中越各得北部灣面積的 46.77% 和 53.23%。白龍尾島劃歸越南所有。最後的劃界結果，中越在北部灣的領海、專屬經濟區和大陸架的分界線共由 21 個坐標點相續連接而成，北自中越界河北侖河的入海口，南至北部灣的南口，全長約 500 公里。雙方所得海域的面積大體相當。實現了雙方均滿意的公平劃界結果。」[28] 如圖8-9，海上劃界涉及國家利益和民族感情，涉及一國的主權權益和管轄權，是十分重要和複雜的問題。中越北部灣劃界談判經過幾代人的努力，前後歷時 27 年，分三個階段。一是 1974 年，二是 1977 至 1978 年，三是 1992 至 2000 年，前兩次談判由於雙方立場相差甚遠，無果而終。1991 年兩國關係正常化以後，雙方都認為有必要儘早解決包括北部灣在內的邊界領土問題，成立了包括外交、國防、漁業、測繪、地方政府等部門組成的政府邊界談判代表團，啓動北部灣第三次劃界談判。自 1992 年到 2000 年歷時 9 年，雙方共舉行了 7 輪政府層級談判、3 次政府代表團團長會晤、18 輪聯合工作小組會談及多輪的專家小組會談，平均每年舉行 5 輪各種談判或會談。談判中，雙方就劃界原則達成一致，即根據國際法和國際實踐，包括 1982 年「聯合國海洋法公約」的原則和規定，考慮到北部灣的實際情況，公平合理地劃分北部灣。兩國領導人對談判給予了關心，推動了談判的進展。經過複雜、耐心的談判，中越兩國外長終於在 2000 年 12 月 25 日在北京簽署了北部灣劃界協定，如圖 8-9。

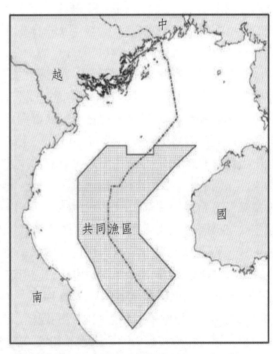

圖 8-9　中越北部灣劃界協議示意圖

---

28 2004年8月3日，中越北部灣劃界雙方海域面積相當未涉島嶼主權——中國外交部條約法律司海洋處處長蕭建國答記者問，載於http://www.rednet.com.cn。文章原載於新京報。

三、南海島群歸屬與爭端

「南海諸島」（包括島嶼、沙洲、礁、暗沙和淺灘）270 多個，其分布北起北衛灘、南至曾母暗沙；西起萬安灘、東至黃岩島，從北向南，大致可以分為東沙群島、西沙群島、中沙群島、南沙群島四大群島，已經命名的島礁有 258 座[29]，如圖 8-10。

東沙群島（國際上稱普拉塔斯島，Pratas Island），位於南海北部距汕頭港 160 海浬的大陸架上，由一群珊瑚礁組成，呈新月形，主要島嶼有東沙島，北衛灘、南衛灘等，露出水面的東沙島，東西長約 2.8 公里，南北寬約 0.7 公里，面積約 1.8 平方公里，平均海拔 6 米左右。

西沙群島（Paracel Islands）由 35 個島礁組成，位於海南島東南約 182 海浬的大陸架邊緣。東部為宣德群島，主要由永興島、石島、趙述島和東島等 7 個較大的島嶼組成。其中永興島最大，東西長 1,800 米，南北寬 1,160 米，面積約 1.85 平方公里，平均海拔 10 米。西部為永樂群島，有珊瑚島、甘泉島、金銀島、琛航島、晉卿島、中建島等 8 個較大的島嶼。其中甘泉島面積約 0.3 平方公里，因有淡水而得名。

中沙群島位於西沙群島東約 70 海浬處，是一個略呈橢圓型、綿延達 75 海浬的珊瑚礁環。礁環附近還分布著許多島礁、暗沙。最東處的黃岩島（又名民主礁），是中沙群島中唯一露出水面的島嶼，是一個長約 10 海浬的巨型環礁，礁盤大都沒入水下約 1 米。

南沙群島（國際上稱「斯普拉特利群島」，Spratly Isand），位於海南島東南約 550 海浬，島群綿延數百里，是南海諸島中分布面積最廣、島礁最多、位置最南的群島。由多個面積極為狹小且無法維持人類居住或支持各種經濟活動的島礁組成，露出水面的島礁有 60 多個，主要有太平島、南威島、中業島、鄭和群礁、萬安灘等 9 個面積較大的島嶼。太平島是南沙群島中面積最大、自然條件最好的島，總面 0.432 平方公里。南沙群島海域面積多達 82 萬平方公里，約占中國南海海域面積的 2/5。

南海資源豐富，戰略地位重要。南海諸島有各種熱帶植物為主的林木；盛產各種海產品，有海洋生物 2,850 多種以上。南海海底蘊藏著豐富的礦物質資源，含有錳、鐵、銅、鈷等 35 種金屬和稀有金屬的錳結核，是具有較高經濟價值的海底礦產，是提煉核能的重要原料。石油、天然氣是南海最重要的礦產資源[30]。該地區被地質界、

---

29 外交部研究設計委員會（編著）。1995。外交部南海諸島檔案彙編。
30 目前南海蘊藏油氣資源的具體數目沒有統一的定論。有說在目前已探明的18個油氣盆地形成南北兩個大陸架油氣聚居區，總面積達12萬平方公里，油氣資源600多億噸。有興論認為，中國方面對西沙和南沙蘊藏石油的最樂觀的估計是2,130桶，但國際上認為南中國海盆地包括已發現和未發現的石油

中國大陸

臺灣

東沙群島

海南島

南

中

國

海

西沙群島

中沙群島

呂

宋

中南半島

南

沙

群

島

蘇

km

圖 8-10　南海諸島島群位置圖

總儲量是280億桶，而西方對南沙群島地區的石油儲藏量最樂觀的估計爲10至20億桶。中國對整個南海地區的天然氣儲量將達到900萬億立方英尺。另一份中國的報告估計整個南中國海地區的天然氣儲量將達到2,000億立方英尺。相對而言，最樂觀的非中國方面的報告估計南沙的天然氣儲量爲24萬億立方英尺。美國GS估計，南中國海盆地的所有已探明和未探明的天然氣的總和不超過266萬億立方英尺。美國戰略與國際研究中心（CSIS）的研究報告估計，南沙群島的石油資源爲1050至2130億桶，天然氣儲量爲266至2000萬億立方英尺。

石油界譽為「第二個波斯灣」和「四大海底儲油區之一」；主要有曾母盆地、沙巴盆地、萬安盆地等，如表 8-1。

表 8-1　南海海域石化燃料蘊藏、開採現況表（美國戰略與國際研究中心（CSIS）的研究報告估計）

南沙海域 海區名稱	海底盆地面積 （平方浬）	原油蘊藏量 （億桶）	探明可開採儲量	
			原油（億桶）	天然氣 （億立方米）
禮樂灘	7,780	80.9	—	—
巴拉望西北盆地	8,530	99.6	2.2	844
鄭和盆地	3,790	38.1	—	—
萬安盆地	11,560	164.1	2.3	—
中越盆地	6,000	60.4	—	—
安渡灘	7,050	70.9	—	—
婆羅乃沙巴盆地	22,570	498.1	46.6	4,080
曾母盆地	53,360	1,037.2	3.6	22,540
合計	120,640	2,049.3	54.7	27,464

　　南海居於太平洋與印度洋交通要衝，不僅控制南海通往印度洋與太平洋間之國際重要水道，也是連接東北亞──西太平洋與印度洋──中東地區的重要航道，緊握波斯灣經麻六甲海峽之油輪海運航線，估計有 25% 世界航運量約 4 萬艘船舶行經此航道海域。全球「液化天然氣」貿易量約有近 2/3 經由南海運送，日本、韓國、臺灣 80% 以上的石油是經由這運輸的。東南亞國協 5 國由南海經過的進出口貨物占這些國家的外貿總額的一半以上[31] 南海在戰略上因而有其重要之意義。

（一）南海諸島歷史上的經營與發展

　　南海諸島歷來是中國領土的一部分，中國人最早發現這些島嶼，而中國歷代政府也一直致力於經營開發這些島嶼和行使管轄權。早在公元前二世紀漢武帝時期，

---

31 美國戰略與國際研究中心（CSIS），2001年研究報告：南中國海建立信任措施。

中國人在南海航行時發現了南海諸島。萬震於西元前 220 至 265 年間寫成的《南州異物志》及康泰的《扶南傳》中，具體描述了這些島嶼的地理特徵。中國人於宋、元、明、清四朝都對這些島嶼進行了頻繁的巡視和開發，把這些島嶼命名爲「千里石塘」、「萬裡長沙」等。早在北宋時期，中國政府就派戰艦在該地區遊弋巡邏。1279年，元世祖派郭守敬赴南海考察。明、清兩代西沙群島和南沙群島隸屬於瓊州府和萬州府（今海南省萬寧縣和陵水縣），並被劃入了中國的版圖。從 1802 年開始，英、美等海權強勢發展國家，先後前來此處海域探險，在南沙調查、測量。1883 年，清朝政府向在西沙和南沙群島進行考察的德國探險隊提出抗議，1933 年，法國當局占領南沙群島，當時的中國政府通過外交途徑，向法國當局提出了強烈抗議。1934 至1935 年，中國「陸地和海洋地圖核查委員會」繪製了「南海諸島地圖」，將東沙、西沙、中沙和南沙群島繪入了中國的版圖。二次世界大戰期間，日本占領南海諸島。1946 年 12 月，抗日戰爭勝利後，中國政府派軍艦及高級官員收復西沙和南沙群島，立下界碑並派駐軍隊。1951 年 9 月 7 日，日本在舊金山和平會議上表示放棄二戰期間所占領的領土，但中華民國及中華人民共和國未出席此次會議，並處於內戰紛爭時期，無暇顧及南海權益。中華人民共和國政府雖於 1951 年 8 月 15 日、1958 年 9 月4 日發表嚴正聲明，申明中國對南海諸島擁有合法主權，絕不允許任何國家採取任何形式加以侵犯，包括在這一地區進行開發和其他活動 [32]。

　　20 世紀 70 年代以前，英、美、法、蘇、日等許多國家出版的《世界地圖集》，以及各種文獻和權威的百科全書均清楚地將南海諸島標屬中國，因此，在戰後相當長的時間裡，並不存在所謂「南海問題」。問題的起因主要是 60 年代末南沙群島海底發現蘊藏量豐富的油氣資源，以及 1982 年通過「聯合國海洋法公約」（1994 年 11月 16 日正式生效），使許多國家把南海地區視爲攫取更廣闊海域和資源的新目標。由於經濟建設迅速發展及油氣資源需求的增加，從 70 年代開始，越、菲、馬等南海周邊國家，乘中國內戰及文化大革命等動亂之機，紛紛對南諸島提出領土聲索，並以軍事手段實施占領。特別是 1973 年世界「石油危機」前後，在南沙群島及其附近海域掀起一股瓜分島礁、開發石油資源的狂潮。一些周邊國家開始占領部分南沙島嶼，在島上興建永久性設施，設立行政機構，向島上移民，制定有關法令、駐紮軍隊等，意圖永久占領。1994 年「聯合國海洋法公約」生效，尤其是大陸架、專屬經濟區及群島海域等法制的確立，使南海諸島礁被認爲是國家獲取廣大海域和更多天然資源的

---

32 胡才、鄭樹良（主編），黃錦就（著）。1994。誰擁有南沙主權——中越爭端剖析。國家關係論叢：中國與東南亞。昆明：雲南人民出版社，頁57-58。

基礎。由於劃分專屬經濟區引發了南海周邊國家之間的海上糾紛。南海周邊的菲、馬、越等國在批准「聯合國海洋法公約」時，都發表一份附帶聲明，重申該國在南海海域的權利，促使周邊國家進一步加緊爭奪島礁和開發資源，最終造成目前南沙群島被占領、廣大海域被瓜分、海底資源各周邊國家爭相探勘掠奪的狀況。

20 世紀 70 年代、80 年代初期，中華民國（臺灣）及中國對占領或掠奪南海島嶼等現象提出過外交主張和抗議。1950 年以來臺灣國軍常駐南沙太平島及東沙島等地，2000 年改由行政院海岸巡防署接管，執行海域巡防及海洋資源保護等執法任務。中國人民解放軍在 1988 年 1 月後，先後進駐南沙的永署礁、華陽礁等，豎立主權碑、行使捍衛南沙主權的職責。進入 90 年代，隨著冷戰的結束，周邊國家紛紛把發展重心轉到資源及經濟開發，中國計畫在南海地區進行正常的石油探勘和開採。1992 年中國通過「領海及毗連區法」，宣布「中華人民共和國領海基線採用直線基線法劃定，由相鄰基點之間的直線連線組成」，並賦予解放軍艦艇飛機有追蹤外國艦船的權限，以更有效地在南海地區行使保衛海域主權的職責。

越、馬、菲等國，對中國上述舉動非常敏感，認爲是中國「南下擴張的信號」。1992 年 5 月，中國與美國克理斯通（Crestone）石油公司簽訂條約，在南沙萬安灘附近水域開採石油，遭到越南的強烈抗議；菲律賓擔心中國收回其所占島礁，要求東南亞國協各國明確表態，對中國採取一致立場。東南亞國協其他國家擔心南海爭端影響地區穩定，在 1992 年 7 月召開的東南亞國協外長會議上發表了「東南亞國協南海問題宣言」，要求與中國建立「南海行爲準則」，試圖約束中國在南海地區的行爲。

90 年代中期以來，中國軍隊加強了駐守島礁的基礎設施建設。但越、菲、馬等國一邊加強對南海諸島的占領和在有爭議海區採取單方面行動掠奪資源，一邊密切關注中國在南海的行動，稍有風吹草動便大肆渲染，試圖給國際社會造成中國「入侵東南亞海域」的印象。他們還積極加強溝通和磋商，有聯手對付中國的趨勢。不斷的對中國在南海地區進行的探勘考察和島嶼建設，以及軍艦巡邏進行譴責指控，甚至使用武力對中國的行動進行干涉。因而發生中國與菲律賓之間的「美濟礁事件」、「黃岩島糾紛」，以及與越南在開採石油問題上的海域之爭。爲了報復中國，菲、越常常尋釁鬧事，將在中國漁船扣留並將漁民拘押甚至殺害。同時，東南亞國協某些國家還加強了與美、澳等西方國家的軍事合作，企圖藉此達到限制中國在南海行動的目的。

南海爭端的內容包括島嶼主權歸屬、海域劃界和資源開發三大類。爭端的核心一方面是島嶼、沙洲、暗礁等的主權歸屬，如中國及中華民國（臺灣）與越南、菲律賓、馬來西亞有關南沙群島主權、中國與越南關於西沙群島的所有權的爭議；另一方面是大陸礁層及海域的劃界，主要是各國宣布專屬經濟海域後造成相鄰或相近國家的

海域重疊。焦點集中在南沙群島，儘管它是由面積極小的島礁組成，但以國際海洋法的眼光觀察，主張這些島嶼的所有權的確十分重要。因爲這些島礁即使無法符合1982年「聯合國海洋法公約」第121條規定，可擁有其經濟區或大陸架，但可作爲劃定海基線的基點。這些島嶼的主權國可由此基線主張依此延伸不等距離的水域，從而擁有該水域內資源的主權和管轄權。加之南沙群島位於國際重要海上交通線上，各國基於政治、經濟、法律、戰略重要性的考慮，一般都採取不妥協立場，甚至表示將用武力捍衛主權。

（二）南海聲索及分據現狀

根據國際法，領土的取得主要有5種方式：先占、征服、添附、時效和割讓[33]。中國對南海諸島的主權要求是基於在歷史上「先占」的原則，而南海周邊國家多數是以早先國際公認的大陸架「自然延伸原則」，及晚近1982年通過的「聯合國海洋法公約」規定的專屬經濟區及對島礁的「有效管理」原則作爲其主張海域、大陸架及占領南海島礁的法理依據。南海周邊國家目前占據島礁情形分述如下：

1. 越南

越南宣稱擁有西沙群島、南沙群島全部的島嶼主權。依據越南文獻的記載，越南與西沙群島的接觸可回溯至17世紀之時。1883年越南成爲法國殖民地。1932年法國將西沙群島納入於越南「承天省」。1939年法國將西沙群島區分爲兩個行政區域。另一方面，法國在1933年宣稱南沙群島爲無主地，而占領其中9個島嶼並納入於越南「巴地省」管轄。當時中國曾對法國措施，提出抗議。

1937年日本發動侵華戰爭。1938年日本占領南沙及西沙群島，並把南沙群島命名爲「新南群島」並納入臺灣之高雄州管轄範圍。二次世界大戰結束，在越南、西沙及南沙之日軍向中國投降。1949年中華民國把西沙及南沙群島劃入廣東省管轄，1949年，西沙及南沙群島劃歸海南島管轄。同年，中華人民共和國政府成立，中華民國政府遷至臺北。

1952年舊金山和約第2條規定，日本放棄對西沙及南沙群島的各種權利。而在舊金山和約簽訂同時，海峽兩岸政府及越南皆對西沙及南沙群島提出領土主張。法國自1947年以還，也派軍占領部分西沙群島，一直到1956年交由南越接替占領。

---

33 J G Starke。1977。領土主權及其他國家權利，包括海域的權利。國際法概論。Buttorworths，第七章。

自 1956 年開始，南越即一再派遣海軍前往西沙及南沙群島，並占領部分島嶼。1973 年，南越把南沙群島併入「波地省」（Phuoc Tuy 省）的行政區域。1974 年，中國軍隊把越南逐出西沙群島，並予占領。1975 年，越南統一，承襲了南越對西沙及南沙群島的主張，惟西沙群島已落入中國實質占領及經管。

越南目前控制南沙群島的南威島、安波那沙洲、六門礁、柏礁、蓬勃堡礁、中礁、南華礁、大現礁、小現礁、東礁、南海礁、西礁、鬼喊礁、金盾暗沙、日積礁、瓊礁、鴻麻島、奧南暗沙、奧援暗沙、畢生島、奈羅礁、無面礁、舶蘭礁、廣雅礁、南薇灘、敦謙沙洲、染青沙洲、景宏島、南子島、萬安灘、金盾暗沙、漳溪礁等 32 處島礁。並在南威島上設立軍事指揮機構，將占領的一系列島嶼命名為「長沙群島」；越南另宣布其 200 海浬專屬經濟海域，將整個南沙海域劃入版圖，聲索範圍控制南沙海域 7 萬多平方公里。此外越南還長期占領白龍尾島，它位於海南島以西的北部灣（越南稱「東京灣」）海域，歷來屬於中國，法國曾侵占該島。中國人民解放軍 1950 年解放海南島時，收復該島，後來在援越抗法、抗美的越戰中，將該島嶼作為援越補給點，交由北越守衛。但越南勝利後卻拒不交還，並宣稱對該島擁有主權，加緊軍事控制。此外，越南還提出北部灣的「垂直劃線法」，企圖將兩國共同擁有的北部灣 2/3 以上的海域據為己有，造成沿越南海岸線，中國和越南宣布的主權海域有一連串的重疊，越南的「大雄」（Dai Hung）油田則位於中國宣布的海域邊界上。越南還不時對中國 1974 年西沙海戰占領的西沙群島提出領土、海域要求。

越南對以上島嶼、海域提出主權要求的法理依據，主要是根據歷史上「先占」「大陸架法則」，以及對島礁的「有效管理」原則。越南認為，法國占領越南後，即於 1933 年對南沙群島實施了占領和控制，並將其併入交趾支那的「波地省」。1939 年日本人占領該島嶼，1951 年日本簽署舊金山條約時，宣布放棄其占領的領土，中國人未出席這次會議，越南代表宣布行使對南沙及西沙群島主權，未造成異議。實際上 1933 年當時的中華民國政府，以及 1951 年中華人民共和國政府都提出了強烈抗議；1946 年中華人民共和國政府和軍隊已收復南沙和西沙群島。另外，越南認為「四政灘」（中國「萬安灘」，距離越南 200 海浬，距中國 800 海浬）及其以西的島礁均屬於越南大陸架礁層的一部分，任何國家在該地區進行活動，均被視為是「對越南領海主權的侵犯」。中國認為這完全抹殺萬安灘屬中國領土，而想用大陸架來確定島嶼歸屬。越南對北部灣的主權要求則是曲解一幅法與清朝政府時期地圖，認為北部灣的越屬海域應為五分之三，中國為五分之二。此外，越南與菲律賓、印尼、馬來西亞在南海一些島嶼的主權和海域劃分上也有爭端。

2. 菲律賓

菲律賓宣稱擁有南沙群島全部島嶼。實際控制有中業島、司令礁、費信島、半月暗礁、火艾礁、楊信沙洲、南鑰島、馬歡島、北子島、禮樂灘、西月島等 11 個島礁，其中中業島上建有一條跑道長 1,240 公尺、寬 90 公尺的機場，並在中業島上設立軍事指揮機構。南沙群島靠近菲律賓的一些島嶼被菲律賓人稱為「卡拉延群島」（Kalayaan Islands），此處擁有豐富的魚類資源和石油資源。菲律賓早在 1946 年就顯現對南沙群島的侵占意圖，當時，菲律賓外長奎林諾曾聲稱擬將南沙群島「合併於國防範圍之內」[34]。此後，菲律賓政府一再以「安全原則」作為理論，來支撐其擁有南沙主權的主張[35]。1956 年，一個叫托瑪斯·克洛瑪（Tomas Cloma）的馬尼拉律師登上了這些島嶼，宣布擁有這些島嶼，並要求其政府對這些島嶼進行保護。70 年代以後，出於安全和經濟利益的雙重考慮，菲政府開始實施占領計畫，多次派兵占領南沙群島的 8 處島礁。同時菲政府為其占領行為製造輿論，1971 年，菲官方正式宣布卡拉延所屬的 8 個島嶼，不是南沙群島的一部分；不屬於任何人，是向任何主權宣稱者公開的。1972 年 4 月將這些島嶼劃歸菲巴拉旺省管轄。1978 年 6 月，菲律賓宣布第 1596 號總統令，把南沙群島大部分島礁連同附近的海域全部劃入了所謂的「卡拉延區域」。1987 年 11 月，菲律賓議會起草和討論了一份法案，正式劃定該國的海域，其中將南沙群島的 60 多個小島劃入其範圍之內[36]。此外，菲律賓還企圖占領中沙群島的黃岩島。50 年代初，駐菲蘇比克灣的美國軍隊，擅自將黃岩島開闢成為靶場。1992 年美軍撤出後，菲律賓立刻宣布黃岩島是其領土，並將整個中沙群島及其附近的海域劃入版圖。

菲律賓一再聲稱對南沙群島、中沙群島的若干島礁擁有主權，開始主要是根據「接近原則」（Proximity Principle）以及菲律賓人 1956 年的探險活動。菲律賓的一些領導人多次講，南沙這些島嶼離菲律賓很近，離中國很遠，按照「鄰近性原則」，應該歸菲律賓所有。隨後，菲律賓又利用「專屬經濟區」等海洋法中的新概念為其占領南沙島礁的行為辯護。菲律賓在「卡拉延群島」中最大的島嶼中業島上鋪設了一條 1,240 公尺長的軍民兩用飛機跑道。除了 30 至 50 名的駐軍（半年輪調一次）以外，島上共居住大約 350 名居民，其中絕大多數都是漁民。鼓勵民眾在島上居住，是菲律賓當局企圖長期占領相關島嶼所採取的一個策略，菲律賓海軍軍艦每月前往中業島一

---

34 1946年7月24日，香港大公報。
35 程愛勤。2002。菲律賓在南沙群島主權問題上的「安全原則」。東南亞研究，第4期。雲南，頁20。
36 （新加坡）張保民（著）、史越東（譯）。1993。南中國海島礁的新爭端，第1期。南寧：廣西社會科學院。

次，爲當地軍民提供生活物資。此外，島上還有一座 8 層樓高的瞭望塔、一個淡水處理廠、幾臺發電機、一個氣象臺和一座由菲律賓電訊公司建立的手機信號發射塔。爲了達到「事實占領」的目的，菲律賓從 1978 年起設立所謂「卡拉延市」，而中業島則被稱爲「帕嘎薩村」（Pag-Asa）。

　　2009 年 3 月 11 日艾若育總統簽署了第 9522 號共和國法案——「菲律賓領海基線法」，將菲國聲索的南沙群島中的卡拉延群島和黃岩島劃爲菲律賓所屬島嶼。法案簽署後，新法規定，菲國專屬經濟區爲從這些島嶼起算的 200 海浬，菲律賓通過該法，主要是爲了符合「聯合國海洋法公約」規定有關「經濟海域」及「大陸架劃界」[37]之需求。但菲律賓宣布的 200 海浬專屬經濟區許多是在中國宣稱擁有主權之島礁上測算的，因此雙方仍存在嚴重的爭議。

　　2012 年 9 月 5 日，艾奎諾三世在馬尼拉馬拉坎南宮簽署第 29 號行政命令，將菲律賓群島西邊海域命名爲西菲律賓海，並指示外交部把地圖呈遞予聯合國秘書長辦公室，以及國際水文組織、聯合國地名標準化會議（UNCSGN）等機構。菲律賓群島西邊海域在國際上稱爲南中國海，2011 年 2 月菲律賓與中國大陸因禮樂灘主權爭議而發生摩擦，艾奎諾三世即指示外交部將南中國海改稱西菲律賓海，以宣示主權。然而，菲律賓第 29 號行政命令並未明示西菲律賓海的坐標與範圍，僅指出這包括呂宋海（Luzon Sea）、中業島所在的自由群島（Kalayaan Island Group）周邊水域以及黃岩島海域。[38]

　　2013 年 1 月 22 日菲律賓以中國大陸主張南海島礁享有「主權權利及管轄權」，認爲違反「海洋法公約」，且侵害其海域權利。菲律賓認爲中國所主張的九段線是無效的，因爲其違反了「聯合國海洋法公約」中有關專屬經濟區與領海的條文。九段線將南中國海的大部分都劃入中國，中國不能在此區域自行定義領海、經濟海域與大陸礁層的範圍。菲律賓乃單方面推動仲裁程序，宣布其已將書狀與證據提交國際法庭仲裁。

　　2014 年 11 月，越南稱中國外交部對於九段線的說明是不合法的，並聲明支持菲律賓提出的仲裁案，與請求法院注意越南擁有西沙群島的主權。美歐媒體認爲菲律賓

---

37 聯合國大陸礁層界限委員會（Commission on the Limits of the Continental Shelf, CLCS）於1999年5月13日通過「大陸礁層界限委員會科學與技術準則」（Scientific and Technical Guidelines of the Commission on the Limits of Continental Shelf）。又第11次「聯合國海洋法公約」締約國會議通過SPLOS/72號決定，該決定第(a)項規定，在1999年5月13日以前開始對其生效之締約國，如欲主張200海浬以外之大陸礁層，必須在2009年5月12日前向聯合國大陸礁層界限委員會提交大陸礁層相關科學與技術佐證資料。

38 西菲律賓海——菲將向聯合國申請正式命名，2013年9月13日，大紀元日報。

希望通過「和平的和國際法方式」解決領土糾紛的嘗試值得肯定。中國大陸表示不參與仲裁且拒絕接受任何仲裁結果，中國外交部發言人華春瑩闡述中國政府「不接受、不參與」立場。中華民國（臺灣）對相關仲裁任何判決亦表示不承認、不接受。

設於荷蘭海牙仲裁法庭，2015年10月29日宣布受理菲律賓單方面發起的「南海仲裁案」，法庭2015年11月30日結束了菲律賓申訴內容的相關申辯程序，並表示將在2016年內做出裁決。海牙仲裁法庭在庭審結束後發布的聲明中稱，在對申訴內容進行程序調查後，法庭得出的結論是「可以裁決其對菲律賓的七項訴求下的事項具有管轄權」，這意味著仲裁法庭已正式受理此案。

3. 馬來西亞

馬來西亞宣布對南沙群島南部的一些島礁擁有主權，目前占有彈丸礁、南通礁、皇路礁、安渡灘、光星仔礁、光星礁等6個島礁。而馬來西亞宣稱領有範圍為南沙群島北緯8度以南範圍海域與島礁，在太平島以南，故與我方駐軍少有衝突，但與菲律賓起過爭執，與其他諸國目前較少傳出衝突。而為了維持東協內部團結的表象，馬來西亞不傾向於使用武力解決問題。

1977年馬國政府在一些島礁上建立主權碑；1979年12月宣布大陸架範圍，將南沙南部海域27萬多平方公里也劃歸馬來西亞海域；1980年後開始派兵占領島、礁，並在其中的3個島嶼上駐紮了軍隊。但馬來西亞在與中國的衝突中態度比較溫和，主張以談判的方式和平解決爭端，積極尋求解決南沙爭端的辦法。

4. 印尼

印尼未對南沙島礁提出任何主權要求，但它的產油區納土納群島的200海浬專屬經濟區東北部，與中國主張之傳統海疆線內海域有重疊之處。印尼在宣布領海和專屬經濟區時，將中國主張之傳統海域劃去5萬多平方公里。中國於1993年出版的地圖，納土納群島的海上油田區納入中國領海範圍。

5. 汶萊

汶萊主張擁有南沙群島中的「路易莎礁」（Louis Reef，中國稱「南通礁」）及附近水域的主權。1984年汶萊宣布其擁有包括南通礁在內的大片海域為其專屬經濟區，聲稱該島礁分別位於他們的大陸架礁層上，與中國主張之傳統海域有3千多平方公里之重疊，汶萊主張大陸架「自然延伸」的法則。由於國家弱小，汶萊沒有在島礁上駐軍，並很少與其他國家發生直接爭執。

6. 中華民國（臺灣）

中華民國對南海諸島係採取「U型疆線」領土主權主張，且於 1993 年其「南海政策綱領」中，亦明確指出「U型疆線」內海域，為「歷史性水域」，係中華民國固有之海域，惟長久以來疏於經營，加以 1994 年「聯合國海洋公約」正式生效後，賦予沿海國擁有經濟海域 200 海浬之海域管轄權，南海各國無不積極搶占島礁，以致海域主權、資源紛爭不斷。中華民國政府自 1935 年日本戰敗投降後，當年 8 月即派遣驅逐艦「太平號」、驅潛艦「永興號」、登陸艦「中建號」和登陸艦「中業號」等四艦接管南海諸島失地，太平艦、中業艦前往南沙較大並曾為日軍駐守之島礁太平島、中業島登島接收（接收後該兩島島名即以前去接收軍艦名稱命名），永興、中建二艦前往西沙接收永興島。隨後又派兵駐守東沙島、西沙永興島、南沙太平島、中業島等。二次大戰結束後中國發生內戰，1949 年中華民國政府撤退到臺灣，1950 年中華民國政府軍隊撤離海南島，西沙永興島官兵向中華人民共和國投降，為中國接管控制。另外連同東沙島、南沙太平島、中業島等派軍一起撤守，至 1956 年中華民國政府再度派遣海軍陸戰隊據守東沙島及南沙太平島，南沙中業島則落入菲律賓手中。2000 年 1 月 28 日中華民國行政院海岸巡防署成立，東沙島及南沙太平島駐守經營，改由具有海域執法司法警察身分的海岸巡防署負責，以降低軍事對抗氛圍，倡導和平開發生態永續發展。

東沙群島位居南海最北端，位處臺灣本島南端、香港、及大陸珠江口三角中心地區，是臺灣海峽航道的咽喉要地，共有三個珊瑚環礁，即：東沙環礁、南衛灘環礁及北衛灘環礁，1946 年中華民國海軍接收駐守東沙島，重新豎立國碑。1999 年 5 月臺灣前高雄市長謝長廷先生在東沙漁民服務處掛上門牌，東沙島正式隸屬高雄市旗津區，2000 年 2 月行政院海岸巡防署自國防部接替巡防任務後，戍守經營，2007 年設立海洋國家公園，積極調查東沙海域海洋多樣性動植物及環境生態，發展海洋生態環境保育及保護工作。

南沙太平島係南沙群島最大島礁，距高雄 860 海浬，東沙 640 海浬，位處中沙群島以南、菲律賓巴拉望島西方、越南東方及婆羅洲北方三角地帶間，扼控南海航線要衝，具有重要的戰略地位與經濟價值。島上無機場，因赤道區海象平穩，可起降水上飛機。海巡署 2000 年 2 月自國防部接替巡防任務。2003 年 3 月海巡署在距離太平島 6 公里處的一處島礁上搭建一座賞鳥亭，此舉引起越南不滿，除以外交途逕向我國抗議外，並於 3 月 19 日以一艘越南軍艦搭載近 100 名觀光客和官員自胡志明市近郊軍港啟程，前往主權向有爭議的南沙群島觀光。越南此舉，臺灣、中國和菲律賓均發表聲明，聲稱河內此舉可能造成區域緊張。違反中國與東協簽訂的「南海各方行為宣

言」所確立的原則，導致南海局勢進一步複雜化。2006 年起中華民國政府在南沙太平島興建機場，再度引起越南、菲律賓等國異議，惟臺灣外交部發表聲明表示太平島興建機場是基於駐守人員緊急人道救援所需，且太平島係臺灣主權管轄並未牽涉他國權益。

2008 年馬英九先生繼任中華民國總統，對南海的爭議，馬總統提出「主權在我、擱置爭議、和平互惠、共同開發」的處理原則，主張對於南海各項資源與周邊國家之發展趨勢，應加強研究調查外，也應適度開放南海，於東沙島建立「南海生態保育與人文資產國際研究中心」，於太平島周圍與國際保育組織合作建立「南海和平公園」，與國際共同保護南海的生態和人文資產，促進區域人民的共同福祉。

2011 年起為打造南沙太平島為低碳生態島，分別於 2011 年及 2014 年建置 120KW 及 40KW 太陽能光電，以及 600KW 儲能設備，以降低發電機耗用。

圖 8-11　南沙太陽能光電圖

7. 中華人民共和國（大陸）

中國提出南沙自西元 2 世紀中國漢朝即被中國人發現，且漁民經常至此區島礁活動，在西元 3 世紀之中國地圖中，南沙即已經被劃入版圖，在 13 世紀至 15 世紀間明朝亦多次派遣鄭和下西洋（即今之南海）。中國在 1949 年後原本亦主張由 11 段線所圍繞之 U 型南海水域擁有主權，至 1953 年，經周恩來批准，去掉北部灣內的 2 條，

成為 9 段線，並於 1988 年於全國人大通過決議案，將西沙及南沙群島併入海南省。中國於 1992 年 2 月 25 日第 7 屆「人大常委會」第 24 次會議通過「中華人民共和國領海及毗連區法」，並於同日公布施行，其中第 2 條指出：「中華人民共和國領海為鄰接中華人民共和國陸地領土和內水的一帶海域。中華人民共和國的陸地領土包括中華人民共和國大陸及其沿海島嶼、臺灣及其包括釣魚臺在內的附屬各島、澎湖列島、東沙群島、西沙群島、中沙群島、南沙群島以及其他一切屬於中華人民共和國的島嶼」。

　　西沙群島位於海南島東南面 180 多海浬。共有島嶼 15 個，低潮時露出水面的計算在內則有 25 個，連同水下暗礁和暗灘共 40 餘個。西面是永樂群島包括珊瑚、甘泉、金銀、琛航、晉卿以及廣金等，東面是宣德群島包括趙述島、北島、中島、南島、石島、東島和永興島 7 個主要島嶼等組成，以及相對獨立的中建島、高尖石、盤石嶼、玉琢礁、浪花礁和北礁等。1931 年底，法國聲稱其殖民地安南帝國對西沙群島擁有「先有權」，1932 年中國政府予以駁斥，嚴正指出「西沙群島」隸屬中國版圖，實無疑義。1933 年 7 月法國宣布占領南沙群島的 9 個島嶼，中國政府隨即提出嚴重抗議，當時在南沙群島的中國漁民奮起砍掉法國旗杆，撕毀法國的旗子。1938 年夏天，法國派出安南警察非法占領西沙群島部分島嶼，中國再度向法國提出抗議，重申中國對西沙群島擁有主權。1974 年 1 月 19 日，南越出動 4 艘美製戰艦，載兵登上西沙群島的甘泉、珊瑚、金銀等三島。中國出動艦艇，進行反擊，最後中國戰勝占領島嶼，全部控制了整個西沙群島。中國為因應南沙海域隨時可能發生的島礁爭奪戰，將現有的西沙群島設立縣級市「三沙市」，隸屬於海南省，中國政府並在西沙永興島擴建機場，建設軍港，部署了蘇凱 27（SU27）長程戰機及軍艦，遷移居民入住，並發展觀光，使永興島成為中國西沙、南沙、東沙、中沙四個群島的軍事、政治中心。

　　中沙黃岩島又名「民主礁」（菲律賓稱「卡斯波羅淺灘」，Scar Borough Shoal），是中沙群島中唯一的露出水面的島嶼。位於北緯 15 度 07 分，東經 117 度 51 分，距離高雄 280 海浬，廣州 500 多海浬，距離菲律賓蘇比克港不足 100 海浬。中國聲稱黃岩島位於其傳統海疆線以內，一直是中國漁民在南海的傳統作業區之一。20 世紀 90 年代之前，國際社會對中國擁有黃岩島主權從未提出任何異議，1977 年 10 月、1978 年 6 月，中國科學院南海海洋研究所的科研隊還登上黃岩島進行考察活動。80 年代初，菲律賓簽署「聯合國海洋法公約」後，宣布劃定 200 海浬專屬經濟區，亦將黃岩島劃在其「專屬經濟區」內。但當時係二次大戰結束後，美國在菲律賓蘇比克灣仍有軍事基地，駐菲美軍將黃岩島作為靶場，處於美軍的實際控制之下，菲

律賓尚未對黃岩島提出主權要求。1992 年美軍撤出菲律賓軍事基地，菲律賓乃對黃岩島提出主權要求。1994 年 6 月中旬中國無線電協會第一次至黃岩島與中國本土執行無線電試通、1995 年 4 月中旬第二次至黃岩島試通，1996 年 1 月 23 日，美國業餘無線電理事會通過黃岩島被宣布列為新的「DXCC 國家」，並於 1996 年 4 月 1 日起生效。黃岩島在「DXCC 國家表」中以 BS7H 表示。根據國際電聯的分配，「B」表示中國電臺。而「S」表示南海（South China Sea）諸島，「7」表示其行政區屬海南省在中國第 7 區，「H」表示黃岩島。1997 年 4 月 30 日，兩艘中國漁船停泊黃岩島，在島上設立界碑，豎立國旗，遭到菲律賓軍艦驅逐，菲漁民隨後拆除國旗和界碑。5 月，中菲又在黃岩島發生島嶼主權與捕魚權利的糾紛。1998 年 1 月菲律賓海軍拘捕了在黃岩島附近捕魚的中國漁民。11 月 5 日，菲軍方抗議中國軍艦在黃岩島附近活動。雙方迄今仍對該島主權爭執不下，1989 年 2 月中華民國（臺灣）亦根據其所通過之「中華民國領海及臨接區法」、「中華民國經濟海域及大陸礁層法」公告，將黃岩島納入其所公告之海圖內，聲稱擁有黃岩島主權。

南沙群島中，目前中國有效控制的島礁共有南薰礁、華陽礁、永暑礁、信義暗礁、曾母暗沙、東門礁、赤瓜礁、美濟礁、仁愛暗礁、渚碧礁、五方礁等 11 個島礁。其中永暑礁建有碼頭，足以停靠 4,000 噸級軍艦；美濟礁近來也興建堅固工事駐紮人員。而中國宣稱擁有南沙群島全數島嶼主權。

1995 年 1 月，中國漁民在南沙群島東部的美濟礁捕魚並修建一些擋風遮雨的設施。菲律賓立即提出強烈抗議，聲稱對該島主權為菲律賓所有，指責中國違反 1992 年中國與東南亞國協所簽訂的「馬尼拉宣言」和國際法，呼籲東南亞國協一致抵抗「中國的擴張行為」，並悍然破壞這些島上的建築，扣留中國漁民 60 多人。中國派出 3 艘驅逐艦進入這一地區，結果，菲律賓政府和軍方紛紛指責中國，掀起軒然大波。3 月 25 日，菲律賓軍隊在離美濟礁不遠的仙娥礁逮捕中國 62 名漁民，搗毀中國設在南沙東部的 7 座無人礁上的設施和標誌物。1996 年菲律賓對中國進入南沙菲律賓海域作業的中國漁船進行了嚴厲的驅趕措施。先後 8 次開槍射擊中國漁船，抓獲中國漁船 12 艘。1997 年 4 月 25 日，菲軍方在南沙美濟礁附近發現三艘中國武裝艦艇，其外交部便於 29 日向中國發出「抗議」，並拆除島礁上的建築物。6 月 30 日，菲律賓軍方稱其炸毀了一座相信是中國建造在（南沙群島）仙賓礁上的新建築物，7 月 3 日中國提出強烈抗議。1998 年 11 月初，中國欲對遭颱風破壞的美濟礁設施進行正常的維修加固，事前中國外交部於 10 月 15、16 日已先後向菲、越等東盟國家做了通報，菲律賓仍然對此反應強烈。28 日，菲武裝部隊總參謀長納沙仁普下令西部武裝力量進入戒備，多次派飛機、艦船進行偵巡、航拍及空投。當發現中國在美濟礁

施工時，菲內閣「危機處理小組」立即會商對策，於 11 月 5 日正式向中國提出外交抗議，要求中國軍艦撤出該地區，立即停止施工，拆除在美濟礁上的已有建築。菲還下令加強海空軍在美濟礁附近的巡邏，防止中國船隻進出南沙水域，菲軍方獲令可開槍示警。11 月 9 日，菲律賓參議院國防部和外交委員會舉行秘密聽證會，達成共識，認為其目前軍事準備不足，只能運用輿論與外交的壓力解決爭端，並決定引起國際關注，動用「道德壓力」迫使中國遵守已簽署的協議。11 月 17 日，菲總統埃斯特拉達在吉隆坡 APEC 會議上向東盟各國領導人通報美濟礁事件，尋求支持，聲稱要將南沙問題提交聯合國安理會討論和國際法庭仲裁。11 月 29 日，菲律賓海軍在美濟礁附近非法拘留中國 6 艘漁船和 20 名漁民，並聲稱要對他們提出起訴。1999 年 1 月，菲軍方再次指責中國正在「有爭議的美濟礁上修建一個新的鋼筋混凝土結構的，並發現兩艘導彈護衛艦在附近海面警戒」。3 月 2 日，菲軍方宣布將在南沙中業島擴建機場並增加軍事設施。對此，中國外交部發言人表示嚴重關注和強烈不滿。3 月中旬，中菲關於在南海建立信任措施工作小組首次會議在馬尼拉召開，雙方承諾按照國際法原則，友好協商解決分歧，不使用武力或以武力相威脅，不採取導致美濟礁事態擴大化的行動。然而菲律賓違背兩國達成的協議，繼續派飛機在美濟礁上空進行低空飛行偵察。5 月、7 月，菲律賓海軍在南沙海域兩次撞沉中國漁船，使該地區局勢更趨緊張。菲律賓反對中國宣布在南海水域實行 2 個月的捕魚禁令。中國要求懲辦肇事者。2000 年 5 月，菲律賓海警向中國漁民瘋狂掃射，槍殺中國船長，扣押中國 7 名漁民，後經過中國政府的嚴正交涉，才釋放中國船員，但拒絕進行賠償。

　　1987 年聯合國會議決定，由中國在南沙群島上建立海洋觀察站。1988 年 3 月，中國艦隊開始進駐永署礁，建造海洋觀察站，越南為阻止中國在南沙行使主權，於 3 月 14 日在赤瓜礁海區進行挑釁開火，中國軍隊反擊，將越南船艦擊沉擊傷，並打死打傷多名越南士兵。1992 至 1999 年間，越南多次對中國在南海工作的科學考察船進行監視、驅逐、干擾。1993 年 4、5、10 月，中國地質礦業部「奮鬥 4 號」與中科院「實驗 2 號」先後抵達南沙西南部海域探勘，越南海軍多艘艦船、多架飛機對其進行跟蹤監視和驅趕。1992 年 5 月，中國和美國克裡斯通公司（U.S. Crestone Energy Corp.）簽定了在南沙群島附近的大陸架探勘石油的協議。當年 9 月，越南稱協議地區（距離海南島 600 公里）是他們的領土，抗議中國在「東京灣」（北部灣）水域探勘石油及中國軍隊在大盧克礁島（Da Luc Reef）登陸。1994 年 7 月美國克裡斯通公司與中國聯合探勘中國「灣北 -21」海區，越南稱那裡是越南領海 133、134、135 海區，中國派遣兩艘戰艦阻止越南在同一地區活動，再次引發兩國的爭端和軍事對峙。1995 年 2 月越南在南沙海域駐島守軍先後對中國 20 餘艘漁船進行鳴槍驅趕，並在南

沙西部海區逮捕 4 艘中國漁船，且對中國鑽井平臺和偵察船進行跟蹤監視和鳴槍驅趕。美國於 1994 年解除對越南的禁運，美國各大石油公司加緊進入南海，越南也試圖借西方勢力牽制中國在南海的行動。1996 年 4 月，越南也出租其部分領海給美國克諾克（Conoco）公司，中國「探寶 8 號」、「奮鬥 4 號」探勘船和「南調 350」船赴南沙執行任務期間，受到越南多艘船隻的跟蹤監視。1997 年 3 月，中國「勘探—3 號」油井開始在南沙群島附近開採，越南提出抗議，認為開採海區距離越南長邁岬（Chan May cape）64 海浬，距海南島 71 海浬，「是越南的領土」。1998 年越南仍多次對中國科學考察船進行跟蹤、監視；驅趕中國在南沙海域的漁船 200 餘艘。1999 年之後，隨著兩國關係的緩和、陸地邊界協議的簽訂，兩國在南海地區的爭端也逐漸減少，2000 年兩國就北部灣劃界達成協議。

此外，中國與馬來西亞在南沙海域也有零星衝突，1995 年馬海軍巡邏艇曾向中國漁船開槍射擊，打死中國漁民 1 人、打傷 2 人；1997 年中國「探寶號」船隊在南沙海域活動，馬來西亞派 7 艘艦艇對中國船跟蹤監視；1998 年馬來西亞海軍艦船共檢查、驅趕中國作業漁船 17 艘，先後 4 次在曾母暗沙附近海域對中國漁船進行鳴槍驅趕。

2012 年，中國國務院批准設立地級海南省三沙市（意為西沙、中沙、南沙），行政機關駐紮在永興島，管轄南海各島嶼，但實際上僅控制已占領之部分島嶼。

第三節　南海爭端各方主張及作為

長期以來，中國、中華民國和越南三方均聲稱擁有南沙群島完整的主權，馬來西亞、菲律賓則宣稱擁有其中部分島嶼的主權，且都有部署軍力。汶萊與印度尼西亞也宣稱擁有此區海域的主權，但沒有駐軍。中國和中華民國的主張，係因為史料記載，中國在漢代就發現南沙群島，至明清時代劃歸版圖。越南則以承襲 1933 年和 1975 年法國和南越對南沙群島的主權。馬來西亞自 70 年代開始宣稱對南沙部分島礁和海域的主權，主要是因為南沙群島位於馬來西亞的大陸架上。菲律賓占領並聲稱擁有主權的島嶼原為「無主島嶼」，而且這些島嶼離菲律賓最近，對菲律賓的國家安全與經濟發展至關重要。

東南亞國協大多數國家的政府都主張本著友好合作的精神，透過雙邊談判或直接相關各方的談判以和平方式解決南海爭端，反對有關國家和地區以訴諸武力的侵略方式去解決爭端，以致影響本地區的安全穩定，為此曾提出過一些合作開發資源的設

想。但有關國家卻明修棧道，暗渡陳倉，繼續占領開發島礁，加緊掠奪南海油氣資源和漁業資源。1982 年「聯合國海洋法公約」通過後，以及 1992 年中國通過「中華人民共和國領海及毗連區法」以來，越南、菲律賓、馬來西亞等國家在南海更採取了一些加劇的做法，使南海局勢數度面臨緊張，問題也更加長期化和國際化。各方主張及作爲主要表現在以下幾個面向：

一、政治上以多種方式宣示主權

　　1992 年 2 月 25 日，中國公布「領海法」後，越南、馬來西亞紛紛強調對南沙群島和部分島嶼擁有「主權」。越南則採取透過新聞媒體大肆宣傳其立場和對南沙群島擁有「主權」的論據；大張旗鼓地組織軍政高級官員前往視察，對所占島礁調查勘測；對中國在一些地區進行的經濟活動提出交涉，並向新聞界公布。馬來西亞則在其侵占的島嶼上開闢旅遊點，並安排最高國家元首親臨視察。菲律賓在所占主要島礁上設立了政府辦事處，加緊向島上移民等。這些國家多次利用國際會議的機會，宣稱自己對南沙群島擁有無可爭議的主權，1993 年後，越南政府強調要宣傳守島軍隊的生活，經常派代表團前去慰問，派考察團前去考察，尋找擁有南沙主權的法理依據，表示其竭力維護南沙既得利益的決心。1994 年底，越南還在長沙（南沙）縣，舉行地方政府的「民主選舉」。菲律賓「卡拉延市」的 7 名官員，1994 年 8 月下旬正式赴南沙中業島「上任」。9 月，菲軍在占領的南沙 8 個島礁上豎立起主權標誌，懸掛國旗。這些國家還通過海洋立法、對島礁和海域重新命名等方式，正式將侵占的島礁劃入自己的領土和領海。對中國 1995 年以來在美濟礁、黃岩島上修建的各項設施，菲、馬、越反應強烈，聲稱對這些島嶼擁有主權，提出外交抗議，菲武裝人員 1995年曾炸毀南沙東部 7 座無人島礁上中國新建之設施和標誌物。印尼一向站在東南亞國協立場，對中國保持警惕。1995 年 1 月底發生中菲「美濟礁事件」後，印尼也就納土納海劃界問題向中國提出抗議，使事態進一步緊張發展。印尼在 1991 年、1995 年還先後舉行大規模軍事演習，以提高其軍隊在納土納群島的防禦能力，並向中國示威。

　　此外 2009 年 2 月 18 日菲律賓總統簽署了參議院通過的「3216 號法案」及「2699號法案」，這些法案將南沙群島中所謂「卡拉延群島」和中沙群島中的黃岩島劃入菲律賓的領海基線範圍內。按照菲律賓新通過的法案，菲律賓不僅主張在這些島嶼周圍擁有 12 海浬的領海主權，還擁有從基線算起 200 海浬的專屬經濟區。中國外交部副部長王光亞隨即緊急召見菲律賓駐中國臨時代辦巴伯，就菲律賓國會通過的「領海基

線法案」提出嚴正抗議。

二、軍事上強化對已占領島礁和海域的控制

1992 年底越南海軍增加了對南沙海域的巡邏警戒兵力，並將警戒範圍由 5 海浬擴大到 10 海浬，且加派飛機赴南沙偵察的活動。菲、馬兩國也加強了在南沙海域的駐守和巡邏警戒兵力。中國更以西沙永興島為基地，進駐大批先進長程軍機及軍艦，同時加緊建造其國家海洋局及漁政單位之高科技大噸位之海監船艦和漁業巡護船，近年來已有不下十餘艘新造 3,000 噸上下執法船艦加入南海執法巡航之列。各國派往南沙海區巡邏的艦艇、飛機次數逐年增加，主要是加強對來往艦船、無人島礁的監視；加緊南沙戰場建設，完善島礁防禦體系；不斷擴充海空軍以及執法巡護實力；頻繁舉行以南沙為背景的軍事演習；不斷逮捕或驅逐他國漁船和測量人員等，並監控驅離他國科學調查船赴南沙海域探勘調查。各國均對靠近其所占島礁的船隻進行鳴槍驅趕，甚至逮捕他國漁民和扣留船隻，向他國漁船開火，打死打傷他國漁民等事件時有發生。

1993 年後中國，越南、馬來西亞、菲律賓等國繼續加緊對所占領之南沙島嶼進行施工建設。越南在南威島、南子島等島礁上修建指揮樓、砲樓、軍營等，架設雷達、安裝衛星電視地面接受設備，設立燈塔、部署火砲、坦克等，以加強預警能力和改善軍營生活。菲律賓開始擴建中業島機場，維護房屋設備、設立燈塔等助航設備。馬來西亞完成了彈丸礁機場 1,500 米跑道的修建工作和配套設施，在彈丸礁和光星仔礁增加對海警戒雷達，向所占的 3 個島嶼上運送了通訊器材，初步形成島礁與基地、艦船、飛機的通訊體系。中國則在美濟礁、華陽礁、東門礁、赤瓜礁、永暑礁等島礁，建設高腳屋等基地廳舍及碼頭和直升機停機坪，並架設衛星通訊設備等通訊設施。

三、外交上製造國際輿論，尋求南沙問題國際化

越南、菲律賓、馬來西亞等國與東南亞國協有關國家透過首長互訪、交換情報等方式，曾就南海問題進行多次磋商，達成多項協議，圖謀共同抵制中國。90 年代中期，隨著國際社會對南沙衝突的關注程度進一步提高，越南、菲律賓、馬來西亞等國透過傳播媒體對其所占領的島嶼聲稱擁有「無可爭議」的主權，並對中國在南海海域

進行的探勘考察和島礁建設進行公開的指責、抗議，製造國際輿論，爭取國際社會同情，使南沙問題國際化。有些國家甚至希望利用美國的軍事力量壓制中國。越南、菲律賓在與中國發生糾紛時，都曾向美國求援過。越南也曾暗示美國可以重新使用金蘭灣，馬來西亞為美國海軍和空軍提供紅土坎海軍基地和盧穆特、蘇邦空軍基地，汶萊也同意讓美國海軍使用其海軍基地。東南亞一些國家還希望加強與美國在政治和軍事方面的合作，作為抗衡中國的後盾。

四、繼續加快島礁建設和資源開發

19 世紀以來，英、日、法等國航海家和殖民主義者曾生動地記載了他們在南沙島礁所見到中國漁民安居、生產和生活的細節，並且得到中國漁民指點迷津和解困，還留下了許多照片。20 世紀初，日本殖民主義者先後霸占東沙群島和南沙群島，掠奪鳥糞磷礦和經營海產。在太平島修築了斗車鐵路和礁緣棧橋碼頭，並在南海較大島嶼，建軍營、築港、掠奪鳥糞磷礦和海產。第二次世界大戰後，70 年代以來，南海周邊國家占領南沙群島部分島礁，同時建軍營、樓堡。

馬來西亞在彈丸礁建築了人工島、飛機場和港口航道，設立了旅遊觀光區。1999 年 5 月，馬來西亞經過長期計畫與準備，於 5 月初由陸海空軍組成「99 聯合特混部隊」，在南沙南部海域舉行所謂「東部鐵青樹」專案巡邏活動，於 5 月中旬一舉占領榆亞暗沙和簸箕礁，使其占領的島礁總數由 3 個增至 5 個。後來又在新侵占的榆亞暗礁、簸箕礁上修建房屋，安裝了對空警戒雷達，並在靠近南沙的地區修建大型海軍基地。菲律賓在中業島和馬歡島分別修建了飛機場，菲律賓海軍坦克以「機艙破損進水」為名，強占仁愛灘長期拒不撤出。菲律賓還秘密在黃岩島修建混凝土高腳屋框架，並試圖以坦克登陸艦「搶灘」，後在中國外交壓力下撤離。越南在南威島修建了飛機場和礁緣丁字碼頭，1999 年 6 月越南派出船隻多次偵察小南薰礁，企圖占領，但被中國發現而未得逞。為了達到長期侵占南沙島礁的目的，越南政府從 1993 年開始向所占領島上實施移民計畫，實行了許多鼓勵措施。菲律賓最近也試圖以其地質結構特殊為理由，把其大陸礁層擴大到 350 海浬，進一步侵占領海域和島礁。2002 年 10 月，菲律賓政府擬派遣 200 多名民兵進駐所占領的南沙群島，試圖以兼顧軍事和經濟利益的「民占」政策加強對南沙群島的主權要求，以爭取未來在南海爭端中處於有利地位 [39]。中國在永暑礁建築了人工島（有直升機坪）和港口航道，以及為全球海

---

39 2002年10月6日，菲律賓商報。

洋學研究服務的海洋氣象觀測站，在幾個礁上建樓堡，在美濟礁建造了漁民避風設施。西沙永興島經過多年建設，已具現代化小城鎮雛形，井字型混凝土馬路網分開眾多的部落，散布各種軍政機關、事業單位、商業貿易和服務行業的建物樓館，可與中國各地通聯電話系統。擴建新舊兩個港池，碼頭均可靠泊上千噸級的海輪，同清瀾港有客貨輪航班交通。新建了中型機場，軍民共用，改良土壤、植樹，開闢養豬場、養鴨場等農場和防颱風暴雨及曝曬的種菜園地。此外，1970 年代中國軍隊在西沙群島琛航島等建設了軍港。中華民國（臺灣）於 1960 年代在東沙島造了飛機場，2007 年設立國家海洋管理處東沙管理站。2009 年復修建完成東沙碼頭，進駐了執法的海巡分隊，以維護東沙海域海洋環境生態。此外，中華民國（臺灣）亦於 2007 年在南沙太平島新建完成一條 1,350 公尺飛機跑道，可供運輸機起降，初期作為島上駐守人員及作業漁民人道緊急救援後送使用。

　　東南亞國協國家還不斷吸引外資，採取多種形式大肆探勘開發南海地區資源。90 年代以來，在南海爭端不斷升溫的情勢下，越南、菲律賓、馬來西亞等國加快了對南海海域油氣資源的開發。僅 1999 年，越、菲、馬、印尼、汶萊 5 國在南沙海域就開採石油 4,043 萬噸、天然氣 310 億立方米，分別是中國石油產量的 2.5 倍、天然氣產量的 7 倍。南海周邊國家從制約中國的目的出發，從一開始就將掠奪南海資源與國際資本結合起來，力圖使南海問題國際化。70 年代，菲律賓率先成立了「礦物調查委員會」，將南沙禮樂灘石油資源向外國開放。隨後，印尼、汶萊、馬來西亞、越南競相效仿，分別與美國、日本、英國、荷蘭、俄羅斯、瑞典、意大利等 30 多個國家簽訂了聯合開發南海石油、天然氣資源的合同。根據中國海洋石油總公司的報告，到 90 年代末期，周邊國家已經在南沙海域鑽井 1,000 多口，發現含油氣構造 200 多個和油氣田 180 個（其中油田 101 個、氣田 79 個）。1999 年產石油 4,043 萬噸，天然氣 310 億立方米，分別是我國 1999 年整個近海石油年產量和天然氣產量的 2.5 倍和 7 倍[40]。

五、南海潛存之衝突與危機及區域外國家介入情形

　　從 20 世紀 70 年代至今，特別是 90 年代中期以來，在南海尤其是南沙群島海域，一些國家經常相互指責、齟齬不斷，致使南海地區時常出現緊張，嚴重影響有關國家關係的正常發展和地區穩定。

---

40 2000年6月7日，解放軍報社論。保衛南沙，我們不能再等。

（一）東南亞國協內部的衝突

東南亞國協國家之間也因南沙爭端相互猜疑和衝突。1998 年 1 月，越南士兵在鴿礁附近向菲律賓漁民開火。馬來西亞、菲律賓和越南都聲稱對南沙群島的榆亞暗沙和簸箕礁盤擁有主權，1998 年 3 月因懷疑馬來西亞可能占領榆亞暗沙，菲律賓派海軍、飛機前去偵察；4 月，馬在視察榆亞暗沙時發現有木製平臺和水鼓，並發現菲海軍船隻，判斷菲有侵入企圖，馬海軍艦船立即前往查證。1999 年馬來西亞占領了南沙群島的榆亞暗沙和簸箕礁盤地區。菲律賓提出抗議，並警告馬在該地區建造設施可能會引起武裝衝突；越南也指責馬來西亞此舉是對越南主權的侵犯。1999 年 10 月，菲律賓軍隊報導，越南軍隊曾向菲屬某島嶼上空低空飛行的一架偵察機開火。2000年菲律賓與馬來西亞再度在南沙海區發生爭端。

（二）美國等西方國家的南海政策

美國自二次大戰戰勝後，在西太平洋仍留有第七艦隊等龐大軍事力量，同時除在日本關西、琉球等地設有美國軍事基地外，在南海周邊亦於菲律賓蘇比克灣，新加坡及越南等地設有軍事基地。1974 年越戰結束，美國西太平洋軍事力量，在國內反戰聲浪，及中東等地衝突危機嚴重，並發生戰爭事件狀況下，以及中國日漸崛起，拓展其影響力趨勢下，其在南海周邊軍事勢力日漸撤離消減，美軍並撤離菲律賓蘇比克灣、新加坡及越南等軍事基地。直迄 80 年代中期到 90 年代中期其南海政策，才有明顯的變化，迄 21 世紀 10 年代美國發覺其西太平洋勢力可能為亞洲中國等崛起大國所取代，乃亟思其「重返亞洲」及「再平衡戰略」[41]（Rebalancing to Asia）等戰略實踐。主要分為三大階段，分述如下：

1. 冷戰時期消極中立

美國在冷戰時期對南海地區的領土爭端採取「不介入立場」。從 20 世紀 70 年代，中國與越南、菲律賓等一些國家在南海問題上發生糾紛，直到 1992 年中國與東南亞一些國家在南海地區的爭端升溫，美國多位政府高級官員都在講話或訪談中表示，美國「不對各國依照法律程序提出的對南中國海的部分或全部島嶼的主權要求表態」，即「不支持任何一方」的主權要求。其中包括美國負責遠東事務的助理國務卿

---

41 趙國材。不可告人的亞太再平衡。2013 年 8 月 8 日，中國時報：http://news.chinatimes.com/forum/11051401/112013080800456.html。

戈斯頓‧西古爾（1988年4月1日）、太平洋艦隊司令羅納德‧海斯（1988年4月29日）、駐菲律賓大使威斯納（1991年3月11日）、負責國際安全事務的助理國務卿李潔明（1991年3月27日）、國防部副部長沃爾福威茨（1991年6月14日）、負責亞太事務的助理國務卿溫斯頓‧洛德（1993年6月9日）等人。1974年中國與南越政權的軍隊在西沙群島發生軍事衝突，越軍慘遭失敗後向美軍求援，當時美國在南越和南海地區都有很強的兵力，卻表示無意介入這一爭端，它的艦隊也沒有靠近衝突地區。對於1988年中國與越南在南沙群島的軍事衝突，美國仍採取了中立和不介入的立場，並堅持越南從柬埔寨撤軍。

美國堅持這一立場的主要原因，首先是由美國當時的基本對外政策決定的。冷戰時期，美國需要聯合中國對付蘇聯。1974年中國進行「西沙之戰」後，尼克森政府剛剛改善與中國的關係，不可能為了這些小島與中國交惡，破壞剛建立起的「美中反蘇同盟」。70年代後期，越南充當蘇聯擴張主義的工具，與蘇聯簽訂軍事同盟條約，將金蘭灣提供給蘇聯作為軍事基地，並入侵柬埔寨，因此美國對越南並不支持。

90年代初期，菲律賓、馬來西亞、越南、汶萊等東南亞國家想獲得美國的撐腰，1990年1月，汶萊外交大臣與美國討論了南沙爭端，菲律賓也提出如果南沙發生衝突時，「菲美共同防禦條約」是否意味著美國願意幫助馬尼拉的問題，但美國仍一直比較謹慎和冷淡。

2. 冷戰後積極中立

冷戰後，美國與日本等西方國家利用南沙問題散布「中國威脅論」，認為中國採取的行動是導致南海發生衝突的根源，暗中支持東南亞國協國家與中國抗衡。1992年初布魯金斯學會軍事專家托馬斯‧麥克諾爾說：「中國對南沙群島（Spratly Isand）的領土要求仍然是發生摩擦的起源」[42]。1992年3月前駐華大使李潔明在菲律賓說，中國宣布它對位於南中國海的南沙群島擁有主權是「不合時宜的」。1992年5月美國亞太事務助理國務卿所羅門在聖迭戈舉行的太平洋圈論壇上發表演講，把「中國重申對南海和東海有爭議的領土的主權」，作為美國面臨的安全挑戰之一。1994年7月26日，美國副國務卿塔爾博特在東南亞國協部長級會議上說，東南亞地區一個正在逼近的挑戰來自南中國海。

此外，美國特別強調要保證南海地區的通航自由，表示將對影響南海自由通航的軍事衝突進行干預，利用南海問題對中國進行牽制的傾向明顯。1995年中國與菲律

---

42 1992年2月24日，美國航空週刊和航空技術。

賓發生美濟礁風波後，美國於 1995 年 5 月 10 日就南沙群島問題發表了一個正式聲明，一方面重申美國政府對南海所有爭議島礁不採取任何有法律意義的立場；另一方面又表示：「美國嚴重關注南海地區任何與國際法、包括「聯合國海洋法公約」不相符合的海洋管轄權要求，或者對海上活動的限制[43]」。1995 年 6 月，美國國會眾議院通過的「美國海外利益法」稱，南中國海的航行自由對美國及其盟國的國家安全至關重要，任何用武力奪取該島嶼的行爲都將引起美國的嚴重關注。美國政府還指使地圖局重新標繪了「南中國海地圖」，將西沙、南沙海區由整片的領海區域改爲以各個島嶼爲中心的 12 海浬獨立海域，形成以目前各方占有態勢爲基礎的分割局面。

美國還對解決南沙糾紛表現出明顯的干涉傾向，1995 年 6 月 16 日，美國國防部負責國際安全事務的副國務卿約瑟夫·奈在日本表示，如果南沙群島發生軍事行動並且妨礙了海上航行自由，美國就準備進行軍事護航，以確保航行自由，這是美國政府官員第一次表示美國有可能對南海問題進行軍事干預[44]，美國還表現出明顯地支持菲律賓的傾向。1995 年以來，美菲軍事合作明顯加強。美國增加了與菲律賓的聯合軍事演習，幫助菲律賓訓練特種作戰部隊，並尋求在菲設立新的軍事基地。雙方還就擴大和加強共同防禦條約進行了共同磋商，美國務卿表示在南海問題上不能完全排除適用共同防禦條約的可能性。美政府表示將「信守對菲律賓防備條約的承諾」，1 年內，美國軍隊共出動 110 架次飛機重點對南沙等南海諸島實施偵察巡邏。

90 年代中期以後，美國表面上雖然表示「積極中立」，不介入南沙事務，但在行動上卻極力加強美國在南海地區的軍事存在。美軍與東南亞國協國家的聯合軍事演習逐年上升，平均每年在 10 次以上；美國與泰國的「金眼鏡蛇」軍事計畫，已擴大到新加坡、馬來西亞等國。1997 年內美軍偵察機 44 次對南海進行航空偵察任務，多次赴黃岩島活動；1998 年西太平洋美軍出動各種類型的偵察機航測機 150 架次赴南海活動，加強對我海上訓練、演習活動的偵察。美海軍艦隊還多次赴主要東南亞國協國家訪問。菲律賓參議院於 1999 年 5 月 27 日正式通過美菲「部隊到訪協定」，爲美軍完善在東南亞的部署，強化軍事存在奠定了基礎。

3. 海洋法公約生效後美國積極介入

「聯合國海洋法公約」在 1994 年 11 月 16 日正式生效後，美國對南海的基本政策由「不介入」轉爲「介入但不陷入」。2009 年美國研究機構認爲：「美國作爲菲

---

43 US Department of Stsate Daily Briefing, May 10,1995.
44 Far Eastern Economy Review, August 3, 1995.

律賓的主要盟國，應該明確支持菲律賓在南海的主權要求。」[45]並認為美國在南中國海的領導權已面臨挑戰同時認為：「中國對南海主權的要求如果不受挑戰，那麼，有朝一日，美國太平洋艦隊會在進行例常活動時，需要尋求中國的許可。假如中國對這一地區主權要求與中國海軍的發展相適應的話，那美國10年後將面臨眞正的危機。」

2009年7月21日美國國務卿希拉蕊在曼谷與泰國副總理 Korbsak Sabhavasu 會晤時提到：「美國重返亞洲，並繼續維持我們對於亞洲盟友的承諾」[46]。2010年7月美國國務卿希拉蕊在越南舉行的「東南亞國協區域論壇」發表談話認為：和平解決南沙群島和西沙群島爭端是美國的「國家利益」。2010年8月11日開始，美國和越南也在南海舉行為期一週的聯合海軍演習。2010年9月24日在紐約舉行的美國與東協10國領袖高峰會中，美國總統歐巴馬宣稱：「作為一個太平洋國家，美國與亞洲人民及未來利害攸關。我們需要與亞洲國家建立夥伴關係。」美國並與東協國家發表聯合聲明，強調海上安全、自由航行的重要性，並對中國發出強硬信息，要求保證中國聲稱擁有主權的海域的航行自由。

4. 日、俄、韓、印等國十分關注南海問題

90年代中期，日本、澳大利亞等國以「確保海上航行自由」、「反對使用武力」為由，不同程度地涉足南沙問題，頻繁地強調在南海自由通行的重要性，並極力擴大在東南亞地區的軍事影響，發展與東南亞國家的軍事合作。歐盟也發表了關於南海外問題的聲明，南沙問題國際化的趨勢日益明顯。日本防衛研究所負責人說，南中國海是日本非常重要的貿易通道，「日本對中國的擴張感到擔憂」，因為這使「日本的經濟安全受到了威脅」。另外，日本還擔心中國在釣魚臺問題上也採取同樣的做法[47]，因此每當南海有一點波瀾，日本媒體便連篇累牘地報導，其報導量居世界第一。日本海上保安廳船隻曾多次進入南海活動。印度海軍驅逐艦、導彈護衛艦也多次抵西太平洋海域活動。2002年，一支由5艘戰艦、1艘潛水艇以及若干補給艦組成的印度海軍艦隊通過麻六甲海峽，開赴南海，進行所謂的「遠航訓練」。西方大國的態度和部分國際輿論，客觀上對菲律賓在南沙的行動升級起到了推波助瀾的作用。

---

45 2009年3月4日菲新社報導，美國傳統基金會亞洲研究中心主任瓦爾特洛曼表示，美國作為菲律賓的主要盟國，應該明確支持菲律賓在南海的主權要求。並發表主題為「斯普拉特利群島（即我南沙群島）：美國在南中國海的領導權面臨挑戰」的文章。認為「中國對南海主權的要求如果不受挑戰，有朝一日，美國太平洋艦隊會在進行例常活動時，需要尋求中國的許可。假如中國對這一地區主權要求與中國海軍的發展相適應的話，那美國10年後將面臨眞正的危機」。

46 Remarks with Thai Deputy Prime Minister：http://www.state.gov/secretary/rm/2009a/july/126271.htm.

47 閻學通（主編）、楊伯江（著）。1999年1月。日本冷戰後的安全戰略。中國與亞太安全。北京：時事出版社，頁138。

六、南海各方的磋商與妥協

　　1991 年起南海周邊國家，爲化解南海島礁與資源爭奪及海域疆界爭端等緊張情勢和危機，由印尼無任所大使賈拉（Hasjim Djalal）奔走號召，並由加拿大國際開發署亞太海洋合作計畫贊助（The Asia-Pacific Ocean Cooperation Programme of the Canadian International Development Agency, CIDA），召開所謂的處理南中國海潛在衝突研討會（Workshop on Managing Potential Conflicts in the South China Sea）（簡稱南海會議）。南海會議自 1991 年每年在印尼召開，迄今（2009）年已舉辦第 18 屆了，參與該會議之國家，計有中華民國（以中華臺北，CHINESE TAIPEI 名義參加）、中國、汶萊、柬埔寨、寮國、印尼、馬來西亞、菲律賓、新加坡、泰國、越南等 11 個南海周邊國家。南海會議設計爲非官方性質（Informal Basis）對話機制，暫且擱置各國主權問題，從較可能有共識與可以尋求合作的領域著手。會議最主要目的在如何使南海周邊國家經由合作，化解彼此間的潛在衝突，甚至獲得爭端的解決，並提供南海周邊國家共同研討南海議題之舞臺。南海會議著重於促進信心建立及對話機制等，降低官方正式直接對話的壓力，已有效的減少衝突發生，有助於穩定南海情勢。自 2002 年「南海各方行爲宣言」簽訂以來，近年來南海會議議題已由爭端解決，轉爲區域共同合作之議題；內容包括海洋環境保護、海洋科學研究、航行與通信安全、搜索與救助操作、共同打擊跨國性犯罪（不侷限於毒品與武器的走私交易、反恐行動與海盜行爲）等，符合各國在現階段之最大利益之議題。

　　2002 年 11 月 4 日中國和東南亞國協各成員國，爲促進南海地區和平、友好與和諧的環境，在柬埔寨首府金邊簽署了「南海各方行爲宣言」（附錄十五）。南海行爲宣言是一個妥協的產物，一個重要的信心建立措施，也是一個困境的突破。有助於簽署國家建立自信，另外美國的及日本的利益也顧及到了。南海行爲準則簽署之後，可能面臨一些執行上的問題，短期內或許有制約聲索國行爲的效果，有利東協國家跟中國進行一些南海海洋科學研究探勘的合作計畫海洋資訊的交流等。南海生物及非生物的資源，未來的合作開發關係會更加密切。南海的緊張情勢更能進一步的緩和，對亞太安全來講，宣言簽署後透過國防軍事人員交流訓練及區域反恐的合作，有助於區域性的穩定。但是這個宣言將擁有東沙島、南沙太平島的中華民國（臺灣）排除在外，壓制臺灣對南海的發言權，中華民國政府外交部立即於 2002 年 11 月 5 日發表聲明表示無法接受，並重申擁有南海四沙群島領土主權與權益。

　　2005 年 3 月 14 日，中國、菲律賓和越南的三家石油公司在馬尼拉簽署了「在南中國海協定區三方聯合海洋地震工作協定」。此次合作三方宣稱是共同落實「南海各

方行為宣言」的重要舉措。中國主張「擱置爭議、共同開發」，與東協有關國家在南海海域繼續展開合作。根據協議，3 家石油公司將聯合在 3 年協議期內，收集南海協議區內定量二維和三維地震數據，並對區內現有的二維地震線進行處理。2005 年 10 月 31 日中國海洋石油總公司和越南石油總公司在河內簽署了關於北部灣油氣合作的框架協議。根據此協議，兩公司將攜手在北部灣進行油氣資源探勘。

第九章

我國海域管理及執法之挑戰與衝擊（一）：臺灣周邊經濟海域重疊衝突與糾紛案

　　海域管理及執法，旨在依國家及國際的法律，保護國家海洋權益及資源、維護海洋環境永續發展與法律秩序。1982 年「聯合國海洋法公約」通過以來，國際間由於陸地競爭的獲益受限，紛紛走向海洋發展，此種趨勢催化了多元海洋競爭格局的成形，面對 1994 年「聯合國海洋法公約」生效後，所建立的領海、鄰接區、專屬經濟海域及公海等制度，世界各國無不積極立法公告，主張海域範圍。我國與中國大陸、日本、菲律賓等國家專屬經濟海域相重疊，衍生各項主權權利及管轄權問題。

　　我國政府對「聯合國海洋法公約」有關之主張相當明確。遠在 1979 年（民國 68 年），聯合國第三屆海洋法會議尚在協商階段，為因應世界各國建立專屬經濟區制度已然成熟，復以鄰國菲律賓於 1979 年 6 月 11 日宣布 200 海浬專屬經濟海域[1]，我國於 1979 年 9 月 6 日根據動員戡亂體制，由總統以行政命令主張我國擁有 200 海浬專屬經濟海域，「中華民國之經濟海域為自測算領海寬度之基線起，至外側 200 海浬之海域」。1994 年「聯合國海洋法公約」生效後，1998 年（民國 87 年）我國立即通過立法，並公布施行「中華民國專屬經濟海域及大陸礁層法」，該法第 2 條第 1 項明文規定：「中華民國之專屬經濟海域為鄰接領海外側至距離領海基線 200 浬間之海域」[2]，1999 年（民國 88 年）又公布「中華民國第一批領海基線、鄰接區外界線」，此第一批基點、基線之公布，對於我國相關權益主張有重大釐清作用，在第一批基點中，本島採行直線基線與正常基線的混和基線，從基線向外延伸 200 海浬為我國專屬

1　菲國總統令1599號宣布建立其群島國家200海浬專屬經濟區。引自：傅崑成。2003。臺灣與菲律賓重疊海域劃界。海洋管理的法律問題。臺北：文笙書局，頁289, 289。

2　見：行政院海岸巡防署（編印）。2004。海洋事務法典。臺北：行政院海岸巡防署，頁87。本文所引我國相關法規，除特別標明者外，均引自該書。

經濟區範圍，爲我國得主張之經濟海域，此部分與中國大陸、日本和菲律賓相關主張重疊。依據「聯合國海洋法公約」第74條規定：海岸相向或相鄰國家間專屬經濟區界限的劃定，應在國際法院規約第38條所指國際法基礎上以協議劃定，以便得到公平解決[3]。我國非屬聯合國會員國，國際地位特殊，無法依據上列公約規範與鄰近國家協商劃界，衍生近年來我國漁民等海上航行作業，經常受到鄰近經濟海域相重疊國家干涉取締查扣，從而引發我國漁民等民衆之抗爭，及對政府服務民衆、保護漁民效能之抨擊與不滿，導致我國海域管理與執法上的衝突。近年來陸續發生日本在與我國重疊的經濟海域驅離查扣我國國籍漁船、驅離海洋科研船，以及和我國公務執法船舶對峙等案件。此外，在臺菲海域我國漁船也屢遭菲律賓扣押等漁業糾紛，甚至造成漁民傷亡。嚴重挑戰我國海巡署等執法機關之執法權威，茲分節探討如后。

第一節 臺日重疊海域漁場衝突與糾紛

「聯合國海洋法公約」於1994年11月16日生效，日本從1996年6月正式批准加入該公約後，同年7月即宣布實行200海浬專屬經濟海域制度；我國亦於1999年2月10日公告「中華民國第一批領海基線、領海及鄰接區外界線」，向外得主張200海浬專屬經濟海域，依據上項公告；釣魚臺爲我國列入公告之領土，得主張以釣魚臺列嶼向北200海浬專屬經濟海域，達北緯29度18分，向東主張200海浬達東經128度20分，與日本專屬經濟海域重疊。自2000年以來日本加強在與我國專屬經濟海域重疊區域漁業及海上保安執法，造成我國漁船在我方亦認定爲專屬經濟海域上捕撈作業，屢遭日本公務船艦驅離或逮捕。爲此行政院於2003年11月7日核定「中華民國第一批專屬經濟海域暫定執法線」（以下簡稱暫定執法線），作爲我國海域執法機關執行依據圖9-1。

臺灣東部海域與日本專屬經濟海域重疊，爲解決雙方漁業問題，我國自1996年起即開始與日本進行雙邊會談，至2008年2月止，共計舉行16次臺日漁業正式會談如表9-1。就漁業養護共管水域之劃設，日本提議雙方漁業協定內容，將視爲專屬經濟海域劃界結果，而我國認爲漁權談判結果，不應視爲專屬經濟海域決定，以致臺日漁業談判結果進度有限。迄今尚未達成具體協議，其中又涉及「釣魚臺」的主權爭

---

3 傅崐成（編著）。「聯合國海洋法公約」第74條。專屬經濟區。

議，更屬複雜。直迄 2013 年 4 月 10 日在臺北市召開第 17 次臺日漁業會談後達成協議，簽署協議文件。

　　針對雙方重疊專屬經濟海域的漁業作業安排，並未涉及雙方對主權的主張。此項協議於 2013 年 5 月 10 日生效。

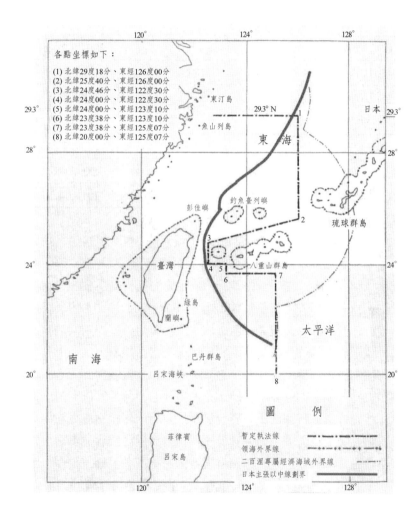

圖 9-1　臺日重疊經濟海域示意圖

表 9-1　臺日漁業 16 次會談時間地點一覽表

會談項次	時間	地點	會談項次	時間	地點
第一次會談	1996.8.3	臺北	第十一次會談	2001.8.28-29	東京
第二次會談	1996.10.4	東京	第十二次會談	2003.3.27-28	臺北
第三次會談	1997.12.17	臺北	第十三次會談	2003.6.26-27	東京
第四次會談	1998.11.4	東京	第十四次會談	2004.9.20-21	臺北
第五次會談	1999.4.30	臺北	預備會談	2005.7.12	東京
第六次會談	2000.6.27-28	東京	第十五次會談	2005.7.29	東京
第七次會談	2000.7.21-22	臺北	預備會談（一）	2005.10.20-21	臺北
第八次會談	2000.8.14-15	東京	預備會談（二）	2006.1.24	東京
第九次會談	2000.8.24-25	臺北	第十六次會談	2009.2.26-7	臺北
第十次會談	2000.9.21-22	東京	第十七次會談	2013.04.10	臺北

　　自 1972 年美國片面將釣魚臺回歸日本管理後，日本即加強釣魚臺之經營管理及周邊海域之巡邏，除於島上設置導航燈塔外，1978 年並修建直升機場。2000 年起，鑒於釣魚臺海域頻有「中、港、臺保釣人士」企圖登島捍衛主權。日本更於臺日重疊海域強力執法，由海上保安廳派船加強巡邏，2004 年 11 月日本防衛廳更制定「西南島嶼有事對策方針」，針對沖繩島以西之島嶼及釣魚臺列嶼如遭其他國家船艦入侵時之反擊計畫，顯示日本為確保繼續掌控釣魚臺，不惜動用軍事武力。日本漁業主管機關水產廳及海域巡防機關海上保安廳，迫於其國內民意機關對主管水產事務之要求及國內漁民團體壓力，執法態度非常強硬，動則對我越界漁船實施驅離、扣押及罰鍰，引發我國漁民強烈抗議。我國漁民對於昔日習以為常的傳統漁場捕漁作業，近年來動輒遭緊迫、查扣、處罰，深表不滿。責備相關權責機關農委會漁業署、外交部、國防部、海巡署之護漁措施軟弱不足，無法維護我國漁權。甚至揚言自保包圍日本水產廳艦艇，或將改懸掛「大陸五星旗」，迫使政府正視我漁民於專屬經濟海域捕魚之權利。

一、臺日漁場衝突與糾紛案件概況

　　分析自 2000 年至 2010 年止，我國籍漁船遭日方驅離、扣押（以海巡署接獲通報計算）計 111 件，其中遭水產廳驅離、扣押計 83 件，遭海上保安廳驅離、扣押計

28 件，而因臺日重疊海域並非日籍漁船傳統作業區，故海巡署僅發現及登檢日籍「瑞寶丸」1 件。

日本驅離扣押我國籍漁船分析

分析統計表如下：

海域位置 機關	暫定執法線內		暫定執法線外	
水產廳	驅離警告	17件	驅離警告	49件
	扣押	0件	扣押	17件
海上保安廳	驅離警告	6件	驅離警告	13件
	扣押	0件	扣押	9件
合計	驅離警告計23件 扣押0件		驅離警告計62件 扣押26件	

二、重大案例探討

1. 蘇澳籍福大 266 號漁船，遭日本公務船緊追案

2005 年 5 月 20 日 12 時 27 分，海巡署和星艦在北緯 23 度 57 分、東經 122 度 31 分（暫定執法線邊緣處），發現我國蘇澳籍「福大 266 號」漁船，遭日方水產廳取締船「生月町」尾隨如圖 9-2，該艦即持續戒護至「生」船自動駛離為止。嗣後日方曾在 2005 年 5 月間所舉辦的「臺日雙邊高層漁業會談」時，提出臺灣海巡署巡邏艇在日本專屬經濟海域內妨害其執行業務。

2. 金滿洋 6 號等 4 艘漁船遭日本水產廳公務船驅趕，號召包圍日公務船案

2005 年 6 月 8 日 7 時 42 分，海巡署海洋巡防總局接獲蘇澳漁業電臺通報：於三貂角東方 43 海浬（北緯 25 度 01 分、東經 122 度 43 分）暫定執法線內，有「金滿洋 6 號」、「聖宏勝」、「新復興 266 號」、「金勝財 66 號」等 4 艘本國籍漁船作

圖9-2　日本水產廳取締船生月町

資料來源：海巡署。

業時，遭日本水產廳公務船驅趕。海巡署獲報後，陸續調派謀星艦、基隆艦、20001艇及10023艇前往事發水域，但未發現有日本公務船。同日19時20分，9艘本國籍漁船與日本水產廳公務船「白嶺丸」如圖9-3，在北緯25度、東經122度56分水域（我方暫定執法線邊緣）對峙，臺灣海巡署10023、5025艇在現場蒐證，並要求日本公務船「白嶺丸」離開該系屬於臺灣之海域，但日艦主張該海域乃彼方所有，雙方僵持不下。海巡署船艇基於日艦為500噸大艦，我方漁船噸位小，發生衝突碰撞，難免造成傷亡，因而要求我方漁民自制。19時38分日方公務船「白嶺丸」往東駛離。有漁民不滿，乃透過無線電、電臺串聯，將集結上百艘漁船至該海域向日方抗議。

圖9-3　日本水產廳公務船白嶺丸

資料來源：海巡署。

　　6 月 9 日 6 時，前一日遭日本公務船追趕之漁民立刻召了集約 40 餘艘蘇澳籍漁船，集結前往爭議海域圍堵日本公務船，但未發現日本公務船舶。得知事態嚴重的海巡署也緊急調派臺中、基隆、謀星艦、20001 艇、6001 艇及 5025 艇等在現場維持秩序，保護漁民安全，同日 11 時 10 分，臺灣抗議漁船全數駛離該海域，18 時 40 分部分漁船醞釀，在 6 月 10 日 8 時再行於蘇澳碼頭集結，抗議海巡署第 7 海巡隊處置不當，「縱放」日本公務船並偏袒日方，漁民憤怒的情緒就在政治人士操作下更加熾烈。案經海巡署立即邀集蘇澳地區民意代表及漁會和抗議漁民溝通，終將事件化解。海巡署針對本案，主動承諾並宣布：未來將定期或不定期派艦前往北方、東方及南方專屬經濟海域實施漁業巡護任務，以維護我國專屬經濟海域主權及漁民作業安全。漁民朋友於我執法線內作業，海巡署必充分保障其安全與權益，執法線外則將透過外交談判解決漁業糾紛等問題。有關海域重疊問題，將設法與相關國家建立多邊對談機制，協商研議處理方法，確保周邊海域爭端和平解決，以謀求共生合作。同時呼籲漁民朋友遵守相關法律規定，勿進入他國海域作業，以免造成生命財產的損失。

3. 新同泉 68 號漁船案例

　　2006 年 3 月 11 日上午 8 時我國籍「新同泉 68 號」漁船於北緯 27 度 30 分，東經 125 度 54 分遭到日方水產廳「東光丸」登船檢查，經查問後，「新同泉 68 號」駛向漁具位置自北緯 27 度 36 分 5 秒、東經 126 度 03 分 8 秒開始收回漁具至北緯 27 度 45 分 4 秒、東經 126 度 18 分 8 秒為止，日方以「新」船進入該國專屬經濟海域作業予以扣押；惟據「新」船船長劉國清亦表示，他們當初曾向日本方面表示，「新」船當時在臺灣政府所劃定之「暫定執法線內」海域作業一切合法，但日方向他們表示，一概不承認這條執法線。此外，日方在押解他前往法院受審途中，除了將他戴上手銬外，身體還用繩索綁著，當時船上除了船長劉國清與臺籍船員許聰文 2 人，還有 4 位大陸籍船員及 2 位菲律賓籍人，後經在臺灣的船主向日本繳交日幣 410 萬 7 千圓的保釋金後，人船才獲釋。並在 3 月 16 日下午 1 時 20 分返回蘇澳港，船東及船長事後對日本的惡霸作為及臺灣政府的無能軟弱，深表不滿，醞釀申請國家賠償。

4. 富祥 16 號漁船遭登檢及簽下越界認罪協議書案

　　臺北縣金山籍「富祥 16 號」漁船，於 2006 年 6 月 23 日出海作業，29 日清晨 5 時在北緯 27°43'、東經 126°03' 海域，遭日本水產廳巡邏船「白荻丸」追逐；「富祥 16 號」往西向臺灣方向疾駛，29 日 6 時許，進入我國暫定執法線內，即北緯 27°45'、東經 125°55'，但日方仍不放棄，再出動直升機進行空中照相、監視。29 日

下午，日方增派船艦出動增至5艘大型船艦，並放下3艘小艇以夾擊方式，要強制登船檢查，「富祥16號」一路蛇行閃躲，日方不甘示弱，對漁船噴射強力水柱並發射油漆彈，情況危急；附近作業漁船紛紛通報求援，請求護漁船艦趕往解圍。我國海巡署獲報後立即派遣「和星艦」先行抵達現場，與日方對峙並展開交涉。同時增派「寶星艦」及基隆和蘇澳海巡隊的3艘百噸級巡邏艇，我方的船艦已至5艘。

經協商後，29日下午1時臺日雙方各派5位代表上「富祥16號」漁船，共同對船長簡賢文進行問訊和調查。簡賢文表示，並未越界作業，而是誘捕飛烏魚產卵的草蓆隨洋流漂過界，只過去撈回來而已。我方提議開警告單，放走人船，日方堅持要漁船長簽署「越界作業認罪協議書」，否則要將人船押走；雙方一直僵持著。船東許崑明則強調，漁船未越界作業，只是過去撈回被漂走的漁具，日方欺人太甚，他一度要求船長不能簽「認罪書」，表示如果日本不讓我方將人船帶回，將發動金山、基隆和蘇澳的數十艘漁船，到現場去抗議；蘇澳區漁會總幹事林月英說，全國的民眾和漁民都在看，外交、海巡要硬起來，如有必要，該會將出動漁船全力配合抗議行動。

船長簡賢文雖矢口否認越界捕魚，且辯稱求救位置是在我方護漁執法線之內，該船未裝置衛星定位系統。不過，日方則因為追逐整天，出動直升機與公務船，握有空照與航跡圖及相關捕魚作業證據，迄30日晚間10時10分，船長見無法辯駁而簽下「越界作業認罪協議書」，人船獲釋。依照「越界作業認罪協議書」，「富祥16號」船主許崑明得付給日方4百萬日圓（折合新臺幣約113萬元）擔保金。

本案發生後，國內海洋學界、漁業界及輿論反應分歧；有認為兩國經濟海域重疊迄未協商劃定、界線不明，日本不應片面主張及認定該海域為其所擁有，逕行排除我國漁業資源採捕權。除非我國漁船有進入該國「領海」作業行為，否則如此嚴厲實施「緊追權」，並主張扣留、扣押、逮捕或留置漁船、漁民，似乎執法過當。而我國政府所公布之「經濟海域暫定執法線」雖敘明並非我國對經濟海域的終極主張，唯可能已造成日本或其他國家認定，我國最多只想主張到暫定執法線所劃定範圍內，而暫定執法線外其他海域當然就是其所屬海域，日本可能已認為擁有決對之執法權。依照國際海洋法精神，沿岸國對「經濟海域」除相關「海洋法公約」所規範之經濟利益得主張外，應視為「公海」，其對外國船舶之執法除侵害其國家權益與經濟利益外，應尊重船旗國之管轄，本案漁船捕魚行為，雖屬沿岸國對「經濟海域」經濟利益維護標的，唯該海域我國亦為沿岸國得主張其經濟利益及權利。因此臺、日實應就「經濟海域」重疊區域，依據「聯合國海洋法公約」規定及早協商議定，以利雙方有所遵循。

此外漁業界對本案則表示日本做法太「惡霸」，政府應強勢對抗，甚至要求出動海軍大型軍艦護漁，如果政府不採取有效強硬措施，將不排除發動漁船船隊向日本公

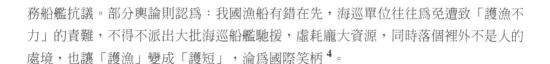
務船艦抗議。部分輿論則認爲：我國漁船有錯在先，海巡單位往往爲免遭致「護漁不力」的責難，不得不派出大批海巡船艦馳援，虛耗龐大資源，同時落個裡外不是人的處境，也讓「護漁」變成「護短」，淪爲國際笑柄[4]。

5. 聯合號海釣船被撞沉案

2008 年 6 月 10 日凌晨臺灣臺北縣籍娛樂船「聯合號」，途經釣魚臺以東南方向 6 海浬區域（25°39'N 123°28'E/25.65°N 123.46667°E）時被日本鹿兒島海上保安廳巡邏艦「甑號」（PL-123）發現並被警告和驅逐。根據「聯合號」船員及釣客事後表示，他們聽見日方有廣播，但無人知曉所述是何意思，隨後遭到該巡邏艇「甑號」追逐撞擊，使「聯合號」右方受損，導致沉沒。而日本方面宣稱，凌晨 3 點 23 分左右，隸屬日本第 10 管區鹿兒島籍巡邏艦「甑號」發現「聯合號」進入日本領海（日本宣稱擁有海域），「甑號」接近進行確認時，「聯合號」疑似不理會警告並逃走，因而與尾隨追蹤的「甑號」發生衝撞，撞擊後「聯合號」沉沒。「聯合號」被撞後船上 16 人包括船長 1 人、船員 2 人、釣魚客 13 人全部落入海中，飄流近一個小時之後，被日本巡邏艦「甑號」將船員救起。

中華民國海巡署 6 月 10 日凌晨 5 時左右接到「聯合號」海釣船遭撞擊沉沒事件報案後，海巡署立即成立緊急應變中心，在彭佳嶼北方海域正進行巡防任務的「和星艦」和「臺中艦」當日 7 時立即趕抵現場，遭遇日本巡邏艦阻截，雙方對峙一個多小時。日本透過外交管道，要求對峙中的「和星艦」不要駛入日本聲稱擁有的海域，因「外交途徑交涉」正在進行中，「和星艦」後退至釣魚臺 12 海浬之外待命，「和星艦」此一撤離引發軒然大波，立法院多名立法委員質詢「撤艦令」是誰下達及其正當性？並邀集外交部、海巡署、農委會漁業署等與事件有關的機關代表出席說明會，說明事件來龍去脈。外交部亞太司承認是爲避免對峙衝突升高，才請求暫時撤出「和星艦」。

船上 16 人被救起後，被帶往日本石垣市接受偵訊，6 月 14 日，16 名人士中的 13 名釣魚客，由臺灣海巡署「臺中艦」在基隆東北方 140 海浬（24°40'N 124°E/24.66667°N 124°E）與日本船艦交接後載回基隆港，該 13 名釣魚客返臺後發表三點聲明。另 2 名船員項彥豪、楊坤風則是在 6 月 12 日自琉球那霸機場搭乘班機返臺，6 月 13 日晚間，船長被釋放搭機返臺，船長何鴻義獲釋後指稱受到誘導式訊

---

4 護漁變護短海巡署裡外不是人，2006年7月1日，中國時報。

問、未給予聘律師及翻譯等待遇[5]。

　　事件發生後，臺灣民意沸騰，媒體大肆報導評論，6 月 12 日，漁民勞動人權協會等民間組織包圍日本交流協會示威，要求日方釋放被扣留人士。中華民國外交部表示關切，外交部長歐鴻鍊召見日本交流協會臺北事務所所長池田維，當面表達「嚴正抗議」，譴責日本撞沉臺灣的船隻，另外也聲明中華民國擁有釣魚臺列嶼的主權，要求放人、賠償和道歉。日本各大傳媒，在事件發生初期，報導多指事故責任在「聯合號」。日本海上保安廳長官岩崎貞二在 6 月 16 日傍晚發出新聞稿表示，日方巡邏艇依日本法令正當執法，雖然是執行任務必要行為，但導致「聯合號」沈沒、「聯合號」船長受傷，對此感到相當遺憾。今後會依照日本法令適當處理包括賠償問題在內事[6]。對於日本巡防艦撞沉臺灣漁船的事情，中國大陸外交部發言人姜瑜在 6 月 17 日的記者會表示關切，強調「釣魚臺及其附屬島嶼自古以來就是中國大陸的固有領土，中國大陸對此擁有無可爭辯的主權。」要求日本停止在附近海域的非法行動，以防止類似事件再次發生[7]。日本右翼團體於 6 月 17 日到臺灣駐日經濟代表處表達抗議，表示中華人民共和國政府離間臺日關係[8]。

　　6 月 20 日，日本政府，正式為撞船事件道歉，並承諾賠償。2008 年 12 月，關於「聯合號」遭日艦撞沉事故的處理，「聯合號」船長與日本海上保安廳方面達成和解，日本海上保安廳將支付新臺幣一千零五十萬元的賠償金給船長，這是過去雙方多次協調的結果，也是「第一階段」先處理的部分。

　　此一事件再次引發有關釣魚臺列嶼主權的問題，中華民國、中華人民共和國與日本國皆宣稱擁有釣魚臺主權，而臺灣就此事件再次關注護漁問題，行政院要求海巡署強化臺灣經濟海域巡護勤務作為，並研擬海巡署巡護船艦擴大編裝方案，以有效保護我國作業漁船安全。此外，中華民國駐日代表在「聯合號」海釣船撞擊沉沒事件中，被質疑未能有效傳達政府立場和爭取臺灣權益，要求前往立法院就事件交涉過程提出說明，導致駐日代表請辭。

6. 全家福號釣魚臺海域抗議案

　　2008 年 6 月 10 日，臺灣漁船「聯合號」海釣船在釣魚臺附近遭日艦撞沉後，臺灣島內各界一片撻伐日本政府聲浪，臺灣政府亦採取強硬立場，強調對釣魚臺的主

5　釣魚臺／聯合號船長：遭日引導式訊問，不平等待遇，2008年6月14日，中央日報網路報。
6　聯合號事件陳武雄一度脫口日方已道歉，2008年6月16日，中央社。
7　中國外交部對日在釣魚臺近海撞沉臺灣漁船表示強烈不滿，2008年6月18日，新華社。
8　釣魚臺／日右翼份子至臺灣駐日代表處抗議，2008年6月17日，中央網路報。

權，並要求日方道歉賠償。臺灣民間組織爲宣示釣魚臺列嶼主權，抗議日本過去在釣魚臺海域蠻橫欺負臺灣漁民的行爲，6月15日黃錫麟等12名臺灣保釣人士，駕駛「全家福號」娛樂漁船，凌晨3時30到達近釣魚臺海域附近，日本派五艘艦艇射水阻擾，臺灣罕見派出「和星艦」、「連江艦」等9艘巡邏艦艇護航，5時40分，「全家福號」在海巡署4艘巡防艦與5艘巡防艇全力保護下如圖9-4，從離釣魚臺12海浬起一路挺進至迫進近釣魚臺0.4海浬，日本增至9艘艦艇射水、造浪阻擾，日本艦艇還用中文廣播，表示釣魚臺是日本領海；負責帶領船艦護漁的臺灣基隆海巡隊長黃漢松也立即廣播，宣示釣魚臺海域是我國領海，要求日方艦艇立即離開，雙方一度對峙。「全家福號」最後因日方小艇阻撓無法彎靠、登島，改以繞行釣魚臺一周方式宣示主權，平安返臺。此一保釣行動過程曲折驚險，但也充分對日本政府展現了臺灣民間對「聯合號」事件的不滿與憤慨，以及對釣魚臺群島主權的堅持不退讓。

圖9-4　全家福號海釣船前往釣魚臺宣示主權巡邏艦相互對峙
資料來源：海巡署。

　　日本內閣官房長官町村信孝對「全家福號」的行動表示遺憾，重申日本擁有釣魚臺群島主權。最後，日本海上保安廳第11管區海上保安本部部長那須秀雄，在那霸市召開記者會，仍宣稱「聯合號」海釣船在釣魚臺附近遭日艦「甑號」撞沉案，「甑號」係要確認「聯合號」船名才發生事故，而非「聯合號」船長何鴻義所宣稱「甑號」故意撞沉，但對此鞠躬表示遺憾，亦會考慮進行賠償。

　　6 月 20 日下午，日本交流協會副代表前往何鴻義家中，親交日本海上保安廳的道歉信，並表示儘速協商賠償事宜。8 月開始展開協商協商初期，雙方對於過失的程度、賠償的金額在認知上有很大的差距，10 月 5 日雙方各讓一步達成和解，先就賠償部分簽訂協議書，日本海上保安廳將支付新臺幣 1,050 萬元的賠償金給船長。12 月日方支付何船長賠償金，2009 年 4 月「聯合號」所有船員及釣客也收到賠償金。本案「聯合號」船長及漁民獲賠償後，瑞芳區漁會理事長黃志明向媒體指出：臺灣漁民過去屢次在釣魚臺海域遭日方欺侮，宜蘭籍漁船曾遭日本扣留一百多天，沒有任何賠償，而「聯合號」事件是有史以來首次在政府協助下，獲得道歉及賠償的案例。

7. 福爾摩沙酋長 2 號被扣押帶回石垣島調查案

　　我國淡水籍海釣船「福爾摩沙酋長 2 號」，於 2009 年 9 月 13 日下午 16 時 45 分在離琉球宮古島附近的多良間島北方約 9 海浬處作業，遭日本海上保安廳巡邏艦追逐攔截；日本巡邏艦以其違法進入日本領海，兩度廣播要求停船受檢，但「福」船卻立即開船逃逸，日方隨後增派出兩艘支援巡邏船實施緊追，於 6 個小時後，約 22 時 35 分左右，在石垣島西北偏北的我國暫定執法線附近攔截福船並登船檢查，並欲以違反漁業法的迴避登船檢查罪嫌將船長逮捕。當晚 20 時 16 分許，海釣船透過蘭陽漁業電臺向我國海巡署通報，指稱遭日本公務船追逐要求受檢，當時海釣船位置在蘇澳東方 120 海浬處，屬暫訂執法線外 9 海浬處。我海巡署獲報後第一時間立即成立緊急應變小組，並通知正在北方海域執勤的「連江艦」趕往救援，同時出動「謀星艦」、「基隆艦」、「花蓮艦」及蘇澳海巡隊一艘 60 噸巡防艇陸續趕抵馳援。

　　「福爾摩沙酋長 2 號」海釣船上共有 11 人，包括船長、船員及 9 名海釣客，當晚 22 時許海釣船已逃進我國暫訂執法線內 2.8 海浬，日方 3 艦 2 艇也追逐圍繞在側，並攔檢派 3 名海上保安廳武裝人員強行登船控制。「連江艦」抵達後隨即派 4 名海巡人員搭小艇由其中 2 人搶登上海釣船，日方不甘示弱，又陸續增援，登船人數從 3 人增加到 12 人，最後更多達 18 人。我方原以一條繩索綁住海釣船，但日方隨即將繩索割斷，且另綁上二條繩索控制海釣船。海巡署隨後又在 14 日清晨 6 時許再增派 2 人，攜帶 90 手槍登船，日方人員見我增派兩人攜帶武器企圖難測，一度以多人控制搶拿壓制手法對付我登船海巡人員，我登船海巡人員武裝威脅解除後，雙方恢復船上談判。日方兩度透過海上保安廳情報科人員聯繫我國海巡署，要求將四名海巡人員先接回，但海巡署以保護「福」船人船安全為由，在未獲「福」船人船由我方帶回前，四名海巡人員拒絕離開「福」船。因船上日中兵力為 18:4 的懸殊比例，巡防船艦數 5:5 相當，唯船艦噸位比懸殊，我方均為 500 噸左右及一艘 60 噸巡防艇，日方則均

為 1,000 噸以上，甚至有 3,000 噸以上大艦在場，全船遭日本控制，雙方船艦海上對峙 14 小時，氣氛相當緊張，過程中，「連江艦」還一度遭到日方巡邏艦輕微碰撞，為免海釣船人船被日方帶走，我方只能採取攔截阻擋方式，以每小時 1 海浬的速度，迫使海釣船放慢航速，以爭取時間，循外交途徑解決。最後雙方在石垣島北方約 25 海浬處僵持不下。經外交管道協商，日方提供「福」船侵入日本領海的證據後，情勢急轉直下，14 日中午 12 時 30 分雙方達成協議，我方同意海釣船及船長和船員 2 人，因進入日本領海作業由日方帶回石垣島調查，9 名海釣客及 4 名海巡人員由我海巡艦接回。

本案發生後國內國際法學者有兩派觀點；法學教授陳長文認為：「這次的事件本質應定為『疑似越區捕漁』的糾紛。因為，事件發生的海域，依日本說法是在日本領海。換言之，事件並不是發生在臺日有主權爭議的經濟海域或釣魚臺海域，倘若事實確認是我方漁船越區，進入了日本領海，那麼於法於理，都是我方漁船有虧。政府在此就不能無視我方漁民的法律責任，要做的是在程序面保障我國國民的程序權利，爭取最有利的安排，但不能在實質面執意護短。以我國的海岸巡防法第 5 條第 1 項第 5 款為例，該條規定：『對航行海域內之船舶或其他水上運輸工具，如有損害中華民國海域之利益及危害海域秩序行為或影響安全之虞者，得進行緊追、登臨、檢查、驅離；必要時，得予逮捕、扣押或留置。』換言之，即便是依我國法律，對侵入我國領海的船舶，我國也得以進行緊追、逮捕、扣押或留置。這次案件，我們不應無限上綱為釣魚臺主權爭議的情緒，將這樣的情緒擴張投射到越區捕魚的爭議，不論政府或輿論，仍應就事論事，先確認有無越區的事實，然後依法論法，這才是我國作為一個國際社會成員的當為。」[9]

臺灣大學法律系副教授姜皇池則認為[10]：「船舶與人員是在暫訂執法線以內之我方海域，且在雙方對峙下，仍遭帶離！國人或許認為若橫加阻擾，是否是包庇犯罪？然就好比國民在外國遭指控犯罪，逃至國境，外國執法人員窮追不捨，進入『我國管轄區域』，強行將我國人逮捕，而我國在場之執法人員眼睜睜地任其發生，情何以堪？」姜副教授並例舉國際間發生之兩案例說明，1961 年英國籍漁船「紅色十字軍號」在丹麥法羅群島違法作業，丹麥執法船舶攔檢派人登船，並將船舶帶回丹麥，然英國船員乘機制服丹麥執法人員，並加速逃離丹麥領海，丹麥執法船艦「Neils Ebbsesn 號」緊追在後。英船呼救，英國軍艦「Troubridge 號」即刻前往協助，駛入兩船之間，在公海阻擾丹麥執法船舶，英國漁船和船上人員皆逃回蘇格蘭。丹麥指摘

---

9 陳長文，2009 年 9 月 16 日，確認有無越區捕魚依法不護短，聯合報。
10 姜皇池，處理海釣船事件的省思，2009 年 9 月 16 日，中國時報。

英國軍艦庇護非法，雙方提交調查委員會，調查委員會調查報告表示：「英國船艦之態度與行為是『無可指摘的』」。

此外，2005 年日本與韓國有關「神風號」漁船事件，更彰顯出在韓國執法海域內，確保將韓國「漁船和漁民帶返處理」之重要性。該次事件中，韓國漁船在日本專屬經濟海域作業，日本兩名執法人員上船檢查，韓國船長控制日本執法人員，並向韓方水域逃逸，當進入韓國專屬經濟海域後，6 艘日本執法船與 5 艘韓國船舶對峙，日本堅持要帶走韓方船長與漁船，最後達成妥協，韓方繳交定額保證金（50 萬日圓），並向日方保證將依法調查該案，日方船艦離開，韓籍船舶與人員回到韓國港口接受調查與處罰。

假如將上述國際實例合併觀察，則人與船皆不應遭帶走，本案在海上實力懸殊對比下，人船雖已在日本掌控，海巡單位執勤人員或有此一體認，堅持留在「福船」上，欲圖不讓日方控制駕走「福船」，並以其他執勤船艦設法遲滯「福船」被押往日方水域，僵持十數小時。惟外交協商結果，仍下達「海釣船及船長和船員兩人，由日方帶回調查」之指令，令人扼腕。尤有甚者，此一事實發生在重疊海域，恐將衝擊未來我方海域談判籌碼。蓋此次事件是自 2003 年我國公布暫定執法線以來，日本首次在暫定執法線以西我方海域，與我方海巡人員對峙，卻仍執意逮捕我國漁民之案例。特別是該船已經進入我國實力管轄海域，是有須堅持之理由。

8. 中國大陸海監船艦 2008 年介入巡邏釣魚臺海域案

2008 年東海釣魚臺及臺日爭議海域，發生多起爭端事件，尤以 6 月份發生「聯合號」海釣船被日艦撞沉案，及臺灣「全家福號」釣魚臺前往海域抗議案後，不只臺灣民情沸騰，大陸相關民眾及媒體亦反應激烈，大肆批評日本竊占釣魚臺，霸權對待臺灣漁民。

中國大陸國家海洋局 2008 年 12 月在經過周密部署，下屬的東海海監總隊「海監 46 號」（排水量 1100 噸，全長 70 米，隸屬東海海監 4 支隊）和「海監 51 號」（排水量 1900 噸，全長 90 米，隸屬東海海監 5 支隊）分別由寧波港和上海港出發，在東海某海域集結。12 月 8 日上午 8 點左右，海監執法編隊正式進入釣魚臺 12 海浬範圍巡航。8 日上午 8 時 10 分，日本海上保安廳第 11 管區「知床」級「國頭」號巡視船在釣魚臺東南約 6 海浬的海域發現了這兩艘中國大陸海監船。9 時 40 分左右，「海監 46 號」和「海監 51 號」在釣魚臺東北 17 公里海域停泊約一個小時，隨後開始環繞釣魚臺順時針方向環行，最近處距離釣魚臺約 0.4 海浬。

對於中國大陸海監編隊的巡航行動，日本海上保安廳透過無線電反覆用華語發出

離開「日本領海」的「指令」，並進行跟蹤拍照，但中國大陸船隻一直置之不理，日方巡視船曾擺出「擠壓」、「碰撞」的姿勢，並試圖干擾中方航線，但迫於中國大陸海監執法船艦的實力，無法遂行其阻擋干擾行動。一直到下午 17 時 20 分和 30 分，「海監 46 號」和「海監 51 號」才離開釣魚臺海域。

日本為了達到長期占有釣魚臺的目的，由海上保安廳在釣魚臺周圍海域設置了嚴密的「封鎖線」。釣魚臺附近海域的巡防監控任務，由海上保安廳第 10、11 管區兵力共同負責，兩個管區轄下各型巡視船共 47 艘、飛機 16 架，其中 3200 噸級巡視艦 3 艘、1,000～2,000 噸級巡視艦 8 艘。日本海上保安廳並將釣魚臺周圍分為三個巡邏警戒區域：距釣魚臺 12 海浬範圍內為「絕對禁止區」，對進入該海域的大陸及臺灣民間船隻「不惜代價」地進行驅逐；12 海浬～24 海浬為「嚴格監控區」，對進入該海域的非日籍船隻進行目標識別和喊話驅趕；對 24 海浬以外試圖接近釣魚臺海域的船隻，保安廳根據外國軍艦、政府船舶、民間「保釣」船隻、外國漁船以及「不明國籍船隻」等類別，對不同性質目標採取尾隨監視、警告、驅離等方式予以密切監控。

此次中國大陸海監輕鬆突破日本釣魚臺防線，根據國際先驅導報分析主要原因為：一方面在行動的突然性，及恰當的時機選擇，最主要乃在於周密準備。「海監 46 號」和「海監 51 號」均為 2005 年服役的新建執法船。船上除常規配裝外，還裝配有現代化的通信導航系統以及衛星網絡、專業調查取證設備等，具有機動性強、性能穩定等特點。與當時在場的日本海上保安廳「國頭號」巡視船相比，「海監 46 號」和「海監 51 號」具備相當強勢的海上對峙能力。

12 月 8 日下午，在日本首相官邸召開的例行新聞發布會上，日本官房長官河村建夫對中國大陸海監船進入釣魚臺海域一事表示「非常遺憾」。河村建夫還表示，日本外務省已經派出事務次官藪中三十二向中國大陸駐日本大使崔天凱表示「抗議」，並要求「中國大陸船隻立刻離開尖閣諸島海域」。日本首相麻生太郎在接受記者採訪時說，「很是遺憾，（中國大陸船隻）入侵日本領海顯而易見」。不過，儘管日本首相、官房長官對事件表示「遺憾」，但同時表示事件不會影響中日關係。中國大陸外交部發言人劉建超 12 月 8 日晚做出回應：「釣魚臺及其附屬島嶼自古以來就是中國大陸的固有領土。中國大陸海監船的有關活動完全是合法的，是無可非議的」。對於有記者提問，「未來會否再次派出船隻進入釣魚臺」，劉建超回答強調不能接受關於中方在此區域採取「挑釁性」活動的指責。他稱，中方不認為在中國大陸管轄海域開展正常的巡航活動有何「挑釁」可言。至於中方何時再派有關海監船去巡航，應由中方決定。

9. 蘇澳籍聯勝發號、漁津 136 號漁船被取締處罰案

2010 年 6 月間蘇澳籍「聯勝發號」、「漁津 136 號」漁船前後在暫定執法線外遭取締處罰。茲分述於下：

(1) 蘇澳藉「聯勝發號」於 2010 年 6 月 8 日 15 時 25 分在 21°31N、125°58E（鵝鑾鼻東南方約 308 海浬，日本宮古島東南方約 193 海浬，暫定執法線 7-8 點外約 51海浬）遭日方公務船「東光丸」登檢扣押航往那霸。並依違反日本有關在專屬經濟海域行使漁業等主權權利之法律（第 5 條第 1 項第 18 條第 1 款未經許可作業罪），被處依漁獲量（以每公斤計算）罰金 12,000 日圓。加計匯款手續費 3,000 日圓，保釋金額 400 萬日圓，合計金額為 4,015,000 日圓。

(2) 蘇澳籍「漁津 136 號」漁船於 2010 年 6 月 30 日 13 時 31 分，在 24°51N、132°41E（距三貂角東南東方約 650 海浬、暫定執法線第 2 點外約 406 海浬、日本沖繩縣南大東島東南方約 96 海浬）處，遭日本水產廳公務船「白龍丸」、「勝鬨號」登檢並押往那霸，並於同年 7 月 1 日繳交擔保金共 4,003,000 日圓（其中 3,000 日圓為手續費）後獲釋。

以上兩漁船均於我國暫定執法線外遭取締及依日本的漁業相關法律處罰，蘇澳區漁會和船東均迅即遵照匯款保釋，我國政府外交及漁政主管機關並予協助。長久以往，似乎已形成判例。我國對暫定執法線外得主張之專屬經濟海域最終協議談判劃界，將因這些判例我國政府和民間未表示異議而形成慣例。

10. 我國水試 1 號及海研 2 號在釣魚臺北方海域大陸礁層調查遭日保安廳巡邏船跟監干擾案

2010 年 5 月 4 日至 5 月 18 日，我國農委會所屬「水試 1 號」調查船如圖 9-5，於北緯 27 度以北至暫定執法線以西海域內，執行我國大陸礁層及海洋科學調查工作，5 月 6 日及 5 月 8 日，兩度遭遇日本公務船及飛機曾對「水試 1 號」進行跟監喊話，表示希望我方能停止調查活動或離開日方主張之專屬經濟海域。海巡署預判本次「水試 1 號」海域科研調查活動，可能會遭遇日本公務船艦干擾，派遣「巡護 3 號」全程護航。基於維護我國海洋權益及「聯合國海洋法公約」內涵，海巡署要求日方不得干擾影響我調查作業進行及航行。日本海上保安廳公務船持續尾隨跟監，由於我公務船艦尾隨保護，及海巡署與日本海上保安廳透過管道熱線聯絡，因而未有進一步行動發生。6 月上旬「水試 1 號」再度執行大陸礁層調查任務，日本海上保安廳再度派出巡視船「PLH-04」、「PLH-03」近距離監視跟蹤，我國海巡署派出連江艦、謀星艦戒護，「水試 1 號」曾遭日船用探照燈照海面未干擾到其作業。

圖 9-5　水試 1 號調查船

「海研 2 號」係國科會海科中心建造，配賦國立海洋大學科研調查船，2010 年 6 月間亦進行我國東北方海域大陸礁層及海洋科學調查，預計 6 月 9 日至 15 日至釣魚臺北方海域進行調查，海巡署為防範可能遭遇日本公務船艦干擾，遴派海巡隊員及特勤隊隊員四人攜帶必要武器裝備隨船戒護。航程活動中過程平順。

11. 中國大陸閩晉漁 5179 號漁船與日本巡視船撞船事件

2010 年 9 月 7 日中國大陸拖網漁船「閩晉漁 5179 號」在釣魚臺附近海域進行捕撈作業時，日本海上保安廳派出三艘巡邏艇先後進行攔阻，9 月 7 日 10 時 15 分左右「閩晉漁 5179 號」與日本海上保安廳巡邏船「與那國號」在釣魚臺群島的久場島北北西約 12 公里海域上相撞，漁船船頭受損，日本巡邏船的欄杆支柱斷裂。隨後日本另兩艘巡邏船繼續追蹤、衝撞、攔截，「與那國號」與中國大陸漁船擦撞的四十分鐘後，「水城號」巡邏船也追撞上去，造成右舷 3 公尺寬，1 公尺高的損傷，雙方都沒有人員傷亡。下午 1 時左右 6 名日本海上保安官強制登上「閩晉漁 5179 號」漁船檢查，調查其是否違反漁業法。日本海上保安廳指出，閩船在「日本領海」作業又不服從停船命令，持續逃離因而採取行動。日方將載有 15 名船員的「閩晉漁 5179 號」漁船及其船長詹其雄扣押逮捕。並將上案依該國國內法「妨礙公務罪嫌」逮捕，移送沖繩縣石垣簡易法院，9 月 10 日石垣法院批准拘留船長 10 天，9 月月 19 日，再度決定批准將拘留期限延長 10 天至 29 日。

日本於 13 日釋放了被扣的 14 名船員和漁船。14 名船員乘坐中國大陸準備的飛

機飛離日本沖繩縣石垣機場回國，漁船在中國大陸兩艘漁政執法船的護送下離開日本石垣島，但船長依然被扣。

　　撞船事件發生後，中國大陸政府及民間反應激烈，反日民族情感再度被激發。中國大陸外交部六度傳召日本駐華大使丹羽宇一郎。就日方「非法」扣押中國大陸漁船船長提出嚴正交涉，要求日方立即放回中方船長，並重申了中國大陸在釣魚臺問題上的一貫立場。中國大陸還推遲了原定於9月中旬舉行的第二次東海問題原則共識政府間談判，以及全國人大代表團訪日行程，宣布暫停兩國的省部級以上交往，並派遣漁政執法船前往釣魚臺海域，維護漁業生產秩序，保護中國大陸漁民的生命和財產安全。此外中國大陸國務院總理溫家寶與日本首相菅直人9月下旬出席在紐約召開的聯合國大會，期間雙方因氣氛不對不再安排雙方首長會談。溫家寶在紐約出席聯合國大會前並發表強硬談話：要求日本政府盡速無條件釋放被拘留的中國大陸籍船長，否則將採取進一步行動，一切後果將由日本自行負責。

　　在民間反應方面：受中國大陸漁船事件，原本預定於10月9、10兩天在上海開組團以來首次海外演出的日本傑尼斯天團SMAP，面臨著中止的危險。9月18日上海當地的代理店停止了入場券的銷售，並表示演唱會很有可能取消。另外據日本外務省稱：日本青年訪問團到中國大陸訪問，中方的接待單位「中華全國青年聯合會」9月19日晚通知日本駐華大使館，以中國大陸漁船事件導致中國大陸國內發生反日遊行等為由，目前的氣氛不宜舉行友好交流活動，傾向拒絕青年訪問團到中國大陸訪問。

　　在這敏感時刻，9月12日，臺灣的大中華保釣協會則是邀集香港、澳門保釣相關人士並聯合臺灣保釣協會人士，由臺灣搭乘漁船前往釣魚臺海域抗議並宣示主權。臺港澳保釣行動原預計有臺灣、香港、澳門等14人，要搭乘4艘漁船出海，但9月14日出發時，保釣團體只僱到1艘「感恩99號」漁船願意搭載保釣人士出海。原先包括香港梁國雄等在內的港澳保釣人士，計畫從臺灣北部野柳漁港以護送媽祖登船，高喊日本滾出釣魚臺等口號，他們在出海安檢站時，經移民署及海巡人員勸說認為港、澳籍人士來臺申請目的為觀光，且不具臺灣漁民身分，依法不得出海，只剩擁有漁民證臺灣的黃錫麟及殷必雄2人出海，港澳保釣人士放棄出海計畫，搭機離臺。臺灣兩名保釣人士搭乘「感恩99號」，於14日凌晨駛進釣魚臺西南西方約44公里處，即日本主張的「領海」和「專屬經濟水域」之間的海域。日本隨即派出約10艘巡邏船包圍，臺灣「海巡署」也派12艘艦艇與日本海上保安廳艦艇對峙，雙方在釣魚臺附近海域對峙約5個半小時後，臺灣保釣船返航。中華民國政府認為臺灣漁民進行正常合法的海上活動，政府均依法保護，其他國家人士來臺如欲從事與來臺申請目的不

符的活動，尤其是其他國籍人士非漁民欲出海活動均不允許。

中國大陸於 9 月 21 日在河北省石家莊附近逮捕了日本藤田建築公司的 4 名日本員工並對他們展開調查。中國大陸新華社 9 月 23 日晚公開了這一消息。但沒有提及他們的具體罪名。

9 月 24 日，日本沖繩縣那霸地方檢察廳決定以「保留處分」形式，釋放中國大陸漁船船長詹其雄。中國大陸政府派包機接回被日方扣押的詹其雄船長。中國大陸外交部重申，日方對中方船長進行的任何形式的所謂司法程序都是非法和無效的，並表示釣魚臺自古以來就是中國大陸的固有領土。日方在釣魚臺海域非法拘捕中國大陸漁民和漁船，頑固堅持對中方船長進行所謂國內司法程序，是對中國大陸領土主權的嚴重侵犯和公然挑戰，激起中國大陸人民的強烈憤慨並嚴重損害了中日關係。中方理所當然要作出必要回應。

日本媒體報導稱，中國大陸政府以擅自進入某軍事管理區並對軍事目標進行非法照像錄影為由扣留 4 名日本人，以及中國大陸限制對日出口廣泛應用於尖端科技產品的稀土類金屬是日本政府做出這一決定的原因。

美國在處理中國大陸漁船撞船遭扣事件小心謹慎，如履薄冰。美國國務院發言人克勞利當地時間 9 月 14 日在記者會上呼籲，中日就中國大陸漁船船長被日本逮捕一事應積極展開對話，「平心靜氣解決問題」，以降低中日兩國突升的外交糾紛。不過美國同時重申，美日同盟「是維護亞洲安全與穩定的基石」，能夠使日本和「包括中國大陸在內的其他亞洲國家」受益。國務卿希拉蕊強調，日本應該透過對話解決撞船事件。美國在釣魚臺問題上希望遏制中國大陸，又不欲刺激中國大陸。希拉蕊明確地說，釣魚臺群島目前是屬於日本管理的領域，適用於「美日安全保障條約」第 5 條，亦即此區域若遭到武力攻擊的話，美日將共同應對。此語一出大受日本媒體歡迎，惟中國大陸反對美國插手中國大陸與日本的海上主權糾紛。

此一事件顯示出日本在中、日國力的較勁上已逐漸居於弱勢。目前中國大陸已然在經濟上超越日本成為全球第二的地位，在軍事上也不斷的強化，在決心上又有國內強大的民氣支撐，若兩國正面衝突，日本將付出很高的代價，而美國亦因為全球情勢發展與其國家戰略需要有所鬆動，自原先支持日本擁有釣魚臺主權的立場，而改採較模糊的中立態度，只要求中日兩國應和平解決紛爭。此正使中方得以不斷咄咄逼人，日方則在壓力下建議雙方舉行高層會議解決此事，以為自己找尋解套的下臺階。但北京拒絕日方協商的提議，反而要求日本無條件放人，在中國大陸強硬的態度及後續可用的政經報復手段下，日本似乎除了放人外無他法可循。

在此一事件漸趨落幕後，中日兩國在東亞的地位已形成了消長，中國大陸勢力

超越日本得到進一步的發展，中國大陸聲稱日後對釣魚臺海域管理執法的巡航勤務將正常化，對於釣魚臺的主權聲勢也獲得強化，日本今後將很難強勢宣稱釣魚臺爲其所有。但在日本及時放軟姿態化解此一爭議下，中國大陸應也會節制後續的反應，讓兩國的關係逐漸恢復正常，以營造和諧合作的氣氛。

12.2010 至 2012 年間中國、日本公務船艦在釣魚臺海域的較勁

自 2010 年 9 月 7 日中國大陸拖網漁船「閩晉漁 5179 號」，在釣魚臺海域撞船事件後，中國漁政船即在釣魚臺海域開始常態化巡航，與日本自衛隊偵察巡邏機、日本海上保安廳直升機及日本海上保安廳巡邏艦周旋、互相喊話，向日方宣稱釣魚臺及其海域爲中方領土海域並要求日方離開。在圍繞釣魚臺巡航時，日本巡邏船原本在近島內圈，中國漁政船在外圈，但好幾次中國漁政船進入了內圈，把日本船隻擠到外圈。這些中國執法船艦包括中國漁政船「漁政 31001 號」、「漁政 201 號」、「漁政 203 號」、「漁政 204 號」，中國海監船「海監 46 號」、「中國海監 50 號」和「海監 66 號」等。日本公務船艦則包括日本海保廳「PLH06」、「PL61」、「PL62」及日本水產廳多艘公務船。

2012 年 2 月 28 日 19 時 45 分左右，中國海監船「海監 66 號」和「海監 46 號」在釣魚臺附近海域發現日本海上保安廳的測量船「昭洋號」和「拓洋號」海洋測量船進行海洋調查，遂向對方發出「這裡是中國的專屬經濟區，請立即停止調查。」的警告。「拓洋號」回應說：「我們是在本國的經濟專屬區內進行調查」，拒絕了中國海監船的要求，仍按原計畫進行調查。這是中國自 2012 年 2 月 20 日警告沖繩久米島調查船後，第二次作出同類警告。事後日本外務省向中國抗議，但中國拒絕接受抗議。

歷次雙方對峙較勁後，各方外交機關均立即抗議並向國際媒體喊話，日本外務事務省常提出嚴正抗議，並要求防止類似情況再次發生，中國則強調稱「釣魚臺列嶼自古以來就是中國的固有領土，中國對此擁有無可爭辯的主權。中國漁政船赴有關海域係巡航護漁，維護正常漁業生產秩序」等語。日本政府在歷次接到日本海上保安部門有關中國船隻進入「日本領海」相關通報後，均非常重視，在首相官邸危機管理中心成立情報聯絡室，召集相關閣員舉行應對會議，立即應對。

第二節　臺、日經濟海域爭議問題探討研析

本議題所討論的臺日專屬經濟海域重疊之問題，已牽涉臺日雙方政府主張及爭議

情況，以及國際法、各該國內法規範。尤其臺灣漁民認定之「傳統漁場」在日方主張之海域內，又深深影響到釣魚臺主權的處理，如又涉及民族情感，則更易演變爲複雜之問題，茲探討研析如下：

一、雙方主張

臺（簡稱我方）日重疊海域問題，雙方主張及法律規範分析如下：

（一）我方主張：釣魚臺主權屬於我國，若以釣魚臺爲領海基點起算，劃定 200 海浬之專屬經濟海域，北方外界線將達北緯 29 度 18 分，東方外界線可達東經 128 度 12 分，且我國主張漁權談判結果，不應視爲專屬經濟海域決定。

（二）日方主張：釣魚臺主權歸屬於日本，堅持以其片面主張之中間線以東向日方申請入漁許可。

（三）暫定措施：目前由於臺日雙方立場與主張有所分歧，導致臺日漁業談判拖延多年，我行政院遂於 2003 年 11 月 7 日核定「中華民國第一批專屬經濟海域暫定執法線」，以暫定執法線爲現階段海巡署海域執法範圍的依據，但是強調此一暫定執法線並非我國對於專屬經濟海域外界線與漁權的終局主張。

（四）劃界原則與法律制度：相鄰國家間必然存在專屬經濟海域之劃界問題，而相向國家之海域寬度小於兩國所得主張之專屬經濟海域寬度總和時，同樣也會發生劃界問題，臺日之間情勢即屬於以上之後者。

二、法律規範

（一）聯合國海洋法公約規範

1982 年「聯合國海洋法公約」第 74 條，爲針對專屬經濟海域劃界問題之一基本規範，條文規定：

1.海岸相向或相鄰國家間專屬經濟區之界限，應在國際法院規約第 38 條所指之國際法基礎上以協議劃定，以便得到公平解決（有翻譯爲衡平解決，原文爲 In order to achieve an equitable solution ）。

2.有關國家如在合理期間內未能達成任何協議，應訴諸「聯合國海洋法公約」第 15 部分所規定之程序。

3.在達成第 1 款規定之協議前，有關國家應基於諒解及合作精神，盡一切努力作

出實質性之臨時安排，並在此過渡期間不得危害或阻礙最後協議之達成；此種臨時安排應不妨害最後界線之劃定。

4.若有關國家存在現行有效之其他劃界協定，關於劃定專屬經濟區界線之問題，應按該協定之規定解決。

上列條文第 3 款核心在於達成協議前之實質性「臨時安排」，觀諸現階段國家實踐傾向於在協議前建立一條等距離線或中間線作爲臨時安排或措施，例如日本在1977 年 5 月 2 日頒布「關於漁業水域的公海措施法」，單方面向國際社會（主要針對中國大陸、韓國及臺灣等）宣布日本的漁業水域自基線量起達 200 海浬，在海域不超過 400 海浬的情況下，以中間線與鄰國爲界；北韓亦以中間線原則單方面劃定海域界線，北韓 1977 年頒布之「經濟水域法」規定，經濟水域從領海基線起 200 海浬，在不能劃 200 海浬之水域中劃至海洋的中間線；除此之外，紐西蘭、斐濟、馬達加斯加、庫克群島等國，亦單方面頒布此涉及與外國海域重疊之內國立法，非正式統計顯示約有 3 分之 1 的國家實踐參酌等距原則立法，當作尚未協議劃界之暫時解決方案，因此，中間線原則在國家實踐上已然占有一席之地[11]。

（二）衡平原則

「聯合國海洋法公約」第 74 條雖規定了 4 款，惟其中核心規範爲第 1 款的「協議劃定，衡平解決」，而對於協商劃界應遵循之具體原則，如自然延伸原則、等距中線原則並未規範，使得該公約第 74 條之適用彈性寬廣而模糊不清，爭端當事國得自我解釋適用或不適用各項既存之法則。「衡平」（equity）非 1：1 之數學上之「公平」（equality），衡平乃彈性之法律上公平，其涵義與價值即在案件中考量調整內部原具不公平之條件因素，而最後達到公平之解決結果。惟「聯合國海洋法公約」第74 條簡陋的規定，導致每一個劃界個案皆以各自獨特的方式加以解決，並無法依據該條文而解決繁雜的專屬經濟海域劃界問題。然導致該公約第 74 條簡陋規定的原因在於公約新增專屬經濟海域制度，與原來存在之大陸礁層制度並存，已見其涉及到劃界問題有關國家之切身利益，在第三次聯合國海洋法會議中已然引起激烈爭議，會議過程中擁有兩種對立的劃界利益團體，第一種爲傳統的「中間線」團體，第二種乃新興的「衡平原則」團體，兩派於會議中爭論激烈，1982 年公約專屬經濟海域已經隱含採行距離概念，沿海國單方可根據合理的距離原則主張專屬經濟海域主權權利，但

11 陳荔彤。東海護漁爭端解決與海域劃界（一）。臺灣海洋法學報，第4卷第2期：頁39-41。

是並無顯示所有國家之專屬經濟海域劃界皆必然自動適用等距離方法，即使在兩國海岸相向的情形下，基於衡平解決考量，爭端當事國可以適用任何方法，當然亦包括等距離方法，只要是最終目的在於確保衡平解決之結果，此為在當時情形與條件下，不同主張之折衷妥協，並獲得大會通過，而分別訂立專屬經濟海域和大陸礁層之第 74 條和 83 條。條文不使用等距離線或中間線的法律規範文字，亦不提衡平原則字眼，只提出衡平解決，能同時被兩派國家團體所接受。

（三）我國所採取之對策

1. 加強爭議海域域巡護

海巡署為維護我國漁民權益與作業安全，自 2003 年 2 月 15 日起，開始執行專屬經濟海域漁業巡護，執勤頻度主要乃是依據漁業署所定之「政府護漁標準作業程序」規定，再依據漁汛期、漁區或突發事件之需要，適時調整漁業巡護之密度。另自 2005 年 6 月 9 日起，常駐大型船艦 1 艘，在臺日爭議海域巡護。若發現日本公務船舶進入我方暫定執法線內，堅決要求離去我國水域，若接獲我國籍漁船遭其驅離或扣押通報時，立即前往救援，以保障我國漁民作業安全。

2. 透過談判解決紛爭

由於臺日海域劃界之爭議，與漁業資源爭奪及日方海域執法機關強勢執法，導致雙方紛爭不斷。為有效處理，我國政府外交、漁業及海域執法等主管機關，研商後認為徹底解決方案就在於與日方積極談判解決。臺日漁業會談從 1996 年至 2005 年共舉行了 15 次，第 15 次雙邊會談於 2005 年 7 月在東京大倉飯店舉行，儘管會談了 15 次，雙方主張的差距還是很大，包括海域重疊的認知、排除雙方法律適用的共管漁區以及互不承認日本劃定的中間線與臺灣劃定的暫定執法線。2008 年 6 月發生「聯合號」被撞沉事件後，經臺日多次協調，第 16 次的會談在擱置 3 年後，敲定 2009 年 2 月 26 日在臺北召開，談判結果雙方召開記者會聲明：「雙邊暫時擱置主權爭議，沒有談到敏感的釣魚臺問題，也沒有談到海上劃界的問題，會談主要是針對兩國漁業糾紛，進行技術性的協商。雙邊同意建立更密切的聯繫管道，處理海上糾紛，以便掌握時效處理危機；另外，雙方也同意強化民間的交流，由臺灣省漁會跟大日本水產會來進行交流協商」。在這次會談結束的同時，我國外交部發表聲明，抗議日本首相麻生太郎聲稱釣魚臺是日本領土。

　　第16次漁業會談對臺日間捕魚範圍（漁權）及海域劃界（主權）並無實質進展。惟對於海域執法機關間，建立聯繫管道及緊急通報機制，以便掌握時效處理危機事件，達成協議及共識，有效要求日本海上保安廳及水產廳等執法船舶，友善妥適對待臺籍船舶，遇有事件應立即主動通知我方協同處理，減低日方強勢作為可能對我方船舶造成的損失與傷害。

　　臺日漁業會談歷經16次，始終無法觸及核心事務「主權」與「漁權」問題，日本與中國大陸及韓國在東海及黃海均已簽訂「中日漁業協定」及「中韓漁業協定」[12]。而日本與臺灣一直拖延避談雙方爭議之核心議題，主要關鍵乃在於日本的態度與想法，在基本結構或實質內涵上，日本目前實質掌控釣魚臺，且在釣魚臺或臺灣東面至日本與那國島之間海域內，日本並無太大的漁捕活動及利益，日本自然不覺得有與臺灣就這兩項核心議題，進行會談的動機與必要。此外日本與中國大陸在外交、經貿等結構上，存在實際及利害關係，必須在意中國大陸對臺日間如正式簽署有關「主權」之類的協約，可能引發的中日間外交及經貿之效應。職是之故，我國未來與日本如果重啟談判，策略上應將主權與漁權問題脫鉤處理，先談漁權即劃訂「共同捕魚區域」，讓臺灣漁民有合法捕魚海域空間及權利，未來再緩圖「主權」海域劃界談判。而這項漁權談判，臺灣政府應積極努力，儘速促成，否則中國大陸與日本如就其「中日漁業協定」北緯27°以南[13]（臺灣以東太平洋海域）未談妥部分，繼續完成談判簽約，則將是我國政府在政治自主性上一項重大危機。

　　2013年4月10日第17次臺日漁業會談在臺北舉行，臺日自民國85年起展開漁業會談，在第16次會談後中斷逾4年。在雙方高度復談意願下，第17次會談由臺灣亞東關係協會會長廖了以及日本交流協會會長大橋光夫為代表，本次會談依據馬總統提出的「東海和平倡議」，在我方堅定維護主權及相關海域主張的前提下簽署「臺日漁業協議」。

　　協議全文如下[14]：

12 詳本書第8章第一節第四段「中國與日本、韓國關於黃海及東海海域劃界問題」，日本分別與中國於1997年11月11日簽訂「中日漁業協定」，與韓於2001年6月30日簽訂「中韓漁業協定」。
13 同上「中日漁業協定」，簽訂範圍為北緯31°30′以南、北緯27°以北。至於北緯27°以南，日本以該海域目前為臺灣與其重疊範圍，推遲與中國簽署協議，未來如中國積極介入該海域之活動，可能迫使日本與其依「聯合國海洋法公約規範」就海域主權及漁權簽訂協議。
14 中華民國外交部2013年4月10日新聞稿〈臺日雙方簽署「臺日漁業協議」〉。

第 1 條

　　本協議旨在維持東海之和平穩定，推動友好及互惠合作，致力於專屬經濟海域之海洋生物資源養護及合理利用，並維持漁業作業秩序。

第 2 條

　(1)關於東海之北緯 27 度以南海域，為致力於海洋生物資源養護及合理利用，並維持漁業作業秩序，基於該海域有必要儘速建立具體措施之共識下，本協議適用於下列所揭各點依序以直線連結支線段所圍成之專屬經濟海域（以下稱為「協議適用海域」）。

　　(a) 北緯 27 度、東經 126 度 20 分

　　(b) 北緯 27 度、東經 122 度 30 分

　　(c) 北緯 24 度 46 分、東經 122 度 30 分

　　(d) 北緯 24 度 49 分 37 秒、東經 122 度 44 分

　　(e) 北緯 24 度 50 分、東經 124 度

　　(f) 北緯 25 度 19 分、東經 124 度 40 分

　　(g) 北緯 25 度 29 分 45 秒、東經 125 度 20 分

　　(h) 北緯 25 度 30 分、東經 125 度 30 分

　　(j) 北緯 25 度 32 分 17 秒、東經 125 度 30 分

　　(j) 北緯 25 度 40 分、東經 126 度

　　(k) 北緯 26 度 30 分、東經 126 度

　　(l) 北緯 27 度；東經 126 度 20 分

　(2)協議適用海域中下列所揭各點依序以直線連結之線段所圍成之海域，鑒於其漁業現狀複雜，為海洋生物資源養護及合理利用且為維持漁業作業秩序之特殊需求，劃定為特別合作海域。

　　(a) 北緯 26 度 30 分、東經 126 度

　　(b) 北緯 26 度 20 分、東經 125 度 30 分

　　(c) 北緯 25 度 32 分 17 秒、東經 125 度 30 分

　　(d) 北緯 25 度 40 分、東經 126 度

　　(e) 北緯 26 度 30 分、東經 126 度

　(3)兩會向各自有關主管機關請求，基於以下原則，就特別合作海域之海洋生物資源養護及合理利用與維持漁業作業秩序，盡力予以支援。

(a) 臺灣與日本（以下稱「雙方」）之漁業從業人員基於友好及互惠合作之作業應獲最大限度之尊重。

(b) 為營造雙方漁業從業人員間避免發生糾紛之漁業環境，盡最大限度之努力。

(c) 關於在特別合作海域作業之相關具體事項，將於依據本協議第 3 條所設置之臺日漁業委員會協商。

(4)兩會為避免因過度開發而危害海洋生物資源之維護而進行合作為前提，在本協議適用海域中，於下列所揭各點依序以直線連結之線段所圍成之海域，對於臺日雙方漁業從業人員，為使己方之漁業相關法令不適用於對方，應各自請求相關主管機關，在本協議簽署後 30 日內完成雙方相關法律措施。

(a) 北緯 27 度、東經 126 度 20 分

(b) 北緯 27 度、東經 122 度 30 分

(c) 北緯 24 度 46 分、東經 122 度 30 分

(d) 北緯 24 度 49 分 37 秒、東經 122 度 44 分

(e) 北緯 24 度 50 分、東經 124 度

(f) 北緯 25 度 19 分、東經 124 度 40 分

(g) 北緯 25 度 29 分 45 秒、東經 125 度 20 分

(h) 北緯 25 度 30 分、東經 125 度 30 分

(i) 北緯 26 度 20 分、東經 125 度 30 分

(j) 北緯 26 度 30 分、東經 126 度

(k) 北緯 27 度、東經 126 度 20 分

(5)兩會鑒於海洋生物資源養護及合理利用，並維持漁業作業秩序之宗旨，基於友好及互惠合作，就雙方關切之海域持續協商。

第 3 條

(1)兩會為達成本協議之目的，設置「臺日漁業委員會」（以下稱「委員會」）。

(2)委員會由兩會各自之代表或其代理人各 2 名委員加特別委員組成。

(3)委員會討論以下事項，將其結果列為會議紀錄。兩會將委員會的會議紀錄通報各自之有關主管機關，分別請求有關主管機關採取必要措施，使其內容得以實施。

　(a) 為確保協議適用海域不受過度開發而危害海洋生物資源之維護而合
　　　作之相關事項；

　(b) 為確保協議適用海域之漁船航行及作業安全而合作之相關事項；

　(c) 關於在漁業領域合作之其他事項。

(4)兩會各自之代表或代理人，可召集會議，邀請具專業知識之有關機關之
　　代表擔任特別委員。

(5)委員會原則上每年開會 1 次，輪流在臺北及東京舉行。兩會認為有必要
　　時，得召開臨時會議。

(6)委員會視需要，得與漁業相關民間團體共同開會。

(7)委員會所作決定，需經全體出席委員一致同意。

第 4 條

　　本協議之所有事項或為實施而採取之措施，均不得認為影響雙方具權限之
主管機關有關海洋法諸問題之相關立場。

第 5 條

　　本協議自簽署之日起生效。倘兩會之任一方於 6 個月前將擬終止本協議效
力之意思以書面通報他方而終止本協議，則不在此限。

　　本協議在北緯 27 度以南及日本先島諸島（包括八重山群島等）以北之間海域，
劃設大範圍「協議適用海域」（「排除對方法令適用海域」）如圖 9-6，臺灣漁船在
該海域內的作業權益獲得確保，不受日本公務船干擾，且範圍除臺灣原訂「暫定執法
線」內海域，並延伸至線外，使漁船作業範圍擴大。日本漁船亦不受臺灣法令拘束。
至於北緯 27 度以北及日本先島諸島以南的臺灣「暫定執法線」內，政府仍將繼續維
護臺灣漁船現行作業環境，以保障臺灣漁民合法權益。

　　雙方政府在協議內容列入「免責條款」，確認協議各項規定不損及雙方原本各
自主權及海域主張等相關國際法各項問題的立場與見解，確保中華民國對釣魚臺列嶼
「主權在我、擱置爭議、和平互惠、共同開發」的一貫堅定立場。

　　外交部部長林永樂在記者會上說：協議適用海域扣除釣魚臺列嶼 12 海浬內海
域，共 74,000 平方公里（約為臺灣面積的兩倍大），「我國的漁民在協議適用海域
的作業權益會獲得充分保障，作業的範圍也會擴大約 1,400 平方海浬（4,530 平方
公里，臺灣暫定執法區外）。」協議適用海域內，日漁船仍可進入，日本公務船不進
入。東邊靠近日本一帶因靠近琉球，較常出現日本漁船，臺日雙方同意劃出「特別合

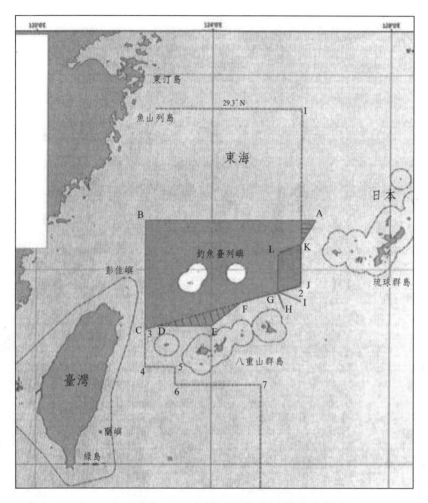

圖 9-6　臺日第 17 次漁業會談「協議適用海域」

作海域」，雙方依據兩國各自法令自主管理；若出現爭端，則由雙方成立的「臺日漁業委員會」協商處理。北緯 27 度以北與先島諸島以南海域，及釣魚臺列嶼 12 海浬內海等其他雙方關切的作業海域及雙方漁業合作等議題，也將透過臺日漁業委員會這個制度化機制持續協商。他表示「在主權立場上沒有退讓。協議列入免責條款，釣魚臺列嶼周邊領海基線 12 海浬，將不包括在協議使用範圍。臺灣政府對捍衛主權，保護漁權的立場不變，絕不會以主權換取漁權。」

　　在協議簽署後記者會上，外交部長林永樂表示，臺日漁業協議目的在於針對雙方重疊專屬經濟海域的漁業作業尋求解決，協議捨棄原本臺灣「暫定執法線」及日本

「中間線」的堅持，改採經緯度為基準，配合臺灣漁民的作業傳統，在北緯 27°度以南及日本先島諸島以北間，劃設大範圍「協議適用海域」。

至於釣魚臺 12 海浬領海區域，林永樂表示，由於雙方各有主權主張，我方更在談判中堅持對釣魚臺的主權，以及不以主權換漁權的立場，因此談判擱置爭議，協議亦未觸及。

3. 宣導國人國際海洋法新趨勢並強化法治觀念

我國籍漁船在爭議海域作業，大多自認為係在「傳統漁場」或「公海」作業，一旦遭日方公務船舶驅趕或扣押，則自認為受委屈並抱怨政府護漁不力，或軟弱無法對抗日本。為使國人瞭解自「聯合國海洋法公約」1994 年生效後，國際間對於漁業資源保育、保護及永續發展趨勢，以及鄰近國家對經濟海域等海域疆界資源劃界與爭取的相關作為，同時宣導政府已採取之措施；劃定「暫定執法線」，保護漁民在「暫定執法線」內作業之安全。由漁政主管機關及海巡署加強對漁民宣教，籲請遵守相關法律規定，勿進入他國海域作業，以免造成生命財產損失。

4. 充實海域執法能量

近年我國與鄰近國家重疊經濟海域主權爭議不斷，北方、東方海域臺日漁業糾紛時有發生，南方海域我國漁船屢遭不明槍擊，甚至遭菲律賓政府扣押，民間要求政府強力護漁聲浪俱高，中國大陸海測船及海監船舶則頻頻侵擾，國家主權權利備受挑戰，加以我國遠洋漁業發達，作業漁船超過 3,000 艘以上，偶有發生海上喋血、挾持、海盜事件，為此強化我國經濟海域之巡防部署、維持爭端海域之穩定和平及積極參與國際漁業組織履行公海漁業執法義務實已刻不容緩。然審度我國海巡艦艇現況，非僅船齡老舊、噸位過小，功能設計亦不具遠洋執法能力，雖有諸多航安顧慮，人命安全堪虞，但為維護漁場作業秩序，確保我國周邊海域之安全，仍勉力執行。有時於爭端水域與周邊國家執法艦艇遭逢，我國艦艇更是相形見絀，執法過程備感吃力，亟需汰建新型艦艇，以滿足各項海巡任務需求。

我國海域執法機關行政院海岸巡防署成立於 2000 年，迄今剛滿 15 年，成立之初執勤能量薄弱，經濟海域及公海遠洋巡護能量較欠缺，艦艇總數 112 艘，其中大型巡防艦及巡護船超過 500 噸大型巡防艦船，僅財政部關稅總局及農委會漁業署移撥之巡防艦巡護船共 9 艘，最大型為 1,800 噸「和星號」、「偉星號」兩艦。之後，基於強化戰備及提升艦艇執法能量，海巡署積極建構巡防船艦，尤其著重遠程經濟海域以上巡防之大型船艦，迄 2015 年止，陸續爭取預算，建構成軍的有「臺北艦」、「基

隆艦」、「花蓮艦」、「澎湖艦」、「臺中艦」、「南投艦」、「金門艦」、「連江艦」等 500～600 噸級巡防艦 8 艘，2010、2011 年成軍的還有 2,000 噸「臺南艦」、「新北艦」各乙艘及 1,000 噸遠洋巡護船 3 艘，2014、2015 年更完成 3,000 噸「高雄艦」、「宜蘭艦」。除此之外，這 15 年來也積極汰建老舊巡防艦艇，研發新型及功能設備完善之 2 代、3 代 100 噸及 50 噸巡防艇，提升其續航力及耐浪穩定性，以支援中程經濟海域巡防任務。

　　2008 年 6 月 10 日我國「聯合號」海釣船於釣魚臺海域，遭日本海上保安廳巡視船「PL-123」撞沉，國內輿論要求政府應強化護漁能量，有效維護我漁民在該海域作業安全。同年 6 月 12 日總統府之聲明及同年 6 月 19 日行政院院會決議，明確要求海巡署立即強化編裝，提升維護主權及捍衛漁權能量。為落實國家政策，海巡署「強化海巡編裝發展方案」，於 2009 年 4 月 14 日經行政院核定。該方案總經費達 250 億餘元；新建船艦包含 2 艘 3,000 噸、1 艘 2,000 噸、4 艘 1,000 噸巡防救難艦及 28 艘 100 噸級巡防救難艇，另新建 2 艘 1,000 噸遠洋巡護船。至 2017 年海巡署各式艦艇將達 173 艘，同時配合新建艦艇，增加海勤人力預算員額，並要求相關主管機關（交通部及農委會漁業署）配合本方案政策移撥碼頭廳舍，供艦艇泊靠及人員使用，以強化遠距巡防能量、維護我國海洋權益、執行經濟海域及公海遠洋巡護任務。

第三節　臺、菲經濟海域爭議

　　臺灣南方、菲律賓北方的巴士海峽及巴林坦海峽海域具有豐富的高經濟價值鮪類資源，臺灣漁船時常前往作業。近幾年菲律賓人也開始捕捉，因此菲國公務船更嚴格執行驅趕臺灣漁船的作業。臺灣與菲律賓兩國數十年來在各自主張之專屬經濟海域重疊區域上多次發生的漁業糾紛，甚至造成漁民傷亡。漁業署統計從 1990 年至 2012 年，菲律賓就扣留了 108 艘臺灣漁船。有漁民指出，到南海捕魚時必須攜帶大筆現金在身上，以應付菲律賓海巡署公務船的「登船安檢」。這個習慣被形容為漁民之間的「潛規則」。我國漁船在與菲律賓經濟海域重疊區域，自 1968 年 7 月 20 日，東港漁船「連春財號」遭菲律賓扣捕事件起，近 30 年來陸續發生許多被查扣、勒贖及開槍射擊或虐待等事件，依據「維基百科」對臺菲漁業衝突事件的資料統計[15]，分列如下：

---

15 臺菲漁業衝突，維基百科：https://zh.wikipedia.org/wiki/%E8%87%BA%E8%8F%B2%E6%BC%81%E6%A5%AD%E8%A1%9D%E7%AA%81。

1981 年 8 月屏東琉球籍兩艘漁船「建和志號」、「全盈茂號」在南中國海遭菲律賓公務船開槍追逐，其中「建和志號」被擊中油艙爆炸起火燃燒，同是堂兄弟的五個船員被活活燒死。

1984 年 2 月琉球籍的「海漁成號」在北緯 12 度、東經 116 度的南中國海上作業，被編號 28 號的菲律賓軍艦開砲追擊及捕獲，結果漁獲及物品充公，並被菲律賓以索賠開砲所使用的軍費為由勒索，船員每人賠償 10 萬美元後獲釋。5 名船員被菲律賓扣押 4 個多月後駕船返回臺灣。

1984 年 5 月高雄市籍「五川 3 號」為拖救故障的東港籍「進吉春號」，雙雙被菲律賓軍艦扣押，包括全數 18 名船員。另外一艘東港籍「德財興號」亦因為機器故障漂流，被菲律賓扣押全數船員 11 人。東港籍「成豐 6 號」被菲律賓扣押 5 個月後獲釋，5 名船員返回臺灣。西嶼鄉「豐振興號」遇難發出求救訊號，隨即失蹤，5 名船員生死不明。

「赫連號」5 名船員失蹤。「敏利號」5 名船員失蹤。「瑞昇號」5 名船員失蹤。東港籍「忠和興號」和一艘小琉球漁船被不明國籍艦艇追逐 8 小時，一直追到蘭嶼海面才脫險。

1984 年 6 月行政院表示中華民國國軍全力護魚收效。不久，被菲律賓扣押的「進吉春號」和「五川 3 號」被勒索 38,000 美元軍費後獲釋。高雄市市長許水德在高雄市議會上說：高雄市籍漁船被外國扣留的共有 80 艘，人船均獲釋的有 37 艘，人已回來、船仍然被扣留的有 22 艘，還有一艘人船均被扣留。

1984 年 9 月「吉進興號」被菲律賓扣押，有菲律賓華僑傳話獲得 60 萬元後會放船。「聯豐發號」在被菲律賓扣押後亦遭菲律賓華僑敲詐。

1984 年 10 月「聯豐號」遭菲國劫持，劫持所用武裝船，疑為臺灣海難漁船改裝。

1984 年 11 月被扣的「吉興號」5 名船員在菲律賓斷炊，寫信回國求援。

1984 年 12 月高雄市 15 艘漁船、200 餘船員被扣海外，其中大部分為臺灣原住民，船公司遲不援救船員，亦無發配家屬安家費用。

2002 年 4 月屏東縣籍漁船「滿吉財 3 號」船長被菲律賓囚禁 1 年 6 個月，繳付巨額罰金後獲釋。

2004 年東港籍漁船「成福利號」在菲律賓北方巴丹群島海域被一艘菲律賓武裝艦艇以機關槍掃射，導致船長王保生因為身中數槍，當場斃命。

2004 年 4 月琉球籍「興億福號」漁船因為機件故障漂流至菲律賓巴丹群島海域擱淺，海岸巡防署接獲船長陳隆泰求救訊息後，派出花蓮艦馳援。結果遭到島上武裝份子開槍攻擊，「興億福號」被洗劫一空，最終船上 6 名船員成功獲救。

2006 年 1 月 1 月 5 日，臺東縣籍漁船「滿春億號」在巴丹群島東南方約 500 公尺處海域作業時，遭到菲律賓警察朝著駕駛艙以 M14 和 M16 步槍連續掃射，導致船長陳安老右大腿動脈中彈，失血過多死亡，胞弟陳明德臀部中彈受傷。

2009 年 5 月屏東縣琉球籍漁船「紫福添號」於 5 月 12 日，因躲避颱風駛近菲律賓海域，等到風雨過後準備返航，卻被當地海巡隊以越界捕魚為由遭扣押。當時船上成員包括船長洪勝福等兩名臺籍幹部及 10 名印尼漁工全數遭軟禁。由於當地中央及地方漁業管理機關多，漁船被扣後多方單位以罰款為由多重索錢，期間家屬多次到菲律賓斡旋，前後付款 150 萬元新臺幣仍不放行。至 8 月 3 日船長趁天候不佳，斷纜逃出菲國港口，於 8 月 4 日安全返回屏東東港。

一、廣大興 28 號事件的衝擊與處理

臺灣屏東縣琉球鄉籍漁船「廣大興 28 號」在 2013 年 5 月 9 日上午 5 時於臺灣鵝鑾鼻東南方約 164 海浬處進行作業，由船長洪育智駕駛，同船尚有船員洪石成（船長洪育智之父）、以及其他數名漁民亦一同在漁船上作業。上午 9 時 45 分，漁船於巴林坦海峽遭到菲律賓海巡署的公務船（Maritime Control Surveillance 3001）以機槍射擊，造成洪石成中彈身亡。此事使得臺菲關係越見緊張。

中華民國海巡署於下午 1 時 04 分接獲報案，此時「廣大興 28 號」的位置約在北緯 20 度，東經 123 度。菲律賓政府稱事件發生於其領海內。菲律賓海巡署公務船當時於該海域發現兩艘漁船，其中較小的一艘試圖衝撞菲國公務船，導致菲律賓公務船開火反擊。但是中華民國方面對於菲律賓政府的說法表示質疑，並認為當時「廣大興 28 號」在距離鵝鑾鼻東南方 164 海浬處作業，位於中華民國經濟海域內，在航行的過程中無故遭菲律賓公務船突襲，係菲律賓違法執行公務，干擾臺籍漁船正常作業。海巡署臺南艦在接獲通報後前往事發地點對臺灣漁船進行戒護。

中華民國外交部在事發後嚴正向菲律賓政府抗議，亦透過駐菲律賓臺北經濟文化辦事處代表王樂生會晤菲律賓海巡署署長伊索瑞納（Rodolfo Isorena），要求查明真相與給予有關人士適當的懲處。中華民國外交部表示：臺籍漁船在重疊經濟海域內作業屬正當且合法行為，菲律賓方面已經違反「聯合國海洋法公約」「若一國的軍用船舶、政府船舶違反國際法對其他船舶、飛機實施暴力或掠奪行為，不構成海盜罪，但應要求該國負擔國際責任，以及依該國國內法對有關人員進行懲處。」等有關法條。另外，駐菲代表王樂生依「臺菲刑事司法互助協定」向菲律賓要求介入此案調查的權利。中華民國總統馬英九對此案表示「一定追究到底，絕不善罷甘休！」

（一）偵察與究責

罹難者洪石成遺體與「廣大興 28 號」漁船、船員，於 2013 年 5 月 11 日凌晨返抵屏東縣琉球鄉大福漁港，臺灣屏東地方法院檢察署指揮鑑識人員針對船身周邊彈孔蒐證，清點出彈孔 52 處，法醫也進入船艙相驗罹難者遺體。鑑於當地相驗資源有限，遺體移靈，前往高雄市相驗。中華民國檢方公布解剖遺體之結果表示，事件罹難者洪石成遭到單一頸部左下段貫穿性槍傷，貫穿左頸動脈、氣管、食道，第 2-6 胸椎爆裂橫斷，主動脈、左上肺葉、右上及右下肺葉破裂，大量出血及氣胸、血胸，低血溶性休克及呼吸衰竭死亡。因死者第 2～6 胸椎嚴重爆裂且橫斷，法醫研判，菲律賓公務船使用的是高射速、火力強大的槍械，推測可能是步槍或機槍。中華民國法務部依據「廣大興 28 號」航程記錄器（VDR）及船長證詞判斷，事發地點約為東經 122 度 55 分 41.37 秒、北緯 19 度 59 分 47.27 秒。

2013 年 5 月 16 日上午，由中華民國外交部、法務部、屏東地檢署、刑事警察局、海巡署、漁業署等跨部會組織 17 人聯合調查團，啓程前往馬尼拉，對菲律賓海巡人員等具體行為事實做進一步調查，以利釐清案情真相，另外亦不排除將菲方涉案人員引渡回臺。5 月 20 日晚間，中華民國法務部政務次長陳明堂表示，經臺菲雙方溝通協商後，菲律賓初步同意臺灣當局派調查團赴菲調查並「登船驗槍」，屆時臺方調查團可登上涉案公務船，鑑識相關槍枝以比對彈道。而基於平等互惠立場，臺方也同意菲方派調查小組來臺。5 月 21 日，陳明堂再度表示，雖然臺菲司法互助初步達成，菲國同意我方登船、驗槍的共識，但關鍵的菲海防公務船開槍的動機，則是事件的關鍵所在，因此牽扯的證據，可透過「廣大興 28 號」漁船的航行記錄器，加以還原我方漁船並未越界捕魚；陳明堂表示，菲方所謂的衝撞說法，未來待菲方調查人員來臺，勘驗廣大興號即可明瞭。

2013 年 8 月 7 日，屏東地檢署依「殺人罪」起訴下令開槍的船艦指揮官 1 人和涉嫌開槍的海岸巡防員 7 人共 8 人，並同時公布由菲方提供的菲艦追逐並掃射「廣大興 28 號」的影片。影像顯示，菲船指揮官下令船員就「戰鬥位置」並緊追，7 名海巡員聽命攜帶槍至甲板上，拿起擴音器廣播及鳴笛方式通知「廣大興 28 號」停船受檢，並鳴槍示警。後來就看到菲方可能因不滿「廣大興 28 號」不配合，開始朝船開槍，但風浪過大，槍砲無法瞄準，「廣大興 28 號」在逃離過程沒有衝撞菲艦。屏東地檢署主任檢察官蔡榮龍指出，據臺菲雙方調查的相關證詞，菲船靠近「廣大興 28 號」，海巡員正想鋪墊拉繩登上「廣大興 28 號」，因「廣大興 28 號」不想受控制，迅速倒退船身，設定自動駕駛離去，菲船因而展開追擊。

（二）強勢護漁

2013 年 5 月 12 日起爲展現我強勢保護我國漁船在臺菲重疊海域的安全與權益，中華民國海岸巡防署及國防部出動「臺南艦」、「福星艦」、「巡護 1 號」與海軍康定級「康定號」飛彈巡防艦、濟陽級「海陽號」飛彈巡防艦共同組成聯合艦隊，前往臺菲周邊海域，加強海上巡護。5 月 13 日，由「德星艦」接替「福星艦」執行護漁任務。同時立法院朝野四黨團於 5 月 14 日發出共同聲明要求政府迅即有效護漁，並在未獲菲律賓政府正面回應前，應採斷然有效嚴屬制裁。

（三）嚴正聲明與要求制裁

由於菲律賓在事件過後未有反應，僅有駐臺代表白熙禮向受害人表示歉意，5 月 11 日晚間，總統馬英九召開國安會議，並由總統府發言人發表中華民國政府對菲律賓政府的「四項嚴正要求」，要求菲律賓政府在 5 月 15 日零時之前正式向中華民國以及受害漁民道歉、賠償損失、儘速徹查事實及嚴懲兇手，以及儘速啓動臺、菲漁業協議談判。若在期限內未獲菲律賓政府對四項要求的正面回應，中華民國政府將採取三項抗議措施。

5 月 14 日晚間外交部部長林永樂與菲駐臺代表白熙禮的談判與深夜召開的記者會，5 月 15 日上午 7 時總統馬英九召開國安會議，與會官員認爲菲律賓政府未完全答應四項要求，決議啓動第一波制裁措施，由行政院長江宜樺上午十時召開國際記者會，就 5 月 11 日所提四項嚴正要求分析菲律賓前一日提出之最後版本聲明：

「正式道歉」方面，菲國政府只授權馬尼拉經濟文化辦事處理事主席裴瑞茲表達「菲律賓人民」之遺憾與道歉，刻意避開「菲律賓政府」字樣；「調查懲兇」方面，只承諾由國家調查局調查，並未交代對違法者可能的刑事或行政控訴及處分；「損害賠償」方面，僅願向家屬致贈菲國人民捐款，避談菲國政府應負全部賠償責任；「漁業談判」也未依承諾邀我共同研商。同時未以正式官方聲明列明白熙禮來臺的授權談判內容。

江宜樺並對菲律賓至 15 日之所有回應做出總評：「菲國的聲明形式上有道歉並提到賠償，但實質內容不夠充分，且前後提出四種不同版本，從不同版本文字變化顯示菲國希望『由有化無、由重化輕』，『希望以最輕微的方式回應』，我方無法接受，即刻採取三項制裁措施。」並公布若菲國下午 6 點前對四項要求仍無正式且有誠意的回應，將啓動的第二波共計八項制裁行動。當時啓動的三項制裁措施如下：終止菲律賓外勞來臺之申請。召回中華民國駐菲律賓代表。要求菲律賓駐臺代表返回菲律

賓繼續處理本案。

江宜樺公開聲明的逐字稿摘錄片段如下：「本案是菲律賓政府的公務人員殺人毀船，因此菲律賓政府不能逃避責任」。江宜樺強調，菲國執法人員在臺灣的專屬經濟海域殺害漁民的做法，已違反國際法、海洋法及人道的原則。事發之後至今，完全缺乏解決的誠意。江宜樺並呼籲國際社會重視這次事件，共同聲援無辜受害漁民，政府也將加強對國際社會的論述，並訓令外館加強對國際的發聲，強調中華民國面對爭議的理性務實、愛好和平、解決爭端的精神。

擔任菲律賓總統私人代表的駐臺辦事處理事主席裴瑞茲，於 5 月 15 日中午抵臺，拜會中華民國外交部。外交部於下午 2 點 45 分臨時召開記者會時表示，「裴瑞茲先生授權不足，菲律賓政府缺乏誠信，反覆閃爍。」拒絕接見。另其原定 16 日前往小琉球探視受害漁民家屬，罹難者之女洪慈綪向媒體表示拒絕與他見面，並且質疑菲律賓在事件發生後多日來既未公開開槍公務船的航行記錄器的調查結果，亦未對何時能發表調查結果做任何表示。

5 月 15 日下午 6 時，行政院長江宜樺再度召開國際記者會，宣布中華民國對菲律賓的「第二波制裁行動」且立即生效，新增之八項手段如下列：

1. 中華民國外交部將菲律賓之旅遊燈號轉為「紅色」，不鼓勵臺灣人民至菲律賓旅遊及洽公。

2. 停止臺菲雙方高層交流及互動，包含世界衛生大會兩國部長級會議。

3. 停止臺菲經貿交流、推廣以及招商活動。

4. 停止臺菲農漁業合作事項。

5. 停止雙方科技研究交流與合作計畫，

6. 中華民國國科會停止 5 項臺菲合作計畫。

7. 停止臺菲航權談判。

8. 停止菲籍人士適用「東南亞五國人民來臺先行上網查核」免簽證措施。

在記者會上江宜樺並展示「廣大興 28 號」船身彈痕累累的圖片，提到菲國總統府發言人前一日下午的正式聲明中指「洪石成先生的死亡，是一件不幸且非意料中的生命喪失。」江表示「我們實在無法接受這是疏忽、或是非意圖的射殺行為。」江宜樺並宣布中華民國國防部與海岸巡防署在南海相關海域進行海上聯合操演。

（四）擴大聯合軍演

5 月 16 日，中華民國國軍與海巡署舉行「護漁聯合軍演」，為近期第二度聯合演習。海軍艦隊越過「暫定執法線」北緯 20 度線約 15 海浬後折返，「承德艦」與「和

偉星艦」會合，展開操演，實行海空聯合護漁。參與演習的所有艦艇與航空器如下：

海巡署：「臺南艦」、「偉星艦」、「巡護 8 號」、「德星艦」。

海軍：基隆級「馬公號」飛彈驅逐艦、康定級「康定號」與「承德號」飛彈巡防艦、S-70C 反潛直升機一架。

空軍：幻象 2000-5 型戰鬥機兩架、F-CK-1「經國號」戰鬥機兩架、E-2K 空中預警機一架。

國軍軍力與海巡艦艇戰力，雖然整體上遠遠優於菲律賓，但菲律賓有「美菲共同防禦條約」自保，該條約聲明若菲方遭到攻擊，美軍有義務保護菲國，因此臺灣方面為避免與菲律賓的潛在衝突導致與美國為敵，並未發動更高層級的對菲軍事嚇阻。

為使國際社會更瞭解菲律賓公務船射殺臺灣漁民的事實，中華民國外交部於 5 月 19 日成立「國際媒體單一回應窗口」辦公室，由外交部公眾外交協調會簡任秘書蔣昌成擔任發言人，統一對外國媒體闡釋中華民國政府嚴正立場及漁船遭槍擊案最新進展，使得國際媒體能充分掌握最新正確訊息。

（五）菲律賓的反應

在中華民國政府於 5 月 15 日上午啓動 3 項抗議措施及發表 8 項反制措施後，菲律賓總統艾奎諾三世於 5 月 15 日下午透過總統府發言人表示，馬尼拉經濟文化辦事處理事主席裴瑞茲（Amadeo Perez Jr.）當日會抵達臺灣，作為「私人代表」，代表「他（艾奎諾）與菲律賓人民」向臺灣道歉。並且在書面聲明當中提及，臺灣漁民是「不幸且意外」的死亡。

據此，中華民國政府認為菲律賓沒有誠意以「官方」身分正式向臺灣道歉，中華民國外交部於下午 2 時 45 分舉行記者會，表明艾奎諾三世私人代表裴瑞茲「授權不足」，當日下午拒絕接見。

裴瑞茲於該日稍早的午後抵達臺灣，下午 2 時 45 分中華民國外交部宣布拒絕接見。傍晚 5 時 47 分，裴瑞茲進入中華民國外交部與亞東太平洋司司長何登煌會晤近一小時後離開。裴瑞茲原訂於 16 日訪問罹難者家屬，但是家屬告知媒體將拒絕接見。5 月 16 日下午裴瑞茲返回菲律賓前，對於中華民國政府拒見表示，「我願意把我的心掏出來，讓你們看見我的誠意。」並公布該次訪臺帶來的聲明全文：

Statement of Chairman Amadeo Perez

Manila Economic and Cultural Office

In my capacity as the designated personal representative of President Benigno S. Aquino III, I came to convey the President's and the Filipino people's deep regret and apology over the unfortunate and unintended loss of life in the course of a fisheries law enforcement operation on 09 May 2013 by a Philippine Coast Guard/Bureau of Fisheries and Aquatic Resources maritime patrol in waters in the northern Philippines.

I also came to convey our readiness to give financial assistance to the family of Mr. Hung as a token of solidarity and as an expression of sympathy by the Filipino people for the demise of Mr. Hung.

Upon orders from the President, the National Bureau of Investigation（NBI）has already initiated the investigation and is committed to a thorough, exhaustive, impartial and expeditious investigation of the incident. The NBI has given this case the highest priority.

I am grateful for the meeting with Director-General Benjamin Ho of the Ministry of Foreign Affairs last night. We understand the grief and hurt of the family and of the people of Taiwan over this unfortunate loss and we wish to reaffirm the high regard and respect of the people of the Philippines for the people of Taiwan.

理事主席阿瑪迪歐 · 裴瑞茲的聲明

馬尼拉經濟文化辦事處

以我作為總統艾奎諾三世指定的私人代表所賦予之權限，我來傳達總統和菲律賓人民對一艘菲律賓海巡署／漁業及水產資源局海上巡邏艇於 2013 年 5 月 9 日，在北菲海域一次漁業法令執法作業過程中，造成的不幸和非故意的生命損失，深切的遺憾與歉意。

我同時來傳達，我們已經準備好提供經濟援助給洪先生的家屬，此援助象徵菲律賓人民的團結，與對洪先生亡逝的同情。

奉總統之命令，國家調查局已經展開調查，致力於徹底、詳盡、公正、迅速地調查此次的意外。國家調查局將此案列為最高優先。

我感謝昨晚（15 日）與外交部何登煌司長的會晤。我們理解在這次不幸的損失中，死者家屬與臺灣人民的悲傷與所受到的傷害，我們願再次申明菲律賓人民對臺灣人民高度的重視與尊敬。

（六）事件調查結果

2013 年 8 月 7 日下午，菲律賓及中華民國分別公布各自的調查報告，中華民國屏東地方檢察署依殺人罪起訴將涉案的菲國巡邏艦「MCS-3001」指揮官 Arnold Dela Cruz y Enrique 等 8 人。菲國報告建議以殺人罪起訴 8 名人員，以及建議以妨礙司法公正罪起訴未開槍的 4 名海巡署人員。

8 月 8 日，馬尼拉經濟文化辦事處（MECO）理事主席培瑞斯搭機抵臺，就「廣大興 28 號」事件代表菲律賓總統艾奎諾三世親赴屏東向洪石成家屬就洪家痛失親人的不幸，表達菲律賓總統及人民深切遺憾與歉意（deep regret and apology）。

同日晚上，中華民國外交部部長林永樂宣布，菲律賓已正面回應臺灣提出的道歉、賠償、懲凶、漁業協議四大訴求，政府即日起解除對菲 11 項制裁措施。

2014 年 1 月 8 日，中華民國屏東地方法院開庭，被告德拉克魯茲（Dela Cruz Y Enriquez）等 8 人經傳喚未到。2 月 27 日屏東地院發布 8 名被告通緝，通緝期為 37 年 6 月，迄 2014 年 5 月 8 日。3 月，被害者家屬洪慈綪受訪表示，前一年 8 月至今僅被通知至菲國開庭一次，目前菲國仍尚未起訴。

2014 年 3 月 18 日，菲律賓司法部公布裁定決議書，確定以「殺人罪」（Homicide）起訴八名菲國海巡人員，德拉克魯茲和另一海巡人員試圖呈交不實槍彈報告，亦將另以「妨礙司法公正罪」起訴；若菲國法院判決有罪，8 人將被處以 12 年至 21 年徒刑。決議書提到，沒有證據顯示「廣大興 28 號」在追逐過程中，對 8 名海巡造成立即或重大威脅，被告主張的自衛說法並不成立；「廣大興 28 號」意圖逃逸亦不足以構成執法人員使用致命武力的理由，海巡隊員執法過當。中華民國法務部長羅瑩雪表示，雖然「好像覺得慢了一點」，但畢竟結果最重要。屏東地檢署檢察長林慶宗表示，八名菲國人員案發後企圖滅證、提供不實數據，屏檢認同菲國檢方追加妨礙司法罪起訴。被害人家屬洪慈綪表示：「感到欣慰，原本不抱期望。」中華民國外交部長林永樂表示，臺菲已舉行兩次漁業會談，達成與確認海上執法避免使用武力及暴力、建立緊急通報機制及完備迅速釋放機制等共識，並繼續協商簽署「臺菲漁業事務執法合作協定」。

第四節　臺、菲漁業協定

　　2013 年 5 月發生「廣大興案」，臺灣漁民遭到菲國海巡人員槍殺，臺菲雙方自不幸事件發生後，即展開 3 次漁業會談及多次非正式協商，共同研議建立兩國專屬經濟海域重疊區域執法規範，進而有效解決臺菲間之漁業糾紛。於 2015 年 11 月 5 日臺、菲在臺北簽署「有關促進漁業事務執法合作協定」，協定相關措施可有效降低兩國在雙方專屬經濟海域重疊區域的漁業糾紛，保障臺灣漁民合法捕魚權益。

　　2015 年 11 月 5 日由駐菲律賓代表處林松煥代表及馬尼拉經濟文化辦事處（MECO）白熙禮（Antonio Basilio）代表在臺北完成簽署，雙方漁政機關主管及馬尼拉經濟文化辦事處理事長培瑞茲（Amadeo R. Perez, Jr.）均在場見證。

　　「臺、菲促進漁業事務執法合作協定」本文共 7 條，全文如下：

第 1 條、合作範圍

雙方依據本協定及各自法律，對於涉及漁業事務相關之執法程序，應盡最大努力，透過各自有關機關提供相互協助，並建立執法合作機制。

第 2 條、避免使用暴力或不必要武力

雙方在執行其漁業法及其他相關規定時，應與國際法及國際實踐一致，避免使用暴力或不必要武力。

第 3 條、建立執法合作機制

為利執法合作，雙方應建立聯繫窗口，並通報對漁船採取之執法措施及結果。

雙方應告知各自執法機關，在執行漁業法規時，應依國際法不得採取包括監禁或體罰等措施。

在執法船舶上，亦需有清楚識別標誌。

第 4 條、建立緊急通報機制

雙方應隨時更新及確認漁政主管機關聯繫窗口，並建立海巡機關聯繫窗口。

當一方對他方所屬漁船採取執法行動時，應透過聯繫管道迅速通報對方。

第 5 條、建立迅速釋放機制

遭逮捕漁船及其船員在提出符合國際法及國際實踐之適當擔保，或支付符合逮捕方法律之罰鍰後，遭逮捕漁船及其船員應迅速獲得釋放。

第 6 條、諮商

雙方應成立技術工作小組，詳細決定合作計畫及執行本協定所述合作領域之方法，以促進本協定之最大效益。

第 7 條、生效、修正與終止

本協定於雙方簽署日後第 30 日（2015 年 12 月 4 日）起生效。

本協定或其附件得經雙方書面同意予以修正。

任一方得以書面通知他方終止協定。該項終止自收受書面通知後 6 個月生效。

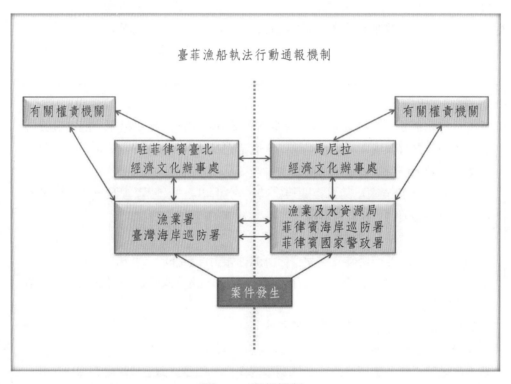

圖 9-7　通報機制

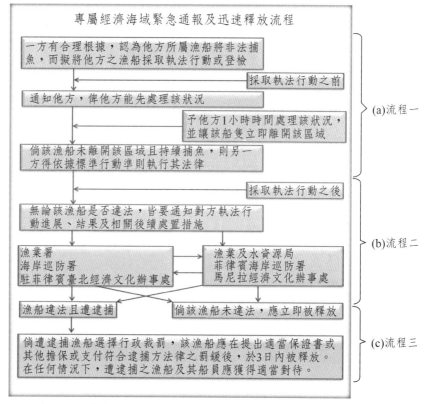

圖 9-8　專屬經濟海域緊急通報及迅速釋放流程

　　臺菲雙方所簽訂的協定，將「避免使用暴力或不必要武力」（Avoiding the use of violence or unnecessary force）、「建立緊急通報系統」（Establishment of an emergency notification system）及「建立迅速釋放機制」（Establishment of a prompt release mechanism）三項已執行之雙方重要共識納入規範。雙方執法時將避免使用暴力或不必要之武力；在專屬經濟海域重疊區域內，雙方對可能非法捕魚之另一國籍漁船執法前 1 小時，將先通報彼此漁政及海巡機關與駐外館處；倘漁船確定違法而遭逮捕，該漁船應在提出適當保證書或其他擔保，或支付符合逮捕方法律之罰鍰後，於 3 日內被釋放。相關措施可有效降低兩國在雙方專屬經濟海域重疊區域之漁業糾紛，保障我漁民合法捕魚權益。

　　有關菲律賓 12 至 24 海浬「鄰接區」如圖 9-9 雖尚未達成共識，菲國仍堅持鄰接區不可捕魚，並有登船檢驗的權力，但依據「國際法」及「聯合國海洋法公約」（UNCLOS）第 33 條及第 55 條規定，12 至 24 海浬海域同時具有「鄰接區」及「專

屬經濟海域」性質。鄰接區僅規定沿岸國對海關、移民、財政及衛生事項具有管轄，漁業事項應回歸專屬經濟海域。只要不進入菲國 12 海浬內領海作業，我國漁船可在鄰接區捕魚，此部分將是未來進一步開會協議重點。

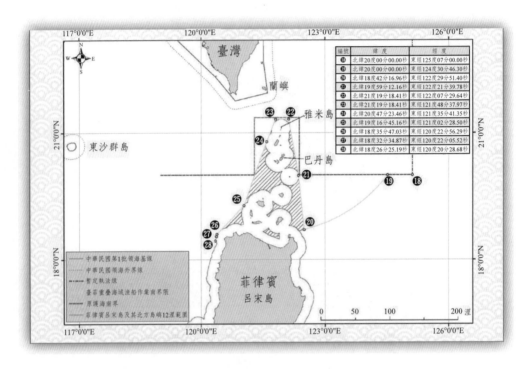

編號	緯度	經度
⑱	北緯20度00分00.00秒	東經125度07分00.00秒
⑲	北緯20度00分00.00秒	東經124度30分46.30秒
⑳	北緯18度42分16.96秒	東經122度29分51.40秒
㉑	北緯19度59分12.16秒	東經122度21分39.78秒
㉒	北緯21度19分18.41秒	東經122度07分29.64秒
㉓	北緯21度19分18.41秒	東經121度48分37.97秒
㉔	北緯20度47分23.46秒	東經121度35分41.35秒
㉕	北緯19度16分45.16秒	東經121度02分28.50秒
㉖	北緯18度35分47.03秒	東經120度22分56.29秒
㉗	北緯18度32分34.87秒	東經120度22分05.52秒
㉘	北緯18度26分25.19秒	東經120度20分28.68秒

中華民國第1批領海基線
中華民國領海外界線
暫定執法線
臺菲重疊海域漁船作業南界限
原護海兩界
菲律賓呂宋島及其北方島嶼12浬範圍

圖 9-9　臺菲經濟海域執法合作協定示意圖

　　臺菲雙方簽署協定後，隨即依據協定第 6 條規定，於 11 月 5 日召開第一次技術工作小組（Technical Working Group, TWG）會議，將「1 小時前通報機制」及「3 日內迅速釋放機制」等共識之具體執行方式以換函採認並納入協定規範。雙方同意前述協定及換函俟各自完成國內行政程序後，再適時對外發布。

　　臺菲雙方自民國 102 年不幸發生「廣大興 28 號」漁船事件後，即展開 3 次漁業會談及多次非正式協商，共同研議建立兩國專屬經濟海域重疊區域執法規範，進而有效解決臺菲間之漁業糾紛。此一協定顯現雙方「化危機為轉機、化衝突為合作」之決心，符合「南海和平倡議」所主張「主權在我、擱置爭議、和平互惠、共同開發」之精神與原則。此一協定強化雙方之互利互惠與協調合作，實為「南海和平倡議」之具體實踐。

　　在和平解決爭端的精神下，外交部將協同行政院農業委員會漁業署及行政院海岸巡防署與菲律賓有關單位持續透過依此協定建立之合作機制進行諮商，共同促進臺菲專屬經濟海域重疊區域漁業秩序之和平穩定。臺菲雙方未來將持續秉持此一和平協商原則，共同增進兩國友好合作關係。

第十章
我國海域管理及執法之挑戰與衝擊（二）：中國大陸公務船艦臺灣周邊海域活動案

　　近年來國際上多數國家海域管理及執法機制稱為 Coast Guard，有以「海岸防衛」、「海上保安」、「海巡」等譯名，我國稱之為「海巡」，「海巡」是一種「海域警察武力」（Maritime Policing Force），此一「類軍事力量」（Paramilitary Force）存在的價值，不在於軍事目的的遂行，而在於國家及國際海洋秩序之維護。我國行政院海岸巡防署自 2000 年 1 月 28 日成立後，即秉持此一理念，積極維護海洋權益與秩序。

　　我國、中國大陸在我國目前憲法體制下，仍屬「一個中國」，惟兩個政府互不隸屬，各自獨立運作，自 1987 年中華民國政府解嚴後，1992 年兩岸「辜汪會談」更進一步促使兩岸情勢和緩，2008 年兩岸恢復協商，進而協商訂定包括「航運」及「共同打擊犯罪」等 16 項協議。惟臺灣周邊海域，兩岸在管轄海域主張範圍相重疊甚至於相同，衍生出各項管轄權及執法執行問題。近年來持續發生中國大陸公務船艦進入我國海域活動等情事，挑戰我國海巡署等執法機關之執法權威，茲探討如后。

第一節　中國大陸公務船艦臺灣周邊海域活動案

　　臺灣周邊海域，自 2001 年起即發現中國大陸所屬各類海洋調查船、探測船、海監船、海警船等公務船艦，出現在臺灣本島的東北、東方、東南、西南等海域，尤其自 2005 年以迄 2010 年間，出現頻度更為頻繁。這些中國大陸公務船艦大皆出現在臺灣周邊 30～80 海浬專屬經濟海域之間，少數幾次進入臺灣 24 海浬鄰接區、領海（限、禁制海域範圍）內。中國大陸進入之公務船艦隸屬的單位相當繁多，所從事之任務與作業也各有不同，茲根據歷年來中國大陸相關機關專案任務和船艦航次揭露之

資料及海巡勤務監控觀察，探討分析如下：

一、探寶號、奮鬥 4 號於臺灣西南至東沙海域探勘作業

「探寶號」如圖 10-1、「奮鬥 4 號」如圖 10-2、「奮鬥 5 號」及「奮鬥 7 號」隸屬於中國大陸國土資源部廣州海洋地質調查局，2003 年至 2008 年間多次出現於臺灣西南至東沙海域，進行海洋地殼震測、新生代油氣資源調查作業。其實施調查海域範圍，大部分係位於中華民國專屬經濟海域內，主要涵蓋東沙周邊海域。自 2003 年 11 月 11 日發現「奮鬥 7 號」出現在蘭嶼南方海域向南航行後，臺灣西南海域至東沙海域間，即偶有出現該系列海洋地震探測船，尤以 2005 年 4 至 6 月間，海巡署派遣多達 10 餘艘各式艦艇，進行強力驅離發生對峙，最為嚴重，另外 2008 年 3 月至 5 月間，一次集結 5 艘海洋探測船，在東沙群島西南方 80-150 海浬海域作業，規模龐大。

圖 10-1　探寶號探測船側視圖

資料來源：廣州海洋地質調查局網站：http://www.gmgs.com.cn/jssb_info.asp?id=86。

圖 10-2　奮鬥 4 號探測船側視圖

資料來源：廣州海洋地質調查局網站：http://www.gmgs.com.cn/jssb_info.asp?id=84。

　　自 2005 年後「探寶號」、「奮鬥號」系統探勘船，持續不斷進入東沙群島西南方至臺灣西南方海域一帶探勘作業，我國海巡署均隨時掌握該系列船舶活動狀況。自 2008 年 3 月 24 日至 5 月 5 日期間，中國大陸國土資源部一次出動「探寶號」、「奮鬥 4 號」、「奮鬥 5 號」及「海洋 4 號」在該海域作業，並出動「海監 51 號」及「海監 83 號」在旁巡防戒護，規模龐大。由於該等船舶並未進入我國領海、鄰接區（禁、限制水域範圍），雖係在我國得主張之經濟海域範圍，中國大陸也已宣布該海域為該國經濟海域範圍，礙於政治現實，雙方迄未協商。同時在執法的務實面，衡量我國海域執法艦艇能量，僅能隨時監控掌，反映政府國安機制，必須另謀對策。我國行政院海洋事務推動委員會為因應上述狀況，於 2006 年 8 月 30 日第五次委員會議中，討論「我國西南海域天然氣水合物探勘計畫」，決議由經濟部地質調查所自 2007 年起編列預算，執行該海域天然氣水合物資源調查探勘工作。經濟部地質調查所並自 2007 年起委託臺灣大學、中央大學及成功大學等研究團隊，利用「海研 1 號」等研究船進入該海域進行調查探勘，以主張並爭取我國在該海域海洋資源之主權。2008 年兩岸關係緩和，各項經濟合作議題透過「海基」、「海協」兩會持續協商，我國經濟部並透過「中國石油公司」與中國大陸「中國海洋石油公司」接觸，洽商合作開發該海域石油天然氣議題。

二、向陽紅9號、向陽紅14號系列臺灣海域調查作業

自 2001 年起迄 2005 年止，大陸「向陽紅 9 號」、「向陽紅 14 號」如圖 10-3、圖 10-4 等系列海測船，每年定期、不定期進入臺灣周邊海域，其中「向陽紅 9 號」主要活動於基隆外海 40～50 海浬，富貴角北方及彭佳嶼、釣魚臺等海域為主。「向陽紅 14 號」則主要活動於臺灣東南部及蘭嶼附近海域，2002 年 10 月至 11 月間，並曾多度滯留於蘭嶼開元港西南方 5、6 海浬處的臺灣禁、限制水域內，經臺灣海巡署海巡隊派艦艇要求離開。

圖 10-3　向陽紅 9 號側視圖

資料來源：中國遠洋科學考察船系列：http://baike.baidu.com/view/483137.htm。

圖 10-4　向陽紅 14 號側視圖

資料來源：中國遠洋科學考察船系列：http://baike.baidu.com/view/483137.htm。

　　「向陽紅」系列為著名的科學調察船，實隸屬於中國大陸國家海洋局，共有二十艘，編號由「向陽紅 1 號」至「向陽紅 28 號」，其中「向陽紅 11 號」轉為民用商船，「向陽紅 16 號」於 1993 年因碰撞事故而沉沒，剩下十八艘在役服勤。「向陽紅 9 號」係 1978 年中國大陸國家海洋局所造大型的海洋綜合調查船，該船係由上海滬東造船廠建造，標準排水量 4,435 噸，船長 122 公尺、寬 15.2 公尺、吃水 7.2 公尺；兩部 ESDZ 43/82B 柴油主機 8,600 匹馬力雙軸推進，航速 22 節，經濟航速 15 節，續航力航程為 11,000 海浬；艦艘裝有兩座吊桿，艦尾一部 5 噸級起重機，編制船組員 145 人，耐風級數為 12 級風，裝設有減搖震水艙、逆滲透析制海水淡化機，還裝備有中國大陸研製的 6,000 公尺地質震測纜絞車、1.37 萬公尺底棲生物拖網絞車，以及包括衛星導航、多普勒剖面聲測儀和萬公尺測深儀等科學探測及導航設備。「向陽紅 14 號」建於 1981 年，滿載排水量 2,894 噸。船長 111 公尺，寬 15.2 公尺，吃水 7.1 公尺，兩部柴油主機，雙軸推進，航速 15 節；乘員 120 人。

　　依據「海洋法公約」附件二「大陸架界限委員會」第 4 條之規定，沿海國欲主張並劃定 200 海浬以外陸地領土自然延伸之大陸架的外部界限，即必須在「海洋法公約」對該國生效後 10 年以內，向「大陸架界限委員會」提出支持該種界限主張的科學與技術數據，並由該委員會向沿海國「提出建議」，沿海國則在此建議基礎上劃定其大陸架外界限。1999 年 5 月 13 日聯合國通過「大陸礁層界限委員會科學與

技術準則」（Scientific and Technical Guidelines of the Commission on the Limits of the Continental Shelf, 13 May 1999），要求在 1999 年 5 月以前被批准加入「聯合國海洋法公約」的各會員國，如果要主張 200 海浬以外的大陸礁層，必須在 2009 年 5 月 12 日前向大陸礁層界限委員會（Commission on the Limits of the Continental Shelf CLCS）提出申請。中國大陸於 1996 年加入「聯合國海洋法公約」，並於 1998 年 6 月公布施行「中華人民共和國專屬經濟區和大陸架法」，正式主張 200 海浬專屬經濟區及陸地領土自然延伸之大陸架。1999 年後面對此一情勢，積極從事其周邊海域大陸架調查工作，臺灣周邊海域被中國大陸納入其海域。中國大陸這項大陸架調查任務，由其海洋綜合管理機關「國家海洋局」負責，向陽紅系列科學調查船係「國家海洋局」成立後所建構最具規模海洋調查船。另外由該系列調查船所裝載的探勘設備及科學調查儀器，以及其所巡迴和滯留作業海域在臺灣東北、東部、東南部等東海海域，研判「向陽紅 9 號」、「向陽紅 14 號」調查船，2001 年至 2005 年期間應係在臺灣東部海域進行大陸礁層外部界限的測量工作，測量附近海底「大陸架」的「坡腳」位置，以便向聯合國提出精確的大陸礁層外部界限。廈門大學海洋法研究中心客座教授傅崐成，2002 年在《海峽評論》雜誌中撰文「向陽紅 14 號」事件評析中指出：「2002 年 4 月 15 日凌晨迫近臺灣南端 25 海浬處的「向陽紅 14 號」調查船，是一艘國際著名的海洋科學調查船；過去也和臺灣的一些海洋科學學者合作過。如果作者猜的不錯，這艘船應該是來研究臺灣南端的海底大陸架的外部界線的。因為，大陸這幾年，為了向聯合國申報中國大陸的大陸架的外部界限，在釣魚臺、臺灣附近都必須進行相關的測量」。此外根據 2004 年 3 月日本媒體報導[1]，中國大陸海測船在日本專屬經濟海域進行調查活動，1999 年達 33 次，為歷年最多，2003 年有 14 次，但 2004 年 1 月到 3 月為止就超過 11 次。中國大陸兩艘海測船「向陽紅 14 號」、「向陽紅 9 號」，在 2004 年 1 月 2 日到 19 日間於日本沖繩的石垣島東南海域及沖之鳥北方海域進行調查，共計 5 次。中國大陸的海洋調查範圍遍及沒有海底資源的海域，顯然不是為了調查海洋資源，有可能在調查海底地形地貌，日本懷疑是在為潛艇尋找航道。

1　2004年2月，日本共同社、朝日新聞、日本時報和主要電視臺等日本主流媒體都以相當顯著的方式報導：中國海洋調查船「向陽紅9號」於2月11日傍晚進入釣魚臺列島久場島以北約22千米的海域內。

三、中國大陸科研調查船東方紅 2 號等船舶臺灣海域調查作業

　　自 2005 年起臺灣周邊海域，即頻頻發現中國大陸科研調查船的行蹤，出現最為頻繁的為「東方紅 2 號」，其他科研船舶如「科學 1 號」、「實驗 3 號」等科研船亦偶爾出現。

　　「東方紅 2 號」海洋調查船隸屬於青島中國海洋大學，是中國國內最先進的海洋綜合性考察船之一如圖 10-5，1996 年正式投入使用，全船總噸位 3,235 公噸、長 96 公尺、寬 11.5 公尺、吃水 4.5 公尺，兩部柴油主機雙軸推進，航速 14 節。

圖 10-5　東方紅 2 號海洋研究船

資料來源：擷取自中國遠洋科學考察船系列：http://baike.baidu.com/view/483137.htm。

　　「東方紅 2 號」科研調查船自 2005 年起多次執行中國大陸國家海洋科學調查專案計畫。2006 年 3 月完成國家「863 計畫」「臺灣海峽及毗鄰海域海洋動力環境即時立體監測系統」重大專項計畫。2007 年執行國家「863 計畫」、「規範化海上試驗」航次任務，此一航次在南海深水海域對中國大陸「九五」、「十五」期間研製的 7 項儀器系統進行海上比對測試、質量控制和第三方獨立檢驗等試驗。這些系統包括海洋水下目標潛標探測系統、UCTD、6,000 米 CTD 、XBT、船用投棄式溫鹽深測量儀（XCTD）、船載多參數拖曳式剖面測量系統、LADCP、深水高分辨率淺地層探測技術、光纖溫度鏈及測量技術、深海原位雷射光拉曼光譜系統等儀器。2009 年執行國家「973 計畫」項目「中國大陸東部陸架海海洋物理環境演變及其環境效應」海上科學考查調研任務。

　　「科學 1 號」海洋科學綜合考察船如圖 10-6，自 2006 年起連續 4 年，對中國大陸近海進行長期多元學科綜合觀測，逐步獲取近海標準斷面週期性、連續性的數據資料，為中國大陸近海海洋環境演變和生態系統動態變化研究做出貢獻。據瞭解，2009 年度「科學 1 號」秋季航次搭載了中國大陸國內 5 家海洋科研院所和高校的 48 名科學家，在大連獐子島至長江口附近的中國大陸近海海域，展開水文氣象、海洋化學、海洋生態、海洋底質等研究。該海域是陸海交接相互作用的集中地帶，具有極為複雜的物理生態環境演變特徵和區域響應的典型性，對研究中國大陸近海科學問題具有重要意義。

圖 10-6　科學 1 號海洋科學綜合考察船

資料來源：中國遠洋科學考察船系列：http://baike.baidu.com/view/483137.htm。

　　「實驗 3 號」如圖 10-7，該船隸屬於中國大陸科學院南海海洋研究所，為綜合海洋調查船，總長 104.21 米、型寬 13.74 米、吃水 4.95 米、滿載排水量 3,243.35 噸、最大航速 19.5 節、續航能力 8,000 海浬主機（柴油機）2×4,800 馬力、乘員 94 人。

　　「實驗 3 號」科學考察船從 2004 年起，完成了「曾母暗沙——中國大陸南疆綜合調查」，「七五」至「九五」期間的國家科技專項「南沙群島及其鄰近海區綜合科學調查」各項綜合海洋調查任務，2006 年起負責中國大陸「國家 908 專項」「中國大陸近海海洋綜合調查與評價項目」海洋調查任務，以及承擔「南海北部開放航次科學考察」任務[2]。「908 專項」是中國大陸近年來最大的一個近海海洋調查項目；調查的

圖 10-7　實驗 3 號科學考察船

資料來源：中國遠洋科學考察船系列：http://baike.baidu.com/view/483137.htm。

範圍包括中國大陸內水、領海和部分領海以外海域；調查項目除了物理海洋、海洋地形地貌、海洋地質和地球物理等重要的海洋要素以外，還包括海島、海岸帶、海域使用以及沿海人文社會基本狀況等，以全面建置中國大陸所謂的「數字（位）海洋」資料庫。

　　「東方紅 2 號」等三艘科研調查船，為執行上述中國大陸海洋科學調查任務，多次進入臺灣周邊海域，其中，「東方紅 2 號」以滯留巡迴臺灣東北部沖繩海槽、基隆海谷、棉花峽谷、北棉花峽谷，及南部臺灣西南臺灣灘、澎湖峽谷、高屏峽谷、恆春海脊及臺灣東南部北呂宋海槽、綠島、蘭嶼附近等海底地形複雜或大陸架邊緣水深落差大海域為主。航行區間以臺灣東北、東部、東南、南部及西南海域為主。航行及滯留範圍皆以距臺灣海岸線 30 海浬外為主，迄今並未發現有滯留臺灣海峽進行觀測調查。

　　中國大陸頻頻出動海測船進行相關海洋科研、海洋環境測量與海洋資源調查工作，或許並非單純的海域管理及海洋產業和學術目的；調查所得資料及數據，可以提供中國大陸解放軍海軍運用，其海洋戰略的布局由「沿岸」走向「近海」、由傳統柴電與核動力潛艦。近年來頻繁進出太平洋第一島鏈，突顯出中國大陸以第一與第二島鏈的突破，為其海洋戰略目標，努力擴展其軍事及公務船艦活動空間，對臺灣與亞太

國家而言，自然是一個安全威脅的警訊。此外根據日本媒體報導[3]：日本海上自衛隊所屬的 P-3C 反潛機，2004 年 2 月 17 日在日本小笠原群島西之島以西約 270 公里海域，發現中國大陸海調船「東方紅 2 號」朝海中發射聲波。另外，在 2 月 29 日、3 月 2～4 日期間，也在沖之鳥北方的日本專屬經濟海域從事同樣的調查活動。

　　此外中國大陸海測船「大洋 1 號」如圖 10-8，於 2009 年 7 月下旬出現於臺灣南部貓鼻頭西南方 58 浬處。中國大陸解放軍情報偵測船「AGI-851」及中國大陸海洋石油公司探勘船「濱海 517 號」於 2008、2009 年間亦曾出現臺灣周邊海域，實施海洋科技測試及海洋科學研究或探勘。

 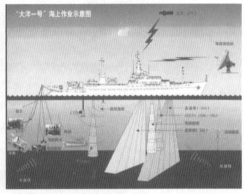

圖 10-8　大洋 1 號科學考察船及作業示意圖

資料來源：中國大陸大洋礦產資源研究發展協會網站：http://www.comra.org/dy1/chuanjj.html。

　　「大洋 1 號」是目前中國大陸第一艘現代化的綜合性遠洋科學考察船。裝備有無人遙控迷你潛艇（ROV）及水下機器人（AUV）等設備進行採樣、攝影、感測等研究調查工作，船上並設有地質、水文、化學、生物等 13 個實驗室。具備海洋地質、海洋地球物理、海洋化學、海洋生物、海洋物理、海洋水聲等多學科的研究工作條件；可以開展海底地形、重力和磁力、底質和構造、綜合海洋環境、海洋工程以及深海技術裝備等方面的調查和試驗工作。「大洋 1 號」曾是前蘇聯的一艘海洋地質和地球物理考察船。於 1984 年在前蘇聯的基輔船廠建成下水，原名「地質學家彼得安德羅波夫號」。1994 年，為了中國大陸大洋礦產資源調查的需要，中國大陸大洋協會從俄羅斯遠東海洋地質調查局購買並經初步改裝後，命名為「大洋 1 號」。從 1995 年開始，「大洋 1 號」先後執行了中國大陸大洋礦產資源研究開發專項的 5 個遠洋調

3　2004年4月，日本共同社、朝日新聞等媒體報導。

查航次和大陸架勘查多個航次的調查任務。

　　「AGI-851」〔最初即「東調」（Dongdiao）232〕是由上海造船廠爲 PLA 海軍建造的電子監視和導彈跟蹤船。1999 年進入東海艦隊服役。該艦裝備配有一門雙管 -37 mm AAA 砲，二門手動雙管 -25 mm AAA 砲和一座 3- 管 324 mm 魚雷發射裝置。船的尾部設有直升機飛行甲板。位於甲板上有二個大型雷達碟形天線，可能用於導彈跟蹤用途，在最近一次改裝後，這些碟形天線被三個大型天線罩代替遮蔽了未知設備。「濱海 517 號」則隸屬於中國大陸海洋石油公司探勘作業船。

圖 10-9　東調（Dongdiao）232 探勘作業船

資料來源：中國大陸網易新聞論壇：http://bbs.news.163.com/thread/mil-184773000-1%7C1ou72.
html。

　　「蛟龍號」潛水艇是一艘以「向陽紅 9 號」爲母船的深海潛水探測船如圖 10-10，由中國自行研發、設計、建造的載人潛水器，也是中國「863 計畫」[4] 中的一個重大研究專項，設計潛水深度爲 7,000 公尺。「蛟龍號」長、寬、高分別爲 8.2 公尺、3.0 公尺、3.4 公尺。空重不超過 22 噸，最大荷載是 240 公斤。最大速度每小時 25 海浬，巡航每小時 1 海浬。最大工作設計深度 7,000 公尺，理論上其潛航作業範圍可覆蓋全球 99.8% 海洋。可以對多金屬結核資源進行勘查，可執行水下設備定點布放、海底電纜和管道的檢測等複雜作業。

4　「863 計畫」即國家高技術研究發展計畫，是中華人民共和國1986年3月提出並批准的一項高技術發展計畫。這個計畫是以政府爲主導，以一些有限的領域爲研究目標的一個基礎研究的國家性計畫。詳維基百科網站：http://zh.wikipedia.org/wiki/863%E8%AE%A1%E5%88%92。

圖 10-10　蛟龍號潛水艇作業圖

資料來源：2012年7月2日，科技日報：http://big5.china.com /gate/big5/military.china.com/impor-tant/64/20120702/17290388.html。

　　2010 年 5 月至 7 月，「蛟龍號」在南中國海中進行了多次下潛任務，最大下潛深度達到了 3,759 公尺。2011 年 7 月 26 日，「蛟龍號」載人潛水器到達深度 5,057公尺。2012 年 6 月 3 日上午，「向陽紅 9 號」試驗母船搭載「蛟龍號」載人潛水器從江陰蘇南國際碼頭起航，奔赴馬里亞納海溝區域執行載人潛水器挑戰中國載人深潛歷史的新記錄，2012 年 6 月 27 日 9 時 07 分，「蛟龍號」載人潛水器在西太平洋馬里亞納海溝下潛至 7,062.68 公尺，創造了中國載人深潛新紀錄。這也是世界同類型載人潛水器的最大下潛深度。

　　2010 年 8 月 6 日中國宣布「蛟龍號」深海載人潛水器最大下潛深度達到 3,759公尺並將一面國旗插在 3,759 公尺深的南海海底。引來外國媒體非議，稱這是中國「秘密搶占水下主權」。對此，中國專家表示，中國科研探勘是爲了尋找公海資源，而美國等媒體的反應是因爲「海洋探測科技領先地位動搖，自己沒搶先」才有了對中國的橫加指責。另外，外界對於中國「南海插紅旗」的指責，是站不住腳，不排除是爲了挑撥中國與東南亞國協關係的居心[5]。

5　2010年8月28日，新民網，我專家反駁有關中國在南海插國旗搶占主權言論。http://news.xinmin.cn/domestic/gnkb/2010/08/28/6530673.html。

四、中國大陸國家海洋局海監船艦海域維權及監察

　　臺灣周邊海域自 2001 年起即不斷發現中國大陸海監船艦出現，2005 年起至 2009 年期間更爲密集。中國大陸海監船艦出現在臺灣周邊海域以隸屬於中國大陸「國家海洋局」東海分局及南海分局的「海監 46 號」、「海監 51 號」、「海監 52 號」、「海監 62 號」、「海監 81 號」、「海監 83 號」次數最多如圖 10-11。歷次海監船艦出現時，大皆發現附近海域皆有美國或其他第三國籍軍艦或科學研究探勘船舶通過或停留作業。以 2009 年 5 月中旬，美國籍「DDG-62」飛彈驅逐艦出現在距鵝鑾鼻東方 80 浬、距蘭嶼東方 40 浬海面上，我國立即派艦實施監控掌握行蹤及動態，中國大陸也派出「海監 62 號」、「海監 46 號」及編號「851」軍艦實施尾隨跟監，滯留於我國經濟海域達 6、7 日之久。

(a) 海監 46 號

(b) 海監 51 號

(c) 海監 52 號

(d) 海監 62 號

(e) 海監 83 號

圖 10-11　常出現臺灣周邊海域之中國大陸海監船

資料來源：2008年10月20日中國大陸海監總隊：http://www.sina.com.cn。

　　2009 年 4 月中旬，美國哥倫比亞大學拉蒙特－多爾蒂地球觀測站負責使用的「馬庫斯‧朗塞特號」（R/V Marcus G. Langseth）圖 10-12 海洋考察船，應我國「經濟部中央地質調查所」邀請，預定 3 月至 7 月間，在臺灣周圍及附近海域執行 4 個航次的海上反射震測調查。3 月 31 日至 4 月 28 日執行第一個航次的海上震測調查，在高雄—屏東外海進行 10 天左右的探勘作業，以探測可燃冰存儲區的深度地殼構造。此次活動並獲得日本、菲律賓的許可，4 月 11 日下午，中國大陸「海監 81 號」立即出現在鵝鑾鼻南方至東沙島海域，干涉美國「馬庫斯‧朗塞特號」調查活動。中國大陸海監船透過無線電警告美方，該科考船已進入中國大陸 200 海浬經濟區範圍，未經中國大陸許可不准在東沙島附近從事研究工作，要求美船盡速駛離。臺灣參與是項調查工作之隨船研究人員表示，當時美國科考船所在海域介於臺灣海峽南部與東沙島之間，屬於「中華民國（臺灣）經濟海域」，因此在「馬庫斯‧朗塞特號」上透過通訊與中國大陸海監船溝通。臺灣研究人員同時透過衛星電話與臺灣海巡署指揮中心聯繫，請求派艦到場支援；美國科考船也在第一時間向美國國務院報告。在三方各自約束克制下，彼此都未採取進一步動作。

圖 10-12　美國哥倫比亞大學拉蒙特－多爾蒂地球觀測站負責使用的馬庫斯‧朗塞特號
（R/V Marcus G. Langseth）

資料來源：2009年3月25日，焦作網新聞：http://www.jzrb.com/jzwjs/news/ 200903/38。

　　中國大陸「海監81號」也未進一步採取行動，但一直跟蹤監控美國科考船。事件發生後中國大陸外交部發言人薑瑜4月14日指出，中國大陸政府一貫嚴格按照有關國際法和中國大陸法律規定，處理外國船隻在中國大陸專屬經濟區活動問題。中國大陸相關媒體並大加撻伐，指稱美國研究船違反「國際海洋法公約」規範，並侵犯了中國大陸專屬經濟海域主權。「馬庫斯‧朗塞特號」所屬之拉蒙特－多爾蒂地球觀測站新聞辦公室說明稱：「這次科考的目的是繪製海底地勢圖，並研究引發地震和海嘯的地質變化過程。大部分工作將在菲律賓海岸線附近進行，可能會進入中國大陸的專屬經濟區。儘管這次科考活動已經從日本和菲律賓政府那裡得到了靠近它們海岸線的許可，但是還沒有得到北京的許可」。事件經三方透過管道協商後才平息。

　　2009年3月8日，美國海軍海洋研究船「無瑕號」（USNS Impeccable）如圖10-13，在中國大陸海南省以南75英里（約120公里）處的南海中國大陸海域（中國大陸劃定專屬經濟區，美方認定是公海）執行任務時，遭遇5艘中國大陸籍公務船舶。包括中國大陸漁政船「漁政311號」、國家海洋局「海監83號」及一艘中國大陸海軍情報蒐集船和兩艘小型掛著中國大陸國旗的拖網漁船，其中兩艘艦艇向「無瑕號」逼近至15公尺，艦上人員揮舞中國大陸國旗，要求「無瑕號」離開。「無瑕號」為了自保，用消防水龍頭向中國大陸艦艇噴水，中國大陸艦上人員叫囂警告，脫去外

圖 10-13　美國海軍海洋研究船無瑕號（USNS Impeccable）

資料來源：維基百科：http://zh.wikipedia.org/wik i/%E6%97%A0%E7%91% 95%E5%8F%B7。

衣示威。兩艇隨後向「無瑕號」再逼近，雙方距離不到 8 公尺。中國大陸艦艇向海面拋木頭阻擋「無瑕號」去路，「無瑕號」透過艦上廣播表示將要離開，但兩艘中國大陸艦艇擋住「無瑕號」的去路，迫使「無瑕號」必須緊急下錨，防止艦艇對撞。中國大陸船員又用長竹伸到海裡，試圖破壞「無瑕號」拖曳的聲納陣列。事件發生後，美國國防部批評中國大陸船隻「不專業的操作」違反了國際法的要求，罔顧海洋其他合法使用者的權力和安全。還希望中國大陸船行為保持理性，避免挑釁行動，以免造成誤判或者撞船，危害美國和中國大陸船隻及船員。中國大陸認為事發生地屬於中國大陸專屬經濟區所規定的 200 海浬內區域，但美國則認為有權利進入這片水域，「這裡不是領海，領海只有 12 海浬，經濟專屬區有 200 海浬，任何一個國家都有權利進入這裡」。俄觀察家認為，這表明中美在中國大陸南海和黃海地區的資源和戰略要地爭奪戰已經進入了新階段。

　　中國大陸海監總隊成立於 1998 年 10 月，隸屬於中國大陸國家海洋局。主要任務為：依法管轄海域（包括海岸帶）實施巡航監視，查處侵犯海洋權益、違法使用海域、損害海洋環境，破壞海上設施、擾亂海上秩序等違法違規事件，並根據委託或授權進行其他海上執法工作。10 餘年來，中國大陸海監隊伍已經遍布了中國大陸沿海18,000 公里海岸線，全中國大陸共有包括北、東、南三個海區、11 個沿海省、市在內，已設有 14 個總隊，73 個地、市級支隊，200 個縣級大隊，海監隊伍的總人數近8,000 人。另外中國大陸海監依據「中華人民共和國領海及毗連區法」、「中華人民

共和國專屬經濟區和大陸架法」等法律法規，對中國大陸內海、領海、毗連區、專屬
經濟區和大陸架等管轄海域實施海上維權監管，已日益發展出強勢維權及執法作為。

　　中國大陸海監進年來積極建構其執法裝備，投入龐大預算快速的建造海監船舶、
飛機等軟硬體設備，中國大陸海監 2005 年起申請了 13 億專項經費用於建構海監船
舶、飛機建造等項目，多向地籌集資金配備執法車輛、船、艇。截至 2010 年中國大
陸海監已經擁有 9 架海監飛機和 200 餘艘執法船艇。未來兩年，還將有 7 艘新型執
法船艇將裝備中國大陸海監，不斷的在提升其海域管理執法實力[6]。並連續為地方隊伍
配備執法車、船、艇。隨著海洋執法任務的日益繁重和複雜，中國大陸海監船舶和飛
機裝備先進的指揮和信息傳輸系統，引進國際先進的航空遙感設備、部分深海測量裝
備和遠距離監視監測執法設備，具備了在巡航執法中實施連續跟蹤監視和晝夜取證的
能力，達成陸上指揮與海上行動之間的視頻即時聯絡。2008 年 8 月 6 日中國大陸海
監衛星通信網建設完成，中國大陸海監衛星通信網採用國際上擴展性、兼容性較強的
DVB-RCS 衛星通信體系，可管理多達 100 套衛星船載站的能力，衛星信號覆蓋中國
大陸全部管轄海域，船站回傳信號頻寬達 2 兆，能滿足 4 路 MPEG-4 視頻信號外加 9
路話音信號的並發傳輸，具備將中國大陸海監總隊陸地專網辦公自動化延伸至船站的
能力[7]。目前，中國大陸海監隊伍應已配備高性能、遠距離、海空目標監視衛星及地面
寬頻「音視頻」傳輸網絡，擁有兩級數據中心，具有全球海域遠距海空立體即時監視
取證能力。

　　本書第 5 章敘述中國海域執法機制，曾介紹 2013 年中國大陸整合相關海域執法
隊伍成立「中國海警局」，該局目前有 11 個海警總隊。2013 年 8 月 1 日整併後，擁
有千噸級以上公務執法船艦 135 艘，總噸位超過 36 萬噸。中國海警局成立後，根據
《南華早報》中文網報導 2013 年以來過去 3 年迅速建構及裝備海警力量，期間海警
船數量增幅達 25%。目前中國有全球規模最大的海警艦隊，海警船數量比日本、越
南、馬來西亞和菲律賓加起來還要多[8]。其中中國「海警 2901 號」如圖 10-14，是目
前世界噸位最大的海警船，於 2015 年 5 月下水海試，是中國海警「旗艦」。其他二
艘同型萬噸海警船也即將竣工。中國「海警 2901 號」海警船，噸位在 1.2 萬噸左右，

6　2008年10月31日，國家海洋局東海分局局長張惠榮「十年海監精氣神繼往開來新篇章——寫在中國海
　　監總隊成立10周年之際」，http://mil.news.sina.com.cn/p/2008-10-31/1018526196.html。

7　中國海監衛星通信網建成，信號覆蓋全部管轄海域，2008年8月6日，新華網上電電：http://mil.news.
　　sina.com.cn/p/2008-08-07/0836515315.html.。

8　美海軍：中國海警艦隊全球最大船隻3年增25%，2015年4月13日，南華早報中文網：http://www.nan-
　　zao.com/tc/national/14cb1a03c9fc0a4/mei-hai-jun-zhong-guo-hai-jing-jian-dui-quan-qiu-zui-da-chuan-zhi-
　　3-zeng-25-。

圖 10-14　中國海警 2901 號，可容納兩架直 -8 直升機

資料來源：http://blog.xuite.net/coins888/twblog/317438376。

最高航速據稱為 22 節。萬噸海警船的主要武器是配備 76 mm 艦載加農炮、兩座機槍炮塔、兩套近程防空武器系統和至少能夠容納兩架直-8 直升機的設備，將於東海及南海海疆執法，這對中國海警船來說是一個重大的進步。

　　中國萬噸海警船主要是針對釣魚臺海洋維權需要而設計的，該船主要的「假想敵」是日本此前號稱世界最大的海上巡邏船——「敷島號」和「秋津洲號」。不過其中一艘預判巡邏區域應係南海，未來也非常可能出現在臺灣周邊海域，相關執法策略應及早未雨綢繆。

第二節　探討分析

　　面對中國大陸海洋資源探勘、海洋科學調查及海洋維權監察等公務船艦，近年來不斷在臺灣周邊海域執行任務，其動機目的，以及對我國海域管理與執法所造成之衝擊與影響，茲就國際法及國內法以及我國政府主權主體性探討分析如下：

（一）公務船舶的豁免權與國家的自衛權

　　對於公務船舶的認定，早期採「所有權說」，舉凡國家所有的船舶即為公務船舶，惟此說對於國有或國營商船的豁免權，確實引起學者專家疑義，而隨著 1926 年公船豁免權規則統一規範協定產生後，逐漸被「目的說」所取代，國家單方面確定

船舶使用於公共目的，即為公務船舶，其可涵蓋軍艦及狹義的公務船舶，因而狹義的公務船舶指軍艦、巡防船艦艇或巡護船等，若徵用或租用船舶經指定使用於公共目的，同時具有公務船舶性質，係屬廣義的公務船舶。例如我國於1990年租用「海鶴號」、「榮安號」實施北太平洋漁業巡護。依「聯合國海洋法公約」第58條第2項規定，第88條至115條以及其他國際法有關規則，只要與上述條文規範不相牴觸者，均列為具有豁免權之公務船舶，適用於專屬經濟海域。而其中第96條規定，由一國所有或經營並專用於政府非商業性服務的船舶，在公海上應有不受船旗國以外任何其他國家管轄的完全豁免權。由前開條文瞭解，專用於政府非商業性服務的船舶（公務船舶）於專屬經濟海域享有管轄豁免權。

　　自衛權係國家為避免其權利遭受侵害或威脅，得對於加害者採取防止或排除措施的權利，其已成為習慣國際法。沿海國對於外國的侵害或威脅有關國家安全的不法行為，為防止或排除不法行為，得採取必要、適當的措施，不逾越合理的範圍，而反擊措施與不法行為間應有合理的比例。依「海洋法公約」第56條第1項規定，沿海國在專屬經濟海域內有以探勘和開發、養護和管理海床上覆水域和海床及其底土的自然資源（不論為生物或非生物）為目的的主權權利，以及關於在該區內從事經濟性開發及探勘，如利用海水、海流和風力生產能等其他活動的主權權利。依「海洋法公約」第56條第2項規定，沿海國享有人工島嶼、設施及結構的建造和使用、海洋科學研究、海洋環境的保護和保全及其他管轄權。

　　海峽兩岸依當前情勢在政治層面上，中國大陸向來主張「一個中國，臺灣是中國的一部分」，在其向聯合國大陸架界限委員會所提出之大陸架邊緣數據中，或準備與日本、菲律賓等國就大陸架進行劃界談判所需之所有海洋利益資料中，當然不能少了臺灣周遭的大陸架資料，否則豈不等於明示放棄其對臺灣的主張。故而，僅從中國大陸對臺政策的觀點出發，中國大陸海洋探測船頻頻進入臺灣周遭海域，由中國大陸政府立場其自認為是必然之舉。然而臺灣的中華民國政府，亦是一個主體性主權國家，我國迄目前為止雖無法加入聯合國架構下包括「海洋法公約」在內的相關國際組織及公約，但我國一向遵守國際公約相關規範。準此對於中國大陸公務船艦在臺灣周邊海域活動，我國海域執法機關一向視個案情形，研判其動機目的，尊重其公務船舶豁免權，同時也考量我國的自衛權，審酌我國國內法相關規定及國際法規範，若有違反及侵犯我國權益，立即依法防止或排除，並採取必要、適當的措施。

（二）中國大陸公務船舶在臺灣周邊海域活動，執法依據探討

　　中國大陸公務船舶在臺灣周邊海域活動，如前文所述，其動機目的除為申報「中

國大陸」大陸架外界線之「前置作業」調查探勘，或進行相關專項的海洋科研調查，及進行油氣礦產等資源探勘外，或許也帶有國防軍事之意涵的可能。中國大陸公務船舶無論地質探勘船、海洋科研船或海監巡防，經觀察歷次航行活動範圍很少有進入臺灣周邊海域 24 海浬範圍內。中國大陸公務船舶爲何均保持在臺灣周邊所謂「領海」、「鄰接區」範圍外的經濟海域活動？可能有兩個理由。首先，當然是預期會遭到臺灣海域執法機關之干涉干擾。其次，按照 1992 年（也就是兩岸達成「九二共識」的那一年）大陸頒布了一項命令，所有大陸的政府船舶，包括軍艦，都不得接近臺灣有駐軍的島嶼 10 海浬以內（此處故意避開了 12 海浬領海的概念）；遇有臺灣軍艦攔截，一律必須迅速離開現場，避免衝突。這可能是對臺灣執法機關所釋出的一種尊重與善意[9]。

由國際海洋法的角度來看，1982 年「聯合國海洋法公約」第 238 條固然賦予「所有國家均有權進行海洋科學研究」，但同條亦明示此權利是「在本公約所規定的其他國家的權利和義務的限制下」爲之。此處所說「他國的權利」即指沿岸國家對外國船舶在其內水、群島水域、領海、專屬經濟區及大陸架之海洋科學研究活動分別擁有禁止、事前准許、明示同意及斟酌同意之權。我國於 1999 年 1 月公告施行的「中華民國領海及鄰接區法」與「中華民國專屬經濟海域及大陸礁層法」中對海洋科學研究亦有類同於 1982 年「聯合國海洋法公約」的禁止、許可及處罰之規定，行政院國家科學委員會於 2000 年 8 月亦公布有「在中華民國專屬經濟海域或大陸礁層從事海洋科學研究許可辦法」，可見我國並非無國內法用以主張並管轄在我國管轄海域中的海洋科學研究活動。基本上，他國欲在我國主張及管轄之海域內從事海洋科學研究活動，必須正式提出研究計畫並申請獲准後，方可爲之。我國對任何出現在我國主張及管轄之海域內的海洋科學研究活動，則可依不同海域而有不同強度之管轄權。他國（包括中國大陸在內）用於非商業目的之政府海洋探測船，雖因「公務船舶」身分而取得「豁免」，但並非即可在我國管轄海域內做出「任意行爲」。

另外按照中華民國的法律，我國對於中國大陸機、船，並不適用「領海」、「公海」的概念，而是另依「臺灣地區與大陸地區人民關係條例（兩岸關係條例）」授權國防部公布之「限制區」、「禁止區」的概念，來加以管制。兩岸關係條例爲臺灣地區與大陸地區相關事務之特別法，依「特別法優於普通法」之法理，特別法未規定事項仍應適用普通法加以補充，按該條例僅就涉及兩岸關係之行政、刑事、民事等部分事項爲規範，並未就所有事項加以規定，故專屬經濟海域法對於大陸船舶亦有適用之

9　傅崑成。2002年5月。「向陽紅14號」事件評析。海峽評論，137期。

可能。依照兩岸關係條例，大陸船舶未經許可進入 24 海浬內，才會被驅離，進入 12 海浬內，則可能被登檢、扣押及處罰。而本章討論之大陸公務船舶，既然是在 24 海浬外，基本上，應該加以監控掌握，而非驅離。縱使偶有進入 24 海浬內，亦應考量其公務船艦身分，以要求離去，或透過管道通知中國大陸當局為適當之管制處理。當然，如果該船涉及調查經濟海域或大陸礁層的海洋科學資料，並有「超越合理之懷疑」時，依照我國「經濟海域及大陸礁層法」，應該加以搜證、登檢。如果證據確鑿，依照上法，可予行政處罰。惟在執行實務面上，恐有窒礙；一方面我國經濟海域外界線，迄目前為止尚未與中國大陸及其他鄰近國家協商議定，僅有我國片面公布之「暫定執法線」，執法管轄範圍在國際法規範中基礎薄弱。另一方面強制執行必須考量執法艦艇能力對比，同時恐將立即引發兩岸糾紛，甚至於導致海上衝突。相關海域執法機關尤應審慎處理，加強執勤船艦人員教育訓練，使其瞭解全盤情勢及相關法律規範。執勤遭遇時，一方面必須維護我國主權及主體性，一方面避免躁進過當而引發不必要爭端。

第十一章

我國海域管理及執法之挑戰與衝擊（三）：我國遠洋航行作業船舶安全威脅案件

　　近年來，我國漁船遠洋作業遭到挾持、喋血、海盜攻擊等海事危安事件頻傳；我國遠洋漁船僱用外籍或大陸漁工，因管理、生活習性、薪資待遇或覬覦財物等糾紛，發生海上喋血、挾持，將船舶開往其他國家海域，危害船組員生命財產，頻有發生。發生後受理報案，通訊聯絡，以及救援工作，往往因跨洋遙遠，或外交請求協助回應不如預期，救援不及而導致抨擊非議。

　　此外自 2006 年以來，連續發生多起臺灣遠洋漁船在東非海域作業時被索馬利亞海盜挾持，俟交付贖金後始予釋回。政府針對這些案件，已積極研擬對策。為有效保障我國航行作業船舶海事安全，茲就個案實例研析，及處置之法律規範和對策層面分節探討如下：

第一節　遠洋漁船遭挾持、喋血等海事案件

　　近年隨著國內經濟成長，工商業高度發展，加以社會環境大幅變遷，生活及就業形態多元化，導致漁業工作環境不再具吸引力，漁村青年紛紛從事漁業以外工作，造成本土漁業人力嚴重不足。此外，由於漁業成本增加，漁業所得無法有效提高，漁工短缺情形日益嚴重，漁船業主為降低勞動成本，維持既有之經營規模及利潤，大量僱用大陸或外籍漁工；惟引進大陸或外籍漁工所衍生外籍漁工入境安置、海上喋血及遭雇主虐待或剝削等諸多問題，加上船上生活單調且空間狹小、缺乏娛樂，部分我國籍船長或船員因語言文化差異，或對外籍漁工抱持歧視態度，動輒辱罵動粗，易生嫌隙，另漁船工作繁重且生活作息條件嚴苛，或漁船捕獲大量經濟價值漁獲遭到覬覦，

均使外籍漁工成為船隻海外作業不安之因素。

再者，大部分我國籍漁船在海外作業時，船上編制除船長、大副及輪機長等至多三員為我國籍外，其餘船員多為大陸或外籍漁工，在我國籍船員居於少數情況下，一旦該船外籍漁工均為同一國籍，倘欲串連謀害我國籍船員，輕者衍生一般口角及肢體衝突，重者則演變成挾持喋血案件。這些僱用漁工以中國大陸籍為多，也有僱用印尼、菲律賓、越南等國漁工。由於生活習俗差距、海上工作辛苦及薪資待遇糾紛、覬覦捕獲之漁獲財物等因素，不時發生外籍漁工與臺灣幹部起衝突，甚至發生殺人喋血傷亡事件，及挾持船舶逃往他國海域情事。

歷來我國籍漁船因聘僱外籍漁工所發生之喋血案，我國籍船員遭殺害後往往被丟棄海中，少有遭殺害後屍體仍留置於船艙者，且涉案漁工到案後均已完成串證，誆稱我船員係自行落海等意外始失蹤，故即便尋獲漁船及涉案漁工，在漁工均已完成串供且欠缺船員屍體等具體證據情況下，無論係我國或外國司法單位，搜證皆屬困難，司法追訴更是艱辛。此外遠洋漁船海事案件多發生在我國有效管理及巡護範圍之外，牽涉國家管轄權及司法互助等複雜問題，加以當前我國國際處境及外交艱困，中國大陸快速崛起，挾其強大國際影響及外交優勢，時而插手我國漁船遠洋海事案件，實難由我方全權處理，嚴重打擊我國政府保護人民生命財產威信。

一、案情概況

依據海巡署統計資料，該署自 2000 年成立迄 2010 年，共發生遠洋漁船海事案件 47 件。其中喋血案件 25 件，被害喪命臺籍船長及幹部 18 人，外籍漁工 7 人。茲略摘述近期重大案件發生概況。

1. 蘇澳籍金同隆 1 號遭挾持案

蘇澳籍「金同隆 1 號」（CT4-2277，以下簡稱「金」船），於 2002 年 6 月 13 日在北緯 11 度 45 分、東經 168 度 50 分處中太平洋夏威夷西南海域作業時，「金」船內 1 名大陸漁工遭船長責罵，引發其他漁工不滿，分別將船長、輪機長反鎖廁所內控制行動自由、破壞船上通訊設施，並將船航向美國，企圖偷渡入境加州。之後，因「金」船剩餘油料不足，故企圖改由最近之夏威夷群島登陸。海巡署於 2002 年 6 月 15 日接獲蘇澳漁業電臺通報得知「金」船疑遭挾持。透過我國外交部協請美國海岸防衛隊依據「金」船上之船位回報系統協助搜尋。「金」船於 21 日遭美方攔截並控

制該船，因美方係於公海控制該船，故承認我國對該船具管轄權，並通知我國海巡署將人船帶回。海巡署立即指派「巡護2號」船前往夏威夷，於6月28日與美方完成人、船交接；「金」船於7月18日凌晨9時30分安全返抵蘇澳港。全案由海巡機關將涉案漁工依準海盜及妨害自由等罪嫌，於2002年7月18日移送臺灣宜蘭地方法院檢察署偵處。宜蘭地檢署於2002年9月依懲治盜匪條例、刑法妨礙自由與毀損罪起訴涉案9名大陸船員，2003年2月宜蘭地方法院分別判決2名及5名漁工各3年及2年6個月有期徒刑，其餘2名大陸船員無罪。另宜蘭地檢署偵處後，以未發現我國籍船員有涉不法證據予以簽結，故該船船主、船長及輪機長獲不起訴處分。

2. 蘇澳籍興隆號疑遭挾持案

蘇澳籍「興隆號」漁船（CT4-1908，以下簡稱「興」船）於2002年8月11日在北緯27度27分、東經156度45分處海域失聯。船公司於2002年8月14日向我國漁業署報案。2002年8月26日「興」船被發現在夏威夷海域觸礁，船體及動力系統受損，9名大陸漁工於上岸後全數被美方逮捕，我船員於掙脫束縛後，船長未報案將船駛入公海，船長稱：漁工跳船泅水上岸。漁業署於8月28日接獲通報，立即通知海巡署派遣於附近海域執勤之「巡護3號」與「興」船會合。29日會合後「巡護3號」並與美國海岸防衛隊人員於公海登臨該船進行初步偵訊。「興」船於「巡護3號」戒護下航回臺灣，惟美方要求「巡護3號」戒護「興」船進入夏威夷檀香山港協助調查。我外交部基於我方管轄權完整，不同意美方要求。之後引起美方國務院嚴重關切，除農委會主委赴美時要求洽談此事，美國在臺協會人員並就此事拜訪外交部及農委會表達嚴重關切。

「興」船於10月8日上午10時5分返抵蘇澳港。海巡署海洋巡防總局特函請宜蘭地方法院檢察署指揮偵辦。該署檢察官吳志成於2003年1月底赴美調查本案，涉案漁工仍堅稱「曾付錢給輪機長」。由於美方強烈質疑「興」船參與偷渡犯罪，美方受理9名大陸船員之政治庇護申請，而未予以刑事起訴、判決。宜蘭地檢署業於2003年6月2日偵結，認為該漁船陳姓船長及黃姓輪機長涉嫌載運大陸漁工偷渡，違反兩岸人民關係條例，依法提起公訴[1]。

本案「興」船船長陳木財、輪機長黃進興雖稱其係於2002年8月11日，在日本東南東方約1,200海浬處遭9名大陸漁工挾持，陳木財被關於船尾前之水密艙、黃進興被關於其房間，兩人均被金屬釣線綁住手腳，並非幫助大陸漁工偷渡至美國。惟根

1　臺灣宜蘭地方法院檢察署檢察官起訴書，91年度偵字第2627號、92年度偵字第55號。

據美國海岸防衛隊調查報告：「興」船此次出海航行並無捕魚打算，且事先規劃前往夏威夷。「興」船有全新引擎（計程儀讀數 768 小時），卻無適當漁具可供捕魚用。「興」船冷凍室已燒壞了，證明其無適當儲存漁獲之設備。前甲板大部分漁艙約有50 至 80 加侖污穢油在裡面，表示其無適當儲存漁獲之場所。衛星定位系統（GPS）所標示之唯一停留點係位於美國夏威夷大島 Keahole 港外 4 海浬處，證實其預先規劃好去夏威夷之 GPS 位置。「興」船有 2 組 SSB 無線電，與船主每日通訊，最後一次聯繫是 2002 年 8 月 11 日。「興」船船長陳木財、輪機長黃進興宣稱其被金屬釣線綁住手腳、頭部被頭套蓋住，16 天後才得以脫困。但依據美國海岸防衛隊於 2002 年8 月 31 日登上「興」船之觀察為：「船長之手腕無受傷痕跡，腳踝有輕微傷痕，但顯然是舊傷痕」，2002 年 10 月 11 日蘇澳榮民醫院之診斷結果，陳木財及黃進興僅有陳舊性舊傷痕，並無被綑綁挾持之新受傷情形。此外檢察官根據測謊結果[2]：「興」船船長陳木財測謊回答問卷問題，呈情緒波動反應，研判有說謊。另經宜蘭地檢署檢察官至美國夏威夷州歐胡島訊問「興」船大陸漁工筆錄及美國夏威夷州移民局訊問「興」船大陸漁工筆錄，涉案漁工仍堅稱曾付錢給「興」船船長、輪機長，請其協助偷渡至美國。其他相關佐證，包括船上救生筏、救生衣、大陸漁工事先裝好乾淨衣服置於泅水上岸之塑膠袋，顯然是大陸漁工事先預備。另若船長輪機長遭挾持，「興」船之駕駛操作，無論欲航美國夏威夷、臺灣、大陸或日本，均須具備專業航海技能、豐富航海經驗及輪機技能，9 名大陸漁工是否具備此等能力，自行駕駛該船並無延誤的抵達目的地，殊值懷疑。「興」船於離夏威夷港約 30 海浬處與我國海巡署「巡護3 號」會合時，「興」船之船體及動力系統均受損，在無法自行駛回臺灣之情況下，「巡護 3 號」建議其就近進入夏威夷港修護，卻遭「興」船船長堅拒，顯與一般常情有違。依據被捕大陸漁工所述而推算其偷渡上岸時間為當地時間 8 月 25 日左右，而「興」船船長係於當地時間 8 月 27 日 23 時與其家屬連絡，此與一般遭挾持脫困後立即向家屬報平安之常情不符。宜蘭地檢署依上述論證起訴船長、輪機長。

3. 基隆籍祥滿福 31 號被挾持案

我國基隆籍遠洋漁船「祥滿福 31 號」（CT5-1519，154 噸，以下簡稱「祥」船），因捕魚缺乏漁工，乃透由大陸福建仲介公司僱用 11 名大陸漁工，並將漁工接駁至「漁工船」上寄放。「祥」船於 2002 年 6 月 21 日自基隆正濱漁港報關出海，並至漁工船接駁前述大陸漁工後，預定前往中美洲西太平洋海域作業捕魚，途中捕獲

2　宜蘭縣地方法院檢察署，91年度偵字第2627號，偵查卷第2卷第133頁，法務部調查局測謊報告書。

旗魚等漁貨約 20 噸，惟於同（2002）年 8 月 30 日 14 時許，在距美國夏威夷島南方約 420 海浬處海域（北緯 10 度 50 分、西經 156 度 40 分）失去通聯，疑遭船上大陸漁工挾持。經我國外交部、漁業署等透過駐外單位協請美國海岸防衛隊及我國遠洋漁船全力協尋，約歷經半個月後，始為美國海上防衛隊於同年 9 月 16 日在加州 San Clemente 西南西方約 300 海浬處發現「祥」船，並經我方同意後登檢，船長劉○吉、輪機長莊○明表示遭大陸漁工挾持，美方隨即將人、船押解至洛杉磯港外海之聖培多灣（離岸約 6 海浬處）戒護、看管。行政院海岸巡防署海洋巡防總局（以下簡稱「洋總局」）隨即派員與美方協調，將「祥」船自美國洛杉磯押返。「祥」船啟航後，同時派遣「巡護 1 號」前往「祥」船返航中途會合，於 10 月 13 日在夏威夷海域與「巡護 1 號」會合，隨即對 9 名涉案大陸漁工展開偵訊及蒐證。沿途雖東北季風強勁，海象極其惡劣，但「專案小組」成員仍不畏艱辛，歷經 35 天，計 6,800 海浬航行，於同年 11 月 2 日上午 8 時押抵基隆偵辦。

本案偵辦特色：「祥」船上雖未裝有船位自動回報系統，無法於失聯後立即掌握該船行蹤及航向，惟在迅速通知美國海岸防衛隊後，能很快搜尋、攔截「祥」船，並交由我方接管、押返。此外本案所涉及可主張管轄權者，計有臺灣、美國、中國。經我國要求，美方能依「中美刑事司法互助協定」條文精神，主動移交我國，確保我國司法管轄權得以運作，不受中國干擾，並為臺美雙方共同打擊不法份子，建立良好合作典範。本案也首創我國海巡機關派員攜行槍彈、械具等，赴美執行司法警察任務，給予我國海巡機關一次打擊海域跨國犯罪，很好的實驗磨練機會。此外派員赴美押解「祥」船，航程達 6,800 海浬，創下押解最長航程，亦展現政府偵辦不法挾持漁船案之決心。本案雖成功押解返國偵辦，惟再度凸顯我國相關司法及海域執法機關偵辦海域跨國犯罪能量不足的問題，包括偵辦海域跨國犯罪經驗及經費不足之窘境，對國際執法、引渡法規及洽商禮儀的不甚熟諳，派出偵辦及戒護船艦及人員單薄，能量不足，亟待提升。

4. 野柳籍魚聖號發生碰撞糾紛後被挾持案

野柳籍漁船「魚聖號」（CT6-0630，200 噸），於 2004 年 4 月 29 日 16 時 5 分於東引海域（N26°33'E120°29'）與大陸漁船「金富達 9 號」發生碰撞，海巡署馬祖地區單位接獲通報，立即派遣 5506 艇前往救援。海巡艇於 17 時 44 分抵達後，該大陸漁船「金富達 9 號」已沉沒。「金富達 9 號」15 名船組員經「魚聖號」救起，並與「魚聖號」5 名船組員在「魚聖號」上談判撞船責任及賠償問題，海巡隊員廖慶麟、陳厚昌跳上「魚聖號」協助談判，不料談判未果，發生衝突，「魚聖號」5 名船組員

緊急跳船至海巡艇，2 名海巡隊員反不慎遭對方挾持至對岸福建省三沙港。

我國海巡署立即透過海基會於 4 月 29 日當晚去函大陸海協會，要求確保我方被挾持之海巡隊員廖慶麟、陳厚昌之人身安全，並協助安排將其送回我方，同時要求大陸方面不應姑息不法份子，應盡速查明案情、嚴懲不法。此外連江縣議會議長陳振清透過電話直接與對岸福建省臺辦取得聯繫，福建省臺辦回應表示待「魚聖號」靠岸後將協助處理海巡隊員返臺事宜，其後廖、陳二員被依約送回，而大陸「金富達 9 號」15 名船組員則由大陸邊防機關處理。

5. 澎湖籍勝發成 2 號被挾持案

澎湖籍「勝發成 2 號」漁船（CT4-1576，68.81 噸），於 2005 年 9 月 5 日 11 時與大陸籍「閩東漁 4878 號」漁船在澎湖七美西南方 56 海浬處（N22°53'E118°25'）發生擦撞，「勝發成 2 號」漁船船長於登上大陸漁船「閩東漁 4878 號」後隨即遭到挾持，「勝發成 2 號」漁船只好一路尾隨。該大陸漁船並持續航向大陸福建省東山島。海巡署澎湖地區單位接獲澎湖漁業電臺通報，立即派遣澎湖海巡隊 5016 艇、6007 艇、金門隊 5037 艇及高雄南機隊福星艦前往救援，同時連絡空勤總隊直升機自臺中機場起飛，最後由 6007 艇於七美西南方約 80 浬處海域成功攔截到大陸漁船「閩東漁 4878 號」，並平安將被挾持之船長呂清滿安全救回。除成功救回「勝發成 2 號」漁船船長外，並將涉嫌挾持我漁船之「閩東漁 4878 號」、「閩東漁 5069 號」大陸漁船押返馬公港偵辦，本案未動用兩岸協商機制。

6. 東港籍順正漁號索羅門群島海域喋血案

2006 年東港籍遠洋鮪釣漁船「順正漁號」在 2 月底前往南太平洋作業，5 月 4 日在索羅門群島海域作業時失聯，2 名臺籍幹部（船長和輪機長），以及 14 名印尼漁工音訊全無；研判是遭印尼漁工挾持，在追蹤衛星訊號後，5 月 8 日最後一次發現船的行蹤是在巴布亞新幾內亞海域及印尼海域的交界，事發位置研判距臺灣約 3,000 海浬，已超過我國搜救範圍。海巡署為保障國人生命財產安全，5 月 8 日即邀請外交部及農委會漁業署等相關單位召開專案會議，決議派遣巡航力可達一個月以上之「巡護 1 號」赴該海域（研判位於南緯 1 度 3 分、東經 155 度 55 分附近海域）搜尋；期間該署持續與外交部、農委會漁業署、相關單位及家屬均保持聯繫，以期能掌握最新狀況。5 月 11 日「巡護 1 號」船航經巴士海峽海域適逢中度颱風「珍珠」來襲，基於航安考量，經報奉核准返港。專案小組基於「救人第一」的考量，另緊急調派「偉星艦」前往接替協尋任務，然因中度颱風「珍珠」持續逼近巴士海峽，海象惡劣，「偉

星艦」亦無法繼續前往失聯海域。5月14日上午7時，颱風警報解除，「巡護1號」檢修完畢，即趕往協助搜尋。至5月20日上午8時，該船位置已到達失聯附近海域，並與印尼執法單位取得通聯，惟未尋獲。

5月24日遭挾持失蹤多日後的「順正漁號」，在印尼爪哇北部海域被發現，船長已被殺害，船上僅有輪機長一人。輪機長獲救後表示：船上6名印尼漁工因不適應船上生活，在經印尼海域時，要求船長將漁船駛回印尼，船長表示無法同意，與漁工發生口角，隨即遭船上漁工聯手殺害後棄屍大海，這批印尼漁工棄船前，本來還計畫開船撞山壁毀船後再逃！經輪機長苦苦哀求，後來印尼漁工改變主意，等到了接駁他們的小船，搬走漁獲後，立即逃離上岸。

漁船及輪機長被帶回印尼漁港，經我國外交部協調奔走，仍等候了近三個月的法院開庭審理期，船長的父親也多次飛到印尼，出席法院開庭，並參與警方製作筆錄及蒐證，最後印尼法院判決，家屬需付美金33,000元，贖回原本的就屬於自己財產的漁船，本案終結。

7. 琉球籍聖恩168號喋血案

2007年琉球籍延繩釣漁船「聖恩168號」CT4漁船，重57.58噸，於當年7月14日上午從東港出海，準備航行到關島作業，出海時只有4名臺籍幹部，分別是船長許碧章（51歲）、兒子許慶文（23歲）、船長的連襟周黃可農（48歲）及兒子周黃哲麟（22歲），8名印尼漁工則是出海後到國外基地或碼頭僱用。11月初「聖恩168號」漁船失聯，我國漁業署、海巡署及外交部成立專案小組，通知印尼政府協尋。印尼軍艦11月11日在巴布亞紐新幾內亞外海攔截到該船。船長被殺，另3名臺籍幹部下落不明，8名印尼漁工則由印尼軍方逮捕調查。

「聖恩168號」8日失聯，11日由印尼軍鑑攔截押回印尼，印尼傳回的消息是有看到船長的屍體，但沒有其他3人的下落。漁業署與外交部出面

圖11-1　聖恩168號漁船

交涉，透過外交部要求印尼當局一定要查扣人船，進行調查，說明案情、並請搜尋臺灣幹部下落，船員的生死，要即刻做一個更詳細的說明。船上的漁獲、機器、設備等等要保全；希望這艘船能夠盡速的交由我方處理。船長、輪機長家屬要求政府將 8 名印尼漁工押回臺灣接受司法審判。

「聖恩 168 號」漁船於 2008 年 2 月 2 日凌晨駛返臺灣東港，據前往印尼處理本案漁船返還之船長許碧章叔叔許龍豹稱：「兩個月前其抵達印尼，登船後發現船上除了拆不下的儀器，其他能拿的東西都被拿走，包括三臺沉水馬達、手電筒、所有漁獲等（船上 100 多尾鮪魚、90 幾尾旗魚與各種漁獲，均被搬空）。僅剩感冒藥等藥品」。許龍豹指出，其到達印尼時 8 名漁工被關在當地看守所，全都不承認殺人，辯稱是臺灣船員自行跳海，船長許碧章還拿刀要砍人，其中 1 名漁工用手抵擋，結果四隻手指被切斷，許龍豹痛批這種說法「根本就是鬼扯」。許龍豹最後在印尼當局要求下簽了同意書放人，印尼當局才返還扣押的「聖恩 168 號」漁船。漁船返回臺灣，屏東地檢署檢察官指揮相關鑑識人員登船勘驗採證，檢察官葛光輝表示，登船是要看船上有沒有血跡反應或打鬥痕跡，他們會盡力協助家屬，了解臺灣四名船員失蹤可能狀況，如果是謀殺，必須要有足夠證據，一旦採到血跡，將進行 DNA 鑑定比對。

8. 屏東縣漁船和財發 18 號漁船全船船組員失蹤案

屏東縣漁船「和財發 18 號」漁船，為 98 噸級延繩釣漁船，船上有 1 名臺籍船長蘇文成及輪機長和 12 名印尼籍船員。2008 年 3 月 25 日，自東港出海，前往密克羅尼西亞及巴布亞紐幾內亞之間公海海域作業，原預定於同年 8 月底完成作業後返臺，2008 年 6 月 28 日失聯，失聯前最後船位在北緯 2 度 04 分，東經 159 度 17 分，位於密克羅尼西亞與諾魯之間公海。於距鵝鑾鼻東南方約 2,600 浬。海巡署獲報後立即聯絡相關機關應變，並由外交部立即通知該海域周邊國家，包括諾魯、澳大利亞、索羅門群島、關島等海巡單位積極協尋。7 月 1 日海巡署派遣「巡護 1 號」巡護船前往搜尋，惟「和」船衛星船位回報器（VMS）關閉，有如大海撈針。7 月 12 日印尼海軍在東爪哇與峇里島之間的海域發現一艘漂流漁船，疑似臺灣籍「和」船，經尋獲後確認為「和」船，惟包括船長及 12 名印尼籍漁工皆失蹤。海巡署雖即時派員赴印尼會同我國派駐該國人員協請印尼政府調查本案。

據調查，「和」船 2008 年 5 月初曾遭綠色和平組織「希望號」干擾作業，指控該漁船濫捕瀕臨絕種保育類動物綠蠵龜，並破壞漁具，經船長多次交涉協調後，「希望號」才歸還兩組無線電浮標，卻在漁船船身噴上「海盜」的英文字樣，當時引起國際注意。另外漁業界人士透露，船長蘇文成對船員要求比較嚴謹，曾有漁工私下抱怨

在他船上工作很累；也有人研判，船長可能已凶多吉少，船上的印尼漁工擔心殺害船長後紙包不住火，所以棄船潛逃。此外 2008 年 6 月 26 日在同海域作業之友船「大滿 22 號」發現「和」船行徑怪異，靠近詢問時，「和」船卻加速駛離，「大滿 22 號」在後追了 2、3 個小時，因擔心誤入他國領海引發漁事糾紛而放棄，自此「和」船就失去音訊。據「大滿 22 號」稱：「和」船失聯時船上大約還有 7、8 萬斤的漁獲，價值 7、8 百萬元。由於臺印並非邦交國，只能透過外交單位瞭解該國調查進度，才能研判案情，決定國內是否發動相關偵查作為。

9. 屏東琉球籍漁船泰億祥號帛琉海域喋血案

屏東琉球籍漁船「泰億祥號」，2008 年 7 月 12 日自屏東東港出海，船上 9 人僅船長李豐寶為臺籍，其餘為印尼漁工。8 月 19 日「泰億祥號」漁船在鵝鑾鼻東南方 845 海浬處失聯，家屬即向海巡署求援，海巡署獲報後即指派巡護船「巡護 1 號」及「巡護 2 號」前往失聯海域搜尋，並循外交管道協調帛琉、菲律賓及印尼等國進行搜索及其他外交支援事項，迄至 8 月 27 日始由帛琉所屬巡邏艇在公海海域尋獲「泰」船並立即通知我國，海巡署「巡護 1 號」巡護船於 29 日趕抵現場登船搜索，但仍未發現我國籍船員，即派員駕駛「泰億祥號」及押解 8 名印尼漁工於 9 月 4 日返臺。返臺後案經海巡署高雄海巡隊上船詳細蒐證，未發現有凶器、打鬥和血跡等跡證，其中 1 名印尼船員初步供稱，臺灣籍船長李豐寶已被他們推落海。其他 7 名船員則未鬆口。海巡署高雄海巡隊依法將涉案船員移送屏東地方法院檢察署偵辦。經過偵審，於 2010 年 1 月 21 日臺灣最高法院依強盜殺人罪判決主謀印尼船工塔哈里無期徒刑，共犯迪迪、達坦有期徒刑 20 年確定，執行完畢後驅逐出境。本案為我國漁船船長船員境外喋血案，我國海域執法機關有效在境外執法，將涉案外籍船員押返偵審，判處重刑，將有效遏阻外籍船員頻頻殺害我國船長船員逃逸無蹤，而其他沿岸國、船員國籍國未認真究辦，衍生一再發生類似案件之歪風。

10. 高雄籍遠洋漁船大慶 21 號全船船組員失蹤案

2008 年 10 月底在太平洋失聯的高雄籍遠洋漁船「大慶 21 號」，11 月 9 日被發現船身焦黑、棄置在吉里巴斯（Kiribati）的鳳凰群島（Phoenix Islands）附近，紐西蘭隨即派出軍機，展開廣達 5 萬 4000 平方公里的空中搜救。由於大規模空中搜救毫無成果，搜救隊同時也前往沒有現代通訊設備的偏遠島嶼尋找船員。惟經過 30 多個小時的搜尋之後，紐西蘭搜救協調中心（NewZealand Rescue Coordination Centre）發言人韓德森（Ross Henderson）表示：「沒有任何發現。」11 月 14 日友船同屬高

雄市春昇漁業公司的「新億祥 11 號」被通知前往搜尋,在南緯 6 度 7 分、東經 178 度 6 分,尋獲「大慶 21 號」,但甲板以上船體燒毀,船長與 28 名外籍漁工不見蹤影(其中中國 18 人、印尼 6 人及菲律賓 4 人),駕駛艙、船員室、餐廳遭焚毀,找不到兇器,也看不出血跡。由於 10 月 28 日失聯前,船長顏金港與公司通話時,曾傳出鬥毆聲,懷疑船長是否被漁工挾持或發生海上喋血。該船由友船拖離吐瓦魯經濟海域,直接返回臺灣。

「大慶 21 號」漁船,12 月 13 日拖回高雄市後。海巡署負責調查,鑑識人員初步未尋獲血跡及打鬥痕跡,船上的三艘救生艇僅剩一艘,另有多支用過的滅火器;海巡署研判漁船起火後,船員曾滅火及逃生。

11. 東港籍金滿成號漁船遭劫持失蹤案

東港籍「金滿成號」漁船係 60 噸級延繩釣漁船,自 2008 年 10 月份出港,前往印度洋海域作業,船上有臺籍船長許基法、臺籍輪機長鄭義耀及 7 名印尼籍船員,總計 9 人,該船裝有漁船船位回報系統,船位回報狀況正常,2009 年 1 月 1 日「家屬因多日無法與該船聯繫,通報該船失聯。漁業署接獲本案通報後,除通知國搜中心及海巡署、外交部等機關合力應變處理,經外交部洽請印尼、澳洲政府派艦攔截,漁業署並每半小時利用漁船衛星船位回報,即時送外交部及駐印尼代表處,讓當地國派往攔截的艦艇隨時掌握該船航向及位置。印尼當局在印尼 Bengkulu 外海成功攔截「金滿成號」,我國籍船長及輪機長不幸失蹤,船上 7 名印尼籍漁工已由印尼海軍扣留偵訊。印尼軍方調查後證實「金滿成號」漁船臺籍船長許基法與輪機長鄭義耀失蹤,詢問船上的印尼漁工表示,兩人已被推入大海。外交部立即協助船長家屬趕赴印尼善後。

12. 高雄籍宏傑偉 18 號漁船模里西斯喋血案

高雄籍「宏傑偉 18 號」漁船,為 99 噸級的延繩釣漁船,2008 年 2 月出港赴印度洋海域作業,船上有 14 名船員,只有船長陳文風為臺灣籍,其餘為中國大陸、越南和印尼籍船員。2009 年 1 月 1 日在模里西斯附近海域作業時,船長陳文風疑遭 2 名越南籍船員殺害,涉嫌的船員立即由其他外籍船員制伏,船長遺體被安置在冷凍庫。案發時「宏傑偉 18 號」距離模里西斯路易士港約 100 海浬。漁業署獲報後,立即通知海巡署、外交部等機關成立應變小組應變處理,除了加強監控「宏傑偉 18 號」船位,並由駐模里西斯漁業專員吳維勳協調模里西斯政府及代理商,安排附近作業漁船將「宏傑偉 18 號」拖往模里西斯路易士港,同時外交部立即協調,希望將涉案

船員押解返國處置。惟案經模里西斯初步調查，僅一名越南漁工涉案，以魚刀殺害船長。模國警方一併偵訊其他 12 名印尼、越南及中國漁工，以求辦案謹慎。外交部並全力協助船長家屬，立即趕往模里西斯處理。

13. 屏東琉球籍漁群 166 號漁船遭印尼漁工威脅挾持案

屏東縣琉球籍漁群 166 號於 2009 年 7 月 27 日自琉球鄉前往太平洋關島海域作業，2009 年 10 月 2 日，船長施進興透過衛星電話向東港區漁業電臺求援，指有兩名印尼漁工情緒不穩，一人持魚刀對他作出割喉手勢，另一人作勢開槍，船長施進興和輪機長黃明智躲進駕駛室反鎖鐵門，透過衛星電話向家人求救。海巡署獲報後一方面派遣「巡護 2 號」前往馳援，同時協調外交部透過管道與日本交涉，我國駐日代表處極力與日方交涉，日方同意以人命安全為優先考量，讓我國船長及輪機長上岸，其餘印尼籍漁工則留置船上；惟船長因擔心印尼漁工留在船上恐生事端，未接受此種安排。「漁群 166 號」最終未駛入小笠原群島，將漁船暫停在小笠原外海 30 海浬處。由於適逢米勒颱風，俟颱風對船隻已無威脅，海巡署於 10 月 6 日上午立刻派遣「巡護 2 號」前往接應，因此漁船決定直接返航。「巡護 2 號」於 2009 年 10 月 9 日下午 5 時許，和「漁群 166 號」在北緯 23 度 19 分、東經 131 度 25 分鵝鑾鼻外海 650 海浬處會合，海巡人員登船控制涉案印尼漁工，並於 10 月 13 日返抵臺灣高雄，臺灣籍船長施進興、輪機長蔡明智和 2 名涉案的印尼籍漁工，隨後在海巡署海洋巡防總局直屬船隊接受調查。2 名被控威脅船長的印尼漁工經調查後依恐嚇妨害自由及危害公共安全罪移送屏東地檢署。屏東地檢署承辦檢察官表示，全案屬 2 年以下輕罪，且為告訴乃論，臺籍船長和輪機長既然表示不追究，檢察官於是諭知由船務仲介公司儘快將 2 漁工送回印尼，整起事件有可能是溝通誤會所致。

14. 屏東東港籍昇財旺 7 號漁船被印尼漁工傷害案

臺灣東港籍漁船「昇財旺 7 號」（CT4-93 噸、延繩釣船），於 2010 年 3 月 3 日自琉球新港出港，前往太平洋西南海域捕抓鮪魚和旗魚，船上 12 人（2 名臺籍、10 名印籍），於 4 月 20 日在距離南臺灣的鵝鑾鼻 2,300 海浬處，漁工不服船長陳金龍管教，群起鼓噪，先毆傷船長，接著揚言要殺害他與輪機長李坤泰。致使兩人只好把自己鎖入駕駛艙自保。船長透過衛星電話聯絡上太太，向東港漁業電臺報案，隨即通報海巡署救援。

海巡署派出「巡護 2 號」巡護船，增配 8 名特勤員警，緊急駛往救援；「巡護 2 號」行駛 1,000 多海浬，於 4 月 27 日 9 時 10 分，在三貂角東北方 1,300 浬追上「昇」

船，指揮官先以印尼語喊話，進而喝令特勤員警分持槍械，強力攻堅登船。員警上船，經檢視臺籍船長及輪機長身體狀況均良好，10 名印尼籍漁工則帶至「巡護 2 號」船上隔離並實施初步偵訊，並立即將人船平安消息第一時間告知船長家屬，使其心安，涉案漁工押返臺灣海巡署直屬船隊後接受調查。其中有 4 名漁工坦承打人，但同時聲稱也被船長毆打，有意提告。海巡署表示，4 名漁工涉及恐嚇船長，依恐嚇罪嫌究辦。雙方有意互提傷害告訴，將等驗傷報告及雙方的意向再偵辦。

15. 宜蘭蘇澳籍漁船特宏興 368 號漁船被印尼漁工殺害案

宜蘭蘇澳籍漁船「特宏興 368 號」於 2013 年 1 月 18 日出港，船上有臺籍船長陳德生（54 歲）、輪機長何昌琳（58 歲）及 9 名印尼漁工，2013 年 7 月 16 日船東莊清旺透過衛星電話聯絡漁船的作業狀況，但未獲回報。「特」船失聯後，同年 7 月 20 日上午法屬玻里尼西亞飛機在南緯 0 度 28 分、西經 145 度 37 分海域拍到漁船蹤影。從影像中發現船已偏離航道往印尼方向前進，且船上沒有人。海巡署獲報後，正好「巡護 7 號」巡護船在中西太平洋海域執行遠洋巡護任務，立即下令該船自斐濟運補後，前往「特」船失聯相關海域尋找，終於在同年 7 月 27 日約凌晨 4 時發現「特」船，直接上船攻堅，發現 9 名印尼漁工，並未看到船長陳德生與輪機長何昌琳，漁船的主機和舵機均已遭到漁工破壞。漁船上沒有槍枝，但有鯊魚刀等武器，懷疑兩人是被印尼籍漁工殺害丟入海中。船長漁獲日誌最後的登錄日期是 7 月 15 日，海巡人員先排除舵機連桿問題，讓漁船能夠控制方向。並進行拖帶，往臺灣方向返航。

圖 11-2　特宏興 368 號漁船在法屬玻里尼西亞空照圖

圖片來源：船主。

海巡署認爲案情重大，「巡護 7 號」上無專業偵查人員，乃加派偵防查緝隊偵查員 4 人，至東京灣轉乘該署「巡護 8 號」，再趕赴南太平洋與「巡護 7 號」會合，8 月 11 日二船會合，經偵查證實，漁工因不服船長管教，致發生口角，在毆打船長後，痛下殺機推落海中，又恐東窗事發，將輪機長活活推落大海滅口，漁工亦坦承上情不諱。「巡護 7 號」在歷經 28 天航程後，8 月 20 日順利將「特」船及船上 9 名印尼漁工帶返蘇澳港，並將涉案人員移送司法偵辦，圓滿完成「史上最遙遠」的救援任務。

二、探討研析

根據近 10 年來發生的案件分析[3]，2004 年以前，在以我國籍漁船被挾持案件中，以僱用中國大陸籍漁工爲多，大部分被挾持的案件，將挾持的船舶駛往中國大陸福建、浙江沿海，也有駛往關島、夏威夷、美國本土及日本等地。有些劫船駛往美、日案件，被懷疑爲假漁工真偷渡案件偵辦。2005 年以後，發生的案件則以僱用印尼、越南、菲律賓籍漁工爲多。該等東南亞籍漁工挾持及殺害臺籍船長及幹部，將船駛往印尼或南中國海、南太平洋等海域。部分案件研判發生原因，除海上生活、管理及薪資待遇糾紛因素外，有些案件係印、菲、越等外籍漁工覬覦船上漁貨財物，企圖將劫船駛往其熟識港口販賣圖利。這些案件初期發生時，我國主管機關農委會漁業署、外交部及海域執法機關海巡署，受限於外交交涉困窘，發生海域路程遙遠，救援船艦能量不夠，初期處理經驗欠缺等因素，往往手忙腳亂，機關間協調合作不足，反應不及，致未能及時有效救回我國漁船船長及相關從業人員。加上中國大陸時而搶先介入救援，致使我國相關機關處理上更爲棘手，甚而遭到受害漁民及民眾指責政府保護我國人民生命財產不力。惟受到個案發生次數增加因素，相關機關多次磨合及累積經驗，晚近幾年均已能迅速應變，強化遠洋救援巡護能量，有效成功救援。

（一）偵處法令

臺灣籍漁船被挾持或海盜案件，涉及「跨境犯罪」、「加害與被害人員及船舶國籍」、「中華民國（臺灣）與中華人民共和國之外交及國際司法聯繫」等複雜問題，這些問題每遇重大案件，經常困擾及衝擊我國外交及執法機關，茲逐一研析如下：

3　行政院海岸巡防署自 2000 年 1 月 28 日成立後迄今 10 年，該署成立後透過其會計統計系統，每年公布工作統計資訊，本書研究分析大多皆依據該署公務統計資料。

1. 海域跨境犯罪之偵處

所謂跨境犯罪[4] 係指：「由集團或組織所犯下涉及兩國或兩國以上的違法行為，且在涉及的國家中，至少有一國將該違法行為定義為犯罪」；海域跨境犯罪其所涉及管轄權問題隨加害人與被害人國籍、所犯罪刑及犯罪所在地的不同而有差異；進而產生後續偵查、司法互助及引渡等問題。除了國際法與國際慣例規定外，此種案件同時又涉及不同國家的國內法法律見解，以及雙方是否締約或協定等問題，故具有涉外性的跨境犯罪會隨個案差異而產生不同處理方式。

以「興隆號」漁工挾持偷渡至外國之案件而言，所涉及可主張管轄權的國家主要有美國、中華民國（臺灣）與中國。但事實上，此一管轄權問題會因發生地點是否為公海或美國領海而有所不同，以下就此分別論述：

(1) 發生地為公海

當遭挾持發生地點為公海時，依據 1958 年「公海公約」第 6 條及 1982 年「聯合國海洋法公約」第 92 條規定，僅有船旗國始能對公海船舶行使司法與執行專屬管轄權；另外依據 1940 年「國際刑法公約」第 8 條規定：「在公海上之犯罪行為不論其在航空器、軍艦或商船上，均應依其所懸掛旗幟國法律予以審判與處罰」[5]。而中華民國「刑法」第 3 條亦規定，「在中華民國領域外之中華民國船艦或航空機內犯罪者，以在中華民國領域犯罪者論」。因此，公海上遭挾持之船舶，其管轄權專屬船旗國應無疑義。同時該挾持行為非屬「海盜」、「販奴」、「販賣麻藥與精神性調理物質」及「非法廣播」等國際罪行之一，因此，應無排除公海船旗國管轄權適用之狀況。然若「船員所屬國」主張屬人主義，則可能引發管轄權爭議，但以目前「聯合國海洋法公約」船旗國主義優於屬人主義的狀況來看，「船員所屬國」所能處理的恐怕是循引渡或司法互助等方式解決。

(2) 發生地為其他國家鄰接區或領海

1982 年「聯合國海洋法公約」列舉 12 項非無害通過行為[6]，另該公約第 27 條第 1 項（A）款亦規定罪行的後果及於沿海國等規範。從相關條文可看出，船舶非無害進入他國，基本上已觸犯當地法律而屬於沿海國管轄的範疇，則以沿海國優先管轄，

4　孟維德。2001年12月。海峽兩岸與跨境犯罪。兩岸治安問題學術研討會。頁1-2。

5　王敏華。1997年7月。福明輪事件之管轄權爭議與偷渡客處理有關問題之探討。國際航運管理研究，頁60。

6　參照1982年「聯合國海洋法公約」第19條列舉12種非無害通過之活動，明定外國船舶通過我國領海時非屬無害通過之情況，以維護我國領海主權及海洋環境與安全。

因「屬地主義」優於船旗國主義、屬人主義主張管轄。基此，在屬地主義優先的普遍觀念下，船旗國僅可援用與其他國家簽訂之「刑事司法互助協定」請求提供司法上之相關協助。

近年來臺灣漁船遭挾持之案件，其行為地在公海上，而結果地發生在第三國領海內，依據我國「刑法」第3條規定，在中華民國領域外之中華民國船艦或航空機內犯罪者，以在中華民國領域犯罪者論。此類案件的犯行啟動多在我國漁船上，故可適用中華民國刑法。惟如沿海國依「屬地主義」偵辦時，我國得與有簽訂刑事司法互助協定國家，要求協助，例如我國與美國簽訂有「中美刑事司法互助協定」，依前項協定雖然有明定資訊蒐集交換、調取文件證物、訊問證人及被告等司法合作規定，對於最重要的雙方引渡人犯問題，卻未列訂其中，實有待雙方基於相互尊重、互惠與共同利益下，增列此部分，或另訂引渡人犯相關條約。

此外我國與中國，兩岸之事務係屬特殊關係，尚無法逕行以「國內」或「國際」之情形予以適用，對於未規範之情況，則各種類似的國內或國際間的原則均有可能作為處理之方式。2008年以前兩岸未簽訂「刑事司法互助協定」，雙方則透過各自情治司法機關所建立之管道，檯面下運作協商處理，或依「金門協議」遣返嫌疑犯。自2009年4月26日海峽兩岸「江陳會談」，簽訂了所謂「海峽兩岸共同打擊犯罪及司法互助協議」，在其第2章共同打擊犯罪，合作範圍內第4項：包括「劫持航空器、船舶及涉恐怖活動等犯罪」；因而未來海峽兩岸如果發生類似案件，無論其發生地點在公海或兩岸管轄之領海、鄰接區海域均可透過此項協議，合作共同處理，惟相關合作處理細節及對口機關等，尚未進一步進行協商研議，使雙方執行層面能更有準確依據。

另外，如船舶上有他國國籍（如中國、印尼、菲律賓）船組員，則其他國家亦得依屬人主義主張管轄。分析自2005年來我國漁船僱用之外籍船員，印尼、越南及菲律賓籍有增加趨勢，近幾年來（2005～2010年間）我國籍漁船遠洋作業，被挾持往印尼案件屢屢發生，許多案件雖經我們政府透過外交及漁政機關不斷協調要求印尼政府，攔截被挾持人船、搶救被挾持船長等幹部，或已發生危害要求依法究辦嚴懲嫌犯，追償被害損失。惟相關個案，當地政府採信其國籍被僱船員說詞，雷聲大雨點小，甚或許多案件不了了之，讓國人經營之遠洋漁船遭受損害，無法求取公平正義之回復，對政府威信打擊甚鉅。

近年來中國崛起，挾其強大外交及國際影響力，屢屢介入我國船舶國際海域危安海事案件，其各地駐外單位常以積極主動及快速有效的行動，關懷及解決我國船舶相關事件，不論該船舶是否有中國籍船組員，中國均以臺灣是其所屬一部分的態勢，及

與沿海國有正式外交關係的優勢介入。長此以往，我國相關主管機關及外交部，雖積極奔走協商營救處理，惟往往因中國介入，處境尷尬。2008 年兩岸關係趨於和緩，我國應積極與中國協商反應，要求中國勿競先介入我國籍船舶相關事件之處理，除非我國政府正式請求協助案件，以爭取此類案件處理之主導及排他權。

第二節　遠洋船舶遭國際海盜攻擊掠奪、挾持勒索等案件

　　我國船舶被海盜攻擊案件，過去在東南亞海域偶有發生，尤其麻六甲海峽海盜活動猖獗，對很多國家深具威脅，我國海域執法機關及漁政主管機關，近年來不斷透過各種管道宣導及警示，提醒我國籍船舶注意警戒。新加坡、馬來西亞、印尼等東協相關國家，更採取聯合巡邏等打擊措施，同時與區域外美、日、澳等國實施聯合演習，相當程度壓制了海盜在這一地區的活動。

　　東非索馬利亞外海，2005 年以來連續發生海盜案件，2008 年更為嚴重，挾持大型商用船舶，勒索巨額贖金，舉世震驚。由已發生的案件研析，發現該地區海盜組織日漸龐大，武器裝備精良，財力已非常雄厚。情勢嚴重危害航行船舶安全，威脅全球貿易。2008 年 6 月聯合國安理會決議，允許相關國家在 6 個月內，派遣軍艦進入索馬利亞領海打擊海盜。我國亦有 5 起在該處作業遠洋漁船被索馬利亞海盜挾持，交付 20 至 50 萬不等美金後釋回個案。2009 年更發生「穩發 161 號」被索馬利亞海盜挾持長達 10 個多月，付贖後釋回之重大案件。我國政府高層一度要求相關機關，評估派艦赴東非印度洋海域，保護我國在該海域航行及作業船隻之可行性[7]。經評估此項行動，必須事先作好相關配套措施，透過外交協商取得附近海域國家同意，提供緊急支援及後勤基地等協助。否則冒然出動，可能無法達到預期效用，發生萬一，將得不償失，評估結果相關配套措施無法完善達成，只得暫緩。

　　臺灣遠洋漁船近年來發生多起在東南亞、南中國海域或東非印度洋亞丁灣索馬利亞海域被海盜掠奪劫持個案，分述如下：

1.昇滿 12 號（Shuenn Man）2000 年在新加坡被海盜劫殺案

　　2000 年 8 月 8 日，臺灣漁船「昇滿 12 號」，在新加坡東北海域 220 海浬處，被

7　越洋打海盜——我評估派艦赴索護航，2009年1月9日，聯合報。

一群穿著印尼海軍制服的海盜，駕駛一艘軍船攔截。海盜上船後，就把船長槍決掉，船上還有 5 名臺灣船員和 18 名中國船員，這 23 人僥倖的活下來。

2. 高雄籍東億輪 2003 年 8 月在麻六甲海域時遭海盜槍擊案

2003 年 8 月 10 日高雄籍魚貨運搬船「東億輪」，往印度洋漁區載運 1,200 多公噸魚貨，船上有臺灣、大陸、菲律賓和越南籍船員 31 名，航經麻六甲海峽往新加坡途中，遭兩艘海盜船追逐及槍擊。船長羅英雄左腿中彈，船身彈痕累累，部分儀器受損，所幸未失去動力，不影響航行安全，「東億輪」將船長送新加坡醫治後，航往泰國卸下所載運漁貨自行駛返高雄。

3. 2005 年間臺灣中義 218 號等 3 漁船遭索馬利亞海盜挾持案

2005 年 8 月，分屬高雄、琉球籍的臺灣漁船「中義 218 號」、「新連發 36 號」和「承慶豐號」（除臺灣籍船長之外，還有來自中國大陸、越南、印尼與菲律賓的漁工，合計 47 人），在印度洋亞丁灣或索馬利亞海外海作業時被劫。2006 年 1 月船東透過私人管道協商，交付 15 萬至 50 萬美金不等之贖金後釋放。

4. 慶豐華 168 號漁船遭索馬利亞海盜挾持勒贖案

2007 年 5 月，臺灣「慶豐華 168 號」漁船，在索馬利亞首都摩加迪沙東北 220 海浬外海遭到海盜劫持。船上有（2 名臺灣籍船員與 12 名中國大陸籍漁工）。海盜要求船東必須付贖金贖人船。歷經 5 個月的斡旋，船長家屬係輾轉透過多家當地船務代理商與海盜談判，最後才達成 20 萬元美金贖金放人的協議。同年 11 月交付 20 萬元美金贖金後獲釋。

5. 高雄籍穩發 161 號 2009 年 4 月遭索馬利亞海盜挾持勒贖案

2009 年 4 月 6 日高雄籍的遠洋鮪釣船「穩發 161 號」近 800 噸重，為臺灣高雄「穩集漁業有限公司」所有，在東非塞席爾群島海域遭海盜登船挾持，該船遭劫後與外界失聯，研判應係遭索馬利亞海盜控制駛往索馬利亞控制船上人質後，展開勒贖行動。船上包含臺籍船長顏順男、輪機長董麟祥，另有 5 名大陸船工、6 名印尼船工、17 名菲律賓船工共有 30 名。

「穩發 161 號」被挾持後，我國外交部立即聯絡位於英國的國際海事組織與美軍第五艦隊駐巴林辦公室請求協助，英國王家海軍指揮部並回覆，將協助通知相關單位前往救援。另外我國雖然並未向中國提出協助請求，但中國外交部發言人姜瑜 4 月 7

日表示，中國將設法安全營救被劫持「穩發 161 號」的船員和船隻。高雄穩發漁業公司亦委託英國某公司與海盜談判。經過複雜而漫長的談判，直到 2010 年 2 月，海盜答應「錢到放人」。

2009 年 8 月 28 日根據中國時報引述外國媒體報導[8]：今年 4 月初遭索馬利亞海盜挾持的「穩發 161 號」，美國海軍在 8 月間表示，該艘船已被海盜拿來當成攻擊其他船隻的「母船」，並曾向美國海軍直升機開火，8 月 26 日上午，索國海盜從「穩發 161 號」上以大口徑武器攻擊美國海軍「SH-60B」直升機。該架隸屬於美國（USS Chancellorsville）巡洋艦的直升機當時正要返回母艦，在索馬利亞港霍比奧市南方海面，飛越「穩發 161 號」上空時，海盜趁機開火。美國海軍指稱過去 135 天來，索國海盜把「穩發 161 號」當作海上劫掠行動的「母船」，其攻擊對象包括今年 4 月 10 日遭劫的美國籍貨櫃輪「快桅阿拉巴馬號」。

「穩發 161 號」經過 10 個多月的挾持軟禁，2010 年 2 月，在多方努力之下，2 月 11 日由英國談判專家搭直升機從海上丟下贖金後漁船獲釋。漁船船東穩發漁業公司副總經理謝龍穩承認為了救回漁船已經交付美元贖金給海盜，但對於支付多少贖金不願透露詳細數額，有熟悉漁業界人士指出，前不久，中國也有一艘噸位相當的鮪釣船遭到索馬利亞海盜劫持，支付了 100 萬美元贖金，推估贖回「穩發 161 號」的金額應該相差不遠。

「穩發 161 號」於 2 月 11 日當地時間上午 10 點離開被困了 10 個月的 Garced。漁船駛離港口半小時後，為能順利脫離索馬利亞海盜橫行海域，以及補給油料、飲水與食物，接受了中國在亞丁灣執行「聯合國打擊索馬利亞海盜聯合艦隊」所派出海軍船艦護航。自 2 月 11 日 9 點 56 分（臺灣時間），中國 526（溫州）艦抵達索馬利加勒加德外海待命。當日 16 點 51 分，526 艦與「穩發 161 號」會合，伴隨其向東航行至北緯 5 度 10 分、東經 80 度 00 分印度洋斯里蘭卡安全海域，歷經 9 天 1,918.2 海浬航程護送，其間並協助補給燃油、飲水和物資，協助修復衛星通信設備，及派遣醫生為船員檢查身體，進行心理輔導。

3 月 6 日「穩發 161 號」終於駛回高雄港，返國後據臺籍船長顏勝男及輪機長董麟祥等之供述：被擄當天，有一艘快艇向「穩發 161 號」疾馳而來。船長斷定那是一艘海盜船。下令漁船全速逃命，10 幾分鐘之後被快艇追上。8 名荷槍實彈的索馬利亞海盜跳上船來，對空鳴槍，並迅速控制了駕駛室，將所有船員全部趕到甲板上，命令漁船朝他們指定之海域駛去，「穩發 161 號」並未靠岸，停泊在一個叫 Garced 的

小漁村，此一漁村可能是索馬利亞海盜基地。雙方沒打鬥，船隻下錨後，海盜進出都靠小艇。被擄期間，2 名船員包括 1 名中國及 1 名印尼船員生病，海盜派小艇載走病人，之後病故。期間有 3 個賽席爾西方男性遊艇人質，住在「穩發 161 號」船上半年，之後可能付贖獲釋。海盜基地旁邊都是商船，可能都是人質船。其間一段時間海盜將「穩發 161 號」當成母船，出海劫船，美軍戰艦監控 2 個月，「直升機每天在天上飛」，海盜要所有人站在船艏，當成炮灰，讓美軍不敢開槍。

6. 琉球籍日春財 68 號 2010 年 3 月遭索國海盜挾持勒贖案

我國琉球籍「日春財 68 號」漁船（以下簡稱「日」船），2010 年 3 月 30 日在東非索馬利亞附近海域遭海盜劫持。當時海盜索價甚高，開出美金 800 萬（約合新臺幣 2 億 3000 萬元），加上國際掮客從中介入，增加吳家與海盜談判的難度。吳家在 2011 年 4 月下旬才與海盜協商出較可接受的贖金價碼，不意 5 月 10 日在海盜控制下「日」船被作為攻擊母船，與美國第 5 艦隊之艦艇遭遇及交火，臺籍船長吳來于在雙方駁火中身亡，俟美軍登上「日」船後，於船艙中發現吳船長已不幸遇害，美軍鑒於「日」船已不宜航行且可能造成航道危險，於次日將「日」船擊沈，並將吳船長遺體海葬。5 月 20 日不幸消息傳回臺灣，這個案子在船長未被擊斃前，家屬曾向立委陳情，質疑政府態度消極，毫不重視，漁船被挾持已經一年多，人還在海盜手上。船長被擊斃後，更是群情激憤，屏東琉球區漁會甚至發動漁民，北上包圍美國在臺協會，欲替被害船長討回公道。

我國外交部於 2011 年 5 月 21 日自北約（NATO）發布之新聞資料中獲知「日」船被美艦擊沈及吳船長不幸身亡事故，隨即向有關之國際反海盜機制通報查證，並要求美國政府儘速提出事件發生之調查報告。美國調查報告進行期間，美國在臺協會（AIT）曾兩度派員隨外交部人員赴高雄慰問吳船長遺眷，美國務院主管亞太事務高層主管亦曾於 6 月 21 日致函吳船長家屬表示慰問與哀悼。美國政府完成「日船」吳來于船長意外身亡之調查報告，於 6 月 23 日由美國在臺協會（AIT）司徒文（William Stanton）處長親自將該報告送交外交部楊部長進添，並鄭重表達遺憾哀悼之意。吳船長家屬對美國軍艦反海盜行動雖然可以理解，但對美艦在明知有人質在船上的情況下，仍然向「日船」開火，造成船毀人亡，事後又不向我方通報，表示無法諒解。

二、探討研析

　　海盜的組織，已經趨向於集團化、組織化和國際化。現代的海盜與傳統打著「骷髏旗」強行登船，殺人越貨後揚長而去的海盜模式，已有顯著的不同。近期案件，發現海盜船上不但有機槍，還有電腦和衛星天線，可透過網絡和電子郵件與世界各地犯罪集團聯繫，並隨時攫取海運資訊。有的海盜作案已形成集團化和國際化，下設分支機構，成員來自不同國家。此外讓人憂心的是，一些海盜集團或許已與恐怖份子相勾結，共同從事犯罪活動，這無疑給海上安全帶來了更嚴重的威脅。

　　犯罪手法有其傳染性，2008 年索馬利亞海盜，動則挾持數萬噸級以上油輪及商船，成功的透過談判，取得巨額贖金。其作案手法，恐怕會被其他海盜猖獗區域的海盜組織所效法，尤其堪虞的是東南亞海盜集團一旦學習，將更嚴重威脅東亞、南海等海域過往船舶航運安全。

1. 海盜攻擊手法分析

　　海盜攻擊的手法，已從過去傳統手法，轉為組織化、計畫性作為。由搶劫掠奪船舶、財貨，進而挾持、控制和勒贖。武器威力更精良強大，行動更有步驟計畫，手段更加細緻周密。部分案件海盜非常暸解船舶航行之弱點，另外有些海盜可能是受過專業訓練的前海軍人員或船員，熟悉航海技術。

　　根據 IMO 案件報告分析，無論案件發生在何時、何地，有超過85% 的海盜皆是利用突襲而成功登臨船舶。另外，海盜「搶帶跑」（Hit and Run）的特色以及高速小艇的廣泛使用，造成執法機關追捕的困難。通常在開始追捕之前，海盜已經回到他們運作的基地。

　　海盜攻擊組合人數大約6 至 10 人。他們通常配備小型武器與刀械並且搭乘小型高速小艇。2006 年以來許多東非亞丁灣的案件，海盜組合人數已提高至 10 人以上，配備制式槍械、機關槍甚至火箭筒等小型砲具，搭乘雙艇。也有少部分案件是有由 4人以下的海盜組合所為。這些作案人數少的案件，大都發生在船隻停泊港口或者下錨的案件。

　　在攻擊武器方面，大多使用槍械或刀械，以麻六甲海峽、南海案件來看，使用之武器以槍械或刀械居多，由於傳統的刀械對於在登臨船舶後近身貼戰，及割斷纜繩有其需要。近年來由於槍械取得容易，東非等地海盜已大量取得了精密槍械及小型發射炮具。

　　海盜最常使用的登船方法為跟隨在大型目標船的船尾，使用抓鉤攀登上目標船。

而幾個船舶被占據的案例則指出，海盜會與事先躲藏在目標船上的共犯或者船上船員裡應外合，達成犯罪目的。

　　從海盜攻擊船舶部位來看，最常發生在儲藏間，再來是船長及船員住艙，儲藏間較多民生用品，且較好下手，而船長及船員住艙則是因爲能控制船舶及獲得金錢的機會較大。接下來是貨艙，近年來有增加的趨勢。最後才是機艙，據推測機艙是因爲沒有什麼實質價值的物品，劫掠起來較難得到最大效益。

2. 東南亞海域海盜威脅情勢及各國因應作為

(1) 情勢分析

　　東南亞地區海盜，以麻六甲海峽、南海兩處最爲嚴重。根據「亞洲對付海盜及持械搶劫船隻區域合作協定」（The Regional Cooperation Agreement on Combating Piracy and Armed Robbery Against Ships in Asia, ReCAAP）在新加坡設立的信息共享中心（ReCAAP ISC），2008 年亞洲海盜活動情況常年報告[9]，這份報告分析近 5 年來亞洲海盜活動狀況，海盜發生案件連續下跌。2004 年發生 200 起海盜襲擊案件、2005 年 148 起、2006 年 135 起、2007 年 100 起、2008 年 96 起，5 年來案件減少了 104 起。2004 年，東南亞水域（不包括南海）發生 166 起海盜襲擊案件（其中 50 起襲擊未遂），絕大部分集中在印尼水域、麻六甲海峽和新加坡海峽。到了 2008 年，東南亞水域海盜襲擊案減少到 63 起（其中 10 起襲擊未遂）。與 2004 年相比，除了馬來西亞、越南和菲律賓，所有地區的海盜活動都有所減少。這和新加坡、馬來西亞等國，自 2005 年來連續和先進海事國家美國、日本、澳洲及中國等合作，採取海上保安等演習，及增強海域巡防能量與聯合巡邏勤務等措施或有關係。另一原因可能是 2004 年 12 月發生印度洋海嘯，隨後印尼政府和亞齊省叛軍簽下和平協議。此一天災重創亞齊省，引進眾多外國海軍進入此一區域展開救援，可能衝擊到海盜運作的空間。2005 年的和平協議遏阻了供應叛軍的地下軍火交易，可能也剝奪了海盜的武器供應。

　　報告指出，亞洲海盜案件減少，主要是發生在新加坡海峽、印尼各港口和孟加拉吉達港岸外的襲擊和持械搶劫案件減少。此外，柔佛東南丹戎亞央（Tanjung Ayam）和東部刁曼島（Pulau Tioman）水域的海盜襲擊案則有明顯上升跡象。2004 和 2005 年，那一帶水域並沒有海盜襲擊案件，但在 2006 年發生 3 起、2007 年 6 起、2008

9　參閱ReCAAP。Annual Report 2008: http://www.recaap.org/incident/pdf/reports/2008/AR08 _O _230109v2.pdf。

年倍增到 11 起。單是 2008 年 10 月到 12 月就發生 7 起，被劫的是 4 艘拖船、兩艘化學船和一艘普通散貨船。

東南亞水道是全球海運最繁忙的水域之一，有著戰略上的重要性。麻六甲海峽長度約為 800 公里，每年有大約 5 萬艘船隻過往，承載著全世界三分之一的貿易貨物和二分之一的原油，從中東地區不管是要運至日本、韓國，臺灣還是中國，都要經過麻六甲海峽。是極為重要之交通要道，因此猖獗的海盜活動對很多國家而言，威脅遠不只是簡單的搶劫，還是各該國家海上生命線。

2001 年 9 月 11 日恐怖攻擊事件後，美國透露伊斯蘭教好戰份子可能藉著襲擊航行於麻六甲海峽公海上的船隻癱瘓全球經濟。部分好戰份子在麻六甲海峽東邊大約 1,200 英里的蘇拉威西（Sulawesi）北部水域自由來去。蘇拉威西是他們進出菲律賓南部避難所的中途島，據國際知名恐怖主義問題專家格納拉特納（Rohan Gunaratna），2008 年 11 月 29 日在新加坡一場海事安全會議中表示：恐怖份子已被發現在阿富汗南部的坎達哈展開潛水操練，正在發展水下爆破毀滅的能力，形成海上安全威脅。澳洲也曾勸告菲律賓加強海域巡防，因為蓋達的區域盟友——印尼的回教祈禱團，正偷偷地潛入菲律賓南部的恐怖份子訓練營。另一個與蓋達有關的團體阿不薩耶夫組織在菲南興風作浪，許多綁架和爆炸案件都與該組織有關。一旦東南亞恐怖組織活動與海盜組織勾結串聯，即能充分供應海盜組織槍械及運用科技，並提供綿密周延計畫。甚至，東南亞水道油輪或天然氣貨輪若遭恐怖份子劫持，將成為漂浮炸彈而造成巨大死傷，衝擊全球經濟與政治，可能導致全球貿易癱瘓。

(2) 因應作為

近年來，東南亞國家已針對海盜及海上恐怖活動攻擊威脅，多次開會研商，發展合作關係。相關因應作為包括：情報分享、聯合海空巡邏、聯合演習、加強港口安全措施、提升海上打擊犯罪能量，觀察分析如下：

2005 年 4 月 28 日亞太主要國家包括東協 10 國、日本、中國、南韓、印度、斯里蘭卡與孟加拉等 16 個國家，研議簽署「亞洲對付海盜及持械搶劫船隻區域合作協定」在新加坡設立的信息共享中心，隨時將海盜活動情報分享相關國家，並設置網站，定期彙整、分析發生案件提出報告，但是馬來西亞與印尼海運安全問題最重要的兩個國家，後來並未加入這項協定。

新加坡、馬來西亞以及印尼 2004 年在印尼峇淡島，正式簽署麻六甲海峽巡邏協議，攜手負起保護麻六甲海峽航道的安全和保安責任。2004 年 7 月，新加坡、馬來西亞、印尼首度同意提供 17 艘船艦，在麻六甲海峽執行海上聯合巡邏行動

（Operation MALSINDO）。隨後，又在麻六甲海峽引進聯合空中巡邏任務的構想——「空中之眼」（Eye in the Sky, EiS），由新加坡、印尼，馬來西亞與泰國等國家，每星期在麻六甲海峽執行兩次空中巡邏任務。這些合作的成效在短期內還是比較明顯的，據報導，海峽的海盜襲擊已從 2004 年的 38 起減少到 2005 年的 18 起，而 2006 年上半年還有 3 起。2008 年亞洲海盜活動年度報告顯示，海盜已經從麻六甲海峽轉向馬國岸外南中國海，尤其是柔佛（Johor）東南岸外和柔佛東部外海雕門島（Pulau Tioman）水域活動。

2004 年 6 月，「五國防衛協定」（The Five Power Defense Arrangements, FPDA）的成員國，包括澳洲、馬來西亞、紐西蘭、新加坡與英國，同意加強彼此在非傳統安全領域的聯合演習，包括打擊海盜與海上恐怖主義。2004 年 8 月，美國和新加坡、印度在麻六甲海峽舉行海上聯合反恐演習，演習內容包括海軍航空兵作戰演練、公海上反恐行動與反海盜戰術，2007 年 8 月 22 日，「五國防衛協定」成員國重申將加強在海上反恐、人道援助和災難救援等議題，發展密切合作。

東南亞各國為打擊海盜與海上恐怖主義，近年來持續建購海上保安船艦與裝備，並更新港口與海峽船舶航行出入監控系統，使用高科技雷達鏈結資訊系統，甚至於使用衛星，加強過往船舶之掌控。打擊海盜考量的不是火力強大，也不需要建造大型船艦，「速度」與「偵監能力」才是攔截海盜與海上恐怖主義活動的主要重點。尤其海上安全部隊若能引進武裝快艇，進行長程巡邏與偵測，並且裝載直升機，掌控海上活動目標，將能達到較佳的偵防與攔截效果。馬來西亞已在 2006 年開始添購十五艘航速最高達四十五節的快艇，加強海域巡邏。

新、馬、印三國聯合巡邏行動，由於預算短缺，加上新加坡是唯一非回教國家，強力支持美國，馬來西亞和印尼的爭執和主權爭議，暗中破壞合作。兩國之間對位於蘇拉威西海域油田的爭執，曾觸發了雙方海軍之間的緊張對峙。各國對於本國利益的優先考量，讓區域性與跨國性海空聯合巡邏行動，無法深化，

此外，區域外大國如美國、日本、澳洲、印度以及中國，以該區域海盜及恐怖活動猖獗，積極介入插手打擊行動之合作與協議。雖使打擊力量越形強大，但問題也越複雜化。

2004 年 8 月，美國和新加坡、印度在麻六甲海峽舉行海上聯合反恐演習，目的在加強三國之間海上聯合行動的合作關係與運作經驗。2006 年 3 月，美國國務卿萊斯訪問印尼，她表示美國承諾協助東南亞國家在麻六甲海峽，對抗海盜及恐怖主義威脅，同時敦促印尼加強在東南亞地區的領導角色。

日本政府多次要求東南亞國家和日本舉行防海盜的軍事演習和情報交換等合作。

2005 年 4 月 28 日，日本與新加坡政府簽署「亞洲地區打擊海盜與海上船隻武裝搶劫區域合作協定」；另外，日本也與新加坡、寮國、柬埔寨等國，建立海盜與海上暴力活動的緊急通報機制。日本軍國主義者則到處宣揚，爲了防止海盜必須擴大發展日本海軍力量，要求部署南中國海。構成了日本在東南亞的海洋戰略的一部分。

中國原油大都是經由麻六甲海峽輸入，麻六甲海峽的安全對中國尤爲重要。中國交通部承諾，在不干預麻六甲海峽沿岸國家主權的情況下，將極力配合沿岸國家，推動確保這條全世界最繁忙水道的安全。

澳洲的交通部長，在 2006 年 1 月中，於日本和 11 個國家的交通部長會面時，強調加強合作關係的重要性。印度政府也多次提出願意和東南亞國家聯合巡邏以消滅海盜的要求。

美國、日本、中國均企圖主導本區域海事安全活動，以利將軍事勢力延伸至東南亞海域及麻六甲海峽。東南亞各國私下也與區域外強國，簽訂雙邊合作，希望在該區域能站在領導角色。而區域外強國則企圖拉攏相關國家，建立在這一區域的灘頭堡。東南亞有許多國家係回教國家，同情中東國家甚或掩護恐怖活動，多少有些反美情緒。另外新加坡和馬來西亞、馬來西亞和印尼主權的爭執，以及南沙群島的爭議均可能暗中破壞合作。

現階段亞太國家尤其是東南亞國家基於自身利益考量，在推動共同打擊海盜合作時，似乎外交辭令多於實際合作。地理環境的複雜度，加上政治因素如敏感的主權問題、海域重疊問題、跨界執法問題、資源不足問題、反應能力欠佳等問題，讓區域內的共同打擊海盜合作無法貫徹。

2. 索馬利亞海盜威脅情勢及各國因應作為

2005 年以來，東非索馬利亞外海連續發生海盜案件，2008 年更爲嚴重，挾持大型商用船舶，勒索巨額贖金，舉世震驚。索馬利亞海盜發跡及猖獗原因，乃索國國內政局失控，導致海盜活動不斷蔓延。自 1991 年初西亞德政權被推翻後，索馬利亞一直處於軍閥割據、政局不穩狀態，直到現在索馬利亞政府依然不能對全國實施有效管理，國際間無法透過索國政府有效追緝掃蕩。海盜行動的高額利潤誘使海盜鋌而走險，由於海盜活動的低投入、高產出，誘使海盜組織及其成員敢於一次次鋌而走險，組織不斷壯大。海盜與商漁船之間處於一種「非對稱性」狀態。商漁船處於明處目標大，通常也不攜帶武器，海盜船目標小，船速快，作案具有隱蔽性，事先較難防範，一旦海盜登船控制，船員成爲人質後，即便有軍艦在近旁也很難解決問題，因爲他們必須考慮人質的安全。此外國際打擊不力，使海盜有機可乘；目前各國家派出的軍艦

未能形成一個指揮中心負責統一調度，基本上都是各自為戰，相互缺少配合行動，使得海盜有機可乘。其次，索馬利亞海盜也在調整戰略戰術，尋找新的作案地點，躲避前來的各國軍艦，如 2009 年底中國「天裕 8 號」、沙烏地阿拉伯的「天狼星號」和不久前的中國「德新海號」都是在遠離亞丁灣一兩千公里的印度洋面遭到劫持的。

聯合國為有效遏阻海盜猖獗行為，2008 年 6 月 2 日安理會前後四次在「聯合國憲章」第 7 章的框架下通過四項決議[10]，允許各國在 6 個月內，派遣軍艦進入索馬利亞領海打擊海盜。2008 年 10 月起，美國派出了隸屬於第 5 艦隊的聯合特遣部隊性能先進的「霍華德號」驅逐艦等數艘戰艦，結合北約與西方盟國，編組「第 150 聯合特遣艦隊」（Combined Task Force 150）[11] 護航。

歐盟 2008 年 11 月 10 日通過「2008 歐盟共同外交與安全政策」第 851 號聯合行動，亦稱「阿塔蘭塔」（Atalanta）的打擊海盜行動，主要任務在嚇阻與壓制索馬利亞外海猖獗之海盜攻擊事件，防止各國船隻遭受掠奪與挾持，並對索馬利亞人民進行人道協助。2008 年 12 月 10 日歐盟成員國外交部長會議正式批准派遣包括 6 艘軍艦和 3 架海上偵查飛機，以保護世界糧食計畫署（World Food Programme）運糧船航行安全，並在該海域執行打擊海盜之行動。

索馬利亞海盜也嚴重損害了亞洲各國的利益。亞洲各國在 2008 年聯合國安理會四次決議及呼籲後，紛紛採取緊急行動，其中，中國即從 2008 年 12 月開始到 2011 年為止，總共派遣解放軍艦隊，進行 7 次以上的護航任務，第 1 次派遣了「武漢號」導彈驅逐艦、「海口號」導彈驅逐艦、「微山湖號」綜合補給艦等 3 艘軍艦，自三亞港出發。除了為自身的貨輪進行護航外，同時也對世界糧食計畫署等國際組織運送人道救援物資船舶的安全護航。2008 年 12 月 20 日，伊朗派遣了 1 艘軍艦在索馬利亞附近海域執行打擊海盜的任務。印度海軍隱形護衛艦「塔巴爾號」2009 年 1 月應航運公司請求前往亞丁灣。韓國於 2009 年 1 月底派遣 4,500 噸級配備導彈的忠武公李舜臣級驅逐艦之一的「姜邯讚號」加入反海盜行動。2009 年 3 月 13 日日本政府緊急頒布了「海盜應對法案」；3 月 14 日，海上自衛隊派遣的第一批護航艦艇啟程，由高波級驅逐艦「漣號」（DD-113）以及村雨級驅逐艦的「五月雨號」（DD-106）組成，兩艦各帶兩架直升機前去索馬利亞海域，執行該海域商船護航任務。

10　（S/RES/1816(2008)），2008年6月2日安理會通過1816決議，在決議通過之6個月內，並在各國政府事先知會秘書長情況下，可依國際法相關規定，進入索馬利亞領海，或在該國領海內，採取一切必要手段，制止海盜及武裝搶劫行為。

11　U.S. Naval Forces Central Command/U.S. 5th Fleet Public Affairs, "Combined Task Force 150 Maintains Presence Off East Coast of Africa," Officecial website of the UNITED STATES NAVY, 2007/1/5, available at: http://www.navy.mil/search/display.asp?story_id=27242 [accessed 2011/09/28].

自 2008 年底至 2009 年整年，各國參與索馬利亞打擊海盜任務的船艦，發揮相當的壓制及打擊效果。英國、德國、法國、中國及印度等國軍艦紛紛遏阻海盜攻擊及劫持之企圖，並擊斃或擄獲相當海盜人犯。一時之間有效的壓制了海盜囂張的氣焰。但是海盜並未因此而銷聲匿跡，據觀察反而改弦易轍，開始躲避各國艦隊巡邏途徑。由 2010 年以來發生的海盜事件顯示，索馬利亞海盜已經改變了作案的策略和路線，他們已深入到更廣闊的海域，到達遠離索馬利亞海岸的南部海域，包括塞席爾群島、馬達加斯加附近印度洋海域，該處多國軍艦的巡邏較少出現。此外海盜更利用所挾持來的人質船，例如臺灣遠洋漁船「穩發 161 號」、「日春財 68 號」等，當作攻擊母船，偽裝掩護作案，使多國軍艦的機艦無從辨認，同時也因為挾持船員為人質，使得緝捕打擊行動有所顧忌。同時由於各國艦隊協同作戰默契不夠、情報資訊的分享不足，未能統合調度分工（劃分巡邏海域），雖然 20 多個國家、數十艘艦艇源源不斷地來到亞丁灣附近護航，但基本上是「各自為政」，各自打擊海盜的重心也不一樣，使得打擊海盜行動無法發揮全面效果。另外對緝獲的海盜，各國處理的司法制度與認知不一，早年各國都採取堅定措施對付海盜，採取絞刑公開處死海盜嚴厲手段，最近西方國家注重「人權法」，同時計較國際法管轄規定及偵審程序，反而姑息海盜，讓願意成為索馬利亞海盜的非洲人源源不絕。

第三節　臺灣應有之海事安全戰略與作為

臺灣四面環海，海運是維繫著臺灣生存的命脈，海事安全更是航運能否存活與持續的首要關鍵。臺灣航商所擁有的船舶噸位占全世界第 9 位，1,000 噸以上之船舶多達 500 多艘，另外根據漁業署的統計，我國籍漁船共 24,000 多艘，作業於沿近海或遠洋。可謂是名副其實的海運及漁業大國；然而，近年來海盜活動情形猖獗，我國船商漁民在面對海盜的威脅，無論是政府為彰顯主權，或為保障人民生命財產，實有檢討相關因應對策的必要性。

一、海事安全戰略

隨著冷戰的結束，海上軍事形勢趨向緩和。1982 年「聯合國海洋法公約」的簽署，標誌著國際海洋新秩序的建立。面對目前海盜的國際化與組織化，海盜問題已經不是我國單獨一個國家所能解決。需要全球性或區域性國際組織，來共同研商對策，

合作解決。聯合國安理會 2008 年 6 月通過的決議，呼籲各國派遣軍艦至索國領海打擊海盜。我國面對此一趨勢，應有下列戰略作為：

1. 積極尋求加入相關國際組織，建立周邊海域國家海事安全互動管道

我國限於國家地位上之特殊，長期無法以「正常國家」的「國家身分」（Statehood）參與國際事務，以及國際海洋法制的制定，使我國在國際社會中似乎只能單向被要求盡義務，卻無法享有權利與尊嚴。海盜的問題牽涉到出沒海域周邊國家，以及船籍國的權益。靠單一國家之力並無法解決，故需要透過功能性的區域組織或國際組織，集合相關國家之力共同面對。我國應爭取參與海事安全有關的國際組織，如聯合國國際海事組織（International Maritime Organization, IMO）、國際海事局（International Maritime Bureau, IMB）、東南亞相關的海事安全與打擊海盜和恐怖活動相關組織或會議。如果因為「國家身分」障礙，或可透過兩岸協商方式，避免中國大陸反對杯葛。

此外對於周邊海域國家海事安全部門，應透過安排，參訪互動、座談研商，進而互簽協議，並經常保持熱線聯絡。這些國家應包括中國、日本、韓國、東協十國及美國，甚至於南太平洋澳洲、紐西蘭及相關島國也應列入考慮，以分享情報與聯合巡護執法，並確保事件發生時能迅速通報相互支援。

2. 主動尋求參與各項海上打擊犯罪活動或演習演練

索馬利亞海盜猖狂，政府相當重視我國商、漁船在索馬利亞海域航行安全，並為善盡國際社會義務，指示相關單位評估派艦護航（漁）。儘管將來評估結果因外交及協商沿岸國家配套措施結果無法成行。但已展現政府參與國際打擊海上犯罪活動積極企圖，達到政府對國際社會宣示主權，善盡義務，保護航商、漁民的決心。此外東協國家與區域外海事強權國家，經常在麻六甲海峽或南海海域舉行海上聯合打擊海盜及反恐演習、演練。我國應積極透過新加坡、馬來西亞、印尼等友我之國家，建立緊密海事安全互動關係，設法爭取派艦參加，以培訓我國海事安全執行（法）機關海軍及海巡署，實際參加遠航打擊國際海上犯罪之經驗與能力。進而增進與各該國家海事安全執法機關之聯繫與互動。

3. 提升決策反應機制、建立政府跨部門合作網絡

海盜問題涉及的任務相當多元，包括外交的協商、航運的管理、漁政主管、巡護與執法的執行，司法互助，新聞單位的發布與宣導。仰賴執法機構或者航運業者是不

足以周延應對的。它需要政府有關單位的密切合作，並建立一個統合決策反應機制，平時聯繫協商，廣蒐情報，研擬防範打擊措施，遇有案件發生，快速啟動反應機制，有效決策處理。

4. 加強海上巡護與攔截能力

我國船舶為我國流動領土，流動領土在全球各海域活動，政府必須盡一切力量來保護。一旦受侵害，必須立即反應及營救處理，否則有違「人民設立政府，旨在保護人民生命財產安全」之普世價值，並且將無法向國人交代。另外他國船舶如在臺灣周邊海域遭受海盜或恐怖攻擊，我國政府受訊後，必須立即展開攔截營救。因此策略上我國應立即檢視海上巡護與攔截打擊犯罪之能力，積極建構海上足夠之巡護船艦與武力及科技，並展開因應時空環境不斷變化之有效訓練。

二、政府應有之作為

海盜問題的複雜與嚴重性絕不可輕視，政府有責任也有義務採取必要的措施，結合相關機關和航運業者，積極研議處理，以減少船員、船舶和國際航運、漁業產業及貿易的危險。

1. 制定海盜案件整合的緊急應變指揮與作業規範

政府應該制定一套攻擊事件發生時的指揮作業系統及應變運作程序，以快速有效的整合相關機關，作出決策，下達執行。並提供相關單位共同的合作及聯繫，例如整合通訊、統一的命令機制、統一的行動計畫、易管理的控制幅度、指定的設備及綜合的資源管理。指揮命令系統應該與其他海事安全事務整合，例如走私、毒品交易及恐怖行動等，使有限的資源達到最有效率的利用。

2. 加強船舶管理，作好船舶監控與服務，宣導預防措施

我國商漁船舶管理機關，分別為交通部及農委會漁業署。對於航行全球各洋區商漁船，政府應有效掌握，隨時提供服務。我國遠洋及經濟海域作業漁船，政府及相關區域性漁業組織均要求裝設 VMS（Vessel Monitoring System）系統，惟大部分權宜船（Federal of Convener FOC）及 IUU（Illegal Unreporting Unregulated）船舶迄未裝設，這些船舶均極易發生海上被攻擊事故。主管機關應透過船舶定期檢查等監理制

度，強制裝設，以利船舶之掌管聯絡。此外相關機關應該提供全球各地海盜出沒之狀況、地點與攻擊方式等資料，並研擬防制措施供我國船隻參考。同時，應蒐集我國船隻在各地受攻擊之資料，提供國際相關組織以及海盜行為與持械搶劫案件發生地之政府進行分析與因應。

3. 積極建構海上巡護與打擊犯罪實力

我國海上巡護及打擊犯罪機關，包括海軍及海巡署。海軍現有的軍艦，包括成功級艦、康定級艦、補給艦，艦載直升機，均可組成巡護艦隊，獨立執行任務。如果可以進入友好國家港口補給油、水，執勤時間可以更長。執勤的地點如果是公海，海盜罪是萬國公罪，應該不致發生國際紛爭。惟如巡護艦隊發生緊急危難，或船艦上船組員傷病需緊急後送，仍必須於出發前事先尋求附近海域有可提供支援之沿海國家及基地。同時如發生緊追嫌疑船，必須進入沿海國領海等情況，均必須透過外交協商，事先取得同意及協調好相關配套措施。否則貿然出動，發生萬一，將弄得灰頭土臉，貽笑國際。

海巡署現有遠洋巡護船 6 艘，噸位在 200～1,000 噸。滯海能力最高可達 150 天。該署自 2000 年成立前，即執行遠洋巡護任務，平均每年 2-3 航次，每一航次 3 個月左右，依情況需要亦有一年執行高達 5 航次。海巡署巡護船航跡遍及北太平洋、南太平洋，甚至遠赴非洲越過好望角執行大西洋巡護。並與日本、美國、南非等國協議過，停靠東京、夏威夷、南太平洋美屬薩摩亞 PAGO-PAGO、南非開普敦港等地港口補給。我國近期因加入中西太平洋漁業委員會（WCPFC　Western and Central Pacific Fisheries Convention）區域漁業組織。該組織為保護漁業資源永續發展，通過執行登臨檢查（Boarding and Inspection）制度，要求各參加會員國，共同派艦執行公海非法漁業行為之取締，並對各國所派公務船艦，相互提供支援補給，在公約 28 個會員國中，我國與紐西蘭等 6 國已完成雙邊合作協議，我國公務船艦將可進入該等國家港口補給。如果派遣海巡署巡護船隊，執行遠洋打擊海盜及海上犯罪活動，其優點在於該署遠洋巡護已有既定架構，經驗豐富，並與相關國家已有相補給支援默契，且執法船舶一般而言較軍艦政治敏感性較低。惟海巡署目前 6 艘遠洋巡護船，除一艘 2010 年下水「巡護 7 號」外，餘各船船齡老舊，均已超過 20 年，正處於汰建期。同時噸位較小，武器火力不足，相較於最近派遣軍艦前往索馬利亞海域護航之海事強權國家所派軍艦，無法評比。海巡署近年來積極汰建大型艦艇，2010 年新建有 1,000 噸巡護船 1 艘、2,000 噸巡防艦 1 艘下水執勤。未來 8 年該署規劃再建構 8 艘大型巡防艦。為了國家的主權、尊嚴、體面及人民生命財產的安全保障，政府這些投資是必須的。

第四節　遠洋航行作業船舶安全威脅因應作為

隨著科技、通訊及交通之進步發展，犯罪已朝向國際化、組織化、科技化之趨勢，全球各國執法機關均深切瞭解海域犯罪及船舶安全威脅問題並非單一國家所能獨自解決，必須仰賴國際合作，因此，各國執法機關間之聯繫合作乃日趨重要。我國政府未來應積極國際打擊海盜犯罪及反恐怖活動之參與、建立兩岸海域執法機關聯繫管道及合作機制、提升遠洋巡護及打擊犯罪能量、有效管理及掌握各海上航行船舶動態，以維護國家主權及尊嚴，確保我國船舶航行安全。

一、建立國內重大海事案件聯合應變中心

近年來我國船舶在國際海域航行及作業，受到海盜、恐怖攻擊、挾持、喋血及傷害等安全威脅時有發生。2000 年以來，遠洋漁船遭挾持、喋血、傷害等重大海事安全事件，並常接獲通報。對於這類海域跨國犯罪案件之偵處，涉及國際情報蒐集、外交交涉，兩岸聯繫，被害船舶資訊通聯的掌握及追蹤監視、打擊對策研擬及臨場談判與應變處理等事項。依據以往經驗，海盜或恐怖份子最常利用國內執法機關與海軍間的管轄漏洞乘機坐大，若由單一機關進行防制僅能發揮部分功能，且容易發生工作或管轄鑿隙，因此未來可研議建請由行政院國土安全辦公室主導，建立整體的反制海盜及武裝搶劫計畫，著重不同執法機關的分工與協調事項，統合外交、國防、兩岸、交通、海關、漁政，及海巡等機關資源，運用與研發衛星、雷達等遠端偵測設備，並培訓專業反制打擊部隊與談判人力，俾在必要時即時啟動應變機制，防止事態惡化與順利完成人船救援工作。

二、強制船舶全面裝置船位自動回報系統並統合管控

船舶海上遭受不法侵害或發生危難，常因無法掌握船舶動態，導致救援行動功虧一簣。以當前衛星定位及通訊科技之發展，我國各類船舶要求裝設船位自動回報系統，統一管控，在技術面及法規面，應非難事。

依照國際海事組織 IMO 之工作指導準則的要求，一個完整的船舶交通服務系統（Vessel Traffic Service, VTS）應具有下列多項功能：航行資料的收集、航行資料的評估、提供航行資訊的服務、協助航行的服務、交通組織的服務及支持聯合行動。目

前我國國內各國際商港船舶交通服務系統（VTS）系統均以雷達受訊爲主，而 VTS 係以防波堤外 20 海浬範圍內之水域爲運作範圍，船舶進入水域範圍必須向 VTS 中心報告船位及相關事項。目前我國並未使用衛星船位回報以服務及掌控船舶航行於全球各洋區。此外我國沒有任何法令對於船舶的報告有所規定，因缺少母法，僅以行政命令通知各船舶代理業轉告進港船舶。至於各大型商用船舶使用衛星船位回報系統，大都由各航商（船公司）自行設置，監控並管理自己的船隊（包括國籍及外籍註冊船舶），例如國內長榮、陽明等公司。

此外聯合國糧農組織（FAO）之漁業委員會（Committee of Fisheries, COFI）及各相關國際漁業組織，所相繼制定之「責任漁業行爲準則」、「促進公海漁船遵守國際養護與管理措施協定」及「養護與管理跨界和高洄游性魚種」等漁業管理規範，莫不要求在公海作業漁船的船籍國，應負起有效監控及管理其漁船漁業活動之責任，目前世界上監控漁船動態的設備系統（Vessel Monitoring Systems, VMS），主要係透過全球定位系統（Global Positioning System, GPS）先確定漁船船位後，再利用相關通訊器材將漁船船位之經緯度資料及相關資訊送回岸上監控中心。我國目前擁有大小漁船（含舢舨、漁筏）計有 27,436 艘，我國遠洋漁船監控系統，在中華民國對外漁業合作發展協會之全力投入開發及推廣、獎勵下，整個監控管理系統已大致建構完成，並逐年開始對在各大洋區作業之遠洋漁船實施漁船作業監控。目前登錄並接受追蹤監控之遠洋作業漁船 800 餘艘，另經濟海域沿近海漁船約有 700 餘艘，業已裝有 VMS 之外，尚有 24,500 餘艘艘漁船並未裝設 VMS，「遠洋漁船監控中心」設於中華民國對外漁業合作發展協會，而「中華民國對外漁業合作發展協會」係受農委會漁業署輔導之民間團體，並不具有公權力，無法強勢要求裝置及制定罰則。

政府應由航政主管機關統一制定我國籍船舶，無論大小及用途，只要是動力船舶，一律全面裝置衛星船位自動回報系統之法令規範及技術準則。並透過各船舶定期監理機關（港務、漁政或縣市主管機關）定期的檢驗，以及執法機關（海岸巡防機關）不定期的安檢，來落實貫徹。未來統合的衛星船位回報系統，除分置於各航商、漁船業主以利其管理掌握自己船舶動態資訊外，爲有助於海事安全服務及管理，建議所有船舶的管制監控指揮中心及資料庫，統合建置於海岸巡防機關，以利及時的管控掌握，提供服務，並作統計分析，釐訂海事安全政策。另相關資訊亦可透過網絡分享方式連線漁政、航政主管機關，各就業管船舶監督管理。

三、改善外籍船員僱用管理作為

近年來國人從事航海及漁撈作業意願不高，國內漁業勞動力嚴重流失，雖然主管機關已持續推動國人上船工作、辦理獎勵漁船休漁及漁船收購等因應措施，惟效果有限，業者仍過度仰賴外籍（含大陸）船員從事漁撈作業。外籍漁工之僱用，係以大陸漁工為最多。除大陸漁工外，遠洋漁撈業所僱用之外籍漁工，尚有菲律賓、印尼、越南、泰國、斐濟及南非等國；另沿近海漁撈業則多為菲律賓籍。

2002 年以前我國漁船主僱用大陸船員，係由漁船船主與大陸勞務仲介公司或船員單方面簽訂之書面契約，未經相關單位認證，對安排之船員素質，並無選擇機會。臺灣主管單位亦無法證實船員身分及記錄，致使所僱用大陸船員良莠不齊，甚至於通緝逃犯挾雜其間，無法事前清查過濾。此外大陸船因生活管理、工作福利、思鄉情節、醫療不足及地域觀念濃厚排他性強烈等因素影響，時而引發糾紛、鬥毆、海上喋血、跳船偷渡甚或挾持我漁船等情事，導致傷亡、失蹤等重大治安事件，造成國人經營航運漁業，面臨生命財產的重大威脅，同時致使政府遭受批評，影響國際、國內視聽與感觀。

2002 年初，大陸以其輸出之漁業勞工未受到人道待遇，對我國片面禁止漁工輸出。中國大陸此舉，造成漁業界一陣混亂，當時已僱用之 40,000 萬餘漁工合約期滿，業主設法不讓其返回大陸，繼續僱用。或透過私下管道從大陸僱用未經大陸當局認許之漁工，或者轉而僱用其他國籍漁工。

2009 年 12 月 22 日兩岸第四次「江陳會」簽署了「兩岸漁船船員勞務合作」協議，這項協議改善了我國對大陸漁工管理制度。大陸漁工之僱用，需依我方規定事前接受體檢與技能培訓，身分查驗與登記也就此落實，漁工人力品質與我國船東的安全更有保障。另外基於人道考量，協議也明訂大陸漁工需享有人身意外及醫療保險，工資也需明文規定在契約中。兩岸這項協議有助於降低挾持漁船或海上喋血事件，發生事故時我方也不再找不到單位負責，有對口可尋求賠償。

自 1992 年政府引進外籍船員後，目前約有 6,600 名來自菲律賓、越南和印尼及其他國籍的外籍船員。外籍船員僱用根據的法源與大陸漁工所根據的「兩岸特別法」有所不同，外籍船員僱用係依行政院勞委會主管之「就業服務法」第 46 條第 7、8 款規定僱用。近年來許多外籍漁工面臨薪資給付不足、仲介不當苛扣，最基本的勞健保付之闕如；甚至僱主進一步不當要求或管教漁工，造成漁工受壓迫到臨界點，而引發海上喋血挾持的憾事。對於時有發生的海上衝突案件，加強海巡或者提升臺籍船長、幹部的危機處理能力，只是「治標」；改善外籍船員管理制度與做法才是「治

本」之道。茲將相關具體做法建議如下：

（一）研訂開放僱用外籍船員之策略

　　隨國內漁業勞動供給短缺日益嚴重，業者僱用大陸或外籍漁工之比率則逐漸增多，已為無法避免之趨勢。當前已非討論是否開放外籍漁工之問題，而係在考量漁民需求、國家安全及漁業作業之機動性與獨立性之前提下，如何適度與合理引進非本國籍船員，同時加以有效之管理與規範，尤其是大陸漁工，使其對國家、社會及經濟之負面影響能降至最低，政府應制定統一專責之明文條款，由法律來約束管理。此一專責法令建議應考慮下列各項：

　　1.訂定僱用外籍船員之比率，需考量國人工作優先權，避免排擠本國船員之就業機會，以免過度依賴外籍或大陸船員，而產生不利我國之情事。

　　2.僱用需正式透過各勞力輸出國政府主管機關之協議與許可，透過官方許可之勞務輸出公司，僱用合法輸出之船員，以清楚掌握船員背景，並有政府對口負責。

　　3.實施僱用船員證照制度，一旦被我國船東（主）僱用，雇主需替僱用人員申請船員證照，嚴格管制船員漁工，以維護安全，且能篩選並掌握優秀船員。

　　4.船員受僱後，應先與予專業培訓、教育，使能適應海上工作，薪資給付方式應以固定薪資為宜，且與本國船員薪資有所差異，基本工作條件、福利措施等，應儘量與同一等級之本國船員一致，以促進和諧之勞資關係。

　　5.訂定雇主約束條款，要求雇主注意管教的適當性，避免氣勢凌人，多注意照顧漁工的日常生活，同時規範船員基本勞動條件與契約內容的準則範本，保障漁工權益，並訂定船員申訴及僱主未依規定的處罰條款。

（二）未來漁撈業應朝向科技化、精緻化及精簡人力化發展

　　就長期漁業發展而言，漁業競爭力之維持取決於漁業作業能否減少勞力密集之方式，朝向科技化、精緻化之轉型發展，可參考日本漁業之發展策略，逐漸放棄漁業之勞力密集初級生產方式，提升漁業經營層次。

四、兩岸合作共同打擊海域犯罪之探討

　　全球海盜問題日益嚴重，亞太地區亦為海盜所苦，影響各國海運、漁業及經貿之發展，而臺灣海峽及其附近海域位居亞太地區之中心位置，船舶遭挾持等犯罪時常發

生，海盜犯罪問題亦不可等閒視之，兩岸執法當局應正視此問題之影響層面，共同謀求解決之道。

然因兩岸主權問題爭論不休，使得 1990 年 9 月間，透過海峽兩岸紅十字會，在金門所簽署之「金門協議」，及 1993 年海基會與海協會於新加坡簽署之「辜汪協議」後，兩岸即未再有任何具體之共識。兩岸在「辜汪協議」中已就「有關共同打擊海上搶劫、走私等犯罪活動問題」與「兩岸司法機關之相互協助」列入協商之議題中，惟因故推遲制度性協商，導致功敗垂成。

2008 年，臺灣再度政黨輪替，兩岸情勢轉變。海基、海協恢復會談，2009 年 4 月第三次「江陳會談」在南京舉行，簽署了「海峽兩岸共同打擊犯罪及司法互助」協議。本次協議之簽訂內容橫跨調查、偵查、追訴、審判及執行之全面司法合作，明文化兩岸的共同打擊犯罪及司法互助合作，應能有效的打擊兩岸間犯罪及維持兩岸良好法律秩序。惟兩岸海域執法機關，在此一合作架構下尚未就具體合作事項協商，建立共識。基於海峽兩岸間挾持船舶等海域及跨境犯罪仍層出不窮，兩岸海域治安機關有必要儘速就下列各層面，持續展開接觸協商，建立聯繫管道及合作機制，營造雙贏的局面。

（一）建立快速、有效之聯繫管道及機制

為迅速有效打擊挾持船舶、海盜等海上犯罪行為，優先且必須及時提供及交換海上犯罪情報資訊。兩岸目前相關情治機關，各自私下建立管道，未能整合統一。未來應設立「對口單位及窗口」，「通報聯繫熱線」，直接、快速交換情資及協調共同處理正在發生之海上重大犯罪，使嫌犯無隙可逃。

（二）定期研討，交換海上犯罪趨勢與打擊合作模式

為建立共識及加強聯繫，兩岸海上犯罪打擊機關主要幹部，應定期就海上犯罪情勢進行研討，交換意見。以分析及互相瞭解兩岸海上犯罪作案新手法與趨勢，提出對策，共同合作執法，有效遏阻。

（三）舉辦海上打擊犯罪聯合演習，增進雙方執法機關之默契

兩岸海域執法機關，應選擇易發生海上犯罪適當海域，各派艦隊，進行海上打擊犯罪聯合實兵操演，一方面測試兩岸通報聯繫機制，觀摩打擊犯罪作業及程序，培養合作默契。同時藉以嚇阻海上犯罪之猖獗。

（四）要求尊重我主權與國際參與空間

　　海域執法或跨國打擊犯罪，一旦涉及第三國或國際參與，均將影響到「國家主權」層次。處理稍有不當，即有可能引來喪權辱國的攻訐，必須非常慎重。然而「國家主權與國際參與空間」是兩岸交涉中中國大陸最在意及不願輕易承諾讓步的區塊。中國大陸近期屢屢憑藉著其外交優勢，未經我政府同意即介入援助我國船舶國際海域危安海事案件，造成我國尷尬之處境，且無法向國人交代。我國應積極與中國大陸協商反應，要求中國大陸勿競先介入我國籍船舶相關事件之處理，除非我國政府正式請求協助，否則應勿干預我國營救及對外交涉，以爭取我國處理是類案件之主導及排他權。此外東南亞及印度洋東非索馬利亞海域，國際共同打擊海盜及相關聯合海事安全演練活動，職是之故，我國更未被邀請或無法參加，主要是相關國家憚於中國大陸之反應，不願多惹麻煩讓我國參加。我國應積極協商，要求中國大陸不應打壓我國際參與空間，而可比照「中西太平洋漁業委員會」等國際漁業組織模式，讓我國參與亞太地區或全球性海事安全組織及各項活動。

第十二章
結　論

　　14 世紀以來，歐美國家已積極從事海洋探險、征戰、殖民及開發。迄 20 世紀中葉以後，全球海洋開發及管理突飛猛進，海域管理的法律規範，不斷的協商研議，日臻成熟完善。海域航行之作業，控管科技、載具及裝備，持續創新完備。海域探勘開發的能量，快速拓張發展。領先的國家，儼然已成爲海事強權國家，影響國際勢力深遠，這些國家必然也成爲富強的國家。20 世紀 90 年代，全球對海洋問題和海洋戰略已廣泛及高度關注。1990 年第 45 屆聯合國大會做出決議，敦促沿海國家把海洋開發列入國家戰略，以推動世界經濟發展。1994 年 11 月「聯合國海洋法公約」正式生效。此後的 1998 年聯合國更律定「國際海洋日」。在此大背景下，各沿海國家紛紛建立或加強了海洋綜合管理體制和海洋戰略研究機構，並積極實踐。21 世紀是海洋開發的新時代，爲掌握海洋開發新時代的特徵，順應正在形成的國際海洋新秩序，海域的有效管理與執法，已成爲全球所矚目及重視之國力發展新指標，更成爲國家新的生存發展和主權彰顯之象徵。

　　近年來我國政府提出「海洋興國」相關政策，成立海域執法機關「行政院海岸巡防署」（以下簡稱「海巡署」），2004 年初海巡署更建議政府設立「行政院海洋事務推動委員會」（以下簡稱「海推會」），冀望藉公私部門合作之方式，整合各機關（構）資源，導入民間活力，具體推動國家海洋事務、發展海洋政策。期間陸續通過「國家海洋政策綱領」與「海洋事務政策發展規劃方案」，公布「海洋政策白皮書」、「海洋教育政策白皮書」和「藍色革命、海洋興國」等政策，都在在顯示主政機關的積極努力已在我國海洋事務政策發展史上奠定新的里程碑。2012 年我們欣見政府提出「東海和平倡議」，臺日、臺美間簽訂雙邊漁業協議或備忘錄，也逐步解決臺菲漁業糾紛，深化我國參與國際漁業組織，在國家海洋政策發展上我們已取得些許之成果。

　　臺灣四面環海，國家安全、社經福祉和世代發展都必須依賴海洋；臺灣因國際地位特殊，未能加入聯合國社群，我們願遵從全球大多數國家所通過之「聯合國海洋法公約」規範，和設立專屬經濟區的決定。根據「聯合國海洋法公約」的有關規定，臺灣得主張之專屬經濟區（包括與鄰近國家有爭議部分）總面積爲 54 萬 8,898 平方公

里。面對海洋管轄範圍的擴大和海洋權益爭端等問題的日益突出，臺灣必須不斷的調整國家發展戰略，提出新的海洋戰略和海洋政策，完善相關海洋法律體系，並必須積極著手整合海洋安全、資源、環境與科研等管理部門和機構，構建綜合型海洋管理體制，以期冀能成為海上強國和海洋大國。

第一節　國家海洋戰略發展

臺灣近 60 餘年以來，由於兩岸軍事對峙形勢的僵化，在總體國家安全規劃上，其決策優先順序初始並將海洋及海疆規劃視為整體國家安全規劃的優先重點。東海及南海的戰略決策、海洋資源（生物與非生物資源）政策，航道、海事安全的對策，始終未有完整妥善之論述及規劃。因此臺灣有必要重新檢討其整體國家安全戰略，以海權的思維為優先重點，反思海洋戰略思想的演進菁華，及面對中國海洋戰略快速發展對臺灣海洋權益的影響，徹底檢討臺灣目前海洋戰略的總體作為，以進行臺灣海洋戰略、政策與對策之重塑。

中華民國政府因國際地位特殊，無法加入「聯合國海洋法公約」及其相關次級團體，例如「國際海事組織」（International Maritime Organization, IMO）、「聯合國大陸礁層界限委員會」（Commission on the Limits of the Continental Shelf, CLCS）及區域性海洋組織或漁業、航運、環境及資源等相關組織。兩岸情勢這些年來雖已和緩，惟僅限於經濟文化交流。相關海疆劃界、海域資源等海洋戰略層面，均具高度敏感的政治意涵，短期間仍無法處理。在此艱難環境下，我國政府以維持現況，「不統、不獨、不武」與中國大陸政府相處。職是之故，我國與周邊國家日本、菲律賓、越南及中國大陸，目前或有可能從海洋資源方面（經濟性議題如漁業談判、海底油氣田等）先進行協商談判，海權及疆界重疊等高度政治性議題之協商談判，一時間恐難以進行。衍生了我國海洋戰略定位、定調及管理執法之困境。凜於這些困境因素，我國家海洋戰略發展方向，應可優先努力推動下列事項：

一、積極海域疆界之宣告主張及管理實踐

我國海域疆界在 1988 年 1 月 21 日「中華民國領海及鄰接區法」及「中華民國專屬經濟區及大陸礁層法」二法立法通過及公告實施後，1999 年 2 月 10 日正式公告相關基點及第一批的「領海基線、領海及鄰接區外界線」。我國專屬經濟海域與日本、

菲律賓、越南及中國大陸等海域多所重疊，因特殊國際地位因素，迄今無法與這些國家協商劃界，對我國海域管理及海洋開發活動造成嚴重影響。政府雖於 2003 年 11 月 7 日基於維護我國海域主權權利，確保漁民海上作業安全，並利政府推動對外漁權談判與確保漁業權益，核定「中華民國第一批專屬經濟海域暫定執法線」範圍，作為我國經濟海域執法及管理的暫定範圍，惟該項「暫定執法線」只是「部分的」、「片面的」及「並非通過立法的」方式之核定。前項暫定執法線，在我國海域南與菲律賓、西與中國大陸，以及南海諸島與越南、菲律賓、中國大陸等均未劃定及宣告經濟海域範圍，以致經常發生漁民作業。遭他國公務船舶追逐及不當執法等事件（如 2013 年 5 月 9 日「廣大興 28 號」漁船事件）。

此外政府目前所公布之暫定執法線係屬我國單方之決定，不屬臺日兩國間經過協議完成之劃界或過渡性質的臨時安排，故不具有拘束對方的效力，當然可作為我國執法機關職責及執法界線；該線並未對我國漁民造成限制不得前往該執法線之外作業。暫定執法線係以行政命令發布，非屬條約或法律，不得逕行將之引為限制人民權利義務之規定，因此僅能單方面在界線內保護我國漁船民，無法規範及管理處罰越界之他國船民。

我國南沙太平島及金門馬祖等列嶼，迄今仍以「臺灣地區與大陸地區人民關係條例」所規範之「禁、限制水域」來劃界。兩岸關係所規範的僅是兩岸船舶、人民，對於越南、菲律賓或其他國家等船隻在南沙地區作業活動，事實上無法規範，同時所謂「禁、限制水域」國際間無該項水域規定，無法獲得國際承認或融入國際法規公約體系。

綜上，目前國家海域劃界規範之不足，政府應積極協調運作，有效整合、明確決策。兼顧國家主權與經濟發展，盡速的以法律作為，完整的公告我國主張的經濟海域範圍，並向國際宣告，以利我國海域主權之宣示及管理實踐。或許一旦公布，鄰近海域國家將有反應及不同主張，屆時再依國際海洋法律相關規定和平處理。

二、促進區域和平穩定、經濟繁榮及海洋生態永續發展

政府應持續推動「東海和平倡議」，同時應在南海推動類似合作機制。並企望任何海域的爭端，當事國能以「和平對話、互惠協商」，「資源共享、合作開發」之原則來協商解決。相關議題包括：漁業、礦業、海洋科學研究與海洋環境保護、海上安全與非傳統威脅之合作對抗。更期盼盡速促成相關各方簽署「東海行為準則」，推動

一軌或二軌對話機制，研議和平解決爭端機制；強化互信。中華民國政府向為國際社會上「和平的締造者」角色，在提出「東海和平倡議」及推動綱領後，期盼各方能採取「以協商取代對抗」、「以臨時措施擱置爭議」的方式，維持區域和平與穩定。長期而言，能進一步從現有之「臺日」、「兩岸」、「日陸」三組雙邊對話，邁向多邊協商，落實東海之和平與合作。

三、建構整合型海洋管理體制

我國海洋事務管理權責分散，缺乏統合及有效的海域管理機制，由於過去國家戰略安全及海洋政策，習慣於陸域思維，致使新近成立的海域執法機關——行政院海岸巡防署，對大部分的海洋事務，無法依我國海域現況制定管理法規及適時決策；相關的海洋事務決策主管機關，如航運、海洋漁業、海洋環境、海洋資源及科研探勘調查等事務，則分別由交通、農業、經濟、環保及科技等部會主導，上述決策主導機關則缺乏海上執行能量，無法及時掌握海域現況。這些問題久經討論，各界意見分歧，部分主管機關基於自身角度及權益，未能審時度勢，堅決不肯妥協或容納他人意見，做一些創新變革，導致行政院最後送到立法機關的「海洋委員會」組織架構，飽受立法委員的抨擊批判，拖延數年無法通過。在這種權責分散，新的具高層次位階，又周詳完整的海洋管理機制未實現之前，重大海洋決策或海域重大突發事件，目前僅能由國家安全會議統合研議及決策，至於執行則很可能發生爭功諉過，例如日前政府拋出的「東海和平倡議」，未來究竟由外交、國防、海巡、內政、農業（漁業）、經濟或哪一機關來負責或統合執行，肩負成敗，正面臨新挑戰。

政府除應確立有一個「政策與執行一貫」、「整合事權」的海洋管理機關，統合海巡、漁政、航政、環保、資源及科研等機關的海上編裝實力，以確保我國海洋權益。這個機關更應建立體制內之海洋戰略智庫，研議、規劃海洋戰略，以作為政府因應海域緊急突發狀況、宣示國家立場，支援應變及執行相關海洋主權、安全、外交及資源等對策的決策機構。

四、提升海洋管理軟、硬實力

政府應寬列海洋教育與科研預算，不斷提升國內海洋相關院校軟、硬體設備及師資教育，支持相關研究機構發展，以發展海洋戰略、管理、航運、漁業、產業、科

研、探勘等相關領域之人才培育與研究能量。鼓勵年輕學子從事海洋各層面工作與研究。整建租用或新造實習船及漁業訓練船，並協調運用商、漁船實習艙位，強化專業知能並拓展國際視野。

對國內海域管理機關，除應盡速確立其完善的架構機制外，更應盡速整合，全面提升其賴以掌控海域之「監控科技」。國內目前在海巡、航運、漁政、環境與科研等部門，均各自發展業務所需之雷達或衛星等海洋監控設備。這些設備相較於先進海事強國，甚或鄰近之日本、中國大陸，已有相當之落後與不足。政府應整合資源，建構超前先進，能掌控更廣闊深遠的海面、海底的監控設備，供海域管理機關有效掌控更遠更深的海域，有效實踐海域管理。

此外，要能有效實踐海域管理，海上載具設備的發展更為重要，我國經濟海域得主張之面積為 54 萬餘平方公里，遠洋漁船註冊為國籍者 3 千餘艘，國人經營而註冊為他國籍者更不下 3 千餘艘，這些漁船航行在全球三大洋區，隨時需要我們國家力量之保護與服務。目前國內公務船舶包括海軍、海巡、漁政、科研及航政，能量仍嚴重不足，裝備科技亦有大幅改善空間，尤其以綜合執法的海巡機關，過去注重於近海執法之巡防艇等設備能量，近年才開始發展巡邏經濟海域及遠洋之中、大型巡防救難艦，其數量、能量仍有待大幅擴充提升。此外我國空勤由於實施空中勤務一元化，空勤單位長期以來所發展之機隊及執勤，以陸域服勤為主，海域及艦載服勤能量亟待發展充實，以便更快速有效掌控海面服務海域。

五、戮力國際海洋事務之參與

海洋是連接世界的道路，此道路聯繫了所有濱海的土地，四通八達的特性使得海洋事務本質上即是國際性的事務。臺灣要真正融入成為地球村的一份子並參與國際及各項與海洋有關的共同事務，必須面對遠甚於他國所有的挑戰，這個挑戰來自於國際間對我國與中國大陸，長期以來外交關係與國際地位之糾葛與認知。

海洋事務多元繁複，以聯合國秘書長每年向聯合國大會所提「海洋及海洋法」（Oceans and the Law of the Sea）報告內容，整理概略包含下列各項：「海洋法公約」及其兩個履行協定的現況、各國在海域空間上的主張、海運及航行、海上犯罪、海洋資源永續發展、水下文化資產、海洋環境保護、海洋科學與技術、爭端解決、綜合議題、國際合作及協調等。

過去這些年來臺灣也一直想要突破困境，穿越挑戰，走出臺灣參與國際海洋事務的一條路。但是在內、外形勢上，政府一直未能調整突破，因而無法克服並達成願

望。

　　內部因素方面，海洋相關事務因各部、會均有所掌，形同多頭馬車，在無統一政策指導與機制整合下，成果凝聚不易。外部因素方面，主要為近年來中國大陸經濟發展，大國崛起，國際影響力大增，全球性或區域性海洋各領域國際組織，中國大陸全面介入，爭取主導。臺灣對外無論國際組織參與，雙邊或多邊談判，都面臨「能否參與？相關組織或國家，都必須評估北京的看法及可能的影響」之現實困境。

　　面臨上述困境，我們不能因此而有所氣餒，仍要積極主動。先整合內部，形成統一政策指導與決策之機制與模式，制度面上即將成立之「海洋委員會」，雖然原本組織之構想為「海洋事務部」，鑒於海洋相關業務牽動諸多機關職掌，若遽然整併為部，將使得原單位業務功能變動過大，初期易肇紊亂。因此，調整為「委員會」以負責橫向聯繫海洋相關事務，就成立構想與欲達成之政策面目標而言，還是能達成統一政策指導與決策之功能，至於執行面能否發揮預期功能，多面向功能之海洋政策、業務或事件，由那一機關來承擔權責，負責成敗，則待日後驗證。無論如何，我國對海洋相關事務的整合與推動，已準備踏出難得的第一步，還是值得肯定。

　　至於外部的突破，面對中國大陸的崛起、國際的現實，臺灣應以迂迴之方式避免與中國大陸針鋒相對，另亟需充實自身實力，輔以與鄰為善手段，藉由雙邊擴充為多邊，突破障礙走向世界，逐步累積參與國際事務之支持力量與實質結果，基本原則為先易後難、由簡入繁。首先應積極加強兩岸海洋機關（構）學校交流及相互瞭解，避免互相猜忌杯葛，進而取得認同與協助，不會刻意阻止我國與周邊國家海洋事務協商聯繫工作管道之建立。同時更進一步能協助臺灣加入各項區域性或全球性的國際組織。此外，我國國際組織相關活動及國際會議，主要負責機關為外交部國際組織司。相關國際會議或活動，外交部應透過外館多蒐集資訊，傳交國內海洋決策機關，積極爭取參加，或研商加入之可行性與途徑、對策。對於目前已參與之相關海洋事務國際組織，不論以任何身分參加，都要持續參加，並利用參加機會行銷及加強我國的實力及影響力。例如我國已參與之區域性漁業組織，如中西太平洋、印度洋、大西洋、美洲熱帶魚等委員會，目前都是以捕魚實體（Fishing entities）身分參加，但是我國遠洋漁業實力強大，應以我國之漁業優勢，在各委員會中發揮影響力，持續爭取我們的地位。此外例如「處理南中國海潛在衝突研討會」之二軌國際會議，「APEC 海洋部長會議」等目前我國已加入之主要海洋會議，也必須持續與主事國及參加國保持友善良好的關係，持續擴大我國參與的深度與力度。我國尚未參加，而對我國權益影響較鉅或周邊海域之海洋組織，例如北太平洋海上保安會議、東南亞國協（Association of Southeast Asian Nations，簡稱東協 ASEAN）相關的打擊海盜、反恐等區域性組

織或演習演練，另外包括航運、海洋環境保護，海洋資源保育、海洋科研調查等亞太地區國際組織或全球性的組織，均應積極蒐集資訊，研究參加之可行途徑管道，設法突破加入。最終目標則是以加入國際海事組織（IMO, International Maritime Organization）及相關聯合國架構下之海洋相關組織，以利我國海洋國家地位之國際認同及海洋權益之爭取。

第二節　國家海洋政策規劃與執行

　　根據前述「國家海洋戰略發展」所揭櫫之各個層面，我們需要妥善來規劃及有效執行，使國家海洋發展之願景均能實現，讓我國能盡速成為「安全」、「生態」、「繁榮」的海洋國家。

一、安全的海洋方面

　　「安全」一詞在英文的翻譯上有「Security」及「Safety」兩種面向，海洋安全亦包括多面向的意涵。其涵蓋了海疆主權維護的國防安全與警衛警戒的海上保安、維持海域安寧與防制治安事件的海上治安，以及預防海洋災害與海難事故發生的海事安全等。「海洋安全」各面向的政策與執行，研析如下：

（一）海疆警衛

　　我國四面環海，地處太平洋島鏈中央位置，臺灣海峽及東部太平洋航道等海上交通航線遏制南海通往北太平洋航線，地理位置重要，過去數十年來臺灣依賴全球性的海上貿易，創造了蓬勃的經濟發展，並藉此擴大國際活動空間，與世界各國建立了實質的經貿關係；其中，進出口貨物絕大多數是透過海上的交通線來進行，因此海上的交通線堪稱「生命線」。此外，東海和南海島礁主權、油氣資源爭端，周邊國家存在發生海上突發事件的可能性和引發緊張局勢的安全隱患。面對此一情勢，不論是我國防部、海巡署等應致力於確保我國海疆安全，落實執行我國海域警衛警戒及監控、海洋調查、嚴正海域執法、充實海上支援救護能量，及外離島防衛。有效維護我國海洋主權及國土防衛任務。相關亟待努力執行的工作研析如下：

1. 持續強化海上防衛力量之建立

為保護海洋權益，防止敵人海上進犯，維護海疆安全，快速應變及處理海域爭端及海上危安突發事件，確保國家領土主權完整，並維持西太平洋地區的和平與穩定。具體做法如下：

(1) 不斷提升我國海、空軍、海巡等戰力及軟硬實力：

整合國內公民營企業，導入民間產學資源，不斷研發創新，發展我國防及海巡自有之作戰、巡防、偵蒐、船艦飛機載具等科技及技術，並以自製、自造不斷的論證及量產，擺脫對外的倚賴與被控制。除了硬體數量與質量的擴充，人員素質的培訓運用及精壯更為重要，必須有效改善民眾對國軍的觀感，提升國軍榮譽感及社會地位與待遇，以利招募優秀青年加入陣容，從而提升整體實力。此外，應善用海、空軍，與海巡力量，支持國家海洋政策及海洋事務進行外交斡旋折衝，以維護國家的主權與利益，防範與降低衝突的發生。並與周邊國家建立海上互信機制，擴大參與區域安全事務之合作，維護我國海域安全。

(2) 整合並研發海域監控科技，有效即時掌控海域狀況

在落實執行海域警衛、警戒，海洋監控方面，我國亟需整合海、空軍、海巡署、交通部、漁業署及科技部等機關目前已擁有之海域監控設備及能量，並持續研發精進。除運用目前之雷達及相關通訊、監控科技外，新一代衛星監控及通訊科技之引進、發展與運用實乃當務之急。為有效實踐廣闊海疆及海域資源的巡弋及防衛，結合國防、海巡、交通、科技、農委會（漁業署）等海域監偵及船舶交通服務〔Automatic Identification System（AIS）、Vessel Traffic Service（VTS）、（Vessel Monitoring System（VMS）〕等系統，綿密海域監控管理，並統合規劃成立「全國船舶動態資訊中心」，有效鏈結全球性的船舶資料庫系統〔設置於國際海事組織（International Maritime Organization, IMO）架構下〕，強化對周邊海域的監偵掌控，實乃當務之急。除了對海面的掌控外，對於水面下的偵監亦必須建構相關能量與技術。這些科技在全球各海事先進國家均已有相當之研發與運用，並列為國家機密，不輕易將新一代科技與技術公開或輸出，領先的國家掌控著海洋開發運用的優勢。我國有必要積極導入民間科技研發能力，挹注足夠預算經費，發展適合我國海洋環境即時掌控之相關運用科技，不斷的提升海洋管理競爭實力。

（二）海上治安

在海上治安威脅方面，國際恐怖攻擊事件所造成的傷害、威脅及影響範圍日益擴大。跨國組織犯罪如販毒、人口販運、海上盜掠、挾持，走私武器與非法物資等非法交易，將會造成國家動盪及地區的混亂，甚至危及區域整體安全，與經貿秩序及衛生防疫。我國由於海上交通便捷，臺灣與大陸、菲律賓近在咫尺，在暴利驅使下，私梟與人蛇集團進行走私與偷渡，嚴重危及社會治安及經濟秩序，甚至造成傳染病之疫情入侵；而大陸漁船越界捕撈、兩岸漁事糾紛、我國籍漁船遭僱用外籍船員遭挾持及海上喋血等事件迭有發生，嚴重響影海上治安。

為有效維護海上治安，應變海上突發危安事件，充實海域維安能量，建立危安預警系統及反制能量，防範海上不法危害，相關具體做法如下：

1. 強化海域維安能量，購置科技器材，不斷提升海巡指揮、管制、通信、資訊、情報、監視及偵察（C4ISR）整合系統。增設海上特勤人力及海上專責空偵隊伍，積極從事人員遴選、教育訓練、裝備獲得及制定行動準據，以強化海上安全維護應制變能力。

2. 整合海域安全情資，提升情資處理效能，並充實情蒐裝備與人力素質，建立情蒐與情報專業處理能量，發揮危安預警功能。

3. 落實國際商港、國內商港、工業專用港、漁港等安全防護機制，持續推動國際船舶與港口設施保全（ISPS）章程，嚴密港口保全工作；整合各港口航政、海關、檢疫、港警及海巡檢查作業（CIQS）與資訊系統。並加強海域巡邏及可疑船舶檢查，以防制海上滲透或從事海上恐怖活動。

4. 檢討相關法規，並明訂海域執法機關對違反海域各法及漁業、航政規範之執法權限與程序。

5. 加強海域、海岸重要民生經建設施安全管理及維護機制，減低危害因素。

（三）海事安全

我國係四面環海之海島型經濟國家，主要之經濟活動均依靠商品進出口貿易，各種農工原物料及工業成品之輸出入也大都依賴海運。此外我國相關漁業活動頻繁，不論沿岸、近海、遠洋漁業之漁獲量也是我國一項極為重要的經濟活動。由於海面船舶活動頻繁，周遭海域環境複雜，暗礁環布，冬季東北季風及夏秋颱風盛行，經常造成海上航行及作業船隻擱淺、碰撞、沉沒、失火、爆炸摧毀等船難，又因人為及機械故障等原因，海難事故發生頻頻。另一方面，國人生活水準日益提升，海上休閒活動日

趨熱絡，海事糾紛、海上救難、海洋生態保育及海洋污染等案件隨之增加，對海域安全構成嚴重威脅。為維護海域交通秩序、確保海上航安全、降低海洋災害發生，政府必須提升航行管理效能、積極強化管理機制、充實船舶交通資訊系統及助（導）航設施、嚴密航行安全檢查，以確保海域航行安全。相關具體做法如下：

1. 檢討制（修）定航行安全相關法規，使主管機關與實際執行機關為同一體系，完備海域交通法制，並加強國籍船舶航行安全，維護海上交通秩序。

2. 推動「船舶自動辨識系統」（AIS）、「漁船船位監控系統」（VMS）及「船舶交通服務中心」（VTS）等系統之整合運用。有效更新提升設備與功能，並設立「全國船舶動態資訊中心」，鏈結全球船舶資料庫中心〔設置於國際海事組織 International Maritime Organization, IMO）〕。

3. 整合航行、海象、水文及海上交通管制資訊，提供即時航行安全服務資訊。強化國內各部會（如交通部運輸研究所港灣研究中心、中央氣象局、科技部臺灣海洋研究中心等）及學術機關相關研究能量，研究成果並適時提供海域管理及執法機關運用。

4. 強化海域執法兼救難功能之空中能量，擴充旋翼機及偵察型定翼機，強化空中飛機與海面公務船艦勤務執行與介面之結合，建立海域立體執法與服務網。

5. 積極參與區域性及全球性的海事救難組織與機構，協調聯繫相關國家及國際或地區性之搜救組織等單位協助支援。

6. 調整權責機關，以利政策制定及實際執行相符，以強化海難業務的推動。依「災害防救法」之規定，交通部現為海難之主管機關，然而實際執行海上災難救護之設備與人力均非其所屬，致使海難救護業務權責不符，執行與決策偶有脫節，影響業務的推動，有必要將該項業務移由海域執法機關主管，以利決策面與執行面密切結合。

二、生態的海洋方面

臺灣四面環海，依海為生，與海共存，海洋資源十分豐富，以臺灣周邊海域魚類資源而言，魚種數量，達到全球記錄魚種的十分之一。臺灣海岸景觀則富有特色，是珍貴的地質景觀和「海岸地形學」的活教室。臺灣東西海岸無數的文史遺址，都值得國人細細品味。雖然臺灣擁有豐富的海洋資源，但多年來海洋環境污染、海域資源破壞的情況，仍然十分嚴重。例如，最近數年國內進行的珊瑚礁總體檢，發現有些地點珊瑚礁破壞率竟然高達百分之七、八十；更嚴重的是，學者專家發現「臺灣海底的垃

坡比珊瑚多」。我們距離一個「免於污染、豐富具活力的海洋環境」的基本願景，似乎還遙不可期。

為此，政府應建立整合規劃與生態彌補機制，尋求開發保育均衡對策。保護自然海岸；整體規劃海岸發展；積極調查海岸地區生態、環境、景觀與文史敏感地區，以及海洋之物理、化學、地質、生物狀況；研究海洋保護區之規劃及維護管理機制；結合海岸整體規劃，預為籌設海洋災害預警制度；檢討修訂相關法規，明訂海岸濕地的填埋利用及建立海岸管理資訊與環境監測系統，以保護和永續利用海洋與漁業資源。相關具體做法如下：

（一）海洋環境保護與污染防治

1. 改善河川及河口污染，減緩陸源污染：臺灣擁有 1,139 公里的海岸線，10 萬 6 千餘平方公里海域面積。入海河流不僅為近岸海域輸送了大量的徑流、泥沙、營養鹽和礦物質，使其成為生產力高的水域；但同時，也攜帶了大量的污染物質進入近岸海域，加上沿海地區直排入海的陸源污染物質，總量占海洋污染物的 80% 以上，這些污染物對海洋環境產生了巨大影響。包括近岸海域水質下降，海洋生態環境惡化，天然漁場形不成魚汛，海洋珍貴物種減少，典型海洋生態系統受損等。隨著這些海洋環境問題的出現，其保護工作越來越受到重視，海洋環保工作已經成為我國環境保護工作的重要部分，特別是自「海洋污染防治法」實施以來，我國海洋環境保護工作有了飛快的進展。為保護海洋環境免受陸源污染，1995 年，聯合國環境規劃署宣導了「保護海洋環境免受陸地活動影響全球行動計畫」（GPA），我國雖非該組織會員，但我們仍積極依該計畫精神，採取了一系列行動。我國環保署立即建立沿近海海域水質的監控系統，進行保護海洋環境免受陸源污染的調查。未來建議建立專責之海洋保育機關，延攬專業人力及設備，結合中央與地方政府有效宣導及執行，使我國能永遠保有美麗優質的海洋環境。

2. 強化海洋環境之監測與監控，建立海域預警制度：建立海域監測資料庫，完成適宜之監測規範及海洋水質污染預警系統；結合航運管理科技及民間力量，依海域特性、船舶航線及可能污染情形，建置適當之監測機制。

3. 提升海洋污染應變能力：籌建各型必要之防污艦艇，提升國家海洋污染應變能力，定期檢討各級海洋污染應變計畫。

4. 培訓海洋環境保護人才：持續辦理重大海洋油污染緊急應變訓練，結合民間團體，建立海洋油污染應變人員教育、訓練及認證制度。

（二）海岸棲地保護

1. 整體規劃海岸發展，研擬公布以「保育為主」的國家海岸永續利用政策與計畫。

2. 積極調查海岸地區生態、環境、景觀與文史敏感地區，以及海洋環境條件，由中央主管機關積極劃設保護區。

3. 積極研究海洋保護區之規劃及維護管理機制。

4. 建立南海及臺灣沿岸海洋生物多樣性保護網路。

5. 結合海岸整體規劃，籌設海洋災害預警制度。

6. 檢討修（制）定相關法規，明定海岸濕地的利用，應採取保育及復育措施與其他減輕影響對策。

7. 建立海岸管理資訊與環境監測系統，以便迅速、正確及充分獲取海岸地區之各種資訊，支援海岸管理政策。

（三）海洋資源永續經營方面

1. 制定符合永續的漁業政策：確實執行國內外相關漁業管理法規及責任漁業制；減少漁船數量，輔導漁民轉業或轉型；改進現有不符保育之漁具、漁法、漁期及漁獲對象。

2. 參與遠洋國際漁業合作，促進共同養護管理與合理利用資源。

3. 推動以海洋棲地保護為主的漁業資源管理，增訂「海洋生物資源保育法」或修訂「漁業法」，強化海洋資源維護管理措施。

4. 儘速完成海岸、海洋的「藍色國土」規劃，將重要海洋棲地列入管制與保護。

5. 建立資源永續管理制度，使生物資源維繫其生產力及可持續產量。

6. 建立災害減輕與資源復育機制。

7. 強化教育推廣，使民眾及漁民支持限漁政策與保護區的劃設。

8. 依據海域功能區劃、自然資源特性、生態條件及經濟效益，進行海域使用分區管理，以兼顧開發利用與資源保育。

三、繁榮的海洋方面

21 世紀以來，世界各海洋國家莫不在兼顧海洋環境生態保育的前提下，積極從事海洋資源與功能的廣泛開發與運用。臺灣自許為海洋國家，擁有豐富海洋資源，自應掌握這些資源優勢，發展臺灣獨特的海洋產業，繁榮臺灣海洋，提升臺灣產業經濟

實力。

　　借鏡先進國家海洋政策及產業發展策略，臺灣海洋產業發展具體執行方略，擬就「海洋觀光休閒」、「海洋運輸產業」、「海洋資源產業」、「海洋高科技產業」、「海洋研發與人才培育」等五大面向，提出相關建議，以期收海洋興國之效。

（一）海洋觀光休閒

　　臺灣過去由於歷經長期的戒嚴體制，海洋成為民眾活動的禁區，民眾對海洋仍具疏離感，不僅造成對海洋保育的忽視，也不利觀光休閒產業的發展。解嚴以後，各項海洋活動也逐漸興起，海洋臺灣輪廓逐漸顯現，迄目前為止已規劃東北角海岸、東部海岸等 7 處海岸型國家風景區，並推動海域多元利用，增加親水設施，創造觀光產值，建立海洋觀光遊憩活動與相關產業發展之輔導管理機制。2003 年修正發布「發展觀光條例」，賦予海洋遊憩活動明確法源依據。

　　1. 管理事權並未統一：海洋觀光遊憩相關法規種類繁多，惟缺乏單一管理，多頭馬車阻礙相關法規發展；另有些新興海洋遊憩活動或海洋保護尚缺乏直接管理法規，無法適應遊憩產業發展腳步。建議當務之急政府應設立一個海洋專責機構，隨時針對問題及窒礙，統合並協調立即解決。

　　2. 休閒產業亟待強化：近年來，臺灣海洋休閒產業蓬勃發展，引發如硬體建設及觀光活動衝擊海洋生態、觀光景點土地炒作、觀光景點總量管制等問題，亟待強化永續發展理念。

　　3. 部分海洋活動法令措施亟需鬆綁：海洋活動限制過多，以遊艇活動為例，臺灣是全球知名遊艇製造王國，但遊艇管理法規卻過於嚴苛，造成與遊艇工業相關的海洋休閒產業發展受到掣肘，多處遊艇碼頭形同蚊子港。親近海洋、熱愛海洋，政府應適時依時空環境之變化，民眾之需求好惡，提出利國利民的措施，才是保護海洋最好的方法。

（二）海洋運輸產業

　　臺灣發展優勢在於臺灣位於東亞島弧中點，控東亞航線要衝，加以日本、中國大陸、東亞國協與美國等全球主要經濟體圍繞，堪稱東亞區域「財位」。就海上航程時程而言，環太平洋航線的亞太地區六大主要港口（東京、上海、高雄、馬尼拉、香港與新加坡），各港口航行至其他 5 個港口的平均航行時間，以高雄港平均航行時間最短；高雄港亦為大陸沿海港口，包括上海、寧波及福州，與主航線連接之理想轉運

港。2008 年以來，兩岸關係解凍，臺灣布局全球、運籌東亞最後一塊拼圖已就位，正是臺灣發展成爲「亞太經貿樞紐」的絕佳時點。惟近年來在大陸經濟蓬勃發展之磁吸效應下，高雄港等我國主要港口，營運量成長大不如前；中國大陸與亞洲鄰近國家均積極強化港埠之投資建設，並以優惠措施爭取航商灣靠，致航商灣靠選擇性增加。現行港埠發展政策所面臨問題主有整體港埠發展未統合、法規競合與衝突、部門內與部門間整合問題等，應於政策面及制度面改革。

1. 有效行銷，積極全球邀商：政府於 2012 年 3 月 1 日參照國際先進海運國家採取「政企分離」之航港管理做法，已將原分屬於基隆港務局、臺中港務局、高雄港務局及花蓮港務局的港務經營業務，合併成立臺灣港務股份有限公司，而航務行政業務則另整合成立交通部航港局。由政府機關變成國營公司讓法律和體制衍生的問題解套，加以解決原先缺乏應變市場變化的能力、導致競爭力下降的問題。爲此我們建議政府各港務分公司應積極行銷，廣招全球航商進港停卸及運輸，或灣靠我港，以提升營運成效。對於無競爭力及業績無法突破之港務經理人，隨時予以汰換，以提升我國港務營運之效能，領先周邊國家港務經營發展之速度。

2. 改善港埠設施，運用科技管理提升效率：臺灣自 2003 年「自由貿易港區設置管理條例」通過以來，港埠發展政策主以「效率化、智慧化、自由化、永續化」作爲整體航運運輸發展之願景，惟臺灣近年來的港埠設施基礎建設，未若鄰近國家創新發展快速，以新加坡港爲例，近年來使用「PORT NET」及「TRADE NET」來提供船舶入港停靠及服務，大幅減少船舶入港停靠通報、引水及靠港程序，以及報關手續。臺灣目前仍使用傳統做法，相對的在效率及時間的節省已不若新加坡的競爭力。

3. 發展以「效率化、智慧化、自由化、永續化」港埠政策爲主：擬定整體貨物運輸發展之願景，並據以研提未來發展目標與綱領。近年來臺灣海洋經濟發展，有關港埠階段性發展政策，包括亞太營運中心計畫、全球運籌發展計畫、挑戰 2008 年國家發展重點計畫、自由貿易港區之規劃等，皆爲良善之規劃研究，可以將臺灣經濟實力，推向 高境界的宏規遠擘，各相關機關應整合資源能量，齊心合作，超越困境及競爭，奮力執行，努力達成。

（三）海洋資源產業

海洋資源分生物資源及非生物資源。面對陸地資源漸趨匱乏與永續發展盛行的21 世紀，世界各海洋國家，莫不在兼顧海洋環境生態保育的前提下，積極從事海洋資源與功能的廣泛運用，並積極調整海洋政策。而有著四面環海及豐富海洋資源，自許爲海洋國度的臺灣，該如何掌握自身豐富的海洋資源優勢，發展臺灣獨特的海洋產

業，乃當前之重要課題。

1.海洋捕撈永續觀念尚待強化，近年來我國遠洋漁業擁有強大的捕魚實力與能量，業者捕撈船舶數量與噸位不斷擴大擴張，捕撈技術不斷的科技化與創新。部分漁民漠視國際規範，遠洋漁業發展遭衝擊；沿海國實施200海浬經濟海域及公海資源共管，我國漁船遭扣及被懲時有所聞。為此政府應強化管理有效宣導，使業者恪遵國際漁業組織規定，此外，沿近海漁業受污染及過度捕撈等，漁獲量逐年下降，海面養殖產業面臨水土不當利用、高密度養殖、老舊池塭不良養殖環境以及周邊水域嚴重污染，造成養殖魚類發生病害，影響養殖經營效益。這些不利因素，政府必須妥擬對策，召集業者及地方幹部，研商對策有效解決，規劃管理海洋養殖海域，依產業特性，設置生產專業區；推動設立海洋科技園區；發展海洋箱網養殖產業，並建立品牌、市場行銷通路及品質認證制度，開拓國際市場，提升養殖水產品競爭力，以永續發展漁業經營。

2.積極探勘開發海洋礦源，臺灣周遭海域石油探勘開採，由臺灣石油公司自力探勘或與外國石油公司合作探勘兩種方式同時進行。臺灣東北經濟海域範圍內的東海油田，在1970年代，臺灣中國石油公司曾與美國石油公司聯合探勘，發現大量海底油氣，後來未繼續開發，反而經濟海域重疊之中國、日本，在該處海域積極探勘並已開發量產，我國應戮力尋求與中國、日本合作開發，共享該處油氣資源。在西南海域，根據我國經濟部地質調查所委託國內學者探測到臺灣西南部海域，尤其是高雄恆春至東沙海域，蘊含大量天然氣水合物，蘊藏量達64億立方公尺，應即規劃開發。一旦開採，至少可以用50年，甚至到100年，我國如未即時開發量產，中、菲、越等南海聲索國虎視眈眈，可能隨時設井開採。另外我國對甲烷水合物相關研究，大多僅限於資源調查、蘊藏量評估；對於鑽井開採等技術及能量仍需仰賴先進海事國家，相關機關應積極探勘鑽井科技及能量之研發，以及工作船之建構，避免仰賴其他國家，可擴充海洋基本調查，強化海洋能源技術研發能力；建立自有技術；透過國際合作，縮短我國開發海洋能源時程與經費；完整建立海洋能源相關法令，制定相關獎勵補助辦法。推動與鄰近周邊國家進行石油、天然氣等非生物資源合作探勘開發，以「擱置爭議、共同開發」進行磋商；開發深層水、天然氣水合物等產業，進行臺灣周圍海域甲烷水合物資源調查。

3.海洋再生能源的研發運用：臺灣為海島型國家，海洋能源豐富，過去數年來臺電針對臺灣海洋能源開發，進行多項評估研究案，預估蘊藏量、可開發量及成本效益；在潮汐發電、波浪能發電等方面，工研院於民國94年開始蒐集各地潮位站1至2年的逐時潮位資料，分析相鄰的高、低潮位並計算潮差，及國內的波浪各測站波浪

逐時記錄資料，並進行分析與波浪能量估算，研發至今仍有各項窒礙，及成本效益不符而未能量產。海洋溫差發電：自 1980 年起，由臺電公司、工研院能資所在經濟部支援綜合規劃研究下進行海洋溫差發電發展動態及各項技術研發及規劃，並在能源會下成立「國際海洋溫差發電協會」。這些既有的努力我們希望持續發展，可擴充海洋基本調查，強化海洋能源技術研發能力；建立自有技術；取得成果並為臺灣海洋能源的發展寫下嶄新的一頁

（四）海洋高科技產業

　　為因應全球永續經營海洋趨勢，強化海洋科技暨跨領域尖端研究能力，科技部國家實驗研究院於 2008 年 7 月成立「臺灣海洋科技研究中心」。海洋中心成立後積極進行：建立海洋環境觀測網，海洋資源能源與海洋災防工作研究，國家海洋資料庫與資訊網建置，海洋探測科技研發，生物海洋科學與技術等方面發展；並完成 2,700 噸級新研究船的籌建與營運，可惜該研究船於 2014 年因故沉沒。另外有關海洋科技研發經費，國科會與教育部海洋科技總經費，僅約新臺幣 3 億元，占全國科技總經費比例僅 0.55%。

　　未來國家如設立一個海洋綜合管理機關，應整合資源，依國家海洋科技發展重點，積極投入人力與資源，在兼顧海洋環境保護及永續經營的理念下，致力海洋科技產業發展，有效運用臺灣周邊海域的豐富海洋資源建立完善研究設施與技術支援能力，提升海洋研究能量。

　　1. 發展海洋生技產業：評估海洋生態環境，規劃建構海洋生技園區，推動具國際優勢之海洋生化資源等相關海洋生技產業。

　　2. 開發海洋再生能源：強化離岸風力、溫差、潮差、波浪能等海洋能源技術研發能力，加強潛力評估、科技研發與開發利用。

　　3. 開發深層海水、天然氣水合物、微量元素等非生物資源產業。

　　4. 發展海洋工程產業：利用臺灣機械產業優勢，評估發展海事儀器設備與運用服務等海洋技術產業，並引進與發展海洋打撈、救護、污染防治等海事工程之先進設備及技術。

　　5. 鼓勵民間投資海洋：以多元、合理方式利用海洋資產，鼓勵發展海洋產業；推動先進船舶技術在地化，邀請國際與民間共同投資海洋能源、生技與礦產等新興產業，建立完整海洋產業供應鏈。

　　6. 成立海洋研究基地：整合各地海洋研究機關，強化資源探勘、保育與開發能力；海洋委員會成立後，建議設立海洋研究及人力發展機構，整合及規劃「國家海洋

科技研究」，以作為海洋政策研究智庫與技術後援機構。

　　7. 強化海洋科技能量：提高海洋科研經費，推動海洋研究教學與國際接軌。

（五）海洋研發與人才培育

　　創新海洋研究能量成立海洋研究基地，海洋委員會成立後，建議設立海洋研究及人力發展機構，整合及規劃「國家海洋科技研究」，以作為海洋政策研究智庫與技術後援機構。同時須強化海洋科技能量，提高海洋科研經費，推動海洋研究教學與國際接軌。

　　國內教育仍以陸地導向思考，未來海洋發展應建構「以海洋為本的地球觀」思維，培育發展海洋相關人才。加強海洋基礎教育，強化海洋高等與技職教育，推廣海洋社會教育，深化民眾體認海洋文化。同時籌設「全國海洋教育資料庫」，發展教學與實務並重的海洋教育制度；補助海洋研究、教育及傳播機構，以加強海洋專業及保育之訓練。

附錄一

1958年第一屆海洋法會議通過之海洋法四大公約

壹、領海及鄰接區公約

【發布單位】聯合國大會

【發布日期】1958年4月29日通過

第一編　領海

第一節　總則

第1條

一、國家主權及於本國領陸及內國水域以外鄰接本國海岸之一帶海洋，稱爲領海。

二、此項主權依本條款規定及國際法其他規則行使之。

第2條

沿海國之主權及於領海之上空及其海床與底土。

第二節　領海之界限

第3條

除本條款另有規定外，測算領海寬度之正常基線爲沿海國官方承認之大比例尺海圖所標明之海岸低潮線。

第4條

一、在海岸線甚爲曲折之地區，或沿岸島嶼羅列密邇海岸之處，得採用以直線連接酌定各點之方法劃定測算領海寬度之基線。

二、劃定此項基線不得與海岸一般方法相去過遠，且基線內之海面必須充分接近領陸方屬內國水域範圍。

三、低潮高地不得作爲劃定基線之起迄點，但其上建有經常高出海平面之燈塔或類似設置者，不在此限。

四、遇有依第一項規定可適用直線基數方法之情形，關係區域內之特殊經濟利益經由長期慣例證明實在而重要者，得於確定特定基線時予以注意。

五、一國適用直線基線辦法不得使他國領海與公海隔絕。

六、沿海國應將此項直線基線在海圖上標明，並妥爲通告周知。

第5條

一、領海基線向陸一方之水域構成一國內國水域之一部分。

二、依第四條劃定直線基線致使原先認爲領海或公海一部分之水面劃屬內國水域時，在此項水面內應有第十四條至第二十三條所規定之無害通過權。

第6條

領海之外部界限爲每一點與基線上最近之點距離等於領海寬度之線。

第7條

一、本條僅對海岸屬於一國之海灣加以規定。

二、本條款所稱海灣指明顯之水曲，其內曲程度與入口闊度之比例使其中之水成陸地包圍狀，而不僅爲海岸之彎曲處。但水曲除其面積等於或大於以連貫曲口之線爲直徑畫成之平圓形者外，不得視爲海灣。

三、測定水曲面積，以水曲沿岸周圍之低潮標與連接其天然入口各端低潮標之線間之面積爲準。水曲因有島嶼致曲口不止一處者，半圓形應以各口口徑長度之總和爲直徑畫成之。水曲內島嶼應視爲水曲水面之一部分。一併計入之。

四、海灣天然入口各端低潮標間之距離不超過二十四浬者，得在此兩低潮標之間劃定收口線，其所圍入之水域視爲內國水域。

五、如海灣天然入口各端低潮標間之距離超過二十四浬，應在灣內劃定長度二十四浬之直線基線，並擇其可能圍入最大水面之一線。

六、前列規定不適用於所謂歷史性海灣或採用第四條所載直線基線辦法之任何情形。

第8條

定領海界限時，出海最遠之永久海港工程屬於整個海港系統之內者應視為構成海岸之一部分。

第9條

凡通常供船舶裝卸及下錨用途之泊船處，雖全部或一部位於領海外部界限以外，仍屬領海範圍。沿海國應將此項泊船處明加界劃，並在海圖上連同其界線一併載明；此項界線應妥為通告周知。

第10條

一、稱島嶼者指四面圍水、露出高潮水面之天然形成之陸地。

二、島嶼之領海依條款規定測定之。

第11條

一、稱低潮高地者謂低潮時四面圍水但露出水面而於高潮時淹沒之天然形成之地。低潮高地之全部或一部位於距大陸或島嶼不超過領海寬度之處者，其低潮線得作為測算領海寬度之基線。

二、低潮高地全部位於距大陸或島嶼超過領海寬度之處者，其本身無領海。

第12條

一、兩國海岸相向或相鄰者，除彼此另有協議外，均無權將本國領海擴展至每一點均與測算各該國領海寬度之基線上最近各點距離相等之中央線以外。但如因歷史上權利或其他特殊情況而須以異於本項規定之方法劃定兩國領海之界限，本項規定不適用之。

二、相同兩國或相鄰兩國之領海分界線應於沿海國官方承認之大比例尺海圖上標明之。

第13條

河川直接流注入海者，以河岸低潮線間連接河口各端之直線為基線。甲款。適用於一切船舶之規則

第三節　無害通過權

第14條

一、無論是否沿海國之各國船舶依本條款之規定享有無害通過領海之權。

二、稱通過者謂在領海中航行，其目的或僅在經過領海而不進入內國水域，或為前往內國水域，或為自內國水域駛往公海。

三、通過包括停船及下錨在內，但以通常航行

附帶有此需要，或因不可抗力或遇災難確有必要者為限。

四、通過如不妨害沿海國之和平、善良秩序或安全即係無害通過。此項通過應遵照本條款及國際法其他規則為之。

五、外國漁船於通過時如不遵守沿海國為防止此等船舶在領海內捕魚而制定公布之法律規章，應不視為無害通過。

六、潛水船艇須在海面上航行並揭示其國旗。

第15條

一、沿海國不得阻礙領海中之無害通過。

二、沿海國須將其所知之領海內航行危險以適當方式通告周知。

第16條

一、沿海國得在其領海內採取必要步驟，以防止非為無害之通過。

二、關於駛往內國水域之船舶，沿海國亦應有權採取必要步驟，以防止違反准其駛入此項水域之條件。

三、以不牴觸第四項之規定為限，沿海國於保障本國安全確有必要時，得在其領海之特定區域內暫時停止外國船舶之無害通過，但在外國船舶間不得有差別待遇。此項停止須於妥為公告後，方始發生效力。

四、在公海之一部分與公海另一部分或外國領海之間供國際航行之用之海峽中，不得停止外國船舶之無害通過。

第17條

外國船舶行駛無害通過權時應遵守沿海國依本條款及國際法其他規則所制定之法律規章，尤應遵守有關運輸及航行之此項法律規章乙款。適用於商船之規則。

第18條

一、外國船舶僅在領海通過者，不得向其徵收任何費用。

二、向通過領海之外國船舶徵收費用應僅以船舶受有特定服務須為償付之情形為限。徵收此項費用不得有差別待遇。

第19條

一、沿海國不得因外國船舶通過領海時船上發生犯罪行為而在通過領海之船上行使刑事管轄權、逮捕任何人或從事調查，但有下列之一者，不在此限：

（一）犯罪之後果及於沿海國者；

（二）犯罪行為擾亂國家和平或領海之善良秩序者；

（三）經船長或船旗國領事請求地方當局予以協助者；

（四）為取締非法販運麻醉藥品確有必要者。

二、前項規定不影響沿海國依本國法律對駛離內國水域通過領海之外國船舶採取步驟在船上實行逮捕或調查之權。

三、遇有本條第一項及第二項所規定之情形，沿海國應於船長請求時，在採取任何步驟之前，先行通知船旗國領事機關，並應對該機關與船員間之接洽予以便利。如情形緊急，此項通知得於採取措施之際為之。

四、地方當局於考慮是否或如何實行逮捕時，應妥為顧及航行之利益。

五、倘外國船舶自外國海港啟航，僅通過領海而進入內國水域，沿海國不得因該船進入領海前所發生之犯罪行為而在其通過領海時於船上採取任何步驟、逮捕任何人或從事調查。

第20條

一、沿海國對於通過領海之外國船舶不得為向船上之人行使民事管轄權而令船停駛或變更船舶航向。

二、除關於船舶本身在沿海國水域航行過程中或為此種航行目的所承擔或所生債務或義務之訴訟外，沿海國不得因任何民事訴訟而對船舶從事執行或實行逮捕。

三、前項規定不妨礙沿海國為任何民事訴訟依本國法律對在其領海內停泊或駛離內國水域通過領海之外國船舶從事執行或實行逮捕之權。丙款。適用於軍艦以外政府船舶之規則

第21條

甲款及乙款所載規則亦適用於商務用途之政府船舶。

第22條

一、甲款及第十八條所載規則適用於非商務用途之政府船舶。

二、除前項所稱各項規定載明之例外情形外，本條款絕不影響此船舶依本條款或國際法其他規則所享有之豁免。丁款。適用於軍艦之規則

第23條

任何軍艦不遵守沿海國有關通過領海之規章，經請其遵守而仍不依從者，沿海國得要求其離開領海。

第二編　鄰接區

第24條

一、沿海國得在鄰接其領海之公海區內行使必要之管制以：

（一）防止在其領土或領海內有違犯其海關、財政、移民或衛生規章之行為；

（二）懲治在其領土或領海內違犯前述規章之行為。

二、此項鄰接區自測定領海寬度之基線起算，不得超出十二浬。

三、兩國海岸相向或相鄰者，除彼此另有協議外，均無權將本國之鄰接區擴展至每一點均與測算兩國領海寬度之基線上最近各點距離相等之中央線以外。

第三編　最後條款

第25條

本公約之條款對於現已生效之公約或其他國際協定，就其當事各國間關係言，並不發生影響。

第26條

本公約在一九五八年十月三十一日以前聽由聯合國或任何專門機關之全體會員國及經由聯合國大會邀請參加為本公約當事一方之任何其他國家簽署。

第27條

本公約應予批准。批准文件應送交聯合國秘書長存放。

第28條

本公約應聽由屬於第二十六條所稱任何一類之國家加入。加入文件應送交聯聯合國秘書長存放。

第29條

一、本公約應於第二十二條批准或加入文件送交聯合國秘書長存放之日後第三十日起發生效力。

二、對於在第二十二條批准或加入文件存放後批准或加入本公約之國家，本公約應於各該國存放批准或加入文件後第三十日起發生效力。

第30條

一、締約任何一方得於本公約生效之日起滿五年後隨時書面通知聯合國秘書長請求修改本公

約。

二、對於此項請求應採何種步驟，由聯合國大會決定之。

第3條

聯合國秘書長應將下列事項通知聯合國各會員國及第二十六條所稱之其他國家：

（一）依第二十六條、第二十七條及第二十八條對本公約所爲之簽署及送存之批准或加入文件；

（二）依第二十九條本公約發生效力之日期；

（三）依第三十條所提關於修改本公約之請求。

第32條

本公約之原本應交聯合國秘書長存放，其中文、英文、法文、俄文及西班牙文各本同一作準；秘書長應將各文正式副本分送第二十六條所稱各國。爲此，下列全權代表各秉本國政府正式授予簽字之權，謹簽字於本公約，以昭信守。公曆一千九百五十八年四月二十九日訂於日內瓦

貳、公海公約

【發布單位】聯合國大會

【發布日期】一九五八年四月二十九日訂定

第1條

稱「公海」者謂不屬領海或一國內國水域之海洋所有各部分。

第2條

公海對各國一律開放，任何國家不得有效主張公海任何部分屬其主權範圍。公海自由依本條款及國際法其他規則所定之條件行使之。公海自由，對沿海國及非沿海國而言，均包括下列等項：

一、航行自由；

二、捕魚自由；

三、敷設海底電纜與管線之自由；

四、公海上空飛行之自由。

各國行使以上各項自由及國際法一般原則所承認之其他自由應適當顧及其他國家行使公海自由之利益。

第3條

一、無海岸國家應可自由通達海洋，俾與沿海國以平等地位享有海洋自由，爲此目的，凡位於海洋與無海岸國間之國家應與無海岸國相互協議，依照現行國際公約：

（一）准許無海岸國根據交互原則自由過境；

（二）對於懸掛該國國旗之船舶，任出入及使用海港事宜上准其與本國船舶或任何他國船舶享受平等待遇。

二、凡位於海洋與無岸國間之國家，對於一切有關過境自由及海港內平等待遇之事項如其本國及無海岸國均尚非現行國際公約之當事國，應與後者相互協議，參酌沿海國或被通過國之權利及無海岸國之特殊情況解決之。

第4條

各國無論是否沿海國均有權在公海上行駛懸掛本國國旗之船舶。

第5條

一、各國應規定給予船舶國籍、船舶在其境內登記及享有懸掛其國旗權利之條件。船舶有懸掛一國國旗者具有該國國籍。國家與船舶之間須有眞正連繫；國家尤須對懸其國旗之船舶在行政、技術及社會事宜上確實行使管轄及管制。

二、各國對於准享懸掛其國旗權利之船舶，應發給有關證書。

第6條

一、船舶應僅懸掛一國國旗航行，除有國際條約或本條款明文規定之例外情形外，在公海上專屬該國管轄。船舶除其所有權確實移轉或變更登記者外，不得於航程中或在停泊港內更換其國旗。

二、船舶如懸掛兩國以上國家之國旗航行，權宜換用，不得對他國主張其中任何一國之國籍，且得視同無國籍船舶。

第7條

前列各條之規定不影響供政府間組織公務用途並懸掛該組織旗幟之船舶問題。

第8條

一、軍艦在公海上完全免受船旗國以外任何國家之管轄。

二、本條款所稱「軍艦」謂屬於一國海軍，備具該國軍艦外部識別標誌之船舶由政府正式任命之軍官指揮，指揮官姓名見於海軍名冊，其船員服從正規海軍紀律者。

第9條

一國所有或經營之船舶專供政府非商務用途者，在公海上完全免受船旗國以外任何國家之管

轄。

第10條

一、各國為確保海上安全，應為懸掛本國國旗之船舶採取有關下列等款之必要辦法：

（一）信號之使用、通訊之維持及碰撞之防止；

（二）船舶人員之配置及船員之勞動條件，其辦法應參照可適用之國際勞工文書；

（三）船舶之構造、裝備及適航能力。

二、各國採取此項辦法，須遵照公認之國際標準並須採取必要步驟，確保此項辦法之遵守。

第11條

一、船舶在公海上發生碰撞或其他航行事故致船長或船上任何其他服務人員須負刑事責任或受懲戒時，對此等人員之刑事訴訟或懲戒程序非向船旗國或此等人員隸籍國之司法或行政機關不得提起之。

二、如係懲戒事項，惟有發給船長證書或資格證書或執照之國家有權於經過適當法律程序後宣告撤銷此項證書，持證人縱非發給證書國之國民亦同。

三、除船旗之機關外，任何機關不得命令逮捕或扣留船舶，縱使藉此進行調查亦所不許。

第12條

一、各國應責成變掛本國國旗船舶之船長在不甚危害船舶、船員或乘客之範圍內：

（一）對於在海上發現有淹沒危險之人，予以救助。

（二）於據告有人遇難亟需救助理當施救時儘速前往援救；

（三）於碰撞後，對於他方船舶、船員及乘客予以救助，並於可能時將其船舶名稱、船籍港及開往之最近港口告知他方船舶。

二、各沿海國應為海面及其上空之安全提倡舉辦並維持適當與有效之搜尋及救助事務，如環境需要並與鄰國互訂區域辦法，為此目的從事合作。

第13條

各國應採取有效措施以防止並懲治准懸其國旗之船舶販運奴隸，並防止非法使用其國旗從事此種販運，凡逃避至任何船舶之奴隸，不論船舶懸何國旗，應當然獲得自由。

第14條

各國應儘量合作取締公海上或不屬任何國家管轄之其他處所之海盜行為。

第15條

海盜指下列任何行為：

一、私有船舶或私有航空器之航員或乘客為私人目的，對下列之人或物實施任何不法之強暴行為、扣留行為或任何掠奪行為。

（一）公海上另一船舶或航空器，或其上之人或財物；

（二）不屬任何國家管轄之處所內之船舶、航空器、人或財物；

二、明知使船舶或航空器成為海盜船舶或航空器之事實而自願參加其活動；

三、教唆或故意便利本條第一款或第二款所稱之行為。

第16條

軍艦、政府船舶或政府航空器之航員叛變並控制船舶而犯第十五條所稱之海盜行為者，此等行為視同私有船舶所實施之行為。

第17條

船舶或航空器，其居於主要控制地位之人意圖用以實施第十五條所稱行為之一者，視為海盜船舶或航空器，凡經用以實施此項行為之船舶或航空器，仍在犯此行為之人控制之下者，亦同。

第18條

船舶或航空器雖已成為海盜船舶或航空器，仍得保有其國籍國籍之保有或喪失依給予國家之法律定之。

第19條

各國得在公海上或不屬任何國家管轄之其他處所逮捕海盜船舶或航空器，或以海盜行為劫取並受海盜控制之船舶，逮捕其人員並扣押其財物。逮捕國之法院得判決應處之刑罰，並得判定船舶、航空器或財物之處置，但須尊重善意第三人之權利。

第20條

逮捕涉有海盜行為嫌疑之船舶或航空器如無充分理由，對於因逮捕而發生之任何損失，逮捕國應向船舶或航空器之隸籍國負賠償之責。

第21條

因有海盜行為而須逮捕，惟軍艦或軍用航空器，或經授予此權之他種政府事務船舶或航空

器，始得爲之。

第22條

一、除干涉行爲出於條約授權之情形外，軍艦對公海上相遇之外國商船非有適當理由認爲有下列嫌疑，不得登臨該船：

（一）該船從事海盜行爲；或

（二）該船從事販賣奴隸；或

（三）該船懸掛外國國旗，或拒不舉示其國旗，而事實上與該軍艦屬同一國籍。

二、遇有前項（一）（二）（三）款所稱之情形，軍艦得對該船之懸旗權利進行查核。爲此目的，軍艦得派由軍官指揮之小艇前往嫌疑船舶。船舶文書經檢驗後，倘仍有嫌疑，軍艦得在船上進一步施行檢查，但須盡量審愼爲之。

三、倘嫌疑查無實據，被登臨之船舶並無任何行爲足以啓疑，其所受之任何損失或損害應予賠償。

第23條

一、沿海國主管機關有正當理由認爲外國船舶違犯該國法律規章時得進行緊追。此項追逐必須於外國船舶或其所屬小艇之一在追逐國之內國水域，領海或鄰接區內時開始，且須未曾中斷方得在領海或鄰接區外繼續進行。在領海或鄰接區內之外國船舶接獲停船命令時，發令船舶無須同在領海或鄰接區以內。倘外國船舶係在領海及鄰接區公約第二十四條所稱之鄰接區內，惟有於該區設以保障之權利遭受侵害時，方得追逐之。

二、緊追權在被追逐之船舶進入其本國或第三國之領海時即告終止。

三、緊追非俟追逐船舶以可能採用之實際方法認定被追逐之船舶、或所屬小艇一，或與該船合作並以該船爲母艦之其他船隻，確在領海界限或鄰接區以內，不得認爲業已開始。惟有在外國船舶視聽所及之距離內發出視覺或聽覺之停船信號後，方得開始追逐。

四、緊追權僅得由軍艦或軍用航空器，或經特授予此權之他種政府事務船舶或航空器行使之。

五、航空器實行緊追時：

（一）準用本條第一項第三項之規定；

（二）發出停船命令之航空器必須自行積極追逐船舶，直至其召喚之沿海國船舶或航空器前來接替追逐時爲止，但其本身即能逮捕船舶者不在此限。如航空器僅發現船舶犯法嫌疑，而其本身或接替追逐未曾中斷之其他航空器或船舶未命

令停船並予追逐，不足以構成在公海上逮捕之正當理由。

六、凡在一國管轄範圍內被逮捕而經解送該國海港交主管機關審訊之船舶不得僅以該船在押解途中因環境需要，渡過一部分公海爲理由而要求釋放。

七、倘船舶在公海上被迫停船或被逮捕，而按當時情形緊追權之行使並無正當理由，其因而所受之任何損失或損害應予賠償。

第24條

各國應參酌現行關於防止污濁海水之條約規定制定規章，以防止因船舶或管線排放油料或因開發與探測海床及其底土而污濁海水。

第25條

一、各國應參照主管國際組織所訂定之標準與規章，採取辦法，以防止傾棄放射廢料而污濁海水。

二、各國應與主管國際組織合作採取辦法，以防止任何活動因使用放射材料或其他有害物劑而污濁海水或其上空。

第26條

一、各國均有權在公海海床敷設海底電纜及管線。

二、沿海國除爲大探測大陸礁層及開發其天然資源有權採取合理措施外，對於此項電纜或管線之敷設或維護，不得阻礙。

三、敷設此項電纜或管線時，當事國對於海床上原已存在之電纜或管線應妥爲顧及，尤不得使原有電纜或管線之修理可能，受有妨礙。

第27條

各國應採取必要立法指施，規定凡懸掛其國旗之船舶或屬其管轄之人如故意或因過失破壞或損害公海底電纜，致使電報或電話通訊停頓或受阻，或以同樣情形破壞或損害海底管線或高壓電纜，概爲應予處罰之罪行。此項規定不適用於個人基於保全其生命或船舶之正當目的，雖曾爲避免破損作一切必要之預防而發生之任何破壞或損害情事。

第28條

各國應採取必要立法措施，規定凡受該國管轄之公海海底電纜管線所有人因敷設或修理此項電纜或管線致有破壞或損害另一電纜或管線之情事者，應償付其修理費用。

第29條

各國應採取必要立法措施，確保船舶所有人之能證明其爲避免損害海底電纜或管線而捐棄一錨、一網或其他漁具者向電纜或管線所有人取得賠償，但以船舶所有人事先曾採取一切合理之預防措施爲條件。

第30條

本公約之條款對於現已生效之公約或其他國際協定，就其當事各國間關係言，並不發生影響。

第31條

本公約在一九五八年十月三十一日以前聽由聯合國或任何專門機關之全體會員國及經由聯合國大會邀請參加爲本公約當事一方之任何其他國家簽署。

第32條

本公約應予批准。批准文件應送交聯合國秘書長存放。

第33條

本公約應聽由屬於第三十一條所稱任何一類之國家加入。加入文件應送交聯合國秘書長存放。

第34條

一、本公約應於第二十二條批准或加入文件送交聯合國秘書長存放之日後第三十日起發生效力。

二、對於在第二十二條批准或加入文件存放後批准或加入本公約之國家，本公約應於各該國存放批准或加入文件後第三十日起發生效力。

第35條

一、締約任何一方得於本公約生效之日起滿五年後隨時書面通知聯合國秘書長請求修改本公約。

二、對於此項請求應採何種步驟，由聯合國大會決定之。

第36條

聯合國秘書長應將下列事項通知聯合國各會員國及第三十一條所稱之其他國家：

（一）依第三十一條、第三十二條及第三十三條對本公約所爲之簽署及送存之批准或加入文件；

（二）依第三十四條本公約發生效力之日期；

（三）依第三十五條所提關於修改本公約之請求。

第37條

本公約之原本應交聯合國秘書長存放，其中文、英文、法文、俄文及西班牙文各本同一作準；秘書長應將各文正式副本分送第三十一條所稱各國。爲此，下列全權代表各秉本國政府正式授予簽字之權，謹簽字於本公約，以昭信守。公曆一千九百五十八年四月二十九日訂於日內瓦。

參、捕魚及養護公海生物資源公約

（1958年4月29日訂於日內瓦）
〔本公約於1966年3月20日生效〕

本公約當事各國，鑒於現代開發海洋生物資源技術之發展，使人類益能供應世界繁殖人口之食物需要，但亦使若干資源有過度開發之虞，並鑒於養護公海生物資源所涉之問題，就其性質而論，顯然必須由各關係國家盡可能在國際合作基礎上協力求得解決，爰議定條款如下：

第1條

1.各國均有任其國民在公海捕魚之權利，但須(a)遵守其條約義務，(b)尊重本公約所規定之沿海國利益與權利，(c)遵守下列各條關於養護公海生物資源之規定。

2.各國均有義務爲本國國民自行或與他國合作採行養護公海生物資源之必要措施。

第2條

本公約所稱「養護公海生物資源」一語系所有可使此項資源保持最適當而持久產量，俾克取得食物及其他海產最大供應量之措施之總稱。擬訂養護方案應首求取得人類消費食物之供應。

第3條

如一國國民在公海任何區域採捕任何一種或數種魚源或其他海洋生物資源，而該區域內並無他國國民從事此種採捕，該國應于必要時在該區域爲本國國民採行養護有關生物資源之措施。

第4條

1.如兩國以上國民在公海任何一區或數區內採捕同一種或數種魚源或其他海洋生物資源，此等國家經其中任何一國之請求，應舉行談判，爲各該國國民協定規定養護有關生物資源之必要措施。

2.倘關係國家於十二個月內未獲協議，任何一造得援用第9條規定之程式。

第5條

1.第3條及第4條所稱之措施采行後,如有其他國家國民在公海任何一區或數國內採捕同一種或數種魚源或其他海洋生物資源,各該其他國家應至遲於前述措施通知聯合國糧食農業組織幹事長之日後七個月內,對本國國民亦予適用,但此項措施在形式上或事實上均應無所歧視。幹事長應將此項措施通知請求告知之國家,且在任何情形下均應通知首采此項措施國家所指定之國家。

2.倘此等其他國家不接受所采措施,而於十二個月內未能獲致協議,任何有利害關係之一造得援用第9條規定之程式。除第10條第二項另有規定外,所采措施在特設委員會尚無裁決前,仍有拘束效力。

第6條

1.沿海國對於鄰接其領海之公海任何區域內生物資源生產力之保持,有特別利害關係。

2.沿海國縱令其國民不在該區域捕魚,亦有權以平等地位參與該區域內關於養護公海生物資源之研究及管理制度。

3.一國國民在鄰接一沿海國領海之公海任何區域從事捕魚者,該國經沿海國請求,應舉行談判,協定規定養護該區域內公海生物資源之必要措施。

4.一國國民在鄰接一沿海國領海之公海任何區域從事捕魚者,該國不得在該區域內執行與沿海國所採辦法相抵觸之養護措施,但得與沿海國舉行談判,協定規定養護該區域內公海生物資源之必要措施。

5.倘關係國家於十二個月內對養護措施未獲協議,任何一造得援用第9條規定之程式。

第7條

1.本第六條第一項之規定,任何沿海國為保持海洋生物資源之生產力起見,得為鄰接其領海之公海任何區域內任何一種魚源或其他海洋資源,單方採行適當養護措施,但以與其他關係國家就此事舉行談判於六個月內未獲協定之情形為限。

2.沿海國依前項規定所採措施,須具備下列要件,對其他國家始為有效:

(a)依據所有之漁業知識,有急切施行養護措施之需要;

(b)所采措施係以適當科學結論為根據,

(c)此項措施在形式上或事實上均不歧視外國漁民。

3.前述措施倘有關於其效力之爭議,在未經依本公約有關規定解決以前,應繼續有效。

4.倘其他關係國家不接受前述措施,任何一造得援用第9條規定之程式。除第10條第二項另有規定外,所采措施在特設委員會尚無裁決前,仍有拘束效力。

5.遇有關涉不同數國海岸之情形,應適用領海及毗連區公約第12條所規定之地理劃界原則。

第8條

1.任何國家對於不鄰接其海岸之公海區域內養護公海生物資源有特別利害關係者,縱令其國民不在該區捕魚,亦得請求有國民在該區捕魚之一國或數國分別依據第三條及第四條之規定採取必要養護措施,同時舉述其認為此項措施所以必要之科學理由,並說明其特別利害關係所在。

2.倘於十二個月內未獲協議,該國得援用第9條規定之程式。

第9條

1.國與國間發生第4條、第5條、第6條、第7條及第8條規定範圍內之爭端時,除各造同意以聯合國憲章第33條所規定之其他和平方法求得解決外,經任何一造之請求,應提交五人特設委員會解決之。

2.委員會委員應由爭端當事國在依本條規定提請解決之時起三個月內協議指派,並指定其中一人為主席。倘無協議,委員人選應由聯合國秘書長依據任何當事國之請求,另於三個月期間內與爭端當事國以及國際法院院長及聯合國糧食及農業組織幹事長咨商後,視所需解決之爭端性質,在為漁業上法律、行政或科學問題專家而其錄籍國與爭端無涉之合格人士中指派之。最初派定之委員出缺時,依原先選派方式補實之。

3.前列各條所規定程式之當事國均有權指派其國民一人列席特設委員會,所派人員有權與委員會委員以同等地位充分參加議事,但無權表決或參與委員會裁決之製作。

4.委員會應自行規定議事程式,確保當事各造均有陳述及申辯之充分機會。關於費用如何分擔問題爭端各造如無協議,亦應由委員會決定之。

5.特設委員會除於必要時決定展緩期限外,應於派設之時起五個月內作成裁決,但展期以不超過三個月為限。

6.特設委員會作裁決時,應格遵本條款及爭端各造關於解決爭端之特別協定。

7.委員會之裁決以過半數可決票爲之。

第10條

1.特設委員會對於第7條規定範圍內所發生之爭端，應適用該條第二項開列之標準。對於第4條、第5條、第6條及第8條規定範圍內之爭端，委員會應參酌爭端所涉問題，適用下列標準：

(a)決定第4條、第5條及第6條規定範圍內所發生之爭端時，共通適用之要件：

（一）科學結論證明養護措施確有必要；

（二）特定措施系以科學結論爲根據，且系切實可行；

（三）此項措施在形式上或事實上均不歧視他國漁民。

(b)決定第8條規定範圍內所發生之爭端時，可適用之要件視情形而定或爲科學結論證明養護措施確有必要，或爲養護方案足敷所需。

2.特設委員會得裁定在其未作裁決前，爭執中之措施不得施行，但遇有第7條規定範圍內之爭端，委員會唯有於根據初步證據顯然可知並無急切施行有關措施之需要時，始得停止其施行。

第11條

特設委員會之裁決對各關係國家有拘束力；聯合國憲章第94條第二項之規定亦可適用于此項裁決。裁決如附有建議，對於此項建議應盡量重視。

第12條

1.倘特設委員會裁決所根據之事實因有關之一種或數種魚源或?其他海洋生物資源之狀況或採捕方法發生重大變遷致有改變，任何關係國家得請求其他國家舉行談判，協議對養護措施作必要之修改。

2.倘於相當期間內未獲協議，任何關係國家得再行援用第9條規定之程式，但自原裁決之時起至少須滿兩年後始得爲之。

第13條

1.凡在鄰接一國領海之公海區域內利用埋置海底設備經營之漁業，經該國國民維持經營歷時已久者，該國得施以管理，但除此項漁業向例由該國國民專營之區域外，須准許非國民與國民以平等地位參與此項作業。此項管理不影響前述區域爲公海之一般地位。

2.本條稱「利用埋置海底設備經營之漁業」者，指所用漁具之支撐部分埋置海底，建於一定

地點，經常備用，或於拆除後每季重建於同一地點之漁業。

第14條

第1條、第3條、第4條、第5條、第6條及第8條所稱「國民」指依關係國家法律具有該國國籍之大小捕魚船艇，不問其船員國籍爲何。

第15條

本公約在1958年10月31日以前聽由聯合國或任何專門機關之全體會員國及經由聯合國大會邀請參加爲本公約當事一方之任何其他國家簽署。

第16條

本公約應予批准。批准檔應送交聯合國秘書長存放。

第17條

本公約應聽由屬於第15條所稱任何一類之國家加入。加入文件應送交聯合國秘書長存放。

第18條

1.本公約應於第二十二件批准或加入檔送交聯合國秘書長存放之日後第三十日起發生效力。

2.對於在第二十二件批准或加入檔存放後批准或加入本公約之國家，本公約應于各該國存放批准或加入檔後第三十日起發生效力。

第19條

1.任何國家得於簽署、批准或加入時對本公約第6條、第7條、第9條、第10條、第n條及第12條以外各條提出保留。

2.依前項規定提出保留之任何締約國得隨時通知聯合國秘書長撤回保留。

第20條

1.締約任何一方得於本公約生效之日起滿五年後隨時書面通知聯合國秘書長請求修改本公約。

2.對於此項請求應采何種步驟，由聯合國大會決定之。

第21條

聯合國秘書長應將下列事項通知聯合國各會員國及第15條所稱之其他國家：

(a)依第15條、第16條及第17條對本公約所爲之簽署及送存之批准或加入檔；

(b)依第18條本公約發生效力之日期；

(c)依第20條所提關於修改本公約之請求；

(d)依第10條對本公約提出之保留。

第22條

本公約之原本應交聯合國秘書長存放，其中

文、英文、法文、俄文及西班牙文各本同一作準；秘書長應將各文正式副本分送第15條所稱各國。為此，下列全權代表各秉本國政府正式授予簽字之權，謹簽字於本公約，以昭信守。1958年4月29日訂於日內瓦。

肆、大陸礁層公約

〔1958年4月29日訂於日內瓦〕
〔本公約於1964年6月10日生效〕

本公約當事各國，議定條款如下：

第1條

本條款稱「大陸礁層」者謂：(a)鄰接海岸但在領海以外之海底區域之海床及底土，其上海水深度不逾二百公尺，或雖逾此限度而其上海水深度仍使該區域天然資源有開發之可能性者；(b)鄰接島嶼海岸之類似海底區域之海床及底土。

第2條

1.沿海國為探測大陸礁層及開發其天然資源之目的，對大陸礁層行使主權上權利。

2.本條第一項所稱權利為專屬權利，沿海國如不探測大陸礁層或開發其天然資源，非經其明示同意，任何人不得從事此項工作或對大陸礁層有所主張。

3.沿海國對大陸礁層之權利不以實際或觀念上之占領或明文公告為條件。

4.本條款所稱天然資源包括在海床及底土之礦物及其他無生資源以及定著類之有生機體，亦即於可予採捕時期，在海床上下固定不動，或非與海床或底土在形體上經常接觸即不能移動之有機體。

第3條

沿海國對於大陸礁層之權利不影響其上海水為公海之法律地位，亦不影響海水上空之法律地位。

第4條

沿海國除為探測大陸礁層及開發其天然資源有權採取合理措施外，對於在大陸礁層上敷設或維持海底電纜或管線不得加以阻礙。

第5條

1.探測大陸礁層及開發其天然資源不得使航行、捕魚或海中生物資源之養護受任何不當之妨害，亦不得對於以公開發表為目的而進行之基本海洋學研究或其他科學研究有任何妨害。

2.以不違反本條第一項及第六項之規定為限，沿海國有權在大陸礁層上建立、維持或使用為探測大陸礁層及開發其天然資源所必要之設置及其他裝置，並有權在此項設置與裝置之周圍設定安全區以及在安全區內採取保護設置及裝置之必要措施。

3.本條第二項所稱之安全區得以已建各項設置及其他裝置周圍五百公尺之距離為範圍、自設置與裝置之外緣各點起算之。各國船舶必須尊重此種安全區。

4.此種設置與裝置雖受沿海國管轄，但不具有島嶼之地位。此種設置與裝置本身並無領海，其存在不影響沿海國領海界限之劃定。

5.關於此項設置之建立必須妥為通告，並須常設警告其存在之裝置。凡經廢棄或不再使用之設置必須全部拆除。

6.此項設置或位於其周圍之安全區不得建於對國際航行所必經之公認海道可能妨害其使用之地點。

7.沿海國負有在安全區內採取一切適當辦法以保護海洋生物資源免遭有害物劑損害之義務。

8.對大陸礁層從事實地研究必須徵得沿海國之同意。倘有適當機構提出請求而目的係在對大陸礁層之物理或生物特徵作純粹科學性之研究者，沿海國通常不得拒予同意，但沿海國有意時，有權加入或參與研究，研究之結果不論在何情形下均應發表。

第6條

1.同一大陸礁層鄰接兩個以上海岸相向國家之領土時，其分屬各該國部分之界線由有關各國以協議定之。倘無協議，除因情形特殊應另定界線外，以每一點均與測算每一國領海寬度之基線上最近各點距離相等之中央線為界線。

2.同一大陸礁層鄰接兩個毗鄰國家之領土時，其界線由有關兩國以協議定之。倘無協議，除因情形特殊應另定界線外，其界線應適用與測算每一國領海寬度之基線上最近各點距離相等之原則定之。3.劃定大陸礁層之界限時，凡依本條第一項及第二項所載原則劃成之界線，應根據特定期日所有之海圖及地理特徵訂明之，並應指明陸上固定、永久而可資辨認之處。

第7條

沿海國以穿鑿隧道方法開發底土之權利無論其

上海水深度如何，均不受本條款規定之影響。

第8條

本公約在1958年10月31日以前聽由聯合國或任何專門機關之全體會員國及經由聯合國大會邀請參加爲本公約當事一方之任何其他國家簽署。

第9條

本公約應予批准。批准文件應送交聯合國秘書長存放。

第10條

本公約應聽由屬於第8條所稱任何一類之國家加入。加入文件應送交聯合國秘書長存放。

第11條

1.本公約應於第二十二件批准或加入文件送交聯合國秘書長存放之日後第三十日起發生效力。

2.對於在第二十二件批准或加入文件存放後批准或加入本公約之國家，本公約應於各該國存放批准或加入文件第三十日起發生效力。

第12條

1.任何國家得於簽署、批准或加入時對本公約第1條至第3條以外各條提出保留。

2.依前項規定提出保留之任何締約國得隨時通知聯合國秘書長撤回保留。

第13條

1.締約任何一方得於本公約生效之日起滿五年後隨時書面通知聯合國秘書長請求修改本公約。

2.對於此項請求應採何種步驟，由聯合國大會決定之。

第14條

聯合國秘書長應將下列事項通知聯合國各會員國及第8條所稱之其他國家：

(a)依第8條、第9條及第10條對本公約所爲之簽署及送存之批准或加入文件；

(b)依第11條本公約發生效力之日期；

(c)依第13條所提關於修改本公約之請求；

(d)依第12條對本公約提出之保留。

第15條

本公約之原本應交聯合國秘書長存放，其中文、英文、法文、俄文及西班牙文各本同一作準；秘書長應將各文正式副本分送第8條所稱各國。爲此，下列全權代表各秉本國政府正式授予簽字之權，謹簽字於本公約，以昭信守。

1958年4月29日訂於日內瓦。

保留條款

「中華民國政府對於本公約第六條第一項及第二項有關劃定大陸礁層界線之規定，主張：（一）海岸毗鄰及（或）相向之兩個以上國家，其大陸礁層界線之劃定，應符合其國家領土自然延伸之原則。（二）就劃定中華民國之大陸礁層界線而言，應不計及任何突出海面之礁嶼。」

附錄二

聯合國海洋法公約

本公約締約各國，本著以互相諒解和合作的精神解決與海洋法有關的一切問題的願望，並且認識到本公約對於維護和平、正義和全世界人民的進步作出重要貢獻的歷史意義，注意到自從1958年和1960年在日內瓦舉行了聯合國海洋法會議以來的種種發展，著重指出了需要有一項新的可獲一般接受的海洋法公約，意識到各海洋區域的種種問題都是彼此密切相關的，有必要作為一個整體來加以考慮，認識到有需要通過本公約，在妥為顧及所有國家主權的情形下，為海洋建立一種法律秩序，以便利國際交通和促進海洋的和平用途，海洋資源的公平而有效的利用，海洋生物資源的養護以及研究、保護和保全海洋環境，考慮到達成這些目標將有助於實現公正公平的國際經濟秩序，這種秩序將照顧到全人類的利益和需要，特別是發展中國家的特殊利益和需要，不論其為沿海國或內陸國，希望以本公約發展1970年12月17日第2749（XXY）號決議所載各項原則，聯合國大會在該決議中莊嚴宣布，除其他外，國家管轄範圍以外的海床和洋底區域及其底土以及該區域的資源為人類的共同繼承財產，其勘探與開發應為全人類的利益而進行，不論各國的地理位置如何，相信在本公約中所達成的海洋法的編纂和逐漸發展，將有助於按照《聯合國憲章》所載的聯合國的宗旨和原則鞏固各國間符合正義和權利平等原則的和平、安全、合作和友好關係，並將促進全世界人民的經濟和社會方面的發展，確認本公約未予規定的事項，應繼續以一般國際法的規則和原則為準據，經協議如下：

第一部分　用語

第1條

用語和範圍

一、為本公約的目的：

（一）「區域」是指國家管轄範圍以外的海床和洋底及其底土。

（二）「管理局」是指國際海底管理局。

（三）「『區域』內活動」是指勘探和開發「區域」的資源的一切活動。

（四）「海洋環境的污染」是指：人類直接或間接把物質或能量引入海洋環境，其中包括河口灣，以致造成或可能造成損害生物資源和海洋生物、危害人類健康、妨礙包括捕魚和海洋的其他正當用途在內的各種海洋活動、損壞海水使用質量和減損環境優美等有害影響。

（五）傾

1.「傾倒」是指：

(1)從船隻、飛機、平臺或其他人造海上結構故意處置廢物或其他物質的行為；

(2)故意處置船隻、飛機、平臺或其他人造海上結構的行為。

2.「傾倒」不包括：

(1)船隻、飛機、平臺或其他人造海上結構及其裝備的正常操作所附帶發生或產生的廢物或其他物質的處置，但為了處置這種物質而操作的船隻、飛機、平臺或其他人造海上結構所運載或向其輸送的廢物或其他物質，或在這種船隻、飛機、平臺或結構上處理這種廢物或其他物質所產生的廢物或其他物質均除外；

(2)並非為了單純處置物質而放置物質，但以這種放置不違反本公約的目的為限。

二、

（一）「締約國」是指同意受本公約拘束而本公約對其生效的國家。

（二）本公約比照適用於第三○五條第一款(b)、(c)、(d)、(e)、和(f)所指的實體，這些實體按照與各自有關的條件成為本公約的締約國，在這種情況下，「締約國」也指這些實體。

第二部分　領海和鄰接區
第一節　一般規定

第2條

領海及其上空、海床和底土的法律地位

一、沿海國的主權及於其陸地領土及其內水以外鄰接的一帶海域，在群島國的情形下則及於群島水域以外鄰接的一帶海域，稱為領海。

二、此項主權及於領海的上空及其海床和底土。

三、對於領海的主權的行使受本公約和其他國際法規則的限制。

第二節　領海的界限

第3條

領海的寬度每一國家有權確定其領海的寬度，直至從按照本公約確定的基線量起不超過十二海里的界限為止。

第4條

領海的外部界限領海的外部界限是一條其每一點同基線最近點的距離等於領海寬度的線。

第5條

正常基線

除本公約另有規定外，測算領海寬度的正常基線是沿海國官方承認的大比例尺海圖所標明的沿岸低潮線。

第6條

礁石

在位於環礁上的島嶼或有岸礁環列的島嶼的情形下，測算領海寬度的基線是沿海國官方承認的海圖上以適當標記顯示的礁石的向海低潮線。

第7條

直線基線

一、在海岸線極為曲折的地方，或者如果緊接海岸有一系列島嶼，測算領海寬度的基線的劃定可採用連接各適當點的直線基線法。

二、在因有三角洲和其他自然條件以致海岸線非常不穩定之處，可沿低潮線向海最遠處選擇各適當點，而且，儘管以後低潮線發生後退現象，該直線基線在沿海國按本公約加以改變以前仍然有效。

三、直線基線的劃定不應在任何明顯的程度上偏離海岸的一般方向，而且基線內的海域必須充分接近陸地領土，使其受內水制度的支配。

四、除在低潮高地上築有永久高於海平面的燈塔或類似設施，或以這種高地作為劃定基線的起訖點已獲得國際一般承認者外，直線基線的劃定不應以低潮高地為起訖點。

五、在依據第一款可以採用直線基線法之處，確定特定基線時，對於有關地區所特有的並經長期慣例清楚地證明其為實在而重要的經濟利益，可予以考慮。

六、一國不得採用直線基線制度，致使另一國的領海同公海或專屬經濟海域隔斷。

第8條

內水

一、除第四部分另有規定外，領海基線向陸一面的水域構成國家內水的一部分。

二、如果按照第七條所規定的方法確定直線基線的效果使原來並未認為是內水的區域被包圍在內成為內水，則在此種水域內應有本公約所規定的無害通過權。

第9條

河口

如果河流直接流入海洋，基線應是一條在兩岸低潮線上兩點之間橫越河口的直線。

第10條

海灣

一、本條僅涉及海岸屬於一國的海灣。

二、為本公約的目的，海灣是明顯的水曲，其凹入程度和曲口寬度的比例，使其有被陸地環抱的水域，而不僅為海岸的彎曲。但水曲除其面積等於或大於橫越曲口所劃的直線作為直徑的半圓形的面積外，不應視為海灣。

三、為測算的目的，水曲的面積是位於水曲陸岸周圍的低潮標和一條連接水曲天然入口兩端低潮標的線之間的面積。如果因有島嶼而水曲有一個以上的曲口，該半圓形應劃在與橫越各曲口的各線總長度相等的一條線上。水曲內的島嶼應視為水曲水域的一部分而包括在內。

四、如果海灣天然入口兩端的低潮標之間的距離不超過二十四海里，則可在這兩個低潮標之間劃出一條封口線，該線所包圍的水域應視為內水。

五、如果海灣天然入口兩端的低潮標之間的距離超過二十四海里，二十四海里的直線基線應劃在海灣內，以劃入該長度的線所可能劃入的最大水域。

六、上述規定不適用於所謂「歷史性「海灣，

也不適用於採用第七條所規定的直線基線法的任何情形。

第11條

港口

為了劃定領海的目的，構成海港體系組成部分的最外部永久海港工程視為海岸的一部分。近岸設施和人工島嶼不應視為永久海港工程。

第12條

泊船處

通常用於船舶卸裝和下錨的泊船處，即使全部或一部位於領海的外部界限以外，都包括在領海範圍之內。

第13條

低潮高地

一、低潮高地是在低潮時四面環水並高於水面但在高潮時沒入水中的自然形成的陸地。如果低潮高地全部或一部與大陸或島嶼的距離不超過領海的寬度，該高地的低潮線可作為測算領海寬度的基線。

二、如果低潮高地全部與大陸或島嶼的距離超過領海的寬度，則該高地沒有其自己的領海。

第14條

確定基線的混合辦法

沿海國為適應不同情況，可交替使用以上各條規定的任何方法以確定基線。

第15條

海岸相向或相鄰國家間領海界限的劃定

如果兩國海岸彼此相向或相鄰，兩國中任何一國在彼此沒有相反協議的情形下，均無權將其領海伸延至一條其每一點都同測算兩國中每一國領海寬度的基線上最近各點距離相等的中間線以外。但如因歷史性所有權或其他特殊情況而有必要按照與上述規定不同的方法劃定兩國領海的界限，則不適用上述規定。

第16條

海圖的地理坐標表

一、按照第七、第九和第十條確定的測算領海度的基線，或根據基線劃定的界限，和按照第十二和第十五條劃定的分界線，應在足以確定這些線的位置的一種或幾種比例尺的海圖上標出。或者，可以用列出各點的地理坐標並註明大地基準點的表來代替。

二、沿海國應將這種海圖或地理坐標表妥為公布，並應將各該海圖和坐標表的一分副本交存於聯合國秘書長。

第三節 領海的無害通過

A分節 適用於所有船舶的規則

第17條

無害通過權

在本公約的限制下，所有國家，不論為沿海國或內陸國，其船舶均享有無害通過領海的權利。

第18條

通過的意義

一、通過是指為了下列目的，通過領海的航行：

（一）穿過領海但不進入內水或停靠內水以外的泊船處或港口設施；或

（二）駛往或駛出內水或停靠這種泊船處或港口設施。

二、通過應繼續不停和迅速進行。通過包括停船和下錨在內，但以通常航行所附帶發生的或由於不可抗力或遇難所必要的或為救助遇險或遭難的人員、船舶或飛機的目的為限。

第19條

無害通過的意義

一、通過只要不損害沿海國的和平、良好秩序或安全，就是無害的。這種通過的進行應符合本公約和其他國際法規則。

二、如果外國船舶在領海內進行下列任何一種活動，其通過即應視為損害沿海國的和平、良好秩序或安全：

（一）對沿海國的主權、領土完整或政治獨立進行任何武力威脅或使用武力，或以任何其他違反「聯合國憲章」所體現的國際法原則的方式進行武力威脅或使用武力；

（二）以任何種類的武器進行任何操練或演習；

（三）任何目的在於搜集情報使沿海國的防務或安全受損害的行為；

（四）任何目的在於影響沿海國防務或安全的宣傳行為；

（五）在船上起落或接載任何飛機；

（六）在船上發射、降落或接載任何軍事裝置；

（七）違反沿海國海關、財政、移民或衛生的法律和規章，上下任何商品、貨幣或人員；

（八）違反本公約規定的任何故意和嚴重的污染行爲；

（九）任何捕魚活動；

（十）進行研究或測量活動；

（十一）任何目的在於干擾沿海國任何通訊系統或任何其他設施或設備的行爲；

（十二）與通過沒有直接關係的任何其他活動。

第20條

潛水艇和其他潛水器

在領海內，潛水艇和其他潛水器，須在海面上航行並展示其旗幟。

第21條

沿海國關於無害通過的法律和規章

一、沿海國可依本公約規定和其他國際法規則，對下列各項或任何一項制定關於無害通過領海的法律和規章：

（一）航行安全及海上交通管理；

（二）保護助航設備和設施以及其他設施或設備；

（三）保護電纜和管道；

（四）養護海洋生物資源；

（五）防止違犯沿海國的漁業法律和規章；

（六）保全沿海國的環境，並防止、減少和控制該環境受污染；

（七）海洋科學研究和水文測量；

（八）防止違犯沿海國的海關、財政、移民或衛生的法律和規章。

二、這種法律和規章除使一般接受的國際規則或標準有效外，不應適用於外國船舶的設計、構造、人員配備或裝備。

三、沿海國應將所有這種法律和規章妥爲公布。

四、行使無害通過領海權利的外國船舶應遵守所有這種法律以及規章以及關於防止海上碰撞的一切一般接受的國際規章。

第22條

領海內的海道和分道通航制

一、沿海國考慮到航行安全認爲必要時，可要求行使無害通過其領海權利的外國船舶使用其爲管制船舶通過而指定或規定的海道和分道通航制。

二、特別是沿海國可要求油輪、核動力船舶和載運核物質或材料或其他本質上危險或有毒物質

或材料的船舶只在上述海道通過。

三、沿海國根據本條指定海道和規定分道航制時，應考慮到：

（一）主管國際組織的建議；

（二）習慣上用於國際航行的水道；

（三）特定船舶和水道的特殊性質；和

（四）船舶來往的頻繁程度。

四、沿海國應在海圖上清楚地標出這種海道和分道通航制，並應將該海圖妥爲公布。

第23條

外國核動力船舶和載運核物質或其他本質上危險或有毒物質的船舶

外國核動力船舶和載運核物質或其他本質上危險或有毒物質的船舶，在行使無害通過領海的權利時，應持有國際協定爲這種船舶所規定的證書並遵守國際協定所規定的特別預防措施。

第24條

沿海國的義務

一、除按照本公約規定外，沿海國不應妨礙外國船舶無害通過領海，尤其在適用本公約或依本公約制定的任何法律或規章時，沿海國不應：

（一）對外國船舶強加要求，其實際後果等於否定或損害無害通過的權利；或

（二）對任何國家的船舶、或對載運貨物來往任何國家的船舶或對替任何國家載運貨物的船舶，有形式上或事實上的歧視。

二、沿海國應將其所知的在其領海內對航行有危險的任何情況妥爲公布。

第25條

沿海國的保護權

一、沿海國可在其領海內採取必要的步驟以防止非無害的通過。

二、在船舶駛往內水或停靠內水外的港口設備的情形下，沿海國也有權採取必要的步驟，以防止對准許這種船舶駛往內水或停靠港口的條件的任何破壞。

三、如爲保護國家安全包括武器演習在內而有必要，沿海國可在對外國船舶之間在形式上或事實上不加歧視的條件下，在其領海的特定區域內暫時停止外國船舶的無害通過。這種停止僅應在正式公布後發生效力。

第26條

可向外國船舶徵收的費用

一、對外國船舶不得僅以其通過領海爲理由而徵收任何費用。

二、對通過領海的外國船舶，僅可作爲對該船舶提供特定服務的報酬而徵收費用。徵收上述費用不應有任何歧視。

B分節　適用於商船和用於商業目的的政府船舶的規則

第27條

外國船舶上的刑事管轄權

一、沿海國不應在通過領海的外國船舶上行使刑事管轄權，以逮捕與在該船舶通過期間船上所犯任何罪行有關的任何人或進行與該罪行有關的任何調查，但下列情形除外：

（一）罪行的後果及於沿海國；

（二）罪行屬於擾亂當地安寧或領海的良好秩序的性質；

（三）經船長或船旗國外交代表或領事官員請求地方當局予以協助；或

（四）這些措施是取締違法販運麻醉藥品或精神調理物質所必要的。

二、上述規定不影響沿海國爲在駛離內水後通過領海的外國船舶上進行逮捕或調查的目的而採取其法律所授權的任何步驟的權利。

三、在第一和第二兩款規定的情形下，如經船長請求，沿海國在採取任何步驟前應通知船旗國的外交代表或領事官員，並應便利外交代表或領事官員和船上業務人員之間的接觸。遇有緊急情況，發出此項通知可與採取措施同時進行。

四、地方當局在考慮是否逮捕或如何逮捕時，應適當顧及航行的利益。

五、除第十二部分有所規定外或有違犯按照第五部分制定的法律和規章的情形，如果來自外國港口的外國船舶僅通過領海而不駛入內水，沿海國不得在通過領海的該船舶上採取任何步驟，以逮捕與該船舶駛進領海前所犯任何罪行有關的任何人或進行與該罪行有關的調查。

第28條

對外國船舶的民事管轄權

一、沿海國不應爲對通過領海的外國船舶上某人行使民事管轄權的目的而停止其航行或改變其航向。

二、沿海國不得爲任何民事訴訟的目的而對船舶從事執行或加以逮捕，但涉及該船舶本身在通過沿海國水域的航行中或爲該航行的目的而承擔的義務或因而負擔的責任，則不在此限。

三、第二款不妨害沿海國按照其法律爲任何民事訴訟的目的而對在領海內停泊或駛離內水後通過領海的外國船舶從事執行或加以逮捕的權利。

C分節　適用於軍艦和其他用於非商業目的的政府船舶的規則

第29條

軍艦的定義

本公約的目的，「軍艦」是指屬於一國武裝部隊、具備辨別軍艦國籍的外部標誌、由該國政府正式委任並名列相應的現役名冊或類似名冊的軍官指揮和配備有服從正規武裝部隊紀律的船員的船舶。

第30條

軍艦對沿海國法律和規章的不遵守

如果任何軍艦不遵守沿海國關於通過領海的法律和規章，而且不顧沿海國向其提出遵守法律和規章的任何要求，沿海國可要求該軍艦立即離開領海。

第31條

船旗國對軍艦或其他用於非商業目的的政府船舶所造成的損害的責任

對於軍艦或其他用於非商業目的的政府船舶不遵守沿海國有關通過領海的法律和規章或不遵守本公約的規定或其他國際法規則，而使沿海國遭受的任何損失或損害，船旗國應負國際責任。

第32條

軍艦和其他用於非商業目的的政府船舶的豁免權

A分節和第三十及第三十一條所規定的情形除外，本公約規定不影響軍艦和其他用於非商業目的的政府船舶的豁免權。

第四節　鄰接區

第33條

鄰接區

一、沿海國可在鄰接其領海稱爲鄰接區的區域內，行使爲下列事項所必要的管制：

（一）防止在其領土或領海內違犯其海關、財政、移民或衛生的法律和規章；

（二）懲治在其領土或領海內違犯上述法律和規章的行爲。

二、鄰接區從測算領海寬度的基線量起，不得超過二十四海里。

第三部分　用於國際航行的海峽
第一節　一般規定

第34條
構成用於國際航行海峽的水域的法律地位

一、本分部所規定的用於國際航行的海峽的通過制度，不應在其他方面影響構成這種海峽的水域的法律地位，或影響海峽沿岸國對這種水域及其上空、海床和底土行使其主權或管轄權。

二、海峽沿岸國的主權或管轄權的行使受本部分和其他國際法規則的限制。

第35條
本部分的範圍

本部分的任何規定不影響：

（一）海峽內任何內水區域，但按照第七條所規定的方法確定直線基線的效果使原來並未認爲是內水的區域被包圍在內成爲內水的情況除外；

（二）海峽沿岸國領海以外的水域作爲專屬經濟海域或公海的法律地位；或

（三）某些海峽的法律制度，這種海峽的通過已全部或部分地規定在長期存在、現行有效的專門關於這種海峽的國際公約中。

第36條
穿過用於國際航行的海峽的公海航道或穿過專屬經濟海域的航道

如果穿過某一用於國際航行的海峽有在航行和水文特徵方面同樣方的一條穿過公海或穿過專屬經濟海域的航道，本部分不適用於該海峽；在這種航道中，適用本公約其他有關部分其中包括關於航行和飛越自由的規定。

第二節　過境通行

第37條
本節的範圍

本節適用於在公海或專屬經濟海域的一個部分和公海或專屬經濟海域的另一部分之間的用於國際航行的海峽。

第38條
過境通行權

一、在第三十七條所指的海峽中，所有船舶和飛機均享有過境通行的權利，過境通行不應受阻礙；但如果海峽是由海峽沿岸國的一個島嶼和該國大陸形成，而且該島向海一面有在航行和水文特徵方面同樣方便的一條穿過公海，或穿過專屬經濟海域的航道，過境通行就不應適用。

二、過境通行是指按照本部分規定，專爲在公海或專屬經濟海域的一個部分和公海或專屬經濟海域的另一部分之間的海峽繼續不停和迅速過境的目的而行使航行和飛越自由。但是，對繼續不停和迅速過境的要求，並不排除在一個海峽沿岸國入境條件的限制下，爲駛入、駛離該國或自該國返回的目的而通過海峽。

三、任何非行使海峽過境通行權的活動，仍受本公約其他適用的規定的限制。

第39條
船舶和飛機在過境通行時的義務

一、船舶和飛機在行使過境通行權時應：

（一）毫不遲延地通過或飛越海峽；

（二）不對海峽沿岸國的主權、領土完整或政治獨立進行任何武力威脅或使用武力，或以任何其他違反「聯合國憲章」所體現的國際法原則的方式進行武力威脅或使用武力；

（三）除因不可抗力或遇難而有必要外，不從事其繼續不停和迅速過境的通常方式所附帶發生的活動以外的任何活動；

（四）遵守本部分的其他有關規定。

二、過境通行的船舶應：

（一）遵守一般接受的關於海上安全的國際規章、程式和慣例，包括「國際海上避碰規則」；

（二）遵守一般接受的關於防止、減少和控制來自船舶的污染的國際規章、程序和慣例。

三、過境通行的飛機應：

（一）遵守國際民用航空組織制定的適用於民用飛機的《航空規則》；國有飛機通常應遵守這種安全措施，並在操作時隨時適當顧及航行安全；

（二）隨時監聽國際上指定的空中交通管制主管機構所分配的無線電頻率或有關的國際呼救無線電頻率。

第40條
研究和測量活動

外國船舶，包括海洋科學研究和水文測量的船舶在內，在過境通行時，非經海峽沿岸國事前准許，不得進行任何研究或測量活動。

第41條
用於國際航行的海峽內的海道和分道通航制

一、依照本部分，海峽沿岸國可於必要時爲海峽航行指定海道和規定分道通航制，以促進船舶的安全通過。

二、這種國家可於情況需要時，經妥爲公布後，以其他海道或分道通航制替換任何其原先指定或規定的海道或分道通航制。

三、這種海道和分道通航制應符合一般接受的國際規章。

四、海峽沿岸國在指定或替換海道或在規定或替換分道通航制以前，應將提議提交主管國際組織，以期得到採納。該組織僅可採納同海峽沿岸國議定的海道和分道通航制，在此以後，海峽沿岸國可對這些海道和分道通航制予以指定、規定或替換。

五、對於某一海峽，如所提議的海道或分道通航制穿過該海峽兩個或兩個以上沿岸國的水域，有關各國應同主管國際組織協商，合作擬訂提議。

六、海峽沿岸國應在海圖上清楚地標出其所指定或規定的一切海道和分道通航制，並應將該海圖妥爲公布。

七、過境通行的船舶應尊重按照本條制定的適用的海道和分道通航制。

第42條

海峽沿岸國關於過境通行的法律和規章

一、在本節規定的限制下，海峽沿岸國可對下列各項或任何一項制定關於通過海峽的過境通行的法律和規章：

（一）第四十一條所規定的航行安全和海上交通管理；

（二）使有關在海峽內排放油類、油污廢物和其他有毒物質的適用的國際規章有效，以防止、減少和控制污染；

（三）對於漁船，防止捕魚，包括漁具的裝載；

（四）違反海峽沿岸國海關、財政、移民或衛生的法律和規章，上下任何商品、貨幣或人員。

二、這種法律和規章不應在形式上或事實上在外國船舶間有所歧視，或在其適用上有否定、妨礙或損害本節規定的過境通行權的實際後果。

三、海峽沿岸國應將所有這種法律和規章妥爲公布。

四、行使過境通行權的外國船舶應遵守這種法律和規章。

五、享有主權豁免的船舶的船旗國或飛機的登記國，在該船舶或飛機不遵守這種法律和規章或本部分的其他規定時，應對海峽沿岸國遭受的任

何損失和損害負國際責任。

第43條

助航和安全設備及其他改進辦法以及污染的防止、減少和控制

海峽使用國和海峽沿岸國應對下列各項通過協議進行合作：

（一）在海峽內建立並維持必要的助航和安全設備或幫助國際航行的其他改進辦法；和

（二）防止、減少和控制來自船舶的污染。

第44條

海峽沿岸國的義務

海峽沿岸國不應妨礙過境通行，並應將其所知的海峽內或海峽上空對航行或飛越有危險的任何情況妥爲公布。過境通行不應予以停止。

第三節　無害通過

第45條

無害通過

一、按照第二部分第三節，無害通過制度應適用於下列用於國際航行的海峽：

（一）按照第三十八條第一款不適用過境通行制度的海峽；或

（二）在公海或專屬經濟海域的一個部分和外國領海之間的海峽。

二、在這種海峽中的無害通過不應予以停止。

第四部分　群島國

第46條

用語

爲本公約的目的：

（一）「群島國」是指全部由一個或多個群島構成的國家，並可包括其他島嶼；

（二）「群島」是指一群島嶼，包括若干島嶼的若干部分、相連的水域和其他自然地形，彼此密切相關，以致這種島嶼、水域和其他自然地形在本質上構成一個地理、經濟和政治的實體，或在歷史上已被視爲這種實體。

第47條

群島基線

一、群島國可劃定連接群島最外線各島和各乾礁的最外緣各點的直線群島基線，但這種基線應包括主要的島嶼和一個區域，在該區域內，水域面積和包括環礁在內的陸地面積的比例應在一比一到九比一之間。

二、這種基線的長度不應超過一百海里。但圍繞任何群島的基線總數中至多百分之三可超過該長度，最長以一百二十五海里爲限。

三、這種基線的劃定不應在任何明顯的程度上偏離群島的一般輪廓。

四、除在低潮高地上築有永久高於海平面的燈塔或類似設施，或者低潮高地全部或一部與最近的島嶼的距離不超過領海的寬度外，這種基線的劃定不應以低潮高地爲起訖點。

五、群島國不應採用一種基線制度，致使另一國的領海同公海或專屬經濟海域隔斷。

六、如果群島國的群島水域的一部分位於一個直接相鄰國家的兩個部分之間，該鄰國傳統上在該水域內行使的現有權利和一切其他合法利益以及兩國間協定所規定的一切權利，均應繼續，並予以尊重。

七、爲計算第一款規定的水域與陸地的比例的目的，陸地面積可包括位於島嶼和環礁的岸礁以內的水域，其中包括位於陡側海臺周圍的一系列灰岩島和乾礁所包圍或幾乎包圍的海臺的那一部分。

八、按照本條劃定的基線，應在足以確定這些線的位置的一種或幾種比例尺的海圖上標出。或者，可以用列出各點的地理坐標並註明大地基準點的表來代替。

九、群島國應將這種海圖或地理坐標表妥爲公布，並應將各該海圖或坐標表的一分副本交存於聯合國秘書長。

第48條

領海、鄰接區、專屬經濟海域和大陸礁層寬度的測算領海、鄰接區、專屬經濟海域和大陸礁層的寬度，應從按照第四十七條劃定的群島基線量起。

第49條

群島水域、群島水域的上空、海床和底土的法律地位

一、群島國的主權及於按照第四十七條劃定的群島基線所包圍的水域，稱爲群島水域，不論其深度或距離海岸的遠近如何。

二、此項主權及於群島水域的上空、海床和底土，以及其中所包含的資源。

三、此項主權的行使受本部分規定的限制

四、本部分所規定的群島海道通過制度，不應在其他方面影響包括海道在內的群島水域的地位，或影響群島國對這種水域及其上空、海床和底土以及其中所含資源行使其主權。

第50條

內水界限的劃定

群島國可按照第九、第十和第十一條，在其群島水域內用封閉線劃定內水的界限。

第51條

現有協定、傳統捕魚權利和現有海底電纜

一、在不妨害第四十九條的情形下，群島國應尊重與其他國家間的現有協定，並應承認直接相鄰國家在群島水域範圍內的某些區域內的傳統捕魚權利和其他合法活動。行使這種權利和進行這種活動的條款和條件，包括這種權利和活動的性質、範圍和適用的區域，經任何有關國家要求，應由有關國家之間的雙邊協定予以規定。這種權利不應轉讓給第三國或其國民，或與第三國或其國民分享。

二、群島國應尊重其他國家所鋪設的通過其水域而不靠岸的現有海底電纜。群島國於接到關於這種電纜的位置和修理或更換這種電纜的意圖的適當通知後，應准許對其進行維修和更換。

第52條

無害通過權

一、在第五十三條的限制下並在不妨害第五十條的情形下，按照第二部分第三節的規定，所有國家的船舶均享有通過群島水域的無害通過權。

二、如爲保護國家安全所必要，群島國可在對外國船舶之間在形式上或事實上不加歧視的條件下，暫時停止外國船舶在其群島水域特定區域內的無害通過。這種停止僅應在正式公布後發生效力。

第53條

群島海道通過權

一、群島國可指定適當的海道和其上的空中航道，以便外國船舶和飛機繼續不停和迅速通過或飛越其群島水域和鄰接的領海。

二、所有船舶和飛機均享有在這種海道和空中航道內的群島海道通過權。

三、群島海道通過是指按照本公約規定，專爲在公海或專屬經濟海域的一部分和公海或專屬經濟海域的另一部分之間繼續不停、迅速和無障礙地過境的目的，行使正常方式的航行和飛越的權利。

四、這種海道和空中航道應穿過群島水域和鄰接的領海，並應包括用作通過群島水域或其上空的國際航行或飛越的航道的所有正常通道，並且在這種航道內，就船舶而言，包括所有正常航行水道，但無須在相同的進出點之間另設同樣方便的其他航道。

五、這種海道和空中航道應以通道進出點之間的一系列連續不斷的中心線劃定，通過群島海道和空中航道的船舶和飛機在通過時不應偏離這種中心線二十五海里以外，但這種船舶和飛機在航行時與海岸的距離不應小於海道邊緣各島最近各點之間的距離的百分之十。

六、群島國根據本條指定海道時，爲了使船舶安全通過這種海道內的狹窄水道，也可規定分道通航制。

七、群島國可於情況需要時，經妥爲公布後，以其他的海道或分道通航制替換任何其原先指定或規定的海道或分道通航制。

八、這種海道或分道通航制應符合一般接受的國際規章。

九、群島國在指定或替換海道或在規定或替換分道通航制時，應向主管國際組織提出建議，以期得到採納。該組織僅可採納同群島國議定的海道和分道通航制；在此以後，群島國可對這些海道和分道通航制予以指定、規定或替換。

十、群島國應在海圖上清楚地標出其指定或規定的海道中心線和分道通航制，並應將該海圖妥爲公布。

十一、通過群島海道的船舶應尊重按照本條制定的適用的海道和分道通航制。

十二、如果群島國沒有指定海道或空中航道，可通過正常用於國際航行的航道，行使群島海道通過權。

第54條

船舶和飛機在通過、研究和測量活動時的義務；群島國的義務以及群島國關於群島海道通過的法律和規章第三十九、第四十、第四十二和第四十四各條比照適用於群島海道通過。

第五部分　專屬經濟海域

第55條

專屬經濟海域的特定法律制度

專屬經濟海域是領海以外並鄰接領海的一個區域，受本部分規定的特定法律制度的限制，在這個制度下，沿海國的權利和管轄權以及其他國家的權利和自由均受本公約有關規定的支配。

第56條

沿海國在專屬經濟海域內的權利、管轄權和義務

一、沿海國在專屬經濟海域內有：

（一）以勘探和開發、養護和管理海床上覆水域和海床及其底土的自然資源（不論爲生物或非生物資源）爲目的的主權權利，以及關於在該區內從事經濟性開發和勘探，如利用海水、海流和風力生產能等其他活動的主權權利；

1.本公約有關條款規定的對下列事項的管轄權：

2.人工島嶼、設施和結構的建造和使用；

3.海洋科學研究；海洋環境的保護和保全；

（二）本公約規定的其他權利和義務。

二、沿海國在專屬經濟海域內根據本公約行使其權利和履行其義務時，應適當顧及其他國家的權利和義務，並應以符合本公約規定的方式行事。

三、本條所載的關於海床和底土的權利，應按照第六部分的規定行使。

第57條

專屬經濟海域的寬度

專屬經濟海域從測算領海寬度的基線量起，不應超過二百海里。

第58條

其他國家在專屬經濟海域內的權利和義務

一、在專屬經濟海域內，所有國家，不論爲沿海或內陸國，在本公約有關規定的限制下，享有第八十七條所指的航行和飛越的自由，鋪設海底電纜和管道的自由，以及與這些自由有關的海洋其他國際合法用途，諸如同船舶和飛機的操作及海底電纜和管道的使用有關的並符合本公約其他規定的那些用途。

二、第八十八至第一一五條以及其他國際法有關規則，只要與本部分不相牴觸，均適用於專屬經濟海域。

三、各國在專屬經濟海域內根據本公約行使其權利和履行其義務時，應適當顧及沿海國的權利和義務，並應遵守沿海國按照本公約的規定和其他國際法規則所制定的與本部分不相牴觸的法律和規章。

第59條

解決關於專屬經濟海域內權利和管轄權的歸屬的衝突的基礎

在本公約未將在專屬經濟海域內的權利或管轄權歸屬於沿海國或其他國家而沿海國和任何其他一國或數國之間的利益發生衝突的情形下，這種衝突應在公平的基礎上參照一切有關情況，考慮到所涉利益分別對有關各方和整個國際社會的重要性，加以解決。

第60條

專屬經濟海域內的人工島嶼、設施和結構

一、沿海國在專屬經濟海域內應有專屬權利建造並授權和管理建造、操作和使用：

（一）人工島嶼；

（二）為第五十六條所規定的目的和其他經濟目的的設施和結構；

（三）可能干擾沿海國在區內行使權利的設施和結構。

二、沿海國對這種人工島嶼、設施和結構應有專屬管轄權，包括有關海關、財政、衛生、安全和移民的法律和規章方面的管轄權。

三、這種人工島嶼、設施或結構的建造，必須妥為通知，並對其存在必須維持永久性的警告方法。已被放棄或不再使用的任何設施或結構，應予以撤除，以確保航行安全，同時考慮到主管國際組織在這方面制定的任何為一般所接受的國際標準。這種撤除也應適當地考慮到捕魚、海洋環境的保護和其他國家的權利和義務。尚未全部撤除的任何設施或結構的深度、位置和大小應妥為公布。

四、沿海國可於必要時在這種人工島嶼、設施和結構的周圍設置合理的安全地帶，並可在該地帶中採取適當措施以確保航行以及人工島嶼、設施和結構的安全。

五、安全地帶的寬度應由沿海國參照可適用的國際標準加以確定。這種地帶的設置應確保其與人工島嶼、設施或結構的性質和功能有合理的關聯；這種地帶從人工島嶼、設施或結構的外緣各點量起，不應超過這些人工島嶼、設施或結構周圍五百公尺的距離，但為一般接受的國際標準所許可或主管國際組織所建議者除外。安全地帶的範圍應妥為通知。

六、一切船舶都必須尊重這些安全地帶，並應遵守關於在人工島嶼、設施、結構和安全地帶附

近航行的一般接受的國際標準。

七、人工島嶼、設施和結構及其周圍的安全地帶，不得設在對使用國際航行必經的公認海道可能有干擾的地方。

八、人工島嶼、設施和結構不具有島嶼地位。它們沒有自己的領海，其存在也不影響領海、專屬經濟海域或大陸礁層界限的劃定。

第61條

生物資源的養護

一、沿海國應決定其專屬經濟海域內生物資源的可捕量。

二、沿海國參照其可得到的最可靠的科學證據，應通過正當的養護和管理措施，確保專屬經濟海域內生物資源的維持不受過度開發的危害。在適當情形下，沿海國和各主管國際組織，不論是分區域、區域或全球性的，應為此目的進行合作。

三、這種措施的目的也應在包括沿海漁民社區的經濟需要和發展中國家的特殊要求在內的各種有關的環境和經濟因素的限制下，使捕撈魚種的數量維持在或恢復到能夠生產最高持續產量的水平，並考慮到捕撈方式、種群的相互依存以及任何一般建議的國際最低標準，不論是分區域、區域或全球性的。

四、沿海國在採取這種措施時，應考慮到與所捕撈魚種有關聯或依賴該魚種而生存的魚種所受的影響，以便使這些有關聯或依賴的魚種的數量維持在或恢復到其繁殖不會受嚴重威脅的水平以上。

五、在適當情形下，應通過各主管國際組織，不論是分區域、區域或全球性的，並在所有有關國家，包括其國民獲准在專屬經濟海域捕魚的國家參加下，經常提供和交換可獲得的科學情報、漁獲量和漁撈努力量統計，以及其他有關養護魚的種群的資料。

第62條

生物資源的利用

一、沿海國應在不妨害第六十一條的情形下促進專屬經濟海域內生物資源最適度利用的目的。

二、沿海國應決定其捕撈專屬經濟海域內生物資源的能力。沿海國在沒有能力捕撈全部可捕量的情形下，應通過協定或其他安排，並根據第四款所指的條款、條件、法律和規章，准許其他國家捕撈可捕量的剩餘部分，特別顧及第六十九和

第七十條的規定，尤其是關於其中所提到的發展中國家的部分。

三、沿海國在根據本條准許其他國家進入其專屬經濟海域時，應考慮到所有有關因素，除其他外，包括：該區域的生物資源對有關沿海國的經濟和其他國家利益的重要性，第六十九和第七十條的規定，該分區域和區域內的發展中國家捕撈一部分剩餘量的要求，以及盡量減輕其國民慣常在專屬經濟海域捕魚或曾對研究和測定種群做過大量工作的國家經濟失調現象的需要。

四、在專屬經濟海域內捕魚的其他國家的國民應遵守沿海國的法律和規章中所制定的養護措施和其他條款和條件。這種規章應符合本公約，除其他外，並可涉及下列各項：

（一）發給漁民、漁船和捕撈裝備以執照，包括交納規費和其他形式的報酬，而就發展中的沿海國而言，這種報酬可包括有關漁業的資金、裝備和技術方面的適當補償；

（二）決定可捕魚種，和確定漁獲量的限額，不論是關於特定種群或多種種群或一定期間的單船漁獲量，或關於特定期間內任何國家國民的漁獲量；

（三）規定漁汛和漁區，可使用漁具的種類、大小和數量以及漁船的種類、大小和數目；

（四）確定可捕魚類和其他魚種的年齡和大小；

（五）規定漁船應交的情報，包括漁獲量和漁撈努力量統計和船隻位置的報告；

（六）要求在沿海國授權和控制下進行特定漁業研究計畫，並管理這種研究的進行，其中包括漁獲物抽樣、樣品處理和相關科學資料的報告；

（七）由沿海在這種船隻上配置觀察員或受訓人員；

（八）這種船隻在沿海國港口卸下漁獲量的全部或任何部分；

（九）有關聯合企業或其他合作安排的條款和條件；

（十）對人員訓練和漁業技術轉讓的要求，包括提高沿海國從事漁業研究的能力；

（十一）執行程序。

五、沿海國應將養護和管理的法律和規章妥為通知。

第63條

出現在兩個或兩個以上沿海國專屬經濟海域的種群或出現在專屬經濟海域內而又出現在專屬經濟海域外的鄰接區域內的種群

一、如果同一種群或有關聯的魚種的幾個種群出現在兩個或兩個以上沿海國的專屬經濟海域內，這些國家應直接或通過適當的分區域或區域組織，設法就必要措施達成協議，以便在不妨害本部分其他規定的情形下，協調並確保這些種群的養護和發展。

二、如果同一種群或有關聯的魚種的幾個種群出現在專屬經濟海域內而又出現在專屬經濟海域外鄰接區域內，沿海國和在鄰接區域內捕撈這種種群的國家，應直接或通過適當的分區域或區域組織，設法就必要措施達成協議，以養護在鄰接區域內的這些種群。

第64條

高度迴游魚種

一、沿海國和其國民在區域內捕撈附件一所列的高度迴游魚種的其他國家應直接或通過適當國際組織進行合作，以期確保在專屬經濟海域以內和以外的整個區域內的這種魚種的養護和促進最適度利用這種魚種的目標。在沒有適當的國際組織存在的區域內，沿海國和其國民在區域內捕撈這些魚種的其他國家，應合作設立這種組織並參加其工作。

二、第一款的規定作為本部分其他規定的補充而適用。

第65條

海洋哺乳動物

本部分的任何規定並不限制沿海國的權利或國際組織的職權，對捕捉海洋哺乳動物執行較本部分更為嚴格的禁止、限制或管制。各國應進行合作，以期養護海洋哺乳動物，在有關鯨目動物方面，尤應通過適當的國際組織，致力於這種動物的養護、管理和研究。

第66條

溯河產卵種群

一、有溯河產卵種群源自其河流的國家對於這種種群應有主要利益和責任。

二、溯河產卵種群的魚源國，應制定關於在其專屬經濟海域外部界限向陸一面的一切水域中的捕撈和關於第三款(b)項中所規定的捕撈的適當管理措施，以確保這種種群的養護。魚源國可與第三和第四款所指的捕撈這些種群的其他國家協商後，確定源自其河流的種群的總可捕量。

三、（一）捕撈溯河產卵種群的漁業活動，應只在專屬經濟海域外部界限向陸一面的水域中進行，但這項規定引起魚源國以外的國家經濟失調的情形除外。關於在專屬經濟海域外部界限以外進行的這種捕撈，有關國家應保持協商，以期就這種捕撈的條款和條件達成協議，並適當顧及魚源國對這些種群加以養護的要求和需要；

（二）魚源國考慮到捕撈這些種群的其他國家的正常漁獲量和作業方式，以及進行這種捕撈活動的所有地區，應進行合作以盡量減輕這種國家的經濟失調；

（三）（二）項所指的國家，經與魚源國協議後參加使溯河產卵種群再生的措施者，特別是分擔作此用途的開支者，在捕撈源自魚源國河流的種群方面，應得到魚源國的特別考慮；

（四）魚源國和其他有關國家應達成協議，以執行有關專屬經濟海域以外的溯河產卵種群的法律和規章。

四、在溯河產卵種群回游進入或通過魚源國以外國家的專屬經濟海域外部界限向一陸一面的水域的情形下，該國應在養護和管理這種種群方面同魚源國進行合作。

五、溯河產卵種群的魚源國和捕撈這些種群的其他國家，為了執行本條的各項規定，應作出安排，在適當情形下通過區域性組織作出安排。

第67條

降河產卵魚種

一、降河產卵魚種在其水域內度過大部分生命周期的沿海國，應有責任管理這些魚種，並應確保回游魚類的出入。

二、捕撈降河產卵魚種，應只在專屬經濟海域外部界限向陸一面的水域中進行。在專屬經濟海域內進行捕撈時，應受本條及本公約關於在專屬經濟海域內捕魚的其他規定的限制。

三、在降河產卵魚種不論幼魚或成魚回游通過另外一國的專屬經濟海域的情形下，這種魚的管理，包括捕撈，應由第一款所述的國家和有關的另外一國協議規定。這種協議應確保這些魚種的合理管理，並考慮到第一款所述國家在維持這些魚種方面所負的責任。

第68條

定居種

本部分的規定不適用於第七十七條第四款所規定的定居種。

第69條

內陸國的權利

一、內陸國應有權在公平的基礎上，參與開發同一分區域或區域的沿海國專屬經濟海域的生物資源的適當剩餘部分，同時考慮到所有有關國家的相關經濟和地理情況，並遵守本條及第六十一和第六十二條的規定。

二、這種參與的條款和方式應由有關國家通過雙邊、分區域或區域協定加以制定，除其他外，考慮到下列各項：

（一）避免對沿海國的漁民社區或漁業造成不利影響的需要；

（二）內陸國按照本條規定，在現有的雙邊、分區域、或區域協定下參與或有權參與開發其他沿海國專屬經濟海域的生物資源的程度；

（三）其他內陸國和地理不利國參與開發沿海國專屬經濟海域的生物資源的程度，以及避免因此使任何一個沿海國、或其一部分地區承受特別負擔的需要；

（四）有關各國人民的營養需要。

三、當一個沿海國的捕撈能力接近能夠捕撈其專屬經濟海域內生物資源的可捕量的全部時，該沿海國與其他有關國家應在雙邊、分區域或區域的基礎上，合作制定公平安排，在適當情形下並按照有關各方都滿意的條款，容許同一分區域或區域的發展中內陸國參與開發該分區域或區域的沿海國專屬經濟海域內的生物資源。在實施本規定時，還應考慮到第二款所提到的因素。

四、根據本條規定，發達的內陸國應僅有權參與開發同一分區域或區域內發達沿海國專屬經濟海域的生物資源，同時顧及沿海國在准許其他國家捕撈其專屬經濟海域內生物資源時，在多大程度上已考慮到需要盡量減輕其國民慣常在該經濟區捕魚的國家的經濟失調及漁民社區所受的不利影響。

五、上述各項規定不妨害在分區域或區域內議定的安排，沿海國在這種安排中可能給予同一分區域或區域的內陸國開發其專屬經濟海域內生物資源的同等或優惠權利。

第70條

地理不利國的權利

一、地理不利國應有權在公平的基礎上參與開發同一分區域或區域的沿海國專屬經濟海域的生物資源的適當剩餘部分，同時考慮到所有有關

國家的相關經濟和地理情況，並遵守本條及第六十一和第六十二條的規定。

二、為本部分的目的，「地理不利國」是指其地理條件使其依賴於開發同一分區域或區域的其他國家專屬經濟海域內的生物資源，以供應足夠的魚類來滿足其人民或部分人民的營養需要的沿海國，包括閉海或半閉海沿岸國在內，以及不能主張有自己的專屬經濟海域的沿海國。

三、這種參與的條款和方式應由有關國家通過雙邊、分區域或區域協定加以制定，除其他外，考慮到下列各項：

（一）避免對沿海國的漁民社區或漁業造成不利影響的需要；

（二）地理不利國按照本條規定，在現有的雙邊、分區域或區域協定下參與或有權參與開發其他沿海國專屬經濟海域的生物資源的程度；

（三）地理不利國和內陸國參與開發沿海國專屬經濟海域的生物資源的程度，以及避免因此使任何一個沿海國、或其一部分地區承受特別負擔的需要；

（四）有關各國人民的營養需要。

四、當一個沿海國的捕撈能力接近能夠捕撈其專屬經濟海域內生物資源的可捕量的全部時，該沿海國與其他有關國家應在雙邊、分區域或區域的基礎上，合作制定公平安排，在適當情形下並按照有關各方滿意的條款，容許同一分區域區域的地理不利發展中國家參與開發該分區域或區域的沿海國專屬經濟海域內的生物資源，在實施本規定時，還應考慮到第三款所提到的因素。

五、根據本條規定，地理不利發達國家應只有權參與開發同一分區域或區域發達沿海國的專屬經濟海域的生物資源，同時顧及沿海國在准許其他國家捕撈其專屬經濟海域內生物資源時，在多大程度上已考慮到需要盡量減輕其國民慣常在該經濟區捕魚的國家的經濟失調及漁民社區所受的不利影響。

六、上述各項規定不妨害在分區域或區域內議定的安排，沿海國在這種安排中可能給予同一分區域或區域內地理不利國開發其專屬經濟海域內生物資源的同等或優惠權利。

第71條

第六十九和第七十條的不適用第六十九和第七十條的規定不適用於經濟上極為依賴於開發其專屬經濟海域內生物資源的沿海國的情形。

第72條

權利的轉讓的限制

一、除有關國家另有協議外，第六十九和第七十條所規定的開發生物資源的權利，不應以租借或發給執照、或成立聯合企業，或以具有這種轉讓效果的任何其他方式，直接或間接轉讓給第三國或其國民。

二、上述規定不排除有關國家為了便利行使第六十九和第七十條所規定的權利，從第三國或國際組織取得技術或財政援助，但以不發生第一款所指的效果為限。

第73條

沿海國法律和規章的執行

一、沿海國行使其勘探、開發、養護和管理在專屬經濟海域內的生物資源的主權權利時，可採取為確保其依照本公約制定的法律和規章得到遵守所必要的措施，包括登臨、檢查、逮捕和進行司法程序。

二、被逮捕的船隻及其船員，在提出適當的保證書或其他擔保後，應迅速獲得釋放。

三、沿海國對於在專屬經濟海域內違犯漁業法律和規章的處罰，如有關國家無相反的協議，不得包括監禁，或任何其他方式的體罰。

四、在逮捕或扣留外國船隻的情形下，沿海國應通過適當途徑將其所採取的行動及隨後所施加的任何處罰迅速通知船旗國。

第74條

海岸相向或相鄰國家間專屬經濟海域界限的劃定

一、海岸相向或相鄰的國家間專屬經濟海域的界限，應在國際法院規約第三十八條所指國際法的基礎上以協議劃定，以便得到公平解決。

二、有關國家如在合理期間內未能達成任何協議，應訴諸第十五部分所規定的程序。

三、在達成第一款規定的協議以前，有關各國應基於諒解和合作的精神，盡一切努力作出實際性的臨時安排，並在此過渡期間內，不危害或阻礙最後協議的達成。這種安排應不妨害最後界限的劃定。

四、如果有關國家間存在現行有效的協定，關於劃定專屬經濟海域界限的問題，應按照該協定的規定加以決定。

第75條

海圖和地理坐標表

一、在本部分的限制下，專屬經濟海域的外部界限和按照第七十四條劃定的分界線，應在足以確定這些線的位置的一種或幾種比例尺的海圖上標出。在適當情形下，可以用列出各點的地理坐標並註明大地基準點的表來代替這種外部界線或分界線。

二、沿海國應將這種海圖或地理坐標表妥為公布，並應將各該海圖或坐標表的一分副本交存於聯合國秘書長。

第六部分　大陸礁層
第76條
大陸礁層的定義

一、沿海國的大陸礁層包括其領海以外依其陸地領土的全部自然延伸，擴展到大陸邊外緣的海底區域的海床和底土，如果從測算領海寬度的基線量起到大陸邊的外緣的距離不到二百海里，則擴展到二百海里的距離。

二、沿海國的大陸礁層不應擴展到第四至第六款所規定的界限以外。

三、大陸邊包括沿海國陸塊沒入水中的延伸部分，由陸架、陸坡和陸基的海床和底土構成，它不包括深洋洋底及其洋脊，也不包括其底土。

四、（一）為本公約的目的，在大陸邊從測算領海寬度的基線量起超過二百海里的任何情形下，沿海國應以下列兩種方式之一，劃定大陸邊的外緣：

1.按照第7款，以最外各點為準劃定界線，每一定點上沉積岩厚度至少為從該點至大陸坡腳最短距離的百分之一；或

2.按照第7款，以離大陸坡腳的距離不超過六十海里的各定點為準劃定界線。

（二）在沒有相反證明的情形下，大陸坡腳應定為大陸坡底坡度變動最大之點。

五、組成按照第四款（一）項1.和2.目劃定的大陸礁層在海床上的外部界線的各定點，不應超過從測算領海寬度的基線量起三百五十海里，或不應超過連接二千五百公尺深度各點的二千五百公尺等深線一百海里。

六、雖有第五款的規定，在海底洋脊上的大陸礁層外部界限不應超過從測算領海寬度的基線量起三百五十海里。本款規定不適用於作為大陸邊自然構成部分的海臺、海隆、海峰、暗灘和坡尖等海底高地。

七、沿海國的大陸礁層如從測算領海寬度的基線量起超過二百海里，應連接以經緯度坐標標出的各定點劃出長度各不超過六十海里的若干直線，劃定其大陸礁層的外部界限。

八、從測算領海寬度的基線量起二百海里以外大陸礁層界限的情報應由沿海國提交根據附件二在公平地區代表制基礎上成立的大陸礁層界限委員會。委員會應就有關劃定大陸礁層外部界限的事項向沿海國提出建議，沿海國在這些建議的基礎上劃定的大陸礁層界限應有確定性和拘束力。

九、沿海國應將永久標明其大陸礁層外部界限的海圖和有關情報，包括大地基準點，交存於聯合國秘書長。秘書長應將這些情報妥為公布。

十、本條的規定不妨害海岸相向或相鄰國家間大陸礁層界限劃定的問題。

第77條
沿海國對大陸礁層的權利

一、沿海國為勘探大陸礁層和開發其自然資源的目的，對大陸礁層行使主權權利。

二、第一款所指的權利是專屬性的，即：如果沿海國不勘探大陸礁層或開發其自然資源，任何人未經沿海國明示同意，均不得從事這種活動。

三、沿海國對大陸礁層的權利並不取決於有效或象徵的占領或任何明文公告。

四、本部分所指的自然資源包括海床和底土的礦物和其他非生物資源，以及屬於定居種的生物，即在可捕撈階段海床上或海床下不能移動或其軀體須與海床或底土保持接觸才能移動的生物。

第78條
上覆水域和上空的法律地位以及其他國家的權利和自由

一、沿海國對大陸礁層的權利不影響上覆水域或水域上空的法律地位。

二、沿海國對大陸礁層權利的行使，絕不得對航行和本公約規定的其他國家的其他權利和自由有所侵害，或造成不當的干擾。

第79條
大陸礁層上的海底電纜和管道

一、所有國家按照本條的規定都有在大陸礁層上鋪設海底電纜和管道的權利。

二、沿海國除了為勘探大陸礁層，開發其自然資源和防止、減少和控制管道造成的污染有權採

取合理措施外，對於鋪設或維持這種海底電纜或管道不得加以阻礙。

三、在大陸礁層上鋪設這種管道，其路線的劃定須經沿海國同意。

四、本部分的任何規定不影響沿海國對進入其領土或領海的電纜或管道訂立條件的權利，也不影響沿海國對因勘探其大陸礁層或開發其資源或經營在其管轄下的人工島嶼、設施和結構而建造或使用的電纜和管道的管轄權。

五、鋪設海底電纜和管道時，各國應適當顧及已經鋪設的電纜和管道。特別是，修理現有電纜或管道的可能性不應受妨害。

第80條
大陸礁層上的人工島嶼、設施和結構

第六十條比照適用於大陸礁層上的人工島嶼、設施和結構。

第81條
大陸礁層上的鑽探

沿海國有授權和管理為一切目的在大陸礁層上進行鑽探的專屬權利。

第82條
對二百海里以外的大陸礁層上的開發應繳的費用和實物

一、沿海國對從測算領海寬度的基線量起二百海里以外的大陸礁層上的非生物資源的開發，應繳付費用或實物。

二、在某一礦址進行第一個五年生產以後，對該礦址的全部生產應每年繳付費用和實物。第六年繳付費用或實物的比率應為礦址產值或產量的百分之一。此後該比率每年增加百分之一，至第十二年為止，其後比率應保持為百分之七。產品不包括供開發用途的資源。

三、某一發展中國家如果是其大陸礁層上所生產的某種礦物資源的純輸入者，對該種礦物資源免繳這種費用或實物。

四、費用或實物應通過管理局繳納。管理局應根據公平分享的標準將其分配給本公約各締約國，同時考慮到發展中國家的利益和需要，特別是其中最不發達的國家和內陸國的利益和需要。

第83條
海岸相向或相鄰國家間大陸礁層界限的劃定

一、海岸相向或相鄰國家間大陸礁層的界限，應在國際法院規約第三十八條所指國際法的基礎上以協議劃定，以便得到公平解決。

二、有關國家如在合理期間內未能達成任何協議，應訴諸第十五部分所規定的程序。

三、在達成第一款規定的協議以前，有關各國應基於諒解和合作的精神，盡一切努力作出實際性的臨時安排，並在此過渡期間內，不危害或阻礙最後協議的達成。這種安排應不妨害最後界限的劃定。

四、如果有關國家間存在現行有效的協定，關於劃定大陸礁層界線的問題，應按照該協定的規定加以決定。

第84條
海圖和地理坐標表

一、在本部分的限制下，大陸礁層外部界限和按照第八十三條劃定的分界線，應在足以確定這些線的位置的一種或幾種比例尺的海圖上標出。在適當情形下，可以用列出各點的地理坐標並註明大地基點的表來代替這種外部界線或分界線。

二、沿海國應將這種海圖或地理坐標表妥為公布，並應將各該海圖或坐標表的一分副本交存於聯合國秘書長，如為標明大陸礁層外部界線的海圖或坐標，也交存於聯合國秘書長。

第85條
開鑿隧道

本部分不妨害沿海國開鑿隧道以開發底土的權利，不論底土上水域的深度如何。

第七部分　公海
第一節　一般規定

第86條
本部分規定的適用

本部分的規定適用於不包括在國家的專屬經濟海域、領海或內水或群島國的群島水域內的全部海域。本條規定並不使各國按照第五十八條規定在專屬經濟海域內所享有的自由受到任何減損。

第87條
公海自由

一、公海對所有國家開放，不論其為沿海國或內陸國。公海自由是在本公約和其他國際法規則所規定的條件下行使的。公海自由對沿海國和內陸國而言，除其他外，包括：

（一）航行自由；

（二）飛越自由；

（三）鋪造海底電纜和管道的自由，但受第六部分的限制；

（四）建造國際法所容許的人工島嶼和其他設施的自由，但受第六部分的限制；

（五）捕魚自由，但受第二節規定條件的限制；

（六）科學研究的自由，但受第六和第十三部分的限制。

二、這些自由應由所有國家行使，但須適當顧及其他國家行使公海自由的利益，並適當顧及本公約所規定的同「區域」內活動有關的權利。

第88條

公海只用於和平目的

公海應只用於和平目的。

第89條

對公海主權主張的無效

任何國家不得有效地聲稱將公海的任何部分置於其主權之下。

第90條

航行權

每個國家，不論是沿海國或內陸國，均有權在公海上行駛懸掛其旗幟的船舶。

第91條

船舶的國籍

一、每個國家應確定對船舶給予國籍。船舶在其領土內登記及船舶懸掛該國旗幟的權利的條件。船舶具有其有權懸掛的旗幟所屬國家的國籍。國家和船舶之間必須有真正聯繫。

二、每個國家應向其給予懸掛該國旗幟權利的船舶頒發給予該權利的文件。

第92條

船舶的地位

一、船舶航行應僅懸掛一國的旗幟，而且除國際條約或本公約明文規定的例外情形外，在公海上應受該國的專屬管轄。除所有權確實轉移或變更登記的情形外，船舶在航程中或在停泊港內不得更換其旗幟。

二、懸掛兩國或兩國以上旗幟航行並視方便而換用旗幟的船舶，對任何其他國家不得主張其中的任一國籍，並可視同無國籍的船舶。

第93條

懸掛聯合國、其專門機構和國際原子能機構旗幟的船舶

以上各條不影響用於為聯合國、其專門機構或國際原子能機構正式服務並懸掛聯合國旗幟的船舶的問題。

第94條

船旗國的義務

一、每個國家應對懸掛該國旗幟的船舶有效地行使行政、技術及社會事項上的管轄和控制。

二、每個國家特別應：

（一）保持一本船舶登記冊，載列懸掛該國旗幟的船舶的名稱和詳細情況，但因體積過小而不在一般接受的國際規章規定範圍內的船舶除外；

（二）根據其國內法，就有關每艘懸掛該國旗幟的船舶的行政、技術和社會事項，對該船及其船長、高級船員和船員行使管轄權。

三、每個國家對懸掛該國旗幟的船舶，除其他外，應就下列各項採取為保證海上安全所必要的措施：

（一）船舶的構造、裝備和適航條件；

（二）船舶的人員配備、船員的勞動條件和訓練，同時考慮到適用的國際文件；

（三）信號的使用、通信的維持和碰撞的防止。

四、這種措施應包括為確保下列事項所必要的措施：

（一）每艘船舶，在登記前及其後適當的間隔期間，受合格的船舶檢驗人的檢查，並在船上備有船舶安全航行所需要的海圖、航海出版物以及航行裝備和儀器；

（二）每艘船舶都由具備適當資格、特別是具備航海術、航行、通信和海洋工程方面資格的船長和高級船員負責，而且船員的資格和人類與船舶種類、大小、機械和裝備都是相稱的；

（三）船長、高級船員和在適當範圍內的船員，充分熟悉並須遵守關於海上生命安全，防止碰撞，防止、減少和控制海洋污染和維持無線電通信所適用的國際規章。

五、每一國家採取第三和第四款要求的措施時，須遵守一般接受的國際規章、程序和慣例，並採取為保證這些規章、程序和慣例得到遵行所必要的任何步驟。

六、一個國家如有明確理由相信對某一船舶未行使適當的管轄和管制，可將這項事實通知船旗國。船旗國接到通知後，應對這一事項進行調查，並於適當時採取任何必要行動，以補救這種

情況。

七、每一國家對於涉及懸掛該國旗幟的船舶在公海上因海難或航行事故對另一國國民造成死亡或嚴重傷害，或對另一國的船舶或設施、或海洋環境造成嚴重損害的每一事件，都應由適當的合格人士一人或數人或在有這種人士在場的情況下進行調查。對於該另一國就任何這種海難或航行事故進行的任何調查，船旗國應與該另一國合作。

第95條

公海上軍艦的豁免權

軍艦在公海上有不受船旗國以外任何其他國家管轄的完全豁免權。

第96條

專用於政府非商業性服務的船舶的豁免權

由一國所有或經營並專用於政府非商業性服務的船舶，在公海上應有不受船旗國以外任何其他國家管轄的完全豁免權。

第97條

關於碰撞事項或任何其他航行事故的刑事管轄權

一、遇有船舶在公海上碰撞或任何其他航行事故涉及船長或任何其他為船舶服務的人員的刑事或紀律責任時，對此種人員的任何刑事訴訟或紀律程序，僅可向船旗國或此種人員所屬國的司法或行政當局提出。

二、在紀律事項上，只有發給船長證書或駕駛資格證書或執照的國家，才有權在經過適當的法律程序後宣告撤銷該證書，即使證書持有人不是發給證書的國家的國民也不例外。

三、船旗國當局以外的任何當局，即使作為一種調查措施，也不應命令逮捕或扣留船舶。

第98條

救助的義務

一、每個國家應責成懸掛該國旗幟航行的船舶的船長，在不嚴重危及其船舶、船員或乘客的情況下：

（一）救助在海上遇到的任何有生命危險的人；

（二）如果得悉有遇難者需要救助的情形，在可以合理地期待其採取救助行動時，盡速前往拯救；

（三）在碰撞後，對另一船舶、其船員和乘客給予救助，並在可能情況下，將自己船舶的名稱、船籍港和將停泊的最近港口通知另一船舶。

二、每個沿海國應促進有關海上和上空安全的足敷應用和有效的搜尋和救助服務的建立、經營和維持，並應在情況需要時為此目的通過相互的區域性安排與鄰國合作。

第99條

販運奴隸的禁止

每個國家應採取有效措施，防止和懲罰准予懸掛該國旗幟的船舶販運奴隸，並防止為此目的而非法使用其旗幟。在任何船舶上避難的任何奴隸、不論該船懸掛何國旗幟均當然獲得自由。

第100條

合作制止海盜行為的義務

所有國家應盡最大可能進行合作，以制止在公海上或在任何國家管轄範圍以外的任何其他地方的海盜行為。

第101條

海盜行為的定義

下列行為中的任何行為構成海盜行為：

（一）私人船舶或私人飛機的船員、機組成員或乘客為私人目的，對下列對象所從事的任何非法的暴力或扣留行為，或任何掠奪行為：

1.在公海上對另一船舶或飛機，或對另一船舶或飛機上的人或財物；

2.在任何國家管轄範圍以外的地方對船舶、飛機、人或財物；

（二）明知船舶或飛機成為海盜船舶或飛機的事實，而自願參加其活動的任何行為；

（三）教唆或故意便利（一）或（二）項所述行為的任何行為。

第102條

軍艦、政府船舶或政府飛機由於其船員或機組成員發生叛變而從事的海盜行為軍艦、政府船舶或政府飛機由於其船員或機組成員發生叛變並控制該船舶或飛機而從事第一〇一條所規定的海盜行為，視同私人船舶或飛機所從事的行為。

第103條

海盜船舶或飛機的定義

如果處於主要控制地位的人員意圖利用船舶或飛機從事第一〇一條所指的各項行為之一，該船舶或飛機視為海盜船舶或飛機。如果該船舶或飛機曾被用以從事任何這種行為，在該船舶或飛機

仍在犯有該行為的人員的控制之下時，上述規定
同樣適用。

第104條

海盜船舶或飛機國籍的保留或喪失

船舶或飛機雖已成為海盜船舶或飛機，仍可保
有其國籍。國籍的保留或喪失由原來給予國籍的
國家的法律予以決定。

第105條

海盜船舶或飛機的扣押

在公海上，或在任何國家管轄範圍以外的任
何其他地方，每個國家均可扣押海盜船舶或飛機
或為海盜所奪取並在海盜控制下的船舶或飛機，
和逮捕船上或機上人員並扣押船上或機上財物。
扣押國的法院可判定應處的刑罰，並可決定對船
舶、飛機或財產所應採取的行動，但受善意第三
者的權利的限制。

第106條

無足夠理由扣押的賠償責任

如果扣押涉有海盜行為嫌疑的船舶或飛機並
無足夠的理由，扣押國應向船舶或飛機所屬的國
家負擔因扣押而造成的任何損失或損害的賠償責
任。

第107條

由於發生海盜行為而有權進行扣押的船舶和飛
機

由於發生海盜行為而進行的扣押，只可由軍
艦、軍用飛機或其他有清楚標誌可以識別的為政
府服務並經授權扣押的船舶或飛機實施。

第108條

麻醉藥品或精神調理物質的非法販運

一、所有國家應進行合作，以制止船舶違反國
際公約在海上從事非法販運麻醉藥品和精神調理
物質。

二、任何國家如有合理根據認為一艘懸掛其
旗幟的船舶從事非法販運麻醉藥品或精神調理物
質，可要求其他國家合作，制止這種販運。

第109條

從公海從事未經許可的廣播

一、所有國家應進行合作，以制止從公海從事
未經許可的廣播。

二、為本公約的目的，「未經許可的廣播」是
指船舶或設施違反國際規章在公海上播送旨在使
公眾收聽或收看的無線電傳音或電視廣播，但遇

難呼號的播送除外。

三、對於從公海從事未經許可的廣播的任何
人，均可向下列國家的法院起訴：

（一）船旗國；

（二）設施登記國；

（三）廣播人所屬國；

（四）可以收到這種廣播的任何國家；或

（五）得到許可的無線電通信受到干擾的任何
國家。

四、在公海上按照第三款有管轄權的國家，可
依照第一一○條逮捕從事未經許可的廣播的任何
人或船舶，並扣押廣播器材。

第110條

登臨權

一、除條約授權的干涉行為外，軍艦在公海上
遇到按照第九十五和第九十六條享有完全豁免權
的船舶以外的外國船舶，非有合理根據認為有下
列嫌疑，不得登臨該船：

（一）該船從事海盜行為；

（二）該船從事奴隸販賣；

（三）該船從事未經許可的廣播而且軍艦的船
旗國依據第一○九條有管轄權；

（四）該船沒有國籍；或

（五）該船雖懸掛外國旗幟或拒不展示其旗
幟，而事實上卻與該軍艦屬同一國籍。

二、在第一款規定的情形下，軍艦可查核該船
懸掛其旗幟的權利。為此目的，軍艦可派一艘由
一名軍官指揮的小艇到該嫌疑船舶。如果檢驗船
舶文件後仍有嫌疑，軍艦可進一步在該船上進行
檢查，但檢查須盡量審慎進行。

三、如果嫌疑經證明為無根據，而且被登臨的
船舶並未從事嫌疑的任何行為，對該船舶可能遭
受的任何損失或損害應予賠償。

四、這些規定比照適用於軍用飛機。

五、這些規定也適用於經正式授權並有清楚
標誌可以識別的為政府服務的任何其他船舶或飛
機。

第111條

緊追權

一、沿海國主管當局有充分理由認為外國船舶
違反該國法律和規章時，可對該外國船舶進行緊
追。此項追逐須在外國船舶或其小艇之一在追逐
國的內水、群島水域、領海或鄰接區內時開始，
而且只有追逐未曾中斷，才可在領海或鄰接區外

繼續進行。當外國船舶在領海或鄰接區內接獲停駛命令時，發出命令的船舶並無必要也在領海或鄰接區內。如果外國船舶是在第三十三條所規定的鄰接區內，追逐只有在設立該區所保護的權利遭到侵犯的情形下才可進行。

二、對於在專屬經濟海域內或大陸礁層上，包括大陸礁層上設施周圍的安全地帶內，違反沿海國按照本公約適用於專屬經濟海域或大陸礁層包括這種安全地帶的法律和規章的行為，應比照適用緊追權。

三、緊追權在被追逐的船舶進入其本國領海或第三國領海時立即終止。

四、除非追逐的船舶以可用的實際方法認定被追逐的船舶或其小艇之一或作為一隊進行活動而以被追逐的船舶為母船的其他船艇是在領海範圍內，或者，根據情況，在鄰接區或專屬經濟海域內或在大陸礁層上，緊追不得認為已經開始。追逐只有在外國船舶視聽所及的距離內發出視覺或聽覺的停駛信號後，才可開始。

五、緊追權只可由軍艦、軍用飛機或其他有清楚標誌可以識別的為政府服務並經授權緊追的船舶或飛機行使。

六、在飛機進行緊追時：

（一）應比照適用第一至第四款的規定；

（二）發出停駛命令的飛機，除非其本身能逮捕該船舶，否則須其本身積極追逐船舶直至其所召喚的沿海國船舶或另一飛機前來接替追逐為止。飛機僅發現船舶犯法或有犯法嫌疑，如果該飛機本身或接著無間斷地進行追逐的其他飛機或船舶既未命令該船停駛也未進行追逐，則不足以構成在領海以外逮捕的理由。

七、在一國管轄範圍內被逮捕並被押解到該國港口以便主管當局審問的船舶，不得僅以其在航行中由於情況需要而曾被押解通過專屬經濟海域的或公海的一部分理由而要求釋放。

八、在無正當理由行使緊追權的情況下，在領海以外被停駛或被逮捕的船舶，對於可能因此遭受的任何損失或損害應獲賠償。

第112條

鋪設海底電纜和管道的權利

一、所有國家均有權在大陸礁層以外的公海海底上鋪設海底電纜和管道。

二、第七十九條第五款適用於這種電纜和管道。

第113條

海底電纜或管道的破壞或損害

每個國家均應制定必要的法律和規章，規定懸掛該國旗幟的船舶或受其管轄的人故意或因重大疏忽而破壞或損害公海海底電纜，致使電報或電話通信停頓或受阻的行為，以及類似的破壞或損害海底管道或高壓電纜的行為，均為應予處罰的罪行。此項規定也應適用於故意或可能造成這種破壞或損害的行為。但對於僅為了保全自己的生命或船舶的正當目的而行事的人，在採取避免破壞或損害的一切必要預防措施後，仍然發生的任何破壞或損害，此項規定不應適用。

第114條

海底電纜或管道的所有人對另一海底電纜或管道的破壞或損害

每個國家應制定必要的法律和規章，規定受其管轄的公海海底電纜或管道的所有人如果在鋪設或修理該項電纜或管道時使另一電纜或管道遭受破壞或損害，應負擔修理的費用。

第115條

因避免損害海底電纜或管道而遭受的損失的賠償

每個國家應制定必要的法律和規章，確保船舶所有人在其能證明因避免損害海底電纜或管道而犧牲錨、網或其他漁具時，應由電纜或管道所有人予以賠償，但須船舶所有人事先曾採取一切合理的預防措施。

第二節　公海生物資源的養護和管理

第116條

公海上捕魚的權利

所有國家均有權由其國民在公海上捕魚，但受下列限制：

（一）其條約義務；

（二）除其他外，第六十三條第二款和第六十四至第六十七條規定的沿海國的權利、義務和利益；和（三）本節各項規定。

第117條

各國為其國民採取養護公海生物資源措施的義務

所有國家均有義務為各該國國民採取，或與其他國家合作採取養護公海生物資源的必要措施。

第118條

各國在養護和管理生物資源方面的合作

各國應互相合作以養護和管理公海區域內的生物資源。凡其國民開發相同生物資源，或在同一區域內開發不同生物資源的國家，應進行談判，以期採取養護有關生物資源的必要措施。為此目的，這些國家應在適當情形下進行合作，以設立分區域或區域漁業組織。

第119條

公海生物資源的養護

一、在對公海生物資源決定可捕量和制定其他養護措施時，各國應：

（一）採取措施，其目的在於根據有關國家可得到的最可靠的科學證據，並在包括發展中國家的特殊要求在內的各種有關環境和經濟因素的限制下，使捕撈的魚種的數量維持在或恢復到能夠生產最高持續產量的水平，並考慮到捕撈方式、種群的相互依存以及任何一般建議的國際最低標準，不論是分區域、區域或全球性的；

（二）考慮到與所捕撈魚種有關聯或依賴該魚種而生存的魚種所受的影響，以便使這種有關聯或依賴的魚種的數量維持在或恢復到其繁殖不會受嚴重威脅的水平以上。

二、在適當情形下，應通過各主管國際組織，不論是分區域、區域或全球性的，並在所有有關國家的參加下，經常提供和交換可獲得的科學情報、漁獲量和漁撈努力量統計，以及其他有關養護魚的種群的資料。

三、有關國家應確保養護措施及其實施不在形式上或事實上對任何國家的漁民有所歧視。

第120條

海洋哺乳動物

第六十五條也適用於養護和管理公海的海洋哺乳動物。

第八部分　島嶼制度

第121條

島嶼制度

一、島嶼是四面環水並在高潮時高於水面的自然形成的陸地區域。

二、除第三款另有規定外，島嶼的領海、鄰接區、專屬經濟海域和大陸礁層應按照本公約適用於其他陸地領土的規定加以確定。

三、不能維持人類居住或其本身的經濟生活的岩礁，不應有專屬經濟海域或大陸礁層。

第九部分　閉海或半閉海

第122條

定義

為本公約的目的，「閉海或半閉海」是指兩個或兩個以上國家所環繞並由一個狹窄的出口連接到另一個海或洋，或全部或主要由兩個或兩個以上沿海國的領海和專屬經濟海域構成的海灣、海盆或海域。

第123條

閉海或半閉海沿岸國的合作

閉海或半閉海沿岸國在行使和履行本公約所規定的權利和義務時，應互相合作。為此目的，這些國家應該盡力直接或通過適當區域組織：

（一）協調海洋生物資源的管理、養護、勘探和開發；

（二）協調行使和履行其在保護和保全海洋環境方面的權利和義務；

（三）協調其科學研究政策，並在適當情形下在該地區進行聯合的科學研究方案；

（四）在適當情形下，邀請其他有關國家或國際組織與其合作以推行本條的規定。

第十部分　內陸國出入海洋的權利和過境自由

第124條

用語

一、為本公約的目的：

（一）「內陸國」是指沒有海岸的國家；

（二）「過境國」是指位於內陸國與海洋之間以及通過其領土進行過境運輸的國家，不論其是否具有海岸；

（三）「過境運輸」是指人員、行李、貨物和運輸工具通過一個或幾個過境國領土的過境，而這種通過不論是否需要轉運、入倉、卸卸或改變運輸方式，都不過是以內陸國領土為起點或終點的旅運全程的一部分；

（四）「運輸工具」是指：

1.鐵路車輛、海洋、湖泊和河川船舶以及公路車輛；

2.在當地情況需要時，搬運工人和馱獸。

二、內陸國和過境國可彼此協議，將管道和煤氣管和未列入第一款的運輸工具列為運輸工具。

第125條

出入海洋的權利和過境自由

一、為行使本公約所規定的各項權利，包括行使與公海自由和人類共同繼承財產有關的權利的目的，內陸國應有權出入海洋。為此目的，內陸國應享有利用一切運輸工具通過過境國領土的過境自由。

二、行使過境自由的條件和方式，應由內陸國和有關過境國通過雙邊、分區域或區域協定予以議定。

三、過境國在其領土行使完全主權時，應有權採取一切必要措施，以確保本部分為內陸國所規定的各項權利和便利絕不侵害其合法利益。

第126條

最惠國條款的不適用

本公約的規定，以及關於行使出入海洋權利的並因顧及內陸國的特殊地理位置而規定其權利和便利的特別協定，不適用最惠國條款。

第127條

關稅、稅捐和其他費用

一、過境運輸應無須繳納任何關稅、稅捐或其他費用，但為此類運輸提供特定服務而徵收的費用除外。

二、對於過境運輸工具和其他為內陸國提供並由其使用的便利，不應徵收高於使用過境國運輸工具所繳納的稅捐或費用。

第128條

自由區和其他海關便利

為了過境運輸的便利，可由過境國和內陸國協議，在過境國的出口港和入口港內提供自由區或其他海關便利。

第129條

合作建造和改進運輸工具

如果過境國內無運輸工具以實現過境自由，或現有運輸工具包括海洋設施和裝備在任何方面有所不足，過境國可與有關內陸國進行合作，以建造或改變這些工具。

第130條

避免或消除過境運輸發生遲延或其他技術性困難的措施

一、過境國應採取一切適當措施避免過境運輸發生遲延或其他技術性困難。

二、如果發生這種遲延或困難，有關過境國和內陸國的主管當局應進行合作，迅速予以消除。

第131條

海港內的同等待遇

懸掛內陸國旗幟的船舶在海港內應享有其他外國船舶所享有的同等待遇。

第132條

更大的過境便利的給予

本公約締約國所議定的或本公約一個締約國給予的大於本公約所規定的過境便利，絕不因本公約而撤銷。本公約也不排除將來給予這種更大的便利。

第十一部分　「區域」

第一節　一般規定

第133條

用語

為本部分的目的：

（一）「資源」是指「區域」內在海床或其下原來位置的一切固體、液體或氣體礦物資源，其中包括多金屬結核；

（二）從「區域」回收的資源稱為「礦物」。

第134條

本部分的範圍

一、本部分適用於「區域」。

二、「區域」內活動應受本部分規定的支配。

三、關於將標明第一條第一款第(1)項所指範圍界限的海圖和地理坐標表交存和予以公布的規定，載於第六部分。

四、本條的任何規定不影響根據第六部分大陸礁層外部界限的劃定或關於劃定海岸相向或相鄰國家間界限的協定的效力。

第135條

上覆水域和上空的法律地位

本部分或依其授予或行使的任何權利，不應影響「區域」上覆水域的法律地位，或這種水域上空的法律地位。

第二節　支配「區域」的原則

第136條

人類的共同繼承財產

「區域」及其資源是人類的共同繼承財產。

第137條

「區域」及其資源的法律地位

一、任何國家不應對「區域」的任何部分或其資源主張或行使主權或主權權利，任何國家或自然人或法人，也不應將「區域」或其資源的任何部分據爲己有。任何這種主權和主權權利的主張或行使，或這種據爲己有的行爲，均應不予承認。

二、對「區域」內資源的一切權利屬於全人類，由管理局代表全人類行使。這種資源不得讓渡。但從「區域」內回收的礦物，只可按照本部分和管理局的規則、規章和程式予以讓渡。

三、任何國家或自然人或法人，除按照本部分外，不應對「區域」礦物主張取得或行使權利。否則，對於任何這種權利的主張、取得或行使，應不予承認。

第138條

國家對於「區域」的一般行爲

各國對於「區域」的一般行爲，應按照本部分的規定、「聯合國憲章」所載原則，以及其他國際法規則，以利維持和平與安全，促進國際合作和相互了解。

第139條

確保遵守本公約的義務和損害賠償責任

一、締約國應有責任確保「區域」內活動，不論是由締約國、國營企業、或由這類國家或其國民有效控制的自然人或法人所從事者，一律依照本部分進行。國際組織對於該組織所進行的「區域」內活動也應有同樣義務。

二、在不妨害國際法規則和附件三第二十二條的情形下，締約國或國際組織應對由於其沒有履行本部分規定的義務而造成的損害負有賠償責任；共同進行活動的締約國或國際組織應承擔連帶賠償責任。但如締約國已依據第一五三條第四款和附件三第四條第四款採取一切必要和適當措施，以確保其根據第一五三條第二款（二）項擔保的人切實遵守規定，則該締約國對於因這種人沒有遵守本部分規定而造成的損害，應無賠償責任。

三、爲國際組織成員的締約國應採取適當措施確保本條對這種組織的實施。

第140條

全人類的利益

一、「區域」內活動應依本部分的明確規定爲全人類的利益而進行，不論各國的地理位置如何，也不論是沿海國或內陸國，並特別考慮到發展中國家和尚未取得完全獨立或聯合國按照其大會第1514（XV）號決議和其他有關大會決議所承認的其他自治地位的人民的利益和需要。

二、管理局應按照第一六〇條第二款（六）項(1)目作出規定，通過任何適當的機構，在無歧視的基礎上公平分配從「區域」內活動取得的財政及其他經濟利益。

第141條

專爲和平目的利用「區域」

「區域」應發放給所有國家，不論是沿海國或內陸國，專爲和平目的利用，不加歧視，也不得妨害本部分其他規定。

第142條

沿海國的權利和合法利益

一、「區域」內活動涉及跨越國家管轄範圍的「區域」內資源礦床時，應適當顧及這種礦床跨越其管轄範圍的任何沿海國的權利和合法利益。

二、應與有關國家保持協商，包括維持一種事前通知的辦法在內，以免侵犯上述權利和利益。如「區域」內活動可能導致對國家管轄範圍內資源的開發，則需事先徵得有關沿海國的同意。

三、本部分或依其授予或行使的任何權利，應均不影響沿海國爲防止、減輕或消除因任何「區域」內活動引起或造成的污染或污染威脅或其他危險事故使其海岸或有關利益受到的嚴重迫切危險而採取與第十二部分有關規定相符的必要措施的權利。

第143條

海洋科學研究

一、「區域」內的海洋科學研究，應按照第十三部分專爲和平目的並爲謀求全人類的利益進。

二、管理局可進行有關「區域」及其資源的海洋科學研究，並可爲此目的訂立合同。管理局應促進和鼓勵在「區域」內進行海洋科學研究，並應協調和傳播所得到的這種研究和分析的結果。

三、各締約國可在「區域」內進行海洋科學研究。各締約國應以下列方式促進「區域」內海洋科學研究方面的國際合作：

（一）參加國際方案，並鼓勵不同國家的人員和管理局人員合作進行海洋科學研究；

（二）確保在適當情形下通過管理局或其他國際組織，爲了發展中國家和技術較不發達國家的利益發展各種方案，以期：

在其對不受修正案拘束的任何締約國的關係上，視爲未修正的本公約的締約國。

（二）專門關於「區域」內活動的任何修正案和附件六的修正案，應在四分之三締約國交存批准書或加入書一年後對所有締約國生效。

五、在修正案按照第五款生效後成爲本公約締約國的國家，應視爲如此修正本公約的締約國。

第317條

退出

一、締約國可給聯合國秘書長書面通知退出本公約，並可說明其理由。未說明理由應不影響退出的效力。退出應自接到通知之日後一年生效，除非通知中指明一個較後的日期。

二、一國不應以退出爲理由而解除該國爲本公約締約國時所承擔的財政和合同義務，退出也不應影響本公約對該國停止生效前因本公約的執行而產生的該國的任何權利、義務或法律地位。

三、退出決不影響任何締約國按照國際法而無須基於本公約即應擔負的履行本公約所載任何義務的責任。

第318條

附件的地位

各附件爲本公約的組成部分，除另有明文規定外，凡提到本公約或其一個部分也就包括提到與其有關的附件。

第319條

保管者

一、聯合國秘書長應爲本公約及其修正案的保管者。

二、秘書長除了作爲保管者的職責以外，應：

（一）將因本公約產生的一般性問題向所有締約國、管理局和主管國際組織提出報告；

（二）將批准、正式確認和加入本公約及其修正案和退出本公約的情況通知管理局；

（三）按照第三一一條第四款將各項協定通知締約國；

（四）向締約國分送按照本公約通知的修正案，以供批准或加入；

（五）按照本公約召開必要的締約國會議。

三、（一）秘書長應向第一五六條所指的觀察員遞送：

1. 第二款（一）項所指的一切報告；

2. 第二款（二）和（三）項所指的通知；和

3. 第二款（四）項所指的修正案案文，供其參考。

（二）秘書長應邀請這種觀察員以觀察員身分參加第二款（五）項所指的締約國會議。

第320條

有效文本

本公約原本應在第三〇五條第二款限制下交存於聯合國秘書長，其阿拉伯文、中文、英文、法文、俄文和西班牙文文本具有同等效力。

爲此，下列全權代表，經正式授權，在本公約上簽字，以資證明。

一九八二年十二月十日訂於蒙特哥灣。

附錄三

聯合國海洋法公約及其執行協定締約國批約年表[1]

締約國批約 年代順序	「公約」締約國（方）	「公約」批准日期 （年-月-日）	「公約」第十一部分 「執行協定」加入日期
1	斐濟 Fiji	1982-12-10	1995-7-28
2	贊比亞 Zambia	1983-3-7	1995-7-28
3	墨西哥 Mexico	1983-3-18	2003-4-10
4	牙買加 Jamaica	1983-3-21	1995-7-28
5	納米比亞 Namibia	1983-4-18	1995-7-28
6	加納 Ghana	1983-6-7	
7	巴哈馬 Bahamas	1983-7-29	1995-7-28
8	伯利茲 Belize	1983-8-13	1994-10-21
9	埃及 Egypt	1983-8-26	
10	科特迪瓦 Côte d'Ivoire	1984-3-26	1995-7-28
11	菲律賓 Philippines	1984-5-8	1997-7-23
12	岡比亞 Gambia	1984-5-22	
13	古巴 Cuba	1984-8-15	2002-10-17
14	塞內加爾 Senegal	1984-10-25	1995-7-25
15	蘇丹 Sudan	1985-1-23	
16	聖盧西亞 Saint Lucia	1985-3-27	
17	多哥 Togo	1985-4-16	1995-7-28
18	突尼斯 Tunisia	1985-4-24	2002-5-24
19	巴林 Bahrain	1985-5-30	

1 截至聯合國2016年6月23日資料，以批約先後爲序。根據「聯合國海洋法公約」第156條規定，公約締約國爲國際海底管理局的當然成員國。

締約國批約 年代順序	「公約」締約國（方）	「公約」批准日期 （年-月-日）	「公約」第十一部分 「執行協定」加入日期
20	冰島 Iceland	1985-6-21	1995-7-28
21	馬里 Mali	1985-7-16	
22	伊拉克 Iraq	1985-7-30	
23	幾內亞 Guinea	1985-9-6	1995-7-28
24	坦桑尼亞 United Republic of Tanzania	1985-9-30	1998-6-25
25	喀麥隆 Cameroon	1985-11-19	2002-8-28
26	印尼 Indonesia	1986-2-3	2000-6-2
27	特裡尼達和多巴哥 Trinidad and Tobago	1986-4-25	1995-7-28
28	科威特 Kuwait	1986-5-2	2002-8-2
29	尼日利亞 Nigeria	1986-8-14	1995-7-28
30	幾內亞比紹 Guinea Bissau	1986-8-25	
31	巴拉圭 Paraguay	1986-9-26	1995-7-10
32	也門 Yemen	1987-7-21	
33	佛得角 Cabo Verde	1987-8-10	
34	聖多美和普林西比 Sao Tome and Principe	1987-11-3	
35	塞浦路斯 Cyprus	1988-12-12	1995-7-27
36	巴西 Brazil	1988-12-22	
37	安提瓜和巴布達 Antigua and Barbuda	1989-2-2	
38	民主剛果 Democratic Republic of the Congo	1989-2-17	
39	肯尼亞 Kenya	1989-3-2	1994-7-29
40	索馬里 Somalia	1989-7-24	
41	阿曼 Oman	1989-8-17	1997-2-26
42	博茨瓦納 Botswana	1990-5-2	2005-1-31
43	烏干達 Uganda	1990-11-9	1995-7-28

締約國批約 年代順序	「公約」締約國（方）	「公約」批准日期 （年-月-日）	「公約」第十一部分 「執行協定」加入日期
44	安哥拉 Angola	1990-12-5	
45	格林納達 Grenada	1991-4-25	1995-7-28
46	密克羅尼西亞 Micronesia (Federated States of)	1991-4-29	1995-9-6
47	馬紹爾群島 Marshall Islands	1991-8-9	
48	塞舌爾 Seychelles	1991-9-16	1994-12-15
49	吉布提 Djibouti	1991-10-8	
50	多米尼加 Dominica	1991-10-24	
51	哥斯達黎加 Costa Rica	1992-9-21	2001-9-20
52	烏拉圭 Uruguay	1992-12-10	
53	聖基茨和尼維斯 Saint Kitts and Nevis	1993-1-7	
54	津巴布韋 Zimbabwe	1993-2-24	1995-7-28
55	馬耳他 Malta	1993-5-20	1996-6-26
56	聖文森特和格林納丁斯 Saint Vincent and the Grenadines	1993-10-1	
57	洪都拉斯 Honduras	1993-10-5	2003-7-28
58	巴巴多斯 Barbados	1993-10-12	1995-7-28
59	圭亞那 Guyana	1993-11-16	
60	波黑 Bosnia and Herzegovina	1994-1-12	
61	科摩羅斯 Comoros	1994-6-21	
62	斯里蘭卡 Sri Lanka	1994-7-19	1995-7-28
63	越南 Viet Nam	1994-7-25	2006-4-27
64	馬其頓 The former Yugoslav Republic of Macedonia	1994-8-19	與批准「公約」日期相同
65	澳大利亞 Australia	1994-10-5	與批准「公約」日期相同

締約國批約 年代順序	「公約」締約國（方）	「公約」批准日期 （年-月-日）	「公約」第十一部分 「執行協定」加入日期
66	德國 Germany	1994-10-14	與批准「公約」日期相同
67	毛里求斯 Mauritius	1994-11-4	與批准「公約」日期相同
68	新加坡 Singapore	1994-11-17	與批准「公約」日期相同
69	塞拉利昂 Sierra Leone	1994-12-12	與批准「公約」日期相同
70	黎巴嫩 Lebanon	1995-1-5	與批准「公約」日期相同
71	意大利 Italy	1995-1-13	與批准「公約」日期相同
72	庫克群島 Cook Islands	1995-2-15	與批准「公約」日期相同
73	克羅地亞 Croatia	1995-4-5	與批准「公約」日期相同
74	玻利維亞 Bolivia	1995-4-28	與批准「公約」日期相同
75	斯洛文尼亞 Slovenia	1995-6-16	與批准「公約」日期相同
76	印度 India	1995-6-29	與批准「公約」日期相同
77	奧地利 Austria	1995-7-14	與批准「公約」日期相同
78	希臘 Greece	1995-7-21	與批准「公約」日期相同
79	湯加 Tonga	1995-8-2	與批准「公約」日期相同
80	薩摩亞 Samoa	1995-8-14	與批准「公約」日期相同
81	約旦 Jordan	1995-11-27	與批准「公約」日期相同
82	阿根廷 Argentina	1995-12-1	與批准「公約」日期相同
83	瑙魯 Nauru	1996-1-23	與批准「公約」日期相同
84	韓國 Republic of Korea	1996-1-29	與批准「公約」日期相同
85	摩納哥 Monaco	1996-3-20	與批准「公約」日期相同
86	格魯吉亞 Georgia	1996-3-21	與批准「公約」日期相同
87	法國 France	1996-4-11	與批准「公約」日期相同
88	沙烏地阿拉伯 Saudi Arabia	1996-4-24	與批准「公約」日期相同
89	斯洛伐克 Slovakia	1996-5-8	與批准「公約」日期相同
90	保加利亞 Slovakia	1996-5-15	與批准「公約」日期相同
91	緬甸 Myanmar	1996-5-21	與批准「公約」日期相同
92	中國 China	1996-6-7	與批准「公約」日期相同

締約國批約 年代順序	「公約」締約國（方）	「公約」批准日期 （年-月-日）	「公約」第十一部分 「執行協定」加入日期
93	阿爾及利亞 Algeria	1996-6-11	與批准「公約」日期相同
94	日本 Japan	1996-6-20	與批准「公約」日期相同
95	捷克 Czech Republic	1996-6-21	與批准「公約」日期相同
96	芬蘭 Finland	1996-6-21	與批准「公約」日期相同
97	愛爾蘭 Ireland	1996-6-21	與批准「公約」日期相同
98	挪威 Norway	1996-6-24	與批准「公約」日期相同
99	瑞典 Sweden	1996-6-25	與批准「公約」日期相同
100	荷蘭 Netherlands	1996-6-28	與批准「公約」日期相同
101	巴拿馬 Panama	1996-7-1	與批准「公約」日期相同
102	毛里塔尼亞 Mauritania	1996-7-17	與批准「公約」日期相同
103	紐西蘭 New Zealand	1996-7-19	與批准「公約」日期相同
104	海地 Haiti	1996-7-31	與批准「公約」日期相同
105	蒙古 Mongolia	1996-8-13	與批准「公約」日期相同
106	帕勞 Palau	1996-9-30	與批准「公約」日期相同
107	馬來西亞 Malaysia	1996-10-14	與批准「公約」加期相同
108	文萊達魯薩蘭國 Brunei Darussalam	1996-11-5	與批准「公約」日期相同
109	羅馬尼亞 Romania	1996-12-17	與批准「公約」日期相同
110	巴布亞新幾內亞 Papua New Guinea	1997-1-14	與批准「公約」日期相同
111	西班牙 Spain	1997-1-15	與批准「公約」日期相同
112	瓜地馬拉 Guatemala	1997-2-11	與批准「公約」日期相同
113	巴基斯坦 Pakistan	1997-2-26	與批准「公約」日期相同
114	俄羅斯 Russian Federation	1997-3-12	與批准「公約」日期相同
115	莫桑比克 Mozambique	1997-3-13	與批准「公約」日期相同
116	所羅門群島 Solomon Islands	1997-6-23	與批准「公約」日期相同
117	赤道幾內亞 Equatorial Guinea	1997-7-21	與批准「公約」日期相同

締約國批約 年代順序	「公約」締約國（方）	「公約」批准日期 （年-月-日）	「公約」第十一部分 「執行協定」加入日期
118	英國 United Kingdom of Great Britain and Northern Ireland	1997-7-25	與批准「公約」日期相同
119	智利 Chile	1997-8-25	與批准「公約」日期相同
120	貝寧 Benin	1997-10-16	與批准「公約」日期相同
121	葡萄牙 Portugal	1997-11-3	與批准「公約」日期相同
122	南非 South Africa	1997-12-23	與批准「公約」日期相同
123	加蓬 Gabon	1998-3-11	與批准「公約」日期相同
124	歐盟 European Union	1998-4-1	與批准「公約」日期相同
125	老撾 Lao People's Democratic Republic	1998-6-5	與批准「公約」日期相同
126	蘇里南 Suriname	1998-7-9	與批准「公約」日期相同
127	尼泊爾 Nepal	1998-11-2	與批准「公約」日期相同
128	比利時 Belgium	1998-11-13	與批准「公約」日期相同
129	波蘭 Poland	1998-11-13	與批准「公約」日期相同
130	烏克蘭 Ukraine	1999-7-26	與批准「公約」日期相同
131	瓦努阿圖 Vanuatu	1999-8-10	與批准「公約」日期相同
132	尼加拉瓜 Nicaragua	2000-5-3	與批准「公約」日期相同
133	馬爾代夫 Maldives	2000-9-7	與批准「公約」日期相同
134	盧森堡 Luxembourg	2000-10-5	與批准「公約」日期相同
135	南斯拉夫 Serbia	2001-3-12	1995-7-28
136	孟加拉國 Bangladesh	2001-7-27	與批准「公約」日期相同
137	馬達加斯加 Madagascar	2001-8-22	與批准「公約」日期相同
138	匈牙利 Hungary	2002-2-5	與批准「公約」日期相同
139	亞美尼亞 Armenia	2002-12-9	與批准「公約」日期相同
140	卡塔爾 Qatar	2002-12-9	與批准「公約」日期相同
141	圖瓦盧 Tuvalu	2002-12-9	與批准「公約」日期相同
142	基裡巴斯 Kiribati	2003-2-24	與批准「公約」日期相同
143	阿爾巴尼亞 Albania	2003-6-23	與批准「公約」日期相同

締約國批約 年代順序	「公約」締約國（方）	「公約」批准日期 （年-月-日）	「公約」第十一部分 「執行協定」加入日期
144	加拿大 Canada	2003-11-7	與批准「公約」日期相同
145	立陶宛 Lithuania	2003-11-12	與批准「公約」日期相同
146	丹麥 Denmark	2004-11-16	與批准「公約」日期相同
147	拉脫維亞 Latvia	2004-12-23	與批准「公約」日期相同
148	布基納法索 Burkina Faso	2005-1-25	與批准「公約」日期相同
149	愛沙尼亞 Estonia	2005-8-26	與批准「公約」日期相同
150	白俄羅斯 Belarus	2006-8-30	與批准「公約」日期相同
151	紐埃 Niue	2006-10-11	與批准「公約」日期相同
152	門的內哥羅（黑山） Montenegro	2006-10-23	與批准「公約」日期相同
153	摩爾多瓦 Republic of Moldova	2007-2-6	與批准「公約」日期相同
154	摩洛哥 Morocco	2007-5-31	與批准「公約」日期相同
155	賴索托 Lesotho	2007-5-31	與批准「公約」日期相同
156	剛果 Congo	2008-7-9	與批准「公約」日期相同
157	賴比瑞亞 Liberia	2008-9-25	與批准「公約」日期相同
158	瑞士 Switzerland	2009-5-1	與批准「公約」日期相同
159	多明尼加共和國 Dominican Republic	2009-7-10	與批准「公約」日期相同
160	查德 Chad	2009-8-14	與批准「公約」日期相同
161	馬拉威 Malawi	2010-9-28	與批准「公約」日期相同
162	泰國 Thailand	2011-5-15	與批准「公約」日期相同
163	厄瓜多爾 Ecuador	2012-9-24	與批准「公約」日期相同
164	史瓦濟蘭 Swaziland	2012-9-24	與批准「公約」日期相同
165	東帝汶 Timor-Leste	2013-1-8	與批准「公約」日期相同
166	尼日 Niger	2013-8-7	與批准「公約」日期相同
167	巴勒斯坦 State of Palestine	2015-1-2	與批准「公約」日期相同
168	亞塞拜然 Azerbaijan	2016-6-16	與批准「公約」日期相同
「公約」與「協定」締約國（方）小計		168（公約）	149（協定）

中華民國領海及鄰接區法

中華民國八十七年一月二十一日制定公布

第1條

為維護中華民國領海之主權及鄰接區權利,特制定本法。

本法未規定者,適用其他有關法律之規定。

第2條

中華民國主權及於領海、領海之上空、海床及其底土。

第3條

中華民國領海為自基線起至其外側十二浬間之海域。

第4條

中華民國領海基線之劃定,採用以直線基線為原則,正常基線為例外之混合基線法。

第5條

中華民國領海之基線及領海外界線,由行政院訂定,並得分批公告之。

第6條

中華民國領海與相鄰或相向國家間之領海重疊時,以等距中線為其分界線。但有協議者,從其協議。前項等距中線,係指該線上各點至中華民國基線上最近點與相鄰或相向國家基線上最近點距離相等之線。

第7條

外國民用船舶在不損害中華民國之和平、良好秩序與安全,並基於互惠原則下,得以連續不停迅速進行且符合本法及其他國際法規則之方式無害通過中華民國領海。前項連續不停迅速進行且符合本法及其他國際法規則之無害通過,必要時得包括停船和下錨在內。但以通常航行所附帶發生者、因不可抗力或遇難必要者、或以救助遇險或遭難人員、船舶或航空器為目的者為限。外國軍用或公務船舶通過中華民國領海應先行告知。外國潛水艇或其他潛水器,於通過中華民國領海時,須在海面上航行,並展示其船籍旗幟。外國

船舶無害通過中華民國領海之管理辦法,由行政院定之。大陸船舶通行中華民國領海,除依照臺灣地區與大陸地區人民關係條例辦理外,並應遵守本法之規定。

第8條

外國船舶通過中華民國領海,有下列情形之一者,非屬無害通過:

一、對中華民國主權或領土完整進行武力威脅或使用武力。

二、以武器進行操練或演習。

三、蒐集情報,使中華民國防務或安全有受損害之虞者。

四、影響中華民國防務或安全之宣傳行為。

五、起落各種飛行器或接載航行裝備。

六、發射、降落或接載軍事裝置。

七、裝卸或上下違反中華民國海關、財政、貿易、檢驗、移民、衛生或環保法令之商品、貨幣或人員。

八、嚴重之污染行為。

九、捕撈生物之活動。

一○、進行研究或測量活動。

一一、干擾中華民國通訊系統或其他設施或設備之行為。

一二、與無害通過無直接關係之其他活動。

第9條

外國核動力船舶、載運核物質或其他有害物質之船舶,欲通過中華民國領海時,須持有依國際協定認可之證書,並經中華民國政府許可與監管;其許可與監管辦法,由行政院定之。

第10條

中華民國政府基於國家利益或安全,得暫停外國船舶在領海特定海域內無害通過。前項特定海域之範圍及暫停無害通過之期間,由行政院公告之。

第11條

中華民國政府得對下列各項或任何一項制定關於領海無害通過的法令：

一、維護航行安全及管理海上交通。

二、保護助航設備和設施，以及其他設備或設施。

三、保護電纜和管道。

四、養護海洋生物資源。

五、防止及處罰違犯我國漁業法令之行為。

六、保全我國環境，並防止、減少和控制環境可能受到的污染。

七、防止及處罰未經許可進行海洋科學研究和水文測量。

八、防止及處罰違犯中華民國海關、財政、移民或衛生法令之行為。

九、防止及處罰與無害通過無直接關係之其他行為。

前項關於領海無害通過的法令，應由行政院公告之。

第12條

中華民國政府基於航行安全、預防海上與海底設施或海洋資源受到破壞或預防海洋環境受到污染，得要求無害通過之外國船舶遵守一定之海道或分道通航制。前項一定之海道或分道通航制內容，由行政院訂定公告之。

第13條

在用於國際航行的臺灣海峽非領海海域部分，中華民國政府可就下列各項或任何一項，制定關於管理外國船舶和航空器過境通行之法令：

一、維護航行安全及管理海上交通。

二、防止、減少和控制環境可能受到的污染。

三、禁止捕魚。

四、防止及處罰違犯中華民國海關、財政、移民或衛生法令，上下任何商品、貨幣或人員之行為。

前項關於海峽過境通行之法令，由行政院公告之。

第14條

中華民國鄰接區為鄰接其領海外側至距離基線二十四浬間之海域；其外界線由行政院訂定，並得分批公告之。

第15條

中華民國政府得在鄰接區內為下列目的制定法令：

一、防止在領土或領海內違犯有關海關、財政、貿易、檢驗、移民、衛生或環保法令、及非法廣播之情事發生。

二、處罰在領土或領海內違犯有關海關、財政、貿易、檢驗、移民、衛生或環保法令、及非法廣播之行為。對於在公海或中華民國領海及鄰接區以外其他海域之任何未經許可之廣播，中華民國政府得制定法令，防止及處罰之。

前二項之法令由行政院公告之。

第16條

於中華民國領海及鄰接區中進行考古、科學研究、或其他任何活動所發現之歷史文物或遺跡等，屬於中華民國所有，並得由中華民國政府依相關法令加以處置。

第17條

中華民國之國防、警察、海關或其他有關機關人員，對於在領海或鄰接區內之人或物，認為有違犯中華民國相關法令之虞者，得進行緊追、登臨、檢查；必要時，得予扣留、逮捕或留置。前項各有關機關人員在進行緊追、登臨、檢查時，得相互替補，接續為之。

第18條

本法自公布日施行。

附錄五

中華民國專屬經濟海域及大陸礁層法

中華民國八十七年一月二十一日制定公布

第1條

　　為維護與行使中華民國專屬經濟海域及大陸礁層之權利，特制定本法。本法未規定者，適用其他有關法律之規定。

第2條

　　中華民國之專屬經濟海域為鄰接領海外側至距離領海基線二百浬間之海域。前項專屬經濟海域包括水體、海床及底土。中華民國之大陸礁層為其領海以外，依其陸地領土自然延伸至大陸邊外緣之海底區域。前項海底區域包括海床及底土。

第3條

　　中華民國專屬經濟海域及大陸礁層之外界界線，由行政院訂定，並得分批公告之。

第4條

　　中華民國之專屬經濟海域或大陸礁層，與相鄰或相向國家間之專屬經濟海域或大陸礁層重疊時，其分界線依衡平原則，以協議方式劃定之。前項協議未能達成前，得與相鄰或相向國家基於諒解及合作之精神，作成過渡時期之臨時安排。前項臨時安排不妨礙最後分界線之劃定。

第5條

　　中華民國在其專屬經濟海域或大陸礁層享有並得行使下列權利：

　　一、探勘、開發、養護、管理海床上覆水域、海床及其底土之生物或非生物資源之主權權利。

　　二、人工島嶼、設施或結構之建造、使用、改變或拆除之管轄權。

　　三、海洋科學研究之管轄權。

　　四、海洋環境保護之管轄權。

　　五、其他依國際法得合理行使之權利。

　　中華民國在其專屬經濟海域享有並得行使利用海水、海流、風力所產生之能源或其他活動之主

權權利。中華民國在其大陸礁層享有並得行使舖設、維護或變更海底電纜或管線之管轄權。

第6條

　　在中華民國專屬經濟海域或大陸礁層從事生物資源或非生物資源之探勘、開發、養護、管理，應依中華民國法令之規定申請許可。

第7條

　　在中華民國專屬經濟海域利用海水、海流、風力生產能源或其他相關活動，應經中華民國政府許可；其許可辦法，由行政院定之。

第8條

　　在中華民國專屬經濟海域或大陸礁層從事人工島嶼、設施或結構之建造、使用、改變或拆除，應經中華民國政府許可；其許可辦法，由行政院定之。中華民國法令適用於前項人工島嶼、設施或結構。第一項人工島嶼、設施或結構之四周，應劃定安全區，採取適當措施，以確保航行安全及人工島嶼、設施或結構之安全。前項安全區之寬度，應符合一般國際標準或相關國際組織所建議之標準。

第9條

　　在中華民國專屬經濟海域或大陸礁層從事海洋科學研究，應經中華民國政府許可，並應接受其管制。中華民國政府於必要時得撤銷許可或暫停或停止其海洋科學研究活動。在中華民國專屬經濟海域或大陸礁層進行海洋科學研究活動，應遵守下列規定：

　　一、不妨礙中華民國在其專屬經濟海域或大陸礁層行使各項權利。

　　二、確保中華民國政府指派代表參與之權利。

　　三、隨時提供進度報告，並提出初步結論與最後結論。

四、隨時提供完整且不損其科學價值之資料複本、數據或樣本及各項評估報告。

五、確保研究資料利用過程中不得損害中華民國安全及利益。

六、在計畫有重大改變時，立即通知中華民國政府。

七、除另有協議外，不得調查海洋資源。

八、不得破壞海洋環境。

九、除另有協議外，在結束後立即拆遷各項研究設施或裝備。

一○、其他相關法律及國際協定之規定。第一項許可辦法，由行政院定之。

第10條

在中華民國專屬經濟海域或大陸礁層傾倒、排洩或處置廢棄物或其他物質，應遵守中華民國法令之規定。

第11條

在中華民國專屬經濟海域航行之船舶，有任何違法污染海洋環境之排放行為時，中華民國得要求該船提供其識別標誌、登記港口、上次停泊及下次停泊之港口，以及其他必要之相關資料，以確定是否有違法行為發生。前項有違法排放嫌疑之船舶，若拒絕提供相關規定之資料，或所提供之資料與實際情況顯然不符，或未持有效證件與紀錄，或依實際情況確有進行檢查之必要時，中華民國得對該船進行實際檢查，並在有充分證據時，提起司法程序。前項被檢查或起訴之船舶，依國際協約規定之程序提供保證書或適當之財物擔保者，應准其繼續航行。

第12條

為因應特殊狀況，中華民國得在其專屬經濟海域劃定特定區域，採取為防止來自船舶之排放、航行及其他行為所生污染之強制性措施。

第13條

在中華民國專屬經濟海域或大陸礁層之活動，除法律另有規定者外，不得損害天然資源或破壞自然生態。中華民國專屬經濟海域或大陸礁層天然資源或自然生態，因行為人故意或過失致損害或破壞時，該行為人與其雇用人應負連帶賠償責任。

第14條

對洄游於中華民國專屬經濟海域內外之魚種，中華民國政府具有養護及管理之權利。外國漁船在捕撈此類魚種時，應適當顧及中華民國對此類魚種之養護及管理措施。前項洄游魚種種類及養護管理措施，由行政院訂定公告之。

第15條

在中華民國大陸礁層從事海底電纜或管道之舖設、維護或變更，其路線之劃定，應經中華民國政府之許可；其許可辦法，由行政院定之。中華民國政府為探勘、開發、管理、養護大陸礁層之非生物資源或定居種生物資源，或為防止、減少、管制管道造成之污染，得不為前項之許可。

第16條

中華民國之國防、警察或其他機關，對在專屬經濟海域或大陸礁層之人或物，認為有違反中華民國相關法令之虞時，得進行緊追、登臨、檢查；必要時，得強制驅離、或逮捕其人員，或扣留其船舶、航空器、設備、物品等，並提起司法程序。

第17條

不遵守法令之規定，在中華民國專屬經濟海域或大陸礁層傾倒、排洩或處置廢棄物或其他物質者，處十年以下有期徒刑、拘役或科或併科新臺幣一億元以下罰金。

第18條

在中華民國專屬經濟海域或大陸礁層，故意損害天然資源或破壞自然生態者，處五年以下有期徒刑、拘役或科或併科新臺幣五千萬元以下罰金。

第19條

未經許可，在中華民國專屬經濟海域或大陸礁層從事人工島嶼設施或結構之建造、使用、改變或拆除者，處新臺幣一千萬元以上五千萬元以下罰鍰，並得沒入建造之人工島嶼、設施或結構，或令其回復原狀。經許可後，違反許可內容或目的者，處新臺幣五百萬元以上二千萬元以下罰鍰，並通知限期改善，屆期仍未改善者，撤銷許可並得強制拆除。

第20條

未經許可，有下列情形之一者，處新臺幣一百萬元以上五百萬元以下罰鍰，並得沒入船舶、設備及採（捕、撈）獲物：

一、在中華民國專屬經濟海域從事生物資源或非生物資源之探勘、開發、管理、養護。

二、在中華民國大陸礁層從事非生物資源或定

居種生物資源之探勘、開發、管理、養護。

經許可後，違反許可內容或目的者，處新臺幣二十萬元以上二百萬元以下罰鍰，並得沒入採（捕、撈）獲物。

第21條

未經許可，在中華民國專屬經濟海域利用海水、海流、風力生產能源或其他相關活動者，處新臺幣二十萬元以上一百萬元以下罰鍰，並得沒入相關設備。

第22條

未經許可，在中華民國專屬經濟海域或大陸礁層從事海洋科學研究者，處新臺幣五十萬元以上二百萬元以下罰鍰，並得沒入相關探測儀器及資料。經許可後，違反許可之內容、目的或第九條第二項所列各款情形者，亦同。

第23條

未經路線劃定許可，在中華民國大陸礁層從事海底電纜或管道之舖設、維護或變更者，處新臺幣二千萬元以上一億元以下罰鍰，並得禁止使用或令其拆除。

第24條

在中華民國專屬經濟海域或大陸礁層，有下列各款情形之一者，依中華民國刑法之相關規定處罰之：

一、對於中華民國公務員依法執行職務時，施強暴脅迫。

二、公然聚眾而有前款行為。

三、毀棄、損壞或隱匿中華民國公務員職務上掌管或委託第三人掌管之文書、圖畫、物品或致令不堪用。

四、損壞、除去或污穢中華民國公務員所施之封印或查封之標示，或為違背其效力之行為。

五、於中華民國公務員依法執行職務時，當場侮辱，或對於其依法執行之職務公然侮辱。

六、意圖使中華民國公務員執行一定之職務或妨害其依法執行一定之職務而施強暴脅迫。

第25條

本法所定罰鍰，經通知限期繳納，屆期仍不繳納者，移送法院強制執行。

第26條

本法自公布日施行。

附錄六

臺灣地區與大陸地區人民關係條例（摘錄）及施行細則（摘錄）

臺灣地區與大陸地區人民關係條例（摘錄）

中華民國九十二年十月二十九日修正公布

第29條

　　大陸船舶、民用航空器及其他運輸工具，非經主管機關許可，不得進入臺灣地區限制或禁止水域、臺北飛航情報區限制區域。前項限制或禁止水域及限制區域，由國防部公告之。第一項許可辦法，由交通部會同有關機關擬訂，報請行政院核定之。

第32條

　　大陸船舶未經許可進入臺灣地區限制或禁止水域，主管機關得逕行驅離或扣留其船舶、物品，留置其人員或為必要之防衛處置。前項扣留之船舶、物品，或留置之人員，主管機關應於三個月內為下列之處分：

　　一、扣留之船舶、物品未涉及違法情事，得發還；若違法情節重大者，得沒入。

　　二、留置之人員經調查後移送有關機關依本條例第十八條收容遣返或強制其出境。

　　本條例實施前，扣留之大陸船舶、物品及留置之人員，已由主管機關處理者，依其處理。

臺灣地區與大陸地區人民關係條例施行細則（摘錄）

中華民國九十二年十二月二十九日修正發布

第42條

大陸船舶未經許可進入臺灣地區限制或禁止水域，主管機關依下列規定處置：

一、進入限制水域者，予以驅離；可疑者，命令停船，實施檢查。驅離無效或涉及走私者，扣留其船舶、物品及留置其人員。

二、進入禁止水域者，強制驅離；可疑者，命令停船，實施檢查。驅離無效、涉及走私或從事非法漁業行為者，扣留其船舶、物品及留置其人員。

三、進入限制、禁止水域從事漁撈或其他違法行為者，得扣留其船舶、物品及留置其人員。

四、前三款之大陸船舶有拒絕停船或抗拒扣留之行為者，得予警告射擊；經警告無效者，得直接射擊船體強制停航；有敵對之行為者，得予以擊燬。

第43條

依前條規定扣留之船舶，由有關機關查證其船上人員有下列情形之一者，沒入之：

一、搶劫臺灣地區船舶之行為。

二、對臺灣地區有走私或從事非法漁業行為者。

三、搭載人員非法入境或出境之行為。

四、對執行檢查任務之船艦有敵對之行為。扣留之船舶因從事漁撈、其他違法行為，或經主管機關查證該船有被扣留二次以上紀錄者，得沒入之。扣留之船舶無前二項所定情形，且未涉及違法情事者，得予以發還。

第44條

本條例第三十二條第一項所稱主管機關，指實際在我水域執行安全維護、緝私及防衛任務之機關。本條例第三十二條第二項所稱主管機關，指海岸巡防機關及其他執行緝私任務之機關。

第45條

前條所定主管機關依第四十二條規定扣留之物品，屬違禁、走私物品、用以從事非法漁業行為之漁具或漁獲物者，沒入之；扣留之物品係用以從事漁撈或其他違法行為之漁具或漁獲物者，得沒入之；其餘未涉及違法情事者，得予以發還。但持有人涉嫌犯罪移送司法機關處理者，其相關證物應併同移送。

附錄七

海岸巡防法

中華民國八十九年一月二十六日制定公布

第1條

　　爲維護臺灣地區海域及海岸秩序，與資源之保護利用，確保國家安全，保障人民權益，特制定本法。本法未規定者，適用有關法律之規定。

第2條

　　本法用詞定義如下：

　　一、臺灣地區：指臺灣、澎湖、金門、馬祖及政府統治權所及之其他地區。

　　二、海域：指中華民國領海及鄰接區法、中華民國專屬經濟海域及大陸礁層法規定之領海、鄰接區及專屬經濟海域。

　　三、海岸：指臺灣地區之海水低潮線以迄高潮線起算五百公尺以內之岸際地區及近海沙洲。

　　四、海岸管制區：指由國防部會同海岸巡防機關、內政部根據海防實際需要，就臺灣地區海岸範圍內劃定公告之地區。

第3條

　　行政院設海岸巡防機關（以下簡稱巡防機關），綜理本法所定事項；其組織以法律定之。

第4條

　　巡防機關掌理下列事項：

　　一、海岸管制區之管制及安全維護事項。

　　二、入出港船舶或其他水上運輸工具之安全檢查事項。

　　三、海域、海岸、河口與非通商口岸之查緝走私、防止非法入出國、執行通商口岸人員之安全檢查及其他犯罪調查事項。

　　四、海域及海岸巡防涉外事務之協調、調查及處理事項。

　　五、走私情報之蒐集，滲透及安全情報之調查處理事項。

　　六、海洋事務研究發展事項。

　　七、執行事項：

　　（一）海上交通秩序之管制及維護事項。

　　（二）海上救難、海洋災害救護及海上糾紛之處理事項。

　　（三）漁業巡護及漁業資源之維護事項。

　　（四）海洋環境保護及保育事項。

　　八、其他有關海岸巡防之事項。前項第五款有關海域及海岸巡防國家安全情報部分，應受國家安全局之指導、協調及支援。

第5條

　　巡防機關人員執行前條事項，得行使下列職權：

　　一、對進出通商口岸之人員、船舶、車輛或其他運輸工具及載運物品，有正當理由，認有違反安全法令之虞時，得依法實施安全檢查。

　　二、對進出海域、海岸、河口、非通商口岸及航行領海內之船舶或其他水上運輸工具及其載運人員、物品，有正當理由，認有違法之虞時，得依法實施檢查。

　　三、對航行海域內之船舶，有正當理由，認有違法之虞時，得命船舶出示船舶文書、航海紀錄及其他有關航海事項之資料。

　　四、對航行海域內之船舶、其他水上運輸工具，根據船舶外觀、國籍旗幟、航行態樣、乘載人員及其他異常舉動，有正當理由，認有違法之虞時，得命船舶或其他水上運輸工具停止航行、回航，其抗不遵照者，得以武力令其配合。但武力之行使，以阻止繼續行駛爲目的。

　　五、對航行海域內之船舶或其他水上運輸工具，如有損害中華民國海域之利益及危害海域秩序行爲或影響安全之虞者，得進行緊追、登臨、檢查、驅離；必要時，得予逮捕、扣押或留置。巡防機關人員執行前項職權，若有緊急需要，得要求附近船舶及人員提供協助。

第6條

　　巡防機關人員行使前條所定職權，有正當理由

認其有身帶物件，且有違法之虞時，得令其交驗該項物件，如經拒絕，得搜索其身體。搜索身體時，應有巡防機關人員二人以上或巡防機關人員以外之第三人在場。搜索婦女之身體，應命婦女行之。

第7條

巡防機關人員執行第四條所定查緝走私、非法入出國事項，必要時得於最靠近進出海岸之交通道路，實施檢查。

第8條

巡防機關人員執行第四條所定查緝走私、非法入出國事項，遇有急迫情形時，得於管轄區域外，逕行調查犯罪嫌疑人之犯罪情形及蒐集證據，並應立即知會有關機關。

第9條

巡防機關人員執行第四條所定查緝走私，應將查緝結果，連同緝獲私貨，移送海關處理。巡防機關人員執行第四條所定查緝走私及防止非法入出國，因而發現犯罪嫌疑者，應依法移送主管機關辦理。

第10條

巡防機關主管業務之簡任職、上校、警監、關務監以上人員，執行第四條所定犯罪調查職務時，視同刑事訴訟法第二百二十九條之司法警察官。前項以外巡防機關主管業務之薦任職、上尉、警正、高級關務員以上人員，執行第四條所定犯罪調查職務時，視同刑事訴訟法第二百三十條之司法警察官。巡防機關前二項以外之人員，執行第四條所定犯罪調查職務時，視同刑事訴訟法第二百三十一條之司法警察。前三項人員，除原具司法警察身分者外，須經司法警察專長訓練，始得服勤執法；其辦法由行政院定之。

第11條

巡防機關與國防、警察、海關及其他相關機關應密切協調、聯繫；關於協助執行事項，並應通知有關主管機關會同處理。前項協調聯繫辦法，由巡防機關會同有關機關定之。

第12條

巡防機關執行第四條所定事項，應配置設備及性能適合執行任務之艦艇、航空器、車輛、武器、彈藥、高科技監控系統及其他必要之器械。前項艦艇、航空器、車輛、武器、彈藥、監控系統等，應予編號，並附加專用標誌，其制式，由巡防機關定之。

第13條

巡防機關人員，執行第四條所定事項，得使用武器及其他必要之器械；其使用辦法，以法律定之，在未完成立法前，除適用警械使用條例之規定外，由巡防機關另定之。

第14條

巡防機關人員執行職務時，應穿著制服或出示證明文件。前項制服、證明文件之制式，由巡防機關定之。

第15條

本法自公布日施行。

附錄八

2015 年海洋專責機關組織法

海洋委員會組織法

中華民國104年7月1日公布

第1條

　　行政院為統合海洋相關政策規劃、協調及推動,並辦理海域與海岸巡防及海洋保育、研究業務,特設海洋委員會(以下簡稱本會)。

第2條

　　本會掌理下列事項:

　　一、海洋總體政策與基本法令之統合規劃、審議、協調及推動。

　　二、海洋產業發展之統合規劃、協調及推動。

　　三、海洋環境保護、資源管理、永續發展、生物多樣性保育與污染防治之統合規劃、審議、協調及推動。

　　四、海域與海岸安全統合規劃、審議、協調及推動。

　　五、海洋文化與教育之統合規劃、協調及推動。

　　六、海洋科學研究與技術發展之統合規劃、審議、協調及推動。

　　七、海洋人力資源發展之統合規劃、審議、協調及推動。

　　八、海洋國際公約內國法化與國際合作之統合規劃、審議、協調及推動。

　　九、所屬海洋研究及人力發展機構之督導、協調及推動。

　　十、其他有關海洋事務統合事項。

第3條

　　本會置主任委員一人,特任;副主任委員三人,其中二人職務比照簡任第十四職等;另一人職務列簡任第十四職等。

　　本會置委員十七人至十九人,由行政院院長派兼或聘兼之。

第4條

　　本會置主任秘書,職務列簡任第十二職等。

第5條

　　本會之次級機關及其業務如下:

　　一、海巡署:規劃與執行海域及海岸巡防事項。

　　二、海洋保育署:規劃與執行海洋保育事項。

第6條

　　本會為應業務需要,得報請行政院核准,派員駐外辦事,並依駐外機構組織通則規定辦理。

第7條

　　本會各職稱之官等職等及員額,另以編制表定之。

　　前項編制表列有官等職等之人員,得在不逾編制員額二分之一範圍內,就官階相當之警察、軍職人員及民國八十九年隨業務移撥之關務人員派充之。

第8條

　　本會成立時,由其他機關移撥人員之任用、管理及權利義務,依各該人員身分適用之相關法令辦理。

第9條

　　本法施行日期,由行政院以命令定之。

海洋委員會海巡署組織法

中華民國104年7月1日公布

第1條

海洋委員會爲辦理海域及海岸巡防業務，特設海巡署（以下簡稱本署）。

第2條

本署掌理下列事項：

一、海洋權益維護之規劃、督導及執行。

二、海事安全維護之規劃、督導及執行。

三、入出港船舶或其他水上運輸工具及通商口岸人員之安全檢查。

四、海域至海岸、河口、非通商口岸之查緝走私、防止非法入出國及其他犯罪調查。

五、公海上對中華民國船舶或依國際協定得登檢之外國船舶之登臨、檢查及犯罪調查。

六、海域與海岸巡防涉外事務之協調、調查及處理。

七、海域及海岸之安全調查。

八、海岸管制區之安全維護。

九、海巡人員教育訓練之督導、協調及推動。

十、其他海岸巡防事項。

第3條

本署置署長一人，由海洋委員會副主任委員其中一人兼任；副署長二人，職務列簡任第十二職等至第十三職等。

第4條

本署置主任秘書，職務列簡任第十一職等至第十二職等。

第5條

本署之次級機關及其業務如下：

一、各地區分署：執行轄區之海域及海岸巡防事項。

二、偵防分署：執行海域、海岸犯罪及安全調查事項。

第6條

本署因應勤務需要，得設勤務單位。

第7條

本署爲應業務需要，得報請行政院核准，派員駐境外辦事，並依駐外機構組織通則規定辦理。

第8條

本署各職稱之官等、職等及員額，另以編制表定之。

前項編制表列有官等、職等之人員，得就官階相當之警察或軍職人員及民國八十九年隨業務移撥之關務人員派充之。

第9條

本署與所屬機關人員之任用、管理及權利義務，依各該人員身分適用之相關法令辦理。

第10條

本署及所屬機關爲應任務需要，所需人員得以兵役人員充任之。

前項兵役人員，另以編組表定之。

第11條

本法施行日期，由行政院以命令定之。

海洋委員會海洋保育署組織法

中華民國104年7月1日公布

第1條

　海洋委員會為辦理海洋生態保育與海洋資源永續管理業務，特設海洋保育署（以下簡稱本署）。

第2條

　本署掌理下列事項：

　一、海洋生態環境保護之規劃、協調及執行。

　二、海洋生物多樣性保育與復育之規劃、協調及執行。

　三、海洋保護區域之整合規劃、協調及執行。

　四、海洋非漁業資源保育、管理之規劃、協調及執行。

　五、海洋污染防治之整合規劃、協調及執行。

　六、海岸與海域管理之規劃、協調及配合。

　七、海洋保育教育推廣與資訊之規劃、協調及執行。

　八、其他海洋保育事項。

第3條

　本署置署長一人，職務比照簡任第十三職等或列簡任第十三職等；副署長二人，職務列簡任第十二職等。

第4條

　本署置主任秘書，職務列簡任第十一職等。

第5條

　本署依據區域生態環境特性及管理需要，得設分署，執行海域與海岸生態環境保護、生物多樣性保育、海洋生物資源利用之調查、規劃、協調、巡護與管理事項。

第6條

　本署因應勤務需要，得設勤務單位。

第7條

　本署為應業務需要，得報請行政院核准，派員駐境外辦事，並依駐外機構組織通則規定辦理。

第8條

　本署各職稱之官等職等及員額，另以編制表定之。

第9條

　本署及所屬機關人員之任用、管理及權利義務，依各該人員身分適用之相關法令辦理。

第10條

　本法施行日期，由行政院以命令定之。

國家海洋研究院組織法

中華民國104年7月1日公布

第1條

海洋委員會為辦理海洋政策規劃、海洋資源調查、海洋科學研究、海洋產業及人力培育發展業務,特設國家海洋研究院(以下簡稱本院)。

第2條

本院掌理下列事項:

一、海洋政策之研究。

二、海洋研究與發展計畫之研擬及執行。

三、海洋研究與發展成果及技術之推廣。

四、海洋研究與發展之資訊蒐集、人才培育引進及國際合作。

五、海洋保育與海巡執法人員之教育、訓練、認證及管理。

六、其他有關海洋政策、研究及人力發展事項。

第3條

本院置院長一人,職務列簡任第十三職等,必要時得比照獨立學院校長或教授以上資格聘任;副院長二人,職務列簡任第十二職等,必要時其中一人得比照教授資格聘任。

第4條

本院置主任秘書,職務列簡任第十一職等。

第5條

本院研究員、副研究員及助理研究員職務,必要時得比照教育人員任用條例相關規定聘任之;其退休、撫卹比照教師相關規定辦理,並報請海洋委員會核定。

第6條

本院各職稱之官等職等及員額,另以編制表定之。

第7條

本法施行日期,由行政院以命令定之。

附錄九
國家安全法

修正日期民國102年08月21日

第1條

為確保國家安全，維護社會安定，特制定本法。

本法未規定者，適用其他有關法律之規定。

第2條

（刪除）

第2-1條

人民不得為外國或大陸地區行政、軍事、黨務或其他公務機關或其設立、指定機構或委託之民間團體刺探、蒐集、交付或傳遞關於公務上應秘密之文書、圖書、消息或物品，或發展組織。

第3條

（刪除）

第4條

警察或海岸巡防機關於必要時，對左列人員、物品及運輸工具，得依其職權實施檢查：

一、入出境之旅客及其所攜帶之物件。

二、入出境之船舶、航空器或其他運輸工具。

三、航行境內之船筏、航空器及其客貨。

四、前二款運輸工具之船員、機員、漁民或其他從業人員及其所攜帶之物件。

對前項之檢查，執行機關於必要時，得報請行政院指定國防命令所屬單位協助執行之。

第5條

為確保海防及軍事設施安全，並維護山地治安，得由國防部會同內政部指定海岸、山地或重要軍事設施地區，劃為管制區，並公告之。

人民入出前項管制區，應向該管機關申請許可。

第一項之管制區，為軍事所必需者，得實施限建、禁建；其範圍，由國防部會同內政部及有關機關定之。

前項限建或禁建土地之稅捐，應予減免。

第5-1條

意圖危害國家安全或社會安定，違反第二條之一規定者，處五年以下有期徒刑或拘役，得併科新臺幣一百萬元以下罰金。

前項之未遂犯罰之。

犯前二項之罪，其他法律有較重處罰之規定者，從其規定。

犯第一項、第二項之罪而自首者，得免除其刑；於偵查或審判中自白者，得減輕其刑。

第6條

無正當理由拒絕或逃避依第四條規定所實施之檢查者，處六月以下有期徒刑、拘役或科或併科新臺幣一萬五千元以下罰金。

第7條

違反第五條第二項未經申請許可無故入出管制區經通知離去而不從者，處六月以下有期徒刑、拘役或科或併科新臺幣一萬五千元以下罰金。

違反第五條第三項禁建、限建之規定，經制止而不從者，處六月以下有期徒刑、拘役或科或併科新臺幣一萬五千元以下罰金。

第8條

非現役軍人，不受軍事審判。

第9條

戒嚴時期戒嚴地域內，經軍事審判機關審判之非現役軍人刑事案件，於解嚴後依左列規定處理：

一、軍事審判程序尚未終結者，偵查中案件移送該管檢察官偵查，審判中案件移送該管法院審判。

二、刑事裁判已確定者，不得向該管法院上訴或抗告。但有再審或非常上訴之原因者，得依法聲請再審或非常上訴。

三、刑事裁判尚未執行或在執行中者，移送該管檢察官指揮執行。

第10條

本法施行細則及施行日期，由行政院定之。

附錄十

入出國及移民法

中華民國八十八年五月二十一日總統華總一義字第八八○○一一九七四○號令公布
中華民國一百年十一月二十三日總統華總一義字第10000259761號令修正入出國及
移民法第六條、第十五條、第二十一條、第三十六條、第三十八條、第七十四條及第
八十八條條文；自中華民國一百年十二月九日起施行；施行日期由行政院定之

第一章 總 則

第1條

為統籌入出國管理，確保國家安全、保障人權；規範移民事務，落實移民輔導，特制定本法。

第2條

本法之主管機關為內政部。

第3條

本法用詞定義如下：

一、國民：指具有中華民國（以下簡稱我國）國籍之居住臺灣地區設有戶籍國民或臺灣地區無戶籍國民。

二、機場、港口：指經行政院核定之入出國機場、港口。

三、臺灣地區：指臺灣、澎湖、金門、馬祖及政府統治權所及之其他地區。

四、居住臺灣地區設有戶籍國民：指在臺灣地區設有戶籍，現在或原在臺灣地區居住之國民，且未依臺灣地區與大陸地區人民關係條例喪失臺灣地區人民身分。

五、臺灣地區無戶籍國民：指未曾在臺灣地區設有戶籍之僑居國外國民及取得、回復我國國籍尚未在臺灣地區設有戶籍國民。

六、過境：指經由我國機場、港口進入其他國家、地區，所作之短暫停留。

七、停留：指在臺灣地區居住期間未逾六個月。

八、居留：指在臺灣地區居住期間超過六個月。

九、永久居留：指外國人在臺灣地區無限期居住。

十、定居：指在臺灣地區居住並設立戶籍。

十一、跨國（境）人口販運：指以買賣或質押人口、性剝削、勞力剝削或摘取器官等為目的，而以強暴、脅迫、恐嚇、監控、藥劑、催眠術、詐術、不當債務約束或其他強制方法，組織、招募、運送、轉運、藏匿、媒介、收容外國人、臺灣地區無戶籍國民、大陸地區人民、香港或澳門居民進入臺灣地區或使之隱蔽之行為。

十二、移民業務機構：指依本法許可代辦移民業務之公司。

十三、跨國（境）婚姻媒合：指就居住臺灣地區設有戶籍國民與外國人、臺灣地區無戶籍國民、大陸地區人民、香港或澳門居民間之居間報告結婚機會或介紹婚姻對象之行為。

第4條

入出國者，應經內政部入出國及移民署（以下簡稱入出國及移民署）查驗；未經查驗者，不得入出國。

入出國及移民署於查驗時，得以電腦或其他科技設備，蒐集及利用入出國者之入出國紀錄。

前二項查驗時，受查驗者應備文件、查驗程序、資料蒐集與利用應遵行事項之辦法，由主管機關定之。

第二章 國民入出國

第5條

居住臺灣地區設有戶籍國民入出國，不須申請許可。但涉及國家安全之人員，應先經其服務機關核准，始得出國。

臺灣地區無戶籍國民入國，應向入出國及移民署申請許可。

第一項但書所定人員之範圍、核准條件、程序及其他應遵行事項之辦，分別由國家安全局、

內政部、國防部、法務部、行政院海岸巡防署定
之。

第6條

國民有下列情形之一者，入出國及移民署應禁
止其出國：

一、經判處有期徒刑以上之刑確定，尚未執行
或執行未畢。但經宣告六月期徒刑或緩刑者，不
在此限。

二、通緝中。

三、因案經司法或軍法機關限制出國。

四、有事實足認有妨害國家安全或社會安定之
重大嫌疑。

五、涉及內亂罪、外患罪重大嫌疑。

六、涉及重大經濟犯罪或重大刑事案件嫌疑。

七、役男或尚未完成兵役義務者。但依法令得
准其出國者，不在此限。

八、護照、航員證、船員服務手冊或入國許可
證件係不法取得、偽造、變造或冒用。

九、護照、航員證、船員服務手冊或入國許可
證件未依第四條規定查驗。

十、依其他法律限制或禁止出國。

受保護管束人經指揮執行之少年法院法官或檢
察署檢察官核准出國者，入出國及移民署得同意
其出國。

第一項第二款規定禁止出國者，入出國及移民
署於查驗發現時應通知管轄司法警察機關處理，
入國時查獲亦同；依第一項第八款規定禁止出國
者，入出國及移民署於查驗發現時應立即逮捕，
移送司法機關。

第一項第一款至第三款應禁止出國之情形，由
司法、軍法機關通知入出國及移民署；第十款情
形，由各權責機關通知入出國及移民署。

司法、軍法機關、法務部調查局或內政部警
政署因偵辦第一項第四款至第六款案件，情況急
迫，得通知入出國及移民署禁止出國，禁止出國
之期間自通知時起算，不得逾二十四小時。

除依第一項第二款或第八款規定禁止出國者，
無須通知當事人外，依第一款、第三款規定禁止
出國者，入出國及移民署經各權責機關通知後，
應以書面敘明理由通知當事人；依第十款規定限
制或禁止出國者，由各權責機關通知當事人；依
第七款、第九款、第十款及前項規定禁止出國
者，入出國及移民署於查驗時，當場以書面敘明
理由交付當事人，並禁止其出國。

第7條

臺灣地區無戶籍國民有下列情形之一者，入出
國及移民署應不予許可或禁止入國：

一、參加暴力或恐怖組織或其活動。

二、涉及內亂罪、外患罪重大嫌疑。

三、涉嫌重大犯罪或有犯罪習慣。

四、護照或入國許可證件係不法取得、偽造、
變造或冒用。

臺灣地區無戶籍國民兼具有外國國籍，有前項
各款或第十八條第一項各款規定情形之一者，入
出國及移民署得不予許可或禁止入國。

第一項第三款所定重大犯罪或有犯罪習慣及前
條第一項第六款所定重大經濟犯罪或重大刑事案
件之認定標準，由主管機關會同法務部定之。

第三章　臺灣地區無戶籍國民停留、居留及定居

第8條

臺灣地區無戶籍國民向入出國及移民署申請在
臺灣地區停留者，其停留期間為三個月；必要時
得延期一次，並自入國之翌日起，併計六個月為
限。但有下列情形之一並提出證明者，入出國及
移民署得酌予再延長其停留期間及次數：

一、懷胎七個月以上或生產、流產後二個月未
滿。

二、罹患疾病住院或懷胎，出國有生命危險之
虞。

三、在臺灣地區設有戶籍之配偶、直系血親、
三親等內之旁系血親、二親等內之姻親在臺灣地
區患重病或受重傷而住院或死亡。

四、遭遇天災或其他不可避免之事變。

五、人身自由依法受拘束。

依前項第一款或第二款規定之延長停留期間，
每次不得逾二個月；第三款規定之延長停留期
間，自事由發生之日起不得逾二個月；第四款規
定之延長停留期間，不得逾一個月；第五款規定
之延長停留期間，依事實需要核給。

前二項停留期間屆滿，除依規定許可居留或定
居者外，應即出國。

第9條

臺灣地區無戶籍國民有下列情形之一者，得向
入出國及移民署申請在臺灣地區居留：

一、有直系血親、配偶、兄弟姊妹或配偶之父
母現在在臺灣地區設有戶籍。其親屬關係因收養

發生者,被收養者年齡應在十二歲以下,且與收養者在臺灣地區共同居住,並以二人為限。

二、現任僑選立法委員。

三、歸化取得我國國籍。

四、居住臺灣地區設有戶籍國民在國外出生之子女,年齡在二十歲以上。

五、持我國護照入國,在臺灣地區合法連續停留七年以上,且每年居住一百八十三日以上。

六、在臺灣地區有一定金額以上之投資,經中央目的事業主管機關核准或備查。

七、曾在臺灣地區居留之第十二款僑生畢業後,返回僑居地服務滿二年。

八、對國家、社會有特殊貢獻,或為臺灣地區所需之高級專業人才。

九、具有特殊技術或專長,經中央目的事業主管機關延聘回國。

十、前款以外,經政府機關或公私立大專校院任用或聘僱。

十一、經中央勞工主管機關或目的事業主管機關許可在臺灣地區從事就業服務法第四十六條第一項第一款至第七款或第十一款工作。

十二、經中央目的事業主管機關核准回國就學之僑生。

十三、經中央目的事業主管機關核准回國接受職業技術訓練之學員生。

十四、經中央目的事業主管機關核准回國從事研究實習之碩士、博士研究生。

十五、經中央勞工主管機關許可在臺灣地區從事就業服務法第四十六條第一項第八款至第十款工作。

前項第一款、第二款、第四款至第十一款規定,申請人之配偶及未成年子女得隨同申請;未隨同本人申請者,得於本人入國居留許可後定居許可前申請之。本人居留許可依第十一條第二項規定,撤銷或廢止時,其配偶及未成年子女之居留許可併同撤銷或廢止之。

依第一項規定申請居留經許可者,入出國及移民署應發給臺灣地區居留證,其有效期間自入國之翌日起算,最長不得逾三年。

臺灣地區無戶籍國民居留期限屆滿前,原申請居留原因仍繼續存在者,得向入出國及移民署申請延期。

依前項規定申請延期經許可者,其臺灣地區居留證之有效期間,應自原居留屆滿之翌日起延期,最長不得逾三年。

臺灣地區無戶籍國民於居留期間內,居留原因消失者,入出國及移民署應廢止其居留許可。但依第一項第一款規定申請居留之直系血親、配偶、兄弟姊妹或配偶之父母死亡者,不在此限,並得申請延期,其申請延期,以一次為限,最長不得逾三年。

臺灣地區無戶籍國民於居留期間,變更居留地址或服務處所時,應向入出國及移民署申請辦理變更登記。

主管機關得衡酌國家利益,依不同國家或地區擬訂臺灣地區無戶籍國民每年申請在臺灣地區居留之配額,報請行政院核定後公告之。但有未成年子女在臺灣地區設有戶籍,或結婚滿四年,其配偶在臺灣地區設有戶籍者,不受配額限制。

臺灣地區無戶籍國民經許可入國,逾期停留未逾十日,其居留申請案依前項規定定有配額限制者,依規定核配時間每次延後一年許可。但有前條第一項各款情形之一者,不在此限。

第10條

臺灣地區無戶籍國民有下列情形之一者,得向入出國及移民署申請在臺灣地區定居:

一、前條第一項第一款至第十一款之申請人及其隨同申請之配偶及未成年子女,經依前條規定許可居留者,在臺灣地區連續居留或居留滿一定期間,仍具備原居留條件。但依前條第一項第二款或第八款規定許可居留者,不受連續居留或居留滿一定期間之限制。

二、居住臺灣地區設有戶籍國民在國外出生之子女,未滿二十歲。

依前項第一款規定申請定居,其親屬關係因結婚發生者,應存續三年以上。但婚姻關係存續期間已生產子女者,不在此限。

第一項第一款所定連續居留或居留滿一定期間,規定如下:

一、依前條第一項第一款至第九款規定申請者,為連續居住一年,或居留滿二年且每年居住二百七十日以上,或居留滿五年且每年居住一百八十三日以上。

二、依前條第一項第十款或第十一款規定申請者,為連續居住三年,或居留滿五年且每年居住二百七十日以上,或居留滿七年且每年居住一百八十三日以上。

臺灣地區無戶籍國民於前項居留期間出國,係

經政府機關派遣或核准，附有證明文件者，不視為居住期間中斷，亦不予計入在臺灣地區居住期間。

臺灣地區無戶籍國民於居留期間依親對象死亡或與依親對象離婚，其有未成年子女在臺灣地區設有戶籍且得行使或負擔該子女之權利義務，並已連續居留或居留滿一定期間者，仍得向入出國及移民署申請定居，不受第一項第一款所定仍具備原居留條件之限制。

申請定居，除第一項第一款但書規定情形外，應於連續居留或居留滿一定期間後二年內申請之。申請人之配偶及未成年子女，得隨同申請，或於其定居許可後申請之。

臺灣地區無戶籍國民經許可定居者，應於三十日內向預定申報戶籍地之戶政事務所辦理戶籍登記，逾期未辦理者，入出國及移民署得廢止其定居許可。

臺灣地區無戶籍國民申請入國、居留或定居之申請程序、應備文件、核發證件種類、效期及其他應遵行事項之辦法，由主管機關定之。

第11條

臺灣地區無戶籍國民申請在臺灣地區居留或定居，有下列情形之一者，入出國及移民署得不予許可：

一、有事實足認有妨害國家安全或社會安定之重大嫌疑。

二、曾受有期徒刑以上刑之宣告。

三、未經許可而入國。

四、冒用身分或以不法取得、偽造、變造之證件申請。

五、曾經協助他人非法入出國或身分證件提供他人持以非法入出國。

六、有事實足認其係通謀而為虛偽之結婚。

七、親屬關係因收養而發生，被收養者入國後與收養者無在臺灣地區共同居住之事實。

八、中央衛生主管機關指定健康檢查項目不合格。但申請人未滿二十歲，不在此限。

九、曾經從事與許可原因不符之活動或工作。

十、曾經逾期停留。

十一、經合法通知，無正當理由拒絕到場面談。

十二、無正當理由規避、妨礙或拒絕接受第七十條之查察。

十三、其他經主管機關認定公告者。

經許可居留後，有前項第一款至第八款情形之一，或發現申請當時所提供之資料係虛偽不實者，入出國及移民署得撤銷或廢止其居留許可。

經許可定居後，有第一項第四款或第六款情形之一，或發現申請當時所提供之資料係虛偽不實者，得撤銷或廢止其定居許可；已辦妥戶籍登記者，戶政機關並得撤銷或註銷其戶籍登記。

依前二項規定撤銷或廢止居留、定居許可者，應自得撤銷或廢止之情形發生後五年內，或知有得撤銷或廢止之情形後二年內為之。但有第一項第四款或第六款規定情形者，不在此限。

第一項第九款及第十款之不予許可期間，自其出國之翌日起算至少為一年，並不得逾三年。

第一項第十二款規定，於大陸地區人民、香港或澳門居民申請在臺灣地區居留或定居時，準用之。

第12條

臺灣地區無戶籍國民持憑外國護照或無國籍旅行證件入國者，除合於第9條第一項第三款或第十條第一項第二款情形者外，應持憑外國護照或無國籍旅行證件出國，不得申請居留或定居。

第13條

臺灣地區無戶籍國民停留期間，有下列情形之一者，入出國及移民署得廢止其停留許可：

一、有事實足認有妨害國家安全或社會安定之虞。

二、受有期徒刑以上刑之宣告，於刑之執行完畢、假釋、赦免或緩刑。

第14條

臺灣地區無戶籍國民停留、居留、定居之許可經撤銷或廢止者，入出國及移民署應限令其出國。

臺灣地區無戶籍國民應於接到前項限令出國通知後十日內出國。

臺灣地區無戶籍國民居留、定居之許可經撤銷或廢止，入出國及移民署為限令出國處分前，得召開審查會，並給予當事人陳述意見之機會。

前項審查會之組成、審查要件、程序等事宜，由主管機關定之。

第15條

臺灣地區無戶籍國民未經許可入國，或經許可入國已逾停留、居留或限令出國之期限者，入出國及移民署得逕行強制其出國，並得限制再入

國。

臺灣地區無戶籍國民逾期居留未滿三十日，且原申請居留原因仍繼續存在者，經依第八十五條第四款規定處罰後，得向入出國及移民署重新申請居留；其申請定居，核算在臺灣地區居留期間，應扣除一年。

第一項受強制出國者於出國前，入出國及移民署得暫予收容。出國後，入出國及移民署得廢止其入國許可，並註銷其入國許可證件。

前三項規定，於本法施行前入國者，亦適用之。

第一項所定強制出國之處理方式、程序、管理及其他應遵行事項之辦法，由主管機關定之。

第一項之強制出國，準用第三十六條第一項但書、第二項及第三十八條第八項規定；第三項之收容，準用第三十八條第二項至第八項及第三十九條規定。

第16條

臺灣地區無戶籍國民，因僑居地區之特殊狀況，必須在臺灣地區居留或定居者，由主管機關就特定國家、地區訂定居留或定居辦法，報請行政院核定，不受第九條及第十條規定之限制。

本法施行前已入國之泰國、緬甸或印尼地區無國籍人民及臺灣地區無戶籍國民未能強制其出國者，入出國及移民署應許可其居留。

中華民國八十八年五月二十一日至九十七年十二月三十一日入國之無國籍人民及臺灣地區無戶籍國民，係經教育部或僑務委員會核准自泰國、緬甸地區回國就學或接受技術訓練，未能強制其出國者，入出國及移民署應許可其居留。

中華民國八十八年五月二十一日至九十七年十二月三十一日入國之印度或尼泊爾地區無國籍人民，未能強制其出國，且經蒙藏委員會認定其身分者，入出國及移民署應許可其居留。

前三項所定經許可居留之無國籍人民在國內取得國籍者及臺灣地區無戶籍國民，在臺灣地區連續居住三年，或居留滿五年且每年居住二百七十日以上，或居留滿七年且每年居住一百八十三日以上，得向入出國及移民署申請在臺灣地區定居。

臺灣地區無戶籍國民於前項所定居留期間出國，係經政府機關派遣或核准，附有證明文件者，不視為居住期間中斷，亦不予計入在臺灣地區居住期間。

第17條

十四歲以上之臺灣地區無戶籍國民，進入臺灣地區停留或居留，應隨身攜帶護照、臺灣地區居留證、入國許可證件或其他身分證明文件。

入出國及移民署或其他依法令賦予權責之公務員，得於執行公務時，要求出示前項證件。其相關要件與程序，準用警察職權行使法第二章之規定。

第四章　外國人入出國
第18條

外國人有下列情形之一者，入出國及移民署得禁止其入國：

一、未帶護照或拒不繳驗。

二、持用不法取得、偽造、變造之護照或簽證。

三、冒用護照或持用冒領之護照。

四、護照失效、應經簽證而未簽證或簽證失效。

五、申請來我國之目的作虛偽之陳述或隱瞞重要事實。

六、攜帶違禁物。

七、在我國或外國有犯罪紀錄。

八、患有足以妨害公共衛生或社會安寧之傳染病、精神疾病或其他疾病。

九、有事實足認其在我國境內無力維持生活。但依親友已有擔保之情形，不在此限。

十、持停留簽證而無回程或次一目的地之機票、船票，或未辦妥次一目的地之入國簽證。

十一、曾經被拒絕入國、限令出國或驅逐出國。

十二、曾經逾期停留、居留或非法工作。

十三、有危害我國利益、公共安全或公共秩序之虞。

十四、有妨害善良風俗之行為。

十五、有從事恐怖活動之虞。

外國政府以前項各款以外之理由，禁止我國國民進入該國者，入出國及移民署經報請主管機關會商外交部後，得以同一理由，禁止該國國民入國。

第一項第十二款之禁止入國期間，自其出國之翌日起算至少為一年，並不得逾三年。

第19條

搭乘航空器、船舶或其他運輸工具之外國人，有下列情形之一者，入出國及移民署依機、船長、運輸業者、執行救護任務機關或施救之機、船長之申請，得許可其臨時入國：

一、轉乘航空器、船舶或其他運輸工具。

二、疾病、避難或其他特殊事故。

三、意外迫降、緊急入港、遇難或災變。

四、其他正當理由。

前項所定臨時入國之申請程序、應備文件、核發證件、停留期間、地區、管理及其他應遵行事項之辦法，由主管機關定之。

第20條

航空器、船舶或其他運輸工具所搭載之乘客，因過境必須在我國過夜住宿者，得由機、船長或運輸業者向入出國及移民署申請許可。

前項乘客不得擅離過夜住宿之處所；其過夜住宿之申請程序、應備文件、住宿地點、管理及其他應遵行事項之辦法，由主管機關定之。

第21條

外國人有下列情形之一者，入出國及移民署應禁止其出國：

一、經司法機關通知限制出國。

二、經財稅機關通知限制出國。

外國人因其他案件在依法查證中，經有關機關請求限制出國者，入出國及移民署得禁止其出國。

禁止出國者，入出國及移民署應以書面敘明理由，通知當事人。

前三項禁止出國之規定，於大陸地區人民、香港或澳門居民準用之。

第五章 外國人停留、居留及永久居留

第22條

外國人持有效簽證或適用以免簽證方式入國之有效護照或旅行證件，經入出國及移民署查驗許可入國後，取得停留、居留許可。

依前項規定取得居留許可者，應於入國後十五日內，向入出國及移民署申請外僑居留證。

外僑居留證之有效期間，自許可之翌日起算，最長不得逾三年。

第23條

持停留期限在六十日以上，且未經簽證核發機關加註限制不准延期或其他限制之有效簽證入國之外國人，有下列情形之一者，得向入出國及移民署申請居留，經許可者，發給外僑居留證：

一、配偶為現在在臺灣地區居住且設有戶籍或獲准居留之我國國民，或經核准居留或永久居留之外國人。但該核准居留之外國籍配偶係經中央勞工主管機關許可在我國從事就業服務法第四十六條第一項第八款至第十款工作者，不得申請。

二、未滿二十歲之外國人，其直系尊親屬為現在在臺灣地區設有戶籍或獲准居留之我國國民，或經核准居留或永久居留之外國人。其親屬關係因收養而發生者，被收養者應與收養者在臺灣地區共同居住。

三、經中央勞工主管機關或目的事業主管機關許可在我國從事就業服務法第四十六條第一項第一款至第七款或第十一款工作。

四、在我國有一定金額以上之投資，經中央目的事業主管機關核准或備查之投資人或外國法人投資人之代表人。

五、經依公司法認許之外國公司在我國境內之負責人。

六、基於外交考量，經外交部專案核准在我國改換居留簽證。

外國人持居留簽證入國後，因居留原因變更，而有前項各款情形之一者，應向入出國及移民署申請變更居留原因。但有前項第一款但書規定者，不得申請。

依前項規定申請變更居留原因，經入出國及移民署許可者，應重新發給外僑居留證，並核定其居留效期。

第24條

外國人依前條規定申請居留或變更居留原因，有下列情形之一者，入出國及移民署得不予許可：

一、有危害我國利益、公共安全、公共秩序之虞。

二、有從事恐怖活動之虞。

三、曾有犯罪紀錄或曾遭拒絕入國、限令出國或驅逐出國。

四、曾非法入國。

五、冒用身分或以不法取得、偽造、變造之證件申請。

六、曾經協助他人非法入出國或提供身分證件

予他人持以非法入出國。

七、有事實足認其係通謀而為虛偽之結婚或收養。

八、中央衛生主管機關指定健康檢查項目不合格。

九、所持護照失效或其外國人身分不為我國承認或接受。

十、曾經逾期停留、逾期居留。

十一、曾經在我國從事與許可原因不符之活動或工作。

十二、妨害善良風俗之行為。

十三、經合法通知，無正當理由拒絕到場面談。

十四、無正當理由規避、妨礙或拒絕接受第七十條之查察。

十五、曾為居住臺灣地區設有戶籍國民其戶籍未辦妥遷出登記，或年滿十五歲之翌年一月一日起至屆滿三十六歲之年十二月三十一日止，尚未履行兵役義務之接近役齡男子或役齡男子。

十六、其他經主管機關認定公告者。

外國政府以前項各款以外之理由，不予許可我國國民在該國居留者，入出國及移民署經報請主管機關會商外交部後，得以同一理由，不予許可該國國民在我國居留。

第一項第十款及第十一款之不予許可期間，自其出國之翌日起算至少為一年，並不得逾三年。

第25條

外國人在我國合法連續居留五年，每年居住超過一百八十三日，或居住臺灣地區設有戶籍國民，其外國籍之配偶、子女在我國合法居留十年以上，其中有五年每年居留超過一百八十三日，並符合下列要件者，得向入出國及移民署申請永久居留。但以就學或經中央勞工主管機關許可在我國從事就業服務法第四十六條第一項第八款至第十款工作之原因許可居留者及以其為依親對象許可居留者，在我國居留（住）之期間，不予計入：

一、二十歲以上。

二、品行端正。

三、有相當之財產或技能，足以自立。

四、符合我國國家利益。

中華民國九十一年五月三十一日前，外國人曾在我國合法居住二十年以上，其中有十年每年居住超過一百八十三日，並符合前項第一款至第三款及第五款要件者，得向入出國及移民署申請永久居留。

外國人有下列情形之一者，雖不具第一項要件，亦得向入出國及移民署申請永久居留：

一、對我國有特殊貢獻。

二、為我國所需之高級專業人才。

三、在文化、藝術、科技、體育、產業等各專業領域，參加國際公認之比賽、競技、評鑑得有首獎者。

外國人得向入出國及移民署申請在我國投資移民，經審核許可且實行投資者，同意其永久居留。

外國人兼具有我國國籍者，不得申請永久居留。

依第一項或第二項規定申請外僑永久居留，經合法通知，無正當理由拒絕到場面談者，入出國及移民署得不予許可。

經許可永久居留者，入出國及移民署應發給外僑永久居留證。

主管機關得衡酌國家利益，依不同國家或地區擬訂外國人每年申請在我國居留或永久居留之配額，報請行政院核定後公告之。但因投資、受聘僱工作、就學或為臺灣地區設有戶籍國民之配偶及未成年子女而依親居留者，不在此限。

依第一項或第二項規定申請永久居留者，應於居留及居住期間屆滿後二年內申請之。

第26條

有下列情形之一者，應於事實發生之翌日起三十日內，向入出國及移民署申請居留，經許可者，發給外僑居留證：

一、喪失我國國籍，尚未取得外國國籍。

二、喪失原國籍，尚未取得我國國籍。

三、在我國出生之外國人，出生時其父或母持有外僑居留證或外僑永久居留證。

四、依第二十三條第一項第六款規定改換居留簽證。

第27條

下列外國人得在我國居留，免申請外僑居留證：

一、駐我國之外交人員及其眷屬、隨從人員。

二、駐我國之外國機構、國際機構執行公務者及其眷屬、隨從人員。

三、其他經外交部專案核發禮遇簽證者。

前項人員，得由外交部列冊知會入出國及移民

署。

第28條

十四歲以上之外國人，入國停留、居留或永久居留，應隨身攜帶護照、外僑居留證或外僑永久居留證。

入出國及移民署或其他依法令賦予權責之公務員，得於執行公務時，要求出示前項證件。其相關要件與程序，準用警察職權行使法第二章之規定。

第29條

外國人在我國停留、居留期間，不得從事與許可停留、居留原因不符之活動或工作。但合法居留者，其請願及合法集會遊行，不在此限。

第30條

入出國及移民署在國家發生特殊狀況時，為維護公共秩序或重大利益，得對外國人依相關法令限制其住居所、活動或課以應行遵守之事項。

第31條

外國人停留或居留期限屆滿前，有繼續停留或居留之必要時，應向入出國及移民署申請延期。

依前項規定申請居留延期經許可者，其外僑居留證之有效期間應自原居留屆滿之翌日起延期，最長不得逾三年。

外國人逾期居留未滿三十日，原申請居留原因仍繼續存在者，經依第八十五條第四款規定處罰後，得向入出國及移民署重新申請居留；其申請永久居留者，核算在臺灣地區居留期間，應扣除一年。

入出國及移民署對於外國人於居留期間內，居留原因消失者，廢止其居留許可，並註銷其外僑居留證。但有下列各款情形之一者，得准予繼續居留：

一、因依親對象死亡。

二、外國人為臺灣地區設有戶籍國民之配偶，其本人遭受配偶身體或精神虐待，經法院核發保護令。

三、外國人於離婚後取得在臺灣地區已設有戶籍未成年親生子女監護權。

四、因遭受家庭暴力經法院判決離婚，且有在臺灣地區設有戶籍之未成年親生子女。

五、因居留許可被廢止而遭強制出國，對在臺灣地區已設有戶籍未成年親生子女造成重大且難以回復損害之虞。

六、外國人與本國雇主發生勞資爭議，正在進行爭訟程序。

外國人於居留期間，變更居留住址或服務處所時，應向入出國及移民署申請辦理變更登記。

第一項、第三項及前項所定居留情形，並準用第二十二條第二項規定。

第32條

入出國及移民署對有下列情形之一者，撤銷或廢止其居留許可，並註銷其外僑居留證：

一、申請資料虛偽或不實。

二、持用不法取得、偽造或變造之證件。

三、經判處一年有期徒刑以上之刑確定。但因過失犯罪者，不在此限。

四、回復我國國籍。

五、取得我國國籍。

六、兼具我國國籍，以國民身分入出國、居留或定居。

七、已取得外僑永久居留證。

八、受驅逐出國。

第33條

入出國及移民署對有下列情形之一者，撤銷或廢止其永久居留許可，並註銷其外僑永久居留證：

一、申請資料虛偽或不實。

二、持用不法取得、偽造或變造之證件。

三、經判處一年有期徒刑以上之刑確定。但因過失犯罪者，不在此限。

四、永久居留期間，每年居住未達一百八十三日。但因出國就學、就醫或其他特殊原因經入出國及移民署同意者，不在此限。

五、回復我國國籍。

六、取得我國國籍。

七、兼具我國國籍。

八、受驅逐出國。

第34條

外國人在我國居留期間內，有出國後再入國之必要者，應於出國前向入出國及移民署申請重入國許可。但已獲得永久居留許可者，得憑外僑永久居留證再國，不須申請重入國許可。

第35條

外國人停留、居留及永久居留之申請程序、應備文件、資格條件、核發證件種類、效期、投資標的、資金管理運用及其他應遵行事項之辦法，

由主管機關定之。

第六章　驅逐出國及收容

第36條

外國人有下列情形之一者，入出國及移民署得強制驅逐出國。但其涉及案件已進入司法程序者，應先通知司法機關：

一、違反第四條第一項規定，未經查驗入國。

二、入國後，發現有第十八條禁止入國情形之一。

三、違反第十九條第一項規定，未經許可臨時入國。

四、違反依第十九條第二項所定辦法中有關應備文件、證件、停留期間、地區之管理規定。

五、違反第二十條第二項規定，擅離過夜住宿之處所。

六、違反第二十九條規定，從事與申請停留、居留原因不符之活動或工作。

七、違反入出國及移民署依第三十條所定限制住居所、活動或課以應行遵守之事項。

八、違反第三十一條第一項規定，於停留或居留期限屆滿前，未申請停留、居留延期。但有第三十一條第三項情形者，不在此限。

九、有第三十一條第四項規定情形，居留原因消失，經廢止居留許可，並註銷外僑居留證。

十、有第三十二條第一款至第三款規定情形，經撤銷或廢止居留許可，並註銷外僑居留證。

十一、有第三十三條第一款至第三款規定情形，經撤銷或廢止永久居留許可，並註銷外僑永久居留證。

入出國及移民署依前項規定強制驅逐已取得居留、永久居留許可外國人出國前，應組成審查會審查之，並給予當事人陳述意見之機會。但當事人有下列情形之一者，得不經審查會審查，逕行強制驅逐出國：

一、以書面聲明放棄陳述意見或自願出國。

二、經法院於裁判時併宣告驅逐出境。

三、依其他法律應限令出國。

四、有危害我國利益、公共安全、公共秩序或從事恐怖活動之虞，且情況急迫應即時處分。

外國人有第一項第二款、第四款至第十一款情形之一，入出國及移民署得於強制驅逐出國前，限令其於七日內出國。

第一項所定強制驅逐出國之處理方式、程序、管理及其他應遵行事項之辦法，由主管機關定之。

第二項審查會之組成、審查要件、程序等事宜，由主管機關定之。

第37條

入出國及移民署對臺灣地區無戶籍國民涉有第十五條第一項或外國人涉有前條第一項各款情形之一者，為調查之需，得請求有關機關、團體協助或提供必要之資料。被請求之機關、團體非有正當理由，不得拒絕。

監獄、技能訓練所、戒治所、少年輔育院及矯正學校，對於臺灣地區無戶籍國民或外國人，於執行完畢或其他理由釋放者，應通知入出國及移民署。

第38條

外國人有下列情形之一，非予收容，顯難強制驅逐出國者，入出國及移民署得暫予收容：

一、受驅逐出國處分或限令七日內出國仍未離境。

二、未經許可入國。

三、逾期停留、居留。

四、受外國政府通緝。

前項收容以六十日為限，收容期間屆滿，入出國及移民署在事實上認有繼續收容之必要，得延長收容六十日，以一次為限。但受收容人所持護照或旅行文件遺失或失效，尚未能換發、補發或延期者，得延長收容至有效證件備齊後三十日止。

受收容人或其配偶、直系親屬、法定代理人、兄弟姊妹，得於七日內向入出國及移民署提出收容異議。

受收容人無法遣送或經認定無暫予收容之必要時，入出國及移民署得限定其住居所或附加其他條件後，廢止收容處分。

受收容人涉及刑事案件已進入司法程序者，入出國及移民署於收容前或執行強制驅逐出國十五日前，應通知司法機關；其係經司法機關責付者，並應經司法機關同意，始得執行強制驅逐出國。司法機關認為有羈押之必要者，應移請司法機關處理。

有第一項各款情形之一之外國人涉及刑事案件，經司法機關責付而收容於第三十九條所定之收容處所，並經法院判決有罪確定者，其收容之

日數，以一日折抵有期徒刑或拘役一日或刑法第
四十二條第六項裁判所定之罰金額數。

中華民國一百年十一月八日修正之條文施行
前，外國人涉嫌犯罪，經法院判決有罪確定，於
修正施行後尚未執行完畢者，其於修正施行前收
容於第三十九條收容處所之日數，仍適用修正施
行前折抵之規定。

第二項收容、延長收容及第三十六條強制驅逐
出國之處分，應以當事人理解之語文作成書面通
知，附記處分理由及不服處分提起救濟之方法、
期間、受理機關等相關規定；收容處分並應聯繫
當事人原籍國駐華使領館或授權機構。

第39條

入出國及移民署對外國人之收容管理，應設置
或指定適當處所為之；其收容程序、管理方式及
其他應遵行事項之規則，由主管機關定之。

第七章　跨國（境）人口販運防制及被害人保護

第40條

有關跨國（境）人口販運防制及被害人保護，
適用本章之規定，本章未規定者，適用其他法律
之規定。

第41條

為有效防制跨國（境）人口販運，各檢察機關
應指派檢察官，負責指揮偵辦跨國（境）人口販
運案件；各治安機關應指定防制跨國（境）人口
販運單位，負責統籌規劃查緝跨國（境）人口販
運犯罪之相關勤、業務及辨識被害人等事項。

各檢察及治安機關，應定期辦理負責查緝跨國
（境）人口販運及辨識被害人之專業訓練。

各檢察及治安機關應確保跨國（境）人口販運
被害人之姓名與其可供辨識之資訊，不被公開揭
露。

第42條

對於跨國（境）人口販運被害人，主管機關應
提供下列協助：

一、提供必須之生理、心理醫療及安置之協
助。

二、適當之安置處所。

三、語文及法律諮詢。

四、提供被害人人身安全保護。

五、受害人為兒童或少年，其案件於警訊、偵
查、審判期間，指派社工人員在場，並得陳述意

見。

六、其他方面之協助。

第43條

檢察官偵查中或法院審理時到場作證，陳述自
己見聞之犯罪事證，並依法接受對質及詰問之跨
國（境）人口販運被害人，經檢察官或法官認定
其作證有助於案件之偵查或審理者，得依證人保
護法相關規定進行保護措施，不受該法第二條限
制。

前項之跨國（境）人口販運被害人，其因被販
運而觸犯其他刑罰或行政罰規定者，得減輕或免
除其責任。

第44條

依證人保護法給予保護之跨國（境）人口販運
被害人，主管機關得視案件偵辦或審理情形，核
發效期六個月以下之臨時停留許可，必要時得延
長之。

中央勞工主管機關對前項跨國（境）人口販運
被害人，得核發聘僱許可，不受就業服務法之限
制。

主管機關應於第一項跨國（境）人口販運被
害人案件結束後，儘速將其安全送返其原籍國
（地）。

第45條

主管機關應在跨國（境）人口販運議題之宣
導、偵查、救援及遣返等方面結合相關業務主管
機關與民間團體，並與致力於杜絕人口販運之國
家及國際非政府組織合作。

第46條

有關跨國（境）人口販運防制、查緝及被害人
保護之具體措施、實施方式及其他應遵行事項，
由主管機關會同法務部擬訂，報請行政院核定
之。

第八章　機、船長及運輸業者之責任

第47條

航空器、船舶或其他運輸工具，其機、船長或
運輸業者，對入出國及移民署相關人員依據本法
及相關法令執行職務時，應予協助。

前項機、船長或運輸業者，不得以其航空器、
船舶或其他運輸工具搭載未具入國許可證件之乘
客。但為外交部同意抵達我國時申請簽證或免簽
證適用國家國民，不在此限。

第48條

航空器、船舶或其他運輸工具入出機場、港口前，其機、船長或運輸業者，應於起飛（航）前向入出國及移民署通報預定入出國時間及機、船員、乘客之名冊或其他有關事項。乘客之名冊，必要時，應區分為入、出國及過境。

第49條

前條機、船長或運輸業者，對無護照、航員證或船員服務手冊及因故被他國遣返、拒絕入國或偷渡等不法事項之機、船、乘客，亦應通報入出國及移民署。

航空器、船舶或其他運輸工具離開我國時，其機、船長或運輸業者應向入出國及移民署通報臨時入國停留之機、船員、乘客之名冊。

第50條

航空器、船舶或其他運輸工具搭載之乘客、機、船員，有下列情形之一者，機、船長或運輸業者，應負責安排當日或最近班次運輸工具，將機、船員、乘客遣送出國：

一、第七條或第十八條第一項各款規定，禁止入國。

二、依第十九條第一項規定，臨時入國。

三、依第二十條第一項規定，過夜住宿。

四、第四十七條第二項規定，未具入國許可證件。

前項各款所列之人員待遣送出國期間，由入出國及移民署指定照護處所，或負責照護。除第一款情形外，運輸業者並應負擔相關費用。

第九章　移民輔導及移民業務管理

第51條

政府對於移民應予保護、照顧、協助、規劃、輔導。

主管機關得協調其他政府機關（構）或民間團體，對移民提供諮詢及講習、語言、技能訓練等服務。

第52條

政府對於計畫移居發生戰亂、瘟疫或排斥我國國民之國家或地區者，得勸阻之。

第53條

集體移民，得由民間團體辦理，或由主管機關了解、協調、輔導，以國際經濟合作投資、獎勵海外投資、農業技術合作或其他方式辦理。

第54條

主管機關得協調有關機關，依據移民之實際需要及當地法令，協助設立僑民學校或鼓勵本國銀行設立海外分支機構。

第55條

經營移民業務者，以公司組織為限，應先向入出國及移民署申請設立許可，並依法辦理公司登記後，再向入出國及移民署領取註冊登記證，始得營業。但依律師法第四十七條之七規定者，得不以公司為限，其他條件準用我國移民業務機構公司之規定。

外國移民業務機構在我國設立分公司，應先向入出國及移民署申請設立許可，並依公司法辦理認許後，再向入出國及移民署領取註冊登記證，始得營業。

前二項之移民業務機構變更註冊登記事項，應於事實發生之翌日起十五日內，向入出國及移民署申請許可或備查，並於辦妥公司變更登記後一個月內，向入出國及移民署申請換發註冊登記證。

經中央勞工主管機關許可從事跨國人力仲介業務之私立就業服務機構，得代其所仲介之外國人辦理居留業務。

第56條

移民業務機構得經營下列各款移民業務：

一、代辦居留、定居、永久居留或歸化業務。

二、代辦非觀光旅遊之停留簽證業務。

三、與投資移民有關之移民基金諮詢、仲介業務，並以保護移民者權益所必須者為限。

四、其他與移民有關之諮詢業務。

移民業務機構辦理前項第三款所定國外移民基金諮詢、仲介業務，應逐案申請入出國及移民署許可；其屬證券交易法所定有價證券者，入出國及移民署應會商證券主管機關同意後許可之。

經營第一項第三款之業務者，不得收受投資移民基金相關款項。

移民業務機構對第一項各款業務之廣告，其內容應經入出國及移民署指定之移民團體審閱確認，並賦予審閱確認字號，始得散布、播送或刊登。但國外移民基金諮詢、仲介之廣告，得逐案送移民公會團體審閱確認，再轉報入出國及移民署核定後，始得為之；其屬證券交易法所定有價證券者，入出國及移民署應會商證券主管機關同意後核定之。

廣告物、出版品、廣播、電視、電子訊號、電腦網路或其他媒體業者不得散布、播送或刊登未賦予審閱確認字號或核定字號之移民業務廣告。

移民業務機構應每年陳報營業狀況，並保存相關資料五年，對於入出國及移民署之檢查，不得規避、妨礙或拒絕。

移民業務機構受託辦理第一項各款業務時，應與委託人簽訂書面契約，相關收費數額表由入出國及移民署參考市場價格擬定後公告之。

第57條

移民業務機構申請設立許可，應具備下列要件：

一、一定金額以上之實收資本額。

二、置有符合規定資格及數額之專任專業人員。

三、在金融機構提存一定金額之保證金。

四、其他經主管機關指定應具備之要件。

移民業務機構申請設立許可之程序、應備文件、實收資本額、負責人資格、專業人員資格、數額、訓練、測驗、輔導管理、保證金數額、廢止許可、註冊登記證之核發、換發、註銷、繳回、申請許可辦理移民基金案之應備文件、移民業務廣告審閱確認及其他應遵行事項之辦法，由主管機關定之。

第58條

跨國（境）婚姻媒合不得為營業項目。

跨國（境）婚姻媒合不得要求或期約報酬。

任何人不得於廣告物、出版品、廣播、電視、電子訊號、電腦網路或以其他使公眾得知之方法，散布、播送或刊登跨國（境）婚姻媒合廣告。

第59條

財團法人及非以營利為目的之社團法人從事跨國（境）婚姻媒合者，應經入出國及移民署許可，並定期陳報媒合業務狀況。

前項法人應保存媒合業務資料五年，對於入出國及移民署之檢查，不得規避、妨礙或拒絕。

第一項許可之申請要件、程序、審核期限、撤銷與廢止許可、業務檢查、督導管理及其他應遵行事項之辦法，由主管機關定之。

第60條

從事跨國（境）婚姻媒合者，對於受媒合雙方當事人所提供之個人資料，應善盡查證及保密之義務，並於經雙方當事人書面同意後，完整且對等提供對方。

前項所稱書面，應以受媒合當事人居住國之官方語言作成。

第61條

中華民國九十五年九月二十六日前合法設立且營業項目有婚姻媒合業登記之公司或商號，自中華民國九十六年十一月三十日修正之條文施行屆滿一年之日起，不得再從事跨國（境）婚姻媒合。

第62條

任何人不得以國籍、種族、膚色、階級、出生地等因素，對居住於臺灣地區之人民為歧視之行為。

因前項歧視致權利受不法侵害者，除其他法律另有規定者外，得依其受侵害情況，向主管機關申訴。

前項申訴之要件、程序及審議小組之組成等事項，由主管機關定之。

第十章　面談及查察

第63條

入出國及移民署執行職務人員為辦理入出國查驗，調查受理之申請案件，並查察非法入出國、逾期停留、居留，從事與許可原因不符之活動或工作及強制驅逐出國案件，得行使本章所定之職權。

前項職權行使之對象，包含大陸地區人民、香港或澳門居民。

第64條

入出國及移民署執行職務人員於入出國查驗時，有事實足認當事人有下列情形之一者，得暫時將其留置於勤務處所，進行調查：

一、所持護照或其他入出國證件顯係無效、偽造或變造。

二、拒絕接受查驗或嚴重妨礙查驗秩序。

三、有第七十三條或第七十四條所定行為之虞。

四、符合本法所定得禁止入出國之情形。

五、因案經司法或軍法機關通知留置。

六、其他依法得暫時留置。

依前項規定對當事人實施之暫時留置，應於目的達成或已無必要時，立即停止。實施暫時留置

時間,對國民不得逾二小時,對外國人、大陸地區人民、香港或澳門居民不得逾六小時。

第一項所定暫時留置之實施程序及其他應遵行事項之辦法,由主管機關定之。

第65條

入出國及移民署受理下列申請案件時,得於受理申請當時或擇期與申請人面談。必要時,得委由有關機關(構)辦理:

一、外國人在臺灣地區申請停留、居留或永久居留。

二、臺灣地區無戶籍國民、大陸地區人民、香港或澳門居民申請在臺灣地區停留、居留或定居。

前項接受面談之申請人未滿十四歲者,應與其法定代理人同時面談。

第一項所定面談之實施方式、作業程序、應備文件及其他應遵行事項之辦法,由主管機關定之。

第66條

入出國及移民署為調查當事人違反本法之事實及證據,得以書面通知相關之人至指定處所接受詢問。通知書應記載詢問目的、時間、地點、負責詢問之人員姓名、得否委託他人到場及不到場所生之效果。

依前項規定受通知之人,無正當理由不得拒絕到場。

第一項所定詢問,準用依前條第三項所定辦法之規定。

第67條

入出國及移民署執行職務人員於執行查察職務時,得進入相關之營業處所、交通工具或公共場所,並得對下列各款之人查證其身分:

一、有事實足認其係逾期停留、居留或得強制出國。

二、有相當理由足認有第七十三條或第七十四條所定行為,或有該行為之虞。

三、有事實足認從事與許可原因不符之活動或工作。

四、有相當理由足認係非法入出國。

五、有相當理由足認使他人非法入出國。

依前項規定進入營業處所實施查證,應於其營業時間內為之。

第一項所定營業處所之負責人或管理人,對於依前項規定實施之查證,無正

當理由,不得規避、妨礙或拒絕。

第一項所定營業處所之範圍,由主管機關定之,並刊登政府公報。

第68條

入出國及移民署執行職務人員依前條規定查證身分,得採行下列必要措施:

一、攔停人、車、船或其他交通工具。

二、詢問姓名、出生年月日、國籍、入出國資料、住(居)所、在臺灣地區停留或居留期限及相關身分證件編號。

三、令出示身分證明文件。

四、有事實足認受查證人攜帶足以傷害執行職務人員或受查證人生命、身體之物者,得檢查其身體及攜帶之物;必要時,並得將所攜帶之物扣留之。

第69條

入出國及移民署執行職務人員依第六十七條規定實施查證,應於現場為之。但經受查證人同意,或於現場為之有下列情形之一者,得將其帶往勤務處所:

一、無從確定身分。

二、對受查證人將有不利影響。

三、妨礙交通、安寧。

四、所持護照或其他入出國證件顯係無效、偽造或變造。

五、拒絕接受查驗。

六、有第七十三條或第七十四條所定之行為。

七、符合本法所定得禁止入出國之情形。

八、因案經司法或軍法機關通知留置。

依前項規定將受查證人帶往勤務處所時,非遇抗拒不得使用強制力,且其時間自攔停起,不得逾三小時,並應即通知其指定之親友或律師。

第70條

入出國及移民署受理因婚姻或收養關係,而申請在臺灣地區停留、居留、永久居留或定居之案件,於必要時,得派員至申請人在臺灣地區之住(居)所,進行查察。

前項所定查察,應於執行前告知受查察人。受查察人無正當理由,不得規避、妨礙或拒絕。

前項所定查察,不得於夜間行之。但有下列情形之一者,不在此限:

一、經該受查察人、住(居)所之住居人或可為其代表之人承諾。

二、日間已開始查察者,經受查察人同意,得

繼續至夜間。

第71條

入出國及移民署對在我國停留期間逾三個月、居留或永久居留之臺灣地區無戶籍國民、外國人、大陸地區人民、香港及澳門居民應進行查察登記。

臺灣地區無戶籍國民、外國人、大陸地區人民、香港及澳門居民對前項所定查察登記，不得規避、妨礙或拒絕。

依第一項及前條第一項規定進行查察之程序、登記事項、處理方式及其他應遵行事項之辦法，由主管機關定之。

第72條

入出國及移民署執行查察逾期停留、居留、非法入出國、收容或遣送職務之人員，得配帶戒具或武器。

前項所定人員執行職務時，遇有下列情形之一者，得使用戒具：

一、有抗拒之行為。

二、攻擊執行人員或他人，毀損執行人員或他人物品，或有攻擊、毀損行為之虞。

三、逃亡或有逃亡之虞。

四、自殺、自傷或有自殺、自傷之虞。

第一項所定人員執行職務時，遇有下列情形之一者，得使用武器：

一、執行職務人員之生命、身體、自由、裝備遭受危害或脅迫，或有事實足認為有受危害之虞。

二、人民之生命、身體、自由、財產遭受危害或脅迫，或有事實足認為有受危害之虞。

三、所防衛之土地、建築物、工作物、車、船遭受危害。

四、持有兇器且有滋事之虞者，經告誡拋棄，仍不聽從時。

五、對逾期停留、居留、非法入出國或違反其他法律之人員或其所使用之運輸工具，依法執行搜索、扣押或逮捕，其抗不遵照或脫逃。他人助其為該行為者，亦同。

六、有前項第一款至第三款之情形，非使用武器不足以強制或制止。

第一項所定人員使用戒具或武器致人受傷、死亡或財產損失者，其補償及賠償，準用警械使用條例第十一條規定，由入出國及移民署支付；其係出於故意者，該署得對之求償。

第一項所定戒具及武器之種類、規格、注意事項及其他應遵行事項之辦法，由主管機關定之。

第一項所定戒具及武器，非經警察機關許可，不得定製、售賣或持有，違反者準用警械使用條例第十四條規定處理。

第十一章　罰則

第73條

在機場、港口以交換、交付證件或其他非法方法，利用航空器、船舶或其他運輸工具運送非運送契約應載之人至我國或他國者，處五年以下有期徒刑，得併科新臺幣二百萬元以下罰金。

前項之未遂犯，罰之。

第74條

違反本法未經許可入國或受禁止出國處分而出國者，處三年以下有期徒刑、拘役或科或併科新臺幣九萬元以下罰金。違反臺灣地區與大陸地區人民關係條例第十條第一項或香港澳門關係條例第十一條第一項規定，未經許可進入臺灣地區者，亦同。

第75條

未依本法規定申請設立許可，並領取註冊登記證，或經撤銷、廢止許可而經營第五十六條第一項各款移民業務者，處新臺幣二十萬元以上一百萬元以下罰鍰，並得按次連續處罰。

第76條

有下列情形之一者，處新臺幣二十萬元以上一百萬元以下之罰鍰，並得按次連續處罰：

一、公司或商號從事跨國（境）婚姻媒合。

二、從事跨國（境）婚姻媒合而要求或期約報酬。

第77條

違反第五條第一項但書規定，未經核准而出國者，處新臺幣十萬元以上五十萬元以下罰鍰。

第78條

有下列情形之一者，處新臺幣十萬元以上五十萬元以下之罰鍰，並得按次連續處罰：

一、違反第五十八條第三項規定，委託、受託或自行散布、播送或刊登跨國（境）婚姻媒合廣告。

二、違反第五十九條第一項規定，未經許可或許可經撤銷、廢止而從事跨國（境）婚姻媒合。

第79條

移民業務機構有下列情形之一者，處新臺幣三萬元以上十五萬元以下罰鍰，並令其限期改善；屆期仍不改善者，勒令歇業：

一、未依第五十五條第三項規定，向入出國及移民署申請換發註冊登記證。

二、違反第五十六條第二項規定，諮詢、仲介移民基金，未逐案經入出國及移民署許可。

三、違反第五十六條第三項規定，收受投資移民基金相關款項。

四、違反第五十六條第四項規定，散布、播送或刊登未經審閱確認或核定之移民業務廣告。

五、違反第五十六條第六項規定，未每年陳報營業狀況、陳報不實、未依規定保存相關資料或規避、妨礙、拒絕檢查。

六、違反第五十六條第七項規定，未與委託人簽訂書面契約。

廣告物、出版品、廣播、電視、電子訊號、電腦網路或其他媒體業者違反第五十六條第五項規定者，處新臺幣三萬元以上十五萬元以下罰鍰，並令其停止散布、播送或刊登；未停止散布、播送或刊登者，處新臺幣六萬元以上三十萬元以下罰鍰，並得按次連續處罰。

第80條

有下列情形之一者，處新臺幣三萬元以上十五萬元以下之罰鍰，並得按次連續處罰：

一、未依第五十九條第一項規定，陳報業務狀況。

二、未依第五十九條第二項規定，保存媒合業務資料或規避、妨礙或拒絕檢查。

三、違反第六十條第一項前段規定，對於受媒合雙方當事人所提供之個人資料，未善盡查證或保密義務。

四、違反第六十條第一項後段規定，未經受媒合當事人之書面同意，而提供個人資料或故意隱匿應提供之個人資料。

第81條

主管機關受理第六十二條之申訴，認定具有違反該條規定情事時，除其他法律另有規定者外，應立即通知違規行為人限期改善；屆期未改善者，處新臺幣五千元以上三萬元以下之罰鍰。

第82條

違反第七十七條第二項規定，以航空器、船舶或其他運輸工具搭載未具入國許可證件之乘客者，每搭載一人處新臺幣二萬元以上十萬元以下罰鍰。

幫助他人為前項之違反行為者，亦同。

第83條

機、船長或運輸業者，無正當理由違反第四十七條第一項或第四十八條至第五十條規定之一者，每件處新臺幣二萬元以上十萬元以下罰鍰。

第84條

違反第四條第一項規定，入出國未經查驗者，處新臺幣一萬元以上五萬元以下罰鍰。

第85條

有下列情形之一者，處新臺幣二千元以上一萬元以下罰鍰：

一、經合法檢查，拒絕出示護照、臺灣地區居留證、外僑居留證、外僑永久居留證、入國許可證件或其他身分證明文件。

二、未依第二十二條第二項或第二十六條規定之期限，申請外僑居留證。

三、未依第九條第七項或第三十一條第五項規定，辦理變更登記。

四、臺灣地區無戶籍國民或外國人，逾期停留或居留。

五、違反第六十六條第二項規定，拒絕到場接受詢問。

六、違反第六十七條第三項規定，規避、妨礙或拒絕查證。

七、違反第七十一條第二項規定，規避、妨礙或拒絕查察登記。

第86條

移民業務機構散布、播送或刊登經審閱確認之移民業務廣告，而未載明註冊登記證字號及移民廣告審閱確認字號或核定字號者，入出國及移民署應予警告並限期改善，屆期仍不改善者，勒令歇業。

第87條

移民業務機構有下列情形之一者，應廢止其許可，註銷註冊登記及公告之，並通知公司登記主管機關廢止其公司登記或部分登記事項：

一、受託代辦移民業務時，協助當事人填寫、繳交不實證件，經司法機關判決確定。

二、受託代辦移民業務，詐騙當事人。

三、註冊登記證借與他人營業使用。

四、經勒令歇業。

五、因情事變更致不符第五十七條第一項各款所定設立許可要件，經通知限期補正，屆期未補正。

第十二章　附則

第88條

第九條第一項第八款、第十一條第一項第一款、第十八條第一項第十三款、第十五款、第二十四條第一項第一款、第二款及第二十五條第三項之情形，主管機關應聘請社會公正人士及邀集相關機關共同審核，經審核通過者，入出國及移民署應同意或許可其入國、出國、居留、變更居留原因、永久居留或定居。

第89條

入出國及移民署所屬辦理入出國及移民業務之薦任職或相當薦任職以上人員，於執行非法入出國及移民犯罪調查職務時，分別視同刑事訴訟法第二百二十九條、第二百三十條之司法警察官。其委任職或相當委任職人員，視同刑事訴訟法第二百三十一條之司法警察。

第90條

入出國及移民署人員於執行職務時，應著制服或出示證件表明身分；其制服及其他應遵行事項之辦法，由主管機關定之。

第91條

外國人、臺灣地區無戶籍國民、大陸地區人民、香港及澳門居民於入國（境）接受證照查驗或申請居留、永久居留時，入出國及移民署得運用生物特徵辨識科技，蒐集個人識別資料後錄存。

前項規定，有下列情形之一者，不適用之：

一、未滿十四歲。

二、依第二十七條第一項規定免申請外僑居留證。

三、其他經入出國及移民署專案同意。

未依第一項規定接受生物特徵辨識者，入出國及移民署得不予許可其入國（境）、居留或永久居留。

有關個人生物特徵識別資料蒐集之對象、內容、方式、管理、運用及其他應遵行事項之辦法，由主管機關定之。

第92條

舉發違反本法規定之事實，經查證屬實者，得由入出國及移民署對舉發人獎勵之；其獎勵範圍、程序、金額、核給方式及其他應遵行事項之辦法，由主管機關定之。

第93條

本法關於外國人之規定，於國民取得外國國籍而持外國護照入國者及無國籍人民，準用之。

第94條

入出國及移民署與海岸巡防、警察、調查及其他相關機關應密切協調聯繫，並會同各該機關建立協調聯繫作業機制。

第95條

依本法規定核發之證件，應收取規費。但下列證件免收規費：

一、發給臺灣地區無戶籍國民，黏貼於我國護照之入國許可。

二、臨時停留許可證件。

三、僑務委員或僑務榮譽職人員因公返國申請之單次入國許可證件。

四、臺灣地區無戶籍國民每年自九月一日起至十月十日止，申請返國參加慶典之單次入國許可證件。

五、外國人重入國許可。

六、外國人入國後停留延期許可。

七、依第二十五條第三項規定許可之外僑永久居留證。

八、基於條約協定或經外交部認定有互惠原則之特定國家人民申請之外僑居留證或外僑永久居留證。

第九十六條本法施行細則，由主管機關定之。

第九十七條本法施行日期，由行政院定之。

附錄十一
海洋污染防治法

中華民國八十九年十一月一日總統華總一義字第8900260410號令制定公布全文61條；並自公布日起施行

中華民國一百零一年六月二十五日行政院院臺規字第1010134960號公告第13條第3項、第33條第3項所列屬「財政部」之權責事項，經行政院公告自九十三年七月一日起變更為「行政院金融監督管理委員會」管轄，自一百零一年七月一日起改由「金融監督管理委員會」管轄

中華民國一百零三年六月四日總統華總一義字第10300085201號令修正公布第13、33條條文

第一章 總則

第1條

為防治海洋污染，保護海洋環境，維護海洋生態，確保國民健康及永續利用海洋資源，特制定本法。本法未規定者，適用其他法律之規定。

第2條

本法適用於中華民國管轄之潮間帶、內水、領海、鄰接區、專屬經濟海域及大陸礁層上覆水域。

於前項所定範圍外海域排放有害物質，致造成前項範圍內污染者，亦適用本法之規定。

第3條

本法專用名詞定義如下：

一、有害物質：指依聯合國國際海事組織所定國際海運危險品準則所指定之物質。

二、海洋環境品質標準：指基於國家整體海洋環境保護目的所定之目標值。

三、海洋環境管制標準：指為達成海洋環境品質標準所定分區、分階段之目標值。

四、海域工程：指在前條第一項所定範圍內，從事之探勘、開採、輸送、興建、敷設、修繕、抽砂、浚渫、打撈、掩埋、填土、發電或其他工程。

五、油：指原油、重油、潤滑油、輕油、煤油、揮發油或其他經中央主管機關公告之油及含油之混合物。

六、排洩：指排放、溢出、洩漏廢（污）水、油、廢棄物、有害物質或其他經中央主管機關公告之物質。

七、海洋棄置：指海洋實驗之投棄或利用船舶、航空器、海洋設施或其他設施，運送物質至海上傾倒、排洩或處置。

八、海洋設施：指海域工程所設置之固定人工結構物。

九、海上焚化：指利用船舶或海洋設施焚化油或其他物質。

十、污染行為：指直接或間接將物質或能量引入海洋環境，致造成或可能造成人體、財產、天然資源或自然生態損害之行為。

十一、污染行為人：指造成污染行為之自然人、公私場所之負責人、管理人及代表人；於船舶及航空器時為所有權人、承租人、經理人及營運人等。

第4條

本法所稱主管機關：在中央為行政院環境保護署；在直轄市為直轄市政府；在縣（市）為縣（市）政府。

直轄市、縣（市）主管機關之管轄範圍，為領海海域範圍內之行政轄區；海域行政轄區未劃定前由中央主管機關會同內政部，於本法公布一年內劃定完成。

第5條

依本法執行取締、蒐證、移送等事項，由海岸巡防機關辦理。

主管機關及海岸巡防機關就前項所定事項，得要求軍事、海關或其他機關協助辦理。

第6條

各級主管機關、執行機關或協助執行機關，得派員攜帶證明文件，進入港口、其他場所或登臨船舶、海洋設施，檢查或鑑定海洋污染事項，並命令提供有關資料。

各級主管機關、執行機關或協助執行機關，依前項規定命提供資料時，其涉及軍事機密者，應會同當地軍事機關為之。

對前二項之檢查、鑑定及命令，不得規避、妨礙或拒絕。

涉及軍事事務之檢查鑑定辦法，由中央主管機關會同國防部定之。

第7條

各級主管機關及執行機關得指定或委託相關機關、機構或團體，辦理海洋污染防治、海洋污染監測、海洋污染處理、海洋環境保護及其研究訓練之有關事項。

第二章　基本措施

第8條

中央主管機關應視海域狀況，訂定海域環境分類及海洋環境品質標準。

為維護海洋環境或應目的事業主管機對特殊海域環境之需求，中央主管機關得依海域環境分類、海洋環境品質標準及海域環境特質，劃定海洋管制區，訂定海洋環境管制標準，並據以訂定分區執行計畫及污染管制措施後，公告實施。

前項污染管制措施，包括污染排放、使用毒品、藥品捕殺水生物及其他中央主管機關公告禁止使海域污染之行為。

第9條

域環境分類，就其所轄海域設置海域環境監測站或設施，定期公布監測結果，並採取適當防治措施；必要時，各目的事業主管機關並得限制海域之使用。

對各級主管機關依前項設置之監測站或設施，不得干擾或毀損。

第一項海域環境監測辦法、環境監測站設置標準及採樣分析方法，由中央主管機關定之。

第10條

為處理重大海洋污染事件，行政院得設重大海洋污染事件處理專案小組；為處理一般海洋污染事件，中央主管機關得設海洋污染事件處理工作小組。

為處理重大海洋油污染緊急事件，中央主管機關應擬訂海洋油污染緊急應變計畫，報請行政院核定之。

前項緊急應變計畫，應包含分工、通報系統、監測系統、訓練、設施、處理措施及其他相關事項。

第11條

各類港口管理機關應依本法及其他相關規定採取措施，以防止、排除或減輕所轄港區之污染。各類港口目的事業主管機關，應輔導所轄港區之污染改善。

第12條

經中央主管機關核准以海洋為最終處置場所者，應依棄置物質之種類及數量，徵收海洋棄置費，納入中央主管機關特種基金管理運用，以供海洋污染防治、海洋污染監測、海洋污染處理、海洋生態復育、其他海洋環境保護及其研究訓練之有關事項使用。

海洋棄置費之徵收、計算、繳費方式、繳納期限及其他應遵行事項之收費辦法，由中央主管機關會商有關機關定之。

第13條

中央主管機關指定之公私場所從事油輸送、海域工程、海洋棄置、海上焚化或其他污染行為之虞者，應先提出足以預防及處理海洋污染之緊急應變計畫及賠償污染損害之財務保證書或責任保險單，經中央主管機關核准後，始得為之。

前項緊急應變計畫之內容及格式，由中央主管機關定之。

第一項財務保證書之保證額度或責任保險單之賠償責任限額，由中央主管機關會商金融監督管理委員會定之。

各級主管機關於海洋發生緊急污染事件時，得要求第一項之公私場所或其他海洋相關事業，提供污染處理設備、專業技術人員協助處理，所需費用由海洋污染行為人負擔；必要時，得由前條第一項之基金代為支應，再向海洋污染行為人求償。

第14條

因下列各款情形之一致造成污染者，不予處罰：

一、為緊急避難或確保船舶、航空器、海堤或其他重大工程設施安全者。

二、為維護國防安全或因天然災害、戰爭或依法令之行為者。

三、為防止、排除、減輕污染、保護環境或為特殊研究需要，經中央主管機關許可者。

海洋環境污染，應由海洋污染行為人負責清除之。目的事業主管機關或主管機關得先行採取緊急措施，必要時，並得代為清除處理；其因緊急措施或清除處理所生費用，由海洋污染行為人負擔。

前項清除處理辦法，由中央主管機關定之。

第三章　防止陸上污染源污染

第15條

公私場所非經中央主管機關許可，不得排放廢（污）水於海域或與海域相鄰接之下列區域：

一、自然保留區、生態保育區。

二、國家公園之生態保護區、特別景觀區、遊憩區。

三、野生動物保護區。

四、水產資源保育區。

五、其他經中央主管機關公告需特別加以保護之區域。

前項廢（污）水排放之申請、條件、審查程序、廢止及其他應遵行事項之許可辦法，由中央主管機關會商相關目的事業主管機關定之。

第16條

公私場所因海洋放流管、海岸放流口、廢棄物堆置或處理場，發生嚴重污染海域或有嚴重污染之虞時，應即採取措施以防止、排除或減輕污染，並即通知各級主管機關及目的事業主管機關。

前項情形，地方主管機關應先採取必要之應變措施，必要時，中央主管機關並得逕行採取處理措施；其因應變或處理措施所生費用，由該公私場所負擔。

第四章　防止海域工程污染

第17條

公私場所利用海洋設施從事探採油礦、輸送油及化學物質或排放廢（污）水者，應先檢具海洋污染防治計畫，載明海洋污染防治作業內容、海

洋監測與緊急應變措施及其他中央主管機關指定之事項，報經中央主管機關核准後，始得為之。

前項公私場所應持續執行海洋監測，並定期向主管機關申報監測紀錄。公私場所利用海洋設施探採油礦或輸送油者，應製作探採或輸送紀錄。

第18條

公私場所不得排放、溢出、洩漏、傾倒廢（污）水、油、廢棄物、有害物質或其他經中央主管機關指定公告之污染物質於海洋。但經中央主管機關許可者，得將油、廢（污）水排放於海洋；其排放並應製作排放紀錄。

前條第三項及前項紀錄，應依中央主管機關規定製作、申報並至少保存十年。

第一項但書排放油、廢（污）水入海洋之申請、條件、審查程序、廢止及其他應遵行事項之許可辦法，由中央主管機關會商目的事業主管機關定之。

第19條

公私場所從事海域工程致嚴重污染海域或有嚴重污染之虞時，應即採取措施以防止、排除或減輕污染，並即通知主管機關及目的事業主管機關。

前項情形，主管機關得命採取必要之應變措施，必要時，主管機關並得逕行採取處理措施；其因應變或處理措施所生費用，由該公私場所負擔。

第五章　防止海上處理廢棄物污染

第20條

公私場所以船舶、航空器或海洋設施及其他方法，從事海洋棄置或海上焚化者，應向中央主管機關申請許可。

前項許可事項之申請、審查、廢止、實施海洋棄置、海上焚化作業程序及其他應遵行事項之管理辦法，由中央主管機關會商目的事業主管機關定之。

第21條

實施海洋棄置或海上焚化作業，應於中央主管機關指定之區域為之。

前項海洋棄置或焚化作業區域，由中央主管機關依海域環境分類、海洋環境品質標準及海域水質狀況，劃定公告之。

第22條

中央主管機關應依物質棄置於海洋對海洋環境之影響，公告為甲類、乙類或丙類。

甲類物質，不得棄置於海洋；乙類物質，每次棄置均應取得中央主管機關許可；丙類物質，於中央主管機關許可之期間及總量範圍內，始得棄置。

第23條

實施海洋棄置及海上焚化之船舶、航空器或海洋設施之管理人，應製作執行海洋棄置及海上焚化作業之紀錄，並定期將紀錄向中央主管機關申報及接受查核。

第24條

公私場所因海洋棄置、海上焚化作業，致嚴重污染海域或有嚴重污染之虞時，應即採取措施以防止、排除或減輕污染，並即通知主管機關及目的事業主管機關。

前項情形，主管機關得命採取必要之應變措施，必要時，主管機關並得逕行採取處理措施；其因應變或處理措施所生費用，由該公私場所負擔。

第25條

棄置船舶、航空器、海洋設施或其他人工構造物於海洋，準用本章之規定。

為漁業需要，得投設人工魚礁或其他漁業設施；其申請、投設、審查、廢止及其他應遵行事項之許可辦法，由中央主管機關會同中央漁業、保育主管機關及中央航政主管機關定之。

第六章　防止船舶對海洋污染

第26條

船舶應設置防止污染設備，並不得污染海洋。

第27條

船舶對海洋環境有造成污染之虞者，港口管理機關得禁止其航行或開航。

第28條

港口管理機關或執行機關於必要時，得會同中央主管機關查驗我國及外國船舶之海洋污染防止證明書或證明文件、操作手冊、油、貨紀錄簿及其他經指定之文件。

第29條

船舶之廢（污）水、油、廢棄物或其他污染物質，除依規定得排洩於海洋者外，應留存船上或排洩於岸上收受設施。

各類港口管理機關應設置前項污染物之收受設施，並得收取必要之處理費用。

前項處理費用之收取標準，由港口管理機關擬訂，報請目的事業主管機關核定之。

第30條

船舶裝卸、載運油、化學品及其他可能造成海水污染之貨物，應採取適當防制排洩措施。

第31條

船舶之建造、修理、拆解、打撈及清艙，致污染海域或有污染之虞者，應採取下列措施，並清除污染物質：

一、於施工區域周圍水面，設置適當之攔除浮油設備。

二、於施工區內，備置適當廢油、廢（污）水、廢棄物及有害物質收受設施。

三、防止油、廢油、廢（污）水、廢棄物、殘餘物及有害物質排洩入海。

四、其他經中央主管機關指定之措施。

第32條

船舶發生海難或因其他意外事件，致污染海域或有污染之虞時，船長及船舶所有人應即採取措施以防止、排除或減輕污染，並即通知當地航政主管機關、港口管理機關及地方主管機關。

前項情形，主管機關得命採取必要之應變措施，必要時，主管機關並得逕行採取處理措施；其因應變或處理措施所生費用，由該船舶所有人負擔。

第七章　損害賠償責任

第33條

船舶對海域污染產生之損害，船舶所有人應負賠償責任。

船舶總噸位四百噸以上之一般船舶及總噸位一百五十噸以上之油輪或化學品船，其船舶所有人應依船舶總噸位，投保責任保險或提供擔保，並不得停止或終止保險契約或提供擔保。

前項責任保險或擔保之額度，由中央主管機關會商金融監督管理委員會定之。

前條及第一項所定船舶所有人，包括船舶所有權人、船舶承租人、經理人及營運人。

第34條

污染損害之賠償請求權人，得直接向責任保險

人請求賠償或就擔保求償之。

第35條

外國船舶因違反本法所生之損害賠償責任，於未履行前或有不履行之虞者，港口管理機關得限制船舶及相關船員離境。但經提供擔保者，不在此限。

第八章　罰則

第36條

棄置依第二十二條第一項公告之甲類物質於海洋，致嚴重污染海域者，處十年以下有期徒刑，得併科新臺幣二千萬元以上一億元以下罰金。

前項之未遂犯罰之。

第37條

公私場所違反第十五條第一項規定者，處負責人三年以下有期徒刑、拘役或科或併科新臺幣三十萬元以上一百五十萬元以下罰金。

第38條

依本法規定有申報義務，明知為不實之事項而申報不實或於業務上作成之文書為虛偽記載者，處三年以下有期徒刑、拘役或科或併科新臺幣三十萬元以上一百五十萬元以下罰金。

第39條

有下列情形之一者，處公私場所負責人三年以下有期徒刑、拘役或科或併科新臺幣三十萬元以上一百五十萬元以下罰金：

一、違反第十七條第一項規定者。

二、違反第二十條第一項規定者。

三、違反第二十條第二項管理辦法之規定，致嚴重污染海域者。

第40條

不遵行主管機關依本法所為停工之命令者，處負責人、行為人、船舶所有人一年以下有期徒刑、拘役或科或併科新臺幣二十萬元以上一百萬元以下罰金。

第41條

拒絕、規避或妨礙依第六條第一項、第二項、第二十三條或第二十八條規定所為之檢查、鑑定、命令、查核或查驗者，處新臺幣二十萬元以上一百萬元以下罰鍰，並得按日處罰及強制執行檢查、鑑定、查核或查驗。

第42條

違反中央主管機關依第八條第二項所定之污染管制措施或第十八條第一項規定者，處新臺幣二十萬元以上一百萬元以下罰鍰，並得限期令其改善；屆期未改善者，得按日連續處罰。

第43條

違反第九條第一項限制海域使用或第九條第二項干擾、毀損監測站或設施之規定者，處新臺幣二十萬元以上一百萬元以下罰鍰，並得限期令其改善，屆期未改善者，得按日連續處罰。

第44條

未依第十二條第二項所定收費辦法，於限期內繳納費用者，應依繳納期限當月郵政儲金匯業局一年定期存款固定利率按日加計利息，一併繳納；逾期九十日仍未繳納者，除移送法院強制執行外，處新臺幣一千五百元以上六萬元以下罰鍰。

第45條

違反第十三條第一項規定者，處新臺幣三十萬元以上一百五十萬元以下罰鍰。

未依第十三條第四項規定協助處理緊急污染事件者，處新臺幣十萬元以上五十萬元以下罰鍰；情節重大者，並得按次連續處罰。

第46條

未依第十四條第二項規定清除污染者，處新臺幣三十萬元以上一百五十萬元以下罰鍰。

第47條

有下列情形之一者，處新臺幣十萬元以上五十萬元以下罰鍰，並限期令其改善；屆期未改善者，按日連續處罰；情節重大者，得令其停工：

一、違反依第十四條第三項所定之辦法者。

二、違反依第十五條第二項所定之辦法者。

三、違反依第十八條第三項所定之辦法者。

四、違反依第二十五條第二項所定之辦法者。

第48條

未依第十六條第一項、第十九條第一項、第二十四條第一項或第三十二條第一項規定為通知者，處新臺幣三十萬元以上一百五十萬元以下罰鍰。

第49條

未依第十六條第一項、第十九條、第二十四條或第三十二條規定採取防止、排除或減輕污染措施或未依主管機關命令採取措施者，處新臺幣三十萬元以上一百五十萬元以下罰鍰，並得限期令其改善；屆期未改善者，得按日連續處罰；情

節重大者，得令其停工。

第50條

有下列情形之一者，處新臺幣二十萬元以上一百萬元以下罰鍰，並得限期令其改善；屆期未改善者，得按日連續處罰：

一、未依第十七條第二項規定監測、申報者。

二、未依第十七條第三項、第十八條第二項規定製作、申報者。

三、未依第二十三條規定記錄、申報者。

第51條

違反依第二十條第二項所定之管理辦法者，處新臺幣三十萬元以上一百五十萬元以下罰鍰。

第52條

違反第二十一條第一項或第三十三條第二項規定者，處新臺幣六十萬元以上三百萬元以下罰鍰。

第53條

違反第二十九條第一項規定者，處新臺幣三十萬元以上一百五十萬元以下罰鍰，並得限期令其改善；屆期未改善者，得按日連續處罰。

第54條

違反第三十條或第三十一條規定者，處新臺幣三十萬元以上一百五十萬元以下罰鍰，並得限期令其改善；屆期未改善者，得按日連續處罰；情節重大者，得命其停工。

第55條

本法所定之處罰，除另有規定外，在中央由行政院環境保護署為之；在直轄市由直轄市政府為之；在縣（市）由縣（市）政府為之。

第56條

依本法所處之罰鍰，經限期繳納，屆期未繳納者，移送法院強制執行。

第九章　附則

第57條

主管機關依本法受理各項申請之審查、許可及核發許可證，應收取審查費及證明書費等規費；其收費辦法，由中央主管機關會商有關機關定之。

第58條

本法施行前已從事海洋放流、海岸放流、廢棄物堆置處理、海域工程、海洋棄置、海上焚化之公私場所或航行之船舶，其有不符合本法規定者，應自本法施行之日起半年內，申請核定改善期限；改善期限未屆滿前，免予處罰。但對造成之污染損害，仍應負賠償責任。

依前項核定之改善期限，不得超過一年。

第59條

授權訂定之相關命令而主管機關疏於執行時，受害人民或公益團體得敘明疏於執行之具體內容，以書面告知主管機關。主管機關於書面告知送達之日起六十日內仍未依法執行者，受害人民或公益團體得以該主管機關為被告，對其怠於執行職務之行為，直接向行政法院提起訴訟，請求判令其執行。

行政法院為前項判決時，得依職權判令被告機關支付適當律師費用、偵測鑑定費用或其他訴訟費用予對海洋污染防治有具體貢獻之原告。

第一項之書面告知格式，由中央主管機關定之。

第60條

本法施行細則，由中央主管機關定之。

第61條

本法自公布日施行。

附錄十二

漁業法

中華民國十八年十一月十一日國民政府公布全文49條並自中華民國十九年七月一日施行
中華民國二十一年八月五日國民政府修正公布第2、2、18、19、34、38、39及47條條文
中華民國五十九年四月三十日總統修正公布全文65條
中華民國七十五年一月六日總統修正公布第2條條文
中華民國八十年二月一日總統（80）華總一義字0670號修正公布全文
中華民國九十一年六月十九日總統華總一義字第09100120990號令修正公布第2、45、48、69條條文
中華民國九十一年十二月十八日總統華總一義字第09100243580號令修正公布第8條條文；並增訂第7-1、53-1條條文
中華民國九十七年一月九日總統華總一義字第09700002351號令修正公布第41條條文
中華民國一百零一年十一月二十八日總統華總一義字第10100264231號令修正公布第64條條文；並增訂第11-1、64-1條條文
中華民國一百零二年五月八日總統華總一義字第10200088111號令增訂公布第69-1條條文
中華民國一百零二年八月二十一日總統華總一義字第10200156101號令修正公布第41、43、44、60、64、65條條文；並增訂第39-1、41-1、41-2、64-2條條文
中華民國一百零四年二月四日總統華總一義字第10400013341號令增訂公布第69-2條條文

第一章 總則

第1條

（立法目的）

為保育、合理利用水產資源，提高漁業生產力，促進漁業健全發展，輔導娛樂漁業，維持漁業秩序，改進漁民生活，特制定本法；本法未規定者，適用其他法令之規定。

第2條

（主管機關）

本法所稱主管機關：在中央為行政院農業委員會；在直轄市為直轄市政府；在縣（市）為縣（市）政府。

第3條

（漁業之定義）

本法所稱漁業，係指採捕或養殖水產動植物業，及其附屬之加工、運銷業。

第4條

（漁業人與漁業從業人）

本法所稱漁業人，係指漁業權人、入漁權人或其他依本法經營漁業之人。

本法所稱漁業從業人，係指漁船船員及其他為漁業人採捕或養殖水產動植物之人。

第5條

（漁業人之國籍）

漁業人以中華民國人為限。但外國人經中央主管機關核准與中華民國漁業人合作經營漁業者，不在此限。

第6條

（公共水域與相連之非公共水域之漁業經營）

【相關罰則】§64

凡欲在公共水域及與公共水域相連之非公共水域經營漁業者，應經主管機關核准並取得漁業證照後，始得為之。

第7條

（收取漁業證照費或登記費）

主管機關核發漁業證照時，得向申請人收取證照費；其核發準則及費額，由中央主管機關定之。

第7-1條

（不予核發漁業證照之情形）

有下列情形之一者，各級主管機關不予核發漁業證照：

一、經漁業主管機關撤銷漁業證照者。

二、從事走私等不法行為，經法院、海關沒收或沒入漁船者。

三、承受未經中央漁業主管機關許可輸入之船舶者。

四、依漁業法第十條限制或禁止漁業經營之期間內者。

五、收回漁業證照處分尚未執行完畢者。

六、依漁業法所處之罰鍰尚未繳納者。

七、現有漁船所有人變更前，有違反本法或依本法所發布之命令，主管機關尚未處分者。

第8條

（使用漁船之許可及輸入）

漁業人經營漁業使用漁船者，其漁船之建造、改造或租賃，應經主管機關許可。

漁船之輸出入，應經主管機關許可，始得依貿易主管機關規定辦理。

第一項漁船之建造、改造、租賃及前項主管機關許可權限、同意輸出入之資格、條件、申請程序及其他應遵行事項之準則，由中央主管機關定之。

【相關法規】漁船建造許可及漁業證照核發準則＊漁船輸出許可準則

第9條

（漁業經營核准之限制）【相關罰則】§65

為開發或保育水產資源，或為公共利益之必要，主管機關於漁業經營之核准時，得加以限制或附以條件。

第10條

（違反本法或據本法發布之命令之處分）

漁業人違反本法或依本法所發布之命令時，中央主管機關得限制或停止其漁業經營，或收回漁業證照一年以下之處分；情節重大者，得撤銷其漁業經營之核准或撤銷其漁業證照。

漁業從業人違反本法或依本法所發布之命令時，中央主管機關得收回其幹部船員執業證書或漁船船員手冊一年以下之處分；情節重大者，得撤銷其幹部船員執業證書或漁船船員手冊。

第11條

（撤銷經營核准之情形）【相關罰則】第2項～§66

漁業經營經核准後，有左列各款情形之一者，由主管機關撤銷其核准：

一、自核准之日起，無正當理由逾一年不從事漁業，或經營後未經核准繼續休業逾二年者。

二、以中華民國人身分申准經營漁業之漁業人，喪失中華民國國籍者。

三、漁業經營之核准，因申請人以詐術或不正當方法取得者。

漁業人經營漁業後，非經敘明正當理由，申報主管機關核准，不得休業達一年以上，並應於休業終了復業時，申報主管機關備案；未經申報者，視為未復業。

第11-1條

（制止漁船出港及限期返港之規定）【相關罰則】第1項或第2項；第3項～§64-1）

漁業人經撤銷漁業證照或漁業經營核准之漁船，不得出港。但經向主管機關重新申請，並取得漁業證照者，不在此限。

漁業人經處分收回漁業證照、限制或停止漁業經營之漁船，於處分期間，不得出港。

漁船於中央主管機關依第十條第一項或第十一條第一項規定處分前已出港，或違反前二項規定出港者，中央主管機關應命其限期返港。

漁船違反第一項及第二項規定出港者，中央主管機關得委託海岸巡防機關，採取適當措施制止其出港或命其立即返港；抗拒者，得使用強制力為之。

第12條

（漁船船員管理規則之訂定）

為維持漁船作業秩序及航行作業安全，中央主管機關應訂定漁船船員管理規則。

第13條

（漁業諮詢委員會之設置）

主管機關為漁業結構調整之目的，得設漁業諮詢委員會，由專家學者、漁業團體、政府有關機關人員組成。漁業諮詢委員會之組成、任務及運作，應符合中央主管機關之規定。

第14條

（漁場設施等必要事項之規定）【相關罰則】§65

主管機關應按漁業種類，分別規定漁場設施、採捕、養殖方法、漁具及其他必要事項，並公告之。

第二章　漁業權漁業

第15條

（漁業權之種類）

本法所稱漁業權如左：

一、定置漁業權：係指於一定水域，築磯、設柵或設置漁具，以經營採捕水產動物之權。

二、區劃漁業權：係指區劃一定水域，以經營養殖水產動植物之權。

三、專用漁業權：係指利用一定水域，形成漁場，供入漁權人入漁，以經營左列漁業之權：

（一）採捕水產動植物之漁業。

（二）養殖水產動植物之漁業。

（三）以固定漁具在水深二十五公尺以內，採捕水產動物之漁業。

前項專用漁業權之申請人，以漁會或漁業生產合作社為限。

第16條

（入漁權之定義）

本法所稱入漁權，係指在專用漁業權之範圍內經營漁業之權。

第17條

（對公共水域漁業之整體規劃）

主管機關應依據漁業生產資源，參考礦產探採、航行、水利、環境保護及其他公共利益，對公共水域之漁業權漁業作整體規劃，並擬訂計畫，每年定期公告，接受申請。

前項計畫，得視實際需要予以調整，並公告之。

第18條

（定置及區劃漁業權之核准順序）

定置及區劃漁業權核准之優先順序如左：

一、漁場所在地鄉（鎮、市、區）之漁業人或漁業從業人。

二、漁場所在地鄉（鎮、市、區）之漁會或漁業生產合作社。

三、漁場所在地直轄市或縣（市）之漁業人或漁業從業人。

四、漁場所在地直轄市或縣（市）之漁會或漁業生產合作社。

五、漁場所在地鄉（鎮、市、區）之非漁業人或非漁業從業人。

六、漁場所在地直轄市或縣（市）之非漁業人或非漁業從業人。

七、其他直轄市或縣（市）之漁業人或漁業從業人。

八、其他直轄市或縣（市）之非漁業人或非漁業從業人。

漁業權期間屆滿前，漁業人申請繼續經營者，免受前項優先順序之限制。

第19條

（入漁規章之訂定）

經核准經營專用漁業權之漁會或漁業生產合作社應訂定入漁規章，並報請主管機關核定。

非漁會會員或非漁業生產合作社社員之入漁，應另以契約約定之。

第20條

（不動產物權之準用）

漁業權視為物權，除本法規定者外，準用民法關於不動產物權之規定。

第21條

（登記生效主義）

漁業權之設定、取得、變更及喪失，非經登記不生效力。

主管機關對於定置、區劃或專用漁業權，依第十條、第十一條及第二十九條之規定為處分時，應同時為有關漁業權之登記。

主管機關辦理漁業權登記時，得向申請人收取登記費；其登記規則及費額，由中央主管機關定之。

第22條

（不動產所在地之認定）

因漁業權涉訟，依不動產所在地而定其法院管轄者，以與漁場最近沿岸所屬之直轄市或縣（市）為不動產所在地。

第23條

（專用漁業權利用之限制）

專用漁業權，除供入漁外，不得為他項權利或法律行為之標的。

第24條

（定置及區劃漁業權利用之限制）

定置漁業權及區劃漁業權，除繼承、讓與、抵押外，不得為他項權利或法律行為之標的。

第25條

（前條漁業權設定抵押及讓與之限制）

前條漁業權，非經主管機關核准，不得設定抵押；除強制執行外，非經主管機關核准，不得讓

與。

前項強制執行及讓與之承受人，以漁業人或漁業從業人為優先。

設定抵押者，其定著於該漁場之工作物，除契約別有訂定外，視為屬於抵押權設定標的。

第26條

（合併或分割須經核准）

漁業權非經該核准主管機關許可，不得合併或分割。

第27條

（公同共有漁業權人或入漁權人之變更）

定置漁業權、區劃漁業權或入漁權之共有人，非經應有部分三分之二以上之其他共有人之同意，不得處分其應有部分。

前項規定，於公同共有準用之。

第28條

（漁業權之存續期間）

漁業權存續期間如左：

一、定置漁業權五年。

二、區劃漁業權五年。

三、專用漁業權十年。

前項期間屆滿時，漁業權人得優先重行申請。

第29條

（得變更撤銷或停止漁業權核准之情形）【相關罰則】第1項～§64

有左列各款情形之一者，主管機關得變更或撤銷其漁業權之核准，或停止其漁業使：

一、國防之需要。

二、土地之經濟利用。

三、水產資源之保育。

四、環境保護之需要。

五、船舶之航行、碇泊。

六、水底管線之舖設。

七、礦產之探採。

八、其他公共利益之需要。

主管機關為前項處分前，應先公告，並通知各該有關之漁業人。

因第一項之處分致受損害者，應由目的事業主管機關或由請求變更、撤銷、停止者，協調予以相當之補償；協調不成時，由中央主管機關決定。

第30條

（入漁權利用之限制）

入漁權，除繼承及讓與外，不得為他項權利或法律行為之標的。

第31條

（入漁權之存續期間）

入漁權之存續期間未經訂定者，與專用漁業權之存續期間同。

第32條

（入漁費之收取）

專用漁業權人得向其入漁權人收取入漁費，其數額在入漁規章或契約內定之。

第33條

（得使用他人土地或限制其竹木土石除去之情形）

漁業權人於左列事項有必要時，經徵得土地所有人及使用人之同意，得使用其土地或限制其竹、木、土、石等之除去：

一、建設漁場之標識。

二、建設或保存漁場上必要之標識。

三、建設有關漁業權之信號或其他必要之設備。

第34條

（得進入他人土地內或除去其障礙物之情形）

因從事漁業之測量、實地調查或為前條各款之設施，經徵得土地所有人及使用人之同意，得進入其土地內，或除去其障礙物。

第35條

（前2條許可之公告通知與補償）

前二條情形無法取得同意且有必要時，得申報主管機關許可後為之。主管機關許可時應辦理公告，並通知該土地所有人及使用人；其因此所生之損害，由申請人予以相當之補償。

第三章 特定漁業

第36條

（特定漁業及其範圍）【相關罰則】§65

本法所稱特定漁業，係指以漁船從事主管機關指定之營利性採捕水產動植物之漁業。

前項指定之範圍，包括漁業種類、經營期間及作業海域，並應於漁業證照載明。

第37條

（特定漁業之漁船及其他事項之限制）【相關罰則】§65

有左列各款情形之一者，主管機關得對各特定

漁業之漁船總船數、總噸數、作業海域、經營期間及其他事項,予以限制:

一、水產資源之保育。

二、漁業結構之調整。

三、國際漁業協定或對外漁業合作條件之限制。

【相關法規】漁船兼營珊瑚漁業管理辦法*鯖鰺漁業管理辦法

第38條

(前條特定漁業漁船減少之補償)

依前條規定對各特定漁業之漁船總船數予以限制,須減少已核准之漁船數量時,由該項漁業之漁業團體協調業者辦理,並由繼續經營之漁業人給予被限制者補償。但受限制漁船得改營其他漁業者,得不予補償。無從協調時,由主管機關調處之;調處不成,由主管機關決定之。

前項限制,如係撤銷其漁業經營,並註銷漁業證照者,主管機關予以相當之補償。

第39條

(漁船船員於國外作業之核准)

漁船及船員在國外基地作業,應經中央主管機關核准;其管理辦法,由中央主管機關定之。

第39-1條

(漁業人得僱用私人武裝保全人員)

漁業人之漁船經中央主管機關核准作業之海域範圍,含有受海盜或非法武力威脅高風險海域者,該漁業人得僱用私人海事保全公司提供之私人武裝保全人員。

前項漁業人應逐船檢附相關文件,事先報請中央主管機關備查,並由中央主管機關轉知內政部、財政部、行政院海岸巡防署。

漁業人應令其僱用非本國籍之私人武裝保全人員及其持有或使用之槍砲、彈藥、刀械,在國外登(離)船,並不得進入已報請備查受保護漁船以外之中華民國領域。

第一項之受威脅高風險海域,由中央主管機關公告之。

第二項報請備查之程序、應檢附之漁業登記證照、僱用計畫、保險計畫等文件、私人武裝保全人員及其持有或使用之槍砲、彈藥、刀械於漁船上之管理、使用紀錄及其他應遵行事項之辦法,由中央主管機關定之。

中央主管機關應統一蒐集私人海事保全公司之相關資訊,以供漁業人參考。

第40條

(對外漁業合作辦法之訂定)

為配合漁業發展之需要,促進對外漁業合作,中央主管機關應訂定對外漁業合作辦法。

第四章　娛樂漁業

第41條

(娛樂漁業)【相關罰則】第2項、第4項～§65

本法所稱娛樂漁業,係指提供漁船,供以娛樂為目的者,在水上或載客登島嶼、礁岩採捕水產動植物或觀光之漁業。

前項經營娛樂漁業之漁業人,應向主管機關申領執照後,始得營業。

主管機關核准娛樂漁業之經營期間,最長為五年。但不得超過船舶檢查及保險之有效期間。

第二項之漁業人如需繼續經營,應於執照有效期間屆滿前三個月申請換照。

第二項娛樂漁業執照之申請、變更、廢止、換發及應記載事項之辦法,由中央主管機關定之。

第41-1條

(經營娛樂漁業漁船應遵守事項)【相關罰則】§64

專營或兼營娛樂漁業漁船之檢查、丈量、核定乘客定額、適航水域及應遵守事項,應依航政機關有關客船或載客小船規定辦理。

娛樂漁業漁船搭載乘客不得超過依前項核定之乘客定額,並不得在依前項核定適航水域以外之水域搭載乘客。

第41-2條

(娛樂漁業人之投保義務)

經營娛樂漁業之漁業人應依中央主管機關所定保險金額,投保責任保險,並為乘客投保傷害保險。

前項傷害保險之受益人,以被保險人本人或其法定繼承人為限,並不受保險法第一百三十五條準用第一百零五條、第一百零七條規定之限制。

第一項保險期間屆滿時,漁業人應予以續保。

第42條

(前條進入專用漁業權範圍之許可)

娛樂漁業進入專用漁業權之範圍內者,應取得專用漁業權人之許可,並遵守其所訂之規章;專用漁業權人無正當理由,不得拒絕。

第43條

（娛樂漁業應遵守事項）

娛樂漁業之活動項目、採捕水產動植物之方法、出海時限、活動區域、漁船數、漁船噸位數及長度、漁船進出港流程、漁船幹部船員或駕駛人之資格及其他應遵守事項之辦法，由中央主管機關定之。

第五章　保育與管理

第44條

（主管機關得公告之事項）【相關罰則】第1項第1款、第2款～§60；第3款～§61；第4款至第9款～§65

主管機關為資源管理及漁業結構調整，得以公告規定左列事項：

一、水產動植物之採捕或處理之限制或禁止。

二、水產動植物或其製品之販賣或持有之限制或禁止。

三、漁具、漁法之限制或禁止。

四、漁區、漁期之限制或禁止。

五、妨害水產動物回游路徑障礙物之限制或除去。

六、投放或遺棄有害於水產動植物之物之限制或禁止。

七、投放或除去水產動植物繁殖上所需之保護物之限制或禁止。

八、水產動植物移植之限制或禁止。

九、其他必要事項。

違反前項第四款至第九款規定之一者，應由該公告機關處分。

直轄市、縣（市）主管機關依第一項規定公告前，應報由中央主管機關核定之。

第45條

（水產動植物繁殖保育區之設置）

為保育水產資源，主管機關得指定設置水產動植物繁殖保育區。

水產動植物繁殖保育區之設置，由直轄市主管機關核定，或由縣（市）主管機關提具該保育區之管理計畫書，報中央主管機關核定後公告之；其涉及二省（市）以上者，應報由中央主管機關核定之。

保育區之管理，應由管轄該保育區之直轄市或縣（市）主管機關負責。但該水域跨越二縣（市）、二省（市）以上，或管轄不明時，由中央主管機關指定機關管理之。

第46條

（有效地執行水產資源之保育工作及調查）【相關罰則】第1項、第2項～§66

主管機關為達到水產資源保育之目的，得對特定漁業種類，實施漁獲數量、作業狀況及海況等之調查。

主管機關實施前項調查時，得要求漁業人或漁業從業人，提出漁獲數量、時期、漁具、漁法及其他有關事項之報告，該漁業人或漁業從業人不得拒絕。

第47條

（水產資源保育管理辦法之擬訂）

水產資源保育管理辦法，由中央主管機關擬訂，報請行政院核定之。

第48條

（非經核准不得使用之採捕方法）【相關罰則】第1項～§60採捕水產動植物，不得以左列方法為之：

一、使用毒物。

二、使用炸藥或其他爆裂物。

三、使用電氣或其他麻醉物。

為試驗研究目的，經中央或直轄市主管機關許可者，不受前項之限制。

主管機關得於必要時，派員至漁業人之漁船及其他有關場所，檢查其漁獲物、漁具、簿據及其他物件，並得詢問關係人，關係人不得拒絕。

為前項檢查時，如發見有關於漁業犯罪之情事，不及即時洽請司法機關為搜索或扣押之處置時，得將其漁船、漁獲物或其他足以證明犯罪事實之物件，暫予扣押；如發見其他違反本法情事，得將其漁獲物、漁具及其他物件，先予封存。

為前項扣押或封存時，應有該漁船或該場所之管理人員或其他公務員在場作證；扣押或封存物件時，應開列清單。

第一項人員於執行檢查時，應提示身分證明及指定檢查範圍之機關證件；其未經提示者，被檢查人得拒絕之。

第50條

（爭執之調處）

漁業人對於作業地區、漁場或採捕、養殖方法

遇有爭執時，得申請該管主管機關調處。

第51條

（同1漁場作業規範之訂定）【相關罰則】§66

同一漁場有多種漁法採捕時，主管機關得徵詢漁業人意見，訂定作業規範。

第六章　漁業發展

第52條

（辦理漁業貸款）

為融通漁業資金，主管機關應會同有關機關，洽由金融機構，辦理各種漁業貸款。

金融主管機關及漁業主管機關，於必要時得核准設立漁業金融機構。

第53條

（舉辦各種漁業保險）

為策進漁業投資，保障漁業安全，主管機關應協調有關機關舉辦各種漁業保險，或委託漁民團體，或洽由公民營保險機構辦理之。

第53-1條

（漁民、漁船海難救助等事項辦法訂定）

為維護漁民生命財產安全，主管機關得就漁船海難救護互助、遭難漁民與漁船救助、獎勵動力漁船所有人及漁民海上作業保險等相關事項，訂定辦法辦理之。

【相關法規】漁船海難救護互助辦法*動力漁船所有人保險獎勵辦法*臺灣地區漁民海上作業保險辦法

第54條

（為維護安全秩序主管機關應辦事項）【相關罰則】第5款～§65為保障漁業安全及維持漁區秩序，主管機關應辦理左列事項：

一、興建及維護漁港與漁業公共設施。

二、配置巡護船隊，實施救護、巡緝及護漁工作。

三、設置漁業通訊電臺。

四、設置信號臺、標識桿及氣象預報系統等安全設備。

五、訂定漁場及漁船作業應行遵守及注意事項。

六、應請國防部及有關單位給予必要之協助及保護。

【相關法規】臺灣地區漁船船主境外僱用及接駁暫置大陸地區漁船船員許可及管理辦法*漁船兼營珊瑚漁業管理辦法*鯖鰺漁業管理辦法*漁船運搬養殖活魚管理辦法

第55條

（得予獎勵情形）

有左列各款情形之一者，主管機關得予獎勵：

一、改良設備，有益於漁業安全及救護者。

二、改進漁船、漁具、漁法或水產品加工方法，著有成績者。

三、興辦水產教育，或從事水產研究，著有成績者。

四、開發水產資源，有利於漁業發展者。

五、其他對於漁業發展有重大貢獻者。

前項獎勵辦法，由中央主管機關定之。

第56條

（設置漁業發展基金）

為促進漁業發展，政府應設置漁業發展基金；其基金數額，由主管機關報經行政院核定後，編列預算撥充之。

漁業發展基金之收支、保管及運用辦法，由行政院定之。

第57條

（漁產平準基金之設置）

為因應漁產品價格波動，穩定漁產品產銷，政府應設置漁產平準基金；其設置辦法及管理運用準則，由中央主管機關定之。

第58條

（進口漁業用品關稅之減免）

進口漁業生產所必需之漁船、漁具及漁業資材，為國內尚未生產或生產不足者，免徵或減徵關稅。漁業試驗研究機關進口試驗研究所必需之用品，免徵關稅。

前項減免項目及標準，由行政院訂定發布之。

第59條

（漁業動力用油之免稅與優惠）

漁業動力用油，免徵貨物稅。漁業動力用油優惠油價標準，由行政院定之。

第七章　罰則

第60條

違反第四十八條第一項各款規定之一者，處一年以上五年以下有期徒刑、拘役或併科新臺幣十五萬元以下罰金。

違反主管機關依第四十四條第一項第一款、第

二款所為之公告事項者,處三年以下有期徒刑、拘役或科或併科新臺幣十五萬元以下罰金。

—— 102年8月21日修正公布前原條文 —— 自動比對

第61條

（罰則）

違反主管機關依第四十四條第三款所為之公告事項者,處六月以下有期徒刑、拘役或科或併科新臺幣三萬元以下罰金。

第62條

（罰則）

有左列各款情事之一者,處拘役或科新臺幣十五萬元以下罰金:

一、塗改漁船船名或統一編號者。

二、遷移、污損或毀滅漁場、漁具之標識者。

三、私設欄柵、建築物或任何漁具,以斷絕魚類之洄遊路徑者。

第63條

法人之代表人、法人或自然人之代理人、受雇人或其他從業人,因執行業務犯第六十條至第六十二條之罪者,除依各該條規定處罰其行為人外,對該法人或自然人亦科以各該條之罰金。

第64條

有下列情事之一者,處新臺幣三萬元以上三十萬元以下罰鍰:

一、違反第六條規定經營漁業。

二、違反主管機關依第二十九條第一項所為之處分。

三、漁業證照逾期未經核准延展,繼續經營漁業。

四、未依第四十一條之一規定檢查、丈量、搭載乘客超過核定之乘客定額或在核定適航水域以外之水域搭載乘客。

第64-1條

漁船違反第十一條之一第一項或第二項規定而出港者,處漁業人或所有人新臺幣六萬元以上三十萬元以下罰鍰。

漁船未依第十一條之一第三項所定期限返港者,處漁業人或所有人新臺幣六萬元以上三十萬元以下罰鍰,並得按日連續處罰。

第64-2條

漁業人有下列情事之一者,處新臺幣六萬元以上三十萬元以下罰鍰:

一、違反第三十九條之一第二項規定,僱用私人武裝保全人員未事先報請中央主管機關備查。

二、違反第三十九條之一第三項規定,所僱用非本國籍之私人武裝保全人員及其持有或使用之槍砲、彈藥、刀械,未在國外登（離）船,或進入已報請備查受保護漁船以外之中華民國領域。

第65條

有下列情事之一者,處新臺幣三萬元以上十五萬元以下罰鍰:

一、違反依第九條規定所加之限制或所附之條件。

二、違反依第十四條規定公告之事項。

三、違反依第三十六條或依第三十七條規定所指定或限制之事項。

四、違反第四十一條第二項規定未申請執照。

五、違反第四十一條第四項規定未經核准換照而繼續經營娛樂漁業。

六、違反第四十四條第一項第四款至第九款規定公告事項之一。

七、拒絕、規避或妨礙依第四十九條第一項之檢查,或對檢查人員之詢問,無正當理由拒不答覆或為虛偽之陳述。

八、違反依第五十四條第五款訂定之應行遵守及注意事項。

九、違反主管機關依本法發布之命令。

—— 102年8月21日修正公布前原條文 —— 自動比對

第66條

有左列情事之一者,處新臺幣一萬五千元以上七萬五千元以下罰鍰:

一、違反第十一條第二項規定,未經核准擅自休業達一年以上者。

二、拒絕、規避或妨礙第四十六條第一項之調查,或違反第四十六條第二項規定拒不提出報告者。

三、違反依第五十一條所定之作業規範者。

第67條

依本法所處之罰鍰,經通知限期繳納,逾期不繳納者,移送法院強制執行。

第68條

依第六十條、第六十一條、第六十二條第三款、第六十四條及第六十五條第一款所為之處罰,並得沒收或沒入其採捕之漁獲物及漁具;如

全部或一部不能沒收或沒入時，追徵或追繳其價額。

第八章　附　則

第69條

（登記及管理規則）

陸上魚塭養殖漁業之登記及管理規則，由直轄市、縣（市）主管機關定之。

直轄市、縣（市）主管機關於環境適合發展養殖漁業或現有魚塭集中區域，得規劃設置養殖漁業生產區；其設置及管理準則，由中央主管機關定之。

水產動植物涉及基因轉殖者，應完成田間試驗及生物安全評估，始得推廣利用；其基因轉殖水產動植物田間試驗及繁、養殖管理規則，由中央主管機關定之。

第69-1條

中華民國與鄰近國家就重疊專屬經濟海域簽訂漁業協定（議），該國家之漁船及漁業從業人員在協定（議）海域內作業，依該協定（議）規定辦理。

前項協定（議）規定，由中央主管機關公告，並刊登政府公報。

第69-2條

自中華民國九十八年一月一日起至本法中華民國一百零四年一月二十二日修正生效之日止，漁業人僱用之外國籍漁船船員未領有全民健康保險憑證之期間，不受全民健康保險法第九條之限制。

第70條

（施行細則）

本法施行細則，由中央主管機關定之。

第71條

（施行日）

本法自公布日施行。

附錄十三

海岸巡防機關簡化漁港安全檢查作業實施要點

中華民國90年12月28日行政院海岸巡防署（90）岸檢漁字第10678號訂定發布
中華民國91年5月20日行政院海岸巡防署（91）岸檢漁字第0910009816號修正發布全文7點，並自91年1月1日起實施
中華民國97年4月3日行政院海岸巡防署署巡檢字第0970003357號函修正發布名稱及全文7點；並自即日生效（原名稱：海岸巡防機關簡化漁港安全檢查作業實施要點）
中華民國98年5月1日停止適用

一、為簡化入出漁港、遊艇港船筏之安全檢查作業程序（以下簡稱安檢作業），達成便民服務，並提升行政效能，特訂定本要點。

二、實施構想：本「服務便民、區分良莠、保障合法、取締非法」之要旨，依「出港快速簡化、進港併用監卸安檢，列管注檢對象嚴格執檢」之指導原則，在強化執檢人員「知船識人」，及加強情蒐、港巡、監卸等勤務下，對入出漁港、遊艇港船筏採鑑定分類方式實施安檢作業，以落實巡防機關安檢勤務效能，保障人民權益。

三、權責區分：

（一）本署：負責訂定本要點及指導所屬機關辦理簡化漁港、遊艇港安檢作業相關事宜。

（二）海岸巡防總局：負責訂定簡化漁港、遊艇港安檢作業實施規定及督導所屬辦理簡化漁港、遊艇港安檢作業相關事宜。

（三）海洋巡防總局：督導各海巡隊配合辦理相關事宜。

四、簡化安檢作業原則：

（一）除依相關法令應執行安檢者外，如有正當理由，認為入出漁港及遊艇港之船筏有違反法令之虞時，得依法實施安全檢查。

（二）安檢對象（漁船、筏及船隊員）分類，區分甲類（乙、丙類以外之一般船筏）、乙類（注檢）、丙類（他港、娛樂漁業漁船）三類，分類標準由海岸巡防總局訂定之。

（三）海岸巡防總局應訂定評鑑規定，並由各岸巡總、大隊召集轄內機動查緝隊、海巡隊（應派適員納編）以評審會議方式對轄區之漁船筏實施評鑑。

（四）入出港安檢作業：

1.甲類：無明顯違法事證者，得要求以慢速航行方式通過安檢碼頭。

(1)出港時：採目視登記方式辦理。

(2)入港時：採目視登記方式辦理，視需要得實施監卸。

(3)對主動泊靠或抽檢者，應儘速施檢，並完成紀錄。

(4)甲類對象如有情資顯示走私、偷渡之嫌者，得實施抽檢及監卸，以有船艙之船隻為主，抽檢率以設籍數之百分之二十為準，視實際需要得提高抽檢率。

2.乙類：要求泊靠安檢碼頭受檢。

(1)出港時：實施人員、書證、載運物品之安檢及記錄後，應賡續監控出港，並即時通報鄰近雷哨及海巡隊，掌握航行動態與實施海上臨檢。

(2)入港時：實施人員、書證、載運物品之安檢及記錄；必要時得實施監卸清艙檢查。

3.丙類：要求泊靠安檢碼頭受檢。

(1)出港時：實施安檢及記錄後，賡續監控出港。

(2)入港時：實施安檢及記錄；必要時得實施監卸清艙檢查。

4.甲、乙、丙類經一定期間（半年為準）觀察，如情資顯示有走私、偷渡之嫌者或無違反法令之虞時，得於考核後、變更分類執行之。

（五）凡港區幅員遼闊或治安、環境複雜之重點漁港，應由當地岸巡總、大隊依港區治安特性，訂定該區安檢簡化作業計畫，陳報各地區巡防局核定實施。

（六）為使打擊不法工作順遂，各安檢所應結合港區偵搜裝備與預警情資，強化港巡及監卸勤務效能，並藉漁事服務工作或參加漁事會議（座談）時機，表明服務便民與執法共識。

（七）現行安檢勤務做法應配合本要點，適時檢討修正，避免產生勤務罅隙，影響岸際巡防勤務遂行。

五、執行要領：

（一）辦理船筏出港之快速通關作業掌握重點應以「何船」、「何人」為主，進港時掌握重點應以「何人」、「何物」為要，另登載紀錄應力求正確、完整。

（二）各機動查緝隊之情報諮詢、情蒐指導、分發運用作為，應結合船筏民素行及安檢任務為主，適時提供安檢單位參考，以形成注檢重點，並節約安檢人力，有效遂行勤務。

（三）各機關（單位）應適時按各項船筏、漁民及安檢相關資料，檢討調整安檢、港巡、監卸勤務人力，並置重點於走私、偷渡案件情蒐與應變人力部署，以不造成勤務罅隙為要。

（四）相關基本資料應力求完整新穎，並注意船筏態樣、型式及漁民經濟、交往、生活狀況，以為研判專事漁業與否之參考依據，且採多管道方式廣蒐資料，並與警政、漁政（含漁會）、航政機關保持密切協調聯繫。

（五）新進或初次執行安檢勤務之人員，應先實施勤務工作講習。

（六）船筏入港尖峰及漁市開業時，應適時派遣監卸勤務；夜間及天候晦暗能見度不明時，應加強港巡勤務。

（七）安檢所與鄰近守望哨（雷哨）及海巡隊、在航任務船艇有無線電通信應保持通暢，執勤人員應熟稔通聯作業，俾利突發狀況之處置。

六、注意事項：

（一）執檢同仁應加強知船識人素養，並列為各級幹部督導考詢重點。

（二）各地區巡防局、岸巡總、大隊應配合漁港、遊艇港安檢所執檢作業，提供支援有效解決執行窒礙。

（三）安檢人員品德操守應廉潔、公正，並具服務熱忱；執檢時，說話態度溫文和藹，立場依法堅定。

（四）本案執行期間各級幹部及政風（督察）人員，應密切掌握執檢概況，發現問題解決問題。

（五）本署適時派員督導執行情形。

七、國內發生重大案件時，為防止特定人士經由漁港或遊艇港偷渡出境，得暫停執行本實施要點。

附錄十四

海岸巡防機關辦理漁船（筏）及遊艇安全檢查快速通關作業要領

壹、依據：

（一）海岸巡防法。

（二）海岸巡防機關實施檢查注意要點。

（三）海岸巡防機關執行臺灣地區漁港及遊艇港安全檢查作業規定。

（四）海岸巡防機關受理遊艇出海報備表格及程序。

貳、目的：

本於「區分良莠、查緝非法、保障合法」之宗旨，採用「出港快速、進港安檢監卸併用」之原則，兼顧「國家安全」、「人權法治」及「依法行政」，調整執檢做法，做到「有不法跡證就嚴格檢查」及「無不法跡證就快速通關」之目標。

參、具體做法：

一、漁民訪談：

（一）由安檢所編組幹部，不定時對設籍、長期寄港、良好漁民及經常在港區活動之人士，進行訪談。

（二）訪談人員應著海巡便服、海巡常訓服（制式運動服）或勤務服，並攜帶識別（服務）證。

（三）訪談區域以安檢所及港區內為原則，若欲至民人家中訪問，應先行向總、大隊報備，並於值班執勤工作紀錄簿登載備查。

（四）訪談以「關心」及「服務」為導向，內容以閒話家常為主，如當地風土民情、生態環境、當季漁獲種類、漁具漁法之使用、海上作業實況等，並了解受訪者有無需協助處理或改進等事項，提供服務訊息，藉由平時互動，建立彼此間信賴關係，俟有一定基礎後，深入或進一步探詢與本署管轄事務有關之違常情事。

（五）訪談完畢後，即完成訪談紀錄（格式如附表），於3日內送交留守主管核閱，並應專卷保管5年，列入業務移交要項，海岸巡防總局、各地區巡防局及轄屬岸巡總、大隊應列入督導重點。

（六）受訪者資料應注意個人資料保密規定，所提問題或建議，各岸巡總、大隊需立即辦理並回復。若屬其他主管機關之權責，應函文主管機關妥處並副知地區局備查，並將辦理情形轉達受訪者知悉，同時於「訪談紀錄表」註記。

（七）各地區局應針對安檢所所轄之船筏數量、種類律定訪談周期及次數。

二、安檢資訊系統建立預警資訊：

（一）安檢、港巡人員平時執行勤務所發掘之可疑徵候或違法態樣，應確實詳細登載於執勤工作紀錄簿。

（二）為確保安檢資訊系統預警資料即時及新穎，安檢所應每週彙整執勤期間所登載之可疑或異常紀錄，經安檢所長（副所長）確認後，陳報岸巡總、大隊彙整。

（三）岸巡總大、隊由情報官針對安檢所蒐報資料，結合安檢、雷情、其他外援等相關蒐報情資，進行分析研判，並於一周內提出漁船、民之可疑徵候及潛在之違法態樣，經單位正、副主官審查無誤後，交由安檢巡防官輸鍵於安檢資訊系統，以利系統產生預警。

（四）有關船筏進出港安檢查常見之可疑徵候，由海岸總局彙整後，提供所屬據以參考。

三、船筏評鑑制度：

船筏評鑑制度實施方式及要領，除依據「海岸巡防機關執行臺灣地區漁港及遊艇港安全檢查作業規定」辦理外，另將漁民訪談內容及安檢資訊系統建立預警資訊等，結合船筏評鑑甲、乙、丙、丁類，對於可能涉及違法態樣及風險程度之

相關資訊，納入最近之船筏評鑑研討運用。

四、港區特性調查：

（一）港區特性調查重點：

掌握下水道、涵洞、空屋、船舶停泊位置或其他易利用於從事走私、偷渡等設施及死角有無增減或被利用之跡象。

（二）實施方式及週期：

1.港巡人員應將港區特性調查重點、設施及死角，列為勤務巡查重點。

2.安檢所：由所長或副所長帶隊，每二週實地清查（點）一次。

3.岸巡總、大隊：由司法組帶隊，每月對管轄區內漁港實施一次全面性清查。

4.地區局：每三個月將岸巡總大、隊清查情形，陳報海岸總局管制，並副知本署備查。

五、建立查艙專精人員：

（一）各岸巡總、大隊平時應培養具備查艙專精之人員，成立查艙專精小組，適時支援安檢所查緝任務。

（二）查艙專精小組平時擔任安檢所查艙訓練之種子教官，指導同仁發現設置密艙、密窩可疑徵候。

（三）遇有船筏從事有走私、偷渡等案例時，地區局應將該船筏設置密艙（窩）之位置及方式進行分析，並將相關蒐證照片製成教材，納入查艙訓練課程使用。

六、勤務作為：

（一）船筏評鑑結果僅係提供瞭解船筏可能涉嫌違法態樣及風險程度之用，安檢人員仍應結合近期情資、安檢資訊系統預警資訊及入出港異常徵候等相關資訊，作為是否檢查及採取何種檢查方式之依據。

（二）港巡及港區守望人員對港區船筏加強掌握，若發現船筏準備出港，即通報安檢人員知悉。

（三）守望與雷達保持密切聯繫，發現外切目標進港時，適時通報安檢及港巡人員加強注意。

（四）船筏進港泊靠時，主動出示當航次經巡防艦艇於海上登臨檢查開立之「檢查紀錄表」，且內容載明「無發現違法事證」等，安檢所則以不登船目視檢查為原則。

（五）安檢人員對於進出港船筏是否實施檢查，如有檢查其檢查方式係採「慢速航行目視通關」或「泊靠受檢」，對泊靠受檢船筏有無針對人船證照核對、有無登船檢查艙間、設施及檢查情形等，均應詳細登載於執勤工作紀錄簿。

（六）安檢人員對於出港船筏安檢時，發現有行政違規之虞情事，進行勸導時，應將勸導單內「勸導內容」記載之「出港將違法之法規」及「請於改正後再行出港，如執意出海，本所將逕行舉發函送主管機關」等向船長進行宣達，並全程錄音錄影存證。

肆、提升執檢措施時機及做法：

一、各單位基於查緝走私、偷渡、防範疫病入侵或社會矚目重大案件之要犯脫逃等之目的，有必要要求安檢所提高執檢措施時，應報請權責機關、單位核定。

二、核定權責區分如下：

（一）岸巡總、大隊：所轄安檢所。

（二）各地區巡防局：橫跨二個以上岸巡總、大隊之安檢所。

（三）海岸巡防總局：橫跨二個以上地區局之安檢所。

三、各級提升執檢措施時，應將提升原因、區域範圍、對象、起訖時程等進行研析，併同提升執檢做法等事宜，報請核定。

四、各級有下達提升執檢措施時，均應逐級陳報至本署備查。

五、原訂提升執檢措施屆時程若必須延長，則應重新陳報核定；提升執檢措施結束後，核定機關、單位應針對執行情形、成效有無缺失進行檢討，陳報上一級機關備查。

附錄十五

南海各方行為宣言

2002年11月4日在柬埔寨金邊簽署

一、各方重申以《聯合國憲章》宗旨和原則、一九八二年《聯合國海洋法公約》、《東南亞友好合作條約》、和平共處五項原則以及其他公認的國際法原則作為處理國家間關係的基本準則。

二、各方承諾依據上述原則,在平等和相互尊重的基礎上,探討建立信任的途徑。

三、各方重申尊重並承諾,包括一九八二年《聯合國海洋法公約》在內的公認的國際法原則所規定的在南海的航行及飛越自由。

四、有關各方承諾根據公認的國際法原則,包括一九八二年《聯合國海洋法公約》,由直接有關的主權國家通過友好磋商和談判,以和平方式解決它們的領土和管轄權爭議,而不訴諸武力或以武力相威脅。

五、各方承諾保持自我克制,不採取使爭議複雜化、擴大化和影響和平與穩定的行動,包括不在現無人居住的島、礁、灘、沙或其他自然構造上採取居住的行動,並以建設性的方式處理它們的分歧。在和平解決它們的領土和管轄權爭議之前,有關各方承諾本著合作與諒解的精神,努力尋求各種途徑建立相互信任。

(一)在各方國防及軍隊官員之間開展適當的對話和交換意見;

(二)保證對處於危險境地的所有公民予以公正和人道的待遇;

(三)在自願基礎上向其他有關各方通報即將舉行的聯合軍事演習;

(四)在自願基礎上相互通報有關情況。

六、在全面和永久解決爭議之前,有關各方可探討或開展合作,可包括以下領域:

(一)海洋環保;

(二)海洋科學研究;

(三)海上航行和交通安全;

(四)搜尋與救助;

(五)打擊跨國犯罪,包括但不限於打擊毒品走私、海盜和海上武裝搶劫以及軍火走私。

在具體實施以前,有關各方應就雙邊及多邊合作的模式、範圍和地點取得一致意見。

七、有關各方願通過各方同意的模式,就有關問題繼續進行磋商和對話,包括對遵守本宣言問題舉行定期磋商,以增進睦鄰友好關係和提高透明度,創造和諧、相互理解與合作,推動以和平方式解決彼此間爭議。

八、各方承諾尊重本宣言的條款並採取與宣言相一致的行動。

九、各方鼓勵其他國家尊重本宣言所包含的原則。

十、有關各方重申制定南海行為準則將進一步促進本地區和平與穩定,並同意在各方協商一致的基礎上,朝最終達成該目標而努力。

《南海各方行為宣言》一簽署人

中華人民共和國外交部副部長兼特使　王毅
文萊達魯薩蘭國外交大臣　穆罕默德·博爾基亞
柬埔寨王國外交大臣　賀南洪
印度尼西亞共和國外長　維拉尤達
老撾人民民主共和國副總理兼外長　宋沙瓦
馬來西亞外長　賽義德·哈米德
緬甸聯邦外長　吳溫昂
菲律賓共和國外長　布拉斯·奧普萊
新加坡共和國外長S·賈古瑪
泰王國外長　素拉傑·沙田泰
越南社會主義共和國外長　阮怡年

國家圖書館出版品預行編目資料

海域管理與執法／林欽隆著.－－初版.－－臺
北市：五南，2016.11
　　面；　公分
ISBN 978-957-11-8876-8（平裝）
1.國際海洋法　2.專屬經濟海域　3.論述分析
579.141　　　　　　　　　105018580

5I40

海域管理與執法

作　　　者 ─ 林欽隆（134.6）

發 行 人 ─ 楊榮川

總 編 輯 ─ 王翠華

主　　編 ─ 王者香

封面設計 ─ 陳翰陞

出 版 者 ─ 五南圖書出版股份有限公司

地　　　址：106台北市大安區和平東路二段339號4樓

電　　　話：(02)2705-5066　　傳　真：(02)2706-6100

網　　　址：http://www.wunan.com.tw

電子郵件：wunan@wunan.com.tw

劃撥帳號：01068953

戶　　　名：五南圖書出版股份有限公司

法律顧問　林勝安律師事務所　林勝安律師

出版日期　2016年11月初版一刷

定　　　價　新臺幣620元